Knaur

Über die Autorin:

Lisa See ist seit zwölf Jahren Korrespondentin der weltweit verbreiteten Fachzeitschrift Publishers Weekly. Sie lebt in Kalifornien.

Lisa See

AUF DEM GOLDENEN BERG

Die Geschichte einer chinesischen Familie

Aus dem Amerikanischen von Thomas Pfeiffer und Helmut Dierlamm

Knaur

Die amerikanische Originalausgabe erschien unter dem Titel
»On Gold Mountain« bei St. Martin's Press, New York.

Besuchen Sie uns im Internet:
www.knaur.de

Vollständige Taschenbuchausgabe 2003
Knaur Taschenbuch. Ein Unternehmen der Droemerschen
Verlagsanstalt Th. Knaur Nachf. GmbH & Co. KG, München
Dieser Titel erschien bereits unter der Bandnummer 61649.

Umschlaggestaltung: ZERO Werbeagentur, München
Umschlagabbildung: Getty Images
Druck und Bindung: Clausen & Bosse, Leck
Printed in Germany
ISBN 2-426-62641-1

2 4 5 3 1

Für Alexander See Kendall und
Christopher Copeland Kendall,
die Ururenkel von Letticie und Fong See

Beim Herumstöbern in den Papieren meiner Großeltern, insbesondere meiner Großmutter, erhalte ich Einblicke in das Leben von Menschen, die mir nahestehen und die mir in einer Weise verbunden sind, die ich wohl erkenne, aber nicht völlig verstehe. Ich würde gerne für eine Weile in ihre Haut schlüpfen …

Wallace Stegner, *Angle of Repose*

INHALT

TEIL VIER

TEIL FÜNF

TEIL SECHS

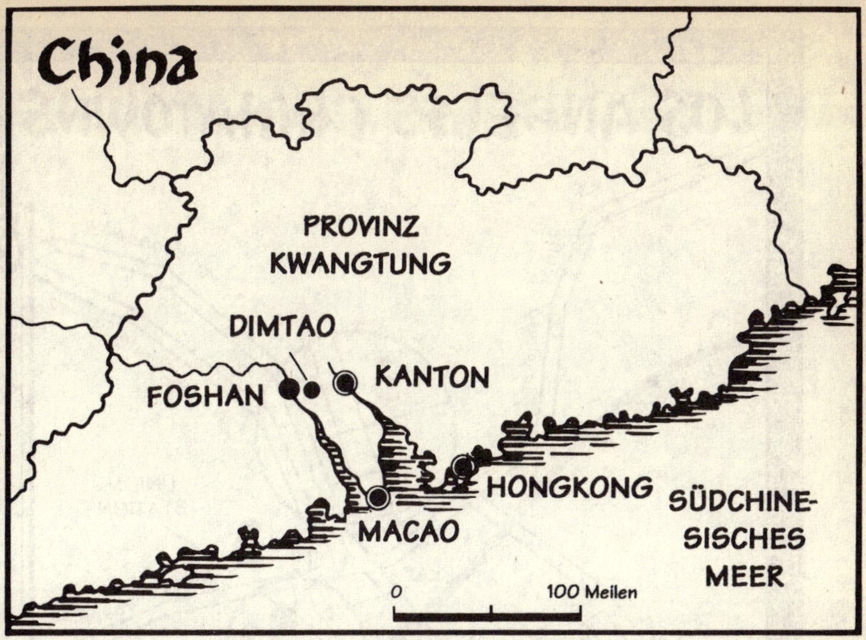
China
PROVINZ
KWANGTUNG
DIMTAO
KANTON
FOSHAN
HONGKONG
MACAO
SÜDCHINE-
SISCHES
MEER
0
100 Meilen

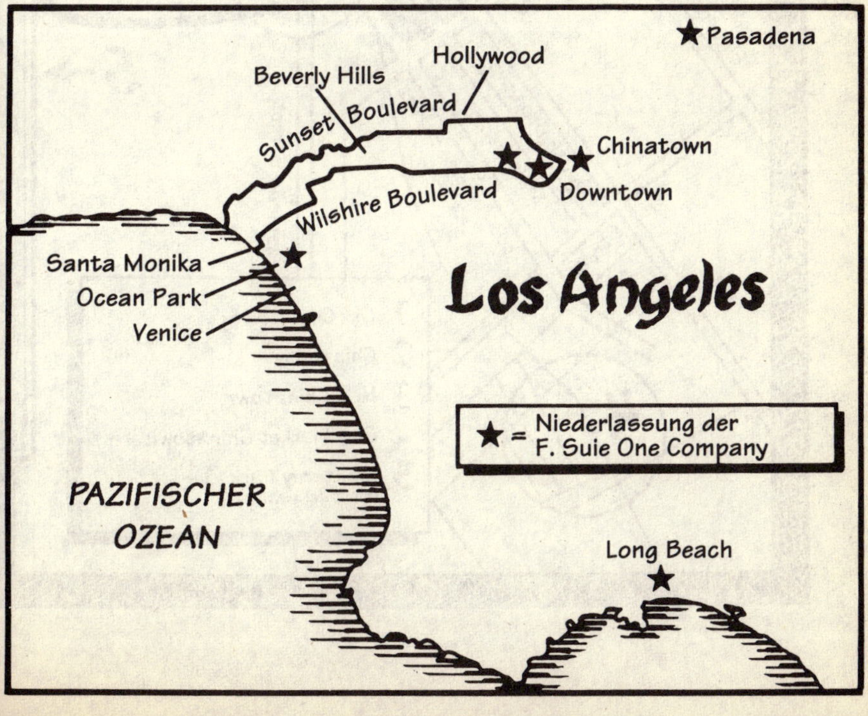
Pasadena
Hollywood
Beverly Hills
Sunset Boulevard
Chinatown
Downtown
Wilshire Boulevard
Santa Monika
Ocean Park
Venice
Los Angeles
★ = Niederlassung der
F. Suie One Company
PAZIFISCHER
OZEAN
Long Beach

LOS ANGELES CHINATOWNS

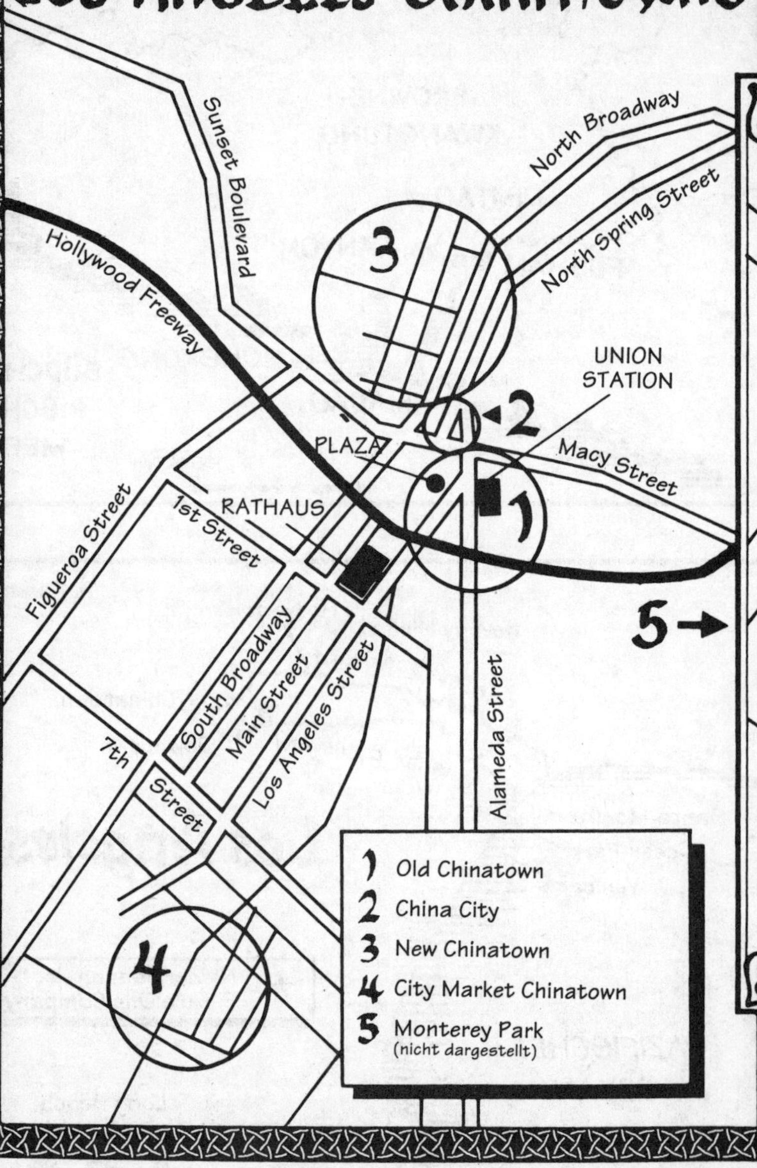

OLD CHINATOWN 1920–49
Main Street
Olvera Street
Alameda Street
PLAZA
Marchessault Street
Apablasa Street
Los Angeles Street
Ferguson Alley
SPIELPLATZ
A
B
C
A = Fong Sees Gebäudekomplex
B = F. Suie One Company
C = F. See On Company

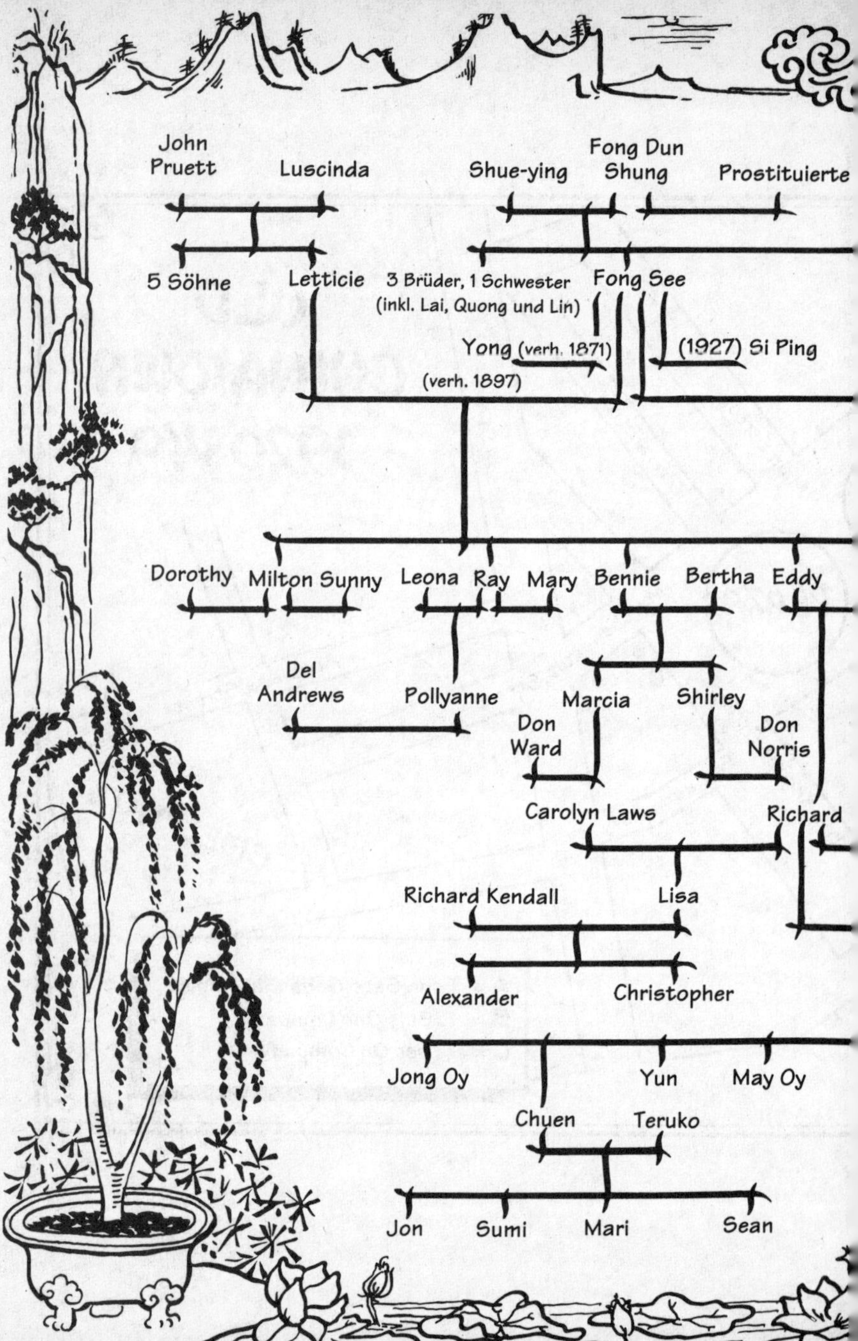

John Pruett
Luscinda
Shue-ying
Fong Dun Shung
Prostituierte
5 Söhne
Letticie
3 Brüder, 1 Schwester
(inkl. Lai, Quong und Lin)
Fong See
Yong (verh. 1871)
(1927) Si Ping
(verh. 1897)
Dorothy
Milton
Sunny
Leona
Ray
Mary
Bennie
Bertha
Eddy
Del Andrews
Pollyanne
Marcia
Shirley
Don Ward
Don Norris
Carolyn Laws
Richard
Richard Kendall
Lisa
Alexander
Christopher
Jong Oy
Yun
May Oy
Chuen
Teruko
Jon
Sumi
Mari
Sean

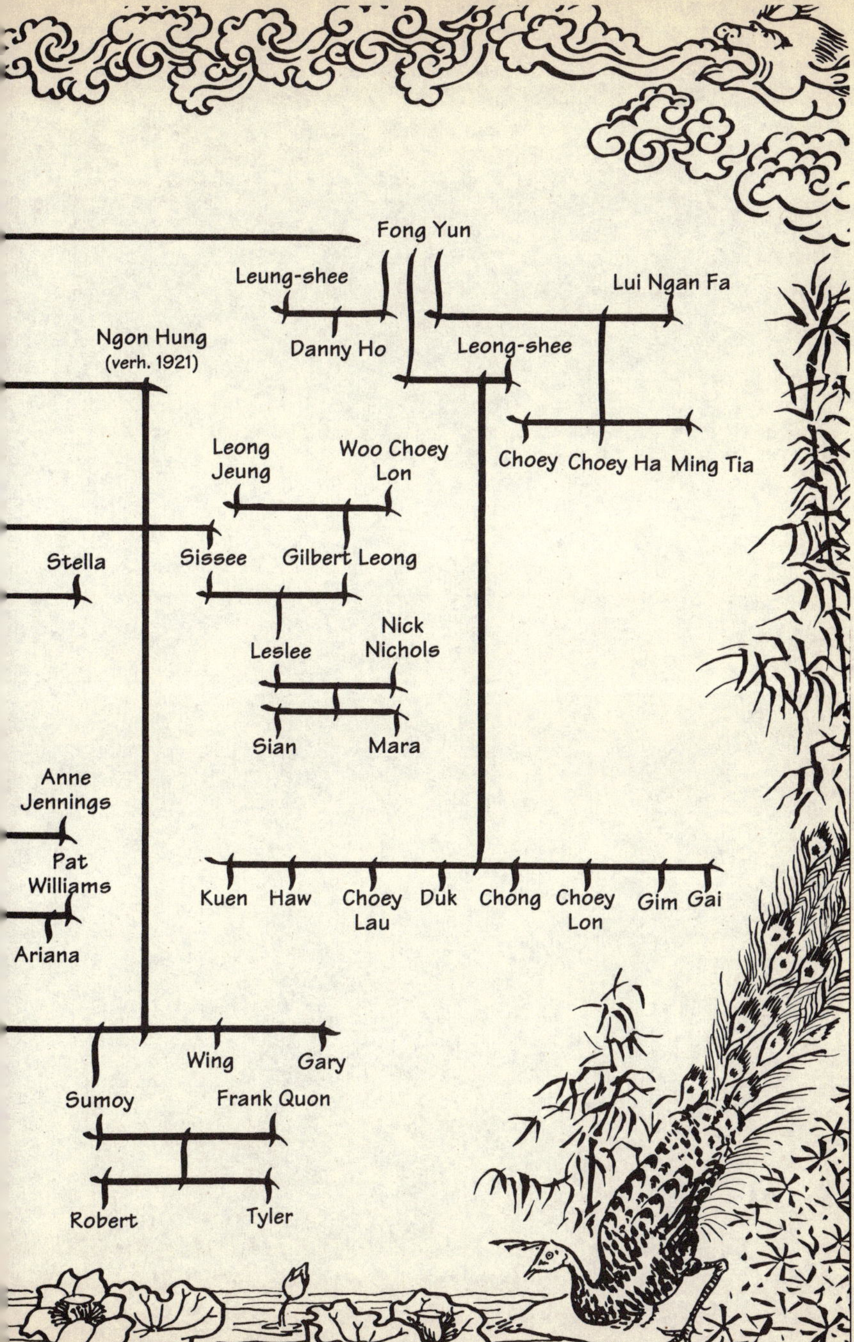
Fong Yun
Leung-shee
Lui Ngan Fa
Danny Ho
Leong-shee
Ngon Hung
(verh. 1921)
Choey
Choey Ha
Ming Tia
Leong Jeung
Woo Choey Lon
Stella
Sissee
Gilbert Leong
Leslee
Nick Nichols
Sian
Mara
Anne Jennings
Pat Williams
Ariana
Kuen
Haw
Choey Lau
Duk
Chong
Choey Lon
Gim
Gai
Wing
Gary
Sumoy
Frank Quon
Robert
Tyler

VORWORT

Fong See, mein Urgroßvater, verließ China 1871 als Jugendlicher, machte auf dem Goldenen Berg (der chinesische Name für die Vereinigten Staaten) ein Vermögen und lebte bis zu seinem hundertsten Geburtstag. Aufgestiegen aus der Masse namenloser asiatischer Immigranten, wurde er einer der reichsten und bekanntesten Chinesen in Amerika. Er lockte Kunden in seinen Laden für asiatische Kunst, indem er ihnen Karten für die Besichtigung einer ausgestopften Meerjungfrau verkaufte. Er liebte das Geld und hatte eine kindliche Leidenschaft für elegante Autos. Und er hatte ein besonderes Verhältnis zu den Frauen. Nach Kenntnis meiner Familie hatte Fong See zwei Ehefrauen. Die eine, von der man wußte, war Letticie Pruett, meine weiße Urgroßmutter. Die andere, ein verlassenes chinesisches Kind, das von der Herstellung von Feuerwerkskörpern gelebt hatte, war erst sechzehn, als sie mein damals schon vierundsechzigjähriger Urgroßvater heiratete. Die Ehe mit meiner Urgroßmutter bestand jedoch weiter, und ihre Nachkommen hießen See. Die zweite Familie lebte von Anfang an unter dem Namen Fong. Insgesamt zeugte Fong See zwölf Kinder – fünf eurasische und sieben chinesische. Das letzte wurde geboren, als er Ende Achtzig war. Dies ist die Geschichte der Sees und der Fongs und ihrer Assimilation in Amerika.

Als Mädchen verbrachte ich die Wochenenden und einen Großteil der Sommerferien häufig bei meinen Großeltern väterlicherseits in Chinatown. Wir passierten das von zwei riesigen Steinlöwen bewachte Mondtor und betraten das dunkle, kühle und verwinkelte Reich des chinesischen Antiquitätenladens meiner Familie. Es war das Stammgeschäft der F. Suie One Company und ein riesiges Handelsmuseum mit Porzellan aus den kaiserlichen Brennöfen, das Sampans flußabwärts gebracht hatten, mit Altären, die aus Tempeln in der Provinz geraubt worden waren, und mit riesigen geschnitzten Gebäudeteilen, die für den Transport zerlegt und von Fong Sees Söhnen in einem seiner vielen Warenlager wieder zusammengesetzt worden waren.

Um die Mittagszeit ging meine Großmutter Stella mit mir die Straße hinauf in ein Restaurant, das bestimmt einen richtigen Namen besaß, von uns aber nur »das kleine Lokal« genannt wurde. Unterwegs hielten wir einen kleinen Schwatz mit Blackie von der Metzgerei Sam Sing, in deren Schaufenster ein vergoldetes gebratenes Schwein lag. Wir schauten in Margaret's International Grocery vorbei und strichen zwischen den Regalen mit Salzpflaumen, getrocknetem Tintenfisch und Tofu umher. Im Restaurant angekommen, gingen wir nach hinten in die Küche, plauderten mit dem Koch und sahen zu, wie er unsere Bestellung in Kartons verpackte.

Zurück im Antiquitätengeschäft, stieg ich hinauf in die Werkstatt mit ihren riesigen Maschinen und ihren Pin-up-Fotos von ernsten chinesischen Mädchen, wo mein Großvater und Großonkel Bennie, eingehüllt in dichte Wolken von Sägemehl, an kreischenden Sägen arbeiteten. Wenn Bennie mich erblickte, rollte er immer wild die Augen und schrie: »Ich werde dich in die Mülltonne stecken.« Entsetzt floh ich dann die Treppe hinunter, und mein Großvater und mein Onkel wuschen sich mit Lavaseife.

Wenn mir nach dem Mittagessen langweilig wurde – nachdem ich in Bergen von Holzwolle getollt hatte, in die Arme eines riesigen Buddhas geklettert war oder mir unter einem der gewaltigen Altäre eine Höhle gebaut hatte –, durfte ich Großmutter Stella bei der Restaurierung eines Wandschirms aus Koromandelholz »helfen«. Ich reinigte beispielsweise die Pinsel oder mischte die Tusche, und manchmal durfte ich auch mit den Fingerspitzen Ton in die Risse pressen. Manchmal half ich auch meiner Großtante Sissee, wenn sie abstaubend und polierend ihre Runde machte, vom »Bronzeraum« über den »Kunstraum« zu dem Raum mit den Schriftrollen und Stoffen und schließlich von einem Ende der großen Halle, die erlesene geschnitzte Möbel enthielt, zum anderen.

Am Spätnachmittag setzten sich meine Großmutter und Großtante

Sissee in die Korbstühle im hinteren Teil des Ladens und entspannten sich bei einigen Tassen starken Tees. In dieser stillen und friedlichen Zeit des Tages tauschten sie Erinnerungen aus. Sie erzählten faszinierende und häufig verrückte Geschichten von Missionaren, Prostituierten und Bandenkriegen, von dem nur aus Mädchen bestehenden Trommelkorps und der chinesischen Baseballmannschaft. Sie sprachen darüber, wie die Familie über die rassistischen Gesetze und Diskriminierung triumphiert hatte. Und dann, ebenso unweigerlich, wie Onkel Bennie immer mit der Mülltonne drohte, behauptete meine Großmutter, daß »die *lo fan* (die Weißen) im Krieg alle Chinesen zwangen, Plaketten zu tragen, damit sie wußten, daß wir keine Japaner waren«.

Meine Großmutter brachte mir bei, wie man Reis wäscht, bis das Wasser klar ist, und dann, ohne einen Meßbecher zu verwenden, bis zum ersten Knöchel einer Hand Wasser über die Körner im Dampftopf gießt. Es komme nicht darauf an, ob es mein oder ihr Knöchel sei, erklärte sie mir, die Methode funktioniere seit fünftausend Jahren perfekt. Zum Schluß legte sie immer ein paar Scheiben *lop cheung,* eine köstliche Schweinswurst, obendrauf und kochte sie zusammen mit dem Reis. Inzwischen schnitt mein Großvater die Zutaten. Sobald der Reis auf dem Herd stand, wurde ich seine zweite Köchin. »Die beste, die ich je hatte«, sagte er immer. Gemeinsam – leider kann ich mich nach all den Jahren an kein einziges Detail mehr erinnern – bereiteten wir ein Gericht aus Tomaten und Rindfleisch zu, für das er noch Jahrzehnte nach seinem Tod gerühmt wurde.

Bei Hochzeiten in der Familie warteten wir an unserem Tisch, bis die Braut vorbeikam, und ich durfte ihr das *lai see* – das Glücksgeld – überreichen. Es steckte in einem roten Umschlag, auf den in Gold die Schriftzeichen für Glück und Wohlstand gemalt waren. Später führte mich Großmutter in dem riesigen Bankettsaal von Tisch zu Tisch, stellte mir die Gäste vor und erklärte mir, in welchem Verwandtschaftsverhältnis sie zu mir standen. »Das ist dein ältester Vetter zweiten Grades«, sagte sie. »Das ist deine drittälteste Cousine.«

Im Jahr 1989 feierte Tante Sissee ihren 80. Geburtstag mit einem traditionellen chinesischen Festessen. Ich werde nie vergessen, wie meine Cousinen und ich unseren Bankettsaal verließen und in den großen Speisesaal spähten, in dem eine Hochzeit stattfand. Die Gäste – es waren mindestens fünfhundert – klopften mit ihren Eßstäbchen an Schalen oder Gläser und machten einen unbeschreiblichen Lärm. »Also, die müssen aus Taiwan sein«, höhnte eine meiner Cousinen. »Das sind bestimmt FOBs.« FOB stand für Fresh-off-the-Boat oder Frisch-vom-Schiff. Fong Sees erste Reise und die dunklen Anfänge seiner Karriere, als er Dessous mit einer Öffnung im Schritt an Bordelle verkauft hatte, lagen lange zurück, und inzwischen gehörten wir zu den alteingesessenen Familien, zur Aristokratie. Wir waren keine FOBs mehr, wir waren ABCs, in Amerika geborene Chinesen.

An jenem Abend schenkte ich Sissee das Buch *Chinese American Portraits* von Ruthanne Lum McCunn, das trotz aller Tragödien, rätselhaften Ereignisse und gesetzwidrigen Schelmenstücke, von denen es berichtet, ein mächtiges kulturelles und künstlerisches Ethos vermittelt.

Drei Tage später rief mich meine Cousine Leslee an. Sie teilte mir mit, daß Sissee, ihre Mutter, meine Großtante und das einzige noch lebende Kind aus der halb chinesischen, halb weißen Familie meines Urgroßvaters, der Meinung sei, es müsse endlich ein Buch über die Familie geschrieben werden, und daß sie mich als Autorin auserkoren hatte. In der folgenden Woche nahm ich meinen Kassettenrecorder mit in das Antiquitätengeschäft und nahm auf, was mir Tante Sissee, meine Großmutter und meine Cousine erzählten. Am ersten Tag erfuhr ich, daß Fong See nicht als erstes Mitglied der Familie auf den Goldenen Berg gekommen war. Sein Vater – mein Ururgroßvater – hatte am Bau der transkontinentalen Eisenbahnlinie als Kräuterheilkundiger mitgewirkt. Ich erfuhr auch, daß Fong See nicht zwei, sondern *vier* Frauen gehabt hatte. Die Familie hatte die Ehen all die Jahre geheimgehalten; Fong Sees Polygamie verstieß gegen das Gesetz und war seinen Kindern peinlich.

Zwei Monate später starb Sissee ganz unerwartet, aber Leslee ermutigte mich, an dem Buch weiterzuarbeiten. Von unseren Freunden und Verwandten waren viele schon über achtzig oder neunzig, und wenn sie starben, würde ihre Geschichte für immer verloren sein. Auf Leslees Drängen machte ich weiter. Einige Verwandte, darunter auch mein Vater, wollten eigentlich gar nicht mitarbeiten. Sie taten es trotzdem, aus Respekt vor dem Wunsch meiner Großtante, wie ich vermute.

In den vergangenen fünf Jahren habe ich mit annähernd hundert Menschen gesprochen, reichen und armen, Chinesen und Weißen. Oft hatte ich mit der Schwierigkeit zu kämpfen, daß ein und dieselbe Person verschiedene Namen hatte. So hieß mein Großonkel Milton außerdem noch Ming, Ming-ah und Ah-Ming; und Fong See, Suie On und See-bok waren die Namen meines Urgroßvaters. Ich versuchte, aus dem mit starkem Akzent gesprochenen Englisch alter Männer schlau zu werden, die Wörter wie *he* und *she, him* und *her* oder *town* und *time* verwechselten. Einige konnten sich nicht einmal mehr an die Namen ihrer Mütter erinnern. »Es ist lange her«, sagte einer.

Beim Aktenstudium im Nationalarchiv entdeckte ich, daß die Einwanderungsbehörde sich von Anfang an für meine Verwandten interessiert hatte, aber nie wirklich herausbekam, was sie taten. Ich erhielt Unterstützung von zahlreichen Bibliotheken, historischen Gesellschaften und Wissenschaftlern. Ich bekniete Verwandte, Freunde und Kunden so lange, bis sie ihre Speicher, Keller und Schränke nach Fotografien und Papieren oder nach anderen Erinnerungsstücken von Messen, Kunstausstellungen und Familienfesten durchforsteten. Ich sah mir Filme und Videobänder an, studierte Notizbücher und Briefe, Paketkarten und Steuererklärungen. Ohne jedes Vorwissen schlug ich mich mit den Problemen des geschriebenen Chinesisch herum. Sollte ich Mandarin oder Kantonesisch wählen? Und wie sollte ich es in lateinische Schriftzeichen umsetzen? Nach dem Wade-Giles- oder dem Pinyin-System? (Schließlich entschied ich mich für Kantonesisch und die ältere Wade-Giles-Methode, weil sie der Zeit entsprechen, von der das Buch handelt. Medizinische Begriffe sind jedoch in Mandarin und Pinyin besser wiederzugeben.)

Was bei dem Buch herauskam, ist eine Geschichte der Verschmelzung – der vielfältigen Verschmelzung von Menschen und Kulturen. Ich habe noch nicht erwähnt, daß meine Großmutter sich im Krieg zu den Chinesen rechnete und deshalb ebenfalls eine Plakette trug – sie hätte ja rote Haarsträhnen in ihren Haarknoten geflochten haben können. Meine Großmutter war wie meine Urgroßmutter eine Weiße, aber im Herzen war sie Chinesin. Sie war mit der chinesischen Seite verschmolzen. Im Lauf der Jahre hatte sie ihre taillierten Kleider weggepackt und durch schwarze Hosen und weite Jacken ersetzt, zu denen sie immer ein wundervolles chinesisches Schmuckstück trug. Sie lernte, wie man aus Kopfsalat Suppe kocht, wie man einer Braut das *lai see* überreicht und wie sich eine anständige chinesische Schwiegertochter benimmt. Meine Urgroßmutter, meine Großmutter und meine Mutter waren so weiß und »amerikanisch« wie nur möglich, und doch heirateten sie alle Männer, deren Kultur sich von ihrer eigenen radikal unterschied.

Viele Chinesen, die ich interviewte, bezeichneten die Weißen als *lo fan* oder *fan gway*, als weiße Menschen, »weiße Geister«. Oft sagte jemand erklärend: »Weißt du, sie war eine Weiße wie du.« Es war ihnen nie bewußt, wie erschreckend das für mich war, weil ich mich all die Jahre, in denen ich im Laden gespielt und Hochzeitsbankette besucht hatte, als Chinesin gefühlt hatte. Immerhin waren diese Menschen meine Verwandten. Ich hatte dem Umstand, daß ich rote Haare hatte wie meine Großmutter, die anderen jedoch glatte schwarze, nie viel Beachtung geschenkt. Doch ich hatte noch einen anderen Beweis: Alle chinesischen Kinder werden mit einem Mongolenfleck in der Kreuzbeingegend geboren – einem Muttermal in Form eines Kohlkopfes, das später wieder verschwindet. Bei mir war dieser Fleck immerhin zu erkennen. Obwohl ich nicht chinesisch aussehe, bin ich wie meine Großmuttter im Herzen eine Chinesin.

Es ist schwer, ein Buch zu finden, das sich mit den chinesischen Einwanderern oder ihren Erfahrungen beschäftigt und an anderen Büchern über diesen Gegenstand keine Kritik übt. Jeder Autor vertritt andere Ansichten zu den Themen Rassismus, Armut, Rolle der Frau, Sprache, Politik, Kunst, Liebe und Schönheit. Ich weiß nicht, wer recht oder unrecht hat, welche Bücher historisch genauer oder politisch korrekter sind. Ich konnte nur versuchen, *unsere* Geschichte zu erzählen. *Auf dem Goldenen Berg* erhebt nicht den Anspruch, die ganze Wahrheit zu berichten. Das Buch enthält nur *eine* Wahrheit, eine Wahrheit, die durch meine Gefühle, meine Erfahrung und meine Recherchen vermittelt ist.

TEIL EINS

KAPITEL 1

ZEIT DER WUNDER

1866–1871

Fong Dun Shung schulterte die für den Goldenen Berg gepackte Tasche und verabschiedete sich mit einem letzten Nicken von seiner Frau, seiner Tochter und den Söhnen Nummer eins und vier. Er wandte sich um und machte sich auf den halben Tagesmarsch nach Foshan. Dort wollte er an Bord eines Sampans gehen und zunächst durch das Delta des Perlflusses nach Osten und dann südwärts nach Hongkong fahren. In Hongkong lag ein Schiff, das ihn zum *Gam Saan,* dem Goldenen Berg, bringen sollte. Fong Dun Shung und seine Söhne Nummer zwei und drei trotteten im Gänsemarsch auf den erhöhten Pfaden zwischen den blaßgrünen Reisfeldern dahin, die sich unmittelbar vor der Dorfhecke von Dimtao erstreckten. Wann, so dachte er, würde er die Heimat wohl wiedersehen?

Fong Dun Shung hatte von Männern gehört, die auf dem Goldenen Berg ihr Glück gemacht hatten. Trotz der starken Familienbande und der Drohung der Kaiserwitwe, jeden zu enthaupten, der China verließ, waren viele Männer auf Goldsuche gegangen. Wie es hieß, lagen auf dem *Gam Saan* kinderkopfgroße Goldklumpen auf offenem Feld herum, die jedermann auflesen und behalten konnte. Inzwischen sprachen die Leute allerdings mehr vom Eisenbahnbau und der Arbeit, die man dort bekommen konnte, wenn man nur bereit war, sich zu placken. Die Männer in Fong Dun Shungs Dorf schätzten, daß man in Amerika wenn nicht 1000, so doch zumindest 800 Dollar zusammensparen konnte. Fong Dun Shung hängte die schwere Korbtasche von der rechten auf die linke Schulter. Er war ein Glückspilz. Er bekam die Überfahrt zum Goldenen Berg umsonst, und man hatte ihm und seinen Söhnen bereits Arbeitsstellen versprochen.

Seine Familie hatte schwere Jahre hinter sich. Dimtao war ein armes Dorf, und sein Zweig der Familie Fong zählte zu den Ärmsten. Fong Dun Shung besaß kein Land, nicht ein einziges kümmerliches *mou,* und das zu einer Zeit, da alle Welt wußte, daß ein Mann zum Leben mindestens drei *mou* benötigte. Er konnte auch kein Land pachten, denn er hatte nicht einmal das Geld, Saatgut für Reis zu kaufen.

Er war ein Kräuterheilkundiger, ausgebildet in einer jahrtausendealten Kunst. Von seinem Vater hatte er gelernt, daß *qi,* die grundlegende Lebensenergie und wichtigste Kraft im Universum, ins Gleichgewicht gebracht werden mußte, damit der Mensch bei guter Gesundheit blieb. Er hatte gelernt, den menschlichen Körper als ein Universum zu betrachten, das aus fünf Elementen bestand – Holz, Feuer, Erde, Metall und Wasser –, und daß jedes dieser Elemente für ein bestimmtes Organ maßgebend war – Leber, Herz, Milz, Lunge oder Nieren. Wenn irgendeine der sechs Essenzen – Wind, Kälte, Sommerhitze, Feuchtigkeit, Trockenheit oder Feuer – überhandnahm, dann wurde der Körper geschwächt und fiel Krankheiten anheim. All dies hatte er von seinem Vater gelernt und in den letzten Jahren auch seinen Söhnen beigebracht.

Fong Dun Shung war als wandernder Heilkundiger mit seinen älteren Söhnen von Dorf zu Dorf gezogen. An guten Tagen scharten sich sofort die Bewohner um sie, wenn seine Söhne mit Gongschlägen ihre Ankunft ankündigten und dann Matten und Decken auf der nackten Erde vor der Ahnenhalle ausbreiteten, an deren Wänden Steinplatten mit den Geburts- und Todesdaten aller Vorfahren angebracht waren. Ob es an dieser geistigen Nähe zu den Vorfahren lag oder an dem *kung fu,* das er mit seinen Söhnen vorführte, um Kinder und alte Leute anzulocken – er wußte es inzwischen nicht mehr genau. Jedenfalls hatten sich viele Jahre lang immer Kunden eingestellt, wenn er einen seiner Söhne durch die Luft warf oder die Übungen machte, die auf den Bewegungen von Hirsch, Bär, Tiger, Affe und Kranich basierten und gegen Rheuma, Arthritis, Verdauungsbeschwerden und chronische Müdigkeit halfen.

Am Ende der Vorführung breitete Fong seine Kräuter aus. Frauen drängten sich heran. »Was kann ich nehmen, damit der Sohn stark wird, der in meinem Bauch heranwächst?« fragte etwa eine hochschwangere Frau, und er gab ihr ein Päckchen mit gemahlenen Pfirsichkernen, Tigerdisteln und Blättern der Sophore, zur Anregung des Kreislaufs. »Gesunde Eltern bekommen gesunde Kinder«, pflegte er zu sagen. »Wenn du dein Blut gesund hältst, dann gehen auch deine Kinder ohne Krankheiten durchs Leben und bekommen selbst gesunde Kinder.« Frauen, deren Blutungen nach der Geburt nicht aufhören wollten, verschrieb er einen Trank aus Japanischer Katzenminze, Gelbwurz und Färberdistel.

Er behandelte gerade eine Frau, die Geschwüre hatte, als ihn der Anwerber der Eisenbahngesellschaft ansprach und fragte, ob er Lust habe, auf den Goldenen Berg zu kommen und kranke chinesische Arbeiter zu versorgen. »Die Kulis trauen unseren westlichen Ärzten nicht«, schnarrte der fremde Teufel in Worten, die Fong nicht verstand, die ihm jedoch ein chinesischer Helfer übersetzte. Die Eisenbahngesellschaft, so fuhr er fort, werde die Kosten für seine Überfahrt tragen und ihn für seine Kräuter und seine Kenntnisse bezahlen. Fong brauchte über das Angebot nicht lange nachzudenken. Er wußte, wie sein Leben in den letzten Jahren verlaufen war.

Seine Familie war gewachsen, und seine Söhne hatten heiraten wollen, aber das Brautgeld für eine ordentliche Frau nicht aufbringen können. Ja, das Geld reichte nicht einmal, um ein unverheiratetes Mädchen aus einer noch ärmeren Familie als Konkubine zu kaufen. Fongs Geschäfte gingen immer schlechter, und es wurde immer schwieriger, Kunden zu finden. Einige Gründe waren ihm gerüchteweise zu Ohren gekommen, doch konnte ein erwachsener Mann Gerüchten trauen? Fong Dun Shung war ein unbedeutender Mann. Er konnte weder lesen noch schreiben. Also mußte er sich auf Gerüchte verlassen, und darauf, was er mit eigenen Augen sah.

China wurde in jener Zeit von schweren Unruhen erschüttert. Im Jahr 1840, als Fong noch ein junger, frisch verheirateter Mann gewesen war, hatte der erste Opiumkrieg getobt. Sein Land hatte 6 Millionen Silber-Tael an Großbritannien zahlen müssen, um Kanton auszulösen, und weitere 33 Millionen Tael an Reparationen. Zudem mußte es Hongkong an die Briten abtreten und andere Häfen öffnen. Das Opium überschwemmte den Markt. Im Lauf der Jahre hatte Fong gesehen, welche Schäden es bei Arm und Reich anrichtete. Der zweite Opiumkrieg war erst sechs Jahre zuvor, 1860, zu Ende gegangen, mit noch schlimmeren Folgen als der erste: Wieder mußten riesige Zahlungen an die Briten geleistet werden, Missionare strömten ins Land und verkündeten ihre Lehre von einem einzigen Gott, weitere Häfen wurden geöffnet, und China wurde zur Einfuhr billiger Massenprodukte gezwungen, was seine Kleinindustrie ruinierte. All dies war Unrecht, aber mit seinen Waffen – Speeren, Schwertern, Pfeilen und altertümlichen Kanonen – hatte das Land gegen die modernen britischen Geschütze, Gewehre und Schiffe keine Chance.

Fongs Heimatland war jedoch nicht nur von Ausländern ausgeplündert worden. Erst dreizehn Jahre zuvor hatten die Roten Turbane, Gruppen von Clans und Mitglieder von Geheimbünden, das nahe gelegene Foshan eingenommen und waren über die Dörfer und Felder in Richtung Kanton marschiert. Kaiserliche Truppen und örtliche Milizen versuchten, die Banden aufzuhalten, und dabei wurden ganze Dörfer niedergebrannt. In derselben Zeit führten die Punti (die »Einheimischen«) und die Hakka (die »Gastmenschen«) selbst nutzlose Bürgerkriege. Und als sei das noch nicht genug, zettelte Hung Hsiu-ch'uan, der sich selbst den Zweiten Sohn des Himmels nannte, die T'aip'ing-Rebellion an, eroberte Nanking und machte es zur Hauptstadt seiner Dynastie. Die Kriege und die aus ihnen resultierenden Hungersnöte hatten auf dem Land 25 Millionen Todesopfer gefordert. Und inzwischen führten Kriegsherren, die erkannt hatten, daß die herrschenden Mandschus ihnen nicht Einhalt gebieten konnten, ihre eigenen Feldzüge, raubten, verwüsteten und plünderten.

Auf seinen Wanderungen kam Fong oft durch Dörfer, in denen er früher gute Geschäfte gemacht hatte. Manchmal brauchte er gar nicht erst durch das Tor zu treten, um zu erkennen, daß der Tod das Dorf heimgesucht hatte, denn die Köpfe der Männer, denen er in den vergangenen Jahren Kräuter verkauft hatte, staken draußen auf Pfählen. Er zog dann einfach weiter. Andernorts, wo ihn einst

Kinder vom Rücken eines Wasserbüffels fröhlich begrüßt hatten, fand er jetzt häufig nur noch halbverhungerte, nackte Geschöpfe vor, die an einem Bach hockten und hofften, einen Fisch zu fangen. Auch dann zuckte er nur die Schultern und setzte seinen Weg fort. Er hätte nichts für sie tun können, ohne selbst in Schwierigkeiten zu geraten.
Als Fong Dun Shung jetzt dem Fluß südwärts nach Kanton folgte, hoffte er, auf dem Goldenen Berg sein Glück zu machen und in ein paar Jahren mit Taschen voller Gold zurückzukehren. Er träumte davon, der Vorsteher seines Dorfes zu werden, zu dem alle aufschauten. Er wollte reich werden. Er wollte viele Frauen und viele weitere Söhne haben. Es war möglich.

Im Jahr 1862 wurde der Sklavenhandel international verboten, also »schanghaiten« Ausländer ausreisewillige Chinesen, indem sie sie mit List oder Gewalt dazu brachten, Überfahrten zu buchen, auf denen sie kaum besser behandelt wurden als Sklaven. Wie die Schwarzen, die man über den Atlantik nach Amerika verschleppt hatte, wurden auch die Chinesen in überfüllte Schiffe gepfercht und mußten während der Reise über den Pazifik unter Deck bleiben. Die Bedingungen an Bord waren grauenhaft. Auf einigen Schiffen wurden die Passagiere wie Klafterholz in dreistöckigen Kojen von 1,8 Meter Länge, 35 Zentimeter Breite und mit einer lichten Höhe von nur 60 Zentimetern gestapelt. Die Frachträume stanken nach menschlichen Ausdünstungen, da die Luken geschlossen blieben, um Fluchtversuche zu verhindern. Die sogenannten »sojourners« – Männer, die versprochen hatten, wieder in ihre Heimat zurückzukehren – erhielten pro Tag einen Eimer Wasser zum Waschen und Trinken. Auch die Verpflegung war knapp. Die Ausländer wußten aus Erfahrung, daß der Wille eines Mannes am schnellsten durch Hunger zu brechen war.
Niemand weiß genau, welches Schiff Fong Dun Shung und seine beiden Söhne nach Amerika trug, aber in der ersten Zeit waren die Sterberaten auf allen Schiffen hoch. Auf der *Exchange* starben 85 von 613 Kulis. Im Jahr 1854 meldete die *Libertad* nach acht Tagen auf hoher See 150 Tote durch Skorbut und »Schiffsfieber«. Auf der *John*

L. Stevens, die 550 Einwanderer an Bord hatte, herrschten besonders schlechte Bedingungen: Die Menschen mußten stundenlang stehen und sich in der Benutzung der zu wenigen Kojen abwechseln. Die Lage verbesserte sich, als die Pacific Mail Steamship Company vier große Schiffe in Betrieb nahm, die auf dem Zwischendeck bis zu 1200 Passagiere befördern konnten. Die Männer brachten eigenes Bettzeug mit und schliefen auf hölzernen Bettgestellen. Tagsüber zogen sie die Betten ab und schufen so zusätzlichen Platz. Dennoch wurden viele seekrank, bekamen von schlechtem Essen und fauligem Wasser Durchfall und trafen nach der dreißigtägigen Reise oft sehr geschwächt in Amerika ein.

Anfang 1867, als Fong Dun Shung in San Francisco an Land ging, war es dort bereits ein gewohnter Anblick, daß Hunderte von Chinesen die Laufplanken der riesigen Schiffe herabströmten. Die Ankömmlinge hatten ihre verschmutzte Reisekleidung abgelegt und saubere blaue Jacken und Hosen aus Baumwolle angezogen. Ihre sorgfältig geflochtenen Zöpfe schwangen beim Gehen rhythmisch auf dem Rücken, und alle trugen Körbe mit wenigen Habseligkeiten bei sich, an die sie mit einem Stück Schnur ihre zusammengerollten Decken und Matten gezurrt hatten.

Fong Dun Shung und seine Söhne kamen sich in dem Getümmel auf dem Kai verloren vor und blickten sich verwirrt um. Es gab keine Einreiseformalitäten und keinen Zoll. Man hatte ihnen versprochen, daß jemand sie abholen würde. Aber wer? Irgendwo im Stimmengewirr der Menge hörte Fong ein paar Brocken in seinem Dialekt. Er sah seine Söhne an, und sie nickten zustimmend. »Wir müssen den Mann finden, dem diese Stimme gehört«, schienen sie zu sagen. Während sie sich sanft einen Weg durch das Gedränge bahnten, bemerkten sie, daß Mitreisende sich um Goldener-Berg-Männer scharten, die in verschiedenen Dialekten nach ihren Landsleuten riefen. »Ich bin aus Nam Hoi. Ich suche alle Männer aus Nam Hoi.« »Ich spreche Sze Yup. Jeder, der diese Sprache der starken Männer erkennt, zu mir.« Bald darauf hatten Fong und seine Söhne den Mann gefunden, der den Foshan-Dialekt aus dem Distrikt Nam Hoi sprach. Er befahl ihnen und ein paar anderen, sich in einer Reihe aufzustellen. Und dann verließen sie im Gänsemarsch den über-

füllten Kai und trotteten durch die Straßen in Richtung Stadtzentrum.
Wie seltsam die Stadt aussah. Sie war bestimmt mit einem großartigen *fengshui* gesegnet, dachte Fong Dun Shung – einem günstigen Zusammenwirken von Luft und Wasser. Häuser schmiegten sich an Hänge, wo sie Wind und Regen auffangen konnten. Manche waren in leuchtenden Farben gestrichen wie Tempel. Die meisten standen weit von den Nachbarhäusern entfernt und wirkten schutzlos. Obwohl Fong hoffte, das Meer erst wiederzusehen, wenn er zu seiner Frau und seinen anderen Kindern zurückkehrte, drehte er sich noch einmal um und warf einen letzten Blick hinunter in die Bucht, die in der klaren Wintersonne schimmerte.
Sie gingen weiter, bis sie nach Chinatown gelangten. Hier und dort hingen helle rote Laternen. Dreieckige Tücher aus gelber Seide flatterten vor einigen Häusern im Wind und teilten den Neuankömmlingen mit, daß es sich um Restaurants handelte. Auf Schildern wurden Kräuter, Textilien und Jobs angeboten. Fong sah keine Frauen, nur ein paar vereinzelte, blasse Gesichter, die aus kleinen vergitterten Fenstern spähten. Prostituierte, erklärte ihnen der Führer.
Der Familie war nur ein kurzer Aufenthalt in San Francisco beschieden. Bevor Fong die Stadt wieder verließ, besorgte er mit Gutscheinen der Eisenbahngesellschaft Taschen voller Zimt, Weißdorn, Gardenien, Gewürznelken, Süßholz und Chrysanthemen in Form von Blättern, Blüten, Wurzeln, Wurzelstöcken und Schoten. Er konnte nicht voraussehen, was ihn erwartete, aber er wußte aus Erfahrung, daß Menschen überall an Erkältungen und Magenbeschwerden litten oder sich Schnittverletzungen zuzogen. Mit Hilfe der Six Companies – einer Dachorganisation von Wohltätigkeitsvereinen, die verschiedene Kreise und Bezirke in China repräsentierten – fanden und erwarben seine Söhne schwere Stiefel und schwarze Hüte. Am Ende der Woche gingen die drei erneut an Bord eines Schiffes. Diesmal war es ein Flußdampfer, der sie gemächlich den American River nach Sacramento hinauftrug. Dort angekommen, wurden die chinesischen Arbeiter abermals in Gruppen aufgeteilt und mit Pferdewagen oder mit dem Zug zu ihren Arbeitsplätzen in der Sierra gefahren.

Kalifornien war reich mit Naturschätzen gesegnet. Es besaß fruchtbaren Boden, eine breite Vielfalt von Tieren, Berge, Wüsten, Täler und große Erzvorkommen. Ein Land, für alle Zeiten dazu bestimmt, auf Träumen aufgebaut zu werden. Dieselbe Hoffnung auf kinderkopfgroße Nuggets, der die ersten chinesischen Goldwäscher erlegen waren, hatte auch andere Männer veranlaßt, ihre Stadthäuser in Boston, Farmen in Ohio, Ranches in Montana und Plantagen in Georgia zu verlassen. Sie waren allein gekommen, denn der Westen war nichts für Frauen. Bis zur Fertigstellung der ersten transkontinentalen Eisenbahnlinie 1869 bestand die Bevölkerung Kaliforniens zu siebzig Prozent aus Männern – einem gesetzlosen Haufen rauher und schmutziger Gesellen, unter denen nur wenige »anständige« Frauen lebten. Eine Folge des Frauenmangels war, daß niemand Wäsche wusch. Besser betuchte Männer schickten ihre Kleider zum Waschen, Bügeln und Stärken nach Hongkong. Der Preis für ein Dutzend Hemden betrug sagenhafte 12 Dollar, und oft war die Wäsche zwei bis vier Monate unterwegs. Trotzdem war der »Dampfertag«, an dem ganze Schiffsladungen mit Frischgestärktem in der San Francisco Bay eintrafen und an ihre Eigentümer verteilt wurden, jahrelang ein Fest. Mindestens eine Woche lang konnte man nun wieder saubere Sachen tragen.

Im Jahr 1850, zwei Jahre nach dem ersten Goldfund in Sutter's Mill, wurde Kalifornien als Staat in die Union aufgenommen. Zwölf Jahre später, 1862, wurde der erste Anti-Kuli-Club gegründet. Im selben Jahr wurde Leland Stanford zum Gouverneur gewählt. In seiner Antrittsrede sagte er: »Für mich ist es völlig klar, daß die Ansiedlung einer minderwertigen Rasse in unserer Mitte mit allen gesetzlichen Mitteln verhindert werden muß. Asien, mit seinen unzähligen Millionen, schickt den Bodensatz seiner Bevölkerung an unsere Küsten.« Noch im selben Jahr wurde Stanford Präsident der Central Pacific Railroad.

Die Großen Vier – Stanford, Charles Crocker, Mark Hopkins und C. P. Huntington – begeisterten sich für die grandiose Idee, eine transkontinentale Eisenbahnlinie zu bauen, nicht zuletzt wegen der Profite, die sie abzuwerfen versprach. Der Bedarf an einer solchen Linie war zweifellos vorhanden. Zu der Zeit, als die Bauarbeiten begannen, hatten die verwegenen Abenteurer, die es nach Westen zog, die Wahl zwischen drei gleichermaßen unangenehmen Möglichkeiten: Sie konnten entweder mit dem Schiff an der Ostküste Südamerikas entlangfahren und Kap Horn umrunden, eine Reise, die je nach Wetterlage sechs bis neun Monate dauerte. Oder sie fuhren bis zur Meerenge von Panama, dann mit kleinen Stechkähnen den krokodilverseuchten Chagres hinauf, bevor sie sich mit Maultieren auf den achtzig Kilometer langen Marsch über das Gebirge zum Pazifik machten. Auf dieser Route gelangte man zwar einige Monate früher ans Ziel, lief aber Gefahr, unterwegs an Gelbfieber oder Cholera zu erkranken. Schließlich konnte man auch vom Missouri aus eine sechsmonatige abenteuerliche Reise durch Wüsten, Prärien und Berge antreten. Doch auch sie war gefährlich, und viele starben unterwegs an Krankheiten, bei Unfällen oder Überfällen der Indianer. Eine transkontinentale Eisenbahnlinie würde die Reisezeit auf eine Woche verkürzen und die Chancen, gesund und unversehrt ans Ziel zu kommen, beträchtlich erhöhen. Außerdem würde eine kürzere und weniger strapaziöse Anreise vielleicht auch mehr Frauen dazu bewegen, sich im Westen niederzulassen – ein mächtiger Ansporn für die in Kalifornien lebenden Männer, nicht nur wegen der Aussicht auf saubere Wäsche, sondern auch auf Gesellschaft im Bett.

Der erste Spatenstich der Central Pacific Railroad erfolgte am 8. Januar 1863. Zwei Jahre später waren erst 80 Kilometer Schienen gelegt, und Crocker gelangte zu der Überzeugung, daß die Rasse, die die Chinesische Mauer gebaut hatte, auch seinen Traum verwirklichen konnte. Außerdem war es, günstige Winde und eine ruhige See vorausgesetzt, billiger und weniger zeitraubend, Arbeiter per Schiff aus Kanton nach San Francisco zu bringen, als östlich des Mississippi weiße Arbeitskräfte anzuwerben.

Crocker stieß zunächst auf heftigen Widerstand. »Ich werde doch nicht den Chinesenboß spielen«, rief der Bauleiter der Central Pacific entsetzt, als er von dem Vorhaben erfuhr. Und Stanford, der nur vier Jahre zuvor mit einem chinesenfeindlichen Programm in den Wahlkampf gezogen war, drohte sich in der Öffentlichkeit zu blamieren, wenn er jetzt eine Kehrtwendung vollzog. Doch Crocker verfolgte seinen Plan unbeirrt weiter. Er baute auf die schlichte Tatsa-

che, daß seine Partner gewiefte Geschäftsleute waren und sich in erster Linie dafür interessierten, was am Ende unter dem Strich herauskam. Anfang 1865 wurden probeweise 50 chinesische Bergleute eingestellt, die bereits Erfahrung im Umgang mit Bohrmaschinen und Dynamit hatten. Sie erwiesen sich als so tüchtig, daß sechs Monate später 2000 bis 3000 Chinesen an der Bahnlinie arbeiteten.
Dieser erste Winter war der strengste seit Menschengedenken. »Crockers Lieblinge«, wie die Chinesen genannt wurden, lebten wie Maulwürfe. Sie gruben Tunnel durch zwölf Meter hohe Schneewehen und verlegten darin die Schienen. Männer wurden von Lawinen fortgerissen, Tunnel stürzten ein, doch die Arbeit ging weiter. Im Frühjahr, als der Schnee schmolz, fand man erfrorene Arbeiter, immer noch aufrecht stehend und Werkzeug in den Händen, die Gesichter im Tod zu Masken des Entsetzens erstarrt.
Im Sommer 1868 waren neunzig Prozent der 40 000 Bahnarbeiter Chinesen – fast ein Viertel der chinesischen Gesamtbevölkerung des Landes. Sie sprengten mit Dynamit die sogenannten Donner-Tunnels durch 500 Meter massiven Fels. Während die Arbeiter der Union Pacific im Tiefland von Nebraska und in den Prärien rasch vorankamen, bauten die Chinesen der Central Pacific eine Linie, die auf einer Strecke von 160 Kilometern einen Höhenunterschied von 2100 Metern überwand. In Weidenkörben an der nackten Felswand hängend, meißelten sie Trassen in Schiefer und Granit, in denen sie die Schienen verlegten. Mit Hämmern, Brecheisen und Dynamit unterwarfen sie die Erde den Plänen der Großen Vier.

Jeden Abend versammelten sich Fong Dun Shung und die anderen chinesischen Arbeiter hoch in den Bergen um das Lagerfeuer. Manchmal spielten sie *dow ngow,* das Spiel der kämpfenden Stiere, bei dem alle Spieler auswürfeln, wer zuerst die Dominosteine setzen darf. Meistens jedoch spielten sie *fan-tan.* Dabei nahm der Geber eine Handvoll Knöpfe aus einer Schale, legte sie auf den Boden und stülpte eine Tasse darüber. Dann wurden Wetten abgeschlossen. Schließlich hob der Geber die Tasse und entfernte so lange jeweils vier Knöpfe, bis einer, zwei, drei oder keiner übrigblieben. Wer auf die richtige Zahl gesetzt hatte, hatte gewonnen.

Gelegentlich gaben Geiger oder Flötenspieler, die das Leben als Schienenleger aufgegeben hatten und als Musiker von Lager zu Lager zogen, kleine Konzerte. Oder es kam ein professioneller Märchenerzähler durch und unterhielt sie mit Geschichten über den Affenkönig Sun Wu Kung, die Mandschus oder die Drei Königreiche. Auch ein Friseur erschien in regelmäßigen Abständen im Lager, und die Männer warteten geduldig in einer Reihe, um sich die Stirn rasieren und den Zopf neu flechten zu lassen. An den Abenden, wenn keine Besucher kamen, baten die müden Arbeiter Fong Dun Shung um eine Geschichte.

»Erzähl uns etwas aus der Heimat«, mochte einer von ihnen sagen, während er in der Glut des Feuers nach einer Süßkartoffel stocherte. »Erzähl uns noch einmal die Geschichte von der Schlange«, bat vielleicht ein anderer.

Fong Dun Shung ließ darauf den Blick über die Männer schweifen, die mit ihren faltigen, von der sengenden Hitze des Sommers und der eisigen Kälte des Winters gezeichneten Gesichtern vor ihm kauerten, und begann: »Es ist viele Jahrhunderte her, da wurde ein Bauer tief im Herzen der Provinz Yunnan von einer Schlange geplagt, die einfach nicht sterben wollte. Bei Tagesanbruch, wenn der Bauer seine Hütte verließ, sah er das Reptil auf dem großen Stein neben seinem Brunnen. Und abends, wenn er von seinen Reisfeldern kam, war die Schlange immer noch da. Sie hatte den ganzen Tag gefaulenzt und sich auf dem Stein gewärmt. Der Bauer war darüber so erbost, daß er eines Tages einen Bambusstock nahm und so lange auf die Schlange einschlug, bis sie nicht einmal mehr zuckte. Dann packte er den leblosen Körper und schleuderte ihn achtlos ins Unkraut. Am nächsten Morgen jedoch, als der Bauer aus der Hütte trat, wärmte sich die Schlange wieder auf dem Stein.«

Fong Dun Shung machte eine Pause und ließ seine Worte wirken. Ein paar Männer spuckten ins Feuer.

»Tag für Tag«, fuhr Fong Dun Shung fort, »tötete der Bauer die unverschämte Schlange und warf sie ins Unkraut. Doch Tag für Tag kroch die Schlange wieder hervor und nahm von neuem ihren Platz am Brunnen ein. Eines Abends beschloß der Bauer aufzubleiben und nachzusehen, welcher Dämon oder Gott seinen Plagegeist wiederbelebte. Als der Mond aufging und die Erde beschien, sah der Bauer, wie die Schlange den Kopf hob und an den Blättern des Unkrauts knabberte, das eigentlich ihre letzte Ruhestätte hätte sein sollen. Auf diese Weise, weil der schlaue Bauer die listige Schlange beobachtete, entdeckten unsere Vorfahren die Heilkraft der Kräuter, und so wurde die große Heilkunst unseres Landes erfunden.«

»Erzähl uns den Rest«, rief ein junger Mann.

»Das unscheinbare Kraut war *san qi«*, erklärte Fong Dun Shung. »Es wird seit Jahrhunderten von den berühmtesten Kräuterheilkundigen in China zur Herstellung von *bai yao* verwendet, jenem weißen Pulver, das die Wundränder zusammenzieht und die Heilung beschleunigt. Die Soldaten in unserem Land, die es seit alters her benutzen, haben ihm den Namen ›Gold, mit dem nicht gehandelt wird‹ gegeben. Ich habe es bei dir angewendet, Ah-yee, als du dir letztes Frühjahr den Schienennagel durch die Wade getrieben hattest, und bei dir, Ah-sing, als du vom Felsen gestürzt bist und wir schon gedacht haben, du seist tot.«

Im Gegensatz zu seinen Söhnen und den anderen Männern, die an der Bahnlinie arbeiteten, blieb Fong Dun Shung tagsüber meistens im Lager. Er pflegte die Kranken und hielt ihnen die Hand, wenn sie die bitteren Kräutertees tranken, die er für sie kochte. Manchmal wurde er auch zur Bahnlinie gerufen, um einen Verletzten zu versorgen. Oder er sprach mit dem Chef der Baukolonne, wenn ein Mann nicht mehr arbeiten konnte und sich im Lager erholen mußte.

Wenn einer der Männer, die in Weidenkörben in der Felswand hingen, verunglückte, kam in der Regel jede Hilfe zu spät. Manchmal scheuerte ein Seil durch, und der Mann wurde hundert Meter tiefer auf den Felsen zerschmettert. Die Korbmänner schwangen sich aus der Wand, wenn sie eine Ladung Dynamit zündeten, und gelegentlich kam es vor, daß der Korb zu früh zurückschwang. Was konnte Fong Dun Shung noch für einen armen Kerl tun, dem es Arme und Beine abgerissen hatte und dessen Gesicht nur noch ein blutiger Brei aus Knochensplittern und Gewebe war? Zusammen mit ein paar Landsleuten ging er zu dem Begräbnis und merkte sich die Stelle, damit man die Knochen später ausgraben, säubern und für ein ordentliches Begräbnis nach China überführen konnte.

Im Winter bereitete Fong Dun Shung Mittel gegen Schüttelfrost, Fieber, Erschöpfungszustände, Husten und Übelkeit – Symptome, die seine Landsleute in den verschneiten Bergen plagten. Im Sommer braute er kühlende Tränke für Männer, die einen Hitzschlag erlitten hatten, oder mischte Salben gegen Insektenstiche und Sonnenbrand. Das ganze Jahr hielt er Breiumschläge für die Behandlung von Schnitt- und Schürfwunden, Kratzern, Stauchungen und Knochenbrüchen bereit, Verletzungen, die sich die Männer leicht zuzogen, wenn sie sich mit Hammer, Meißel und Dynamit um einen Berg herum und manchmal mitten durch ihn hindurch arbeiteten. Die Zubereitung dieser Mixturen war zeitraubend und nahm seine ganze Aufmerksamkeit in Anspruch. Er wählte die Ingredienzien aus, mahlte sie und kochte sie ein, bis mindestens die Hälfte der Flüssigkeit verdampft war. Dann versiegelte er sie in Tonkrügen.

Wenn ein Mann in die Zweite Stadt, Sacramento, oder in die Große Stadt, San Francisco, fuhr, oder wenn er dieses Land der Mühsal für immer verließ und in sein Heimatdorf zurückkehrte, ließ er sich von Fong Dun Shung ein potenzsteigerndes Mittel geben. Keiner wollte, daß seine Manneskraft versagte, wenn er zu einer Prostituierten ging oder sich wieder mit seiner Frau vereinigte. Wäre Fong ein gelehrter und kein bäuerlicher Kräuterheilkundiger gewesen, so hätte er jene Dinge verwendet, die am stärksten mit der männlichen Potenz in Verbindung gebracht wurden – getrocknete Genitalien männlicher Seelöwen und Seehunde, getrockneten menschlichen Mutterkuchen, den Schwanz des rot gefleckten Affen, Leim aus Schildkrötenpanzern und das Fell des Wildesels. Einfache Kräuter wie Ginseng, Wolfsbeere und Geißblatt waren für ihn jedoch leichter zu beschaffen, und sie wirkten sicherer und sanfter.

Während er die Ingredienzien für sein Aphrodisiakum mahlte, verschwendete er keinen Gedanken an sein eigenes Schicksal. Er befaßte sich nicht mit den Strapazen, die er erdulden mußte. Solche Gedanken und Gefühle waren ihm fremd. Er war ein Kräuterheilkundiger, darin geschult, die Welt außerhalb seiner selbst wahrzunehmen, und das tat er.

Die Chinesen in seinem Lager arbeiteten an 26 Tagen des amerikanischen Monats vom Morgengrauen bis zur Abenddämmerung. Dafür bekamen sie monatlich 28 bis 30 Dollar; in ihren Dörfern hätten sie vielleicht den Gegenwert von drei bis fünf Dollar verdient. Fong Dun Shungs Landsleute verschmähten die Verpflegung, die sie von den *fan gway* oder »weißen Geistern« bekamen. Sie kauften sich eigene Kochutensilien und eigene Lebensmittel. Die Bautruppführer nahmen Bestellungen für Waren aus China auf, und nach einiger Zeit trafen Reis, Süßkartoffeln, Nudeln, getrockneter Fisch und getrocknete Austern, Bambussprossen, Seetang, gepökelter Kohl, getrocknete Pilze, Erdnußöl und Dörrfrüchte bei den Arbeitern ein. In den wärmeren Monaten kamen immer wieder chinesische Händler ins Lager, und manch einer der Männer gönnte sich einen Luxus – eine Pfeife und Tabak, eine Reisschale mit Eßstäbchen, eine Zahnbürste, eine Öllampe.

Fong Dun Shung hatte gehört, wie seine Landsleute für ihre Sauberkeit und ihren Fleiß, für ihren Familiensinn und ihre Ehrfurcht vor den Vorfahren und nicht zuletzt auch für ihr Wohlverhalten in der Freizeit gelobt wurden. Und zu Recht. Er konnte es aus eigener Erfahrung bestätigen. Sie waren anders als die weißen Geister, von denen sie herumkommandiert wurden. Seine Landsleute wuschen sich jeden Tag mit einem Schwamm. Seit Fong im Lager war, hatte er nicht ein einziges Mal gesehen, wie ein weißer Geist sich wusch. Sie stanken alle nach Schweiß und nach dem Kuhfleisch, das sie aßen. Und viele Weiße wurden tatsächlich Geister, wenn ihre Seele nach einer der häufigen nächtlichen Schlägereien den Körper verließ. Fong hatte nur von einem einzigen Tang-Mann gehört, der bei einer Rauferei zu Tode gekommen war. Weiße Männer tranken bis zum Umfallen und lagen dann in ihrem Erbrochenen. Seine Landsleute tranken überhaupt keinen Alkohol – zumindest nicht das Feuerwasser, das die *fan gway* in Narren verwandelte.

Seine Landsleute kochten mit Wasser aus den Bergbächen Tee, so wie sie in China seit Jahrtausenden Wasser aus Zisternen und Brunnen vor dem Genuß kochten. Die Weißen hingegen tranken direkt aus denselben Bächen, und Fong schaute oft tagelang verächtlich zu, wie der weiße Arzt erfolglos Männern zu helfen versuchte, die sich unter Magenkrämpfen krümmten, von der Malaria ausgezehrt wurden oder ihr *qi* verloren, wenn sie an der Cholera starben.

Wenn Fong abends seine Geschichte zu Ende erzählt hatte, zogen sich seine Söhne und die anderen Arbeiter in ihre Zelte zurück. Sie waren müde von den Strapazen des Tages, und in wenigen Stunden graute bereits der Morgen. Fong blieb noch eine Weile an der Glut sitzen und ließ seine Gedanken in die ferne Heimat schweifen. Andere Männer prahlten gern damit, daß ihr Dorf das schönste oder fruchtbarste in der ganzen Provinz sei und daß sie als Sze-Yup-Männer mehr taugten als Sam-Yup-Männer, oder sie malten sich aus, wie sie dereinst als hochgeachtete alte Männer von ihren zahlreichen Söhnen umsorgt würden. Fong Dun Shung beteiligte sich nie an diesem albernen Geplänkel. Statt dessen blickte er hinauf zu den Sternen, die hier oben in den Bergen zum Greifen nahe schienen, und reiste im Geist von Stern zu Stern durch das Universum, bis er über seinem Heimatdorf Dimtao angelangt war und sein altes Leben als reisender Kräuterheilkundiger wieder aufnahm.
Er träumte von Männern, die in sexuellen Angelegenheiten kein Blatt vor den Mund nahmen. Und dazu bestand auch kein Grund, denn wie potent ein Mann war und wie glücklich er seine Frau machte, schlossen die Bauern auf den Dörfern oft aus der Zahl seiner Söhne. Wer noch keine Söhne gezeugt hatte, wurden häufig von Freunden gedrängt, etwas dagegen zu unternehmen. Und so kam es vor, daß ein Mann ihn aufsuchte und sagte:»Ich brauche etwas, das meinen Penis so stark macht wie den eines Stiers. Meine Frau sehnt sich nach dem Samen für viele gesunde Söhne.« Während der Mann mit gutmütigen Scherzen geneckt wurde, tat Fong Dun Shung so, als denke er angestrengt über das Problem nach, kramte dann mit finsterer Entschlossenheit zwischen seinen Fläschchen, Krügen und Breipackungen und förderte schließlich mit großer Geste die Ingredienzien zutage, die, zu einem Trank gebraut, bewirken sollten, daß die Frau des Kunden bei ihrem Tempelbesuch am nächsten Neujahrstag guter Hoffnung war.
Er träumte von zahnlosen und verschrumpelten Großmüttern, die um ein Mittel baten, das ihnen Kühlung verschaffte. »Kalte Mahlzeiten – Obst, Gemüse, in Scheiben geschnittenes Schweinefleisch, Krabben und Fisch – werden die Hitze in deinem Körper mindern«, riet er Frauen, die über Schweißausbrüche und einen trockenen

Mund klagten. Dann verkaufte er ihnen kühlende Kräuter – Gardenien und weiße Pfingstrosen –, um ihr inneres Feuer zu dämpfen, das, wie er wußte, nicht von einem Übermaß an Essen, Trinken und Sex herrührte, wie häufig bei jungen Männern. Im Winter, wenn die alten Frauen an innerer Kälte litten, vom Fieber geschüttelt wurden und über Erbrechen, Kopf- und Leibschmerzen klagten, sagte er: »Nehmt heiße, gebratene, scharf gewürzte oder in Wein getränkte Speisen zu euch, das wird euren Körper wärmen und stärken.« Gegen übermäßiges Aufstoßen verabreichte er Gewürznelken.

Andere Großmütter und Ehefrauen mit gebundenen Füßen schickten ein Dienstmädchen oder eine verzweifelte Schwiegertochter, wenn sie unter Nervenstörungen litten. Solche Zustände galten als »Holzgefühle« und wurden durch Stärkung der Leber geheilt. Zu diesem Zweck zermahlte er die Wurzeln von chinesischem Süßholz, chinesische Datteln und gewöhnliche Weizenkörner und empfahl: »Kocht das in Wasser, bis nur noch ein Drittel der Menge übrig ist. Dann nehmt eine Dosis und trinkt sie in kleinen Schlucken.« Er erkannte, daß die rotgesichtigen Frauen, die zu oft und zu schrill lachten, zuviel Feuer im Herzen hatten und Kühlung brauchten. Beim Gedanken an diese Frauen und ihre Kinder fiel ihm ein, wie sehr er seine eigene Frau und seine Kinder vermißte. Und das wiederum erinnerte ihn an die Bräuche in der Heimat, die so erdhaft schlicht waren, daß man selbst Kinder nur Nummer eins, Nummer zwei, Nummer drei zu nennen brauchte.

Er träumte, wie er durch Dimtao wanderte, wo die Gassen so schmal waren, daß man gerade noch einen Schubkarren durchschieben konnte. Er suchte in den Hütten, die nur aus einem Raum bestanden, nach seiner Frau und seinen Kindern. Ging es seiner Frau gut? Pflegte Nummer eins die Gräber der Vorfahren, und erfüllte er auch seine sonstigen Pflichten als Sohn? Und wie ging es Nummer vier, Fong See?

Vor seinem geistigen Auge sah Fong Dun Shung auch die älteren Häuser mit ihren glockenförmigen Dächern. Er entsann sich, wie er seinen Söhnen, als sie noch klein waren, erklärt hatte, daß die Dächer wie die Rücken von Drachen geformt waren, damit bei Regen das Wasser schnell ablief und bei Hitze die heiße Luft nach oben steigen konnte und die Bewohner es kühl hatten. Er trat in sein Haus. Es hatte weder Fenster noch eine richtige Tür. Der Eingang war mit Schwingtüren aus Bambus versehen – wie die Saloons in den Städten der weißen Teufel. In seinen Träumen wurde der Bambus beiseite geschoben, und nur die großen Holzpflöcke, die sich wie gekreuzte Gitterstäbe von einem Türpfosten zum anderen schieben ließen, boten einen gewissen Schutz. Sie hielten böse Menschen fern, so daß die guten Menschen seiner Familie drinnen sicher waren. Mit Genuß erinnerte sich Fong, wie sich der gestampfte Lehmboden unter seinen Fußsohlen angefühlt hatte. Das Innere des Hauses bot mit den kühlen Backsteinmauern und dem steilen Ziegeldach eine Zuflucht vor der drückenden Hitze und der Feuchtigkeit.

In seinen verträumten Nächten in der Sierra dachte er an den Regen, der an Sommertagen auf das Dach trommelte. Er sah seinen jüngsten Sohn, noch in der geschlitzten Hose eines Kleinkinds, bei Regen auf der hohen Steinschwelle der Haustür thronen. Alle Häuser hatten eine hohe Schwelle. Sie zeigte den Nachbarn, daß hier eine hochstehende Familie wohnte, und schützte das Haus vor den schlammigen Fluten, die bei den jährlichen Überschwemmungen über die Flußufer schwappten. Mit begrenztem Erfolg, denn – und hier lachte Fong in sich hinein – das Dach leckte an vielen Stellen, und selbst bei Nieselregen war die Schwelle der einzige Platz, wo man trocken blieb.

Fong Dun Shung verließ in seiner Traumwanderung das Dorf und ging hinaus zu den Reisfeldern – seichte Teiche in der Zeit der Aussaat, matte bernsteinfarbene Flächen in der Erntezeit. Selbst im Traum war er vorsichtig. Die erhöhten Pfade zwischen den Feldern und die schmalen Wege, die von Dimtao wegführten, waren schlecht zu begehen, verliefen in zahlreichen Krümmungen und endeten manchmal abrupt. Sie waren bewußt so angelegt, damit die bösen Geister, die über das Land wanderten, sich verirrten und den Weg ins Dorf nicht fanden. Manchmal begegnete er einem Verwandten und grüßte ihn mit einem Nicken. Das war es, was Dimtao, der Name seines Dorfes, bedeutete: jemanden mit einem Kopfnicken grüßen. Die Bauern aus seinem Dorf hießen alle Fong, und sie waren gute Menschen.

Doch was für ein schlechter Mensch war er selbst! Jede Nacht riß ihn dieser Gedanke aus seinen Träumen. Es war die Wahrheit, so unbestreitbar wie die Existenz der Sterne über seinem Kopf. Jeden Monat erhielt er von seinem Chef 28 Dollar, dieselbe Summe, die auch seine Söhne für ihre mörderische Arbeit bekamen. Die anderen Männer im Lager legten ein bißchen Geld zum Spielen beiseite und schickten den Rest an ihre Familien in der Heimat. Einige gewannen im Spiel, und Fong Dun Shung glaubte fest daran, daß er zu ihnen gehörte, doch nach jedem Zahltag mußte er feststellen, daß dem nicht so war. Deshalb unternahm er jedesmal, wenn die berufsmäßigen Briefschreiber ins Lager kamen, einen Spaziergang zum Ende der Bahnlinie. Und wenn seine Freunde ihre Dollars den Bankangestellten gaben, die sie telegrafisch nach China überwiesen, widmete er sich seinen Kräutern und behauptete, er müsse Potenzmittel zubereiten.

Jahre gingen ins Land, und Shue-ying, Fong Dun Shungs Frau, meinte manchmal, das Verrinnen der Zeit nur daran zu erkennen, daß die Mönche aus dem Tempel im Norden am Morgen ihre riesige bronzene Glocke und am Abend ihre große Trommel schlugen, um die Menschen zum Gebet zu rufen. Tage verstrichen, dann Wochen, Monate, Jahre. Sie dachte zurück an jene längst vergangenen Zeiten, als Gaukler, Zauberer oder Dichter, die durch das Dorf kamen, oft ein bestimmtes Gedicht aufgesagt hatten. »Wenn du eine Tochter hast«, lautete es, »verheirate sie schnell mit einem von denen, die zum Goldenen Berg reisen, denn sie werden das Schiff mit Hunderten von Silberstücken verlassen.« Doch die Zeiten hatten sich geändert, und inzwischen hieß es in dem Gedicht: »Wenn du eine Tochter hast, verheirate sie nicht mit einem von denen, die zum Goldenen Berg reisen, denn er wird sie verlassen und vergessen.« Genau dies war jedenfalls Shue-ying widerfahren, denn seit ihr Mann und ihre zwei Söhne aufgebrochen waren, hatte sie nichts mehr von ihnen gehört. Sie wußte nicht einmal, ob sie noch lebten oder tot waren. Nur eines wußte sie: Das Leben war schwer gewesen, bevor sie fortgegangen waren, um ihr Glück zu machen, und jetzt war es noch schwerer.

Sie hatte ihre Tochter Lin mit Jun Quak, einem Mann aus einem anderen Dorf, verheiratet und würde sie wahrscheinlich nie wiedersehen. Ihr ältester Sohn verkam in einem alten Lehmhaus am Ende einer der Dorfgassen. Er war dem Opium verfallen und vernachlässigte seine Pflichten, die Gräber der Vorfahren zu pflegen, den Tempel zu besuchen und an Neujahr die vorgeschriebenen Riten auszuführen. Er verkaufte auch keine Kräuter mehr, und so war ihr ohnehin schon kärgliches Einkommen fast auf Null gesunken.

Shue-ying. Ihr Name bedeutete »Heldin des Schnees«, aber sie hatte sich eigentlich nie wie eine Heldin gefühlt. Sie stammte aus einer armen Familie und war schon als kleines Mädchen verkauft worden. Ihr war kein Leben mit geöltem Haar, hübschen Stickereien, Seidenschals und Köstlichkeiten zu jeder Mahlzeit bestimmt. Ihre Mutter hatte ihr die Füße nicht mit »goldenen Lilien« umwikkelt. Shue-ying hatte die großen Füße einer Bäuerin. Sie war klein, aber stark.

Stark genug, um Leute auf dem Rücken von Dorf zu Dorf zu tragen. *Aiya,* meckerten sie, wenn sie ihnen zu langsam ging oder zu sehr wippte. Auf dem Weg zu einem Neujahrsbesuch, einem Begräbnis oder einer Hochzeit wollten sie sanft über den harten Boden getragen werden. Manchmal klopften sie Shue-ying auf die Schulter, um sie anzutreiben. Dann kochte sie innerlich vor Wut und Scham. Sie waren doch auch nur Bäuerinnen, genau wie sie! Aber niemand ging zu Fuß, wenn er reiten konnte. Für die Leute aus Dimtao war es billiger, sich auf dem Rücken tragen zu lassen, als eine Rikscha oder eine Sänfte zu mieten. Für diese demütigende Plackerei bekam sie ein paar Geldstücke, genug für einen Sack Reis.

Doch so entwürdigend diese Arbeit auch war, sie war für Shue-ying die einzige Möglichkeit, sich und Fong See, ihren vierten Sohn, über Wasser zu halten. Fong See war neun gewesen, als sein Vater und seine Brüder zum *Gam Saan* aufgebrochen waren, und Shueying blickte oft voller Sorge in die Zukunft. Als verheiratete Frau konnte sie von keinem anständigen Mann Hilfe erwarten. Und sie war schon zu verbraucht, um als Prostituierte nach Foshan oder Kanton zu gehen. Sie hoffte, daß die Götter ihr und Fong See weiteres Unglück ersparten. Noch ein Schicksalsschlag, und sie würden auf der Straße landen, mit der Bettelschale in der Hand von Haus zu Haus ziehen und von der Freigebigkeit anderer leben müssen.

Im Jahr 1870 war die transkontinentale Eisenbahnlinie fertig, und Fong Dun Shung hatte in Sacramento einen Kräuterladen namens Kwong Tsui Chang eröffnet. An einer Wand in dem Laden hing ein vergilbendes Zeitungsfoto vom letzten Tag der Bauarbeiten, das den Moment festhielt, als der goldene Schienennagel eingeschlagen wurde. Fong wußte noch, wie die Bosse seine Landsleute beiseite geschoben hatten, bevor die Fotos gemacht wurden. Die Tang-Männer durften nicht mit aufs Bild, und kaum einer der Festredner, die an jenem Tag aufs Podium traten, würdigte ihre Leistung. Nur Crokker lobte sie: »Ich möchte Sie daran erinnern, daß die frühe Fertigstellung dieser Bahnlinie zu einem erheblichen Teil jener armen, verachteten Klasse von Arbeitern zu verdanken ist, die wir Chinesen nennen, ihrer Zuverlässigkeit und ihrem Fleiß.« Fong wußte inzwischen, daß er diesen Worten und dem Fehlen solcher Worte in den anderen Reden damals mehr Beachtung hätte schenken sollen.
Fong Dun Shung dachte oft an diese letzten Tage an der Bahnlinie zurück. Die Männer waren sehr aufgeregt gewesen und hatten sich bei der Arbeit mächtig ins Zeug gelegt, um vielleicht als erster Bautrupp fertig zu werden. Und als alles vorbei war, wußte keiner so recht, was er jetzt tun sollte. Einige fuhren nach Hause, auf den Schienen, die sie selbst gelegt hatten. Sie besaßen wenig mehr als bei ihrer Ankunft – Korbtaschen mit gefütterten Jacken, etwas Wäsche zum Wechseln und Lederstiefel. Sie hatten Geld, aber viele verloren es auf dem Schiff im Spiel – Jahre der Mühsal zerrannen zu nichts, wenn die Zahl der Knöpfe zu oft zu ihren Ungunsten ausfiel.
Andere aus Fongs Bautrupp zog es in die entgegengesetzte Richtung, nach Osten. Keiner wußte wirklich, wie es dort war. Doch auch sie hatten Geld in der Tasche. Einige wollten eine Wäscherei aufmachen, andere hofften, auf einer Farm Arbeit zu finden. Wieder andere hatten gehört, daß in Washington und Oregon neue Bahnlinien gebaut wurden, und zogen nach Norden. Doch die meisten fuhren, wie Fong selbst, über die Berge zurück nach Sacramento.

Dort konnte man bei einem ehrgeizigen Landgewinnungsprojekt einen Job bekommen, wenn man bereit war, für wenig Geld hart zu arbeiten.

Niemand hatte für die Männer, die er all die Jahre betreut hatte, ein Abschiedsfest gegeben oder ein Feuerwerk abgebrannt. Niemand hatte ihnen eine gute Reise gewünscht. Die meisten sah Fong nie wieder. Und wie er von redseligen Kunden, die seinen Laden in der I Street besuchten, hörte, waren manche tatsächlich auf Nimmerwiedersehen verschwunden. Weiße hatten angeblich einige Trupps in Canyons geführt und dort vor einer Felswand erschossen oder einfach sich selbst überlassen, bis sie an Erschöpfung starben oder von wilden Tieren gefressen wurden. Fong Dun Shung wußte nicht, ob diese Geschichten stimmten, aber ebensowenig wußte er, ob sie gelogen waren. Jedenfalls hatte er lange genug unter den Weißen gelebt, um zu wissen, wie tief ihr Haß war.

Nach der Fertigstellung der Bahnlinie nahm er das bißchen Geld, das er gespart hatte, ging nach Sacramento und eröffnete unten am Bahndepot, neben den Lagerhallen, sein Geschäft, dessen Name Kwong Tsui Chang soviel wie »friedlich zum Erfolg« bedeutete. Hier konnte er weiter seinen Beruf ausüben, wie er es seit dem Tod seines Vaters getan hatte. Zum erstenmal in seinem Leben hatte er ein gutes Einkommen. Doch er schickte Shue-ying und seinen beiden Söhnen in China noch immer kein Geld.

Er fand viele Entschuldigungen, um sein Verhalten vor sich zu rechtfertigen: Vielleicht waren sie ja schon gestorben. Vielleicht hatten sie ihn vergessen. Vielleicht war es besser, wenn er das Geld für die beiden Söhne ausgab, die bei ihm auf dem Goldenen Berg waren. Diese Söhne, Fong Lai und Fong Quong, arbeiteten als Tagelöhner und verdienten so wenig, daß es kaum für Essen, Wohnung und Kleidung reichte. Fong Dun Shung hatte ein schlechtes Gewissen, weil er seiner Frau so wenig Achtung erwies. Und er bedauerte es zutiefst, daß er seinen Söhnen Nummer zwei und drei die alte Kunst der chinesischen Medizin nicht richtig beigebracht hatte. Hätte er sie ordentlich ausgebildet, so hätten sie jetzt auf eigenen Füßen stehen können.

Wie in den sieben Jahren bei der Eisenbahngesellschaft versuchte

Fong Dun Shung auch jetzt, nicht an diese Dinge zu denken, und widmete sich statt dessen ganz der Medizin. Er half noch immer Männern, die über zu große innere Kälte oder Hitze, über zu große Feuchtigkeit oder Trockenheit klagten. Neu war nur, daß er jetzt auch Chinesinnen behandelte. Fast alle waren Prostituierte.
Bereits 1854 hatte die ehrenwerte Hy Ye Tung Company 600 Mädchen als Prostituierte nach San Francisco verschifft. In jenen frühen Tagen konnten Bauern, die durch Dürre und Krieg verelendet waren, ihre Töchter in Kanton für eine Summe von umgerechnet fünf Dollar verkaufen. 1868 bezeichnete die Presse diese Praktiken als »Import von Frauen en gros«. Wie vormals die Kulis, so verkauften jetzt viele zwölf- bis sechzehnjährige Mädchen ihr Leben an wenig ehrenhafte Männer, indem sie ihren Daumenabdruck unter Verträge setzten, die sie nicht lesen konnten. Obwohl in den Vereinigten Staaten jede Art von Menschenhandel verboten war, blühte das Geschäft mit den Frauen praktisch ungehindert. Nach Fertigstellung der Bahnlinie kostete eine gutaussehende Frau in Kanton 50 Dollar und brachte in Kalifornien über 1000 Dollar ein. Jüngere Mädchen oder solche, die bereits krank oder nicht attraktiv waren, konnte man für ein paar Dollar kaufen und immer noch 200 bis 800 Dollar an ihnen verdienen.
Wenn die Dampfschiffe mit einer frischen Ladung Mädchen von San Francisco aus den Fluß hinauffuhren, lockten die Versteigerungen immer eine große Menschenmenge an. Die Mädchen hatten ein unterschiedliches Los zu erwarten. Ein paar glückliche wurden zum Zweck der Heirat gekauft – nicht anders wäre es ihnen in der Heimat ergangen. Einige wechselten als sogenannte erstklassige Prostituierte den Besitzer. Die unglücklichsten jedoch, die unter einem schlechten Stern geboren waren, verbrachten den Rest ihres kurzen Lebens in einem Kabuff, mit einem Bett als einzigem Möbel und einem vergitterten Fenster als einziger Verbindung zur Außenwelt.
Fong Dun Shung hatte ein persönliches Interesse an diesen Vorgängen, denn die Männer suchten ihn vor und nach den Bordellbesuchen auf: Vorher wollten sie potenzsteigernde Mittel, hinterher eine Medizin gegen Krankheiten, die sie impotent zu machen drohten. Auch die Frauen kamen zu ihm, wenn sie Probleme hatten, die ih-

nen das Leben schwermachten oder es bedrohten – Geschlechtskrankheiten, Schwangerschaften, Tuberkulose.
Fong Dun Shung ging es gut, denn er hatte viel zu tun. Er spielte noch immer, doch inzwischen gewann er häufiger. Er hatte nur ein Problem. Er sehnte sich nach weiblicher Gesellschaft. Also tat er, was alle wohlhabenden Männer in seiner Umgebung taten. Er heiratete eine *louh geui* – eine, die immer die Beine breit macht – und versuchte, nicht an seine Familie in China zu denken.

Die Nachricht von der Fertigstellung der Bahnlinie war inzwischen auch bis zu dem kleinen Dorf Dimtao vorgedrungen. Doch noch immer hatte Fong Sees Mutter nichts von seinem Vater gehört. Sie schien mit jedem Tag zu altern, aber Fong See wußte, daß ihr Leben nicht mehr so beschwerlich war wie in der ersten Zeit nach dem Fortgang seines Vaters. Tag für Tag streifte er über die Felder und schnitt Gras, das er den Bauern als Futter für die Fische in ihren Teichen verkaufte. Es war eine schwere Arbeit, für die er wenig Geld bekam. Doch inzwischen wußte er, wo die Fischteiche jedes Dorfes lagen, und wenn sie in der Regenzeit über die Ufer traten und die Reisfelder überfluteten, watete er hinaus in das schlammige Wasser und fing mit bloßen Händen Fische. Dann gab es ein Festessen für seine Mutter und ihn – gedünsteten Fisch mit Frühlingszwiebeln, Ingwer und Sojasoße.
Ein altes chinesisches Sprichwort lautet, daß einer Familie, die keinen Reis mehr hat, hundert andere Familien zu Hilfe kommen. Wie bei vielen Sprichwörtern war auch bei diesem eher der Wunsch der Vater des Gedankens. Doch in Fong Sees Fall bot tatsächlich eine Familie Hilfe an. Im Jahr 1871 bemerkten ein Onkel und eine Tante – keine wirklich nahen Verwandten, nur brave Leute aus dem Dorf –, daß Fong See hart arbeitete, aber wenig Geld verdiente.
»Würdest du gern nach Amerika gehen?« fragte ihn der alte Mann.
»Natürlich«, antwortete Fong See, wohl wissend, daß er kein Geld für die Reise hatte.
»Ich leihe dir das Geld, und du zahlst es mir später zurück«, sagte der Onkel.
Von da an ging alles sehr schnell. Fong Sees Mutter erkannte, daß

der alte Onkel ihrem jüngsten Sohn ein kluges Angebot gemacht hatte. Fong See war unternehmungslustig und verantwortungsbewußt. Bestimmt würde er ihren Mann in Amerika ausfindig machen, Geld verdienen *und* daran denken, beides, Geld und Mann, zu ihr nach Hause zu schicken. In ein paar Tagen schon sollte Fong See, Fong Dun Shungs vierter Sohn, einen letzten Blick auf das Dorf Dimtao werfen, nach Hongkong aufbrechen und die Reise über das Meer antreten, an deren Ende er hoffte, seinen Vater und seine Brüder zu finden und zur Heimkehr bewegen zu können. Zunächst aber mußte er seine Rolle als Bräutigam zu Ende spielen.

Hochzeiten waren im Dorf immer ein Freudenfest. Diesmal freilich hatte man auf viele alte Bräuche verzichtet oder ihnen nur sehr hastig Genüge getan. Fong Sees Mutter und die Heiratsvermittlerin hatten für ihn das Mädchen Yong ausgewählt und gekauft, dessen Familie noch ärmer war als seine eigene. Fong See hatte Yong noch nicht zu Gesicht bekommen, aber die Heiratsvermittlerin hatte ihm versichert, sie sei gesund und das Kind kräftiger Bauersleute, die sonst nur mit Söhnen gesegnet seien und nur diese eine unglückselige Tochter bekommen hätten. Yong würde hart arbeiten und wissen, wo ihr Platz sei. War sie hübsch? Fong See wußte es nicht.

Seine Mutter hatte einen Wahrsager zu Rate gezogen, und der hatte trotz Fong Sees baldiger Abreise einen günstigen Tag für die Hochzeit gefunden. Die Verhandlungen zwischen den beiden Familien waren nach den vorgeschriebenen Regeln verlaufen, doch auch hier hatte man sich sehr schnell geeinigt. Beide Familien waren arm, und so war der einzige wirkliche Streitpunkt der Brautpreis gewesen. Shue-ying hatte nur einen einzigen Korb mit Hochzeitskuchen und statt eines ganzen gebratenen Schweins lediglich ein paar Scheiben Fleisch geschickt.

Zweck der Heirat war, Fong Sees familiäre Bindungen an China und sein Heimatdorf Dimtao zu festigen. In den Wochen, Monaten und vielleicht sogar Jahren seiner Abwesenheit sollte Yong bei Tag seine Gedanken beschäftigen und ihm nachts im Traum erscheinen. Er sollte seine Frau – oder seine Mutter – nie vergessen und eines Tages wieder zurückkehren. Solange er weg war, würde seine zehnjährige Braut nur eine bessere Dienstmagd sein.

Während Fong See am Tag der Hochzeit auf die Träger wartete, die seine Braut nach Dimtao brachten, überlegte er, was sie wohl die letzten Tage und Stunden in ihrem Elternhaus getan hatte. Vermutlich hatte sie ein Bad in Grapefruitblättern genommen, die eine nahe Cousine gesammelt hatte, und in dem großen Bottich gesessen, in dem ihre Eltern den Reis zu trocknen pflegten. Eine Verwandte hatte ihr das Haar gekämmt und so geflochten, wie es sich für eine verheiratete Frau ziemte. Sie hatte sich vor den Ahnentafeln der Familie niedergeworfen, dann vor ihrer Mutter und ihrem Vater, die sie nie wiedersehen würde. Und mit etwas Glück hatten ihr ein paar Bauern aus dem Dorf etwas *lai see* zugesteckt, Glücksgeld, das immer ihr allein gehören würde und niemandem sonst.

Fong See dachte an den bevorstehenden Abend. Auf das übliche Festmahl mußten sie verzichten, denn für diese Art von Feier hatte seine Mutter kein Geld. Ebensowenig würde seine Zukünftige ein Brautgemach bekommen, sondern nur eine Holzpritsche in einer Ecke des einzigen Raumes im Haus seiner Mutter. Und natürlich würde die Ehe nicht vollzogen werden, denn dafür war die kleine Yong wirklich noch zu jung.

Fong See versuchte, sich auf die Zukunft zu konzentrieren, auf seine Reise, seine Suche, aber seine Gedanken wanderten immer wieder zurück in die Vergangenheit. Er war in dem glückverheißenden Monat August des Jahres 1857 in Dimtao, einem Dorf im Distrikt Nam Hoi im Delta des Perlflusses, geboren, in der Provinz Kwangtung im Mittleren Königreich. Dimtao lag einen halben Tagesmarsch von Foshan, einer Handelsstadt im Norden, und einen ganzen Tagesmarsch von Kanton entfernt. Er kannte jeden Winkel im Dorf und alle seine Bewohner, denn er war mit allen mehr oder weniger verwandt.

Fong See war vierzehn Jahre alt und damit durchaus in einem heiratsfähigen Alter. Er hatte nie eine Schule besucht, war aber unternehmungslustig und aufgeweckt. So war er schon vor seinem zehnten Geburtstag nach Kanton gegangen und hatte auf der Straße Erdnüsse verkauft – ein Symbol des Wohlstands. Das Leben in Kanton war anders als im Dorf. Selbst der Zeit schien man dort mehr Gewicht beizumessen, denn Stundenausrufer gingen durch die Stra-

ßen und riefen den ganzen Tag aus, wie spät es war. Er sah, daß Tausende von Menschen auf Booten am Flußufer wohnten. Manche von ihnen, so hörte er, lebten und starben auf dem Boot, ohne jemals einen Fuß an Land gesetzt zu haben.
Er sah Mädchen, noch jünger als er selbst, die vor Tagesanbruch in die Seidenfabriken gingen und sie erst nach Sonnenuntergang wieder verließen. Manchmal, wenn er von seiner bevorzugten Straßenecke in seine Unterkunft zurückging, spähte er durch die Holzgitter vor den Fabrikfenstern und sah die Mädchen vor dampfenden Woks sitzen und mit den Händen im siedendheißen Wasser Seidenkokons abhaspeln. Mädchen in anderen Fabriken verloren ihr Augenlicht, weil sie Tag und Nacht mit dem verbotenen Stich Phönixe und Drachen sticken mußten.
Er sah viele erstaunliche Dinge in der südlichen Stadt: Puppentheater, Schlangenbeschwörer, Gaukler, die auf langen Bambusstöcken Teller balancierten. Er sah berufsmäßige Bettler vor den großen Anwesen Schlange stehen – ach, wie gern hätte er gewußt, was sich hinter den großen geschnitzten Toren verbarg. Die Bettler hofften auf ein bißchen Reis oder die Reste eines Festmahls, um ihre Holzschalen zu füllen. Manche waren fast zum Skelett abgemagert. Andere, ganze Familien von Berufsbettlern, sahen zum Fürchten aus mit den Wunden, die sie sich selbst beigebracht hatten.
Er sah Gesetzesbrecher, die schwere Holzkragen tragen mußten. Eine sehr kluge Form der Bestrafung, wie er fand. Ein Mann im Holzkragen konnte nicht schlafen, denn er konnte seinen Kopf nicht niederlegen. Er konnte nicht essen, denn er konnte die Hände nicht zum Mund führen. Er konnte die Fliegen und Mücken nicht verscheuchen, die sich auf seine Augen setzten oder in seine Ohren krochen, aber er konnte weiter mit seinen Händen arbeiten. Und auf den Balken des Kragens, dessen Gewicht den gedemütigten Mann beugte, stand mit großen Schriftzeichen das Verbrechen geschrieben, dessen er sich schuldig gemacht hatte.
Fong See hatte andere Männer gesehen, deren Hände tagelang in einen Holzblock geschlossen waren. Konnte es eine bessere Strafe für einen Dieb geben, als seine Hände in Holz zu schließen, so daß alle seine Nachbarn es sahen? In Fong Sees Dorf wurden Gesetzes-

brecher noch härter bestraft. So mußte ein Hühnerdieb vor die versammelten Dorfbewohner treten. Die Dorfwächter schlugen einen Gong, und jeder Einwohner versetzte dem Dieb einen Hieb. Die körperliche Züchtigung war schon schlimm genug, aber der Gesichtsverlust vor dem ganzen Dorf war noch schlimmer.
Fong See stand auf, als krachende Feuerwerkskörper die Ankunft der Sänfte ankündigten. Die Dorfbewohner neben ihm drängten nach vorn, um einen Blick von der Braut zu erhaschen. Die beiden Träger blieben stehen und setzten die rot drapierte Sänfte ab. Als die kleine Yong ausstieg, sah Fong See, daß der rote Schleier vor ihrem Gesicht ein wenig zitterte. Er klopfte ihr mit seinem Fächer leicht auf den Kopf, hob den Schleier und sah hinab in das blasse Gesicht seiner kindlichen Braut.

Mehrere Monate später hielt sich Fong See an der Reling des Flußdampfers fest, während Landsleute an ihm vorbeiströmten und unter Deck verschwanden. Der Dampfer hatte soeben die San Francisco Bay verlassen und glitt langsam den gelblichen Fluß in Richtung Sacramento hinauf. Fong See hatte gehört, daß die meisten dieser Fahrten nachts stattfanden, aber seit seiner Ankunft auf dem Goldenen Berg wollte Fong See soviel wie möglich sehen und lernen. Monatelang war er in der Großen Stadt San Francisco durch die Straßen von Chinatown gestreift und hatte in jedem Kräuterladen und jeder Akupunkturpraxis nach seinem Vater und seinen Brüdern gefragt. Er hatte nichts erfahren, und so wollte er jetzt in Sacramento, der Zweiten Stadt, sein Glück versuchen.
»Du und ich, wir müssen denselben Gedanken gehabt haben, kleiner Bruder.«
Beim Klang seines Dialekts drehte sich Fong See um und erblickte einen älteren Mann, zu dessen Füßen Körbe und verschnürte Pakete standen.
»Du mußt wirklich klug sein, daß du hier oben bleibst, während unsere Landsleute unter Deck gehen und ihr Leben riskieren. Haben sie denn keinen Verstand? Haben sie kein Gedächtnis?«
»Alter Onkel«, antwortete Fong See ehrerbietig. »Ich fahre nach Yee Fow, der Zweiten Stadt. Ich verstehe nicht, was du meinst.«

Der alte Mann schob das Kinn vor und deutete damit auf Fong See. »Bist du neu hier?«

Fong See nickte, und der alte Mann erklärte. »Die *fan gway* nennen diese Schiffe schwimmende Paläste. Ich nenne sie Häuser des Todes. Weißt du noch, wie dir deine Mutter eingeschärft hat, niemals den Deckel vom Reistopf zu nehmen? Du hättest den Reis ruiniert und dir obendrein böse Verbrennungen zugezogen. Dieses Schiff ist wie ein solcher Topf. Es fährt mit Dampf. Unter Deck sind große Kessel. Sie explodieren, wenn die weißen Teufel sie nicht richtig warten. Als ich jung war, das ist erst ein paar Jahre her, explodierte der Dampfer *Yosemite* kurz hinter Rio Vista. Wir kommen später an dem Ort vorbei. Bei der Explosion flogen Menschen durch die Luft. Hundert Mann starben bei der ersten Explosion, weitere fünfzig bei der zweiten. Nur Tang-Männer kamen bei der Explosion um oder ertranken, als das Schiff sank. Ich sah ihre Leichen im Wasser treiben. Ihre Haut war verbrüht und aufgeplatzt. Die *fan gway* begruben unsere Landsleute in einem Massengrab. Man kann es ihnen nicht verdenken. Unsere Landsleute waren namenlose Stücke gekochten Fleisches. Die *fan gway* kümmern sich nicht um die Menschen. Sie retteten das Gold, nicht die Leute. Später bargen sie das Todeswrack. Sie zersägten es und machten ein neues Schiff daraus, das bis heute diesen Fluß durchpflügt. Ich habe diese Dinge gesehen, und sie haben den alten Mann aus mir gemacht, den du vor dir siehst.«

Fong See lernte viel Neues, weil er auf Deck geblieben war, statt in den »Chinesenbunker« zu gehen, wo Hunderte seiner arbeitsuchenden Landsleute für ein paar Cents den Fluß hinauf- und hinunterfuhren. Im weiteren Gespräch mit dem alten Mann erfuhr er, daß der Tiefgang der Flußdampfer sehr gering war, so gering, daß sie nach einem Regen über Land fahren könnten. Oder daß der Kapitän bei Nacht oder bei Nebel seine Glocke läutete, dann auf das Echo lauschte, das von Häusern zurückgeworfen wurde, und so wußte, wohin er zu steuern hatte. Er hörte Geschichten von Schiffen, die in dem dichten Nebel, der über den Binsensümpfen lag, auf Grund gelaufen und aufgeschlitzt worden waren, weil der Kapitän das Echo nicht gehört oder seine Pflichten vernachlässigt hatte.

Fong See stand viele Stunden neben dem alten Mann. Wenn er direkt nach unten schaute, sah er das trübe Wasser bei jeder Drehung des Schaufelrads strudeln und wirbeln. Auf dem größten Teil der Strecke war der Fluß von Schlammbänken gesäumt, doch gelegentlich kamen sie auch an hohen Deichen vorbei, wie in China. Auch die seien von Landsleuten gebaut worden, sagte der alte Mann. Das Schiff tuckerte an windigen Pfahlbauten vorbei, die Fong See ebenfalls an China erinnerten. Er hatte solche Häuser in Kanton gesehen, als er auf der Straße Erdnüsse verkauft hatte. Das Boot glitt an Feldern vorüber, auf denen er Landsleute mit gebeugtem Rücken arbeiten sah.

»Komm mit«, sagte der alte Mann. »Ich will dir etwas zeigen.«

Er duckte sich hinter einen Haufen Segeltuchsäcke, vergewisserte sich, daß niemand hersah, und schlich dann die Mannschaftstreppe zum Oberdeck hinauf. Fong See folgte ihm. Oben angekommen, ließen sie sich auf die Knie nieder und krochen über das Deck, bis sie ein Fenster erreichten.

»Los, kleiner Bruder, wirf einen Blick hinein.«

Fong See hob den Kopf und spähte nach drinnen. Einerlei, was der alte Mann sagte, dieses Schiff *war* ein schwimmender Palast. Der Raum war riesig; so etwas hatte er sein ganzes Leben noch nicht gesehen. Er war zwei Stockwerke hoch, nur daß dort, wo normalerweise der zweiten Stock war, ein Balkon angebracht war. Sein Geländer war kunstvoll geschnitzt, und weiße Frauen in langen Seidenkleidern ließen ihre behandschuhten Hände darauf ruhen. Andere Frauen saßen auf mit rotem Plüsch bezogenen Stühlen um Tische mit Marmorplatten und tranken aus langstieligen Gläsern. Ein paar Leute tanzten zu der seltsamen Musik, die schwach durch das Fenster drang.

Fong See betrachtete die goldgerahmten Spiegel, die vom Boden bis zur Decke reichten, und fragte sich, ob die Rahmen wohl aus echtem Gold waren. Er sah bärtige Männer in feinen Wollanzügen und Seidenhemden. Einige trugen Hüte, die entweder senkrecht aufragten oder wie Kugeln geformt waren. Und er sah Frauen mit dem roten und goldenen Haar von Dämonen, das sich hoch auftürmte und von federgeschmückten Hüten bedeckt war. Ihr Bild wurde von den

Spiegeln so vielfältig zurückgeworfen, daß ihm fast schwindlig wurde. Er wollte auch in diesem Raum sein, bei diesen merkwürdig kostümierten Menschen, die sich so zwanglos unterhielten.

»He, ihr da! Kommt sofort runter, bevor ich euch über Bord werfe.«

Fong See verstand die Worte nicht, wohl aber den Ton in der Stimme des Matrosen. Sein Gefährte sagte etwas in der Sprache des Fremden, packte Fong See am Arm und ging mit ihm die Treppe hinunter.

Als sie wieder an der Reling hockten, sagte der alte Mann: »Die weißen Dämonen sehen es nicht gern, daß wir in diesem Land sind. Und dabei haben wir es ihnen erst leichtgemacht, hierherzukommen. Wir haben beim Bau der Bahnlinie, die dieses Land zugänglich gemacht hat, unser Leben aufs Spiel gesetzt und manchmal auch verloren. Davon wollen sie jetzt nichts mehr wissen.«

»Aber das kann nicht sein«, sagte Fong See. »Es ist genug Reichtum für alle da.«

»Du irrst dich. Er ist nur für die *fan gway* da.«

»Aber wir sind Tang-Menschen. Wir sind rechtschaffene Leute. Sie behandeln uns doch sicher gut.«

»Was hat dich hierhergeführt, kleiner Bruder?«

»Ich bin auf der Suche nach meinem Vater«, sagte Fong See tapfer und stolz. »Er ist Kräuterheilkundiger. Ich hoffe, daß ich ihn in der Zweiten Stadt finde.«

»Aha«, sagte der alte Mann, spuckte aus und musterte den Jungen. »Noch andere Gründe?«

»Ich will ein Vermögen auf dem Goldenen Berg machen. Ich habe eine Frau in meinem Heimatdorf. Ich will, daß sie stolz auf mich ist. Ich will sie eines Tages in feinste Seide kleiden und ihr so viele Diener geben, daß ihre Füße vielleicht nie mehr die Erde berühren und ihre Hände und ihr Gesicht nie ihren Glanz verlieren.«

»Also bist du des Geldes wegen hier.«

»Ja, Onkel, du nicht auch?«

»Natürlich. Auch ich hatte meine Träume, kleiner Bruder, aber das gilt auch für den weißen Dämon. Er kommt auf Schienen, die meine Brüder und ich mit eigener Hand gelegt haben, quer durch das Land. Und jetzt sagt er, daß *er* arbeiten will.«

»Aber arbeiten sie denn nicht alle?«
»Früher nicht. Sie standen herum. Sie redeten. Sie sagten uns, was wir zu tun hatten. Aber diese neuen Dämonen wollen unsere Jobs, und sie wollen, daß wir fortgehen.«
»Aber ich bin doch gerade erst angekommen.«
»Hör mir gut zu. Sei vorsichtig. Sei auf der Hut. Wenn sie dir etwas tun, nimm es hin. Laß dir nicht anmerken, wenn du wütend bist. Verbirg deinen Zorn. Du mußt ein teilnahmsloses Gesicht machen, so wie ich jetzt. Dann durchschauen sie dich nicht.«
Fong See sah, wie jeder lebendige und menschliche Ausdruck aus dem Gesicht des alten Mannes wich, bis es völlig leer war wie eine Wand ohne Farbe, ohne Plakate, ohne Schilder. Dann grinste der Mann und war wieder er selbst.
»Die Menschen, die über den anderen Ozean kommen, erhalten die Staatsbürgerschaft«, fuhr er fort. »Doch wir bekommen sie nicht. Wenn sie uns schlagen, uns bestehlen oder ermorden, wird nichts dagegen unternommen. Sie können uns um unseren Lohn betrügen. Sie können unsere Frauen vergewaltigen. Uns ergeht es wie den Indianern oder den Schwarzen in diesem Land. Wir haben keine Macht. Keine Stimme. Keine Möglichkeit, unser Recht einzuklagen. Hier ist es nicht wie in unseren Heimatdörfern, wo ein Mann die Strafe der Dorfbewohner auf sich nehmen muß. Auf dem Goldenen Berg darf ein Chinese nicht einmal gegen einen weißen Dämon aussagen.«
Der alte Mann wandte sich ab und blickte über das gelbe Wasser, den Damm und die Felder hinweg zum wolkenlosen Horizont. Fong See begriff, daß das Gespräch zu Ende war. Er hatte noch viele Fragen, aber dann dachte er, daß die Worte des alten Mannes nicht stimmen konnten. Bestimmt war er verbittert, weil er jahrelang allein gewesen war. Es konnte einfach nicht wahr sein, daß seine Landsleute in diesem fremden Land nicht als Gäste behandelt wurden.

Die Ereignisse um Fong Sees erste Hochzeit, sein Heranwachsen zum Mann, seine Reise zum Goldenen Berg, seine Suche nach dem Vater und seine Geburt werden immer bis zu einem gewissen Grad im dunkeln bleiben. Tatsachen vermischen sich mit Rätselhaftem, Erfundenem und Dubiosem. Das ist typisch amerikanisch, denn in welchem anderen Land kann ein Mann – jeder Mann (und übrigens auch jede Frau) – sich selbst immer wieder eine neue Identität geben? Fong Sees Lebensgeschichte ist ein Mosaik, zusammengesetzt aus Beobachtungen und Meinungen, Wunschvorstellungen und unbestreitbaren Fakten, die er selbst und seine Nachkommen beigesteuert haben. Kein Wunder, daß sich über die Details nicht alle einig sind.

Über hundert Jahre nach Fong Sees Ankunft in Amerika ist selbst sein Name noch umstritten. Seine Enkelin nannte ihre Tochter Sian, nach der gleichnamigen archäologischen Fundstätte in China und weil sie glaubte, daß ihr Großvater als Kind mit dem Kosenamen See-on gerufen worden sei. Einige sagen, er habe als Kind Yong Yee geheißen. Andere wiederum behaupten, dies sei der Name seiner ersten Frau gewesen, wobei Yong der Name ihres Clans gewesen sei. Fong See selbst gab bei den amtlichen Vernehmungen zu Protokoll, er habe unter dem Namen Fong Ngai Jung geheiratet, allerdings kann sich niemand aus der Familie erinnern, daß er diesen Namen jemals benutzt hätte. Viele meinen, daß er immer nur einfach Fong See geheißen habe: Fong war der Name des Clans, und See, wörtlich »vier«, wies ihn als den vierten Sohn aus.

Andere teilen diese Auffassung, glauben aber, daß die Beamten der amerikanischen Einwanderungsbehörde See für seinen Nachnamen hielten, als er bei der Einreise den Namen Fong See – Vierter Sohn von Fong – angab. Wieder andere meinen, in Wirklichkeit hätten ihn die Beamten bei seiner Ankunft gefragt, wo er herkomme, und er habe geantwortet: »Über die See.« Daher der Name See, denn bekanntlich machten sich die Einwanderungsbeamten an beiden Küsten oft einen Spaß daraus, Leuten einen neuen Namen zu verpassen. Welche Geschichte auch immer der »Wahrheit« entsprechen mag, jedenfalls blieb See in den folgenden fünfzig Jahren sein Nachname, und erst danach ersetzte er ihn wieder durch Fong. Da seine Firma jedoch F. Suie One Company und später F. See On Company hieß, nannten ihn seine weißen Kunden Mr. Suie, Mr. See oder sogar Mr. On, aber niemals Mr. Fong.

Laut Sissee, seiner ältesten Tochter, wurde er als Siebenjähriger erstmals verheiratet, also im selben Jahr, als Fong Dun Shung in die Vereinigten Staaten aufbrach. Außerdem bestreitet sie, daß er nach seinem Vater gesucht habe. Vielmehr habe ihn sein Vater nachkommen lassen, weil er ihn von allen seinen Kindern am leichtesten in die Vereinigten Staaten habe holen können. Fong Dun Shung sei erst später, als er es zu einem gewissen Wohlstand gebracht habe, nach China zurückgekehrt. Danny Ho Fong, ein Neffe Fong Sees, meinte, sein Großvater Fong Dun Shung sei überhaupt nie »verschollen« gewesen, vielmehr sei er zu dem neuen *Gam Saan* Alaska aufgebrochen und habe vergessen, Geld nach Hause zu schicken. Aus diesem Grund hätten es Fong See und seine Mutter »sehr schwer« gehabt und in »großer Armut« gelebt. (Leider starb Danny Ho, bevor ich ihn ausführlicher über seine Version der Geschichte befragen konnte.)

Laut Ming Chuen Fong, dem ältesten Sohn von Fong Sees dritter Frau, hatte Fong See in China als Gemüsehändler gearbeitet und seine Ware in zwei Körben zum Markt geschleppt, die er an einer Stange auf den Schultern trug. Chuen teilt die Ansicht, daß sein Vater vor seiner Abreise verheiratet wurde, meint aber, daß er damals bereits siebzehn gewesen sei. Außerdem habe er seinen Vater und seine Brüder nie gefunden, denn sie hätten sich zu diesem Zeitpunkt bereits wieder in China aufgehalten, wo Fong Dun Shung sich erfolgreich als Spieler betätigt habe. In den *Lebensgeschichten chinesischer Amerikaner,* einer Publikation der chinesischen Zeitschrift *Foshan Wen Shih,* heißt es, Fong See sei zwanzig Jahre alt gewesen, als er »seinen Landsleuten in die Vereinigten Staaten folgte, um dort seinen Lebensunterhalt zu verdienen«. Er habe »es schwer gehabt und viele bittere Erfahrungen gemacht«. Sein Vater »hatte keinen Erfolg, und er starb in der Fremde, ohne je nach China zurückzukehren«.

Von all den »Lügen«, die Fong See erzählte, sind die über sein Alter vermutlich am schwersten aufzuklären. Ein Teil der Familie meint, er sei zwei Wochen vor seinem hundertsten Geburtstag gestorben. Tante Sissee erzählte, ihr Vater habe ab einem bestimmten Alter bei besonderen Anlässen wie dem chinesischen Neujahrsfest oder

der Geburt eines Kindes seinem wahren Alter gern ein Jahr hinzugefügt. So habe er kurz vor seinem Tod Kunden mitteilen können, er sei 120 Jahre alt. Was die »harten Tatsachen« betrifft, so gab er bei seinen Vernehmungen durch die Einwanderungsbehörde an, er sei 1866 (nicht 1857) geboren und 1881, also mit fünfzehn, in die Vereinigten Staaten gekommen. Ab 1917 rückte er von dieser Version ab und erklärte den Beamten, daß er sich nicht mehr erinnern könne, wann er geboren und wann er eingereist sei. Allerdings sind die Akten der Einwanderungsbehörde häufig unzuverlässig, da sie auf trickreichen Fragen und ebenso trickreichen Antworten basieren.
Im Alltag erzählte Fong See Kunden und Zeitungsreportern, er sei 1871 in die Vereinigten Staaten gekommen und 1874 nach Los Angeles gezogen. Dies entsprach zumindest teilweise der Wahrheit. Im Jahr 1874 meldete Fong See sein Geschäft in Sacramento an, in Los Angeles ließ er sich erst 1897 nieder.
Vielleicht sollten wir uns in diesem Zusammenhang daran erinnern, was einer seiner Enkel gesagt hat: »Wenn jemand lügt, muß er einen Grund dafür haben.« So gesehen, können wir Fong See vielleicht verzeihen, daß er über diese Zeit der Wunder seine eigene Geschichte erzählte, mit all ihren Übertreibungen und bewußten Unwahrheiten. Da Fong See sich selbst als einen Mann sah, der 1871 den Fuß auf den Goldenen Berg setzte – und sich der Öffentlichkeit auch so präsentierte –, kam er möglicherweise wirklich in diesem Jahr an. Natürlich nicht, nachdem er den Ozean wie damals üblich auf einem Dampfer der Pacific Mail überquert hatte. Der vierzehnjährige, bereits verheiratete Mann war auf einem Klipper gekommen, »getragen vom Wind«, wie seine Landsleute sagten.

KAPITEL 2

EINWANDERUNGSSTOPP

1872–1893

Nicht lange, nachdem Fong See mit dem Flußdampfer den American River hinauf nach Sacramento gefahren war, packten John Milton Pruett und seine Familie ihre Habseligkeiten in den Planwagen, mit dem sie von Pennsylvania nach Oregon fahren wollten. Nach der ersten Etappe der Reise wollten sie sich in Independence, Missouri, einem Wagentreck anschließen und auf dem Oregon Trail weiter nach Westen fahren, in ein, wie sie hofften, besseres Leben.

Im Jahr 1803 hatten die Vereinigten Staaten die Grenzen ihrer Territorien durch den Kauf von Louisiana im Nordwesten bis zu den Rocky Mountains ausgedehnt. Unabhängig vom Grenzverlauf drangen jedoch Fallensteller und Jäger bereits in das Gebiet westlich der Rockies vor. Gleichzeitig erkundeten Schiffe die Pazifikküste und suchten nach Anlegeplätzen, wo sie Seeotterfelle für den Export nach China aufnehmen konnten. Die Vereinigten Staaten waren nicht das einzige Land, das ein begehrliches Auge auf das an Naturschätzen so reiche Gebiet warf. Auch Briten, Franzosen, Russen und Spanier wollten sich einen Anteil sichern. Die Besiedlung eines Gebiets galt von alters her als Voraussetzung für politische Herrschaftsansprüche, und dieses Prinzip kam auch in diesem Fall zum Tragen. Zur selben Zeit, als die britische Hudson's Bay Company in dem Gebiet immer mehr Fuß faßte, beantragten die Siedler im Willamette Valley in Nordwest-Oregon die Anerkennung durch die Regierung der Vereinigten Staaten.

Im Jahr 1845 teilte Präsident Polk dem britischen Außenministerium mit, daß die Vereinigten Staaten die uneingeschränkte Herrschaft über das Gebiet Oregon zu übernehmen gedachten. Im Jahr darauf stimmte Großbritannien unter der Bedingung zu, daß die Grenze am 49. Breitengrad gezogen wurde. Gleichwohl benötigten die Vereinigten Staaten zur Sicherung ihrer Herrschaft weitere Siedler in dem Territorium. Angelockt durch die Aussicht auf nahezu unbegrenzte Möglichkeiten in der Landwirtschaft und das Versprechen der Regierung, jeder Einzelperson bis zu 65 Hektar und jedem Ehepaar 130 Hektar Land kostenlos zur Verfügung zu stellen, sofern innerhalb eines Jahres ein Haus auf dem Grundstück gebaut wurde, zogen Siedler nach Westen.

Die ersten Pioniere auf dem Oregon Trail hatten das Glück, offenes Land mit viel Gras und gutem Wasser für die Pferde, Ochsen und anderen Nutztiere vorzufinden, die sie auf ihrer Reise in die neue Heimat begleiteten. Dennoch waren die Strapazen groß. Kinder, die noch zu klein waren, um zu Fuß zu gehen, fielen manchmal von den Planwagen und wurden von den Rädern zermalmt. Die meisten waren auf der Stelle tot, andere kämpften einen schrecklichen Todeskampf, während ihre Eltern den mühsamen Weg nach Westen fortsetzten. Sie hatten keine Zeit anzuhalten, keine Zeit zu trauern, denn sie mußten die Berge überqueren, bevor der Winter kam.

Im Mai 1872, als John Pruett mit seiner Frau und seinen vier Söhnen Pennsylvania verließ, war der Oregon Trail bereits von zahlreichen Siedlern benutzt worden. An manchen Stellen hatten die Räder des endlosen Stroms von Planwagen tiefe Rinnen in massiven Fels gegraben. Gräber säumten die 650 Kilometer lange Strecke vom Platte River in Nebraska bis Fort Laramie in Wyoming, durchschnittlich acht pro Kilometer. Die Indianer hatten die Entwicklung von Anfang an mit einer gewissen Besorgnis verfolgt, doch nun hatten sie keine Zweifel mehr, welches Schicksal sie erwartete. Viele Stämme unterzeichneten Verträge, andere setzten sich gewaltsam zur Wehr. Der Trail führte die Pruetts durch die Gebiete der Pawnee, Cheyenne, Sioux und Schoschonen. In Oregon selbst waren die Ureinwohner größtenteils befriedet, und doch waren in den vergangenen zwanzig Jahren mehrere Aufstände ausgebrochen. Dabei waren Häuser von Siedlern niedergebrannt worden, und auf beiden Seiten hatte es Tote gegeben.

Noch schlimmer war, daß es beiderseits des Trails praktisch keine Vegetation mehr gab. Die Folge war, daß die Siedler auf diesen letzten Trecks das Futter für ihre Tiere mitführen mußten. Glücklicherweise waren die Pruetts niederländischer Abstammung und hingen nicht an ihrem weltlichen Besitz. Ohne eine Träne zu vergießen, verzichtete Luscinda Pruett auf ihre bestickten Tischtücher und nahm nur das robusteste Geschirr mit. Auch sonst verzichtete die Familie auf alles, was irgendwie entbehrlich schien, um auf dem Planwagen Platz für Wasser und Getreide zu schaffen. Nach diesen Vorbereitungen traten die Pruetts ihre 3200 Kilometer lange, staubige Reise an, die zunächst von Independence nach Fort Kearney, dann den Platte River entlang bis Fort Laramie, am Independence Rock vorbei und über Sublette's Cutoff nach Soda Springs führte. Von dort aus ging es auf dem California Trail nach Süden, dann auf dem Applegate Trail wieder nach Norden und am Klamath Lake vorbei in das Tal des Rogue River. Nach fünf Monaten hatten die Pruetts schließlich Oregon erreicht.

Da das beste Land im Willamette Valley bereits vergeben war, zogen die Pruetts und andere Pioniere dieses Jahrzehnts weiter in das Tal des Rogue River. Doch auch am Rogue waren nur noch in einer Gegend namens Big Sticky Parzellen frei. Die Indianer hatten ihr diesen Namen gegeben, weil der Boden dort in klebrigen Klumpen an Wagenrädern, Mokassins und Pferdehufen hängenblieb. Die Pruetts suchten, bis sie das verlassene Gehöft von Samuel M. Hall gefunden hatten. Es lag zwischen der Ortschaft Central Point und dem Gebiet, in dem eines Tages Medford entstehen sollte.

Am 12. Oktober 1872 ging John Milton Pruett zum Grundbuchamt und ließ das Land auf seinen Namen eintragen. Er besaß jetzt eine Farm und hatte neben vier kräftigen Söhnen – ein fünfter war unterwegs – eine treue Frau, die in vierzehn Ehejahren bewiesen hatte, daß sie hart arbeiten konnte und auf Gott vertraute. Gemeinsam machten sie sich an die knochenharte Arbeit, das Buschwerk, den Chaparral aus Hartlaubgehölzen und Kakteen und das schulterhohe Gras im Tal zu roden. So wollten sie sich mit Gottes Hilfe ein gutes Leben aufbauen.

Fong Dun Shung hätte nie gedacht, daß er sein Heimatdorf jemals wiedersehen würde – bis eines Tages sein vierter Sohn über die Schwelle der Kwong Tsui Chang Company in Sacramento trat. Die Ankunft seines Sohnes und dessen Bericht über das schwere Leben Shue-yings bewegten ihn zur Heimkehr. Wenige Monate nach seinem Wiedersehen mit Fong See überließ er das Geschäft in Kalifornien seinen Söhnen und kehrte nach Dimtao zurück, als reicher Mann, der nach den Jahren seiner Abwesenheit viele Goldstücke vorzuweisen hatte. Wie ihn die Bauern anstarrten! Wie prächtig er aussah in seiner westlichen Kleidung! Wie wohlhabend er wirkte, als die Träger neben der Tasche, mit der er seinerzeit aufgebrochen war, weitere Taschen vor seinem Haus abstellten, die viele seltsame Gegenstände aus dem fremden Land enthielten. Und wie eingeschüchtert seine erste Frau war, als die Frau Nummer zwei ihres Mannes, in bestickte, blaßblaue Seide gehüllt, der Sänfte entstieg.

In den ersten Tagen nach seiner Rückkehr gab Fong Dun Shung ein Festessen, um den Nachbarn, die ihn für tot gehalten oder geglaubt hatten, er sei bei den weißen Dämonen zugrunde gegangen, seine neue Frau und seinen Reichtum vorzuführen. Er besuchte die Gräber der Vorfahren, jätete Unkraut, legte Gaben aus, verbrannte Weihrauch und vollzog auch sonst alle vorgeschriebenen rituellen Handlungen, um seine lange Abwesenheit wiedergutzumachen. Er allein wußte, daß er nicht der große Mann war, für den ihn die Dorfbewohner hielten, denn nur er war auf dem Goldenen Berg gewesen und hatte wirklichen Reichtum gesehen. Doch er behielt sein Wissen für sich und errichtete ein Backsteinhaus mit zwei Zimmern und angebauter Küche. Hier gedachte er nun Jahre der Muße zu verbringen, ab und zu ein Spielchen zu machen, den Sex mit seinen Frauen zu genießen und sich an der Geburt von Söhnen und Enkeln zu erfreuen. Doch es kam anders. Ein Jahr lang mußte er sich täglich den Streit seiner Frauen anhören, und doch brachte er nicht die Kraft auf, sie mit Strenge zum Schweigen zu bringen. Was hätte er ihnen sagen sollen? Seine erste Frau hatte er im Stich gelassen, und die zweite hatte er nach einem halben Leben im zivilisierten Sacramento in ein Dorf gebracht, das, wie er selbst nun erkannte, rückständig war. In den Nächten, die er an ihrer Seite verbrachte, flehte sie ihn unter Schluchzen an, auf den Goldenen Berg zurückzukehren.

»Dein Heim ist jetzt hier«, flüsterte er ihr ins Ohr. »Du bist in China, Mädchen. Dein Platz ist hier, bei deinem Ehemann.« Doch er wußte, daß es ein Fehler gewesen war, sie nach Dimtao zu bringen. Seine zweite Frau war zwar in China geboren, jedoch schon als Kind verkauft und zum Goldenen Berg gebracht worden. Sie hatte sich an die Sitten der weißen Geister gewöhnt – an ihre Sprache, ihre Körper, ihre Kleidung, ihr Essen. Sie hatte das Leben auf dem Dorf vergessen – die Armut, die Primitivität, den Klatsch.

Vom ersten Hahnenschrei bis zum späten Abend, wenn die Sterne aufgingen, war Fong Dun Shung dem Gezänk seiner Frauen ausgesetzt.

»Schleim einer Schnecke«, zischte etwa Shue-ying, wenn sie den Wok für das Abendessen auf den Herd stellte.

»Rotgesichtige Bäuerin«, gab die andere zurück.

»Unfruchtbare Frau von tausend Männern«, schrie nun Shue-ying, während sie demonstrativ ihren neugeborenen Sohn streichelte und ihn mit Koseworten überhäufte.

»Du abgetriebenes Schildkrötenei«, kreischte die Kalifornierin und schlug mit den Eßstäbchen hart gegen den Rand ihrer Reisschale.

»Du Konkubine. Du bist so krank wie der Aussätzige, der an der Straßenecke bettelt!«

Fong Dun Shung wußte, daß seine Frau Nummer zwei in dieser Schlacht der Frauen, die so alt war wie China selbst, unterliegen mußte. Obwohl sie sich als unfruchtbar erwiesen hatte und auch seine Kräuter und Tränke ihr nicht hatten helfen können, war er viele Jahre mit ihr zufrieden gewesen. Doch einer Frau, die »Heldin des Schnees« hieß, war sie einfach nicht gewachsen.

Eines Tages, im zweiten Frühjahr nach seiner Rückkehr, aß er seinen *jook,* seinen Reisbrei, rülpste, um zu zeigen, daß es ihm schmeckte, und tadelte beiläufig seine erste Frau für ihre Faulheit. Dann ging er hinaus und suchte sich einen Mann, der bereit war, für ein Spielchen seine Felder im Stich zu lassen. Zum Mittagessen kehrte er zurück. Er aß schlürfend seine Nudeln und legte sich auf seine Pritsche, um die drückende Hitze des Nachmittags zu verschlafen. Er erwachte, als Shue-ying ihn an der Schulter rüttelte und flüsterte: »Komm schnell, Mann. Die Sau, die sich deine Frau nennt, rührt sich nicht.«

Er trat ans Bett seiner zweiten Frau. Sie starrte mit leerem Blick zur Decke. Die Falten der Sorge und Trauer, die sich in diesem letzten Jahr in ihr Gesicht gegraben hatten, waren verschwunden und hatten wieder der porzellanartigen Glätte Platz gemacht, an die er sich aus ihren gemeinsamen Jahren in Kalifornien erinnerte. Nur ihr offener Mund mit dem Goldstück auf der Zunge zeigte, woran sie gestorben war. Wie der Führer der T'aip'ing-Rebellion, dessen Träume ebenfalls zu nichts zerstoben waren, hatte auch sie Selbstmord begangen, indem sie Gold schluckte.

Wie lange hatte sie gelitten? Sie hätte bestimmt schreien und sich eines Besseren besinnen können, aber zum ersten Mal in ihrem Leben hatte sie ihr Schicksal selbst bestimmt. Sie war offenbar fest zu diesem Schritt entschlossen gewesen. Sie lag ganz friedlich da, die Hände an die Seiten gepreßt, die Kleider unzerknittert.

So geschah es, daß Fong Dun Shungs Frau Nummer zwei geboren wurde und starb, ohne daß jemand ihrer gedachte oder ihren Namen aufzeichnete. Sie hatte Schande über die Familie gebracht. Vielleicht würde man ihren Namen vergessen. Das wäre so, als hätte sie nie existiert. Ja, im Lauf der Monate und Jahre würden die Leute sie vielleicht vergessen, aber nur um dann doch wieder an sie erinnert zu werden, durch ein Gerücht im Dorf, durch eine unglückliche Ehefrau oder einen unglücklichen Neffen, der auf dem Goldenen Berg ein Leben in Armut und Elend gefristet hatte. Und auch Generationen später mochte es noch den einen oder anderen geben, der sich erinnerte und mit einem höhnischen Grinsen flüsterte: »Weißt du, sie war eine Prostituierte.«

Vielleicht aus Verzweiflung, vielleicht aus Langeweile wurde Fong Dun Shung rückfällig und verspielte den Rest seines Goldes.

Fong See wurde Zeuge der unglaublichen Veränderungen, die sich zwischen 1871 und 1874 in Sacramento und in der Lebensqualität seiner Bewohner vollzogen. Viele »zivilisatorische Errungenschaften« waren der Arbeit seiner Landsleute zu verdanken. Er erlebte, wie sie die Binsensümpfe, Torfmoore und verschlammten Wasserwege des Sacramento-Deltas trockenlegten und schiffbar machten. Zugtiere konnten dabei nicht eingesetzt werden, da ihre Hufe im Schlamm versanken, und die Weißen scheuten die Arbeit, weil sie zu schwer und ungesund war. Die chinesischen Arbeiter jedoch bauten, bis zu den Hüften im Wasser stehend, kilometerlange Dämme und Deiche und zogen Kanäle und Gräben, um das sumpfige Land zu entwässern. Am Ende hatten sie in der Umgebung von Sacramento 200 Millionen Hektar Land erschlossen, und die Grundstückspreise stiegen von zweieinhalb Dollar pro Hektar auf zweihundertfünfzig Dollar. Doch ihnen selbst gehörte kein einziger Hektar, denn nach dem Alien Land Act von 1870 war es Chinesen verboten, in Amerika Grundstücke zu erwerben.

Nun, da das Land gewonnen war, begannen chinesische Arbeiter, es zu pflügen und zu bestellen. Von früh bis spät verpackten sie Pfirsiche, Äpfel und Birnen, ernteten Heu, stachen Spargel und pflückten Bohnen, Erdbeeren und Kirschen. Tagaus, tagein verrichteten sie in gebückter Haltung dieselbe Arbeit, nur an Regentagen stellten sie die Grundbesitzer zum Körbeflechten ein. Wie beim Bau der Bahnlinie schien ein Dollar pro Tag der angemessene Lohn für das Trockenlegen der Sümpfe oder die Arbeit auf dem Feld – zehn bis zwanzig Dollar weniger als der übliche Lohn für weiße Arbeiter in Kalifornien, aber mehr, als Arbeiter gleich welcher Hautfarbe in allen anderen Bundesstaaten verdienten.

Andere Chinesen arbeiteten in Spinnereien, Papierfabriken und Strickereien. Sie überzogen das Land mit einem Netz von Straßen und Bahnlinien. Sie fällten Bäume und rodeten Grundstücke. Einige bauten Borax ab oder arbeiteten in Salzbergwerken. Auf den Hopfenfeldern pflückten und trockneten sie die Dolden und verpackten sie in Säcke, mit denen Brauereien beliefert wurden, in denen wiederum Chinesen die Gärung überwachten und das Bier auf Flaschen zogen. Sie halfen bei der Aufzucht und Schlachtung von Schweinen und Geflügel. Sie drehten Zigarren und Zigaretten. Sie fertigten Pantoffeln, Hosen, Westen, Röcke, Schlüpfer, Overalls und Schuhe. Einige zogen südwärts nach Monterey und fischten, und nicht nur das, was die Weißen aßen, sondern auch Abalonen und Garnelen. Da die meisten Amerikaner diese Meeresfrüchte nicht nur für ungenießbar hielten, sondern auch als unwiderlegbaren Beweis dafür nahmen, daß Chinesen Untermenschen waren und den Geschmack von Tieren hatten, wurden die Schalentiere eingesalzen und nach China verschifft. Nebenbei entstand ein neues Handwerk, denn die Schalen von Abalonen konnten poliert und zu Kunstgegenständen aller Art verarbeitet werden.

Von San Francisco aus fuhren Chinesen als Heizer, Schiffsjungen, Kabinenstewards und Matrosen zur See. Andere stellten Pferdegeschirre oder Ziegelsteine her. Wieder andere wurden Kutscher oder Hausdiener. Ein paar machten sich selbständig, eröffneten eine Wäscherei, hielten ein paar Huren in vergitterten Räumen oder führten kleine Chop-Suey-Klitschen, Lebensmittelläden oder Metzgereien. Alle hatten dieselbe Kundschaft – Menschen aus Fong Sees Heimatland.

Bei Grund- und Fabrikbesitzern waren seine Landsleute beliebt. Die Chinesen, so sagten sie, kommen immer pünktlich zur Arbeit. Sie bummeln und trödeln nicht, und sie tratschen nicht wie amerikanische Fabrikarbeiterinnen. Doch die Allgemeinheit nahm sie nicht wahr. Niemand verschwendete einen Gedanken daran, wer seine Zigarren drehte, wer das Holz für seinen Ofen spaltete oder seine Unterwäsche nähte. Und so blieb weitgehend unerkannt, welch großen Beitrag die Chinesen zur Steigerung des Lebensstandards der Weißen leisteten. Immerhin vertraten einige Leute die Ansicht, eine plötzliche Ausweisung der Chinesen werde den gesamten Staat ins Chaos stürzen.

Fong See hatte in vielen der erwähnten Branchen selbst gearbeitet. Er hatte immer versucht, sich zu vervollkommnen, zuerst im Arbeitsleben, dann in Sprache, Kleidung und Benehmen. Unmittelbar nach seiner Ankunft arbeitete er für einen Dollar pro Tag auf Kartoffeläckern, jätete Unkraut, hackte und grub später die Knollen aus. Er hatte nie zuvor Feldarbeit verrichtet, nicht einmal in seinem Heimatdorf. Der Arbeitstag schien kein Ende zu nehmen, und er litt unter der Hitze. Er kam zu dem Schluß, daß er für Arbeiten in geschlossenen Räumen besser geeignet sei, und nahm jeden Job an, den ein Teenager finden konnte. Kurze Zeit arbeitete er als Hilfskraft in einer Wäscherei. Als er in einem Restaurant die Böden wischte und das Geschirr spülte, lernte er nebenbei kochen und erwarb so die Qualifikation für eine Anstellung als Koch in einer Brauerei und später auf einer Ranch.

Mit der Zeit fand er heraus, daß Hausieren ihm am meisten lag. Er ging von Tür zu Tür und bot Hüte, Bürsten, Vorhangschienen feil – was immer sich verkaufen ließ. Die weißen Frauen, die an die Tür kamen, waren meistens nett und freundlich. Dadurch ermutigt, knüpfte er auch Gespräche an, die über das Geschäftliche hinausgingen. Überraschenderweise hörten sie ihm zu und gaben Antwort. Seine Englischkenntnisse wurden besser und damit auch seine Chancen. Er war erst siebzehn Jahre alt, aber er hatte bereits begriffen, daß er es in diesem Land nur als Selbständiger zu etwas bringen konnte.

Am 24. Juni 1874 betrat er das Rathaus von Sacramento. Obwohl ihm die meisten Arbeitskollegen in den vergangenen Jahren geraten hatten, vor den weißen Geistern auf der Hut zu sein, hatte er keine Angst. Er trat an den Schalter und sagte, so deutlich er konnte: »Ich möchte Papier unterzeichnen und Geschäft aufmachen.« Nach nur drei Jahren auf dem Goldenen Berg war Fong Sees Englisch noch sehr unbeholfen, und der Schalterbeamte hätte sich leicht über ihn lustig machen und sein gebrochenes Englisch mit dem Quäken der Chinesen in den Vaudeville-Shows nachäffen können. »Ich wolle undelzeichnen Papiel fül mache Geschäft.« Aber der Mann bekam in seiner Amtsstube nicht viele Chinesen zu Gesicht und beschloß, Fong See behilflich zu sein. Er öffnete das Register für Handelsgesellschaften und trug ein, was er mit Sicherheit eruieren konnte, einen Namen und ein Datum. Die Spalten für die Art des Geschäfts und die Namen der Teilhaber blieben leer.

Um den Erhalt der amtlichen Genehmigung zu feiern, suchte Fong See das Fotostudio Conrad Young in der J Street auf. Der Fotograf stellte ihn in Positur und rief: »Nicht bewegen.« Dann verschwand er hinter seinem mit einem schwarzen Tuch drapierten Kasten. Fong See blickte direkt in die Kamera. Mit siebzehn Jahren war sein

Gesicht noch glatt und bartlos. Der Mund ist voll, die Nase flach und breit. Das Gesicht wirkt voller als später, als die Kanten und Flächen seines Gesichts mit jedem Jahrzehnt stärker hervortraten. Wie immer hatte Fong See die Melone weit aus der Stirn geschoben und den Zopf aufgerollt und im Hut befestigt.

Er ist westlich gekleidet. Seit er bei seiner ersten Flußfahrt den viktorianischen Überfluß auf dem Raddampfer bestaunt hatte, hatte ihn das Gefühl nicht mehr verlassen, daß sein Platz da drinnen bei den vornehmen weißen Männern und Frauen war und nicht unter Deck in dem dunklen, überfüllten »Chinesenbunker« bei seinen ängstlichen Landsleuten. Auf dem Foto trägt er einen dreiteiligen Anzug und ein gestärktes weißes Hemd mit Stehkragen. Eine Krawattennadel, deren Stein einem Diamanten sehr ähnlich sieht, schmückt den Knoten seiner weißen Krawatte westlichen Stils, die sich zwischen Hals und Weste nur leicht vorwölbt.

Fong See verließ das Atelier und folgte der Front Street in Richtung der Kreuzung von Third Street und I Street. In dem Dreieck zwischen den beiden Straßen und dem Südufer des einstigen Sutter Lake, der jetzt China Slough hieß, lag Chinatown. Auf der Front Street wimmelte es von Kaufleuten, Straßenhändlern und Gaunern. Sie nahmen sich der müden und arglosen Reisenden an, die gerade aus dem Zug gestiegen waren. Die Luft war erfüllt von dem Staub, den Pferdehufe und Wagenräder aufwirbelten. Fuhrwerke waren unterwegs zu der Kreuzung, um Fässer mit Sirup oder Whiskey, Heu- oder Baumwollballen, Kisten mit Pfirsichen oder Pflaumen, Jutesäcke mit Weizen oder Hafer auf- oder abzuladen. An den Straßenecken riefen kleine Jungs die Schlagzeilen aus – je grausiger sie waren, desto besser. Saloons und Hotels kündigten ihre Veranstaltungen an – Opern- und Theateraufführungen, Bälle. Das Leben pulsierte. Doch Fong See wußte, daß die jährlichen Überschwemmungen hier genauso schlimm ausfielen wie in seinem Heimatdorf, ja vielleicht sogar noch schlimmer, denn sie zerstörten nicht nur Häuser und ruinierten Geschäfte, sondern brachten auch die Cholera.

Er bog nach rechts in die I Street ein und folgte ihr auf der Südseite. Eine seltsame Mischung von Gerüchen empfing ihn, als er sich zwischen Second und Forth Street dem Chinesenviertel näherte. Der vertraute und angenehme Duft nach Ingwer, Opium und Weihrauch wehte herüber und vermischte sich mit dem Gestank, den Wäschereien und Schlachthäuser verbreiteten. Doch die schlechte Luft war beileibe nicht die einzige unangenehme Seite dieses Viertels. Auch das Wasser im China Slough war schlecht. Im Süden leiteten die Wäschereien ihr Abwasser und andere Abfälle in den See. Am Nordufer kippte die Eisenbahngesellschaft ihren öligen Schrott ins Wasser. Der See war so verschmutzt, daß er schon mehrmals Feuer gefangen hatte.

Trotz seiner Sehnsucht nach Anerkennung in jener Welt, die nicht zwischen Third Street und I Street lag, überkam Fong See jedesmal ein Gefühl der Erleichterung, wenn er die vertraute Enklave betrat. An der Ecke, wo er jetzt stand, befand sich eine Mauer, die für seine Landsleute zum Mittelpunkt ihres Lebens geworden war. Die 5000 Chinesen aus Sacramento County kamen hierher, um die persönlichen Botschaften zu studieren, die an die Mauer geheftet waren. »Ich suche meinen Sohn Quan Lee. Wer ihn sieht, soll ihm sagen, daß er über den Hop Sing Tong mit seinem Vater Kontakt aufnehmen soll«, lautete eine. »Arbeitet nicht für Farmer Smith. Er zahlt den Lohn nicht aus, und das Essen ist ungenießbar«, warnte eine andere. Vereine gaben in grellbunten Schriftzeichen die Termine ihrer Versammlungen bekannt. Alte Männer saßen auf umgedrehten Obstkisten und lasen Analphabeten die Botschaften vor.

Weiter unten an der Straße befand sich ein Leihhaus, wo Chinesen, die in die Heimat zurückkehrten, für ein paar Dollar ihre Habseligkeiten verkaufen konnten – Schlafmatten, Decken, Leintücher, hölzerne Kopfstützen. Kehrte ein Mann auf den Goldenen Berg zurück, konnte er seine Sachen auslösen, wenn nicht, wurden sie an einen anderen Unglücklichen verkauft, dessen Leben in bitterer Einsamkeit gerade begann.

Chinatown. Es war vertraut und doch einzigartig. Das Viertel bot Fong See und seinen Landsleuten Vergnügungen und Zerstreuungen, die sich von allem unterschieden, was sie aus ihren Heimatdörfern oder aus der großen Stadt Kanton kannten. Natürlich konnte man in Spielhöllen das übliche *fan-tan* spielen. Doch nicht selten sah man auch zwei wie reiche Mandarine gekleidete Kaufleute mit kleinen Bambuskäfigen unter dem Arm in eine unterirdische Arena hinabsteigen, wo sie Käfer oder Grashüpfer gegeneinander kämpfen ließen und die Zuschauer auf den Ausgang des Kampfes wetteten.

Es gab auch Opiumhöhlen. In der großen Stadt San Francisco waren sie wegen des malerischen Bildes, das sie boten, schon lange eine Touristenattraktion. In letzter Zeit waren auch reiche und angesehene weiße Männer und Frauen an diesen Orten anzutreffen. Sie ruhten auf den mit Schnitzereien geschmückten Pritschen, sogen den Rauch aus der Pfeife in die Lungen und ließen entspannt ihre Gedanken schweifen. In Sacramento hatte dieses Eindringen der Weißen in die Opiumhöhlen einen beträchtlichen Skandal verursacht. Fong See verabscheute Opium, aber vor seinem Duft gab es in den Straßen des Chinesenviertels kein Entrinnen.

Er kam an Läden vorbei, deren Eigentümer zu beiden Seiten des Eingangs Schriftrollen mit ihren Wünschen angebracht hatten. »Zehntausend Kunden in stetigem Strom«, hieß es da. Oder: »Gewinne wie eine rauschende Flut.« Oder: »Schwärme von Kunden.« Doch für die meisten seiner Landsleute gab es weder Kunden noch Gewinne. Sie lebten in Armut, getrennt von ihren Familien und Vorfahren, zu arm, um genug Geld für die Rückreise zu sparen, oder zu stolz, um als alte Männer mit leeren Taschen in ihre Heimatdörfer zurückzukehren.

Fong See verzichtete auf die flüchtigen Vergnügen Opium und Spiel. Er sparte sein Geld. Jeden Monat ging er zur Bank und schickte telegrafisch Geld an seine Mutter und seine Frau in der Heimat. Sich selbst gönnte er ab und zu einen neuen Hut, eine neue Krawatte, ein Jackett oder Schuhe, alles im westlichen Stil. In den wenigen Jahren seit seiner Ankunft hatte er sich von einem tapferen kleinen Bauernjungen, der in den Straßen Kantons für seine Mutter Geld verdiente, in einen jungen Mann verwandelt, der es vermied, die Kleidung der armen Weißen zu tragen. Er orientierte sich an der Eleganz der reichen Weißen, die er auf dem Flußdampfer gesehen hatte, und übte sich darin, kein Bauer mehr zu sein, nicht nur in Kleidung und Beruf, sondern auch im Denken. Immer beobachtete und reflektierte er, bemüht, die Fähigkeiten zu erwerben, die ihm ein Leben in der größeren Welt ermöglichten.

Anfang April 1877 lag Luscinda Pruett im Sterben. Sie dachte zurück an das Leben, das sie in Oregon geführt hatte, dachte an ihre Kinder, an ihren Mann und an Gott, vor den sie bald hintreten sollte. Schon seit Wochen hatte sie Fieber, und jetzt war auch noch eine Lungenentzündung dazugekommen, die nicht mehr abklingen wollte. Nicht daß es schrecklich gewesen wäre, hier zu liegen. Mrs. Peterson kühlte ihr mit nassen Tüchern die Stirn, und Pfarrer Peterson sprach über den Missionsbefehl Christi an die Apostel. Oder las er aus dem zehnten Kapitel des ersten Korintherbriefs vor? Vielleicht war es auch etwas ganz anderes. Sie wußte jedenfalls, daß sie diese Predigten schon früher von ihm gehört hatte, bei den Andachten, zu denen sie sich jeden Sonntag versammelten. Es war nicht wichtig, was es war. Die Petersons lebten ein paar Farmen weiter. Pfarrer Peterson hatte sich in der Gegend einen guten Ruf erworben. Tagsüber arbeitete er auf seinem Hof, und abends belohnte er sich damit, daß er durch die Gegend ritt und in kleinen Gemeinden und bei Versammlungen Gottes Wort verkündete. Wenn er nicht predigte, stand er Kranken und Sterbenden bei. Allein in diesem Bezirk mußte er fast jede Woche einem Begräbnis beiwohnen.
Luscinda versuchte, den Verlauf ihrer Krankheit zurückzuverfolgen. Sie hatte fünf Söhne – Irvin, Loren, Charles, Rodelwin und den kleinen John. Der jüngste war in den ersten Monaten hier draußen geboren. Die Jungen hatten alle überlebt und waren stramme Burschen geworden. Vor einem Jahr, 1876, als Gott in seiner Weisheit beschlossen hatte, General Custer am Little Big Horn zu sich zu holen, hatte er sie endlich auch mit der Geburt einer Tochter gesegnet. Sie hieß Letticie.
Diese sechste Schwangerschaft und Geburt hatten besonders an ihren Kräften gezehrt. Sie war jetzt einundvierzig, und manchmal schmerzten ihre Knochen und ihr Kopf so sehr, daß sie es kaum noch aushielt. Ihre Tage waren angefüllt mit Hausarbeit, unterbrochen von Frühstück, Mittag- und Abendessen, die sie für die acht Menschen in ihrem Haus zubereitete. Brot, Kuchen und Pasteten

buk sie selbst. Im Sommer machte sie Obst und Gemüse ein, damit die Familie gut durch den Winter kam. Manchmal dachte sie daran, wie schön es wäre, wenn das Schrubben und Waschen, Putzen und Kochen endlich ein Ende hätte, wenn sie einmal nicht die Kühe melken, die Hühner füttern und den Garten hinter der Küche versorgen müßte.

Ende Februar war sie krank geworden. Zunächst hatte sie einfach weitergearbeitet, denn ein Hof wartet nicht, bis man wieder gesund und bei Kräften ist. Die Arbeit muß getan werden, was auch passiert. Schließlich hatte sie sich doch ins Bett legen müssen. Trotz ihrer Fieberphantasien hatte sie das Entsetzen in ihrer Umgebung wahrgenommen, als der geistig behinderte Sohn eines Nachbarn in eine Wanne mit kochender Seife fiel und starb. Sie erinnerte sich auch an einen anderen Jungen, der in den Chaparral gefallen war und sich so bös geschnitten hatte, daß er unter den Augen seiner Eltern verblutet war. Frauen starben an Schwindsucht, im Kindbett oder an Krebs. Männer gerieten unter den Pflug, wurden von Pferden zertrampelt oder erschossen sich aus Versehen selbst mit den Revolvern, die sie stets bei sich trugen. Nicht daß das Leben hier unbedingt härter gewesen wäre als in Pennsylvania. Auch dort hatte sie Kinder geboren und auf der Farm gearbeitet. Aber damals war sie jünger gewesen, vielleicht auch stärker, und nicht so erschöpft und einsam wie jetzt.

Im März war der Mais ausgesät worden. John hatte gepflügt, und die Jungen hatten gesät. Letticie hatte neben ihrem Bett gespielt, und sie hatte über ihr Leben in diesem Tal nachgedacht. Central Point lag tatsächlich genau in der Mitte des Tals. Von der Farm aus hatte man nach allen Seiten einen freien Blick über die weiten Felder auf die von Kieferwäldern bedeckten Berge, die das Tal umschlossen. In den Vorbergen hatten Siedler, die zwanzig Jahre vor ihrer Familie hierhergekommen waren, Obstgärten angelegt. In der Gluthitze des Sommers reiften die Früchte und brachten große Erträge. Manchmal tauschte John ein Schwein oder ein paar Speckseiten gegen einige Kisten Pfirsiche. Sie schälte sie dann am Abend und machte sie am folgenden Abend ein.

Wenn sich der Nebel verzogen hatte, der so oft über dem Big Sticky lag, konnte sie von ihrem Küchenfenster aus den Table Rock und den McLoughlin Peak sehen. Irgendwo in den Bergen lag, hundertdreißig Kilometer entfernt, Crater Lake. Sie hatte immer gehofft, eines Tages, wenn die Jungen alt genug waren, um die Farm allein zu versorgen, mit John dort Ferien zu machen. Nun erschien ihr dieser Traum ebenso unwahrscheinlich wie die Vorstellung, daß sich der Boden auf ihren Feldern über Nacht in fruchtbaren Lehm verwandeln könnte.

Ende März hatte sich ihr Zustand verschlimmert. John hatte Irvin zu den Petersons geschickt, um Dörrfleisch und eine Flasche vom selbstgemachten Hustensaft des Pfarrers zu holen. Der Saft hatte einen Dollar gekostet. Trotz des Fiebers war sie ganz schön zornig geworden. »Ihr dürft meinetwegen kein Geld verschwenden«, hatte sie gesagt. Aber John hatte nicht auf »diesen Unsinn« gehört.

Sie hatten oft Geldsorgen. Dem Lebensmittelhändler Magruder drüben in Central Point schuldeten sie Geld für Sirup, Stärke, Kerzen, Streichhölzer, Rizinusöl und Salz, und auch die Rechnung für die Waschzuber, Nachttöpfe, Gießkannen und Waschbretter, die sie in W. C. Leever's Haushaltswarengeschäft gekauft hatten, war noch nicht beglichen. Sie versuchten, so viel wie möglich in Naturalien oder durch Arbeit zu bezahlen – drei Büchsen Schweineschmalz für zehn Kilo Brombeeren oder Schmalz für Dörrobst oder Schmalz für Briefumschläge oder Schmalz für die gleiche Menge Butter. Ihre beiden Ältesten, Irvin und Loren, beförderten manchmal Frachtgut für die Nachbarn, und einmal hatten sie mit einem Transport für die Bergbaugesellschaft Emaline Mining Company die gewaltige Summe von 70 Dollar verdient. Dieses Jahr hatten sie ihren Hafer für fünfzig Cent pro Scheffel verkauft. Nach einem solchen Geldregen gingen sie in die Stadt, ließen die Pferde beschlagen und leisteten sich neue Schuhe. Wenn dann noch Geld übrig war, wurde Luscinda verschwenderisch und kaufte bei Magruder's für 50 Cent Kaffee oder Tee oder ein halbes Pfund Tabak für John, manchmal sogar für einen ganzen Dollar zwölf Meter bedruckten Baumwollstoff und ein paar Haarnadeln.

Diese Woche war ein Gewitter über der Farm niedergegangen. Sie hatte dem Regen gelauscht, der aufs Dach trommelte und die Fenster herunterrieselte, und tief in ihrem Innern gespürt, daß sie so etwas vielleicht nie wieder hören würde, weil dies der letzte Frühling war, den sie erlebte. Natürlich hatte sie nach fünf Jahren im Big Stikky alles gesehen, was es hier zu sehen gab. Das ganze Jahr über rakkerte John, um dem kargen Boden etwas abzuringen. Manchmal borgte er sich Pfarrer Petersons Schollenbrecher, und wenn das nicht möglich war, ging er einfach so mit den Jungen hinaus und bestellte die Felder ohne Maschinen. Sie bauten Mais, Kürbisse, Luzerne und Weizen an. Sie hielten auch ein paar Kühe und Hühner und versuchten immer, bis zum Frühjahr ein paar Ferkel aufzuziehen. Die Schafzucht war schwierig, denn häufig stießen Adler herab und rissen den Lämmern die Eingeweide heraus. Trotzdem hielten sie ein paar.

In den letzten beiden Tagen hatte sie mit aller Macht gegen die Lungenentzündung angekämpft. Doch jetzt war alles ganz friedlich. Sie lag einfach nur da und lauschte den Stimmen an ihrem Bett. Alle, die sie liebte, waren gekommen. Eine der Stimmen hatte gesagt: »Wir haben versucht, diesen Fälscher zu fangen, der sich irgendwo zwischen hier und dem Bear Creek herumtreibt.« Dann aber dachte sie, sie hätten wohl doch über etwas anderes gesprochen, denn sie hörte jemanden sagen: »An der Schwelle des Todes ...« Es machte ihr jedoch keine Angst. Pfarrer Peterson und seine Frau waren da und sprachen tröstende Worte über das Jenseits und den Glauben an Jesus Christus und Gott. Nein, der Pfarrer flüsterte mit beruhigender Stimme: »Und ob ich schon wanderte im finsteren Tal ...« Dann war es sehr still. Anscheinend waren alle Nachbarn heimgegangen. Nur John saß noch an ihrem Bett und hielt ihr die Hand. Er war immer ein guter Mann gewesen – ein guter Vater und Ehemann. Sie wollte, daß er etwas sagte. Er sollte sagen: »Ich liebe dich.« Aber das war nicht seine Art, und ihre auch nicht.

Meine Zeit ist gekommen, dachte sie. Was wird aus meiner kleinen Tochter? Wer zeigt ihr, wie man eine gute Frau wird? Wer liebt sie wie eine Mutter? Wer sagt ihr, daß man seine Pflicht erfüllen und hart arbeiten muß? Wer lehrt sie den Glauben an Gott? Wer paßt auf, daß sie den richtigen Mann heiratet? Oh, wenn ich Letticie doch nur bei mir behalten könnte.

Am nächsten Morgen waren die Berge von einer dünnen Schneedecke überzuckert, und der Boden war klebrig vom Regen am Vorabend. John Pruett bezahlte sechs Dollar für einen Sarg, zwei Dollar an den Mann, der das Grab aushob, und noch ein paar Dollar für die Überführung seiner Frau zu ihrer letzten Ruhestätte auf McHenry's Land, das etwa auf halbem Weg nach Central Point lag. Am späten Vormittag erschienen alle Nachbarn aus dem Big Sticky zur Beerdigung von Luscinda Pruett, die keine fünf Jahre in Oregon gelebt hatte. Während Mrs. Peterson versuchte, die kleine Letticie zu beruhigen, dachte John an die Worte, die er in den Grabstein meißeln lassen wollte.

LUSCINDA J. PRUETT
gestorben am
9. April 1877
im Alter von 41 Jahren
und 6 Monaten
Jesus liebt, die rein und gottesfürchtig sind

»Schwester Pruett starb in der festen Gewißheit des Glaubens«, begann Pfarrer Peterson seine kurze Predigt. Nach der Beisetzung gingen die Nachbarn wieder nach Hause. »Morgens bewölkt, tagsüber zunächst sonnig, dann kühl und bewölkt mit etwas Sprühregen«, schrieb Pfarrer Peterson am selben Abend in sein Tagebuch. »Waren am späten Morgen mit fast allen Nachbarn aus dem Big Sticky auf der Beerdigung von Schwester Pruett. Hielt kurze Predigt an ihrem Grab, wie sie es sich vor ihrem Tod gewünscht hatte. Der Verlust hat die Familie schwer getroffen.« Sein letzter Eintrag an diesem Tage lautete: »W. W. Gage und Gilbert und andere haben den Fälscher gestern abend drüben auf der anderen Seite des Tals gefaßt.«

Am folgenden Morgen war es klar und frostig. Der neue Witwer im Tal verbrachte den Tag mit Eggen. Irvin schor ein paar Schafe. Loren mistete den Stall aus und reparierte einen Zaun. Charles und Rodelwin gingen zu Fuß in die Schule nach Central Point und erledigten nach ihrer Rückkehr ihre häuslichen Pflichten. Der erst vierjährige John fütterte die Hühner, sammelte die Eier ein und hütete sein Schwesterchen.

Seit Ende der siebziger Jahre des vorigen Jahrhunderts leitete Fong See offiziell die Firma Kwong Tsui Chang seines Vaters. Er war inzwischen in die K Street Nr. 609 zwischen Sixth und Seventh Street umgezogen und hatte den Laden in Curiosity Bazaar umbenannt. Seine Nachbarn waren jetzt Mr. Luce, ein Steinmetz, der vor allem Grabsteine herstellte, T. L. Acock, ein Immobilienmakler, und R. S. Davis, ein Textilkaufmann.
Auch der Charakter des Geschäfts hatte sich radikal geändert. Fong See und seine Brüder handelten nicht mehr mit Kräutern, sondern stellten Unterwäsche für Bordelle her. Anfangs hatten Fong Lai und Fong Quong noch versucht, das Kräutergeschäft weiterzuführen, doch sie hatten auf diesem Gebiet zu wenig Erfahrung. Ihr Vater hatte sie nie gelehrt, wie man Ingredienzien zusammenstellte und Tränke braute oder welche Kräuter gegen welche Symptome wirkten. Bald hatten sich die Patienten von anderen Kräuterheilkundigen behandeln lassen, und der Laden der Fongs war leer geblieben. Fong Sees Brüder verstanden zwar nichts von Kräutern, aber sie hatten in Textilfabriken gearbeitet und wußten, wie man Kleidung nähte. Als Lehrlinge hatten sie zunächst sechs Dollar im Monat, später als Gesellen zwanzig Dollar im Monat verdient. Und als sie der Meinung waren, genug gelernt zu haben, eröffneten sie ihren eigenen Betrieb. Obwohl nur sie das Handwerk beherrschten, war es ihr jüngerer Bruder Fong See, der den Curiosity Bazaar führte und nach außen vertrat. Dies entsprach nicht der chinesischen Kultur mit ihrer hohen Achtung vor dem Alter, wohl aber der amerikanischen, in der der Geschäftstüchtigste das Ruder übernimmt. Alle drei Brüder waren der Gwing Yee Yong beigetreten, der Gilde für farbenfrohe Bekleidung, in der die Hersteller von Hemden und Damenbekleidung organisiert waren.
Während seine Brüder und einige andere Männer hinten im Laden nähten, reiste Fong See kreuz und quer durch Kalifornien und verkaufte die Produkte der Firma an chinesische und weiße Prostituierte. Um San Francisco, wo über sechzig Fabriken Unterwäsche für an-

ständige Frauen und gefallene Mädchen produzierten, machte er einen Bogen. Statt dessen besuchte er die Lager von Bergarbeitern und Schienenlegern, die Farmen am Delta und Städte bis hinunter nach Los Angeles. Wo immer ein Zug hielt, gab es Männer, die ihre körperlichen Bedürfnisse befriedigen wollten, und Frauen, die bereit waren, ihren Hunger zu stillen.

Zu der Zeit, als Fong Sees Vater in Kalifornien lebte, waren fast alle Chinesinnen im Staat Prostituierte, und später, als Fong See nach Sacramento kam, galt das noch für neun von zehn. Als er jetzt die Groß- und Kleinstädte bereiste, sah er, wie sie lebten. Meist wohnten sie in Gruppen von zwei bis sechs zusammen und arbeiteten für einen Zuhälter, manchmal auch für eine Puffmutter. Nur wenige versuchten, sich selbständig zu machen.

Manche saßen in spitzenbesetzten Kleidern aus Seide und Satin in schönen Häusern und warteten darauf, daß Freier kamen und ihre Wahl trafen. Diese glücklichen Frauen bekamen gesunde Nahrung, um ihre Begierden anzustacheln – Reis, Schweinefleisch, Eier, Leber, Niere. Andere, weniger glückliche, spähten durch die vergitterten Fenster ihrer winzigen Verschläge und trugen die schäbige Kleidung von Bäuerinnen. »Schauen 25 Cent, Anfassen 50, Machen 75«, riefen sie in gebrochenem Englisch weißen Männern zu. Ihre Kost war weder reichlich noch lustfördernd. Sie bekamen nur Reis, kleine Portionen Gemüse und etwas Opium, damit sie die Einsamkeit besser ertrugen. Doch auch sie brachten ihren Eigentümern erkleckliche Summen ein. Selbst an einer Prostituierten der untersten Kategorie verdiente ein Zuhälter bei sieben Freiern pro Tag noch bis zu 850 Dollar im Jahr. Doch einerlei, ob sie in Seide oder Baumwolle gehüllt, gesund oder krank waren, sie alle brauchten Fong Sees Waren.

Er hatte Damenschlüpfer im Sortiment, die wie die Babyhöschen in seinem Heimatdorf im Schritt einen Schlitz hatten, nur daß sie aus feiner chinesischer Seide gefertigt und mit Spitzen und Borten verziert waren. »Ihr braucht euch nicht mehr ganz auszuziehen«, sagte er, wenn er seine Ware auslegte. »Ihr macht einfach die Beine breit, der Mann steckt ihn rein, zieht ihn wieder heraus, und schon ist es passiert. Die Männer mögen es, wenn ihre Belohnung wie ein Geschenk verpackt ist. Immer weiß, spitzenbesetzt und wunderschön, ganz egal, wie viele Freier ihr jeden Tag habt. Kauft ein paar Schlüpfer zum Wechseln, und eure Geschlechtsteile wirken immer sauber und frisch.« Für ärmere Prostituierte hatte er bortenbesetzte Unterwäsche und Mieder aus Musselin im Angebot.

Wenn er seine Ware verkauft hatte, kehrte er in die Fabrik zurück. Außer seinen Brüdern arbeiteten fast ausschließlich Männer aus dem Bezirk Chungsan bei Macao für ihn, die für ihr Geschick im Umgang mit Nadel und Zwirn berühmt waren. Als qualifizierte Handwerker bekamen sie mehr als den üblichen Dollar pro Tag. Sie konnten es auf 2 bis 3 Dollar bringen, so daß sie bei 22 bis 30 Arbeitswochen durchschnittlich 364 Dollar pro Jahr verdienten – nicht soviel wie die Schneider und Näherinnen in der Großen Stadt oder die weißen Arbeiter in anderen Fabriken. Doch dafür hatten sie Gesellschaft, eine gute Stelle und einen Chinesen als Chef, und keinen weißen Teufel.

Fong See arbeitete hart für seine Selbständigkeit. Er wollte kein Arbeiter sein. Er wollte niemandem ausgeliefert sein – weder einem Weißen noch einem Chinesen. Er wollte sein eigenes kleines Imperium aufbauen. Er wollte Männer für sich arbeiten lassen, die ihm Dank schuldeten und zu ihm aufsahen. Und er wußte, daß dies in gewisser Weise schon der Fall war. Er stellte weitere Arbeiter ein, obwohl er sich darüber ihm klaren war, daß sie ihn, sobald sie ihr Können vervollkommnet und genug Geld verdient hatten, wieder verlassen und eigene kleine Betriebe gründen würden, genau wie es seine älteren Brüder getan hatten. Die Belegschaft änderte sich ständig, aber neue Arbeitskräfte waren billig, und der Betrieb florierte.

Von dem Gewinn, den Fong See mit dem Verkauf der Waren erzielte, konnte er allen so viel Geld auszahlen, daß es nicht nur für Kost und Logis und Freizeitvergnügen reichte, sondern auch noch eine kleine Summe für ihre Frauen und Mütter in der Heimat abfiel. Und es war Fong See, der zu ihrem Nachbarn, dem Steinmetz Israel Luce, ging und die Miete bezahlte. Seine Brüder konnten das nicht. Einmal fehlte ihnen dafür der nötige Grips und Mumm, und dann sprachen sie kaum Englisch.

Fong See lernte nicht nur verkaufen, er lernte auch, sich gegen die fremden Teufel, die ihn aus dem Land jagen wollten, zu behaupten. »Er hat es mir mit Gewalt genommen.« »Er hat mich um meinen Lohn betrogen.« »Sie haben mir aufgelauert.« »Es wird bald einen Einwanderungsstopp geben.« Das waren Sätze, die er ebenso oft übte wie: »Kaufen Sie ein Dutzend, dann bekommen Sie ein Paar gratis.« Fong See hatte Mut und schreckte nicht davor zurück, in Gegenden zu reisen, wo er unerwünscht war. Und er hatte keine Scheu, mit weißen oder chinesischen Frauen zu sprechen. Sie mochten ihn und boten ihm oft an, seine Ware mit ihrer Ware zu bezahlen.

Wie an allen anderen Tagen saßen die Männer in der Fabrik auch an diesem Tag um einen großen Tisch und waren konzentriert bei der Arbeit. Rollen von Borten und Spitzen und Stapel von Damenunterwäsche in verschiedenen Stadien der Fertigung lagen auf dem Tisch. Die Männer nähten mit peinlicher Sorgfalt Abnäher und Plisseefalten in das dünne Gewebe, das sich dadurch zu voluminösen Pumphosen blähte. Fong See hatte herausgefunden, daß sich weder die Prostituierten noch ihre Kunden allzusehr für die Stickereien interessierten. Sie liebten das Pompöse, je mehr Abnäher, je mehr Plisseefalten, je mehr Rüschen, desto besser.

Die Seide war seine Idee gewesen. Er kannte sie aus seinen Jahren in Kanton und hatte Charles Solomon aufgesucht, um sich von ihm über die Tücken des Importgeschäfts aufklären zu lassen. Mr. Solomon betrieb einen Laden für japanische Waren und hatte Fong See ermutigt, ebenfalls in das Raritätengeschäft einzusteigen – Körbe, Fächer, billiges Porzellan. Vorläufig jedoch begnügte er sich mit Unterwäsche. Die Importkosten für die Seide waren gering, und seine Gewinne waren in einem Ausmaß gewachsen, wie er es nie für möglich gehalten hätte. Besonders die amerikanischen Mädchen waren von der neuen Ware begeistert, und das gab ihm zu denken. Die meisten seiner Landsleute importierten Ginseng, Bambussprossen, Sojasoße und dergleichen – Dinge, die sie für ein zivilisiertes Leben in der Fremde brauchten –, aber das chinesische Produkt, das die Amerikaner kaufen würden, hatte noch niemand gefunden. Sein Erfolg mit der chinesischen Seide bewies, daß es einen Markt für chinesische Produkte gab, aber er brauchte etwas, das einen größeren

Kundenkreis ansprach, etwas, das er in China billig einkaufen und in den Vereinigten Staaten teuer verkaufen konnte. Vielleicht hatte Mr. Solomon gar nicht so unrecht.

An der einen Wand in der Fabrik traten zwei Angestellte mit ihren nackten Füßen die Pedale ihrer Nähmaschinen. Wie üblich hatte sich zwischen ihnen und denen, die von Hand nähten, ein reges Gespräch entsponnen. Es ging um den Einwanderungsstopp, den die Weißen in Washington planten.

»Es heißt, daß unsere Lage noch schlimmer wird, als sie ohnehin schon ist«, sagte Fong Quong.

»Seit wir da sind, haben sie unsere Freiheit immer weiter beschnitten«, fügte Fong Lai hinzu. »Sie versuchen, uns das Leben noch schwerer zu machen, als es in unseren Heimatdörfern war.«

Die anderen stießen ein zustimmendes Grunzen aus. Mit jedem Tag spitzte sich die Situation in Sacramento weiter zu. Weiße, die von den billigen Bahnfahrkarten profitierten, strömten in Scharen ins Land. Und diese Männer waren auf die Chinesen nicht gut zu sprechen. Sie stellten ihnen auf der Straße ein Bein, ohrfeigten, schlugen und bespuckten sie, bewarfen sie mit Eiern und Tomaten. Sie brachten ihre schmutzigen Kleider in die chinesischen Wäschereien, wollten aber nicht bezahlen, wenn sie sie abholten. Manchmal ruinierten sie ein Tagewerk, indem sie die frische Wäsche auf den Boden warfen, so daß der fassungslose Wäscher wieder von vorn beginnen mußte. Diese weißen Teufel zogen die Chinesen an den Zöpfen, rissen ihnen den Kopf zurück, bis sie zu Boden fielen, und lachten sich darüber halb tot.

Die Chinesen hatten viel erduldet, seit sie auf den Goldenen Berg gekommen waren. Doch inzwischen wurden sie schlimmer behandelt als ein Dorfköter, dessen Lebenszweck es war, den Kot zu fressen, der aus den Hosenschlitzen der Kleinkinder fiel, und deren Urin aufzulecken. Sie hatten gedacht, sie hätten in der Vergangenheit genug Demütigungen hinnehmen müssen, aber das war ein Zuckerschlecken gewesen im Vergleich zu dem, was ihnen nun widerfuhr. Sie litten schweigend und ohne den geringsten Versuch, sich zu wehren. Sie schluckten ihre Wut hinunter. Sie lernten *bai hoi* – sich unsichtbar machen und jeden Konflikt vermeiden.

Die weißen Zeitungsjungen riefen an den Straßenecken immer noch ihre Schlagzeilen aus. Sie schrien es hinaus, wenn Black Bart wieder einmal eine Postkutsche ausgeraubt hatte, und gellend verkündeten sie die guten Taten der Earp-Brüder und die Missetaten der James-Brüder. In jüngster Zeit jedoch schlugen sie neue Töne an, und auf den Zeitungen, die sie in die Höhe hielten, entdeckte Fong See Zeichnungen von Chinesen mit grotesk übertriebenen Gesichtszügen – schöne Augen waren zu häßlichen Schlitzen, Zähne zu bluttriefenden Fängen und Zöpfe zu Giftschlangen geworden. Am Abend, wenn er Nudeln holen ging, setzte er sich zu Männern, die aus den amerikanischen Zeitungen vorlasen, in denen seine Landsleute als Heiden und Barbaren beschimpft wurden – als primitive Kreaturen, lüstern, unmoralisch und krank.
Die Bedrohung ihrer»rassischen Reinheit« bereitete den weißen Amerikanern anscheinend die größten Sorgen. »Sofern sich die Chinesen überhaupt mit unseren Leuten vermischen«, sagte John F. Miller in seiner Rede bei der verfassunggebenden Versammlung des Staates Kalifornien, »dann mit den niedrigsten, lasterhaftesten und verkommensten Vertretern unserer Rasse, und das Ergebnis wären Mischlinge der verabscheuungswürdigsten Sorte, eine derart widerliche Mischrasse, wie sie die Erde noch nie heimgesucht hat.« Kurz darauf wurde in Kalifornien ein Gesetz erlassen, das die Eheschließung zwischen Weißen und »Negern, Mulatten oder Mongolen« verbot.
Dies war jedoch nur eines von vielen unfairen Gesetzen, die im vergangenen Jahrzehnt erlassen worden waren. Ein Wäscher, der die frische Wäsche mit Stangen zu den Kunden trug, mußte vierteljährlich eine Steuer von fünfzehn Dollar entrichten. Wer sich ein Pferd und einen Wagen leisten konnte, mußte nur zwei Dollar bezahlen – ein Gesetz, das eindeutig die Weißen begünstigte und die Chinesen benachteiligte. Es gab auch Gesetze, die den Gebrauch von Feuerwerkskörpern und Gongs verboten, nur war niemand in der Lage, sie durchzusetzen. Wenn die Polizei in San Francisco einen Chinesen festnahm, schnitt sie ihm den Zopf ab – eine tiefe Demütigung, die einen Gesichtsverlust bedeutete. Dieselbe Stadt erließ eine Verordnung, die in Fremdenheimen vierzehn Kubikmeter Atemluft

pro Bewohner vorschrieb, obwohl sich kaum ein chinesischer Arbeiter den Luxus leisten konnte, soviel Wohnraum in Anspruch zu nehmen. In manchen Städten durften chinesische Kinder nicht dieselben Schulen wie weiße Kinder besuchen. Chinesen durften kein Land erwerben. Einige Gesetze sahen sogar Strafen für weiße Unternehmer vor, die Chinesen beschäftigten.
Kaum erzielten die Chinesen Gewinne, nahmen die Weißen sie ihnen wieder weg, indem sie entsprechende Gesetze erließen – Gesetze, die den Garnelenfischern die Verwendung kleinerer Netze vorschrieben, Gesetze, die das Bügeln nach Einbruch der Dunkelheit untersagten, Gesetze gegen die Einreise von Prostituierten und Gesetze, die alle Utensilien verboten, die mit Lotterien in Verbindung gebracht werden konnten, oder sogar jedem Strafe androhten, der einen Chinesen an einer Lotterie teilnehmen ließ. Gemäß anderen Gesetzen mußten Wäschereien aus Stein gebaut und mit einem Dach aus Metall versehen werden, wieder andere untersagten die Beschäftigung von Chinesen bei öffentlichen Bauarbeiten. Alle diese Gesetze hatten nicht nur den Charakter einer ständigen, pedantischen Schikanierung, sie beraubten die Chinesen genau der Freiheiten, die so viele Europäer nach Amerika gelockt hatten. Einige diskriminierende Gesetze wurden zwar vom Obersten Gerichtshof aufgehoben, viele blieben jedoch in Kraft.
»Vielleicht sind das alles nur Gerüchte, die sich die alten Männer an den Straßenecken erzählen«, sagte einer der jungen Lehrlinge.
Fong Quong schnaubte verächtlich, dann sagte er: »Ich habe viel erlebt, seit ich auf dem Goldenen Berg bin, und ich weiß, daß wir hier keine Zukunft haben. Die Bahnlinie ist fertig, und jeder Zug, der in den Westen kommt, bringt tausend weitere Teufel. Was glaubst du, wer da die Jobs bekommt?«
»Aber was können wir denn tun?« schrie ein anderer Lehrling.
»Was wir schon immer getan haben«, antwortete Quong. »Weiterarbeiten. Geld an unsere Frauen und Mütter in der Heimat schicken. Vor allem aber müssen wir für uns bleiben.«
»Es heißt, daß die Chinesen gehen müssen. Ich bin doch nicht dumm. Ich gehe zurück in mein Heimatdorf und verbringe meine Tage mit meiner Frau und meinen Söhnen.«

»Das wäre nichts für mich«, sagte Fong Lai. »Sie wollen, daß wir gehen, aber ich bleibe.«

»Das finde ich auch. Ich schicke Geld in mein Dorf, damit mein jüngerer Bruder herkommen kann, bevor das Gesetz verabschiedet ist. Wer jetzt nicht kommt, der schafft es nie.«

»Ich lasse meinen Taugenichts von einem Sohn kommen«, sagte ein anderer Arbeiter. »Vielleicht lernt er hier, was hart arbeiten heißt.«

Die Lebensbedingungen der chinesischen Immigranten hatten sich radikal verschlechtert, und sicherlich hatte die Krise in den siebziger Jahren, bei der fast jeder dritte Kalifornier seinen Arbeitsplatz verloren hatte, maßgeblich zur Verschärfung der Spannungen zwischen Weißen und Chinesen beigetragen. Es ging um Arbeitsplätze, und die Weißen, die neunzig Prozent der Bevölkerung stellten, waren der Meinung, daß sie als erste Anspruch auf Beschäftigung hätten. Doch auch andere Faktoren spielten eine Rolle. So war die Goldgewinnung seit 1869 um ein Drittel zurückgegangen, und der Fremdenverkehr verzeichnete starke Einbußen, weil die Leute lieber die Weltausstellung besuchten, die zum hundertjährigen Jubiläum der amerikanischen Unabhängigkeit in Philadelphia stattfand. Dann spielte zum Nachteil aller, insbesondere jedoch der Chinesen, auch noch die Natur verrückt. Im Winter 1876/77 lag die Niederschlagsmenge in Kalifornien um drei Viertel unter dem Durchschnitt der fünfundzwanzig Jahre zuvor. Die Folgen für den Getreide- und Obstanbau und die Viehwirtschaft waren verheerend. Viele Chinesen, die auf Ranches und Farmen arbeiteten, verloren ihre Jobs und wurden später durch Weiße ersetzt.

In dieser Krise wurden die Politiker aktiv – nicht um zu helfen, sondern um sie zu ihrem eigenen Vorteil zu nutzen. Die »Chinesenfrage« hatte schon für Gouverneur Stanford ein ideales Wahlkampfthema abgegeben, bis er erkannt hatte, wieviel Geld seine Eisenbahngesellschaft mit den Chinesen verdienen konnte. Nun jedoch wurde das Thema so heiß diskutiert, daß es selbst auf Bundesebene über Sieg oder Niederlage eines Politikers entscheiden konnte. Bei den Präsidentschaftswahlen von 1876 wurden die Wechselwähler mit einem antichinesischen Programm gewonnen: Rutherford Hayes sprach sich für einen Einwanderungsstopp aus und gewann. Kaum im Amt, bekräftigte er seine Haltung: »Die gegenwärtige chinesische Invasion ist schädlich und sollte eingedämmt werden. Unsere Erfahrungen im Umgang mit schwächeren Rassen wie den Negern und Indianern ... sind nicht ermutigend ... Ich befürworte Maßnahmen, die geeignet sind, die Chinesen von unseren Küsten fernzuhalten.« Bei den nächsten Wahlen wurde James Garfield von der antichinesischen Welle ins Amt getragen. Schließlich wurden alle gegen die Chinesen gerichteten Gesetze jeweils vor bundesweiten Wahlen verabschiedet. Nur so waren die Stimmen der Arbeiter zu gewinnen. Keiner tat sich darin mehr hervor als Denis Kearney, der Präsident der Workingmen's Party. Er sprach auf unbebauten Grundstücken in den Städten und begann und beendete jede Rede mit der Forderung: »Die Chinesen müssen raus! Sie nehmen uns die Arbeitsplätze weg.« Auf Transparenten, die in der Menge seiner Zuhörer geschwungen wurden, standen Parolen wie: »Wir werden unser Land nicht den Chinesen überlassen«, »Wir verteidigen unsere Rechte« oder »Der weiße Arbeiter wird siegen«.

Im Kongreß waren die Argumente für den Einwanderungsstopp rein rassistischer Natur. Viele waren Jahrzehnte zuvor bereits gegen die Iren vorgebracht worden. Die Chinesen nahmen den »echten« Amerikanern die Arbeit weg. Sie waren schmutzig, tranken zuviel und waren zu genügsam. Sie gaben ihr Geld nicht im Land aus, sondern sparten es und schickten es nach Hause. Sie verehrten ihre Vorfahren. War das nicht eine Art Götzendienst? Sie verkauften ihre Arbeitskraft zu billig, und wenn sie keine Arbeit hatten, wurden sie, ganz im Gegensatz zu den Amerikanern, Ganoven. Sie verbreiteten Krankheiten. Sie hatten Clans. Und sie schickten ihre Knochen zurück nach China, als ob amerikanische Erde nicht gut genug für sie sei. Mit anderen Worten, die Chinesen waren in keinster Weise anpassungsfähig.

Ein Teil der Polemik war nicht nur hetzerisch, sondern auch schlichtweg falsch. Dies galt etwa für den Vorwurf, die Chinesen verbreiteten »abscheuliche Krankheiten «, auch wenn er noch so oft erhoben wurde. Als die Zeitung *Grass Valley National* schrieb, die Chinesenviertel in Kalifornien seien »nichts weiter als eine übelriechende Ansammlung von Bordellen und der Aufenthaltsort von Dieben und Prostituierten«, hatte der Autor geflissentlich übersehen, daß dies damals praktisch auf jede Stadt in Kalifornien zutraf. Bordellbesuche, Glücksspiel und Opiumrauchen waren Laster, denen Weiße und Chinesen aller Einkommensgruppen mit der gleichen Begeisterung frönten. Gewiß, die Chinesen schickten ihren mageren Verdienst nach China. Daß jedoch amerikanische Opiumhändler in China Millionen scheffelten und ihr Geld an ihre Familien in Boston und San Francisco transferierten, erregte so gut wie keine Kritik.

Ironischerweise waren viele Dinge, die die Amerikaner an den Chinesen abstoßend fanden, genau dieselben, die den Chinesen an den Weißen nicht paßten: Die *fan gway* sprachen eine unverständliche Sprache. Sie hatten besondere Laster. Sie verstanden nicht, wie das Universum funktionierte. Ihre religiösen Glaubenssätze und Praktiken waren unbegreiflich. Sie hatten einen seltsamen Kalender. Obendrein feierten sie den Neujahrstag nicht, wie es sich gehörte, indem sie das Haus putzten, Speisen bereiteten, die in den kommenden Monaten Glück bringen sollten, alte Schulden beglichen und ihren Ahnen Respekt erwiesen. Überhaupt hatten sie nicht den geringsten Familiensinn. Kurz gesagt, sie waren Barbaren, und ein nicht enden wollender Strom von ihnen war ohne weiteres bereit, die Arbeitsplätze zu übernehmen, die Chinesen im Schweiße ihres Angesichts geschaffen hatten.

Der Exclusion Act von 1882 wirkte sich verheerend aus. Nach diesem Gesetz durften in den folgenden zehn Jahren keine chinesischen Arbeiter mehr in die Vereinigten Staaten einreisen. Und auch den Ehefrauen von Chinesen, die bereits im Land weilten, wurde der Zugang verwehrt. Alle Chinesen mußten sich registrieren lassen und stets ihre Aufenthaltserlaubnis bei sich tragen. Außerdem wurden sie von jeder Einbürgerung ausgeschlossen. (Mit diesem Passus gehören die Vereinigten Staaten neben Nazideutschland und Südafrika zu den drei einzigen Ländern in der Geschichte, die eine Einbürgerung allein aufgrund der Rassenzugehörigkeit verweigert haben.) Nur chinesische Lehrer, Kaufleute, Studenten, Touristen und Diplomaten wurden noch ins Land gelassen.

Die Männer in Fong Sees Textilfabrik standen mit ihren Befürchtungen nicht allein. Im Jahr 1881 wanderten 11890 Chinesen in die Vereinigten Staaten ein. Im folgenden Jahr nutzten 39579 Chinesen – darunter nur 136 Frauen – die letzte Gelegenheit zur Einreise, bevor der Exclusion Act in Kraft trat. Es dauerte zwar eine Weile, bis sich die Einwanderungsbeamten auf die neue Lage eingestellt hatten, dann jedoch griff das Gesetz. Sechs Jahre nach seiner Verabschiedung kamen nur noch 26 Chinesen auf den Goldenen Berg. 1892 wurde es durch den Geary Act erweitert und verschärft. Er bürdete Immigranten die Beweislast dafür auf, daß sie sich legal im Land aufhielten. Wurde ein Chinese ohne Aufenthaltsberechtigung erwischt, drohte ihm eine Gefängnisstrafe von bis zu einem Jahr mit anschließender Abschiebung. Außerdem konnte kein Chinese gegen Kaution aus der Untersuchungshaft entlassen werden. Das Gesetz hatte zur Folge, daß 1892 tatsächlich kein einziger Chinese mehr nach Amerika kam.
Nicht einmal in seinen schlimmsten Alpträumen hätte Fong See sich vorstellen können, was seine Landsleute nach Inkrafttreten des Exclusion Act erwartete. Das Gesetz ermutigte die schlimmsten Elemente in der Gesellschaft zu Ausschreitungen und Grausamkeiten. Die große Vertreibung begann. Im Cherry-Creek-Distrikt von Denver stürmten weiße Schlägertrupps Chinatown, plünderten Geschäfte und Privathäuser und verprügelten ihre bedauernswerten Bewohner. Ein Chinese kam nur deshalb unbeschadet davon, weil ihn seine weißen Freunde in einer vernagelten Kiste durch die entfesselte Menge trugen. Der einzige Weiße, der sich offen für die Chinesen einsetzte, war ein Spieler und Revolverheld. Mit gezogenen Colts trat er dem Mob entgegen und rief: »Wer, zum Teufel, soll meine Wäsche waschen, wenn ihr Wong umbringt?«
In Tacoma im amerikanischen Bundesstaat Washington wurden siebenhundert Arbeiter in Eisenbahnwaggons getrieben und aus der Stadt gefahren. Am Ende wurden alle Chinesen gezwungen, die Stadt zu verlassen, und jahrzehntelang lebte in der näheren Umgebung kein Chinese mehr. In Seattle flüchteten verängstigte Chinesen auf Dampfer, die nach San Francisco fuhren. In Tombstone, Arizona, zogen Cowboys Karten, um zu entscheiden, in welche

Himmelsrichtung sie die Chinesen schicken sollten. In Tucson wurde ein Chinese auf einen Stier gebunden und in die Wüste hinausgejagt. In Rock Springs, Wyoming, wurden achtundzwanzig Chinesen ermordet; elf davon wurden bei lebendigem Leib in ihren Häusern verbrannt, andere hinterrücks erschossen, als sie zu fliehen versuchten. Am Snake River in Ost-Washington wurden einunddreißig Chinesen umgebracht. In Alaska pferchte man chinesische Bergarbeiter in kleine Boote und ließ sie aufs Meer hinaustreiben. In Redlands, Kalifornien, wurden die Chinesen, nachdem sie jahrelang Zitrusbäume gepflanzt und beschnitten und die Früchte geerntet, sortiert und verpackt hatten, in Schuppen gesperrt, während ein weißer Mob die Orangenhaine plünderte. Obwohl die Nationalgarde zum Schutz der Chinesen eingriff, wurden weitere Häuser geplündert und niedergebrannt. Bis zum Ende des Jahrhunderts waren alle Chinesen aus der kalifornischen Zitrusbranche verdrängt. Selbst Weiße, die gegen den Verbleib der Chinesen im Land waren, brachten die Ungerechtigkeit in einer damals sehr beliebten Redensart zum Ausdruck. »Er hat weniger Chancen als ein Chinese«, sagte man, wenn jemand nicht die Spur einer Chance hatte. Fong See aber gab nicht klein bei. Bestimmt hatten auch diese Gesetze Lücken, und er würde sie finden.

KAPITEL 3

LIEBE

1894–1897

Seit Inkrafttreten des Exclusion Act hatte die Regierung begonnen, alle von Chinesen geführten Geschäfte im Land zu überwachen. Von allen Gruppen, die noch ins Land gelassen wurden, waren Kaufleute die einzigen, deren Tätigkeit sich leicht vortäuschen ließ. Jeder chinesische Betrieb mußte zweimal jährlich über den Status der Firma und die Anzahl der Teilhaber oder »Kaufleute« Bericht erstatten. Die Einwanderungsbeamten verglichen Daten und Namen, um mögliche Betrügereien aufzudecken, und benutzten die Akten als Grundlage für die Befragung von Chinesen, die ein- oder ausreisen wollten. 1894, zwölf Jahre nach Inkrafttreten des Exclusion Act, meldete Fong See erneut ein Geschäft an. Er war jedoch auch als Produzent tätig, eine Kategorie, die nicht unter die neuen Einwanderungsgesetze fiel.

Um nachzuweisen, daß die Familie Fong seit über zwei Jahrzehnten im kaufmännischen Bereich tätig war, griff er wieder auf den alten Namen des Kräutergeschäfts, Kwong Tsui Chang, zurück. Allerdings war er lange genug in Amerika, um zu wissen, daß Kwong Tsui Chang fremdartig klang. Deshalb änderte er »Kwong« in »Fong«, »Tsui« in »Suie« und »Chang« in »On«. Ob rechtmäßig oder nicht, die Umbenennung in Fong Suie On stellte in seinen Ohren jedenfalls eine beträchtliche Veränderung dar. Um sein unmittelbares Ziel zu erreichen, ließ er das Geschäft als Suie On Company registrieren. Die ursprüngliche Bedeutung von Kwong Tsui Chang – friedlich zum Erfolg – ging damit verloren.

Wie viele Chinesen seiner Zeit gründete auch Fong See eine *hui,* eine Gesellschaft mit bis zu zehn »Teilhabern«, die den Zweck hatte, seinen Mitarbeitern den Status von »Kaufleuten« zu verschaffen. Im ersten Vertrag zwischen den Teilhabern der Suie On Company hieß es ausdrücklich, die Mitglieder »produzieren und handeln mit Damenunterwäsche sowie mit japanischen Raritäten und betreiben einen Laden in der K Street Nr. 609 in Sacramento City«. Die acht Teilhaber waren Fong See, Fong Jung, Fong Lai, Fong Dong (Fong Dun Shung), Jun Sik, Fong Yun, Kang Sun und Fong Ken. Fong Dun Shung und dessen fünfter Sohn Fong Jung, der damals neunjährige Bruder Fong Sees, waren beteiligt, obwohl sie sich in China aufhielten. Fong Lai war als Teilhaber eingetragen, während Fong Quongs Name fehlte, obwohl er zu der Zeit ebenfalls in Sacramento lebte. Über die anderen Teilhaber ist heute kaum noch etwas bekannt. Aus einem Aktenvermerk geht lediglich hervor, daß Fong Ken sich am 18. April 1894, dem Tag, als der Vertrag aufgesetzt wurde, noch an Bord eines Dampfers befand.

Jeder Partner war offiziell mit 500 Dollar an der Firma beteiligt, so daß sich das Firmenkapital auf 4000 Dollar belaufen hätte. Die Summen waren jedoch fiktiv. Zumindest Fong Ken, der noch auf dem Dampfer saß und auf seine Einreiseerlaubnis als Kaufmann wartete, kann eine so gewaltige Summe unmöglich besessen haben. Die Firma war zwar als Gesellschaft gleichberechtigter Partner registriert, doch Fong See hatte eindeutig das Sagen. Nur sein Foto ist dem Vertrag beigelegt, und auch alle späteren Firmendokumente sind nur mit seinem Foto versehen, bis die Regierung schließlich aufhörte, Firmen von Chinesen zu überwachen. Fong See war überdies der alleinige Eigentümer. Die Teilhaberschaft der anderen existierte nur auf dem Papier – ein Trick, um ihnen den Kaufmannsstatus zu verschaffen.

In anderen *huis* losten die Partner aus, wer über das Geld verfügen sollte, doch Fong See hatte seinen Brüdern und den anderen Firmenmitgliedern klargemacht, daß er der Boß war. Er hatte »Bambus in der Brust«, das heißt, er war ein Mann, der auf seine Leistungsfähigkeit und sein Können vertraute. Seine älteren Brüder und Vettern, sein Vater und seine Freunde hatten erkannt, daß er allein

das nötige Selbstvertrauen und den nötigen Mut besaß, um den Betrieb voranzubringen. Er hatte eine Vision, und er folgte ihr.
Am 3. Mai 1884 erhielt Fong See, inzwischen offiziell als Kaufmann anerkannt, vom Steuerinspektor des vierten Distrikts von Kalifornien die Aufenthaltsgenehmigung Nr. 130 020, ausgestellt für »eine Person, die kein Arbeiter ist«. Kurz darauf zog die Suie On Company oder der Curiosity Bazaar, wie das Geschäft bei den Kunden immer noch hieß, in das Oshner Building in der K Street 723. Fong See besaß nun vier Nähmaschinen und beschäftigte zehn Männer. Das Geschäft blühte.

»Letticie, geh mit Donna und Georgia eine Weile nach draußen. Sie langweilen sich, und ich muß mich ein bißchen ausruhen. Komm in einer Stunde wieder und fang mit dem Kochen an.«
»Aber ich muß doch Hausaufgaben machen«, sagte Ticie Pruett zu ihrer Schwägerin Jennie, die bereits aus den hohen Stiefeln geschlüpft war und sich aufs Bett legte. Ticie zuckte die Schultern. Sie wollte unbedingt eine ordentliche Ausbildung haben. Sie war gut in Mathematik. Ihr Lehrer an der Schule in Central Point hatte ihr – vielleicht, weil ihm klar war, daß sie eines Tages selbst für ihren Lebensunterhalt würde sorgen müssen – bereits einfache Buchführung beigebracht. Das Problem war nur, daß sie wegen der Hausarbeit nie mit den Schularbeiten fertig wurde und immer zu spät zum Unterricht kam. Die Jungen zogen sie damit auf. »Seht mal, wer heute wieder zu spät dran ist«, riefen sie. Sie konnte es nicht ausstehen, wenn sie sich über sie lustig machten.
Folgsam ging Ticie mit den Kindern nach draußen und setzte sich mit ihnen in den Schatten der Pappeln, die an der Straße wuchsen. Es war erst Anfang Juli und doch schon so heiß wie in einem Backofen. Die fünfjährige Donna und die dreijährige Georgia kamen gut miteinander aus, und schon bald sammelten sie einträchtig Steine und schichteten sie zu kleinen Haufen auf. Ticie spielte derweil mit einer Strähne ihrer kastanienbraunen Haare und warf einen sehnsüchtigen Blick zurück zum Haus, an dessen angebauter Küche sich eine Tabakpflanze emporrankte. Sie seufzte. Es hatte keinen Sinn, einen Streit anzufangen. Nach dem Tod ihres Vaters hatte Jen-

nie Ticies älteren Bruder Irvin geheiratet, und seither war es, wie es war.
Vor zehn Jahren, als sie acht gewesen war, hatte die Familie die County-Rennen besucht. Das Leben hier draußen bot neben der Arbeit wenig Zerstreuungen, deshalb waren solche Veranstaltungen immer eine willkommene Abwechslung. Pferderennen waren keine Sünde, solange keine Wetten im Spiel waren, und ihr Vater, ein Pferdenarr, hatte am Rennen der Einspänner teilgenommen. Es regnete, und als sie heimkamen, klagte ihr Vater über eine Erkältung. Innerhalb einer Woche kam eine Lungenentzündung dazu, und er starb. Alle sagten, es sei genau wie beim Tod ihrer Mutter gewesen, aber daran konnte sie sich nicht mehr erinnern. Sie wußte nur, daß sie ihren Vater geliebt hatte. Er hatte ihr den Spitznamen Ticie gegeben. In der Schule nannte man sie immer noch so, aber zu Hause nie mehr. Ihr Vater war der einzige Mensch, der sie wirklich geliebt hatte.
Ticie war damals noch zu jung gewesen, um einen Haushalt mit so vielen Männern zu führen, deshalb hatte Irvin Jennie Garrett geheiratet. Sie war in Montana geboren, und ihre Familie war in den Westen gekommen, um ihr Glück zu machen. Doch die Garretts waren arm geblieben, und Jennie hatte nichts in die Ehe eingebracht, außer daß sie den Haushalt führen konnte. Und das hatte sie auch getan, aber nur, bis Ticie alt genug war.
Ein Jahr nach Irvin hatte auch Ticies dritter Bruder Charles geheiratet. Die Familie seiner Frau, Melinda Cox, war schon früh aus Tennessee gekommen und hatte am Fuß der Vorberge fruchtbares Land erworben. Bei der Eheschließung hatte Charles über hundert Hektar davon erhalten, und seitdem bauten er und Melinda dort Getreide, Luzerne und Obst an. Inzwischen hatten sie auch zwei Kinder, die sechsjährige Mabel und den dreijährigen Guy. Melinda war längst nicht so gemein wie Jennie. Letticie vermutete, daß sie im Umgang mit den Landarbeitern auf der Farm ihrer Eltern gelernt hatte, freundlich zu sein. Jennie dagegen war arm wie eine Kirchenmaus und bösartig wie eine Klapperschlange.
Nach der Geburt ihrer Nichten und Neffen war Ticie zwischen den beiden Farmen hin- und hergeschickt worden, und nach jedem wei-

teren Kind hatte man ihr mehr Arbeit aufgebürdet. »Wechsel die Windeln.« – »Füttere das Baby.« – »Wasch das aus und schrubb es ordentlich.« Sie hatte nichts gegen Hausarbeit, sie war daran gewöhnt. Es war nur der Ton, in dem man sie darum bat. Nein, man bat sie nicht, man erteilte ihr Befehle. Schlag jetzt die Butter! Mach die Betten! Wasch die Wäsche! Füttere die Hühner! Flick die Kleider!

John William, ihr jüngster Bruder, hatte gerade Effie Caster geheiratet. Ticie hatte als Trauzeugin fungiert. Sie hatte John immer am liebsten gemocht, aber jetzt hatte er eine andere, die ihn liebte, und schenkte Ticie keine Beachtung mehr. Sie konnte ihm deswegen nicht böse sein. So war es nun einmal. Niemand liebte sie, niemand kümmerte sich um sie. Sie war allein in der Familie. Eine Ausgestoßene.

Sie war ganz anders als die anderen. Sie wußte noch, wie wütend ihre Brüder und die Nachbarn über den Bau der Bahnlinie gewesen waren. »Ich hasse diese Schlitzaugen, die sie hergeholt haben«, pflegte Irvin sonntags nach dem Abendessen zu sagen, obwohl jeder am Tisch genau wußte, daß die Chinesen schon am Rogue River Gold gewaschen hatten, lange bevor einer von ihnen nach Oregon gekommen war.

»Kommt ihr morgen nacht mit?« fragte Charles, wenn eine Bande von Farmern in der Dunkelheit loszog und die Schienen wieder herausriß, die den Tag über gelegt worden waren.

Sie erinnerte sich vage – oder vielleicht hatte sie es auch nur bei einem Gespräch ihrer Brüder aufgeschnappt –, wie die Goldsucher am Jackass Creek die Chinesen mit Steinen beworfen, ihre Hütten niedergebrannt und ihre Claims besetzt hatten. John Miller hatte einen der Chinesen sogar in den Rücken geschossen, doch er war völlig ungestraft davongekommen. »Das geschah dem Schlitzauge recht«, hieß es. »Er hat nur bekommen, was er verdient.« Ticie dachte an die Chinesen, die sie an der Bahnlinie oder auf Nachbarfarmen hatte arbeiten sehen. Sie hatte ihnen ohne Scheu direkt ins Gesicht geblickt. Viele hatten Narben, entweder von Geburt an oder von dem harten Leben, das sie hier führen mußten. In ihren Augen entdeckte sie dieselbe Einsamkeit, die auch sie schon seit vielen Jahren empfand.

Mit Erlaubnis ihres Lehrers durfte sie in der Schule die *Democratic Times* lesen. Die Zeitung bestand nur aus einem einzigen großen, in der Mitte gefalteten Blatt und enthielt Nachrichten aus dem Tal und aus aller Welt. Den mit »Central-Point-Anzeiger« überschriebenen Teil übersprang Ticie immer. Was konnte da schon Interessantes drinstehen? Statt dessen las sie die »Auslandsnachrichten« und »Vermischtes aus der Region westlich der Sierras«. Und die Berichte über die neuen Bahnlinien, die immer mehr Countys und Staaten miteinander verbanden.

Es gab eine Welt da draußen, und Ticie Pruett sehnte sich danach, sie kennenzulernen. Von ihrem Taschengeld und von dem Lohn, den sie von Nachbarn für gelegentliche Arbeiten erhielt, hatte sie eine kleine Summe gespart. Sie wußte, daß es nicht viel war, aber bis Sacramento würde sie damit kommen. (Sie träumte von San Francisco, hatte aber gelesen, daß die Fahrt dorthin zu teuer war.)

Jetzt hatte sie eine Tasche mit Kleidern gepackt. Heute nacht, wenn die anderen schliefen, wollte sie die Farm und die Menschen verlassen, die so grob zu ihr gewesen waren. Sie wollte zu Fuß nach Central Point gehen und den Frühzug nehmen. Man schrieb das Jahr 1894, und Ticie war achtzehn Jahre alt.

Ein paar Wochen später klingelten die Glöckchen an Fong Sees Ladentür, und als er aufschaute, erblickte er nicht etwa eine chinesische oder amerikanische Hure, sondern eine junge Dame, die ihr Haar zu einem Knoten aufgesteckt hatte. Vereinzelte Strähnen hingen herab, kräuselten sich in der feuchten Luft und rahmten ihr Gesicht mit feinen rosenholzfarbenen Locken. Die junge Frau faßte sich einen Moment, dann fragte sie: »Haben Sie vielleicht eine Stelle frei?«

»Sie wollen Job?« fragte Fong See.

»Ja«, sagte sie und trat näher.

»Hier keine Arbeit. Das kein Platz für Sie.«

»Also, ich weiß nicht, was für ein Platz dies ist«, sagte sie. »Aber ich habe überall in der Stadt herumgefragt, und niemand will mich anstellen.« Sie war den Tränen nahe.

»Das kein Platz für Sie.«

»Warum?«

»Das Geschäft für Huren.«
»Oh«, sagte die junge Frau mit Enttäuschung in der Stimme.
»Machen Unterwäsche für Prostituierte.«
Das Gesicht der jungen Frau hellte sich auf. »Dann ist das also kein verrufenes Haus?«
»*Aiya!* Dumme Frau! Dies Fabrik. Ich der Besitzer.«
»Ich kann nähen.«
»Ich nicht brauchen. Viele Männer mir helfen. Sie gehen jetzt. Das kein Platz für Sie.«
Die Frau starrte ihn einen Moment an, dann senkte sie den Blick. Sie seufzte, schüttelte den Kopf, murmelte einen Dank und ging wieder hinaus. Fong See blieb auf seinem Platz hinter dem Ladentisch und sah ihr nach. Ihr Haar nahm im Sonnenlicht einen tiefen kastanienbraunen Glanz an. Sie blieb einen Augenblick stehen, blickte zuerst nach links und dann nach rechts, schüttelte den Kopf und ging schließlich nach links die K Street hinunter. Fong See zuckte die Schultern und machte sich wieder an die Arbeit.
In den nächsten Tagen mußte Fong See immer wieder an das Mädchen denken. Er hatte auf dem Goldenen Berg mehr weiße Frauen kennengelernt als die meisten Chinesen, also hätte er an das Mädchen eigentlich keinen Gedanken verschwenden sollen. Und doch tat er es. Er erinnerte sich an ihre frische Haut, ihre hübschen Hände, ihre schmale Taille, ihren leichten Überbiß, an ihr Verhalten, ihre Direktheit und den tiefen Ernst, der dahinter zu spüren war. Einige Male meinte er, sie am Schaufenster vorbeigehen zu sehen; ihr prächtiges volles Haar zog immer seinen Blick auf sich. Konzentriere dich auf deine Arbeit, ermahnte er sich.
Dann, eines Morgens, als er gerade hinten im Laden weilte und den Männern Anweisungen für den Tag gab, klingelten die Glöckchen an der Ladentür, und als er nach vorn ging, sah er das weiße Mädchen wieder vor dem Ladentisch stehen.
»Guten Tag«, sagte sie. »Erinnern Sie sich an mich? Ich bin Letticie Pruett.«
Er nickte.
»Ich könnte immer noch einen Job brauchen«, sagte sie und versuchte zu lächeln.

»Kein Job hier für Frau wie Sie. Kein Job für Frau.«
Letticie wollte gerade wieder gehen, da klingelte es erneut, und Madame Matilde, eine der ältesten Kundinnen Fong Sees, trat ein. »Ich brauche mehr von der Unterwäsche. Ich weiß auch nicht, was meine Mädchen damit anstellen.«
»Madame Matilde, schön, Sie zu sehen. Sie wollen kaufen?«
»Das habe ich bereits gesagt«, antwortete die aufgedonnerte Frau. »Ich brauche etwas Nachschub von deiner Ware. Also, hopp, hopp!«
»Ein Paar? Zwei Paar?« sagte Fong See und verwischte die Worte, weil er mit den Rs kämpfte.
»Lieber Gott!« Madame Matilde spuckte aus. »Hör zu, Fong. Ich komme jeden Monat in deinen Laden. Und jeden Monat kaufe ich das gleiche. Ein Dutzend aus Seide, ein Dutzend aus Musselin und ein paar von den Bettjäckchen. Also nun mal los, hopp, hopp!«
Fong See starrte sie fragend an. Sie hatte so schnell gesprochen, daß er kein Wort verstanden hatte. Er öffnete die Vitrine, da hörte er, wie sie zu Letticie sagte: »Haben Sie mit ihm auch solche Probleme? Ich verstehe einfach nicht, was er sagt.«
»Er hat gefragt, wie viele sie brauchen.«
»Du liebe Güte! Das habe ich doch gerade gesagt!« Die ältere Frau schnaubte frustriert und klopfte sich ungeduldig mit dem Fächer auf die Handfläche. »Ach, zum Teufel, das dauert mir heute zu lange.« Damit rauschte sie zur Tür und rief über die Schulter: »Ich komme ein andermal wieder, Fong.«
Das Mädchen sah zu, wie Fong See die Ware in die Vitrine zurücklegte.
»Sie könnten jemanden wie mich gut gebrauchen.«
»Kein Job«, sagte Fong See unerschütterlich.
Das Mädchen lächelte ihn schüchtern an und ging. *Aiya!* Soviel los im Laden, und doch hat kein Geld den Besitzer gewechselt, dachte Fong See. So sollte es eigentlich nicht sein.
Am folgenden Tag öffnete Fong See den Laden und schickte die Männer an die Arbeit. Die Geschäfte gingen schlecht, so schlecht, daß er am Fenster stand und auf die Straße hinausschaute. Da sah er das Mädchen auf der anderen Straßenseite auf dem Gehsteig aus Holzplanken sitzen. Sie starrte zur Suie On Company herüber. Nach

dem Mittagessen hatte er wieder Gelegenheit, aus dem Fenster zu blicken. Das Mädchen saß immer noch da. Den ganzen Nachmittag mußte Fong See daran denken, daß das Mädchen – Wie hieß sie doch gleich? Letticie? – vor dem Laden saß. Sie beobachtete ihn und sah genau, wer den Laden betrat oder verließ. Er lächelte in sich hinein, wenn ein Kunde einen größeren Posten bestellt hatte, er fluchte vor sich hin, wenn jemand mit leeren Händen ging. Was aber dachte sie? Konzentriere dich auf die Arbeit! hielt er sich immer wieder vor. Als die Mitarbeiter gegangen waren und er das Geschäft schloß, würdigte er Letticie auf der anderen Straßenseite ganz bewußt keines Blickes.

Am nächsten Morgen saß sie schon auf ihrem Platz, als er ankam. Er nahm sich vor, sie völlig zu ignorieren, und es gelang ihm auch, bis Madame Matilde den Laden betrat. »Wollen wir heute unser Geschäft tätigen?« fragte sie.

Er wollte gerade antworten, da klingelten die Glöckchen erneut, und das Mädchen mit dem rosenholzfarbenen Haar trat ein.

»Guten Morgen, Madame Matilde«, sagte Letticie. »Was können wir heute für Sie tun?«

»Ich dachte an etwa zwei Dutzend«, sagte die Frau und sah zuerst Fong und dann wieder das Mädchen an. »Aber nur, wenn ich einen guten Preis bekomme. Mengenrabatt!«

Letticie drehte sich zu dem Chinesen herum, sah ihm direkt in die Augen, überlegte kurz und trat hinter den Ladentisch. »Dann wollen wir mal sehen, was wir da haben ...«

Fong See trat beiseite, und Letticie übernahm. Sie zog Schubladen auf, bis sie gefunden hatte, was sie suchte. Er sah, wie ihr Hals und ihre Wangen rot anliefen, als sie die Kleidungsstücke auslegte. Doch sie ließ sich nicht aus dem Konzept bringen. »Sie wissen bestimmt, was für eine feine Arbeit das ist, Madame«, sagte sie. »Sehen Sie sich die Plisseefalten an. Also, wir wissen beide, daß es nicht viele Näherinnen auf der Welt gibt, die mit einer solchen Arbeit konkurrieren könnten.«

Eine halbe Stunde später verließ Madame Matilde den Laden mit einem großen, in braunes Papier gewickelten Paket. Das Mädchen wandte sich Fong See zu und sah ihn in ihrer konzentrierten, ernsten Art an. »Wie schon gesagt, ich bin in der ganzen Stadt gewesen. Ich bekomme keine Arbeit, weil ich keine Erfahrung habe. Und ich gedenke nicht, in Madame Matildes Haus zu arbeiten, obwohl ich, seit ich in der Stadt bin, wahrhaftig genügend Angebote in dieser Richtung bekommen habe. Eine solche Frau bin ich nicht, wie Sie sehen.«

»Sie wollen immer noch Job?« fragte Fong See.

»Ich habe Ihren Laden beobachtet«, fuhr sie fort. »Ich habe gesehen, wie Sie Kunden verloren haben.«

»Ich nix Kunden verlieren. Sie einfach nicht kaufen wollen.«

»Das stimmt nicht. Die Leute kommen in Ihren Laden, weil Sie ...« Sie suchte nach Worten. »Weil Sie einen ganz speziellen Artikel führen. Die Leute kommen her, weil sie kaufen *wollen.* Genau deshalb brauchen Sie jemanden wie mich. Ich bin eine Frau. Ich kann Ihnen bei diesen ...« Wieder fand sie nicht die richtigen Worte. Dann straffte sie die Schultern und sagte: »Ich kann Ihnen bei diesen besonderen Frauen eine Hilfe sein. Ich spreche gut Englisch und könnte die englischsprachigen Kundinnen bedienen. Wenn Sie mir einen anständigen Lohn zahlen, werden Sie es nicht bereuen.«

Fong See starrte die Frau an. War ihr entgangen, daß er Chinese war? »Sie Schwierigkeiten bekommen, wenn Sie hier arbeiten«, sagte er.

Zum ersten Mal hörte er sie lachen. »Glauben Sie nicht, daß ich größere Schwierigkeiten bekommen könnte, wenn ich für Madame Matilde arbeiten würde?«

Das war es nicht, was ihm Sorgen bereitete. Er hatte Angst, was passieren würde, wenn sich jemand daran stieße, daß er eine weiße Frau beschäftigte. Dem Mädchen schien das nichts auszumachen.

Die junge Frau trat einen Schritt vor und streckte ihm die Hand entgegen. »Wie schon gesagt, ich heiße Letticie Pruett. Sie werden froh sein, daß Sie mich eingestellt haben.«

In den folgenden Wochen und Monaten war Fong See immer wieder von neuem verwundert über die Gestalt mit den kastanienbraunen Haaren, die jeden Morgen an seiner Ladentür erschien. Sie war so anders als die anderen weißen Frauen, die er im Lauf der Jahre auf dem Goldenen Berg kennengelernt hatte. Sie trug keine Federn und weder Satin noch Spitzen. Sie war zweckmäßig und einfach gekleidet – höchstens eine baumwollene Rüsche hier und da. Sie roch weder nach Parfüm noch nach Männern. Statt dessen verströmte sie einen betörenden Duft nach Seife, Puder und Lavendelwasser. Und obwohl sie ganz anders war als die Prostituierten, die ihre Unterwäsche bei ihm kauften, war sie immer nett zu ihnen und behandelte sie fast mit Respekt.

»Ich persönlich möchte diesen Beruf nicht ausüben«, sagte sie einmal. »Aber ich kann verstehen, daß gewisse Umstände eine Frau dazu treiben, ein leichtes Mädchen zu werden.«

Es waren Sätze wie dieser, die ihn faszinierten. »Wenn es Ihnen nichts ausmacht«, sagte sie eines Tages vorsichtig, »sollten wir sagen, daß wir leichte Unterwäsche für leichte Mädchen verkaufen. Es hört sich viel hübscher an. Und unseren Damen wird es auch gefallen.«

Die halbe Zeit wußte er nicht, wovon sie sprach, aber in diesem Punkt hatte sie recht. Zuerst lachten die Mädchen. »Leichte Unterwäsche für leichte Mädchen, und das mit uns. Das habt ihr euch so gedacht!« Mit der Zeit jedoch fanden sie Gefallen daran. Waren sie wenige Monate zuvor noch in den Laden gekommen und hatten gesagt: »Ich brauche ein paar von den geschlitzten Schlüpfern«, so fragten sie jetzt nach »leichter Unterwäsche«. Und sie verkaufte sich gut. So gut, daß Letticie begann, die Bücher zu führen. Irgendwann hatte sie nämlich gemerkt, daß er keine richtige Buchhaltung hatte, nur eine fiktive für die Einwanderungsbehörde. Er grinste vergnügt vor sich hin, wenn er daran dachte, wie verdutzt sie gewesen war.

»Man führt Buch, damit man weiß, wieviel man besitzt – was sich verkauft und was nicht, ob man Gewinne macht oder Verluste«, hatte sie erklärt.

»Das hab' ich hier drin«, hatte er gesagt und sich gegen die Stirn getippt.

Sie hatte den Kopf geschüttelt. »Nein, das Geschäft ist mittlerweile zu groß.«

»Wenn Sie wollen, machen Sie's«, hatte er geantwortet. Er wußte nicht, wie er ihr erklären sollte, daß er Chinesisch weder schreiben noch lesen konnte, geschweige denn Englisch.

Ein paar Monate später wandte sie sich wieder an ihn. »Nicht daß

Sie denken, ich wollte mich einmischen, aber ich finde, die Männer sollten auch normale Unterwäsche anfertigen. Viele Frauen würden sie kaufen, wenn diese bestimmte Stelle zugenäht wäre.«

Er gab den Männern sofort entsprechende Anweisungen. Sie waren froh, daß Ticie da war. Seit ihrer Ankunft war ihnen das Glück hold. Jeder von ihnen konnte jetzt jeden Monat mehr Geld nach Hause schicken. Aber es war nicht nur das Geld. Ticie respektierte sie auf eine Art, wie es viele von ihnen noch nicht erlebt hatten, seit sie ihre Heimatdörfer verlassen hatten. Sie machte sich verständlich, so gut sie konnte – benutzte Zeichensprache, gestikulierte, lächelte sie an, klopfte ihnen manchmal auf die Schulter. Viele waren nie zuvor von einer weißen Frau berührt worden. Sie schien keine Angst zu haben, sich an den Arbeitstisch zu setzen und kameradschaftlich eine Tasse Tee mit ihnen zu trinken. In letzter Zeit hatte sie sogar begonnen, ihren Topf Nudeln mit ihnen zu teilen. Und manchmal blickte sie Fong Lai über die Schulter, um zu sehen, wie er für die anderen kochte.

Sie übte mit ihnen Englisch, erklärte ihnen, wie man Wörter aussprach und Sätze bildete. Einmal wurde sie sehr ernst, als einer der Arbeiter sie *fan gway* nannte. Sie fragte, was die Worte bedeuteten, und die Männer erklärten ihr, daß sie »weißer Geist« bedeuteten. Da sagte sie: »Warum nennt ihr mich so? Ich bin kein Geist, ich bin aus Fleisch und Blut, genau wie ihr. Bestimmt gibt es andere Worte, die ihr benutzen könnt.« Die Männer diskutierten lebhaft und einigten sich schließlich auf *lo fan*, was einfach »weiße Person« bedeutete.

Fong See war vermutlich neunzehn Jahre älter als Ticie, aber nach traditioneller chinesischer Auffassung war ein Altersunterschied von mindestens zehn Jahren eine günstige Voraussetzung für eine harmonische Ehe. Er wußte nicht, warum er sich überhaupt erlaubte, in dieser Richtung zu denken. Er hatte in China eine Frau, der er nach wie vor jeden Monat Geld schickte. Wichtiger noch, als Chinese war es ihm verboten, eine Weiße zu heiraten. Und doch schwirrte ihm der Kopf von Gründen, die für eine Heirat sprachen. Ja, er hatte eine Frau in China, aber er hatte sie nur einmal gesehen, und sie hatten ihre Ehe nie vollzogen. Er fühlte sich überhaupt nicht wie ein verheirateter Mann – eine ausgesprochen amerikanische Vorstellung, dessen war er sich bewußt. Andererseits erlaubte es die chinesische Tradition durchaus, daß ein Mann eine Frau auf dem Land hatte, die für seine alten Eltern sorgte, und eine Frau in der Stadt, die ihm den Haushalt führte und Gesellschaft leistete.

Ticie brauchte von der ersten Frau in seinem Heimatdorf ja nichts zu erfahren. Die Männer in der Fabrik würden sie nie erwähnen. Ja, er würde sogar in ihrer Achtung steigen, denn es gab kaum einen Chinesen, der den Mut oder die Ausstrahlung besaß, um eine weiße Frau zu werben. Obendrein würde er als Ticies Ehemann eine endgültige Aufenthaltsgenehmigung bekommen. Wenn er sie heiratete, würde er sie nie verlassen. Er würde sie als seine wahre Frau achten. Er liebte sie.

Fong See und Ticie Pruett bildeten ein gutes Gespann, und das war in seiner Heimat wichtig. Jahrelang hatte er sich nach einem amerikanischen Partner gesehnt, der die geschäftlichen Möglichkeiten genauso einschätzte wie er. Letticie war zwar kein Mann, aber sie war ihm sehr ähnlich. Sie hatte Bambus im Herzen. Auch sie hatte eine Vision, wie das Leben sein sollte.

Letticie Pruett See war selbst erstaunt, welche Wendung die Dinge genommen hatten, seit sie aus Central Point fortgegangen war. Damals hatte sie den Kopf noch voll kindlicher Träume. Sie dachte, es werde ihr leichtfallen, eine richtige Städterin zu werden, Arbeit zu bekommen, sich ein paar Verehrer anzulachen und schließlich einen Ehemann zu angeln. In der ersten Aufregung staunte sie über die elektrischen Lampen, die Menschenmassen, die Theaterhäuser. Doch es dauerte nicht lange, bis sie entdeckte, daß niemand sie haben wollte. Nun ja, ein paar wollten sie schon, aber ihr Körper war ihr zu schade, um mit stinkenden alten Männern herumzumachen. In ihrer Verzweiflung bewarb sie sich schließlich um die Stelle in der Suie On Company. Wie konnte sie so etwas Verrücktes tun? Was trieb sie dazu? Verzweiflung, dachte sie wieder. Niemand – weder ihre Lehrer noch ihre Brüder, noch ihre Schwägerinnen – hätte ihr so etwas zugetraut. Gegen jede Vernunft blieb sie hartnäckig. Sie handelte im Widerspruch zu allem, was sie je gelernt hatte, und gegen ihren eigenen gesunden Menschenverstand. Sie gab sich couragiert und fleißig, weil sie nach Oregon hätte zurückkehren müssen, wenn sie keine Arbeit fand. Außerdem wußte sie, daß sie Fong See eine Hilfe sein konnte. Er brauchte sie, und das konnte sie sonst von keinem Menschen sagen. Trotzdem war sie wahrscheinlich noch überraschter als er selbst, als er sie tatsächlich einstellte.

Sie hatte es gern, wie er auf ihre Ideen einging. Die Männer stellten die neue Unterwäsche her, und es gelang ihr, sie an gute, anständige Frauen wie Mrs. Acock, die Frau des Immobilienmaklers, zu verkaufen. Es hatte Letticie einige Überredung gekostet, Mrs. Acock überhaupt in den Laden zu locken, doch inzwischen war sie Stammkundin. Wenn Mrs. Acock im Angebot nichts fand, was nach ihrem Geschmack war, bat Letticie die Arbeiter, etwas speziell nach ihren Wünschen anzufertigen. Mrs. Acock hatte ihren Freundinnen davon erzählt, und nun kauften mehrere Kaufmannsfrauen aus der K Street bei Letticie ein.

Sie gab sich mit den Neuerungen bei der Unterwäsche nicht zufrieden. Mr. Solomon, der Importeur, bemühte sich schon seit Jahren, Fong See auch andere Waren zu verkaufen. »Versuchen Sie es«, sagte sie zu ihrem Chef. »Probieren Sie einfach aus, ob es geht. Fangen Sie mit billigen Sachen an. Wenn sie sich nicht verkaufen, machen Sie keinen großen Verlust.« Drei Monate später, bei Mr. Solomons nächstem Besuch in der Suie On Company, bestellte Fong See Körbe, Fächer und einen kleinen Posten billiges Porzellan. Eine Stunde lang stritten sie über Preis und Qualität. Die Raritäten verkauften sich gut, und Letticie ermutigte Fong See, mehr bei Solomon zu bestellen, und nicht nur bei ihm, sondern auch bei Mr. Snedegar von der Firma Hale Brothers. Bald schaute Mr. Snedegar ein- oder zweimal die Woche herein, nur um Bestellungen aufzunehmen. Und die Frauen, die Mrs. Acock mitbrachte, kauften jetzt auch andere Artikel. Selbst Mr. Luce, der Vermieter, besorgte im Dezember in ihrem Geschäft seine Weihnachtsgeschenke.

Letticie fand es ganz natürlich, daß eins das andere nach sich zog: harte Arbeit den Erfolg, Einsamkeit das Glück, Freundschaft die Liebe. Am 15. Januar 1897 wurden Letticie Pruett aus Central Point in Oregon und Fong See, der vierte Sohn eines chinesischen Kräu-

terheilkundigen, getraut. Sie gingen zu einem Anwalt und ließen ihn die Papiere für eine Vertragsehe aufsetzen. Ihre Verbindung wurde vom Staat lediglich als ein Vertrag zwischen zwei Einzelpersonen anerkannt, da Ehen zwischen Angehörigen unterschiedlicher Rassen in Kalifornien verboten waren.
Doch wenn Letticie den Vertrag mit der kunstvollen Schrift und dem aufwendigen Druck betrachtete, dachte sie immer: Was macht es für einen Unterschied, ob wir das eine oder das andere Papier haben? Fong See hatte ihr für alle Zeiten Treue gelobt, und sie hatte ihm dasselbe versprochen. Sie liebte ihn. Wer konnte sagen, warum? Sie wußte nicht viel über die Liebe, nur daß ihre Wege unerforschlich waren.
Letticie schrieb ihren Brüdern von ihrer Heirat und bekam bald darauf einen knappen Antwortbrief, in dem die Familie sie verstieß. Wie hatte sie bloß einen Chinesen heiraten können? Das sei ekelhaft, schrieben sie, und sie sei nicht mehr ihre Schwester. Sie wußte, sie würde sie nie wiedersehen und nie wieder ein Wort von ihnen hören.
Suie, wie sie ihren Ehemann nannte, war jedoch liebevoll und klug. Und er arbeitete hart. Oh ja, sie wußte, wie beliebt er bei den Damen war. Sie wurde rot, wenn sie daran dachte, wieviel Übung er im Umgang mit Frauen hatte. Er wußte, wie er eine Frau mit Komplimenten und einem Augenzwinkern einwickeln konnte. Aber das war ihr gleichgültig, denn er behandelte sie wie eine Lady.
Es fiel ihm schwer, das »L« in ihrem Namen auszusprechen. Deshalb schlug sie ihm vor, er solle sie Ticie nennen, wie einst ihr Vater. Sie hatte mit seinem Namen ebenfalls Probleme. Amtlich war Fong sein Vorname und See sein Nachname, doch in Wirklichkeit war es genau umgekehrt: See war der Vorname, Fong der Nachname. Sie wollte ihren Mann nicht See rufen. Das machte überhaupt keinen Sinn. »Man kann leicht hereinfallen, wenn man bei den Behörden seinen Namen berichtigen will«, warnte sie ihn. »Wir wollen sie nicht unnötig auf uns aufmerksam machen. Sonst kommen sie womöglich auf die Idee, dich genauer unter die Lupe zu nehmen. Oder glauben sogar, daß du lügst. Am besten, wir bleiben für immer die Sees.« Er war einverstanden, und sie nannte ihn von da an

Suie oder Suie On. Obwohl das der Name des Geschäfts war, kam er ihr irgendwie persönlicher vor. Außerdem war es für die Kunden so einfacher. Man konnte nicht von ihnen erwarten, daß sie sich so viele Dinge merkten. Sie sollten ruhig denken, daß das Geschäft seinen Namen trage. Das stellte ihn eine weitere Stufe über die Arbeiter.

Jetzt hatten sie nur noch ein Problem: das heikle Geschäft mit der Unterwäsche. Sie rümpfte die Nase. Leichte Unterwäsche für leichte Mädchen! Von wegen! Selbst wenn Suie inzwischen auch Raritäten und Unterkleidung für anständige Frauen verkaufte, so handelte er immer noch mit geschlitzter Unterwäsche. Als verheiratete Frau fand Ticie, daß er in dieser Branche allzuleicht auf Abwege geraten konnte.

»Das Geschäft geht zurück«, erklärte sie ihm. »Wir sollten machen, daß wir hier wegkommen, bevor die Behörden hart durchgreifen und das letzte Freudenhaus in der Stadt dichtmacht.« Sie versuchte, ihn an seiner Brieftasche zu packen. »Die Gewinnspanne bei der leichten Unterwäsche ist zu gering. Bald werden wir überhaupt nichts mehr verdienen.«

Als er über ihre Sorgen spottete, entgegnete sie: »Du hast von der Vertreibung der Chinesen erzählt. Eines Tages könnte uns dasselbe passieren. Besser, wir gehen jetzt gleich, solange wir noch selbst über unsere Zukunft entscheiden können.«

»Wohin?« fragte er und reckte herausfordernd das Kinn.

»Nur zwei Chinesenviertel sind noch intakt – das in San Francisco und das in Los Angeles.«

»Mehr Chinesen in San Francisco«, sagte er. »Vielleicht sicherer für uns.«

»Vielleicht, vielleicht auch nicht. Völlig sicher sind wir nirgends, Suie. Außerdem sind schon zu viele nach San Francisco gegangen. Dort ist alles in fester Hand.«

»Lo Sang«, sagte ihr Mann und grübelte über den chinesischen Namen für Los Angeles nach. In seiner Zeit als Hausierer hatte er dort viel Geld verdient.

»Ich würde auf Los Angeles setzen, wenn du mitmachst. Die Stadt der Engel. Dort wird es uns gefallen. Nicht zu viele Chinesen. Die

Leute sind tolerant. Dort haben wir bessere Chancen. Vielleicht werden wir sogar reich.«
»Ich bin der Mann. Ich entscheide.«
»Das sollst du ja auch. Nur ist Los Angeles einfach die modernere Stadt. Sacramento ist ein Nest.«
Letticie hatte zumindest teilweise recht. Die Herren Acock, Solomon, Snedegar und Davis sowie Mr. Luces Sohn hatten gegenüber den Behörden zwar erklärt, daß die Suie On Company in Sacramento »einen guten Ruf« genieße, doch das Geschäft mit der Unterwäsche ging in der Tat stark zurück. Bis zur Jahrhundertwende war die Gilde für farbenfrohe Kleidung von der Bildfläche verschwunden, während Los Angeles tatsächlich sehr gute Chancen bot. Auf jeden Fall taten die Sees gut daran, Sacramento zu verlassen. Im Februar des folgenden Jahres sollte im Oshner Building nämlich ein Brand ausbrechen und alles vernichten, was von der Suie On Company in Sacramento noch geblieben war.

TEIL ZWEI

KAPITEL 4

LO SANG

1897–1902

Bereits 1850 kamen Chinesen grüppchenweise in den kleinen Pueblo Los Angeles und ließen sich an der Calle de Los Negros, besser bekannt unter dem Namen Nigger Alley, nieder. Doch erst in den siebziger Jahren des vorigen Jahrhunderts, als die Southern Pacific mit dem Bau der Eisenbahnlinie nach Südkalifornien begann – ein von Unfällen überschattetes Projekt, das zahlreiche Tote und Verletzte forderte –, kamen die Chinesen und blieben auch. Sie pachteten Land auf dem alten Besitz des chilenischen Abenteurers Juan Apablasa und Benjamin Wilsons, dessen Name später in der Landschaft verewigt wurde, als man einen Berg nach ihm benannte. Erstmals hatten die Chinesen auf dem Goldenen Berg einen Landstrich gefunden, in dem ein ähnliches Klima herrschte wie in Südchina.

Doch das Martyrium der Chinesen ging weiter. Auch hier warf man Steine nach ihnen, kippte ihre Gemüsekarren um, zog sie an den Zöpfen. Ein Journalist wetterte gegen die»einhundert üblen Opiumhöhlen, in denen Chinesen, weiße Prostituierte und leichtlebige junge Männer Tag und Nacht Opium rauchten«. Andere machten gegen angehende Restaurantbesitzer Stimmung, indem sie argwöhnische Leser daran erinnerten, daß Chinesen gern Abalonen und Eichhörnchen aßen und daß ihre Köche Hühner bei lebendigem Leib brieten, um sie leichter rupfen zu können. Schikanöse und demütigende Gesetze traten in Kraft. So wurde Wäschereiangestellten verboten, »durch das Verspritzen von Wasser mit dem Mund Wäsche zu besprenkeln«.

Am 23. Oktober 1871, sechsundzwanzig Jahre vor Fong Sees und Letticies Ankunft in Los Angeles, brach der schwelende Konlikt offen aus, als in der Nigger Alley zwei rivalisierende Tongs, die Nin Yung Company und die Hong Chow Company, aneinandergerieten. Anlaß der Gewalttätigkeiten war die Vermählung eines junges Mädchens namens Ya Hit, auf das beide Besitzansprüche erhoben und dessen Schönheit nur durch den Profit übertroffen wurde, den die Geheimbünde aus ihren Reizen zu schlagen hofften. In dem Versuch, den Streit zu schlichten, schritt ein weißer Polizist ein und wurde erschossen. Kurz darauf feuerte ein anderer Weißer – ein Rancher und ehemaliger Kneipenwirt – wahllos auf Häuser von Chinesen in der Niger Alley. Als die Schüsse nicht erwidert wurden, sprang er auf eine Veranda und schritt kühn zur Tür, wo ihn ein Kugelhagel empfing. Im Zurücktaumeln stammelte er: »Ich bin tödlich getroffen.«

Wie ein Lauffeuer verbreitete sich in der Stadt die Nachricht, daß die Chinesen »massenhaft Weiße umbringen«. Schlägertrupps formierten sich, und ein aus Mexikanern und Angloamerikanern bestehender Mob zog hinunter in das Viertel. Mit Spitzhacken schlugen sie Löcher in das Coronel Building, in dem sich viele Chinesen versteckten, anderen nahmen es einfach unter Feuer. Mutig geworden, stürmten Männer ins Innere des Gebäudes, fanden dort aber keine Tong-Gangster vor, sondern nur ehrbare Chinesen beiderlei Geschlechts, die sich verängstigt aneinanderkauerten. Zwei tote Chinesen wurden nach draußen geschleppt, getreten, mit Fäusten traktiert und schließlich aufgehängt.

In der Straße herrschte ein heilloses Chaos. Ein Stadtrat hob ein loses Brett vom Bürgersteig auf und schlug es einem Chinesen über den Schädel. Ein anderer Amtsträger tat ein übriges, indem er Chinesen dem Mob übergab, »um sie ins Gefängnis zu schaffen«. Die meisten kamen nie dort an. Ein chinesischer Arzt wurde ausgeraubt, durch einen Schuß in den Mund getötet und gehenkt. Auf der Suche nach dem Gold, das die Chinesen angeblich horteten, durchstöberten Männer Wohnungen und Geschäfte. Andere rannten mit gestohlenen Ballen Seide, Reissäcken, Weinflaschen, ja sogar gebratenen Gänsen durch die Straßen.

Am Ende der Nacht baumelten am hölzernen Vorbau einer Stellmacherei, an beiden Seiten eines Planwagens und am Querbalken eines Tors auf einem nahe gelegenen Holzplatz die Leichen von siebzehn chinesischen Männern und Jungen. Zwei weitere Chinesen erlagen in den folgenden Tagen ihren Schußverletzungen. Mindestens fünfhundert Angelenos, fast acht Prozent der gesamten Einwohnerschaft der Stadt, hatten sich an dieser »Nacht des Schrekkens«, wie die populäre Presse sie nannte, aktiv beteiligt.

Um so überraschender, daß sich der Aufruhr später als Segen für die Chinesen erweisen sollte. In den leidvollen Jahren der Vertreibung und der gegen Chinesen gerichteten Ausschluß-Politik wahrten die Angelenos eine gewisse kühle Distanz zu den Hitzköpfen im übrigen Land. Die Rassisten in der Stadt taten sich schwer, Begeisterung für ihre antichinesischen Clubs zu wecken, während solche Vereine allenthalben im Staat florierten. So schlug der Boykott chinesischer Läden und anderer Firmen, die Chinesen beschäftigten, in Los Angeles fehl. Und 1877, als die Gewerkschaften der Stadt die »friedliche und legale Abschiebung« der Chinesen verlangten, erinnerte die Lokalpresse die Bewohner an die »schändlichen« Ausschreitungen.

So kam es, daß Chinatown im gleichen Maß wuchs wie die übrige Stadt. War es anfangs das Gold, daß die Menschen nach Kalifornien gelockt hatte, so sorgte das warme Klima dafür, daß der Siedlerstrom nicht abriß. Zusätzlich begünstigt wurde der Zuzug durch den Konkurrenzkampf der Eisenbahngesellschaften. So war es im März 1886, als die Fahrpreise einen historischen Tiefpunkt erreichten, vorübergehend möglich, für einen Dollar quer durch das Land zu fahren. Dort, wo einst Obstplantagen, Weinberge und Weiden die Landschaft geprägt hatten, riß der gewaltige Einwandererstrom das Land in den Strudel der Verstädterung.

Wie andernorts blieben die Immigranten auch in Los Angeles unter sich. Die Mexikaner, die den Eindruck erweckten, als hätten sie schon immer hier gelebt, hatten ihr Sonoratown. Die Italiener ließen sich ein paar Blocks weiter in Little Italy nieder, während die Franzosen unweit davon eine weitere Kolonie bildeten. Und auch die Chinesen errichteten nun ein eigenes kleines Viertel. Im Süden grenzte es an die Schlachthöfe, im Osten an die Verschiebebahnhöfe und ein Gaswerk, im Norden an die alte spanische Plaza mit ihrem verblassenden Glanz und im Westen an die aufstrebende Metropole der Weißen.

Im Jahr 1897, als Fong See und Letticie nach Los Angeles zogen, existierte die Nigger Alley nicht mehr. Sie hatte der Los Angeles Street Platz gemacht, die sich bis zur Plaza erstreckte. Die Apablasa und die Marchessault Street zerschnitten die Los Angeles Street in zwei Teile. Dort, wo sie die Alameda Street kreuzten, war gewissermaßen das eigentliche Tor nach Chinatown. Andere ungepflasterte Straßen und Gassen, die nach Kindern und Enkeln Juan Apablasas benannt waren, säumten Backsteinhäuser im westlichen Stil und zerfallende, aus Adobeziegeln errichtete spanische Häuser, die in leuchtend roten, gelben und grünen Farbtönen gestrichen waren.

Ganz anders das Innere der Häuser. Mehr als die Hälfte der Zimmer hatte keine Fenster, viele andere verbargen sich hinter Geheimtüren. Einige weiße Sozialarbeiter vermuteten hinter dieser Bauweise einen chinesischen Brauch, der auf dem Glauben beruhte, daß böse Geister die Dunkelheit mieden oder nur ungern um Ecken bogen, andere freilich wußten, daß diese verborgenen Räume auf dem Goldenen Berg eine Notwendigkeit waren: Sie boten illegalen Einwohnern Unterschlupf oder erleichterten die Flucht aus Spielhöllen. Nur wenige Häuser verfügten über eine Heizung oder Strom. Junggesellen wohnten in Pensionen und schliefen in Etagenbetten, zwischen denen kleine Öfen aufgestellt waren. In den Schlafsälen wimmelte es von Ameisen, Flöhen, Schaben, Ratten und Ungeziefer aller Art. Ratten fing man mit Gitterfallen und tötete sie mit kochendem Wasser.

Die Stadtväter klagten häufig über den Schmutz in Chinatown und behaupteten, er stelle ein Gesundheitsrisiko für die gesamte Stadt dar. Ein Thema, das die Politiker gerne aufgriffen. Im Jahr 1880 wurde fast das gesamte Obst und Gemüse, das Weiße verzehrten, von Chinesen angebaut, die am Stadtrand Parzellen gepachtet hatten. Doch die Korrale in Chinatown, in denen die Gemüsehändler ihre Pferde hielten, lockten Schwärme von Insekten an. Zudem entdeckte eine staatliche Kommission sieben Außenaborte in den Korralen.

Dies alles wäre nicht weiter schlimm gewesen, hätten die Händler nicht bei ihren Pferden geschlafen, die Wagen, mit frischem Obst und Gemüse für die Stadt beladen, nicht über Nacht dort abgestellt und die Ware am Morgen in den Pferdetrögen gewaschen. Doch so leicht die Stadtväter in Harnisch gerieten, so schnell beruhigten sie sich auch wieder bei dem Gedanken, daß sie jede Sanierungsmaßnahme finanzieren mußten, und das Leben nahm weiter seinen gewohnten Gang.

Nach ihrer Ankunft in der Stadt besuchten Fong See und Ticie zuerst Chinatown, das sie in vielerlei Hinsicht an das Chinesenviertel in Sacramento erinnerte. Straßenhändler boten gezuckerte Kokosraspeln, Reiskuchen und geröstete Melonenkerne feil. Reklameschilder lockten Kunden mit verführerischen Versprechungen. Kranke durften hoffen, in Apotheken Heilung zu finden, die sich »Haus der Wohltat und Langlebigkeit« oder »Haus der Harmonie und Aprikosenwälder« nannten. Die wohlklingenden Namen der Restaurants an der Marchessault Street – Duftende Teestube, Salon der Wohlgerüche, Balkon der Freude und Wonne – versprachen neben Gaumenfreuden auch andere Annehmlichkeiten. Die Luft selbst lockte mit den köstlichen Gerüchen nach gebratenem Schweinefleisch, in Öl eingelegten Enteneiern, getrockneten Abalonen und Tintenfisch.

In jenen Tagen besaß Chinatown eine Wochenzeitung, drei Tempel und ein Theater. Im Ghetto gab es Stadtteilvereine, Familienzusammenschlüsse und Tongs, die Streitfälle schlichteten, den Bewohnern halfen, sich im Dschungel der Einwanderungsgesetze zurechtzufinden, und ihnen Schutz anboten. Acht Missionsgruppen umwarben beharrlich die Konvertiten. Die Missionare der Methodisten, der freien Gemeinden und der Presbyterianer erzielten dabei mit Abstand die größten Erfolge, da sie sich der weltlichen Bedürfnisse der Einwanderer annahmen, indem sie ihnen Englisch beibrachten und Arbeitsstellen vermittelten.

Wie schon in Sacramento machte Fong See auch hier die Beobachtung, daß die Chinesen für sich selbst sorgten. Sterbende wurden von Landsleuten betreut, und nach ihrem Tod sorgten Angehörige oder der allgemeine chinesische Wohltätigkeitsverein dafür, daß sie

auf dem Friedhof Immergrün begraben wurden, dem einzigen in Los Angeles, der auch »Orientalen« aufnahm. Und später veranlaßten sie, daß ihre Gebeine wieder ausgegraben und nach China überführt wurden, da nach dem Glauben der Chinesen nur in die Geisterwelt einzog, wer in der Heimaterde ruhte. Wie meistens schlachtete die weiße Presse auch hier die eher unappetitlichen Seiten des Brauches aus, indem sie von verwesten Leichen berichtete, von abgeschabten Fleischresten, von geöffneten Särgen, denen ein bestialischer Gestank entstieg, von Zöpfen, die neben den Gräbern zurückblieben und an denen noch Fetzen der Kopfhaut hingen.
Fong See und Ticie wollten nicht nach Chinatown ziehen. Dies hätte einen Rückschritt bedeutet. Statt dessen eröffneten sie ihren ersten Laden in der First Street, zwischen Spring Street und Broadway, im Herzen des weißen Geschäftsviertels nahe dem Rathaus. Erneut änderten sie den Namen des Ladens und nannten ihn F. Suie One Company, wobei sie das *F* für Fong hinzufügten und ein *e* an *On* anhängten, damit der Name »amerikanischer« wirkte.
Obwohl mehrere Blocks von Chinatown entfernt, wohnten die Sees wie fast alle chinesischen Kaufleute über ihrem Laden. Sie verkauften weiterhin Raritäten, die sie von Charles Solomon bezogen, nahmen zusätzlich Korbwaren in ihr Angebot auf und setzten, gegen Ticies hartnäckigen Protest, den Handel mit Damenunterwäsche fort. Die F. Suie One Company hatte immer noch acht Teilhaber, mit dem Unterschied freilich, daß jetzt nur noch die Hälfte von ihnen in den Vereinigten Staaten lebte. Kurz bevor Fong See und Ticie Sacramento verließen, war Fong Quong nach China zurückgekehrt. Und wenige Monate nach ihrem Umzug nach Los Angeles war Fong Lai seinem Beispiel gefolgt. Somit waren jetzt vier Teilhaber in China lebende Verwandte, die übrigen arbeiteten im Laden. Keiner von ihnen war ein wirklicher Teilhaber. Sie waren lediglich Angestellte, die – mit Geld oder Arbeit – dafür bezahlten, daß sie ihren Status als Kaufleute aufrechterhalten konnten.
In der ersten Zeit fühlte sich Ticie, mittlerweile schwanger, häufig einsam. Sie sehnte sich nach Zuspruch und Ermutigung, aber keine Weiße sprach mit ihr, und in Chinatown kam auf zwanzig Männer nur eine Frau. Die meisten Chinesinnen waren Prostituierte, die in

Hütten entlang der Alameda Street ein trostloses Dasein fristeten. Die wenigen anderen wurden von ihren Männern, die sie nicht den Gefahren der Straße aussetzen wollten, unter Verschluß gehalten und wie wertvolle Juwelen bewacht.

Am 22. Mai 1898, fünf Monate nach ihrer Ankunft in Los Angeles und knapp zwei Jahre nach ihrer Heirat, ging Fong See in die Nacht hinaus und holte Anna Müller, eine deutsche Hebamme, die Chinesinnen entband. Das Baby quittierte die Demütigung der Geburt mit Gebrüll. Ohne sich um die Proteste Frau Müllers zu kümmern, nahm ihm Fong See die Windeln ab und drehte es auf den Bauch. Da war er, der Mongolenfleck, unten an der Wirbelsäule. Der Junge mochte zur Hälfte ein Weißer sein, aber in den Augen seines Vaters war er ein Vollblutchinese. Fong See wollte seinen Sohn nach der großen Ming-Dynastie benennen, die das kulturelle Erbe Chinas auf dem Höhepunkt ihrer Herrschaft zu einer neuen Blüte geführt hatte. Ming bedeutete soviel wie »die Helle« und Intelligenz.

»Ich möchte aber, daß er Milton heißt, wie mein Vater«, sagte Ticie, als Frau Müller das Kind wieder wickelte.

Voller Stolz sah Fong See zu, wie sich das Kind an die Mutterbrust schmiegte. Seine Frau hatte ihm einen Sohn geschenkt. Sie hatte eine Belohnung verdient.

»Milton«, sagte er zustimmend und fügte hinzu: »Aber sein chinesischer Name soll Ming Fook sein.«

Kurz nach Mings Geburt zogen die Sees in die South Spring Street Nr. 328, und auch dort firmierte die F. Suie One Company als japanischer Basar und Fachgeschäft für Damenunterwäsche aus eigener Fertigung. Am 2. Juni 1900 brachte Ticie ihren zweiten Sohn Ray – oder Ming Hong – zur Welt. Ein Jahr später siedelte die Familie in die North Main Street Nr. 414 über, ebenfalls ein Weißenviertel, nur wenige Blocks vom heutigen Pershing Square entfernt.

Der neue Laden bestand aus drei Räumen. Im vorderen wurden die Waren ausgestellt. Ray, der bereits gehen konnte, legte gern den Kopf auf die kühle Keramikfigur eines Wasserbüffels, die an langen heißen Spätsommertagen als Türanschlag diente, und blickte auf die Straße hinaus, wo das gleißende Licht alles in ein geisterhaftes, fahles Weiß tauchte. Hinten teilte sich die Familie ein Zimmer. Auf der anderen Seite des Flures hielten vier Männer – die »Teilhaber« – durch rhythmisches Treten der Pedale die Nähmaschinen in Gang. Der amerikanische Zollinspektor bezifferte den Wert des Warenbestands – der chinesischen und japanischen Produkte sowie der Unterwäsche – auf 4000 Dollar, doch Fong See schätzte ihn auf annähernd 25000 Dollar. Offensichtlich hatte der Inspektor keine Ahnung, womit er es zu tun hatte. Im Jahr 1901 hatte sich das Sortiment erweitert. Die Kundschaft konnte jetzt aus einem breiten Angebot wählen, darunter Seide und Stickereien, Schirme, Bronzefiguren, Möbel aus Teakholz und chinesischem Nußbaum, feines chinesisches und japanisches Porzellan und einige wenige erstklassige Antiquitäten.

Die Sees verdankten diesen Aufschwung Richard White, einem ehemaligen Söldner, der im Alter von fünfundvierzig Jahren die Uniform an der Nagel gehängt und in der Sanitärabteilung von Holrook, Merrill & Steston eine Stelle angenommen hatte. White, ein eleganter Herr mit graumeliertem Haar, der stets einen Stock mit Elfenbeinknauf bei sich trug, war von Ticie nicht wenig angetan. Da er ihr aber keine Liebe schenken konnte, gab er ihr geschäftliche Ratschläge. Eines Tages trat er in den Laden, unter dem Arm ein paar Antiquitäten, die er Jahre zuvor als Söldner in China erworben hatte. »Solche Waren sollten Sie führen«, sagte er ihr. »Damit heben Sie sich von anderen Geschäften ab.« Gegen die Einwände ihres Mannes stellte Ticie die Antiquitäten ins Schaufenster. Innerhalb von Tagen waren sie verkauft, und für einen guten Preis.

Mr. White brachte Nachschub. Wieder verkaufte Ticie alles. Doch Fong See blieb skeptisch. Raritäten würden genügen, sagte er. »Damit gehen wir kein Risiko ein. Damit sind wir immer gut gefahren.«

»Aber unsere Kunden wollen anscheinend Qualität«, erwiderte Ticie. »Und sie sind bereit, für etwas Besseres auch mehr zu bezahlen.«

Die Umsätze stiegen, und Fong See sah ein, daß Ticie recht hatte. Die Weißen kauften Antiquitäten und akzeptierten oft Phantasiepreise, die weit über dem lagen, was Ticie an Richard White bezahlt hatte. Und als Fong See und Ticie begriffen, daß ein einziger Lieferant nicht genügte, besuchten sie auch Auktionen. Mit der Zeit lernten die Farmertochter und der Sohn eines Kräuterheilkundigen, woran gute Stücke zu erkennen waren. Zwei Jahre später führten sie selbst Auktionen durch und setzten an einem einzigen Nachmittag manchmal Waren im Wert von mehreren tausend Dollar um.

Ticie machte sich im Geschäft unentbehrlich. Sie führte die Bücher und forschte nach den wenigen Lieferanten chinesischer Antiquitäten im Land. Tagaus, tagein stand sie im Laden – anfangs nur mit ihrem Mann, später auch mit Milton und Ray. Fong See war ein gewiefter Geschäftsmann, aber Ticie hatte Herz. Ihre Freundlichkeit zog die Menschen an, Chinesen wie Amerikaner. Die chinesischen Junggesellen, die im Laden arbeiteten, fanden in ihr ein geduldige Zuhörerin, der sie von ihren Gewinnen oder Verlusten am Spieltisch erzählen konnten. Wurden sie krank, schickte sie nach dem Arzt. Brauchten sie jemanden, weil sie Probleme mit der englischen Sprache hatten, wandten sie sich an sie. Sie suchten bei ihr Rat, wenn sie Mietverträge für ihre Zimmer unterschreiben sollten. Und wenn es ihnen finanziell besserging, kamen sie mit Pachtverträgen für ihre neuen Geschäfte zu ihr. Sie half ihnen, englische Briefe aufzusetzen, Steuerformulare auszufüllen oder ihre Aufenthaltserlaubnis zu beantragen. Sie vertrauten ihrem Urteil, und sie fand immer Zeit für sie, einerlei wie beschäftigt sie war. Zwar sprachen diese Männer nie über ihre Einsamkeit, doch schienen sie die Nähe einer Frau zu suchen, die Mutter und Ehefrau war.

Mit der Zeit scharte Ticie auch andere um sich, die Freunde fürs Leben werden sollten. Einige, wie Richard White, beeinflußten nicht nur ihr persönliches Geschick, sondern auf Generationen hinaus auch das der gesamten Familie. Neben Richard White, dessen Liebe stets unerwidert bleiben sollte, war da noch Florence Morgan, die Frau eines kalifornischen Austernkönigs. Für chinesische Verhältnisse mochten die Morgans noch reich sein, doch ihre beste Zeit hatten sie bereits hinter sich.

Den Sees ging es blendend. Sie importierten Waren aus China und brachten sie rasch an den Mann, und zudem hatte Ticie zwei Söhnen das Leben geschenkt, und doch ließ Fong See in einem Punkt nicht mit sich reden.

»Ich wünsche mir ein Haus«, bettelte Ticie immer wieder. »Kaufen wir doch ein Haus, dann können wir ein richtiges Familienleben

führen und müssen nicht mehr als Kaufleute über dem Laden wohnen.« Doch Fong See interessierte sich nur für protzige Dinge, und in seinen Augen war nichts protziger als ein Automobil.
So kam es, daß Fong See, während seine Frau im Laden stand, kochte und Windeln wusch oder wechselte, sich als erster Chinese im Land im eigenen Wagen durch die Gegend chauffieren ließ. Immer Geschäftsmann, benutzte er den Wagen dazu, für einen neuen Kräuterladen in der Stadt Reklame zu machen. Mit Werbeplakaten an beiden Seiten und einem livrierten Chauffeur am Steuer gondelten Fong See und der Kräuterheilkundige durch die Straßen von Chinatown und luden die staunende Menge zu einem Besuch des neuen Ladens ein. Fong See lernte nie fahren, aber seine kostspielige Vorliebe für Autos sollte nie erlöschen. Mit seinen Autos demonstrierte er der Welt, daß er, der Außenseiter, moderner und neuen Ideen gegenüber aufgeschlossener war als die Honoratioren der Stadt.

Im Jahr 1901, nach der Niederschlagung des Boxeraufstands, der gegen die ausländischen Mächte gerichteten Erhebung in China, beschloß Fong See, mit seiner jungen Familie für ein Jahr nach China zu reisen. Er hoffte, von Menschen, die noch unter den Folgen des Aufstands litten, Antiquitäten und andere Waren zu stark herabgesetzten Preisen kaufen zu können. Doch wie sich herausstellte, war es seinerzeit viel leichter gewesen, den Goldenen Berg zu erklimmen, als ihn jetzt zu verlassen. Als Junge war Fong See einfach an Bord eines Klippers gegangen und in See gestochen. Jetzt brauchte er eine Fülle von Dokumenten, die bescheinigten, wer er war, wer seine Frau war und daß seine Kinder gebürtige Amerikaner waren. Er mußte nachweisen, daß er als Kaufmann einen Sonderstatus genoß und das Recht hatte, mit seiner Familie in die Vereinigten Staaten zurückzukehren.
Fong See hatte nicht vorhergesehen, wie langwierig diese Prozedur sein würde. Er hatte zwei Söhne, die in Amerika geboren waren, und eine amerikanische Frau. Der Staat hatte ihn als Kaufmann anerkannt. Und doch stellten die Beamten der Einwanderungsbehörde so gründliche Nachforschungen über ihn an, daß er sich wie ein Ta-

gelöhner vorkam. So wurden in seinem Beisein Bekannte und Geschäftsfreunde – sein Versicherungsvertreter, der Auktionator und Richard White – gefragt, ob er ein ehrlicher Mann sei. Doch am unangenehmsten waren die Fragen, die Ticie betrafen.

»Ist Fong See verheiratet?« fragte Inspektor Mr. Conant den Versicherungsvertreter.

»Soweit ich weiß, ja«, antwortete Conant, »allerdings habe ich nie einen Trauschein gesehen.«

»Führt er mit dieser Frau ein Eheleben?« fragte der Inspektor.

»Ja, Sir.«

Der Inspektor bohrte weiter. Seit wann kannte er die Frau? Hatte er sie im Laden kennengelernt? Und dann fragte er: »Wurde sie Ihnen als seine Frau vorgestellt?«

»Nein«, antwortete Conant. »Aber sie hat mir gesagt, daß sie seine Frau sei.«

»Hat Ihnen Suie One gesagt, daß sie seine Frau sei?«

»Nicht daß ich wüßte.«

Auch von Richard White erfuhr der Inspektor nicht viel mehr über Ticies Status, doch White zeichnete ein überzeugendes Bild von Fong See, dem Kaufmann. »Ist dem Geschäft eine Wäscherei, eine Pension, ein Restaurant oder eine Pfandleihe angeschlossen?« fragte der Inspektor.

»Nein, Sir«, antwortete White.

»Hat dieser Mann, der Ihnen unter dem Namen Fong See bekannt ist, als Hausierer, Straßenhändler, Fischer, Wäscher oder Dienstbote gearbeitet oder ist er irgendeiner körperlichen Tätigkeit nachgegangen, seit Sie ihn kennen?«

»Nein, Sir.«

Als der Inspektor fragte, wie viele Waren in dem Laden hergestellt würden, antwortete White schroff: »Waren aus eigener Fertigung fallen dort kaum ins Gewicht.«

»Haben Sie jemals gesehen, wie Fong See selbst Waren hergestellt hat?«

»Dafür hat er seine Leute«, erwiderte White.

Am 23. Juli 1901 erhielten Fong See und seine Familie die schriftliche Genehmigung der US-Regierung, nach China zu reisen – und später zurückzukehren. Während der letzten Vorbereitungen vor der Abreise aus Los Angeles hatten Fong See und Ticie ausgiebig Gelegenheit, über die Befragungen zu sprechen, die ersten, denen sich beide hatten unterziehen müssen. Schon seit Jahren drängte Ticie ihren Mann, den Handel mit Damenunterwäsche aufzugeben. »Ich hatte recht, als wir in Sacramento mit Raritäten anfingen«, sagte sie, »und ich hatte recht, als wir in den Antiquitätenhandel einstiegen. Und ich glaube, ich habe auch diesmal recht. Nach den Verhören wirst du wohl hoffentlich einsehen, wie gefährlich es ist, wenn wir weiter Wäsche anfertigen. Wir – du bekommst ernste Schwierigkeiten, wenn die Behörden zu der Auffassung gelangen, daß du ein Arbeiter und kein Kaufmann bist.«

Schließlich, nach all den Jahren, willigte Fong See ein, den Geschäftszweig Damenunterwäsche aufzugeben. Das Risiko war einfach zu groß. Da er die Nähmaschinen nun nicht mehr benötigte, ließ er sie in Kisten verpacken und zusammen mit dem Gepäck der Familie nach China verschiffen. Er wollte sie seiner Mutter und den Bewohnern von Dimtao schenken, denen die praktischen Geräte sicher von Nutzen sein würden, denn sie benötigten keinen Strom und waren leicht zu bedienen. Die bisherigen Näher, die jahrelang Unterwäsche angefertigt hatten, blieben im Laden. Sie sollten sich in Fong Sees Abwesenheit, so gut es ging, um das Geschäft kümmern.

Im September 1901 gingen die Sees in San Francisco an Bord der SS *China*. Ticie war sehr aufgeregt. Als junges Mädchen in Oregon hätte sie sich nie träumen lassen, daß sie einmal die Gelegenheit haben würde, in ein fremdes Land zu reisen, geschweige denn nach China! Und doch hatte sie das Gefühl, in ein vertrautes Land heimzukehren, denn schließlich lebte sie seit vier Jahren mit einem Chinesen zusammen. Sie war neugierig auf das Geburtsdorf ihres Mannes, wollte erleben, wie ihre Kinder auf die neuen optischen und akustischen Eindrücke reagierten, und ihre Schwiegereltern und die übrige Verwandtschaft ihres Mannes kennenlernen.

Im Oktober traf die Familie in Hongkong ein. Von dort reiste sie zuerst nach Foshan, dann weiter nach Dimtao, Fong Sees Heimatdorf, das er dreißig Jahre zuvor verlassen hatte. Schließlich stand er vor seinen Eltern, die er zum ersten Mal, seit sein Vater den Goldenen

Berg verlassen hatte, zusammen sah. Shue-ying weinte. Fong Dun Shung wandte seine Aufmerksamkeit sofort Ticie zu und sprach stockend ein paar englische Worte, die er aus den verstaubten Winkeln seines Gedächtnisses hervorkramte. Fong Sees jüngster Bruder, Fong Yun, starrte die Besucher mit offenem Mund an. Die Dorfbewohner umdrängten die Träger, die Fong See und die Seinen von der aufblühenden Stadt Foshan durch die Reisfelder nach Dimtao getragen hatten, und sahen zu, wie sie die mittels Tretkurbeln angetriebenen Nähmaschinen abluden.

Fong Dun Shung ging voran, und Fong See, Ticie, Ming und Ray folgten ihm durch die engen Gassen des Dorfes. Das Haus, in dem Fong See aufgewachsen war, stand nicht mehr. Es hatte einem neuen Platz gemacht, das weit größer war als alle anderen im Dorf mit Ausnahme des Ahnentempels. Als Fong See über die hohe Türschwelle trat, sah er, daß es nur aus einem einzigen großen, fensterlosen Raum bestand. Ein offener Anbau draußen auf dem kleinen Hof diente als Küche. Beinahe reflexartig hoben Fong See und Ticie ihre Kinder von dem gestampften Lehmboden auf. In den kommenden Monaten sollten sie nicht hier wohnen, sondern in einem anderen Haus, das noch primitiver war.

»Mach dir keine Sorgen«, sagte Fong See ruhig zu seiner Frau.

»Ich mache mir keine Sorgen, Suie«, antwortete sie lächelnd. »So lebt man nun mal auf dem Land. Wir werden schon zurechtkommen.«

Die folgenden Wochen und Monate waren mit Aktivitäten aller Art ausgefüllt. Die Schwiegereltern führten Ticie und die Kinder zum Ahnentempel, wo sie die Vorfahren ihres Mannes ehrten. Fong See hatte die Namen seiner Frau und seiner Kinder in Steintafeln gemeißelt, die nun neben den Tafeln vieler Generationen von Fongs aus dem Dorf Dimtao aufgehängt wurden.

Beide machten Höflichkeitsbesuche: Ticie besuchte die erste Frau ihres Mannes, Fong See seine weitläufige Verwandtschaft. Schon nach wenigen Tagen in der Fabrik in Sacramento hatte Ticie bemerkt, daß Suie sehr an seiner Familie hing und jeden Monat Geld nach Hause schickte. Allerdings hatte er nie erwähnt, daß er eine Ehefrau hatte. Erst kurz vor der Abreise hatte er ihr von der Frau erzählt. »Ich war mit Yong verheiratet, bevor ich auf den Goldenen Berg kam«, hatte er gesagt. »Doch du hast mir Söhne geschenkt. Du bist meine richtige Frau. Du bist meine amerikanische Frau.« Ticie hatte beschlossen, ihm zu glauben.

Mit Rücksicht auf die Gefühle der Fremden hatte man Yong vorübergehend bei einem Nachbarn einquartiert. Als Ticie das düstere, kühle Haus betrat, wurde sie von einer abgezehrten alten Frau begrüßt, die wie ein Vogel den Kopf zur Seite neigte und aus den Augenwinkeln zu ihr heraufspähte. Ticie brauchte einen Moment, ehe sie begriff, daß dieses Großmütterchen gar kein Großmütterchen war, sondern die Frau ihres Mannes.

Yong und Ticie konnten sich nicht mit Worten verständigen, doch als sie an ihrem Tee nippten, kamen sie einander etwas näher. Yong hatte ihr Dorf als junges Mädchen verlassen und seitdem als Magd bei ihrer Schwiegermutter gearbeitet. Sie kannte nur die Plackerei des Dorflebens. Sie war erst vierzig Jahre alt, sah aber viel älter aus. Ihr Gesicht war runzelig, ihr Rücken krumm, ihre Hände waren voller Schwielen, und ihr Schoß hatte nie den Samen empfangen, um Söhne zu gebären. Normalerweise hätte Ticie der Frau die Hand gereicht, doch sie blieb für ihre Verhältnisse ungewöhnlich kühl. Traditionsgemäß lediglich eine Konkubine, nahm Ticie die Stellung der ersten Frau ein. Hatte sie ihrem Mann nicht zwei Söhne geschenkt? Sie saß stocksteif da und strich mit den Händen über ihr hübsches, tadellos sitzendes Kleid. Sie war hier die richtige Ehefrau. Ticie versprach Yong, daß sie bis zu ihrem Tod weiter jeden Monat Geld erhalten würde.

Fong See machte Erfahrungen anderer Art. Die Rückkehr in das Dorf seiner Kindheit verlief nicht so, wie er erwartet hatte. Sein ältester Bruder war am Opium zugrunde gegangen. Die Brüder Nummer zwei und drei waren nach seiner Vermählung mit Ticie in das Dorf zurückgekehrt. Fong Lai, der zweitälteste, hatte ein namenloses Mädchen geheiratet, das ihm einen Sohn und zwei Töchter geboren hatte. Fong Quong, der drittälteste, hatte ebenfalls ein namenloses Mädchen geheiratet – aus dem Nachbardorf Low – und hatte einen Sohn. Lin, Fong Sees Schwester, war mit einem gewissen Jun Quak aus dem Dorf Tee Chin vermählt. Fong Yun schließlich,

Bruder Nummer fünf und nach Fong Dun Shungs Heimkehr geboren, war ein ehrgeiziger und strebsamer junger Mann. Fong See hatte Pläne mit ihm, doch noch war die Zeit dafür nicht reif.

Fong See forschte nach dem Paar, das ihm vor so langer Zeit die Reise auf den Goldenen Berg ermöglicht hatte, mußte dann aber feststellen, daß der Mann bereits gestorben war und die Frau kränkelte. Viele Jahre waren seitdem ins Land gegangen, und während andere dem Brauch, am Neujahrsfest ihre Schulden zu begleichen, treu geblieben waren, hatte See das Darlehen noch immer nicht zurückgezahlt. Von Schuldgefühlen geplagt, versprach er, sich der Witwe anzunehmen, als sei sie seine Mutter. Diese gute Tat, die Geldsumme, die den Besitzer wechselte, die Großzügigkeit des edlen Spenders sollten in den kommenden Jahren für reichlich Gesprächsstoff im Dorf sorgen. Bald schien das ganze Land zu wissen, daß Fong See der kränklichen alten Frau – konnte das wirklich wahr sein? – zweitausend amerikanische Dollar geschenkt hatte. Aus dieser bescheidenen Gabe erwuchs eine Legende, die Legende vom Goldenen-Berg-See, die, mit liebevoller Sorgfalt gehegt und mit Wunschdenken genährt, schnell und mächtig emporschoß wie ein riesiger Bambus.

Jede Vorsichtsmaßnahme wurde getroffen, um die Gesundheit der Kinder zu schützen, doch dann wurde Ticie krank. Mit glatter weißer Haut war sie nach China gekommen, doch mit Pockennarben sollte sie die Heimreise antreten. Große Angst befiel Fong See, als er die Schwere ihrer Erkrankung erkannte. Seit ihrer Heirat hatte er sie auf eine Weise liebengelernt, die er nur als »westlich« bezeichnen konnte. Ticie war kein namenloses Mädchen wie die Frauen seiner Brüder. Er betrachtete sie weder als seine Dienerin noch als sein Eigentum. Im Lauf der Jahre hatte sie ihn durch ihren Mut, ihre Selbständigkeit und ihre Stärke beeindruckt, und nun hoffte er, daß ihr diese Eigenschaften im Kampf gegen die Krankheit helfen würden.

Doch trotz aller Sorge konnte Fong See nicht mehr für seine Frau tun, als ihr Trost zuzusprechen. Er mußte darauf vertrauen, daß sein Vater sie vom Tod errettete. Ticie selbst nahm nur verschwommen wahr, wie Fong Dun Shung sich über sie beugte und in einer Sprache, die sie nicht verstand, beruhigend auf sie einredete. Er kämpfte noch um ihr Leben, als sie selbst diesen Kampf bereits aufgegeben hatte.

Sie meinte zu verbrennen, wenn er ihr ein in Kräutersud getränktes Tuch auf die Brust und ein zweites auf das Gesicht legte. Dann spürte sie eine Weile gar nichts. Wenn er die Tücher wieder entfernte, strich ein angenehm kühler Luftzug über ihre Haut, doch gleich darauf setzte erneut das unerträgliche Jucken der Pocken ein, das er mit einer Breipackung zu lindern suchte. Immer wieder dachte sie, sie müßte aus ihrer Haut fahren, selbst wenn er ihr die Hand hielt und sanft mit ihr sprach.

Fong Dun Shung bereitete für jede Phase der Krankheit ein spezielles Mittel: *sheng ma geng tang* zur Lockerung der Muskeln im Fieberstadium, *sheng ji da biao tang* gegen den Ausschlag, dann, im Stadium der Eiterbildung, *xin xue zhu jiang tang* mit einem aus Seidenraupen gewonnenen Wirkstoff, *hui jiang tang* für die Schorfbildung und *gu ben xioa du tang* für die Abschorfung. Zusätzlich brühte er Tees auf zur Verbesserung ihres Allgemeinbefindens, darunter *xi jiao di hunang tang* mit Nashornpulver, das bekanntlich das Fieber senkte, den Körper von Giftstoffen befreite, das Blut kühlte, das Yin nährte, Blutstauungen löste und Blutungen stoppte – und *bao yuan tang*, das älteste Mittel gegen Pocken, das die Lebensenergie Qi stärkte.

Ticie erholte sich langsam, war aber noch wacklig auf den Beinen. Jeden Tag gingen Fong Dun Shung und Shue-ying mit ihr zum Rand des Dorfes und wieder zurück, damit sie wieder zu Kräften kam.

»Du bist unsere wahre Schwiegertochter«, sagte Fong Dun Shung in seinem gebrochenen Englisch. Shue-ying plapperte etwas mit gakkernder Stimme. Fong Dun Shung nickte, dann übersetzte er: »Sie sagt, du Frau Nummer eins, nicht Nummer zwei. Sie sagt zu Nummer vier – nur eine Frau, du. Er hört auf sie. Er tut, was Mutter sagt.«

»Danke für alles, was ihr für mich getan habt.« Dies waren sehr unpersönliche Worte für das, was sie empfand. Ihre Schwiegereltern hatten sie und die Jungen ins Herz geschlossen. Sie hatten ihrem Sohn wegen seiner zwei Frauen eine Strafpredigt gehalten. Sie hatten ihr das Leben zurückgegeben.

Ihr Schwiegervater lächelte. »Sei vorsichtig. Geh langsam. Du noch schwach.«

Nun, da Ticie wieder gesund war, wollte Fong See unbedingt ein offizielles Familienfoto machen lassen – vielleicht weil er begriff, daß er um ein Haar seine Frau verloren hätte. Ticie bestand darauf, sich und ihre Söhne selbst anzukleiden, doch kaum hatte sie den beiden die langen Gewänder und die bestickten Mützen und Schuhe angezogen, verließen sie die Kräfte. Da sie zu schwach war, sich wie gewohnt zu frisieren, band ihr Shue-ying das kastanienbraune Haar zu einem strengen chinesischen Knoten zusammen. Danach half sie Ticie in die bestickte, mit tausend winzigen Falten verzierte Bluse und schloß den Schnürverschluß der Seidenjacke.

Fong See saß, angetan mit einer Mandarinrobe, bereits in königlicher Pose auf einem mit Schnitzereien verzierten Stuhl vor dem Fotografen. Ticie setzte sich dazu und legte die Hand auf den Ziertisch, der zwischen ihnen stand. Der Fotograf stellte die Jungen neben sie. Ticie versuchte, die Perlmutteinlagen des Tisches und die Gegenstände zu fixieren, die, ohne recht zusammenzupassen, auf ihm standen oder lagen – eine Teetasse mit Deckel, eine Opiumpfeife mit Quaste am Stiel, ein Stapel Glückspapier, eine westliche Uhr. Doch die Anstrengung war wohl zu groß. Jedenfalls hat man den Eindruck, daß sie im Moment der Aufnahme kaum bei sich war.

Fong Yun, Sohn Nummer fünf, wußte, daß er ein Glückspilz war. Fong See hatte jahrelang Geld nach Hause geschickt und darauf bestanden, daß man ihm eine gute Erziehung angedeihen ließ. »Jede Familie sollte einen Gelehrten haben«, hieß es oft in den Briefen seines Bruders, die ein Briefschreiber für ihn zu Papier gebracht hatte. »Er wird ihr Ehre einlegen.« Niemand dachte dabei an die kaiserlichen Examina oder einen Gelehrten im eigentlichen Sinn. Fong Yun sollte lediglich schreiben, lesen und rechnen lernen.

Doch welche Berufsaussichten hatte er, selbst mit einer Ausbildung? Im Jahr 1895 hatte er, damals zwanzig Jahre alt, ein namenloses Mädchen aus dem Dorf Low Tin geheiratet. Sie nahm den Namen Leung-shee an – der einfach nur bedeutete, daß sie eine verheiratete

Frau aus dem Leung-Clan war. Im Jahr darauf ging Fong Yun nach Guilin und trat eine Stelle in der Branntweinbrennerei eines Cousins an. Er übernahm Schreibarbeiten und Verwaltungsaufgaben. Er machte sogar die Bekanntschaft des Bürgermeisters und hoffte, es noch weit zu bringen. Dann, eines Tages, erhielt er den Rat, auf einen bestimmten Berg zu gehen und dort zu Buddha zu beten. Nach Auskunft der Leute war es ein herrlicher Ort, und so machte er sich auf den Weg.

Yun, der in einer Sänfte reiste, sah unterwegs Arbeiter, die Berggras als Heizmaterial für die Öfen der Brennerei sammelten. Der Weg führte stetig bergan, doch so hoch er auch kam, überall sah er Menschen, die Gras schnitten und in riesigen Ballen zu Tal schleppten. »Ein mühseliges Leben«, sagte Fong Yun, selbst über seine Stimme in der engen Sänfte überrascht. Er empfand Mitleid beim Anblick dieser Menschen. »Hier kann ich nicht länger bleiben«, sagte er. »Ich werde auf den Goldenen Berg gehen.« Doch er war allein gewesen, und niemand hatte ihn gehört.

Gleich nach Fong Sees Ankunft im Dorf sagte Fong Yun zu ihm: »Nimm mich mit nach Lo Sang.«

Sein Bruder schüttelte den Kopf. »Der Goldene Berg ist sehr schlecht für dich. Dort frönt man dem Laster des Spielens. Es gibt unanständige Frauen. Es ist ein gefährlicher Ort.«

Fong Yun fragte immer wieder, doch sein Bruder lehnte stets ab. »Wenn ich dich zum Goldenen Berg mitnehme, so fürchte ich, wirst du all den Lastern verfallen.«

In den folgenden Wochen beobachtete Fong Yun, wie sein Bruder Verwandte besuchte und sich dann wieder verabschiedete, den Bauch voll mit Tee und Süßigkeiten und die Hände voll mit Familienerbstücken. Fong Yun dachte über die Menschen nach, die auf dem Goldenen Berg lebten. Was sollten sie mit den Waren der Bauern anfangen – den Keramiken, den Holzkarren, den Musikinstrumenten? Yun begleitete seinen Bruder nach Foshan und sah zu, wie er über den Export von Korb- und Papierwaren, Feuerwerkskörpern, Keramiken und Möbeln verhandelte.

Yun war jung, aber nicht dumm. Er begriff, daß es eine Möglichkeit gab, auf den Goldenen Berg zu kommen: Er mußte sich unentbehrlich machen. Er besorgte sich ein kaufmännisches Handbuch. Zwar konnte er die englischen Worte nicht lesen, doch hatte der Autor eine Spalte mit chinesischen Schriftzeichen beigefügt, die phonetisch den Buchstaben entsprachen. Er begann mit Lektion eins: *Ein Ochse. Mein Ochse. Ist das ein Ochse? Nein, das ist kein Ochse. Nein.* Fong Yun übte die Sätze. *Er ist ein Mann, der sein Wort hält. Das wollte ich nur wissen. Hahnenkämpfe sind gemein und grausam.* Andere Sätze konnte er nicht verstehen: *Laß dir keinen Bären aufbinden.* Was bedeutete das? War das irgendein teuflischer fremdländischer Brauch? Oder nur eine Redensart? Er wußte es nicht. Er vertiefte sich auch in die achtunddreißig Einträge unter »Frau«: *Amazone, Ärztin, Autorin, Baronin, Brautjungfer, Dame, Dirne, Ehebrecherin, Flittchen, Gräfin, Hure, Jungfrau, Kanonissin, Konkubine, Maid, Matrone.* Ihm schwirrte der Kopf. *Schönheit, Tochter, Verwalterin, Waschfrau, Weibsbild.*

Er lernte Begriffe aus dem Wirtschaftsleben wie *Jahreseinkommen, Aktiva, Auktion, Verträge, Zolltarife.* Er machte sich mit den gesetzlichen Bestimmungen für Reisende, Gepäck und zollfreie Waren vertraut. Er studierte die Zollisten für Bambuswaren, Schmuck aus Zinn, Korbwaren, Textilien und Süßwaren. Er lernte die Zölle auswendig, die das amerikanische Zollamt festgesetzt hatte: 55 Prozent auf Porzellan, 25 Prozent auf Schmuck, 25 Prozent auf Seide. Dies alles berichtete er seinem Bruder, und gemeinsam errechneten sie am Abakus, welche Waren nach Abzug der Verpackungs- und Frachtkosten noch Gewinn abwarfen.

Fong See hatte eine Schwäche für Möbel aus der Ming-Zeit. Yun begleitete seinen Bruder in Tischlereien und Antiquitätenläden und sah zu, wie Fong See um Waren für den Laden feilschte, aber auch um einen großen Schrank aus Rosenholz und einen langen, rechteckigen Tisch aus *hung-mou*-Holz – beides aus der Ming-Zeit und als verspätete Hochzeitsgeschenke für Ticie gedacht.

Später schloß sich auch Ticie den Ausflügen an. Fong Yun hörte zu, wie sich Fong See und seine Frau Wissen über Keramik und Porzellan aneigneten. Gemeinsam betrachteten sie monochrome Keramiken, *ding yaos,* und taubenblaue aus dem Norden. Sie studierten die Pinselstriche auf Blauweiß-Porzellan aus der Zeit der Ming-Dynastie – die Qualität und die Leuchtkraft des Kobaltblaus im Kontrast zu dem weißen Ton. Im Süden kauften sie polychrome Stücke mit Überglasurmalereien aus der Ch'ing-Periode. Aus der Zeit der Tang-Dynastie stammten Figurinen, die Kamele, Pferde, Akrobaten, Kurtisanen und Gelehrte darstellten. (Wenn die Originale zu teuer erschienen, kauften sie Kopien, die man, so Fong See, künstlich »älter« machen konnte.) Mit der Zeit lernten sie, Grabräuber ausfindig zu machen, die ihnen Grabfiguren, Porzellanwaren und Sakralbronzen beschaffen konnten.

Bei jedem Halt fragte Ticie: »Woher weiß ich, daß diese Schale gut ist? Worauf muß ich achten?« Weil sie fragte, antwortete der Händler, und sie alle lernten etwas dabei. »Sie müssen darauf achten, wie weiß der Ton ist, wie weiß die Porzellanerde ist, wie dick die Seitenwände der Schale sind. Je dünner der Ton, desto besser die Qualität des Stückes. Wir verwenden den edelsten Kaolin – reinweiß und sehr feinkörnig. Ein Stück, das aus einem Ton dieser Qualität gefertigt wurde, ist viel härter.« Dann führte sie der Händler möglicherweise nach draußen und sagte: »Halten Sie dieses Stück gegen das Licht. Sehen Sie die Vollkommenheit der Form? Sehen Sie, wie das Licht durch das Porzellan scheint? Daran erkennen Sie, daß es ein gutes Stück ist.«

Ticie zog selbst beim Besuch bäuerlicher Werkstätten Erkundigungen ein. Sie war stets höflich, und die Männer standen ihr Rede und Antwort, als sei sie die Kaiserin persönlich. »Die Festigkeit dieser Stücke ist nicht sehr groß«, mochte etwa ein Handwerker sagen. »Sie sind aus gewöhnlichem Ton.« Oder: »Manche Leute nennen unsere Arbeiten plump und unbeholfen. Aber dies hier ist ein gelungenes Stück. Ja, es stimmt, dieser Krug wird nur für die Aufbewahrung von Öl benutzt, aber wenn der Töpfer seine Hände an den Ton hält, steigt er herauf, um ihn zu begrüßen.«

Sie lernten, wie Glasuren aufgetragen wurden, wie ein Töpfer bei Arbeiten in Pulverblau die schönsten Resultate erzielte, wenn er eine farblose Glasur mit einer dünnen Schicht Puder sprenkelte. Sie erfuhren, worauf sie bei Ochsenblutglasuren zu achten hatten, und sie lernten alles über die Zufallsprodukte, die entstanden, wenn beim Brand ein starker Luftstrom in den Ofen geleitet wurde und Tropfen zu leuchtendem Blau und Purpurrot oxydierten. Diese bewußt

erzeugten Zufallsprodukte wurden zu hohen Preisen gehandelt. Der Zufall schuf Kunst und Werte.
Am Ende des einjährigen Besuches sagte Fong See zu seinem jüngeren Bruder: »Ich brauche einen gebildeten Mann, der für mich arbeitet. Ich will nicht von einem Fremden abhängig sein. Du bist ein Verwandter. Wenn du bereit bist, ehrlich und loyal zu sein, werde ich dich nach Lo Sang holen.«
»Natürlich, Bruder«, sagte Fong Yun.
Im September 1902 verließen Fong See und seine Familie China und traten auf der SS *Korea* die vierwöchige Überfahrt nach San Francisco an. Yun verabschiedete sich von seiner Frau Leung-shee und reiste nach Hongkong, wo ihn sein Vater in einer zeitweiligen »Filiale« der Kwong Tsui Shang einsetzte, der alten Firma Fong Dun Shungs, die Ginseng und Kräuter verkaufte. Auf diese Beschäftigung und seine fiktive, in das Jahr 1896 zurückreichende Beteiligung an der F. Suie One Company stützte Fong Yun später seinen Antrag auf Anerkennung als Kaufmann.

KAPITEL 5

EINWANDERUNG

1902–1913

Die Familie See traf Ende 1902 in San Francisco ein. Fong See stach aus der Masse der chinesischen Einwanderer heraus; er war mit einer Weißen verheiratet, und seine Kinder waren amerikanische Staatsbürger. Und da er zudem ein wohlhabender Mann war, fiel die Befragung bei der Einreise nur oberflächlich aus. Bereits nach wenigen Stunden war die Familie auf dem Weg nach Los Angeles. Sie zog wieder in das Ladengeschäft in der Main Street, wo jetzt jeden Tag Lieferungen aus Fernost eintrafen. Fong Sees Arbeiter ließen es sich nicht nehmen, die Nasen in die geöffneten Kisten zu stecken und unter Holzwolle und Reisstroh immer neue Überraschungen zutage zu fördern. Fong See verfügte nun über einen so umfangreichen Warenbestand, daß er über Mittel und Wege nachsann, sein Geschäft zu erweitern, um die steigende Nachfrage in der unablässig sich verändernden und wachsenden Stadt zu befriedigen.

Die Innenstadt von Los Angeles mochte noch ein rauhes Pflaster sein, doch in den Außenbezirken sonnten sich die Bewohner bereits in ihrem unverhofften Glück. Farmer betrachteten zufrieden, wie sich ihre Rebstöcke unter üppigen Trauben bogen. Zitronen- und Limonenbäume und die allgegenwärtigen Orangenbäume erfüllten die Luft mit ihrem herrlichen Duft und dienten als überzeugendste Werbung für Südkalifornien. Das Land sei so fruchtbar, hieß es, daß die Farmer Kohlköpfe zogen, so groß wie Kleinkinder, und Wassermelonen, schwerer als Männer.

An den Stränden sonnten sich Schönheiten in langen Badeanzügen aus Wolle. Im Osten lag das verträumte Städtchen Pasadena, in dem Reiche von der Ostküste überwinterten. Diese Leute amüsierten sich gern. Sie hatten einen eigenen Reitclub gegründet und veranstalteten Fuchsjagden. An Neujahr fielen sie in die Gärten der anderen ein und schlugen sich durch die Cañons, wo sie ganze Armvoll Rosen, Geranien, Weihnachtssterne, Bougainvilleen, Pampasgras und die federartigen Zweige des kalifornischen Pfefferbaums pflückten. Sie schmückten jede Kutsche, jeden Bauernkarren, jeden Buggy und Vierspänner mit Girlanden, Gebinden, Flaggen und einem Meer von Blumen für den alljährlichen Neujahrsumzug.

Der Gedanke lag nahe, in Pasadena eine weitere Filiale der F. Suie One Company zu eröffnen. Die Bürger der Stadt verfügten über die drei Eigenschaften, die für einen Erfolg Sees Voraussetzung waren. Sie waren wohlhabend. Sie waren kultiviert. Und da die meisten aus dem Osten stammten, scheuten sie sich nicht, mit einem Chinesen Geschäfte zu machen.

Im Dezember 1903, nur drei Monate nach der Geburt ihres dritten Sohnes Bennie (Ming Loy), eröffneten die Sees in der South Raymond Avenue in Pasadena, gegenüber dem Green Hotel, einen Laden. Mochte die Gegenwart der hausmütterlichen weißen Ticie den Kunden anfangs geholfen haben, ihre Befangenheit abzulegen, so kamen sie später wieder, um Fong See zu sehen. Mit ihm den Nachmittag zu verbringen, war ein Abenteuer.

Mit drei Kindern, zwei Läden und einem regen Auktionsgeschäft, das sie nebenher betrieben, brauchten die Sees zusätzliche Hilfe. Und so kam es, daß am 3. Januar 1904 Fong Yun und sein älterer Bruder Quong an Bord der *Coptic* in der San Francisco Bay eintrafen. Doch anders als Fong See und seine Familie wurden die Brüder festgehalten und wie normale Einwanderer behandelt. Für die Behörden der Vereinigten Staaten gehörten sie zu der anonymen Masse von Chinesen, die man unter keinen Umständen ins Land lassen wollte. Die Inspektoren nahmen die beiden Männer genauestens unter die Lupe, verglichen Quongs Äußeres mit den Daten in seiner alten Ausreiseakte und notierten, daß Fong Yun ein Muttermal an

der Stirn, kleine Pockennarben am Hals und stark behaarte Beine hatte.
Zwei Tage später begann an Bord des Schiffes Yuns Vernehmung. Mit Hilfe eines Dolmetschers schilderte Yun, welche Schulbildung er genossen hatte. Dann berichtete er, daß sein Vater Anteile an der F. Suie One Company für ihn erworben hatte, als er noch ein kleiner Junge war, und daß er in Hongkong in einer Firma namens Kwong Tsui Chang gearbeitet hatte, die »praktisch« ihm gehöre. Nach nur vierunddreißig Fragen notierte Inspektor Ward Thompson: »Ich habe die Ehre zu berichten, daß die Aussagen des Antragstellers in keiner Weise den Angaben in seinen Papieren widersprechen und daß sein Äußeres und sein Auftreten mit seinen Behauptungen in Einklang stehen.«
Die Einreise Fong Quongs, der sich wie Fong See als »zurückkehrender Kaufmann« präsentierte, ging nicht so glatt vonstatten. In den folgenden Wochen scheuten die Beamten der Einwanderungsbehörde weder Kosten noch Mühen, um die von ihnen gewünschten Informationen zu erhalten, und sie schreckten auch vor dem Mittel der Einschüchterung nicht zurück. Quongs erste Vernehmung fand ebenfalls an Bord der *Coptic* statt. Anwesend waren Inspektor J. Lynch, der Dolmetscher H. Eca Da Silva und ein Stenotypist. Fong Quong war ein Mensch mit Wünschen, Träumen und Schwächen, ebenso wie die Männer, die ihm gegenübersaßen, und doch spielten sie mit seiner Zukunft wie die Götter auf dem Olymp.
Inspektor Lynch war von Anfang an argwöhnisch. Er begann mit einfachen Fragen – Wie heißen Sie? Wie alt sind Sie? Wo sind Sie geboren? –, kam aber bald auf Quongs angebliche Teilhaberschaft zu sprechen und fragte ihn nach seinem Status in der Firma Suie On in Sacramento.
»In welchem chinesischen Jahr sind Sie in diese Firma eingetreten?«
»Ich glaube, in meinem siebzehnten Lebensjahr«, antwortete Quong nervös.
»Wie viele Waren führt Ihr Laden in Los Angeles?«
Fong Quong, der noch nie in Los Angeles gewesen war, antwortete: »Waren im Wert von ungefähr zwölftausend Dollar.«

»Hat Ihre Firma in dem Geschäft in Sacramento etwas hergestellt, bevor Sie nach China reisten?«

»Nein«, log er.

»Wissen Sie, ob in Los Angeles etwas hergestellt wird?«

»Nein.«

»So entspricht es also nicht den Tatsachen, daß Ihre Firma in Sacramento Damenunterwäsche herstellt?«

»Ich habe Sie mißverstanden«, sagte Quong. »Wir beschäftigen Leute, die die Wäsche nähen. Die Teilhaber haben damit nichts zu tun.«

Inspektor Lynch war damit keineswegs zufrieden. Er bat Quong um die Namen »weißer Männer«, die für ihn bürgen konnten. Quong, eingeschüchtert und gedemütigt, kramte in seinem Gedächtnis und förderte die Namen Luce, Acock und Davis zutage. Danach brachte man ihn in das baufällige Lagerhaus am Kai der Dampfschiffahrtslinie Pacific Mail, das nach Inkrafttreten des Exclusion Act in ein Auffanglager umfunktioniert worden war. Jeden Morgen erwachte Fong Quong dort mit einem zunehmenden Gefühl der Angst, Enttäuschung und Ungewißheit. Aber er konnte nichts weiter tun als warten.

Eine Woche später schrieb Lynch an Charles Mehan, den Leiter der Abteilung für chinesische Einwanderer, daß er nach Sacramento gereist sei und persönlich die weißen Zeugen vernommen habe, mit Ausnahme von Mr. Luce, der einige Jahre zuvor verstorben sei. Lynch stufte diese Gespräche als »wertlos« ein. Mehan wiederum bat Mr. Putnam, seinen Amtskollegen in Los Angeles, schriftlich, »in diesem Fall Ermittlungen anzustellen«.

Am 16. Januar, demselben Tag, an dem Yun in Los Angeles eintraf, wurde Fong See unter Eid in der Sache Quong vernommen. Fong See schilderte seinen eigenen Werdegang, sprach über seine Herkunft, seine Tätigkeit als Hausierer in Sacramento, nannte die Namen seiner Teilhaber, die Adressen seiner Läden. Hier hakte Inspektor Putnam nach.

»Sind Sie noch an irgendeinem anderen Laden beteiligt?« fragte er aalglatt.

»Ja, ich habe gerade einen in Pasadena eröffnet«, antwortete Fong See.

»Hatten Sie dort nicht schon letzten Sommer einen Laden in der vierten Straße?«

»Ja, ich habe dort jeden Tag Waren versteigert.«

»Hatten Sie letzten Sommer einen Laden in Long Beach?«

»Ja.«

Schließlich kam Putnam auf den entscheidenden Punkt zu sprechen. »Gibt es Weiße, die bestätigen können, daß Fong Quong damals in Sacramento an der Firma Suie On beteiligt war?«

»Das ist lange her.« Fong See zuckte mit den Schultern. »Die alten Bekannten sind fast alle gestorben. Ich weiß nicht.«

Putnam fragte Fong See nach dem Textilkaufmann Mr. Davis, dem Steinmetz Mr. Luce und schließlich nach Mr. Acock. »Welchen Beruf übt er aus?«

Selbst Fong See zermürbten die endlosen Fragen nach Leuten, die er seit sechs Jahren nicht gesehen hatte. »Ich weiß nicht, ob er überhaupt Beruf hat«, antwortete Fong See, in dessen Englisch sich nun Fehler einschlichen. »Ich weiß nicht, was er gemacht hat. Manchmal hat er Grundstücke verkauft und so. Ich nicht oft getroffen. Er alter Mann.«

Trotz dieses einen vorübergehenden Lapsus schickte Putnam einen wohlwollenden Bericht nach San Francisco, in dem er erklärte, daß er den Laden in der Main Street besucht habe – wobei er anmerkte, daß er im amerikanischen Teil der Stadt und nicht in Chinatown liege – und daß er ihn für ein rechtmäßiges Handelsunternehmen halte.

Inzwischen hatte Inspektor Thompson am 23. Januar berichtet, daß er Mr. Davis befragt habe, seine Aussage aber für unbefriedigend halte. Drei Tage später sprach Thompson erneut mit Fong Quong. Diesmal fand die Vernehmung in dem Schuppen statt, in dem die Einwanderungswilligen interniert waren, und die Fragen waren kurz und direkt. Gab es weitere Weiße in Sacramento, die sich an ihn, Quong, erinnern könnten? »Ich kenne viele«, antwortete er, »aber ich kann mich nicht an ihre Namen erinnern. Ich kann jetzt keine konkreten Namen nennen, aber es gibt dort viele Leute in verschiedenen Firmen, die mich bestimmt erkennen, wenn sie ein Foto von mir sehen oder mich persönlich treffen.«

Einen vollen Monat später wurde in Sacramento Israel Luces Sohn ausfindig gemacht und befragt. Der Inspektor bat ihn, ein Foto zu identifizieren. »Das ist der Bruder von Suie On«, antwortete Luce. »Kennen Sie den chinesischen Namen dieses Mannes?«

Luce zögerte. Er kenne drei oder vier Fongs, habe aber ihre Namen nie behalten können. Er wisse nur, daß Suie On der Chef gewesen sei und die Pacht bezahlt habe. Der Inspektor fragte, ob er sicher sei, daß der Mann auf dem Foto der frühere Nachbar seines Vaters sei. »Ja«, bekräftigte Luce. »Den könnte ich Ihnen problemlos aus zehntausend Chinesen herauspicken.«

Am 25. Februar wurde Fong Quong nach vierundfünfzig Tagen Haft, die er zunächst an Bord der *Coptic* und dann in dem Schuppen der Einwanderungsbehörde verbracht hatte, freigelassen. Doch damit waren seine Probleme keineswegs vorbei. In Los Angeles mußte er seinen beiden jüngeren Brüdern gehorchen. Seit jeher hatte Fong See das Geschäft geleitet, und jetzt machte er den gebildeteren Fong Yun zum Buchhalter und stellvertretenden Geschäftsführer. Nach etwas mehr als einem Jahr in Los Angeles begriff Fong Quong schließlich, was die Inspektoren aus Erfahrung wußten, daß nämlich nicht jeder Mann über die Masse der chinesischen Arbeiter hinausragen konnte. Fong See hatte es geschafft. Fong Yun hatte das Zeug dazu. Doch er selbst hatte keine Chance. Er packte seine Sachen und kehrte nach China zurück, wo er einige Jahre später starb. Seinen »Anteil« an der F. Suie One Company vermachte er seinem Sohn.

Zu der Zeit wohnte die Familie See noch über dem Laden in der Main Street. Noch im selben Jahr, 1905, wurde Letticie erneut schwanger. Der Zeitpunkt für einen Umzug schien günstig. Doch wohin sollten sie ziehen? Letticie wünschte sich ein Haus. Doch ihr Mann lehnte ab. Obwohl es beiden in Pasadena gefiel, waren sie der Meinung, daß es für eine chinesische Familie noch zu riskant war, sich in der Stadt niederzulassen.

Anfang 1906 zog die Familie in die North Los Angeles Street Nr. 510 in Chinatown. Fong See baute auf seinen guten Ruf und glaubte – zu Recht, wie sich erweisen sollte –, daß ihm die Kundschaft überallhin folgen würde, selbst nach Chinatown. Einen Monat später, am

19. Februar 1906, brachte Ticie mit Hilfe der deutschen Hebamme Leo zur Welt. Sein chinesischer Name lautete Ming Quan, doch keiner der beiden Namen setzte sich durch. Ticie nannte ihren vierten Sohn Eddy, nach Mary Baker Eddy, der Gründerin der Glaubensgemeinschaft Christian Science.

Sofern es in Chinatown überhaupt eine bessere Wohngegend gab, dann an der Los Angeles Street, fernab vom schmutzigen Ostteil der Alameda Street. Direkt vor dem Laden lag die alte spanische Plaza, hinter der die älteste Kirche der Stadt aufragte. Gleich neben der F. Suie One Company stand das Lugo House – das ehemalige Domizil einer spanischen Familie, die von der Regierung hier Land erworben hatte, jedoch schon lange aus der Gegend fortgezogen war. Jetzt gehörte es dem Hop Sing Tong, der Zimmer an Junggesellen vermietete. Dieser Block der Los Angeles Street fiel zur Alameda Street hin ab, und die Läden verfügten über tiefe Keller, die sich teilweise bis zur Alameda hinzogen. Einige Geschäftsleute betrieben im ausgedehnten Untergeschoß eine Spielhölle, denn die Bedingungen dafür waren geradezu ideal. Fong See nutzte seinen Keller als Warenlager.

Die Familie wohnte immer noch über dem Laden, doch an den meisten Tagen hielt sie sich ohnehin unten in den kühlen, modrigen Räumen der F. Suie One Company auf. Dank der neuen Waren aus China präsentierte sich der Laden nun so, wie er schon immer hätte sein sollen. Inspektoren würden hier keine über Nähmaschinen und Handarbeiten gebeugte Männer mehr antreffen. (Ticie, seit jeher jeder Verschwendung abhold, fertigte aus der übrigen Seide Lampenschirme.) Von nun an bildete der Handel mit chinesischen Antiquitäten die Säule des Geschäfts.

Der Laden war lang und schmal und maß neun auf fünfundvierzig Meter. Die Öllampen brannten auf kleiner Flamme, damit sie Schatten warfen und dem Besucher der Staub verborgen blieb. Je tiefer die Kundschaft in den Laden vordrang, desto besser wurde die Ware – oder der »Plunder«, wie die Familie sie nannte. Unerwünschte Kunden oder Touristen kamen nicht über die ersten Meter Raritäten hinaus. Wußte der Kunde, was er suchte, wurde er möglicherweise einige Schritte weitergebeten. Von Abteilung zu Abteilung durch immer neue Überraschungen verführt, drang er in Gefilde vor, die nach Teakholz dufteten und Geschichte atmeten. Schließlich sagte Fong See: »Sie sind ein ganz besonderer Kunde. Wenn Sie mir bitte folgen würden. Ich zeige Ihnen etwas ganz Besonderes.« Zu diesem Zeitpunkt war der Kunde schon so benommen und erregt, daß ihm der hinterste und dunkelste Teil des Lagers wie eine Schatztruhe vorkam. Kein Kunde, der Wert darauf legte, wieder eingeladen zu werden, verließ diesen Teil des Ladens mit leeren Händen.

Der Erfolg der beiden Zweiggeschäfte in Los Angeles und Pasadena, denen bald ein drittes in Long Beach folgte, festigte Fong Sees Ruf unter seinen Landsleuten. Er war der einzige Chinese, der den Mut und die Kraft aufbrachte, mit Weißen Geschäfte zu machen. Die weißen Teufel schauten zu ihm auf, sie hörten auf ihn, und sie *kauften* bei ihm. Fong See war in der Lage, sich als Mann gegen sie zu behaupten.

Im Jahr 1905 begannen auf Angel Island, an der Sausolite zugewandten Seite der San Francisco Bay, die Bauarbeiten für ein neues Auffanglager für Immigranten. Nach dem Erdbeben von 1906 wurden die Arbeiter vorübergehend für dringendere Aufgaben abgezogen, doch am 21. Januar 1910 wurde Angel Island schließlich in Betrieb genommen. Beamte der Einwanderungsbehörde rühmten die Insel, von der es wie von der Insel Alcatraz kein Entkommen gab, als »Ellis Island des Westens«. Die chinesischen Einwanderer, die dort festgehalten wurden – manche zwei Tage, andere zwei Jahre –, gaben ihr den poetischeren Namen »Insel der Unsterblichen«.

Ellis Island an der Westküste der Vereinigten Staaten verzeichnete in den Jahren 1900 bis 1920 mit 14 Millionen Immigranten den größten Zustrom an Einwanderern. An der Westküste war die Zahl der Einwanderer viel geringer und der Anteil der Abgewiesenen viel höher. Jeder Chinese, der zum erstenmal in die Vereinigten Staaten kam oder von einem Besuch in der Heimat zurückkehrte, wurde einer Befragung unterzogen.

Nach der Verschärfung der Einwanderungsbestimmungen nutzten viele Chinesen die wenigen Schlupflöcher im Paragraphenwald, der ihnen den Zugang zum Goldenen Berg versperrte. Köche, Hausdiener, Wäscher und Gärtner verwandelten sich in »Kaufleute«, indem sie ihre eigene *hui* oder Personengesellschaft gründeten, und durften daher einen Verwandten oder, mit Glück, eine Frau ins Land holen. Der größte Segen für die chinesischen Einwanderer war freilich das Erdbeben in San Francisco, bei dem ein Großteil der städtischen Akten, darunter auch Geburtsurkunden, verbrannten. Mit einem Mal konnte ein chinesischer Arbeiter behaupten, er sei hier geboren und folglich amerikanischer Staatsbürger. (Hätte jeder Chinese, der sich damals als gebürtiger Amerikaner ausgab, die Wahrheit gesagt, so hätte jede in San Francisco lebende Chinesin, wie man errechnet hat, achthundert Söhne zur Welt gebracht haben müssen.)

Als »Staatsbürger« konnten Männer ihre Ehefrauen zu sich holen. 1910 machten Frauen nur fünf Prozent der chinesischen Gesamtbevölkerung in den Vereinigten Staaten aus. Zwischen 1910 und 1924 kam auf drei chinesische Männer, die ins Land einreisten, eine Frau. Als »Staatsbürger« konnten die Chinesen auch ihre Söhne nachkommen lassen. Laut Gesetz waren Kinder von Amerikanern US-Bürger, unabhängig von ihrem Geburtsort. Diesen Umstand machten sich Bürger chinesischer Abstammung zunutze, indem sie den Behörden fälschlicherweise die Geburt eines Sohnes in ihrem Heimatdorf meldeten. Solche »Söhne«, die nur auf dem Papier existierten, durften garantiert in die Vereinigten Staaten einreisen und erhielten automatisch die Staatsbürgerschaft. In China blühte der Handel mit gefälschten Geburtsurkunden.

Doch falsche Papiere allein genügten nicht. Nach wie vor mußten sich die Einwanderer den bohrenden Fragen der Beamten stellen, die in ihren Bemühungen, einfachen Arbeitern die Einreise zu verwehren, nicht nachließen. Wieviel Bäume wachsen in Ihrem Heimatdorf? Wer sind Ihre Nachbarn? Wieviel Kinder haben Sie? Halten Sie einen Hund? Wie viele Stufen führen zu Ihrer Haustür? Wo steht der Ahnentempel? Jede Frage zielte darauf ab, den Einwanderer zu einem Fehler zu verleiten, der bewies, daß er nicht der Sohn eines amerikanischen Bürgers war, daß er nicht aus dem von ihm angegebenen Dorf stammte, daß er kein Kaufmann, Student, Lehrer, Minister oder Diplomat war. Die Verhöre waren unerbittlich und wirkungsvoll. Zwischen 1910 und 1935 durfte nur einer von vier einwanderungswilligen Chinesen in den Vereinigten Staaten bleiben.

Wo war Fong See in all den Jahren? Er hatte seine Personengesellschaft schon vor langer Zeit gegründet, und die Namen seiner »Teilhaber« waren in seiner Firmenakte bei der kalifornischen Zweigstelle der Einwanderungsbehörde aufgelistet. Beim Tod der Männer ging die Teilhaberschaft auf ihre Söhne über. Andere verkauften ihre Anteile an einen Onkel oder Neffen. Daß Fong See in Wahrheit der alleinige Eigentümer der Firma war, spielte dabei keine Rolle. Die Teilhaberschaft gab dem Einwanderer das Recht, in die Vereinigten Staaten einzureisen.

Fong See widmete sich hingebungsvoll der Aufgabe, seinen Verwandten zu helfen und gleichzeitig Profit daraus zu schlagen. Die Leute, die als Kompagnons in der F. Suie One Company in die Vereinigten Staaten kamen, arbeiteten als Bürokräfte oder Verkäufer in einem seiner diversen Unternehmen. Mindestens zwei von ihnen – einem Kräuterhändler und einem Metzger – griff er finanziell unter die Arme. Doch nur einer, Wing Ho, wurde ein richtiger Teilhaber. Er leitete das Zweiggeschäft der F. Suie One Company in Long Beach, das schließlich in seinen Besitz überging. Doch welcher Beschäftigung die Partner auch nachgingen, sie alle waren ihrem Wohltäter zu Dank verpflichtet, manche ein Leben lang, und ihre Kinder ebenfalls.

Einige Namen verschwanden von der Liste der Partner und wurden durch verschiedene neue ersetzt: aus Kang Sun, der dort 1894 eingetragen war, wurde 1919 Kum To und 1933 schließlich Louie Chong.

Fong See stand nicht allein mit seinen Bemühungen. Die Firma Sun Wing Wo in der Los Angeles Street, die der F. Suie One Company Waren en gros verkaufte, hatte auf dem Papier zwanzig »Teilhaber«, und jeder von ihnen brachte Angehörige mit.

Emsig schrieben die Inspektoren immer neue Berichte, um den Fall eines Immigranten zu erhellen. Manche Akten, wie die von Fong See oder Fong Yun, schwollen auf mehrere hundert Seiten an. Wie genau die Inspektoren diese Dokumente lasen und ob sie Konsequenzen aus der Lektüre zogen, steht freilich auf einem anderen Blatt. Sicherlich wurden einige Immigranten unablässig schikaniert.

Doch Fong See hatte wenig Probleme, Leute ins Land zu holen, wie das Beispiel Fong Lais belegt.
Im Handelsregister von Sacramento ist ein gewisser »Fong Lie« als Mitgründer der F. Suie One Company eingetragen. Der Eintrag datiert aus dem Jahr 1894. Bei frühen Vernehmungen gab Fong See an, daß diese Person, Fong Lai, sein Bruder sei. Auch auf späteren Listen erscheint der Name Fong Lai, nur heißt es diesmal, er habe seine Teilhaberschaft erst 1896 erworben. Spätere Vernehmungen ergeben ein ganz anderes Bild.
So teilte Fong See am 20. Juli 1912 einem Inspektor mit, daß sein Bruder Fong Lai achtzehn Jahre zuvor, also 1894, gestorben sei und eine Witwe (eine Frau mit gebundenen Füßen), einen Sohn, aber keine Tochter hinterlassen habe. Zur selben Zeit sagte Richard White aus, daß Fong Lai aktiver Teilhaber an dem Geschäft in Los Angeles sei. Doch erst im Mai 1917 stellte »Fong Lai« einen Antrag auf Anerkennung als ansässiger chinesischer Kaufmann, damit er zu einem Besuch nach China reisen könne. Er stützte seinen Antrag auf die Teilhaberlisten der F. Suie One Company.
Am 11. Mai 1917 erklärte Fong See bei einer Vernehmung in der Sache Fong Lai, daß Fong Lai inzwischen sechsundfünfzig Jahre alt wäre, jedoch »vor langer Zeit in China gestorben« sei und niemals die Vereinigten Staaten besucht habe. Seinen Fehler erkennend, unterbrach er später die Befragung und sagte: »Ich möchte etwas berichtigen. Mein Bruder Fong Lai war in meinem Laden hier in Los Angeles mein Partner. Er ist vor ungefähr zwanzig Jahren nach China zurückgekehrt.« Später fügte er hinzu, daß Fong Lai zweiundfünfzig Jahre alt sei. Hätte das gestimmt, so wäre Fong Lai noch ein Kleinkind gewesen, als er seinen Vater Fong Dun Shung begleitete und an der Eisenbahnlinie arbeitete, gar nicht zu reden davon, daß er älter gewesen wäre als sein sogenannter »jüngerer« Bruder, auch wenn über dessen wahres Alter alles andere als Klarheit herrscht. »Fong Lais« eigene Aussage stiftete vollends Verwirrung. So erklärte er, er sei fünfzig Jahre alt und in dem Dorf Wah Hong im Bezirk Sun Ning geboren. Ferner gab er an, daß er nicht 1897, wie zuvor berichtet, sondern im April 1908 für einen einjährigen Besuch nach China zurückgekehrt sei.

Mit Fong Lai beteiligte sich die Familie an einem raffinierten Verwirrspiel. Sicherlich existierte Fong Lai, der Bruder, tatsächlich. Doch dieser neue Fong Lai war in Wahrheit ein gewisser Ing Lai, den die Familie normalerweise Dai-Dai nannte. Er war ein Freund aus China, der mit Fong Lais Originalpapieren ins Land gekommen war. Der erste Fong Lai reiste 1897 nach China, kehrte später anscheinend wieder in die Vereinigten Staaten zurück und ging 1908 abermals nach China, wo er dann starb. Fong Lais Foto aus dem Jahr 1917 zeigt einen Mann, der völlig anders aussieht, doch die Einwanderungsbehörde schenkte diesem Umstand keine Beachtung. Zu dieser Zeit genoß Fong See bei den Weißen bereits so viel Respekt, daß die Beamten nicht besonders genau hinsahen.

»Es besteht kein Zweifel«, schrieb Inspektor W. A. Brazie, »daß der Antragsteller seit vielen Jahren als Kaufmann tätig ist und der in dieser Stadt ansässigen F. Suie One Company angehört, die drei verschiedene Läden betreibt, die alle über ein reichhaltiges Angebot an chinesischen und japanischen Raritäten und Kunstgegenständen verfügen. Die Aussagen der Zeugen bestätigen, daß er ein ehrlicher Kaufmann ist, zudem ist er dieser Behörde als Angehöriger der obengenannten Firma wohlbekannt.«

Einem Mann, der seine Ware zuweilen mit Pferdemist behandelte, damit sie älter aussah, oder Damen in Pasadena so lange beschwatzte, bis sie einen überhöhten Preis bezahlten, fielen solche Gaunereien nicht schwer. Als schwieriger erwies sich der Trick mit vermeintlichen Söhnen, die in Wahrheit nur auf dem Papier existierten. Dies mußten sowohl Fong See wie auch Fong Yun erfahren, als sie versuchten, die Behörden in dieser Hinsicht zu täuschen. So erklärte Fong Yun 1910 nach einem Besuch in Dimtao bei dem üblichen Zwangsaufenthalt auf Angel Island plötzlich, daß er in China zwei Söhne habe – den dreizehnjährigen Fong Ming Gong und den achtjährigen Fong Ming Lung. Zwei Jahre später teilte Fong See einem Inspektor mit, daß seine erste Frau Yong, die Ticie in China kennengelernt hatte, gestorben sei. Dies entsprach durchaus der Wahrheit, allerdings fügte er hinzu, daß sie zwei Kinder zur Welt gebracht habe – ein Mädchen, das schon Tage nach der Geburt gestorben sei, und einen Jungen namens Fong Hong, der 1881 geboren sei, also im selben Jahr, in dem er seinen eigenen Angaben zufolge in die Vereinigten Staaten gekommen war. Der Beamte der Einwanderungsbehörde versah jede Frage und Antwort im Zusammenhang mit Fong Sees angeblichen Kindern am Rand mit einem dicken Ausrufezeichen. Fong See merkte, daß ihm ein Fehler unterlaufen war, und erwähnte Hong nie wieder. Und im Jahr 1917 verzeichnen die Akten, daß Yuns »Söhne«, Ming Gong und Ming Lung, »gestorben« seien.

Viele nutzten die Vernehmungen in der Zeit nach dem Erdbeben zu einer Korrektur ihres Lebenslaufs. So berichteten Fong See und Fong Yun, daß ihre chinesischen Frauen ebenso wie ihre Mutter, Shue-ying, gebundene Füße gehabt hätten. Und wenn Fong See und sein Bruder Ehefrauen mit gebundenen Füßen gehabt hatten, warum dann nicht auch alle anderen Teilhaber der Firma? Arm wie sie waren, hofften die »Teilhaber«, daß die Einwanderungsbehörde ihnen eines Tages erlauben würde, diese Frauen aus gutem Haus ins Land zu holen. Eine harmlose Lüge, gewiß, aber eine wirkungsvolle. Mit ein paar Worten zur rechten Zeit änderten sie ihre Familiengeschichte und ihren sozialen Status.

Im Jahr 1910 betrieb die F. Suie One Company den größten Laden in Chinatown, und Fong See selbst war, wie Richard White sagte, »fast so amerikanisiert, wie es ein Chinese nur sein kann«. Den Behörden gegenüber gab Fong See an, daß er fünfundsiebzig Dollar netto im Monat verdiene, allerdings war dies nur ein taktischer Schachzug, der plausibel machen sollte, warum er Fong Yun fünfzig Dollar und seinen kleineren Partnern lediglich fünfunddreißig Dollar monatlich auszahlte. Alles hatte seine Richtigkeit. Schließlich war es Fong See, der die Pacht zu entrichten hatte – hundert Dollar monatlich in Pasadena und fünfundsechzig Dollar monatlich an den Gee Ning Tong in Chinatown. Und letztlich war er dafür verantwortlich, daß seine Partner genug Geld für Kost und Logis, Kleidung, den Unterhalt ihrer Ehefrauen und Freizeitvergnügen verdienten.

Fong See war inzwischen ein wohlhabender Mann. In Dimtao besaß er drei Häuser, und in Amerika tauschte er chinesische Teppiche gegen zwanzig Hektar unbebautes Land in La Habra östlich von Los

Angeles ein. Außerdem erwarb er, ebenfalls im Tausch gegen Waren, bei Signal Hill in Long Beach ein Grundstück mit dem verheißungsvollen Namen »Athens on the Hill«. Jahrelang hoffte die Familie, dort auf eine reiche Ölquelle zu stoßen, eine Hoffnung, die sich nicht erfüllte. Gleichwohl stellte Fong See mit diesen Transaktionen seine Geschäftstüchtigkeit unter Beweis – einmal mehr hatte er die Weißen überlistet und reingelegt. Sollten sie doch Gesetze erlassen, die den Chinesen die Staatsbürgerschaft verwehrten und verboten, in Kalifornien Land zu kaufen. Er hatte seine Grundstücke »eingetauscht« und ließ sie unter dem Namen seiner amerikanischen Frau eintragen.

Die Welt, wie Fong See sie kannte, veränderte sich langsam. Zwar ging er den zahlreichen Vereinen in Chinatown geflissentlich aus dem Weg, doch verfolgte er stets mit Interesse das allgemeinere Geschehen, das die Chinesen im Land betraf, und lauschte aufmerksam, wenn Fong Yun – der Onkel, wie die Kinder ihn nannten – nachmittags aus der chinesischen Tageszeitung *Chung Sai Yat Po* vorlas. Meistens berichtete das Blatt von demütigenden Vorfällen: Ein Beamter der Einwanderungsbehörde hatte einen chinesischen Seemann erschossen, weil er ihn angespuckt hatte; ein Chinese hatte mit einem Griechen Streit bekommen, weil dieser sich weigerte, sein Essen zu bezahlen; ein Koch, der seinen Lohn nicht erhalten hatte, war von seinem Arbeitgeber erschossen worden. Die Zeitung informierte auch über neue Gesetze: Gemäß einer Verordnung der Gesundheitsbehörde mußten alle chinesischen Geschäfte, die Nahrungsmittel verkauften, darunter auch Restaurants und Lebensmittelläden, kontrolliert werden; jeder Chinese, der ohne Aufenthaltsgenehmigung aufgegriffen wurde, sollte inhaftiert und anschließend abgeschoben werden. Ferner berichtete das Blatt über neue Entwicklungen in der Einwanderungspolitik, wie etwa 1908, als Mexiko für die Chinesen vorübergehend zum neuen Sprungbrett ins Glück wurde. Sie überquerten die Grenze zu Fuß, mit kleinen Booten oder Pferdekarren. Um diese Flut einzudämmen, nahm die Polizei von Los Angeles jeden Hinweis auf neue Gesichter in Chinatown entgegen. Neue Immigranten konnten sicher sein, daß sie festgenommen und überprüft wurden. Ein Handwerker in Los

Angeles hatte unlängst sieben Chinesen angezeigt, die lediglich auf der Durchreise gewesen waren.
Verhaftungen von Opiumhändlern, Bandenkriege, Prostitution und Glücksspiel nahmen in der chinesischen Presse breiten Raum ein. In einer Artikelserie bot ein Familienverein Opiumrauchern Hilfe an: Wenn es euch schlechtgeht, weil ihr gerade aufgehört habt, kommt zu uns und holt euch eine spezielle Arznei, die euch gegen die Schmerzen helfen wird. Das Glücksspiel geriet zunehmend unter Beschuß durch die Weißen. Das Problem sei, so die *Chung Sai Yat Po,* daß Chinesen nach Glücksspielen ebenso verrückt seien wie Amerikaner nach Filmen. Konnte der Staat den Chinesen nicht Sondergenehmigungen für die Veranstaltung von Glücksspielen erteilen, wenn man ihm im Gegenzug half, Opiumhändlern das Handwerk zu legen?
Besonders hellhörig wurde Fong See, wenn sein Bruder Artikel zum Thema Mischehen vorlas. So auch 1907, als die *Chung Sai Yat Po* über den Fall eines gewissen Chiu Si Ho berichtete, der mit einer Weißen durchgebrannt war, sehr zum Entsetzen der Eltern des Mädchens. Im selben Jahr heiratete ein Chinese eine Schwarze. Obwohl niemand wußte, ob das gesetzlich erlaubt war, nahm der Pastor die Trauung vor. Aber bei jedem »Erfolg« wie diesem meldeten sich Männer wie Samuel Gompers zu Wort, der erklärte, daß »die Weißen sich ihren Lebensstandard nicht von Negern, Chinesen, Japanern oder anderen zerstören lassen« und »daß die aus einer Rassenmischung von Amerikanern und Asiaten hervorgehenden Nachkommen ausnahmslos degeneriert sind«. Behauptungen dieser Art klangen so überzeugend, daß die Bundesstaaten Kalifornien, Arizona, Georgia, Idaho, Louisiana, Mississippi, Missouri, Nebraska, Nevada, South Dakota, Virginia, Utah und Wyoming Gesetze erließen, die jede Eheschließung zwischen Chinesen und Weißen verboten.
Auch in Fong Sees eigenen vier Wänden gab es Veränderungen. Im Jahr 1909 wurde zum letztenmal die deutsche Hebamme gerufen und entband Ticie von einer Tochter, die zu Ehren ihrer einzigen Freundin, Mrs. Morgan, den Namen Florence erhielt. Ihr chinesischer Name lautete Jun Oy – wahre Liebe. Mit fünf Kindern, zwei Lä-

den und zwanzig Hektar Land, auf denen Ticie gern gebaut hätte, blieb ihr kaum noch Zeit für sich selbst. Doch sie wußte, wie gut es ihr ging im Vergleich zu den chinesischen Arbeiterinnen in der Nachbarschaft, die keine Hebamme hatten. Diese Frauen arbeiteten bis zur letzten Minute, dann kauerten sie sich in eine Ecke, stöhnten, und ein neues Kind war geboren. Nach der Geburt standen sie wieder auf, trennten die Nabelschnur durch, wuschen das Kind und kehrten an ihren Arbeitsplatz zurück. Die meisten schufteten im Akkord, drehten Zigarren oder banden Zwiebeln und Schalotten zu Bündeln zusammen.

Arbeiterfrauen führten ein hartes, Kaufmannsfrauen dagegen ein stumpfsinniges und behütetes Leben. Aus Angst vor Entführung verließen Kaufmannsfrauen nur selten ihre Wohnung im ersten Stock. Wie Ticie hatten viele von ihnen Cousinen und Nichten, die den Haushalt versorgten, kochten und einkauften. Einige gingen nie aus dem Haus, außer zu *moon yuet,* dem Fest, das einen Monat nach der Geburt eines Kindes gefeiert wurde. Sticken war die einzige Beschäftigung in ihrem eintönigen Alltag.

Ticie wußte dies alles, denn sie hatte Kontakt zu einigen chinesischen Müttern in Los Angeles geknüpft. Wenn eine Nachbarin einen Sohn gebar, war sie gewöhnlich die erste, die der Wöchnerin mit der traditionellen chinesischen »Baby-Suppe«, bestehend aus Erdnüssen, Schweinefleisch, Whiskey und Ingwer, einen Besuch abstattete. Nach der Geburt ihrer Tochter Florence erwiderten viele Frauen die freundliche Geste, wobei sie ihr versicherten, daß die Suppe die Milchproduktion anrege und Blutungen stoppe.

Mit jedem neuen Kind gewann Ticie an Ansehen. Und mit jedem erfolgreichen Geschäftsjahr an Macht. Eines Tages sagte sie zu ihrem Mann: »Du lebst nicht mehr unter der Herrschaft der Mandschus. Du lebst hier.« Er hörte zu, dann schnitt er sich den Zopf ab.

KAPITEL 6

FAMILIENLEBEN

1914–1918

An einem Tag im Jahr 1914 schloß Fong See seinen Laden in der South Raymond Avenue Nr. 50 in Pasadena ab und fuhr mit der Straßenbahn zurück nach Chinatown. Er war ein gutaussehender Mann, dem seine siebenundfünfzig Jahre nicht anzumerken waren. Heute trug er wie gewöhnlich einen eleganten, maßgeschneiderten Anzug. Nur die Tüte mit Obst, die er im Arm hielt, wollte nicht zu seinem kultivierten und gepflegten Äußeren passen. Niemand im Waggon wußte, daß zwischen den Orangen die Tageseinnahmen steckten.

Das Geschäft in Pasadena übertraf seine kühnsten Erwartungen. Seine Kunden, die hier von Dezember bis Mai überwinterten, brachten Koffer voller Geld in den Urlaubsort mit. Sie liebten das Schöne, hatten Sinn für Kultur und ein offenes Auge für Dinge aus Fernost. Fong See wußte, daß sie nach ihrer Rückkehr an die Ostküste von ihren abenteuerlichen Besuchen in seinem Laden erzählten. Er konnte förmlich hören, wie sie sagten: »Ihr müßt unbedingt zur F. Suie One Company gehen. Da muß man einfach gewesen sein.«

Seine Kunden in Pasadena waren ausschließlich Weiße. Die meisten kannten sich aus, nur wenige waren Banausen. Die Brüder Charles und Henry Greene, Mitbegründer des kalifornischen Kunsthandwerker-Verbands, wußten sein Angebot zu schätzen. Sie bewunderten die Klarheit der Formen, die Qualität des Holzes, die Sparsamkeit der Motive. Bei ihren Besuchen beugten sie sich gern über

Tische oder Schränkchen und studierten die meisterhafte Nut-und-Feder-Arbeit.

Eine weitere gute Kundin war Grace Nicholson. Eine gelernte Stenotypistin, war sie 1901 mit ein paar hundert Dollar nach Kalifornien gekommen. Bald gab sie die Büroarbeit auf und eröffnete an der South Raymond Avenue einen Laden, in dem sie Korbwaren und Schmuck indianischer Herkunft verkaufte. Seit Fong See nebenan eingezogen war, interessierte sie sich auch für asiatische Ware, nicht nur für chinesische, sondern auch für koreanische, japanische und indische. Inzwischen verkaufte sie, wie Fong See, auch fernöstliche Kunst an Sammler und Museen. Fong See störte sich nicht an der Konkurrenz, wenngleich auch Victor Marsh, John C. Benz und W. W. Gerlach in Pasadena mit asiatischen Artikeln handelten. Seines Erachtens logierten in den nahe gelegenen großen Hotels genug Kunden für sie alle. Und er war der einzige, der im Hotel Green und im Hotel Maryland Auktionen durchführte, bei denen er Tee servierte und die Touristen mit haarsträubenden Geschichten von Königreichen, Warlords und geraubten Kunstgegenständen unterhielt.

Zudem hatte er seine beiden anderen Läden in Long Beach und Chinatown. Um den in Long Beach kümmerte er sich nur am Rande. Wing Ho leistete dort hervorragende Arbeit, und die gelegentlichen Besuche, die ihm Fong See abstattete, endeten gewöhnlich als Familienausflüge in den Vergnügungspark auf der Pike. Viel stärker widmete sich Fong See dem Laden in Chinatown, wo Letticie die täglich anfallende Arbeit erledigte und im Obergeschoß die Familie versorgte. Diese Arbeitsteilung war vernünftig. Als Chinese übte Fong See in Pasadena den Reiz des Neuen aus. Und Letticie gab weißen Kunden, die sich nach Chinatown wagten, ein Gefühl der Sicherheit, denn das Viertel galt in Los Angeles immer noch als ein gefährliches Pflaster.

Fong See war der angesehenste Geschäftsmann in Chinatown und der einzige Importeur von Bedeutung. Dies war auch der Grund, warum Chinesen, die in die Heimat zurückkehrten, ihre wertvollsten Besitztümer zu Fong See trugen, um ihre Reisekasse aufzubessern. Was gebildete Chinesen als Plunder abgetan hätten – einfache

Haushaltsgegenstände wie Alltagsgeschirr oder ein Weihrauchfaß –, entzückte die weiße Kundschaft. Fong See brachte solche Artikel für das Zehnfache des Einkaufspreises an den Mann.

Fong Sees Liebe zum Geld und zu Automobilen war ungebrochen. Gern blätterte er in Autozeitschriften und -prospekten. Zu gegebener Zeit sollte er seinen älteren Söhnen Milton und Ray verschiedene neue Autos kaufen, einen Packard, Hudson, Stutz, Willys-Knight, Cadillac oder Lafayette, alles herrliche, elegant geschnittene Wagen in satten Farben. Und wenn er dazu einen gelernten Mechaniker als Chauffeur einstellen mußte, so war er auch dazu bereit. Gleich in den ersten Tagen seines Aufenthalts in diesem Land hatte er begriffen, daß nur Geld einen Mann schützen konnte – weder ein Familienverein noch ein Tong. Wer Geld hatte, ob in Amerika oder in China, genoß Schutz. Und er war ein Mann, der sehr großen Schutz genoß.

Fong See war sehr auf seinen guten Ruf bedacht, doch seine Frau wollte partout nicht kooperieren. Sie tat einfach nicht, was er von ihr verlangte. Wie oft hatte er ihr gesagt: »Keine Rollschuhe. Ich möchte die Kinder nicht mit Rollschuhen sehen. Zeitverschwendung!« Und doch wußte er von seinem Bruder und anderen, die ihn über alles auf dem laufenden hielten, was seine Frau und seine Kinder in Chinatown trieben. Wenn er etwa aus Pasadena zurückkehrte, rief Ticie: »Pa kommt«, und die jüngeren Kinder – Eddy, Bennie und Florence – schnallten ihre Rollschuhe ab und versteckten sie. Niemand sagte ein Wort, wenn er eintrat, doch er wußte Bescheid.

Er war ärgerlich auf die Jungs und zornig auf Florence. Er hatte Florence zum meistfotografierten chinesischen Mädchen in der Stadt, vielleicht sogar im ganzen Land gemacht. Sie hatte eine ganz besondere Ausstrahlung, etwas Ruhiges, Ernstes und Nachdenkliches, das er immer einzufangen versuchte. Mindestens einmal im Jahr, oft aber häufiger, schleppte er sie zu verschiedenen Fotografen, zuerst zu den Elite Studios, dann zu Hartsook, Edwin Williams und schließlich zu Bonnie Brae. Fong See besaß Fotos seiner Tochter in chinesischen Kleidern. Auf anderen war sie wie eine Prinzessin herausgeputzt, in Seide und Spitzen, mit einem breiten Band im Haar. Sie posierte auf Teppichen, auf Klavierhockern, mit einem Strauß Papierblumen im Arm. Sie war niedlich, einfach vollkommen. Ein solches Mädchen lief doch nicht Rollschuh!

Er nahm sich vor, streng mit seiner Frau zu sein. Und er war streng. Doch in gewissen Punkten war Ticie unnachgiebig. Als die Jungen anfingen, seine Florence »Sissee« zu rufen, geriet er in Zorn. »Sie hat ihren Namen nicht ohne Grund. Ich will nicht noch ein Kind, das man nicht bei seinem Namen ruft. Wenn ihr sie anders nennen wollt, dann nehmt wenigstens ihren chinesischen Namen, Jun Oy. Aber nicht dieses Sissee.« Doch seine Frau lachte nur, tätschelte ihm den Arm und sagte: »Was sollen wir den Jungen denn sagen, Pa? So nennen sie ihre Schwester nun mal. Wenn Kunden in den Laden kommen und fragen, wie ihre Schwester heißt, antwortet Milton »Sissee«. Das ist doch süß, verstehst du denn nicht? Sissee bedeutet Sister See.«

Unablässig stritten sie über die Erziehung ihrer Tochter. »Sie ist ein amerikanisches Mädchen, Suie«, sagte Ticie. »Und dabei soll es bleiben.«

»Nein, sie ist Tochter von Chinese. Sie muß ...« Und dann mühte er sich mit chinesischen Begriffen und Auffassungen ab. Seine Tochter müsse zu Tugendhaftigkeit, Anmut, Liebreiz, Höflichkeit und Gehorsam erzogen werden. »Kein Tanzen. Kein Spielen. Zu Hause bleiben. Nähen lernen. Hausarbeit. Das ist gut für Tochter.«

»Aber Suie, das macht doch keinen Spaß. Sie ist noch ein Kind.«

»Kind wird erwachsen. Sie muß die drei Gehorsamkeiten lernen. Wenn im Elternhaus, sie gehorcht dem Vater, wenn im Haus ihres Mannes, sie gehorcht Mann, und wenn sie Mutter wird, sie gehorcht Sohn.«

Ticie brach in Gelächter aus. »Das ist doch kompletter Unsinn.«

Wie konnte er es Ticie nur begreiflich machen? »Jun Oy bekommt niemals guten Ehemann, wenn keine gute Tochter. Das muß sie lernen.«

Fong See konnte noch so oft ein Machtwort sprechen, Ticie gehorchte ihm einfach nicht, wenn es um ihre Tochter ging. Er führte Ticies Aufmüpfigkeit auf einen großen Fehler zurück, den er begangen hatte. Er hätte, was seinen Zopf anging, niemals nachgeben dürfen. Gewiß, sie hatte recht gehabt, keine Frage. Inzwischen hätte er ihn auch ohne ihr Drängen längst abgeschnitten. Niemand trug mehr einen Zopf, seit es die Republik gab und Dr. Sun Yat-sen regierte. Aber das war nicht der Punkt. Zuerst die Antiquitäten, dann der Zopf, dann der Name seiner Tochter, darum ging es. Und jetzt führte Ticie den Laden in Los Angeles. Immer nörgelte sie an ihm herum. »Wir müssen uns verbessern. Wir müssen einfach. Keine Raritäten mehr. Wir sind Antiquitätenhändler.« Während ihrer Chinareise hatte er Korbwaren und Fächer kaufen wollen, und sie hatte gesagt: »Natürlich solltest du das, mein Lieber. Wir werden immer Laufkundschaft haben, die nicht viel Geld ausgeben kann. Diese Leute wollen nur ein kleines Andenken an ihren Abstecher nach Chinatown. Aber das sind nur Raritäten, verstehst du?« Sie wollte damals Holzschnitzereien, Götzen aus Ton, kunsthandwerkliche Erzeugnisse und Stickereien kaufen, darunter auch Schuhe für gebundene Füße und Kinderkappen. Er tat ihr den Gefallen, aber er hatte bereits kistenweise Korbwaren und Fächer gekauft und verschiffen lassen.

Mit Antiquitäten war deutlich mehr zu verdienen. »Verstehst du, Suie«, sagte Ticie. »Die Amerikaner kennen sich mit alten chinesischen Sachen nicht gut aus, aber wenn sie welche sehen, wollen sie sie haben.« Ticie verstand etwas vom Verkaufen. Sie wußte, wie man mit Kunden reden mußte. Wie hatte Mr. White gesagt: »Ihre Frau ist nett, deshalb wollen die Leute bei ihr kaufen.« So etwas gehörte sich nicht für die Frau eines Chinesen. Doch Fong See zog bei jedem Streit mit ihr den kürzeren, denn ihre Argumente waren einfach zu gut.

Als er die Kinder auf die von Mrs. Leong geleitete methodistische Schule schicken wollte, an der Chinesisch unterrichtet wurde, sagte Ticie: »Kommt nicht in Frage! Wir sind hier in Amerika. Wir müssen wie Amerikaner leben. Unsere Kinder sind Amerikaner. Sie müssen sich dem Leben in diesem Land anpassen.« Ticie sah keinen Grund, warum ihre Kinder Chinesisch lernen sollten. Ja, sie war sogar der Ansicht, daß die Kinder in Chinatown besser beraten waren, wenn sie Englisch lernten, statt ihre wenigen freien Stunden dem Studium der Kalligraphie und der chinesischen Klassiker zu widmen.

Fong See sah ein, daß seine Frau nicht ganz unrecht hatte. Immerhin waren die Kinder zur Hälfte weiß. Trotzdem war er ungehalten. Der Mann sollte der Herr im Haus sein. Der Mann war der König, und er war der König von Chinatown. Er wollte mit »eiserner Hand« regieren. Die Ehe sollte eine einfache Sache sein: Die Frau äußerte Wünsche, und der Mann gewährte sie oder auch nicht.

Letzte Woche hatte seine Frau gesagt: »Die Kinder brauchen neue Schuhe.«

Und er entgegnete: »Sie sollen nicht so schlurfen.«

»Suie, die Straßen in Chinatown sind nicht gepflastert. Hier nutzen sich Schuhe schneller ab. Tja, wenn wir ein eigenes Haus hätten und in einer Gegend wohnen würden, in der es Bürgersteige gibt ...«

Damit machte sie ihn verrückt. Er dachte gar nicht daran, in Long Beach oder La Habra ein Haus zu bauen. Beide Grundstücke waren viel zu weit entfernt, und sie waren auf Letticies Namen eingetragen. Er liebte seine Frau und vertraute ihr, aber warum sollte er ein Risiko eingehen? Doch immer, wenn er Geld nach Dimtao schickte, um den Dorfbewohnern zu helfen, oder ein weiteres *mou* Land erwarb, fing sie von neuem an: »Was haben wir von einem Grundstück oder einem Haus in Dimtao? Du hilfst jedem aus deiner Familie, aber unserer Familie hilfst du nicht. Warum tust du das, Suie? Warum?«

Er hätte sagen können: »Die Leute im Dorf haben keine Möglichkeit, etwas zu lernen, deshalb habe ich eine Schule eröffnet. Und wenn sie hungern, schicke ich ihnen Geld, damit sie sich etwas zu essen kaufen können.«

Statt dessen sagte er: »Ich will kein Gras. Ich will keine Blumen. Ich will keine Bäume. Das ist doch Scheiße.« Was er damit meinte, war, daß man als Chinese nicht wußte, was in einem Weißenviertel auf einen zukam.

»Suie, es ist nicht richtig, daß Sissee mit den Jungs in einem Zimmer schläft. Außerdem brauchen wir einen Raum, in dem wir Besucher empfangen können, der Laden allein genügt nicht.«

Er dachte an eine alte Redensart aus seinem Dorf: »Verschwende keine Zeit damit, mit einer Frau zu streiten.« Ticie machte ihn mit all dem Unsinn so verrückt, daß er nicht mehr wußte, wo ihm der Kopf stand. Schließlich kam er auf ihr Ausgangsthema zurück. »Keine Schuhe, und damit basta«, beschied er streng.

In anderen Fragen setzte er sich durch. So bestand er darauf, daß die Jungen von der Schule sofort nach Hause kamen und arbeiteten. Auf diese Weise konnte er sie im Auge behalten und sich vergewissern, daß sie seine Anweisungen auch befolgten. Sissee hingegen durfte nicht arbeiten, nur sticken und ihrer Mutter beim Schmükken von Körben helfen. »Du bleibst im Laden«, befahl er seiner Tochter. »Sei still. Ein Mädchen muß nähen. Geh an deine Stickerei! Das ist Arbeit für Frau. Das ist Arbeit für Mädchen.« Täglich kontrollierte er, welche Fortschritte seine Tochter machte. Er wußte, daß sie manchmal über der Handarbeit weinte, doch in diesem Punkt blieb er hart. Kein Mann heiratete ein chinesisches Mädchen, das die weiblichen Künste nicht beherrschte.
Alle diese Gedanken hatten ihm gründlich die Laune verdorben, als er aus der Straßenbahn stieg und die Treppe zu seiner Wohnung über dem Laden in der Los Angeles Street Nr. 510 erklomm. Gleich nach dem Eintreten fragte er die beiden ältesten Jungen, wie ihr Tag verlaufen war. Da sie nicht die chinesische Schule besuchten, hatten sie nachmittags Zeit und gingen in seinem Auftrag von Tür zu Tür und verkauften Gardinenstangen, Troddeln und Jaderinge. Die Damen in den feineren Häusern der Stadt banden die Ringe mit Seidenbändern oder Kordeln zusammen und verwendeten sie als Henkel oder als Griffe an Vorhängen oder Klingelzügen, mit denen sie ihren Dienern läuteten.
»Habt ihr heute gut verkauft?« fragte er, obwohl er ihre Antwort schon im voraus kannte. Milton kam immer mit einer Tasche voller Geld nach Hause, Ray mit leeren Händen.
»Nein«, antwortete Ray verdrossen.
»Was hast du getan? Geschlafen? Du kein guter Junge. Du ein Nichtsnutz.« Da Ray es nicht für nötig befand, ihm zu antworten oder ihn auch nur anzusehen, fauchte Fong See: »Pfui. Du kein guter Junge.«
Dann wandte er sich den anderen zu. Er bemerkte die geröteten Wangen der beiden Jüngsten und erkannte grimmig, daß sie wieder Rollschuh gelaufen waren. Wohl wissend, daß es keinen Sinn hatte, das Thema anzusprechen, fragte er: »Woher habt ihr die neuen Schuhe? Hat eure Mutter sie gekauft?«

In diesem Augenblick betrat seine Frau den Raum, schlang kurz die Arme um ihn, nahm ihm die Tüte Orangen ab und sagte: »Natürlich nicht, Suie. Mrs. Morgan hat allen Kindern neue Schuhe gekauft. Ist sie nicht ein Schatz?«
Er blickte in die Gesichter von Eddy und Sissee und wußte, daß seine Frau log.

Mit vierzehn hatte Ray, wie die meisten Jungen in dem Alter, für seine Eltern und seine Familie nur Verachtung übrig. Er haßte Chinatown. Er haßte es, jeden Tag die Armut sehen zu müssen. Er haßte den Geruch. Er haßte die Erziehungsgrundsätze seines Vaters. »Wenn du deinen Jungen liebst, gib ihm den Stock. Wenn nicht, füttere ihn mit Süßigkeiten.« Er haßte die Art, wie sein Vater den Kindern mit den Eßstäbchen auf die Finger klopfte, wenn ihre Tischmanieren zu wünschen übrigließen. Doch am allermeisten haßte er es, wie sein Vater die Familie unterjochte, als habe er allen zu befehlen, als wisse er alles, was man über die Welt wissen müsse, und dabei war er nur ein Einwanderer, der nicht einmal richtig Englisch konnte.
Ray haßte seinen Bruder Milton, der, nur weil er der Erstgeborene war, alles bekam – Zuwendung, schöne Geschenke, die besten Sachen zum Anziehen. Ein chinesischer Brauch, obwohl sie doch alle Amerikaner waren. Ray wollte, soweit er zurückdenken konnte, schon immer größer als Milton werden. Eines Tages hielt er es nicht mehr aus und platzte heraus: »Ich werde über eins achtzig groß!« Alle lachten ihn aus. Kein Chinese werde jemals so groß, sagten sie. Doch zumindest ein Teil seines Wunsches war bereits in Erfüllung gegangen. Er war größer als jeder andere in der Familie und glaubte nach wie vor fest daran, daß er die restlichen Zentimeter auch noch schaffen würde, denn das Gespött der anderen entbehrte jeder Grundlage. Sahen sie denn nicht, daß er kein Chinese war? Eigentlich sollte *er* jetzt als erster neue Kleider bekommen und sie dann an Milton weitergeben. Aber natürlich kam es dazu nicht. Milton bekam seine Kleider immer noch zuerst, denn als ältestem Sohn stand ihm das zu.
Ray war erst vierzehn, aber er hatte seinen Stolz. Er wollte kein Herzeigeobjekt sein, das man vorführte, um ein Geschäft unter Dach

und Fach zu bringen. So wie damals, als er noch ein kleiner Junge war. Er erinnerte sich noch genau. Immer wenn der Mann vom Mission Inn in Riverside in den Laden kam, steckte sein Vater die Kinder in chinesische Kleidung, so daß sie aussahen wie Mandschu-Prinzen. Und wenn der Handel nach stundenlangem Feilschen endlich perfekt war, bat der Mann vom Mission Inn um die Erlaubnis, ein paar Fotos zu machen. Milton und Ray mußten mit seiner Tochter vor dem Laden posieren und sich fotografieren lassen. Das Mädchen stand immer im Vordergrund, denn es war die Hauptperson. Milton und Ray waren nur Dekoration. Er haßte das. Er konnte das Mädchen nicht ausstehen, und einmal gab er ihm einen so heftigen Tritt, daß es weinte.

Manchmal sann er darüber nach, ob es in seiner Kindheit etwas gegeben hatte, das ihm gefallen hatte, irgend etwas. Doch er hatte nur unangenehme Erinnerungen. Er wußte noch, wie sein kleiner Bruder immer verrückt gespielt hatte, wenn Mutter mit ihnen zur Straßenbahn ging. Mutter beruhigte und tröstete ihn. Dann, wenn die Straßenbahn die Straße heruntergerasselt kam, leckte sie sich den Finger und wischte ihnen die Gesichter ab. Er haßte das. Er erinnerte sich, wie er, als er noch ganz klein war, an heißen Tagen seinen Kopf auf die Wasserbüffel-Keramik mit den großen Glasaugen gelegt hatte. Er mußte damals wirklich noch schrecklich klein gewesen sein, denn er wußte, daß er manchmal dabei eingeschlafen war. Aber dann hatte Vater den Büffel an den Mann vom Mission Inn verkauft, und damit war es vorbei.

Er haßte sie alle. (Mit einer Ausnahme: Seine Mutter liebte er. Allerdings konnte er ihr das nicht sagen. Für so etwas war er schon zu alt.) Er haßte die Spieler im Keller nebenan. Er haßte seinen Vater, weil er Teilhaber an einer Lotterie war. Er haßte ihn, weil sie jeden Tag hart arbeiten mußten: Nägel aus Kisten ziehen und dann gerade klopfen. Er verabscheute die Vorstellung, daß sein Vater das Geschäft erweitern und für jeden Sohn einen Laden eröffnen wollte – in Chinatown, Pasadena, Ocean Park, Long Beach. Er haßte seinen Vater, weil er nach der Revolution von 1911 nach China gereist und die Habe der notleidenden Flüchtlinge an sich gerafft hatte, so wie er es schon nach dem Boxeraufstand getan hatte.

Ray haßte den Handel mit Korbwaren. Er kannte alle Laster in Chinatown – Glücksspiel, Opium, Prostitution –, doch sein Vater hatte nur ein Laster, Körbe. Sie waren für ihn wie eine Droge. Wie viele Körbe konnte ein einzelner Mensch eigentlich brauchen? Sein Vater kaufte immer gleich drei auf einmal. Sie waren ineinandergesteckt, so daß man sie zuerst auseinanderziehen mußte. Und dann das Ungeziefer! Ray und die anderen Kinder mußten alle Insekten einzeln herauspicken. Der feine weiße Staub ihres Kots drang ihnen in Mund und Nase. Die größten Körbe wurden an Wäschereien verkauft. Die mittelgroßen gingen an Kaufleute, die ihre Waren darin lagerten. Die kleinsten waren, schlicht gesagt, der Fluch seines Lebens.

Abwechselnd strichen die Kinder die kleinen Körbe mit Asphalt ein. Dies sollte die Insekteneier abtöten und den Körben eine kräftige, alt wirkende braune Farbe verleihen. (Der Asphalt – eine Mischung aus Benzin und Pech – hatte sich so bewährt, daß sie auf Geheiß ihres Vaters inzwischen auch Münzen und Stickperlen behandelten und»älter« machten.) Doch seiner Mutter genügte das noch nicht. Sie fand, daß die Körbe immer noch zu schlicht aussahen, und schlug deshalb vor, sie mit Perlen, Troddeln und Glasringen zu verzieren. Und so kam es, daß die Kinder mit ihr um den Küchentisch saßen und lange Nadeln durch die Körbe schoben, bis ihre Finger taub wurden. Wenn Ma sagte: »Verdammt gute Arbeit«, zuckte Ray zusammen.

Ray fühlte sich von allem angeödet. Doch am schlimmsten war sein Vater. Manchmal hörte er Kunden über ihn reden: »Er ist schon ein Original.« »Was für ein reizender Mensch.« »Oh, Charlie, ich liebe einfach den Glanz in den Augen dieses Chinesen. Er ist so anders als alle anderen.« Er wußte nicht genau, wie er es ausdrücken sollte, aber irgendwie kam ihm sein Vater wie der Aufreißer einer Schaubude vor. »Treten Sie näher, Ladies und Gentlemen.« Es lag an der Art, wie er sie immer tiefer in den Laden lockte, als erwarte sie im hintersten Raum eine nackte Dame. Den meisten freilich blieb dieses Privileg versagt. Sein Vater hatte eine bestimmte Art, die Leute zu taxieren. Oft, wenn ein Kunde hereinkam, sagte er mit glockenheller Stimme und in tadellosem Englisch: »Das können Sie sich nicht leisten. Wenn Sie etwas kaufen wollen, gehen Sie weiter die Straße hinunter zu Mr. Kwok. Er hat, was Sie suchen.« Nur daß es in der Richtung, in die er wies, meilenweit keinen Laden gab, geschweige denn einen Mr. Kwok.

Ray wollte weg von seiner Familie, raus aus Chinatown.

Fast tausend Meilen nördlich von Los Angeles, im Gebiet Big Bend des Bundesstaates Washington, blickte im Sommer 1916 die elfjährige Stella Adele Copeland über die sanften, mit goldenem Weizen bedeckten Hügel hinweg zu einem riesigen Mähdrescher, der sich, von zweiunddreißig Pferden und Maultieren gezogen, langsam durch die Felder fraß. Sie lauschte dem rhythmischen Schneidegeräusch der Haspel, dem Rupfen und Rieseln des Separators und dem Zischen des Strohs, das auf das Stoppelfeld geblasen wurde. Heute war wieder ein heißer, trockener Erntetag.

Genüßlich rieb Stella die Zehen an der warmen Erde und stampfte auf, bis Staubteilchen aufstiegen und sich um ihre Knöchel legten. Zur Zeit der Weizenernte war überall Staub. Pferde, Dreschmaschinen und Garbenbinder wirbelten ihn in die Luft, so daß er in riesigen braunen Wolken über die Felder trieb. Entlang den Straßen zog er kilometerweit in Schwaden hinter den Kolonnen der Erntefahrzeuge her.

Seit Jahren folgte Stella, ein Einzelkind, mit ihren Eltern Charlie Slussers Maschinen von Farm zu Farm. Anfangs hatte Slusser nur eine Ährenköpfmaschine der Firma McCormick besessen, dann aber hatte er sich den Mähdrescher zugelegt. Niemand sonst im Land konnte sich eine solche Investition leisten, und so wurden, sobald der reife Weizen die Felder in Gold tauchte, Slussers Maschinen gemietet. Wanderarbeiter folgten den Mähdreschern und verrichteten die anfallende Handarbeit. Unter ihnen waren nur wenige Frauen, doch Stellas Mutter Jessie war eine gute Köchin, und jeder wußte, daß Landarbeiter dort blieben, wo es anständiges Essen gab. So kam es, daß Stella und ihre Eltern die letzten Sommer hier verbracht hatten.

Stella spähte zu dem Küchenwagen hinüber, in dem ihre Mutter gerade den Nachmittagsimbiß zubereitete. Mama war mit ihrem kupferfarbenen Haar so schön, daß sich Stella neben ihr immer wie ein häßliches Entlein vorkam. Stella hatte zwar ebenfalls rotes Haar, doch es war feuerrot, kurz geschnitten und immer widerspenstig nach den Tagen in Sonne und Wind. Und während Mama eine makellose samtige Haut hatte, waren Stellas Gesicht und Arme mit Sommersprossen übersät.

Bald würden sie und Mama die Sandwiches zusammenpacken und zu der großen Maschine hinaustragen. Stella hütete sich, dem Mähdrescher zu nahe zu kommen. Manche Kinder, die ihre Eltern in der Erntezeit ebenfalls zu den Farmen der Umgebung begleiteten, machten sich einen Spaß daraus, Mäuse und Kätzchen in den Separator zu werfen. Doch Stella hatte von einem Jungen gehört, der den Maschinenführer so lange geärgert hatte, bis der Mann ihn packte und über den Separator hielt. Irgendwie entglitt der Junge seinem Griff und fiel hinein. Der Farmer und seine Leute waren darüber so aufgebracht, daß sie gar nicht erst auf die Vertreter des Gesetzes warteten. Sie knüpften den Mann gleich an seiner Maschine auf.

Trotzdem war Stella gern hier draußen auf der Farm. Hier vergaß sie den Kummer, den sie in der Stadt hatte, und die Erde, die Sonne und die Weizenfelder linderten ihren Schmerz, ihr Gefühl der Hilflosigkeit und der Scham. Hier draußen war das Leben unkompliziert. Sie ging die ganze Zeit barfuß und brauchte keine Angst zu haben, ihre Schuhe so abzunutzen, daß Großmutter Copeland sie zum Schuster brachte und vorn mit Stahlkappen versehen ließ. Sie ertrug es nicht, wenn die Kinder in der Stadt sie wegen so etwas hänselten. Und es war ihr sehr unangenehm, daß sie wußten, wie arm sie war.

Jeder in der Stadt – zumindest jedes Kind in Waterville – wußte, daß mit ihr nicht gut Kirschen essen war. Wer ihr frech kam, mußte mit einer deftigen Abreibung rechnen. Stella konnte es nicht leiden, wenn Leute Gemeinheiten über sie sagten und sich als etwas Besseres aufspielten. Sie wußte, daß die Kinder über sie herzogen, aber ihre Eltern waren noch schlimmer. Sie erinnerte sich, wie eines Tages die Metzgersfrau ihre Tochter am Arm gepackt und zu ihr gesagt hatte: »Daß du mir ja nicht mit der da spielst. Das ist die Enkelin der Waschfrau.« Als sei ein Metzger etwas so Tolles. Stella konnte es nicht ändern, daß ihre Eltern arm waren, aber wenigstens konnte sie sich bei den Kindern Respekt verschaffen. Schließlich hatte sie rotes Haar, und es lag nun einmal in ihrer Natur, leicht aufzubrausen.

Stella kümmerte sich nicht um das Gerede der Leute in der Stadt. Sie war stolz auf ihre Familie. Die Copelands, die Familie ihres Vaters, war aus Ohio in das unweit von Wenatchee gelegene Waterville gekommen. Stellas Großvater ließ die Familie gleich nach ihrer Ankunft in Washington im Stich, und Großmutter Copeland mußte alleine die siebenköpfige Familie versorgen. Sie kaufte am Rand der Stadt ein Häuschen mit eigenem Brunnen, einem Holzschuppen, Schober, Hühnerstall und einer Scheune für Pferd und Wagen und wurde Waschfrau und Hebamme der Stadt. Ihre Söhne pumpten abwechselnd Wasser aus dem Brunnen, das sie, je nach Jahreszeit, auf dem Herd oder über einem Feuer im Hof erhitzte. Unter Verwendung von Naphtha-Seife der Marke Fels schrubbte sie auf einem Waschbrett die Bett- und Unterwäsche der wohlhabenderen Bewohner von Waterville, bis ihre Fingerknöchel rot anliefen, rissig und schwielig wurden. Mit ihren acht und neun Pfund schweren Bügeleisen, die sie aus dem Sears-Roebuck-Katalog bestellt hatte, plättete sie die Wäsche und zauberte perfekte Bügelfalten. Stella liebte Großmutter Copeland.

Harvey, Großmutter Copelands Sohn und Stellas Vater, war ein »gutaussehender Schlawiner«. Zunächst betrieb er zusammen mit seinen Brüdern ein Fuhrunternehmen, doch dann sagte er: »Für einen Dollar und fünfundsiebzig Cent einen Klafter Holz zehn Meilen weit zu transportieren, interessiert mich nicht sehr.« Er träumte von etwas Besserem. »Ich muß die Augen offenhalten, bis meine große Chance kommt«, sagte er oft. Stella wußte, daß ihr Vater das Abenteuer suchte, aber Frau und Kind hielten ihn zurück.

Jessie, Stellas Mutter, war eine Huggins. Ihre Familie stammte ursprünglich aus Vermont, hatte zunächst in South Dakota eine Siedlerparzelle erworben, war dann aber nach Waterville weitergezogen. Großvater Huggins war in dem Moment gestorben, als der Zug die Staatsgrenze überquerte, und so mußte Großmutter Huggins, wie Großmutter Copeland, ihre Kinder allein großziehen. Stella stand Großmutter Huggins nicht sehr nahe. Das hatte zwei Gründe. Zum einen war die alte Frau ziemlich wohlhabend und glaubte, daß Stellas Vater nicht gut genug für ihre Tochter sei. Zum anderen lebte Großmutter Huggins inzwischen in Los Angeles, so daß sie keiner aus der Familie allzuoft sah.

Stella verstand nicht, warum Großmutter Huggins in den Süden gezogen war, denn in Waterville war es wirklich schön, auch wenn die Menschen nicht sehr nett waren. Umgeben von einem wogenden Weizenmeer besaß die eintausend Einwohner zählende Stadt staatliche Schulen, eine Bank, sieben Kirchen, eine Mühle (die auch Vollkornmehl mahlen konnte), vier Kneipen, ein Elektrizitätswerk, ein »gemütliches kleines Gefängnis«, zwei Feuerspritzen mit fünf Schläuchen, einen Dentisten und zwei Ärzte, ferner eine Gemischtwarenhandlung, Tapetenläden, einen Möbelschreiner, einen Uhrmacher, zwei Hufschmiede und einen Instrumentenbauer. Der Landstrich blieb von heißen Winden und Wirbelstürmen verschont, und obwohl der Winter vier Monate dauerte, wußten die Bewohner, daß die Temperaturen selten unter den Gefrierpunkt fielen. (Nach einem Kälteeinbruch freilich verkaufte die Firma Rogers & Howe in nur zwei Wochen fünfundzwanzig Mäntel aus Rinds- und Kalbsleder, Bären- und Hundefell.) Die wenigen Indianer, die in der Nähe lebten, waren von der friedlichen Sorte, die dem Alkohol zugetan war. Sie kamen nur gelegentlich in die Stadt, um sich etwas auszutoben oder ein Pony zu verhökern.

Hier draußen auf der Farm konnte Stella mit Papa und Mama zusammensein, und so war es ihr am liebsten. Oft wurde sie von ihren Eltern nämlich in einen Zug gesetzt und zu Tante Eva nach Everett, zu Großmutter Copeland nach Waterville oder zu Großmutter Huggins nach Los Angeles geschickt. Nicht daß es Stella etwas ausgemacht hätte, alleine zu reisen. Sie war schon sehr erwachsen und konnte überall alleine hinfahren. Wenn sie beispielsweise nach Hause fuhr und der Schaffner sie nach ihrem Reiseziel fragte, antwortete sie jedesmal mit lauter, deutlicher Stimme: »Waterville, Washington, Douglas County.« Dann lächelte der Schaffner und erklärte ihr, wo sie umsteigen mußte.

Es gab wenig, wovor Stella sich fürchtete. Nur einmal, als die Familie mit der Fähre nach Vancouver in British Columbia fuhr und ihre Eltern das Geld für den vollen Fahrpreis hatten sparen wollen, bekam sie es mit der Angst zu tun, als der Kapitän sie nach ihrem Alter fragte und sie zu lügen vergaß. Sie war fest davon überzeugt, daß er sie über Bord werfen würde, aber er tat es nicht. Sie erinnerte sich deshalb noch so lebhaft an diese Fahrt, weil sie damals zum erstenmal Pudding und Bananen gegessen und hinterher alles erbrochen hatte. Zwar war ihr sterbenselend, doch die Bananen hatten ihr vorzüglich geschmeckt. Sie hatten eine schöne Zeit in Vancouver. Jedenfalls eine viel schönere, als wenn sie im Central Valley geblieben wären, wo eine brütende Hitze geherrscht und Mutter im Küchenzelt nasse Leintücher aufgehängt hatte, um für etwas Abkühlung zu sorgen.

Im Alter von elf Jahren bekam Stella ihre erste Monatsblutung, und Mama brachte ihr bei, Tücher zu falten und in ihre Unterwäsche zu legen. Später zeigte sie ihr, wie sie die Tücher in einer Schüssel einweichen und unter die auf geschwungenen Füßen stehende Wanne im Badezimmer schieben sollte: »Und dann wäschst du sie, aber daß du sie mir ja nicht zu lange trägst.« Ja, Stella war jetzt eine Frau, und sie hatte eine kräftige Konstitution. Das war nicht immer so gewesen. Als sie vier Jahre alt war und Papa einen Job in den Bergen hatte – wo genau, wußte sie nicht mehr, weil sie damals noch zu klein war –, bekam sie rheumatisches Fieber, möglicherweise auch die Masern. Oder sogar beides gleichzeitig, denn sie wäre um ein Haar gestorben. Sie wohnten damals in einer Hütte, die nur aus einem einzigen Raum bestand, und sie erinnerte sich, wie Mama die Fenster mit Zeitungspapier verkleidete, damit kein Licht hereinfiel, und weitere Zeitungen zur Hand nahm, anzündete und damit im Zimmer herumwedelte, um die Bazillen abzutöten. Mama braute ihr ein Hausmittel zusammen, bestehend aus Zwiebeln und Zucker, die sie zu einer dicken Marmelade einkochen ließ und ihr dann einflößte.

Um sich die Zeit zu vertreiben, schnitt Stella Papierpuppen aus dem Sears-Roebuck-Katalog aus. Jeden Morgen, wenn Mama zur Arbeit ging, sagte sie: »Egal was passiert, ich möchte, daß du die Schnipsel wegräumst. Wenn ich den Doktor holen muß, will ich nicht, daß er hier deinen Saustall vorfindet.« In Stellas Augen war das eine nützliche Lektion. Man konnte nie ausschließen, daß etwas Schlimmes passierte, und dann sahen die Leute, wie man lebte.

Letztes Jahr, als Stella bei Tante Eva in Everett zu Besuch war, hatte sie die Pocken bekommen. In den Ohren, in der Nase, im Mund, überall hatte sie wunde Stellen gehabt, doch sie konnte von Glück sagen, daß überhaupt keine häßlichen Narben zurückgeblieben waren wie bei anderen Kindern, die sie kannte. Dann, als sie bei Großmutter Copeland gewohnt hatte, war sie an Keuchhusten erkrankt. Sie dachte schon, diesmal sei es endgültig um sie geschehen, doch Großmutter flößte ihr alle zwei Stunden einen Teelöffel Zucker mit ein paar Tropfen Terpentin ein, um die Atemwege freizuhalten.

In Los Angeles wurde sie niemals krank. Letztes Jahr, mit zehn, war sie zum letztenmal dort gewesen. Anscheinend war das gesunde Klima der Hauptgrund, warum Großmutter Huggins dort hingezogen war. Einer ihrer Brüder war Arzt. Er war aus Kansas nach Los Angeles gekommen und hatte sich in einer Gegend namens Wolfskill Orchard ein Stück Land gekauft – Land, auf dem einst Orangenhaine gestanden hatten und das nun als Wohngebiet erschlossen wurde. Eines Tages hatte Großmutter zu Stella gesagt: »Mein Bruder sagt, daß weder Nuggets noch Orangen das wahre Gold Kaliforniens sind. Das wahre Gold Kaliforniens ist der Sonnenschein. Die Menschen werden gesund, wenn sie dort hinziehen. Mein Bruder sagt, dort lasse sich viel Geld mit Schwindsüchtigen verdienen.« Bald darauf hatten Großmutter Huggins und ihre Söhne – Stellas Onkel – ihre Sachen gepackt, waren nach Süden gezogen und hatten mit ihren Ersparnissen das Hotel Huggins eröffnet, direkt gegenüber dem Santa-Monica-Pier. Stella war mehrmals dort gewesen und kannte alles aus eigenem Erleben – die Achterbahn, das liebliche Meer, die sanfte Brise. Dennoch war sie immer froh, wieder nach Hause zu kommen, denn sie vermißte ihre Eltern.

Am besten gefiel Stella an der Erntezeit, daß sie nicht fortgeschickt wurde. Im Sommer blieb sie bei Papa und Mama – ob sie nun herumreisten und Arbeit suchten oder sich, wie diesmal, etwas länger auf einer Farm aufhielten. Tagsüber arbeitete Stellas Vater draußen auf dem Feld und stemmte siebzig Kilo schwere Säcke auf Pritschenwagen. Er verdiente dabei nicht viel, vielleicht vierzig Dollar im Monat, besserte seinen Lohn aber durch eine Nebentätigkeit als Friseur auf. »Ich verdiene viel mehr als mancher Farmer«, pflegte er zu sagen. »Ich möchte nicht mein Leben lang mit Backenhörnchen um meinen Lebensunterhalt kämpfen.« Da Mama den Küchenwagen betrieb, erhielt auch sie einen Lohn.

Der Küchenwagen war eine Art Kasten auf Rädern, mit Bänken und Tischen an beiden Seitenwänden und Stufen, die zu der Tür an der Rückseite hinaufführten. Drinnen war es drückend heiß. Da halfen selbst Mutters feuchte Laken nichts. Die Herde und Öfen waren ununterbrochen in Betrieb. Zum Frühstück buk Mutter Pfannkuchen und Brötchen und briet dicke Scheiben Schinken. Am späten Vormittag knetete sie Brotteig, rührte Eierkuchenteig, schnitt Obst für Kuchen und überwachte den Eintopf, der auf dem Feuer köchelte. Jeden Tag kamen zwanzig bis dreißig Männer zum Frühstück, zum Mittag- und Abendessen und zu den Imbissen am Vor- und Nachmittag. Sie waren immer hungrig. Mama verdiente drei Dollar am Tag, und manchmal, wenn sie Glück hatte, wurde ein Mädchen aus der Stadt angeheuert, das für drei Dollar in der Woche das Geschirr spülte.

Stella gefiel es auf der Farm, denn hier gab es keine Großmütter, Tanten oder Stadtkinder, hier wurde sie nicht herumkommandiert oder gehänselt. Tagsüber arbeiteten ihre Eltern, und abends las Mama aus *Livingstons Abenteuern* vor. Papa konnte nicht lesen, aber er liebte die Geschichten, und Mama las sie ihm viele Male vor. So war es schön – nur sie drei, für ein paar Wochen im Jahr. Und am allerschönsten war, daß es hier keine Kneipen gab.

Nur eines gefiel ihr nicht. Die Tanzabende am Samstag. Jeder Farmer veranstaltete sie – aus demselben Grund, weshalb er einen guten Koch einstellte. Sie verliefen immer nach dem gleichen Muster: Zunächst nahmen alle ein Bad. Mama wusch Stella das Haar. Dann bürstete sie sich selbst das lange, kupferfarbene Haar, bis es glänzte. Anschließend band sie es über dem Kopf zu einem lockeren Knoten zusammen, so daß zahlreiche Strähnen herunterhingen, die sie so lange um den Finger wickelte, bis sie sich von selbst kringelten. Am Ende warfen sie sich in ihren Sonntagsstaat, obwohl Samstag war,

und gingen hinüber in die Scheune. Unterwegs hörte Stella, wie Papa Mama Versprechungen zuraunte.
In der Scheune spielte ein Fiedler, und für die Damen und die Kinder wurde Punsch ausgeschenkt. Auch die Männer tranken ein paar Becher der rosafarbenen Flüssigkeit und gingen dann nach draußen. Stella wußte, was das bedeutete. Es bedeutete, daß Papa nach etwa einer Stunde – nachdem er sich mehr als nur ein paar Becher dieses speziellen Gebräus hinter die Binde gegossen hatte – stark angetrunken zurückkommen würde. Sie erkannte es daran, wie er Mama ansah.
So war es immer. Mama langweilte sich, während sich Papa mit den anderen Männern hinter der Scheune vollaufen ließ, und irgendein Draufgänger forderte sie zum Tanzen auf. Warum auch nicht? Mama war schließlich die Schönste am Platz. Keine Farmerstochter und keine Landarbeiterfrau war so hübsch wie sie. Keine hatte so schönes Haar, so makellose weiße Haut, eine so schlanke Taille. Der Kerl wirbelte sie im Kreis, und mit der Zeit tanzten sie immer enger, zu eng, wie selbst Stella sehen konnte. Und gerade wenn sich Stella zu fragen begann, ob Mama, so wie sie mit dem Mann tanzte, dessen Ding spüren konnte, stürmte Papa auf den Tanzboden, packte Mama am Arm, stieß sie zu Boden und schlug dem Lumpen ins Gesicht. Papa war der eifersüchtigste Mann, den Stella kannte, aber Mama war daran nicht ganz schuldlos. Selbst der Dümmste sah, daß sie als verheiratete Frau nicht so tanzen konnte, ja, nicht einmal, wenn sie nicht verheiratet gewesen wäre! Eines wußte Stella mit Gewißheit. Sie würde niemals mit einem Mann tanzen gehen, niemals, in ihrem ganzen Leben nicht. Das brachte nur Scherereien.

Eddy war Sissees Beschützer. Eddy, der fast drei Jahre älter als Sissee war, lachte nur, wenn Ma ihnen warnend zurief, daß Pa nach Hause komme. Er lachte, wenn er Sissee half, die Rollschuhe abzuschnallen und zu verstecken, bevor Pa um die Ecke bog. Eddy neckte und tröstete sie und leistete ihr in den langen Stunden Gesellschaft, wenn sie über ihrer Stickerei saß. Abends im Bett flüsterte er mit ihr, und sie hörte zu. Meistens sprach er darüber, wie ungerecht ihr Vater sei und wie er dessen Verbote zu übertreten gedachte. Manchmal kam Pa herein und brüllte: »Worüber redet ihr? Redet ihr über mich? Jetzt ist Ruhe. Kein Ton mehr!« Eddy lauschte seinen Schritten, wenn er sich wieder entfernte, und raunte Sissee zu: »Er ist nur neidisch auf uns. Er will nicht, daß wir Spaß haben. Er will nicht, daß wir glücklich sind. Er versteht uns nicht, aber wir können trotzdem tun, was wir wollen.« Eddy machte ihr Mut. Er war ihr Bundesgenosse.

Jennie Chan war Sissees beste Freundin. Jennie wohnte in der Alameda Street. Die Wohnungen der Chans und der Sees waren durch eine Betonbrücke verbunden, die sich von einem Dach zum anderen spannte. Jennie und Sissee trafen sich dort jeden Tag. Oft saßen sie nur da, redeten und blickten in den Hof unter ihnen, in dem mehrere Restaurants lebende Hühner in Holzkisten hielten. Nein, es war keine Brücke, eher eine Art überdachter Hof. Sissee wußte es nicht, und es war ihr auch gleichgültig. Ihr war nur wichtig, daß sie endlich eine Freundin gefunden hatte.

Papa schimpfte manchmal über Jennies Vater, weil er nur ein einfacher Gemüsehändler war, weil er seine Pferde unten im Stall hielt und ähnliches mehr. Doch schon im nächsten Moment schwenkte er um und fragte Mr. Chan, wie die Geschäfte gingen. Sissee wurde aus ihrem Vater nicht schlau, aber Eddy hatte für alles eine Erklärung. »Wenn Papa wirklich so klug ist«, fragte er etwa, »warum weiß er dann nicht, daß Mama uns die Schuhe gekauft hat, und nicht Mrs. Morgan? Wenn er wirklich so ein reicher und bedeutender Mann ist, warum ist er dann dagegen, daß wir neue Schuhe bekommen? Mama hat Geld und tut, was sie will. Sie kann auf ihn hören, aber sie muß nicht tun, was er sagt.« In Sissees Augen war ihr Bruder von allen in der Familie der Klügste.

Die meisten Eltern in Chinatown gönnten sich selbst keinerlei Luxus, doch versuchten sie immer, ihren Kindern etwas zu schenken. Wie die meisten Mädchen im Viertel besaßen Jennie und Sissee Porzellanpuppen und Hampelmänner. Ihre Brüder spielten mit Murmeln, gußeisernen Eisenbahnen und Feuerspritzen, die von Pferden aus Eisen gezogen wurden. Doch anders als die Nachbarskinder konnte Sissee mit einem reichlich bemessenen Taschengeld protzen. Einmal kaufte sie davon zwei Tennisschläger und ging mit

Jennie hinüber zum Universitätsgelände, um zu spielen. Am Ende waren die Bälle über das halbe Gelände verteilt, und sie versuchten es nie wieder.

Manchmal machten die Mädchen Besorgungen für ihre Mütter. Sissees Mutter schickte ihre Tochter oft in die Restaurants Sam Yuen oder See Yuen, um fertige Mahlzeiten zu kaufen. Die Mädchen mochten besonders das See Yuen, das amerikanische Speisen anbot – Rinderbrust, Kuchen und das beste Brot, das sie jemals gekostet hatten. Sie standen vor dem Tresen und kicherten, wenn der alte Mann mit einer Klatsche nach den Fliegen schlug, die sich auf das Fleisch stürzten. Da Jennies Familie nicht viel Geld hatte, gingen die beiden Mädchen auch in den kleinen Lebensmittelladen zwischen den beiden Restaurants, der mit Fleisch oder Sojabohnen gefüllte Brötchen verkaufte.

Einmal tauschte Pa Waren gegen zwei Shetlandponys ein, und eine Zeitlang gingen die beiden Mädchen jeden Tag hinunter in den Stall. Männer spannten die Ponys vor einen Handwagen und drehten mit den Mädchen Runden im Korral. Ein paar von diesen Männern, so dachte Sissee, hätten für ihren Vater alles getan. Doch die Ponys erlitten ein ähnliches Schicksal wie die Tennisschläger. So hübsch die Idee war, es waren gemeine Biester. Außerdem waren sie schmutzig, und irgend jemand mußte sie täglich striegeln und füttern. Schließlich verschacherte sie Pa. »Hoffentlich werden sie zu Leim verarbeitet«, sagte Jennie, und wieder lachten die beiden Mädchen.

Jennie war immer zu einem Spaß aufgelegt und fürchtete sich vor nichts. Sissee hingegen fürchtete sich vor fast allem, aber sie hatte Geld. Zusammen hatten sie immer eine schöne Zeit. Wenn sie etwas unternehmen wollten, gingen sie zuerst in den Laden ihres Vaters und schlängelten sich durch das Wirrwarr, wobei sie darauf achteten, daß sie nirgends anstießen. Dann bekam Sissee von ihrem Vater Geld. Jennie sagte, weil Sissee sein kleiner Liebling sei. Mit dem Geld in der Tasche gingen sie zu Jennie nach Hause. Auf dem Weg die Treppe hinauf, dann durch die Wohnung der Sees, in der es stark nach Braten und gerösteten Kartoffeln roch, über die Brücke und schließlich in die andere Wohnung, wo Mrs. Chan gerade Knoblauch und Ingwer für das Abendessen der Familie schälte, ließ Jennie Sissee immer wieder chinesische Sätze wiederholen.

»Dürfen wir ins Kino?« fragte Sissee Mrs. Chan in fürchterlichem Chinesisch. »Mein Vater hat uns Geld gegeben.«

Sissee wußte, daß Mrs. Chan nicht nein sagen konnte, und so sah sie sich mit Jennie jeden Samstagnachmittag einen Film an. Nach dem Kino gingen sie in See's Süßwarengeschäft und kauften eine Ein-Pfund-Schachtel Konfekt. (Sie gluckten immer über den Namen des Ladens.) Wenn sie alles genascht hatten, sagte Jennie nachdenklich: »Es ist ein Wunder, daß wir Zähne haben.« Das brachte Sissee zum Kichern, denn es klang so erwachsen.

Die meisten Abenteuer erlebten sie samstags, denn unter der Woche ging Jennie in die Grundschule für chinesische Kinder, während Sissee mit Eddy die Schule in der California Street besuchte, an der sie die einzigen Chinesen waren. Ma bestand darauf, daß ihre Kinder amerikanische Schulen besuchten. Bennie ging in die Junior High School in der Custer Avenue. Ray und Milton, die in dieselbe Klasse gingen, besuchten die Lincoln High School. Wie ihre älteren Brüder hatten Sissee und Eddy lernen müssen, für sich zu bleiben. Nicht daß die anderen Kinder gemein zu ihnen gewesen wären – nun ja, ein paar waren es schon –, doch meistens wurden sie und ihr Bruder einfach ignoriert. Sissee und Eddy kamen jeden Tag gleich nach der Schule nach Hause. Sie wurden nie von anderen Kindern zum Spielen eingeladen – weder in der Schule noch in Chinatown. Und Jennie hatte keine Zeit, denn sie mußte Mrs. Leongs Chinesischunterricht in der Mission besuchen.

Vor dem Sommer waren die beiden Mädchen auf Jennies Drängen den Girl Reserves beigetreten. »Wir sind Freundinnen«, sagte sie. »Das wird lustig.« Doch es wurde nicht lustig. Sissee wußte, daß sie umgänglich war und mit anderen auskommen konnte, doch sie war einfach zu schüchtern, um sich mit diesen Mädchen anzufreunden. Als dann die Ferien nahten, flehte Jennie sie an, mit ins Zeltlager zu kommen. »Mutter wird mich nicht zurückhalten«, erklärte Jennie kühn. »Ich tue, was ich will.« Sissee ließ sich von ihrer Begeisterung anstecken. Wenn ihre Freundin das konnte, dann konnte sie es auch. Als sie dann aber im Ferienlager waren, befiel Sissee so schreckliches Heimweh, daß ihre Brüder sie wieder abholen mußten.

Dennoch machte ihr Jennie Mut: »Wir sind nicht schüchtern, wenn wir zusammen sind, stimmt's?«

Doch Sissee blieb immer schüchtern, auch wenn sie mit Jennie zusammen war.

Die anderen Brüder machten sich über das Trio Sissee, Eddy und Jennie lustig. Manchmal, wenn Bennie von der Schule heimkam, sagte er: »Ich habe deine Freundin gesehen, die Tong-Gangsterin.« Sissee regte sich nie darüber auf. Sie durfte es nicht zeigen, wenn sie sich über einen älteren Bruder ärgerte. Das schickte sich nicht, selbst dann nicht, wenn er ihre beste Freundin schlechtmachte. Doch Eddy johlte und schrie: »Gangsterin? Sagtest du Gangsterin? Das ist eine Beleidigung, Ben. Warum sagst du so etwas?« Doch Bennie kümmerte sich nicht darum, und jeder in der Familie nahm es hin. Bennie kleidete sich so, wie es ihm gefiel, aß, was ihm schmeckte, redete, wie ihm der Schnabel gewachsen war – und wenn das den anderen nicht paßte, ihr Pech.

Heute trafen sich Jennie und Sissee auf der Brücke zwischen ihren beiden Häusern. Edddy gesellte sich zu ihnen, und bald spielten sie »auf der Post«. Dazu ging Eddy auf die Toilette, stellte sich auf die Schüssel und spähte durch die Stäbe des Fensters nach draußen zu den Mädchen. »Wird's bald, ihr zwei«, rief er mit scheinbarer Ungeduld. »Ich habe nicht den ganzen Tag Zeit.«

Jennie und Sissee spielten die Kunden. »Ich hätte gern zwei Briefmarken«, sagte Jennie und schob ein paar Papierfetzen, die Geldscheine darstellen sollten, durchs Fenster. Eddy runzelte die Stirn und sagte: »Ja, gnädige Frau«, und reichte ihr die Briefmarken, die ihnen Ma zum Spielen gegeben hatte.

Sissee trat vor. »Dieses Paket muß nach Macao. Wieviel kostet das?«

Eddy wog das unsichtbare Paket in den Händen. »Wollen mal sehen«, sagte er. »Enthält es zollpflichtige Waren? Muß ich Zoll erheben?«

»Oh, ich weiß nicht«, antwortete Sissee. »Es ist ein Geschenk.« Sie lächelte so, wie sie ihren Vater Zollinspektoren hatte anlächeln sehen.

Später kletterten sie in die Wohnung der Sees zurück, riefen, daß sie einen Spaziergang machen wollten, und versprachen, zum Abendessen wieder zurück zu sein. Auch ohne Armbanduhr wußten die Kinder immer genau, wie spät es war. Zur Abendbrotzeit kehrten die Gemüsehändler mit ihren schwerfälligen Pferdekarren nach Chinatown zurück. Sobald sie die Alameda erreichten, ließen sie die Zügel locker, und die Pferde galoppierten Hals über Kopf ihren Ställen entgegen.

Die Kinder kannten jeden Winkel von Chinatown. Einige Jahre zuvor war das Gerücht aufgekommen, daß Chinatown abgerissen und an seiner Stelle ein großer Kopfbahnhof der Straßenbahn errichtet werden sollte. Seitdem verschlechterten sich die Wohnverhältnisse rapide. Die Hausbesitzer lehnten es ab, Reparaturen vorzunehmen, und die Mieter waren zu ängstlich, darauf zu bestehen. Jede Erwähnung Chinatowns in der weißen Gesellschaft wurde mit einem Seufzer, einem Schulterzucken oder Ausflüchten quittiert: »Gewiß, die Verhältnisse sind schlecht, aber es sind doch nur Chinesen!« So wurden zerbrochene Fensterscheiben mit Brettern vernagelt, die im Winter vor Wind und Regen, im Sommer vor Mücken und Staub schützten und das ganze Jahre über Licht und frische Luft fernhielten. Leckte ein Ausguß oder eine Toilette, floß das Wasser über den Küchenboden oder sickerte ins Untergeschoß. Im Keller vieler Häuser stand Wasser und türmte sich der Müll. Die Kinder sahen es und rochen es auch. Sie wußten, welche Ecken sie besser mieden. Sie wußten, welche Restaurantbesitzer tote Hühner und Essensreste in den Keller warfen, so daß der Gestank die halbe Marchessault Street verpestete.

Immer wieder bekamen die Kinder grausige Dinge zu sehen, wie damals, als vor ihren Augen ein Mann unter die Straßenbahn geriet. Er war sofort tot, doch die Straßenbahn überfuhr ihn noch zweimal, als sie zurückstieß und dann wieder vorwärtsfuhr. Eddy meinte, der Fahrer sei wahrscheinlich in Panik geraten. Zu dritt standen sie da und starrten auf den Toten. Sie erlebten aber auch lustige Dinge, wie damals, als Onkel Yun einen leichten Einspänner kaufte und das Pferd mit ihm durchging. Nach Meinung der Kinder war der Onkel zu gutmütig, um einem Tier mit der Peitsche Gehorsam bei-

zubringen. Eine Woche später hatte er das Pferd verkauft und war wieder zu Fuß zur Arbeit gegangen.
Heute, als die Kinder die Alameda überquerten und in den ältesten Teil Chinatowns gingen, bemerkten sie am Eingang einer Seitengasse einen Menschenauflauf. Sissee zwängte sich hinter Jennie und Eddy durch die Menge. Es gab wieder einen Toten – das Opfer eines Bandenkriegs. Und wieder gafften sie und wußten, daß ihre Eltern sie nicht mehr auf die Straße lassen würden, solange das Gerücht kursierte, die Rivalität unter den Tongs verschärfe sich.
»Schätze, daß wir wieder darunter leiden müssen«, sagte Eddy. »Die nächste Zeit werden wir wohl nur noch Postamt spielen.«
»Auge um Auge«, sagte Jennie.
»Zwei von euch für einen von uns«, fügte Sissee hinzu.
»Egal, wo du dich verkriechst, die Tongs kriegen dich, wenn du ihnen im Weg bist«, sagte Eddy zum Schluß.

Fong Yun, der »Onkel«, war wie Fong See arm auf die Welt gekommen. Doch anders als sein älterer Bruder sollte er auch arm sterben. Von 1904 bis 1908 arbeitete Onkel Yun, ein freundlicher, warmherziger Mann, praktisch als Sklave für seinen ungebildeten, aber wohlhabenden Bruder. Für lumpige fünfzig Dollar im Monat schrieb Fong Yun Briefe auf chinesisch, las Dokumente, prüfte Lieferscheine, führte die chinesischen Bücher, untersuchte die Antiquitäten, die sein Bruder importierte, und reiste alle paar Jahre selbst nach China, um für die Firma einzukaufen.
Fong Yun hatte einen ausgeprägten Familiensinn, um so mehr litt er darunter, daß er Tausende von Meilen von seiner Frau und seinen Kindern getrennt war. So sparte und knauserte er immer so lange, bis er genügend Geld zusammen hatte, um seine Familie in der Heimat zu besuchen. In den vorangegangenen neun Jahren war er viermal nach China gereist – 1909, 1913, 1915 und 1917 – und jedesmal über ein Jahr geblieben. Er gab sein Geld lieber dafür aus, mit seiner Frau und seinen Söhnen zusammenzusein, als noch eine Schnitzerei oder einen Altartisch zu kaufen.
Onkel Yun war das erste Familienmitglied, das nach Angel Island kam. Im Jahr 1910, als er von einer Geschäftsreise aus China zurück-

kehrte, wurde er eine Woche lang dort festgehalten, weil er Hakenwürmer hatte. Er sollte sich zeitlebens an die Panik erinnern, die ihn ergriff, als der Untersuchungsausschuß seine Entscheidung verkündete: »In Anbetracht der Tatsache, daß der in diesem Hafen für Ausländer zuständige Amtsarzt bei diesem Ausländer die gefährliche und ansteckende Hakenwurmkrankheit festgestellt hat, ist der Ausschuß der einhelligen Meinung, daß er abgewiesen und abgeschoben werden soll. Er wurde darüber belehrt, daß er gegen diese Entscheidung keine Rechtsmittel einlegen kann, und überdies davon in Kenntnis gesetzt, daß im Fall seiner Abschiebung die Dampfschifffahrtsgesellschaft, die ihn hierhergebracht hat, die Kosten für seine Rückreise zu tragen hat. Wird in seinem Fall jedoch eine Krankenhausbehandlung gewährt und angewendet, und wird eine Heilung erzielt, so darf er laut Einwanderungsgesetz einreisen. Wen wünschen Sie zu benachrichtigen?«

»Meinen Bruder«, antwortete Fong Yun, und zwei Wochen später war er, nachdem sein Bruder die Arztrechnung über sieben Dollar und fünfzig Cent beglichen hatte, auf dem Weg nach Los Angeles. Doch er sollte weder die Angst jemals vergessen, die er an jenem Tag empfunden hatte, noch die Tatsache, daß er fortan noch tiefer in der Schuld seines Bruders stand.

So treu Fong Yun auch zu seiner Familie in China hielt, so war die Zeit, die er mit ihr verbrachte, meist von häuslichen Problemen überschattet. Seine Frau, die aus dem Dorf Low Tin stammende Leung-shee, hatte gebundene Füße und kam aus guter Familie, litt aber unter einem zehrenden Husten, den niemand zu kurieren vermochte. Als sich ihr Gesundheitszustand verschlechterte, holte Fong Yun ein namenloses Mädchen aus dem im Nachbardorf Shuck Kew Tow ansässigen Leong-Clan ins Haus, das ihr zur Hand gehen sollte. Obwohl als Dienstmagd eingestellt, begriff das Mädchen, daß es auch die Rolle der Konkubine spielen sollte, denn so arm Onkel Yun auch in Los Angeles sein mochte, in Dimtao war er ein wohlhabender Mann.

War es seine Schuld, daß Leung-shee bei seiner Rückkehr nach Dimtao 1913 zu schwach war, um ihren ehelichen Pflichten nachzukommen, und er folglich bei der Dienstmagd mit den großen Füßen einer Bäuerin Trost suchte? War es seine Schuld, daß ihm das Mädchen zuerst einen Sohn schenkte? War es seine Schuld, daß Leung-shee sich ihm erst wieder hingab, als das Mädchen bereits schwanger war, so daß das Kind, daß eigentlich der erste Sohn hätte sein sollen, nur der zweite Sohn wurde? Es spielte ohnehin keine Rolle, denn Leung-shee starb, und das Mädchen wurde seine Hauptfrau, nahm den ehelichen Eigennamen Leong-shee an, stellte für ihren Stiefsohn Ming Ho eine Amme ein und kaufte ein namenloses Mädchen aus einer armen Familie für die Hausarbeit. So entlastet, widmete sich Leong-shee ganz der Erziehung ihres Sohnes Ming Kuen.

An Thanksgiving 1918 stand Ticie geschäftig in der Küche. Dai-Dai, den falschen Fong Lai, der normalerweise für die Familie kochte, hatte sie weggeschickt, und ihren Mann und die Kinder hatte sie ins zwei Stock tiefer gelegene Warenlager im Keller verbannt, damit sie ihr nicht im Weg standen. Die Ruhe und das Alleinsein genießend, schälte Ticie gerade Süßkartoffeln, unter deren rostroter Schale helloranges Fleisch zum Vorschein kam, und ging dabei im Kopf durch, was noch zu tun war. Der Truthahn war gefüllt und schmorte im Backofen. Die Preiselbeersoße stand zum Abkühlen auf dem Herd. Sie brauchte nur noch Kekse zu backen, Kartoffelbrei zuzubereiten und die Bratensoße abzuschmecken – alles Aufgaben, die bis zuletzt warten konnten. Sie wollte an diesem Feiertag ein Essen auftischen, das so traditionell wie möglich war.

Je mehr ihre chinesischen Nachbarn über Thanksgiving erfuhren, desto weniger verstanden sie, warum sie sich soviel Mühe mit dem Essen gab. Ticie wußte das. Die Chinesen machten sich nichts aus Truthahn. Das Fleisch war für sie schwer verdaulich. Dennoch drängten Missionare angehende Konvertiten, Thanksgiving zu feiern – ebenso wie Weihnachten und Ostern. Schließlich, so sagten sie, seien das amerikanische Feiertage. Wenn die Chinesen Gott und Jesus ihr Herz öffnen wollten, sollten sie auch versuchen, Amerikaner zu werden, sich entsprechend kleiden, ihre Eßgewohnheiten ändern und die hiesigen Feste würdig begehen.

Ticie hielt diesen Standpunkt für lächerlich. Ein Chinese sollte das

Recht haben, amerikanische und chinesische Bräuche nach Belieben zu vermischen. Und sie, als Amerikanerin, die in Chinatown lebte, wollte diesen Tag auf ihre Weise mit der Familie feiern. Mit Rücksicht auf ihren chinesischen Mann und seine Arbeiter setzte sie den Speisen spezielle Zutaten zu, damit sie etwas vertrauter schmeckten, und gab Wassernüsse an die Füllung und Ingwer an den Kürbiskuchen. Die Süßkartoffeln, obwohl durch und durch amerikanisch, hatte sie ausgewählt, weil sie in ländlichen Gebieten Chinas ein verbreitetes Nahrungsmittel waren.

An amerikanischen Feiertagen sehnte sich Ticie oft nach der Gesellschaft anderer weißer Frauen. Obwohl – oder gerade *weil* – ihre Familie sie verstoßen hatte, dachte sie oft an die Feste auf der Farm zurück. In ihrer Erinnerung war Weihnachten eine Zeit, in der das Haus vom Duft gebackenen Lebkuchens erfüllt war. Sie entsann sich noch, wie ihre Brüder einen frisch geschlagenen Baum nach Hause brachten und wie ihre Schwägerinnen ihre kleinlichen Zankereien begruben und in der Küche einträchtig das Abendessen zubereiteten und kleine Geschenke einpackten. Am Ostermorgen ging man gemeinsam zur Kirche, und am späten Nachmittag saß man bei gebackenem Schinken zusammen. Auch an Thanksgiving hatte sich die Familie versammelt. Deutlich erinnerte sie sich an die kühle Luft, die den ersten Schnee ankündigte.

In den einundzwanzig Jahren ihrer Ehe hatte Ticie stets versucht, aus allen Feiertagen, chinesischen wie amerikanischen, Freudenfeste zu machen. Wenn das chinesische Neujahrsfest nahte, sorgte sie dafür, daß die Kinder den Küchengott mit einem krachenden Feuerwerk zum Himmel schickten. Suie klebte Türgötter außen an die Wohnung und an jeden Laden, um für die Dauer des Festes böse Geister fernzuhalten. Onkel Yun, der als einziger Chinesisch lesen konnte, schmückte die Wände mit roten Schriftrollen, auf denen gute Wünsche standen: »Mögen sich alle deine Wünsche erfüllen«, »Wohlstand, hoher Rang und reiches Einkommen«, »Mögen uns die hundert Segnungen des Himmels zuteil werden«.

Im Vorfeld des Festes setzte Suie Narzissenzwiebeln in flache, blaßgrüne Gefäße. Blühten die Blumen noch rechtzeitig vor Neujahr, winkte der Familie im kommenden Jahr Reichtum. Außerdem schmückte er den Hausaltar mit Apfelsinen, die Glück und Wohlstand bringen sollten, mit Mandarinen, die ein günstiges Geschick symbolisierten, und Äpfeln, die für Frieden standen. Am chinesischen Neujahrstag überließ Ticie die Küche Dai-Dai. Er kochte Gerichte, die der Familie Glück bringen sollten, wobei er besonders darauf achtete, daß schon der Name der Speisen verheißungsvoll klang. *San choy,* Kopfsalat, lautete wie das chinesische Wort für Wohlstand, *ho yau,* Austernsoße, wie der Ausdruck für »schöne Augenblicke«. Die Worte für Reiskuchen klangen ähnlich wie »vorwärtskommen«. Wenn die Junggesellen der Familie ihre Aufwartung machten, kosteten sie daher mit Freuden von Ticies Kuchen, versprach dies doch eine mögliche Beförderung. Sie naschten auch von der Gemeinschaftsplatte, bestehend aus achteckigen Tellern, die alle mit unterschiedlichen Leckereien gefüllt waren: Bonbons standen für ein freundliches Miteinander, kandierte Lotossamen für viele Söhne, kandierte Melone für Gesundheit und Gedeihen, Kokosnuß für Eintracht und Wassermelonenkerne für »im Überfluß haben«, ein Lob der Manneskraft.

Die Familie See nahm an allen Riten in der Nachbarschaft teil. Am Abend halfen die jüngeren Kinder – Bennie, Eddy und Sissee – ihrem Vater, in Salat- und Kohlköpfen Geld zu verstecken. Am nächsten Tag zogen Löwentänzer die Straße herunter, tänzelten von Laden zu Laden und schnappten nach dem Salat, der an jeder Tür hing. Die Tänzer wußten im voraus, daß der Salat der F. Suie One Company besonders große Schätze barg. Damit war den Unternehmungen der Sees und den Wohltätigkeitsvereinen von Chinatown ein weiteres erfolgreiches Jahr sicher.

Als in diesem Jahr die Hitze des Septembers und Oktobers endlich nachließ und die jüngeren Kinder mit selbstgebastelten Papierkürbissen, Zeichnungen von Füllhörnern und Geschichten von den Pilgervätern nach Hause kamen, wußte Ticie, daß sie und ihre Familie allen Grund hatten, dankbar zu sein. Im vergangenen Jahr hatten sie 50 000 Dollar umgesetzt, und diese Summe würden sie dieses Jahr noch übertreffen. Der Wert des Warenbestands blieb stabil – 15 000 Dollar in Chinatown, 25 000 Dollar in Pasadena und 15 000 Dollar in einem neuen Laden in der Ninth Street. Ihr Mann vertrau-

te seinem einzigen wirklichen Partner, Wing Ho, und sah deshalb nicht mehr nach dem Laden in Long Beach.
Tatsächlich war Suie fast das ganze Jahr fort gewesen, so daß sie sich alleine um das Geschäft und die Kinder hatte kümmern müssen. Er war durchs Land gereist, hatte an Ausstellungen teilgenommen, verkauft und sich, kaum daß er für ein paar Tage oder Wochen zu Hause gewesen war, gleich wieder auf den Weg gemacht. Beim Ausbruch der Grippeepidemie weilte er gerade zu Hause und nutzte die Gelegenheit, Mary Louie, eine achtzehnjährige Fabrikantentochter, einzustellen. Sie hatte gerade mit dem Studium begonnen, als die Epidemie ausbrach. Da ihr College, wie im übrigen alle Schulen in der Stadt, geschlossen wurde, brauchte sie einen Job.
Obwohl Ticie während der Epidemie mit den Angestellten – den alten »Teilhabern« und Mary – allein war, bezwang sie ihre Angst und hielt sich tapfer vor den Kindern. Im Viertel gab es kaum eine Familie, die nicht den Verlust eines Sohnes oder einer Tochter zu beklagen hatte. Auch Jennie, die Freundin ihrer Tochter, wäre um ein Haar gestorben. Nachts lag Ticie häufig wach und lauschte den Sirenen der Ambulanzen, die Kranke und Tote ins Hospital fuhren.
Ticie suchte Rat bei den Nachbarn und fragte, wie sie ihre Kinder schützen könne. »Westliche Medizin hilft nicht gegen das Fieber«, sagte ihr eine Frau. »Chinesen geht es nicht besser, wenn sie sie nehmen. Versuchen Sie es mit Kräutern.« In Erinnerung daran, wie ihr Schwiegervater sie von den Pocken geheilt hatte, brachte sie die Kinder zu einem Naturheilkundigen. Im weiteren Verlauf der Epidemie trugen sie alle Kräutersäckchen um den Hals. Zum Glück wurde keines von ihnen krank. Und dann war endlich Suie nach Hause gekommen.
Während Ticie die Süßkartoffeln kleinschnitt, sann sie darüber nach, daß ihre Kinder sich gut machten, wenn man bedachte, daß ihre soziale Stellung in Los Angeles nicht einfach war. Im Jahr zuvor, 1917, hatten Ming und Ray als einzige Chinesen ihrer Klasse an der Lincoln High School ihren Abschluß gemacht. Ming und Ray waren gutaussehende junge Männer. Beide waren ruhig, vorsichtig und wußten manchmal nicht so recht, wo sie hingehörten. Wie ihre jüngeren Geschwister wurden sie oft ausgeschlossen. Wie viele Partys

hatten Ray und Milton versäumt? Wie viele Tanztees? Wie viele Mädchen hatten ihnen einen Korb gegeben und gesagt, daß sie unmöglich mit ihnen ausgehen könnten? Beide besaßen einen eigenen Wagen, den besten, der für Geld zu haben war, aber sie kannten niemanden, der sich von ihnen mitnehmen ließ. Ticie machte sich über die Isolation ihrer älteren Söhne Sorgen, doch sie wußte, daß sie nichts dagegen tun konnte.

Die Sees hatten sicherlich genug Geld, um Ming und Ray aufs College zu schicken, aber niemand zog diese Möglichkeit auch nur in Erwägung. Ticie besaß nur einen High-School-Abschluß, ihr Mann hatte überhaupt keine Schule besucht. Dennoch waren sie erfolgreiche Geschäftsleute geworden. Und so gingen sie wie selbstverständlich davon aus, daß Ming und Ray, wie später auch die jüngeren Kinder, in die elterliche Firma eintraten. Hinzu kam, daß nur wenige Söhne von Chinesen aufs College oder auf die Universität gingen. Die meisten von ihnen kamen bereits mit einer abgeschlossenen Ausbildung aus China oder stammten aus chinesisch-amerikanischen Familien, in denen die Tradition chinesischer Gelehrsamkeit geschätzt wurde.

Ticie hatte gerade die Süßkartoffeln in eine feuerfeste Schüssel gelegt, mit Ahornsirup übergossen und Butterflöckchen hinzugefügt, als Sissee in die Küche stürmte. »Ma, komm schnell. Pa packt eine Überraschung aus.«

»Gut«, sagte Ticie. »Ich muß nur noch ein paar Dinge erledigen, dann komme ich zu euch runter.«

Ticie begoß den Truthahn, prüfte die Temperatur und schob den Bräter in die Ecke, um Platz für die Süßkartoffeln zu schaffen. Sie wusch sich die Hände und trocknete sie an der Schürze ab.

»Pa hat uns alles andere zuerst auspacken lassen«, sagte Sissee, während sie ihre Mutter zur Hintertreppe zog. »Eddy und ich haben die Nägel gezogen und gerade geklopft. Was glaubst du, was in der Kiste ist, Ma?«

Auf dem Weg ins Erdgeschoß, wo sich der Laden befand, und dann über eine weitere Treppe hinunter in den Keller mußte Ticie daran denken, daß ihr Mann von seinen Reisen gern allerlei Krimskrams mitbrachte. Wo sonst sollte man solche seltsamen Sachen finden, wenn nicht auf Ausstellungen, Messen und Basaren? »Du hast eine Schwäche für Kuriositäten«, sagte sie einmal, als er auf einer Messe eine Meerjungfrau, eine Art versteinerten Fisch, gekauft hatte. Der Besitzer hatte sich nicht von ihr trennen wollen, aber Suie hatte gesagt: »Ich nehme sie.« Es war das häßlichste Ding, das Ticie jemals gesehen hatte, aber vielleicht konnten sie es als Blickfang verwenden, falls die F. Suie One Company an der Strandpromenade in Ocean Park jemals eine Filiale eröffnen sollte.

Im Keller angelangt, zog Sissee ihre Mutter durch die schmalen Gänge bis in einen Raum, in dem die Jungen warteten. Sie balancierten auf mehreren ungeöffneten Kisten. Reisstroh und Holzwolle türmten sich zu lockeren Haufen. Die Holzlatten der anderen Kisten lagen bereits gestapelt in der Ecke. Wie Sissee gesagt hatte, waren die Nägel bereits herausgezogen. Nägel und Holz wurden für eine etwaige spätere Verwendung aufgehoben.

»Pa, wir sind da«, sagte Sissee. »Dürfen wir es jetzt sehen?«

Suie nickte den älteren Jungen zu, und die beiden gingen daran, die verbliebenen Kisten aufzustemmen. Unter der Holzwolle kamen mehrere Bronzegegenstände zum Vorschein.

»Was ist denn das?« fragte Ticie.

»Wirst du gleich sehen«, sagte Suie. Bennie und Eddy traten hinzu, und mit vereinten Kräften setzten die Jungen das Ding zusammen, wobei sie Teil auf Teil türmten, bis es fast zwei Meter aufragte. Als sie fertig waren, erkannten sie, daß es sich um eine *hu* handelte, eine rituelle Vase, wie sie zum Schmücken von Tempeleingängen benutzt wurden. Auf ihrer Oberfläche war ein Drache dargestellt, dessen Schuppen mit einer Kupferlegierung hervorgehoben wurden. Der Rest der Verzierung war ein Mischmasch aus chinesischen und japanischen Motiven. Das Meer war japanisch inspiriert, während die Wolken und der Drache eindeutig chinesisch waren. Kein Mensch außer Suie hätte eine solche Vase mit nach Hause gebracht. In Ticies Augen war sie kein »reines« Kunstwerk, nur eine weitere Kuriosität.

»Sie stand neben einem Messestand mit japanischen Sachen«, sagte Suie. »Ich sehe die Bronze und sage mir gleich: ›Die mußt du haben.‹«

»Wer soll die denn kaufen?« fragte Ticie.

»Mir egal«, antwortete er. »Wir behalten sie. So etwas hat niemand.«
»Oh, Ma«, stöhnte Ray, und Ticie hörte seiner Stimme sofort an, daß sie sich auf Proteste gefaßt machen mußte. »Ich verstehe nicht, wie Pa für so etwas Geld zum Fenster hinauswerfen kann und uns die Nägel gerade schlagen läßt. Warum tut er das, Ma?«
»Still«, schnauzte ihn Suie an. »Ihr macht Nägel gerade, sonst kein Abendessen.«
»Laßt es gut sein«, sagte Ticie beschwichtigend. »Wir wollen uns nicht streiten. Heute ist Thanksgiving.«
Ray funkelte seinen Vater wütend an, dann ergriff er den Hammer und machte sich an die Arbeit. Ticie fragte sich, warum er sich so benahm. Sie erfüllten ihm jeden Wunsch, und doch war er nie zufrieden. Ticie blickte ihren Mann an und sagte: »Mir gefällt das Stück, Suie, und ich bin überzeugt, daß wir eine Verwendung dafür finden werden. Und jetzt schlage ich vor, wir gehen nach oben und lassen die Kinder allein, damit sie fertig werden.«
Auf der Treppe tat Suie zum erstenmal seit seinem kurzen Gefühlsausbruch wieder den Mund auf: »Ich denke weit voraus«, sagte er. »Deshalb gehe ich zu Messen und Ausstellungen.«
Unten im Keller betrachtete Ming nachdenklich die Vase und raunte seinen Geschwistern zu: »Wieder so eine Schnapsidee von Dad.« Keiner von ihnen ahnte in diesem Augenblick, daß die Vase niemals einen Käufer finden und immer Dads Schnapsidee bleiben sollte, eine Bezeichnung, über die sie später alle wehmütig lachen sollten, bis jeder einzelne von ihnen tot war.
Stunden später, als die Familie gemeinsam beim Abendessen saß, war der Temperamentsausbruch im Keller vergessen. Ticie sah den Jungen an, daß ihre Aufmerksamkeit jetzt ganz den Schüsseln auf dem Tisch galt. Sie enthielten Speisen, die sie von klein auf an jedem Thanksgiving gegessen hatten. Eddy und Bennie zappelten vor Vorfreude, und obwohl Sissee still dasaß, die Hände im Schoß gefaltet, schaute auch sie gierig auf das Festmahl.
Auch die »Teilhaber«, die vielen unverheirateten »Cousins«, die man ins Land geholt hatte, umlagerten den Tisch. Sie trugen ärmellose Unterhemden, als handele es sich um ein Abendessen wie jedes andere. Mit offenem Mund glotzten sie auf die Gerichte und lausch-

ten den Gebeten, der Unterhaltung. Einer der jüngeren Arbeiter starrte auf das fürstliche Mahl, als sei es von einem anderen Stern. Ticie konnte nachempfinden, was in ihm vorging. Thanksgiving sagte ihm nichts, so wie ihr viele Dinge, die sie in China gesehen hatte, nichts gesagt hatten.

In vielerlei Hinsicht führte Ticie heute nicht das Leben, das sie sich ursprünglich vorgestellt hatte. Manchmal fragte sie sich: Was wäre heute, wenn mich Suie nicht eingestellt hätte? Hätte ich dann für Madame Matilde gearbeitet? Wäre ich nach Hause zurückgekehrt, nach Central Point? Hätte ich irgendeinen jungen Farmer geheiratet und mich ein Leben lang mit Dürre, Frost und Heuschrecken herumgeschlagen? Hätten meine Kinder nie mehr von der Welt erfahren als das, was in einer Dorfschule gelehrt wird? Würden meine älteren Söhne jetzt darüber nachdenken, ob sie jemals in der Lage sein würden, sich eine Existenz aufzubauen, eine eigene Familie zu gründen und – wie ihre Eltern – von ihrem Einkommen zu leben?

An diesem Abend an Thanksgiving begriff Ticie im Kreis ihrer Familie, daß sie unglaubliches Glück gehabt hatte. Ticie Pruett war eine Waise gewesen, Ticie See war die Mutter von fünf Kindern. Ihre Familie hatte sie gefühlsmäßig verstoßen, lange bevor sie sie tatsächlich verstoßen hatte. Jetzt hatte sie eine neue große Familie, zu der sie auch ihre wenigen weißen Freunde zählte, all diese Männer, die in Unterhemden um ihren Tisch saßen, ja sogar die freundlichen Nachbarn. Ihre Familie war arm gewesen und hatte hart arbeiten müssen. Sie, Ticie, arbeitete immer noch hart, sehr hart, aber zusammen mit Suie hatte sie sich ein gutes Leben aufgebaut. In diesem Augenblick hätte sich Ticie nichts mehr wünschen können, außer vielleicht ein Haus.

KAPITEL 7

DAS HEIMATDORF

1919–1920

Nach dem Ersten Weltkrieg stand vielen Amerikanern der Sinn nach Reisen, Luxus und ausgefallenen Vergnügungen. Die Sees bildeten da keine Ausnahme, und so planten sie an der Schwelle zu den Roaring Twenties einen Besuch in ihrem Heimatdorf Dimtao. Wie immer traf Ticie alle Vorbereitungen, die ihre Familie betrafen, während ihr Mann das Geschäftliche regelte. Auf Ticies Bitte hin bestätigte Anna Müller in einer eidesstattlichen Erklärung, daß sie alle Kinder der Familie entbunden hatte und daß alle gebürtige Amerikaner waren. Mit diesem Papier in Händen beantragten die Sees bei der Einwanderungsstelle des US-Ministeriums für Arbeit ihre Rückkehrerlaubnis unter dem Status als Kaufleute.

Doch die Bearbeitung ihres Falls gestaltete sich schwieriger als sonst, möglicherweise deshalb, weil die Behörden es diesmal mit sieben Personen von unterschiedlichem Status zu tun hatten. Zunächst einmal bereitete Ticie den Einwanderungsbeamten Kopfzerbrechen. So schickte das chinesische Generalkonsulat der Behörde ein Schreiben, in dem es sie als »Bürgerin der Republik China, Alter 43 Jahre« bezeichnete. Doch ein Blick auf das beiliegende Foto verwirrte die Beamten. Mrs. Fong sah wie eine Amerikanerin aus, und obendrein behauptete sie, sie sei in Amerika geboren, was jeder Logik widersprach. Sie durchforsteten ihre Akten und wurden bald erstmals fündig. Im Jahr 1912 hatte Fong See anläßlich einer Reise, die er allein unternommen hatte, erklärt, daß seine Frau gebürtige Amerikanerin sei. Bei weiteren Nachforschungen entdeckten die

Beamten in den Akten »normale chinesische Papiere« für Fong See und seine Kinder, ausgestellt anläßlich einer Reise im Jahr 1901, aber keine Unterlagen über eine Mrs. Fong See. Der einzige Hinweis auf eine Person dieses Namens fand sich in der Passagierliste des Dampfers *Korea:* »Mrs. Fong See, 24, Amerikanerin, keine weiteren Angaben, keine Papiere, Ehefrau des Fong See.«

Inspektor W. G. Becktell schrieb aus dem Auffanglager Angel Island: »Anscheinend herrschen gewisse Meinungsunterschiede in der Frage, ob eine in Amerika gebürtige Weiße, die mit einem ansässigen chinesischen Kaufmann verheiratet ist, das Formular 431 (für die Frau eines legal im Land lebenden chinesischen Händlers) erhalten oder ob ihr Fall nach den Bestimmungen des Einwanderungsgesetzes behandelt werden soll.«

Da das Büro in Los Angeles Fong Sees Rassenzugehörigkeit nicht erwähnt habe, so fügte Inspektor Becktell später hinzu, »kann davon ausgegangen werden, daß die Frau nach Auffassung des Sachbearbeiters zumindest teilweise Chinesin ist«. Nach einer Flut von Briefen und Telegrammen entschied die Einwanderungsstelle des Ministeriums der Einfachheit halber, Letticies Rassenzugehörigkeit völlig außer acht zu lassen und ihr das Formular 431 zuzustellen.

Am 9. Juni begann die erste von mehreren Vernehmungen. Inspektor Harry Blee befragte Ticie über ihre Ehe, ihre Kinder und die Art des Geschäfts, das ihr Mann führte, und eröffnete ihr, daß sie sich bei ihrer Rückkehr in die Vereinigten Staaten einem Lese- und Schreibtest werde unterziehen müssen. »In Ordnung«, erwiderte sie bissig. »Ich werde allen Anforderungen genügen.« Danach sprach Blee mit Richard White, der, obwohl er sich inzwischen aus dem Haushaltswarengeschäft zurückgezogen hatte und auf einer Ranch außerhalb von Los Angeles lebte, nach wie vor jeden Samstag bei den Sees zu Mittag oder zu Abend aß, ferner mit Thomas Clark, einem Händler, der im Auftrag Fong Sees bei Auktionen Waren kaufte oder verkaufte, und mit dem Polizeibeamten Clarence Shy, der jeden Tag einmal im Laden vorbeischaute. Nach diesen Vernehmungen wandte sich Blee den Kindern der Sees zu. Der einundzwanzigjährige Milton machte den Anfang. Der Inspektor fragte ihn nach seinem amerikanischen und seinem chinesischen Namen, dann forderte er ihn auf, Fotografien seiner Eltern zu identifizieren, was er auch korrekt tat. »Sprechen Sie Chinesisch?« fragte Blee.

»Nein«, antwortete Ming.

»Haben Sie jemals gewählt?«

»Nein.«

»Haben Sie sich im Krieg zum Militärdienst gemeldet?«

»Ja«, antwortete Milton und legte seine Papiere vor.

»Kennen Sie chinesische Personen, die in den Vereinigten Staaten geboren sind?« erkundigte sich der Inspektor.

»Außer meinen Geschwistern niemanden, bei dem ich es bezeugen könnte«, log Milton.

Dann war die Reihe an Ray, der gerade neunzehn geworden war. Zunächst fragte ihn der Inspektor nach seinem Namen. »Mein englischer Name ist Ray See. Mein chinesischer Name ist, glaube ich, Fong Ming Fook, aber ich benütze ihn nie.« Auch ihm wurden Fotos zur Identifizierung vorgelegt.

Der sechzehnjährige Bennie und der dreizehnjährige Eddy beantworteten die Fragen, ohne zu stocken, und identifizierten ebenfalls die Fotos. Schließlich führte der Inspektor Sissee in den Raum, die kurz vor ihrem zehnten Geburtstag stand. Als Jüngste hatte sie auch am meisten Angst. Wie die anderen wurde sie ermahnt, die Wahrheit zu sagen.

»Wie heißt dein Papa?« begann Blee.

»Mr. Fong See.«

»Erkennst du die Person auf diesem Foto?« fragte Blee und schob Fong Sees Formular 430 mit seinem Foto über den Tisch.

»Das ist mein Papa«, antwortete sie mit zitternder Stimme.

Blee legte Ticies Formular 431 vor das Mädchen hin und stellte dieselbe Frage.

»Das ist ein Foto von meiner Mama«, antwortete sie. Dann zeigte er ihr Fotos von ihren Brüdern und bat sie, ihre Namen zu nennen. Schließlich fragte er Sissee, welche Schule sie besuche. »Ich gehe in die Schule in der California Street«, antwortete sie. »In die vierte Klasse.«

Noch immer nicht zufrieden, rief Blee die Kinder zusammen. »Ich habe hier zwei andere Fotografien. Die eine ist mit einem G gekennzeichnet, die andere mit einem H. Beide kommen zu den Akten. Ich werde jeden von euch bitten, die Personen auf den Fotos zu identifizieren.« Blee schickte die Kinder aus dem Raum und rief sie, beim ältesten beginnend, nacheinander wieder herein. Jeder der Jungen erkannte seine Eltern auf den Aufnahmen. Sissee, die jüngste, wurde als letzte hereingerufen. Sie deutete mit dem Finger auf die Fotos. »Das ist Mr. Fong See, auf dem mit dem G, und das ist meine Mama, auf dem mit dem H.«

Als die Vernehmungen kein Ende nehmen wollten, wandte sich Fong See an das chinesische Konsulat in San Francisco, das daraufhin die Paßabteilung im Washingtoner Außenministerium telegrafisch ersuchte, die Pässe für die fünf in Amerika geborenen Kinder auszustellen, ohne auf das Eintreffen ihrer Formulare 430 zu warten. Am 18. Juni telegrafierte die Paßabteilung zurück, daß dies nicht möglich sei. Auf der Grundlage der vorgelegten und im Zuge der Vernehmungen erbrachten Beweise erging am 1. Juli der Beschluß, daß die Kinder des Ehepaars See »aufgrund ihrer Geburt in den Vereinigten Staaten berechtigten Anspruch auf die amerikanische Staatsbürgerschaft haben«. Und das Außenministerium befand, daß ihrer Anerkennung als Staatsbürger nichts im Wege stehe. Zwei Wochen später, drei Tage vor der geplanten Abreise der Familie, trafen die Pässe endlich ein, für jedes Kind mit zusätzlichen Dokumenten versehen, in denen unter der Rubrik Rassenzugehörigkeit »mongolisch« eingetragen war.

Während Ticie die Formalitäten mit den Behörden abwickelte, widmete sich Fong See ganz der Frage, was während seiner Abwesenheit mit dem Geschäft geschehen sollte. Im Februar hatte er eine neue Liste der Teilhaber erstellt. Wing Ho führte immer noch den Laden in Long Beach. Fong Yun leitete einen neuen Laden in der Innenstadt, West Seventh Street Nr. 800. (Fong See schloß die Filiale in Pasadena, weil er fand, daß nur er in der Lage war, die dortige Kundschaft fachgerecht zu bedienen.) Alle anderen alten Namen verschwanden von der Liste und wurden durch ein Dutzend neue ersetzt. Ming Kuen und Ming Ho – Onkel Yuns Söhne in China – erhielten eine »Teilhaberschaft«. Und um etwaigen Schwierigkeiten vorzubeugen, die ihnen künftige Einwanderungsbeamte bereiten

könnten, erhielten auch Milton, Ray, Bennie und Eddy eine Partnerschaft unter ihren chinesischen Namen.
In den letzten hektischen Tagen vor der Abfahrt wies Fong See die Belegschaft in ihre Pflichten während seiner Abwesenheit ein. Der Onkel erhielt genaue Instruktionen, wie er mit aufsässigen Arbeitern und Bürokräften zu verfahren und mit Zollbeamten zu verhandeln hatte, wenn Fong See Ware in die Staaten schickte. Außerdem sollte er persönlich das Öffnen jeder Kiste überwachen und für den »falschen« Fong Lai aussagen, der nach China zurückkehren wollte.
Am 17. Juli 1919 schließlich gingen Fong See und seine Familie an Bord der SS *Nanking* und traten ihre neunundzwanzigtägige Seereise nach Hongkong über Honolulu, Yokohama, Tokio und Shanghai an. Sie hatten vor, ein Jahr in China zu bleiben.

Schon am ersten Abend auf See hatte Fong See alles Wichtige in Erfahrung gebracht, was er auf dieser Etappe der Reise wissen mußte. Über die Klagen seiner Kinder, daß das Schiff klein sei und schrecklich schaukele, konnte er nur lachen. Im Vergleich zu dem Klipper, mit dem er seinerzeit nach Amerika gekommen war, war die *Nanking*, ein Dampfer, komfortabel und sicher. Der Fahrpreis war vertretbar, die Küche anständig, und alle Klassen boten gewisse Annehmlichkeiten. Fong See hatte die Mitreisenden taxiert und aufgepaßt, welche Plätze sie verlangten und auf welches Deck sie sich nach dem Abendessen zurückzogen. Er hatte nur wenige weiße Passagiere bemerkt – glaubenseifrige Missionare und eine Handvoll Geschäftsleute, die mit glänzenden Augen den Profitmöglichkeiten in Fernost entgegensahen. Sie nahmen Kabinen der ersten und zweiten Klasse.
Die meisten Passagiere waren Chinesen, die eine Zeitlang auf dem Goldenen Berg gearbeitet und Geld gespart hatten und nun mit ein- oder zweitausend Dollar in der Tasche in ihre Heimatdörfer zurückkehrten. Als er sah, wie sie sich auf dem offenen Deck der dritten Klasse niederließen, augenscheinlich in der Hoffnung, sich die Zeit in den kommenden vier Wochen mit *fan-tan* zu verkürzen, mußte er an einen Spruch seines Vaters denken: Bring eineinhalb Chinesen zusammen, und sie werden spielen. Schon nahm ein Geber je-

weils vier Knöpfe aus einem Metallbecher, während die anderen Männer ihre Wetten abschlossen.
Einen Teil seines geheimnisvollen Nimbus verdankte Fong See der Fähigkeit, die Chinesen und die Weißen in seiner Umgebung glauben zu machen, er besitze mehr und lebe besser als sie. So auch auf dieser Reise. Die Chinesen an Bord, ob sie zweiter Klasse oder auf dem Zwischendeck reisten, hielten Mr. See und seine Familie für Passagiere der ersten Klasse. »Fong See ist der einzige Tang-Mann, der es so weit gebracht hat«, murmelten die Spieler voll Bewunderung, wenn sie von ihren Knöpfen aufsahen.
In der zweiten Klasse reiste auch ein gewisser Leong Jeung, der auf dem Zentralmarkt in Los Angeles landwirtschaftliche Erzeugnisse verkaufte. Er war mit Fong See nicht bekannt. Doch seine Frau kannte ihn gut. Denn wenn Fong See wie ein König unter den Kaufleuten lebte, so herrschte Mrs. Leong wie ein despotischer Warlord über die methodistische Missionsstation in Chinatown und leitete mit Hingabe und nie erlahmender Energie die Sprachschule. Sie konnte den Frauen ihrer Landsleute mit ewiger Verdammnis drohen, wenn sie ihre Kinder nicht in die Sonntagsschule schickten, doch bei Fong See und seiner Familie hatte sie mit dieser Taktik nie Erfolg gehabt.
»Er ist *der* Importeur«, klärte sie ihren Mann auf. »Er ist ein erfolgreicher Geschäftsmann. Die Hölle ist ihm sicher, aber er beherrscht die Sprache, die auf dem Goldenen Berg gesprochen wird. Wir können uns glücklich schätzen, daß wir unsere Kabinen auf demselben Deck gebucht haben wie er.«
Mrs. Leong war nicht unbedingt dazu berufen, ein Urteil über Fong Sees Sprachkenntnisse abzugeben. Sie mochte ihre eigene Sprache meisterhaft beherrschen und ihr Leben der Aufgabe gewidmet haben, den Kindern in Chinatown die beredten Pinselstriche der chinesischen Kalligraphie beizubringen und mit ihnen unter der Woche jeden Nachmittag stundenlang klassische Werke zu pauken, doch ihr Englisch blieb zeitlebens miserabel. Fong See sprach weder Oxford- noch Hongkong-Englisch, er konnte sich, wie seine amerikanischen Kunden und Einwanderungsbeamte wußten, »verständlich machen«, mehr nicht.

Obwohl auf dieser Reise allerlei Gerüchte unter den Chinesen und Amerikanern kursierten, wußte niemand außer Fong Sees Angehörigen, daß die Familie nur in der gehobenen zweiten Klasse reiste. Sie speiste mit den Passagieren der ersten Klasse und schlief in wundervoll eingerichteten Kabinen, bezahlte aber nur einen symbolischen Zuschlag zu dem normalen Preis der zweiten Klasse. Und doch gaben die Sees ihrer Umgebung Rätsel auf. Fong See – damals dreiundfünfzig oder zweiundsechzig Jahre alt, je nachdem, wen man fragt – wirkte immer noch jugendlich, war schlank und hatte keine Falten im Gesicht. Tadellos in westlichem Stil gekleidet, unterhielt er die weißen Reisenden mit Geschichten über Landschaftsgemälde aus der Sung-Zeit, Vasen aus der Ming-Zeit, Pferdedarstellungen aus der T'ang-Zeit. Er nutzte die Fahrt über den Pazifik, um für die F. Suie One Company potentielle Kunden zu werben.
Wirkten Fong Sees auffällige Nadelstreifenanzüge und diamantenbesetzten Krawattennadeln mitunter etwas zu protzig, so bestach seine Frau in ihren klassisch geschnittenen Seidenkleidern ohne viel Beiwerk durch schlichte Eleganz. Ticie, die ihr kastanienbraunes Haar mit der Brandschere gewellt und zu einem kunstvollen Knoten geschlungen hatte, tauschte mit den weißen Frauen Höflichkeiten aus, blieb sonst aber zurückhaltend und reserviert, wie es sich für die Ehefrau eines Chinesen gehörte. Sie hatte wenig mit diesen Frauen gemein.
Die Söhne, sich selbst überlassen, streiften über das Schiff. Ming und Ray, beide liebenswürdig und galant, fanden keine jungen Damen, bei denen sie einen Ruf als unwiderstehliche Playboys hätten erwerben können, und so trieben sie mitleidlos ihren Spaß mit Gilbert Leong – dem achtjährigen Sprößling der gestrengen Familie Leong. Gilbert war unter einem guten Stern geboren und im ersten Jahr von Dr. Sun Yat-sens chinesischer Republik aus dem Schoß seiner Mutter geschlüpft. Seine Eltern waren überzeugt, daß ihm ein besonderes, glückliches Leben bestimmt war. Doch für Ming und Ray war er nur ein kleine Scheißer. Jeden Nachmittag packten sie ihn abwechselnd am Hosenbund, stemmten ihn über den Kopf und schüttelten ihn wie einen Putzlappen.
»He!« schrie Gilbert. »Laßt mich runter. Laßt mich bitte runter.«

Er schrie auf englisch. Dann versuchte er es auf chinesisch. Doch Ming und Ray hörten nie auf ihn und hielten sich lieber an die heiseren Anfeuerungsrufe Bennies und Eddys. Die Spieler auf dem Zwischendeck schauten von ihrem *fan-tan* auf und schüttelten den Kopf. Was konnten sie schon tun? Die Jungs waren Sees Söhne. Reiche, verwöhnte Lümmel. Von denen ließ man besser die Finger.

Sissee blieb an der Seite ihrer Mutter. Die strengen Regeln, die der einzigen Tochter des wichtigsten Importeurs von Chinatown auferlegt waren, wurden genauestens eingehalten, auch fernab der Heimat. Jeden Abend nach dem Essen flocht Ticie ihrer Tochter Zöpfchen. Und jeden Morgen vor dem Frühstück staunten Passagiere und Besatzungsmitglieder über die tadellosen schwarzen Löckchen des kleinen Mädchens. (Bis zum Abend hatten sich die Locken in der feuchten Seeluft verflüchtigt, und Sissee hatte wieder das natürliche glatte Haar eines chinesischen Mädchens.) Täglich stand Handarbeit für sie auf dem Programm. Erkundungsstreifzüge durch das Schiff waren verboten. Der Stundenplan änderte sich nur, wenn die Erwachsenen seekrank wurden. Dann leistete Sissee ihrer leidenden Mutter in der Kabine Gesellschaft, brachte ihr Tee oder eine Bouillon.

Im Mittelpunkt der langen Tage standen die Mahlzeiten. Auf dem Zwischendeck scharten sich die Männer zwischen Körben, Koffern und Kisten um ein Gemeinschaftsmahl, bestehend aus Reis und einem einzigen Gericht aus kurz und scharf angebratenem Gemüse und Fleisch. Im Hauptspeisesaal, in dem mit weißen Tischtüchern, Kristallgläsern und Silberbesteck gedeckt war, wurden vornehmlich schwere amerikanische Speisen serviert. Am Tisch der wenigen Chinesen, die zweiter Klasse reisten, fand sich jeden Abend ein Witzbold, der seine Tischgenossen mit Anekdoten über seine erste Reise in die Vereinigten Staaten unterhielt.

»Die Bauern in meinem Heimatdorf legten für meine Fahrkarte zusammen, und so reiste ich nicht als Kuli, sondern als junger Mann, der sein Glück machen wollte«, mochte einer bei Beef Wellington, überbackenen Kartoffeln und grünen Bohnen mit Mandeln seinen Nachbarn erzählen. »Ich konnte kein Englisch, weder sprechen noch lesen. Bei jeder Mahlzeit ging ich in den Speisesaal und sah

mir die Karte an. Und wenn der Kellner kam, deutete ich auf drei Gerichte.« Hier begannen seine Begleiter zu lachen, denn sie kannten die Geschichte. Sie hatten sie selbst erlebt. »Dann brachte der Kellner mein Essen. Eine Suppe, eine Suppe und noch eine Suppe.«
Nach vielen Tagen auf See lief die *Nanking* den Hafen von Honolulu an. An der Reling stehend, sahen die Kinder zu, wie Arbeiter frische Vorräte und Eisblöcke für den Kühlraum an Bord schleppten. Kinder wie Erwachsene wußten das zu schätzen, denn mit jedem Tag auf See verschlechterte sich die Qualität des Fleisches. Im gleichen Maß, wie das Eis schmolz, wurden die Soßen würziger, um den widerlichen Geschmack des vergammelnden Fleisches zu überdecken.
In Yokohama und Tokio blieben die meisten Passagiere auf dem Schiff und sahen zum Pier hinüber, wo Japaner, mit ihren Holzsandalen klappernd und ihre Köpfe unter Papierschirme duckend, im strömenden Regen hin und her liefen. Das besondere Interesse der jungen Sees galt den spärlich bekleideten Japanerinnen, die von Lastkähnen aus, die neben der *Nanking* festgemacht hatten, Körbe mit Kohlen von Hand zu Hand lange Leitern hinaufreichten und ins Innere des Schiffes schleppten. Der warme Regen wusch weiße Streifen in die geschwärzte Haut ihrer nur in wenige Baumwolltücher gehüllten Leiber. Doch jetzt war nicht die Zeit für fleischliche Gelüste. Fong See hatte anderes mit seinen Söhnen im Sinn. Während Ticie mit den jüngeren Kindern im prasselnden Regen zu einer Besichtigungstour aufbrach, stattete Fong See mit Ming und Ray Antiquitätenhändlern am Ort einen Besuch ab, um Lackwaren, Bronzearbeiten und Porzellan zu kaufen.
Ein Händler brachte den Jungen bei, worauf sie bei Imari-Porzellan zu achten hatten. »Seht ihr diese Farbe?« fragte er. »Ihr sucht das intensivste Kobaltblau oder das intensivste Eisenrot. Betrachtet es genau. Sagt mir, was ihr seht.«
Ming antwortete prompt: »Das Muster basiert auf gewebtem Brokat.«
Fong See lobte seinen Sohn für die korrekte Antwort. Er freute sich darüber, wie schnell sie gelernt hatten, den Unterschied zwischen Satsuma-Ware aus dem letzten Jahrhundert und billigeren, für den Raritätenhandel angefertigten Stücken zu erkennen. Bei dem kur-

zen Zwischenstopp kauften sie Waren im Wert von mehreren tausend Dollar. Anschließend gingen sie wieder an Bord und setzten die Fahrt nach China fort.

Die *Nanking* näherte sich bereits der chinesischen Küste, als plötzlich ein Schatten an der Reling vorbeihuschte. Ein Schrei folgte, dann ein Platschen, das der Seewind verwehte. Die Besatzung begriff sofort, daß jemand über Bord gefallen oder gesprungen war. Von der ersten Klasse bis hinunter zum Zwischendeck ertönte auf englisch und chinesisch der Ruf: »Mann über Bord!« Alle Eltern sahen nach, ob ihre Kinder noch da waren. Mr. und Mrs. Leong hatten Ed und Gilbert, Elmer und die kleine Margie rasch gefunden. Mr. und Mrs. See machten Ming, Ray und Eddie an Deck aus. Sissee war natürlich bei ihrer Mutter. Nur Bennie war unauffindbar. Auf Fong Sees Drängen drehte der Kapitän bei und fuhr in engen, dann immer weiteren Kreisen durch das aufgewühlte Wasser. In der Hoffnung, den Jungen zu entdecken, spähten die Passagiere der ersten und zweiten Klasse sowie alle verfügbaren Besatzungsmitglieder hinunter ins Meer, nur die Spieler auf dem Zwischendeck ließen sich nicht aus der Ruhe bringen. Ticie wurde mit jeder Minute besorgter. Dann, als die Sonne bereits am Horizont unterging, erschien Bennie an Deck, noch etwas wackelig auf den Beinen von einem Nickerchen. Er war in seiner Koje eingeschlafen, aber niemand war auf die Idee gekommen, dort nachzusehen. Der Kapitän blies die Suche sofort ab, wendete das Schiff und ging wieder auf Kurs.

»Wo bist du gewesen?« schalt Ticie. »Wir haben uns zu Tode geängstigt.«

»Du ein schlechter Junge«, tadelte ihn sein Vater scharf. »Du kommst in Mülleimer.«

Noch verwerflicher als Bennies Gedankenlosigkeit und Rücksichtslosigkeit war in den Augen der Familie, daß seinetwegen alle Passagiere seekrank geworden war. »Wir sind im Kreis gefahren – immer die Wellen rauf und runter«, sagte Ticie. »Alle mußten zum Schiffsarzt. Und daran bist nur du schuld, du ganz allein.«

Der Zorn der Familie war bald verraucht, doch Bennie sollte wegen des Vorfalls sein Leben lang erbarmungslos gehänselt werden. Wie hatte er bei dem Geschrei nur schlafen können? Bei dem Getöse, als das Schiff durch die Dünung stampfte? Und immer wieder mußte er sich anhören, daß alle seinetwegen seekrank geworden waren. Am Ende der Reise lösten die Spieler das Rätsel: Einer von ihnen hatte alles verloren, das gesamte Geld, das er in langen Jahren auf dem Goldenen Berg gespart hatte. Diesen Gesichtsverlust hatte er nicht ertragen können, und so war er nach einhelliger Meinung der anderen den einzigen Weg gegangen, der ihm noch geblieben war.

Schließlich fuhr die *Nanking* den Huangpu hinauf, ging vor Anker und wartete darauf, daß Tender die Passagiere zum Bund von Shanghai brachten. Heute wollte die Familie See nur dem Hafen einen kurzen Besuch abstatten. Monate später sollte sie auf ihren Reisen in Shanghai einen längeren Stopp einlegen. Doch als die Sees sich jetzt dem Bund von Shanghai näherten und die westlichen Gebäude betrachteten, die ihn säumten, stiegen ihnen die landestypischen Gerüche in die Nase: Kohlerauch, der Duft nach Knoblauch, Ingwer und den »fünf Gewürzen«, der Gestank nach verfaulendem Fisch.

Für Fong See war die Reise keine reine Vergnügungsfahrt. So einfach lagen die Dinge bei ihm nie. Bei allen seinen Unternehmungen spielten auch Pflicht, Stolz und das Geschäft eine wichtige Rolle. Seine Pflicht nahm er sehr ernst. So waren in den letzten Jahren sein Vater Fong Dun Shung, seine Schwester Lin, seine erste Frau Yong und seine älteren Brüder gestorben und auf Hügeln unweit von Dimtao bestattet worden. Doch obwohl Tausende von Kilometern entfernt, hatte Fong See dafür gesorgt, daß alle ein anständiges traditionelles Begräbnis erhielten. Als sie im Sterben lagen, schob man ihre Pritsche an die Tür, damit ihr Geist den freien Himmel über sich hatte. Man legte ihnen ein Stück Papier auf das Gesicht, damit sie nicht die Dachziegel zählen und die Familie verfluchen konnten, weil sie in einem kleinen Haus lebte. Von Amerika aus hatte Fong See einen Fengshui-Mann beauftragt, die Einflüsse von Wind und Wasser an den möglichen Grabstätten zu untersuchen und die Stätten danach auszuwählen. Waren alle Einflüsse günstig, konnte der Tote diese kosmischen Ströme dazu nutzen, den Lebenden zu helfen. Tische mit Speisen für die Toten und andere Geister wurden aufgestellt. Feuerwerkskörper, Gongs und Zimbeln trieben die Geister beim Leichenzug zur Eile an. Nachbarn waren dazu bewegt worden, aus Bambus und Papier Häuser, Kleider und menschliche Figuren (vor allem Diener) zu basteln. Andere schnitten aus braunem Papier »Wegegeld« aus, das bei der Prozession in die Luft geworfen wurde, damit die bösen Geister den Weg freigaben. Alle diese Gegenstände des irdischen Lebens wurden an den Gräbern verbrannt, damit der Tote im künftigen Leben reichlich davon hatte.

Die Begräbnisse waren zwar ordentlich besucht worden, doch wußte Fong See, daß man eine wichtige Persönlichkeit schmerzlich vermißt hatte. Auch er selbst bedauerte es zutiefst, daß er der Beisetzung seines Vaters und seiner ersten Frau nicht hatte beiwohnen können. Und nun war seine Mutter Shue-ying erkrankt, und niemand rechnete damit, daß sie einen weiteren Winter überleben würde. Es war seine Sohnespflicht, ihr seine Aufwartung zu machen. Und der Brauch verlangte, daß er ihr seine Kinder vorstellte und daß seine Ehefrau ihr ihre Dankbarkeit zeigte. Beim Tod all der anderen war er fort gewesen, doch seine Mutter durfte er unter keinen Umständen vernachlässigen. In den Jahren der Not, als sein Vater fortgegangen war, um an der Eisenbahnlinie zu arbeiten, hatte sie für ihn gesorgt.

Was Fong Sees Stolz anging, so bot ihm die Reise Gelegenheit, den Menschen in Dimtao zu zeigen, was für ein bedeutender Mann er geworden war. Er war ihr Wohltäter. Sie schuldeten ihm Dank.

Und was schließlich das Geschäftliche anging, so wollte er die Zeit dazu nutzen, Ming und Ray auf ihre künftigen Aufgaben vorzubereiten. Sie mußten lernen, echte Antiquitäten von Fälschungen oder interessante Volkskunst von wertlosem Touristenkitsch zu unterscheiden, was nicht einfach war. Und er wollte ihnen vorführen, wie man in der hohen Kunst des Feilschens einen Betrüger von einem vertrauenswürdigen Gegenüber unterschied.

Ticie dachte an ihre letzte Reise nach China vor neunzehn Jahren zurück. Land und Leute waren ihr damals noch fremd erschienen. Alles war für sie neu gewesen. Doch diesmal war es ihr, als kehre sie, wie die Arbeiter auf dem Zwischendeck, in ihre Heimat zurück. Außer an den amerikanischen Feiertagen fühlte sie sich nur noch selten als Weiße. Sie war Chinesin, wie ihr Mann und ihre Kinder. Sie gehörte jetzt ihrer Welt an. Und doch: Irgend etwas muß sie beunruhigt haben, denn sie reiste mit einem eigenen Vorrat an Zwanzig-Dollar-Goldstücken, den sie vor den wachsamen Augen ihres Mannes verbarg.

Jeder der Söhne – Ming und Ray waren schon junge Männer, Bennie und Eddy noch Kinder – fragte sich, was ihn auf der Reise erwartete. Würde er Reichtümer erwerben? Oder ein schönes Mädchen zum Heiraten finden? Würde er Spaß haben? Oder unterwegs verlorengehen und in Vergessenheit geraten? Alle fragten sich, ob man sie akzeptieren würde. In Amerika waren sie keine Amerikaner, in Chinatown keine Chinesen. Was waren sie in China?

Eddy erinnerte sich an eine Geschichte, die ihm sein Freund Eddie Lee erzählt hatte. Sie saßen damals im Hof hinter dem Laden auf Kisten, und sein Freund erinnerte sich, wie er zur Hochzeit eines Onkels in das Heimatdorf seiner Eltern gereist war. »Jede Familie hatte einen Wasserbüffel und natürlich auch ein Schwein. Jedesmal, wenn ich hinausging, hoben meine Cousins getrockneten Mist auf und warfen damit nach mir. Wenn ich getroffen wurde, flog der Mist auseinander wie Sägemehl.« Die Jungs riefen ihm Schimpfnamen nach. Er war ein Vollblutchinese, kein Mischling, und trotzdem verhöhnten sie ihn mit den üblichen Ausdrücken wie »ausländischer Teufel« oder »weißer Geist«.

Eddie Lee kehrte ins Haus seiner Tante zurück und durchstöberte die Schachteln und Kisten mit Dörrobst, die man ihm vor seiner Abreise nach China zum Abschied geschenkt hatte. Dabei stieß er auf eine flache Holzkiste mit Rosinen. Er trug sie nach draußen, klappte den Deckel auf und hielt sie den Krakeelern hin. »Fünf Sekunden später war keine Rosine mehr übrig. Von da an waren alle meine Freunde. Sie zeigten mir, wie man Süßkartoffeln stiehlt.« Dann erklärte Eddie den Unterschied zwischen orangefarbenen Süßkartoffeln – wie man sie ausgrub und in der Glut eines Feuers röstete – und den Süßkartoffeln mit der roten Schale, deren schneeweißes Fleisch man roh essen konnte. »Junge, waren die lecker«, hatte Eddie geschwärmt, aber er war ja auch ein Chinese und behauptete von sich, er habe einen chinesischen Geschmack.

Jetzt, als Eddy und seine Geschwister über das Wasser zum Bund von Shanghai hinübersahen, überlegten sie, ob der Empfang im Heimatdorf ihres Vaters, im Dorf ihrer Vorfahren, ebenso frostig ausfallen würde, wie sie es schon so manches Mal in Chinatown erlebt hatten.

Sissee, der die Ringellöckchen auf den Rücken fielen, war besorgt. Wenn jemand aus der Familie entführt wurde, dann wohl am ehesten sie. Sie hatte blasse Haut, ein hübsches, unschuldiges Gesicht und einen reichen Vater. Und was noch wichtiger war, die Entführer würden sie für eine Amerikanerin halten, und den Amerikanern – das wußte alle Welt – waren ihre Töchter einiges wert. Sie würden ihr anmerken, daß sie eine Weiße war. Doch dann vernahm sie eine seltsame Musik, und ihre Neugier verscheuchte diese düsteren Gedanken. Sie drängte sich dichter an ihre Mutter und fragte flüsternd: »Was ist das für ein Lied? Was ist das für ein Gesang?«

»Das ist die Melodie des Fernen Ostens«, antwortete Ticie. Es waren Tausende von Chinesen, die in ihrer Muttersprache redeten. Der Klang ihrer Stimmen wehte herüber und erfüllte die Herzen ihrer Kinder.

Nach einem kurzen Aufenthalt in Hongkong fuhr die Familie weiter nach Kanton, das von Menschen wimmelte, und trat dann in Sänften die Tagesreise nach Dimtao an. Das Dorf war immer noch ärmlich. Die Häuser hatten keinen Strom, kein fließendes Wasser, keine Fensterscheiben aus Glas. In der jüngsten Vergangenheit hatten die Bewohner eine sechs Meter hohe Mauer um das Dorf gezogen, um sich vor Überfällen von Warlords, Plünderern und Banditen zu schützen. (In den vergangenen Jahren war eine Million Bauern zur Armee eingezogen worden. Viele verloren während ihrer Dienstzeit ihre Reisfelder und rotteten sich nach ihrer Entlassung zu Banden zusammen, überfielen Dörfer, stahlen Schweine und Hühner oder entführten die Söhne reicher Grundbesitzer.) Jetzt betrat man Dimtao durch gesicherte Tore mit Wachtürmen. Doch noch immer gab es keine Straße, die direkt zum Dorf führte. Der Reisende mußte genau wissen, welche erhöhten Pfade ihn ans Ziel brachten.

Der Einzug der Familie See erregte ähnliches Aufsehen wie die Ankunft eines Zirkus in einer amerikanischen Kleinstadt. Sie kam mit neun Sänften – einer für jedes Familienmitglied und zwei weiteren für die Dolmetscher, die Fong See für seine Frau und seine Kinder eingestellt hatte. (Bei seinen Reisen die Küste hinauf und später nach Peking, ins Landesinnere und zur Großen Mauer sollte er viele weitere anheuern. Sein Kantonesisch war dürftig, Mandarin sprach er überhaupt nicht. Außer in seinem kleinen Heimatbezirk brauchte Fong See überall in China selbst einen Dolmetscher.) Die Sänften der Kinder wurden jeweils von zwei Männern getragen. Die Erwachsenen hatten jeweils sechs Träger – vier trugen, und zwei lösten die anderen ab, wenn sie müde wurden. Zusätzlich hatte Fong See Kulis gemietet. Sie schleppten das Gepäck, die Geschenke für die Dorfbewohner und die Waren, die er unterwegs kaufte.

Viele Ältere konnten sich noch an Fong Sees letzten Besuch erinnern. Er lag fast zwanzig Jahre zurück, und damals hatte er seine Frau und zwei kleine Söhne mitgebracht. Doch die meisten Leute in Dimtao hatten noch nie einen Weißen oder eine Weiße gesehen, und so drängten sie sich neugierig um Ticie, als sie aus der Sänfte stieg. Sie waren fasziniert. Vor ihnen stand eine Frau mit blasser weißer Haut, deren Haar zu glühen schien, wenn es die Sonnenstrahlen einfing. Und alle Ankömmlinge, selbst Fong See, hatten etwas Fremdartiges an sich. Eddy sprang überdreht aus seiner Sänfte, rannte umher und kletterte schließlich auf das niedere Gatter eines Schweinekobens, reckte die Arme und rief: »Ich bin der König.« Als der Dolmetscher der neugierigen Menge seine Worte übersetzte, schüttelten sie den Kopf. Dieser Junge sollte ein König sein? Der König wovon? Sie kicherten hinter vorgehaltener Hand, darauf bedacht, ihre Zähne nicht zu zeigen.

Obwohl Fong See im fernen Amerika lebte, fungierte er als Vorsteher des Dorfes. Er besaß einhundert *mou* oder rund fünf Hektar Land. Er übte einen direkten Einfluß auf das Leben fast jedes Dorfbewohners aus. Ihm war es zu verdanken, daß es keine Kinder mit Hungerbäuchen mehr gab und daß alte Frauen nicht mehr starben, weil es ihnen an einer Schale Reis mangelte. Einige Söhne des Dorfes hatten das Glück, daß sie in Los Angeles für Fong See arbeiten durften, andere, weniger patente Mitglieder seines Clans, schufteten auf den Reisfeldern von Dimtao, wateten durch den Schlamm, pflanzten Sämlinge, jäteten Unkraut und sorgten für eine gute Ernte. Wieder andere bewirtschafteten die Gemüsegärten. Die Rücken dieser Bauern und ihrer Frauen waren krumm von der Plackerei. Jahr um Jahr mußten sie in Eimern, die sie an einer Stange über den Schultern trugen, Wasser zu den grünen Sprößlingen schleppen, wie Kulis. Und abends kehrten sie in Häuser zurück, die Fong See gehörten. Sein Wohlstand und seine Macht überstiegen alles, was sie kannten. Die Dorfbewohner legten ihr Schicksal in seine Hand. Und jetzt versammelten sie sich um ihn, denn sie wußten, daß er ihnen Geschenke mitgebracht hatte.

Den Kindern des Dorfes steckte Fong See etwas *lai see* zu, Familienmitglieder erhielten etwas Besonderes. Leong-shee, Onkels Frau, jauchzte über eine Goldmünze und ein lackiertes Kästchen, das eine Flasche Parfüm enthielt. Kuen, ihr fünfjähriger Sohn, bekam ein kleines Boot mit Schraube. Ein solches Spielzeug hatte er noch nie gesehen, und Eddy, begeistert wie immer, zeigte seinem Cousin, wie man das Gummiband aufzog, und setzte das Boot in eine seichte Wasserlache, wo es schlingernd seine Bahnen zog.

Nach der Überreichung der Geschenke folgten alle den gutgekleideten Gästen durch die enge Gasse zu dem Haus, das Shue-ying vorbereitet hatte und in dem sie jetzt wartete. Die düsteren grauen Backsteinmauern waren weiß getüncht worden, und in dem kleinen Hof standen mit roten Bändern geschmückte irdene Töpfe, in denen Mandarinenbäumchen und Blumen sprossen. Nach den Anweisungen ihres Sohnes hatte man große Stoffsäcke locker mit Stroh gestopft und als behelfsmäßige Matratzen auf die blanken Bretter gelegt, die normalerweise als Betten dienten. Im nahen Foshan hatte man lackierte hölzerne Kopfstützen gekauft. Über jedem Bett hing ein Moskitonetz. Und darunter stand ein »Honigeimer«, denn man wollte den verwestlichten Kindern nicht zumuten, auf die Pfade zwischen den Reisfeldern hinauszugehen, um dort ihr Geschäft zu verrichten.

Unter Shue-yings wachsamem Auge hatten die Dienstboten sorgfältig die Wasserleitungen gereinigt, die vom Dach zu der Küche im Freien führten. Einer hatte frisches Wasser geholt und Eimer für Eimer in den Vorratstank auf dem Dach geschüttet, während ein anderer jedes einzelne Bambusrohr säuberte. Man hatte frischen Kies gekauft und in jedes gereinigte Rohr gefüllt. Auf seinem Weg in die Küche wurde das Wasser durch mehrere Schichten Bambus und Kies gefiltert, und wenn es unten ankam, war es sauber. Doch trotz dieser Vorkehrungen ging Shue-ying davon aus, daß das Wasser abgekocht werden mußte, bevor es diese Ausländer – ihr Sohn eingeschlossen – trinken konnten. Ihre Mägen waren einfach nicht robust genug.

Es gab keine Umarmungen, keine Küsse, als die Familie am Haus ankam. Shue-ying war für ihre Enkel nur eine gebrechliche alte Frau, die auf die Neunzig zuging. Sie bedeutete ihnen nichts, und umgekehrt waren sie für ihre Großmutter Fremde. Sissee und Eddy sahen zu, wie sie ihre Geschenke, Dosen mit Keksen und Süßigkeiten, entgegennahm, in ihrem Zimmer in einem hohen Regal verstaute und ihrem Enkel Kuen versprach, ihn mit einem Keks oder Bonbon zu belohnen, wenn er brav sei. Sie empfanden dabei keinerlei Eifersucht, denn sie hatten nie erfahren, wie es war, Großeltern zu haben, vielmehr verfolgten sie alles mit distanziertem Interesse.

Am späten Nachmittag saß Fong See an einem niederen Tisch, auf dem eine Kanne Tee und Porzellanteller mit Bonbons standen, und empfing Dorfbewohner, die Beschwerden vorzubringen hatten. Ein Cousin warf einem anderen vor, er habe Reis gehortet, ein zweiter behauptete, daß seine Familie kein angemessenes Brautgeld für ihre einzige Tochter erhalten habe, ein dritter verlangte ein besseres Haus. Ein weiterer Cousin namens Fong Suey Ming wies darauf hin, daß die meisten Dorfbewohner nicht das nötige Startkapital für einen eigenen Hof hätten und daß Hilfsfonds, wie sie Fong See in den Jahren der Hungersnot so großzügig eingerichtet habe, das grundlegende Problem nicht lösen könnten. Suey Ming schlug dem verehrten Cousin vom Goldenen Berg vor, den Bewohnern einen größeren Geldbetrag zu schenken, damit sie einen richtigen landwirtschaftlichen Betrieb aufbauen könnten. Zur Überraschung aller versprach Fong See, zehntausend Dollar zu schicken.

Am selben Abend gab Fong See ein Festessen für das ganze Dorf. Jeder Teller wurde mit Speisen gefüllt, die ein langes Leben, Wohlstand und viele Söhne verhießen. Fong See ging von Tisch zu Tisch, steckte Kindern und heiratsfähigen Mädchen wieder etwas »Glücksgeld« zu und bedachte ein paar Verwandte, die besondere Anerkennung verdienten, mit kleinen Aufmerksamkeiten. Während er noch seine Runde machte, rief plötzlich ein alter Mann: »Ist unser Goldener-Berg-See nicht wie genau der Holzhacker aus der Legende?« Ein paar murmelten zustimmend und setzten sich zurecht, um der nun folgenden Geschichte zu lauschen.

»Die Eltern des Holzhackers waren arm«, begann der Alte, »und lebten in einem Dorf, das so arm war wie Dimtao. Der Holzhacker lernte, den Wald zu lieben, und jeden Morgen, wenn er in ihm arbeitete, überlegte er, wie er seinen Eltern eine Freude machen konnte. Eines Tages vernahm er das Rauschen eines Wasserfalls. Er trank von dem Wasser und entdeckte, daß es süßer Wein war. Er füllte seine Kürbisflasche und brachte sie zu seinem Vater. Die Neuigkeit sprach sich schnell herum, genau wie in unserem Dorf. Am nächsten Tag, als der Holzhacker in den Wald ging, begegnete er seinen Nachbarn. Oh, wie zornig sie waren, denn sie hatten in den glitzernden Tiefen nur Wasser gefunden. Sie waren so neidisch auf den Holzhacker, daß sie ihn ins Wasser warfen und seinem Schicksal überließen. In seiner Verzweiflung füllte der Holzhacker seine Flasche wieder mit dem Wasser und brachte sie zu seinem Vater. Und wieder war die Flasche mit Wein gefüllt. Ihr seht also: Viele können zur Quelle gehen, aber nur unser Goldener-Berg-See kann Wein aus ihr schöpfen.«

Nach dem Ende der Feier nahm der Abend eine unheilvolle Wendung. Das Gerücht ging um, daß ein Spion im Dorf Kidnappern aus der Umgebung den Aufenthaltsort der Kinder verraten habe. Fong See begriff, daß er mit seiner Familie nicht lange im Dorf bleiben durfte. Selbst diese eine Nacht barg viele Gefahren. Rasch wurden die Kinder zusammengetrommelt und in einem Haus eingeschlossen, das nur aus einem einzigen fensterlosen stickigen Raum bestand. Wächter wurden angeheuert, die rings um das Haus Posten bezogen. Fong See verhörte einige Dorfbewohner, jedoch ohne Erfolg. Nach einer schlaflosen Nacht in dem engen Haus verließ die Familie das Dorf am nächsten Morgen so schnell, wie sie gekommen war, nur mit weit weniger Tamtam. Zum ersten und letzten Mal auf dieser Reise nahm sie den Zug. Kuen, Onkels Sohn, begleitete sie. Auf Fong Sees Wunsch sollte er Sissee und Eddy in den kommenden Wochen Gesellschaft leisten.

Für Kuen waren die folgenden Wochen in Kanton ebenso erstaunlich wie verwirrend. Er brauchte nicht länger die Schule zu besuchen und sich jeden Morgen und jeden Nachmittag vor seinem Lehrer zu verneigen. Er brauchte nicht länger die vier Bücher des Konfuzius oder die klassischen Werke der großen Dichter auswendig zu lernen und die traditionelle Fibel, den »Drei-Zeichen-Klassiker«, zu studieren. Er spielte nicht länger auf den Rücken der Wasserbüffel und schloß sich nicht mehr seinen Brüdern und anderen Jungen aus Dimtao an, wenn sie eine Armee aufstellten und in den Reisfeldern gegen die Jungen aus den Nachbardörfern kämpften. Kuen kam sonst nie aus Dimtao heraus, außer zu Neujahr, wenn er die Gräber der Ahnen besuchte. Die Folge war, daß ihm Kanton weit mehr Angst machte als seinen in der Fremde geborenen Cousins. Kuen bestaunte eine fünfstöckige Pagode, den Tempel der Fünfhundert Götter, und die achthundert Jahre alte Wasseruhr. Und er wäre gern im Schatten der Banyan- und Kampferbäume über die Uferpromenade der Insel Shamian spaziert, doch dieses Vergnügen blieb ihm versagt, denn nur Weiße durften die Insel betreten.
Da Kuens Onkel kein passendes Hotel oder Gasthaus für seine Familie gefunden hatte, hatte er von einem wohlhabenden Mandarin ein Anwesen gemietet. Es war ein herrliches chinesisches Herrenhaus mit einem großen Garten, einer Reihe von Innenhöfen, einem eigenen Tempel zum Meditieren und vielen, vielen Zimmern. Ticie und die Kinder sollten sich wie zu Hause fühlen, deshalb hatte er es, so gut es ging, mit westlichem Komfort ausgestattet. So hatte er einen Handwerker beauftragt, Nachtöpfe mit westlichen Toilettendeckeln anzufertigen, und sie dann in einem speziellen Raum der Größe nach in einer Reihe aufstellen lassen, dem Alter jeder Person entsprechend. In jedem Schlafgemach stand ein mit Schnitzereien versehenes Bett, das, ähnlich einem Alkoven, mit Platten aus geschnitztem Teakholz und bemaltem Glas umschlossen war.

Dies alles war für Kuen ebenso unbegreiflich wie das Treiben seiner Verwandten. Tante Ticie und Sissee streiften tagsüber durch riesige Lagerhäuser, in denen sich Exportwaren wie Tee, Seide und Zimt stapelten, bevor sie verschifft wurden, und Importwaren wie Baumwolle, Wolle, Opium und Kerosin nach ihrem Eintreffen zwischengelagert wurden. Fong See und die älteren Jungen besuchten Basare, wo sie um originelle Raritäten und einheimische Erzeugnisse aller Art feilschten. Jadehändler boten Schmuck und dekorative Gegenstände feil, wobei die Farbe des Materials und die Qualität der Stücke erheblich schwankten und die Preise von wenigen Cent bis zu mehreren tausend Dollar reichten. Andere Händler führten seltene Porzellane, Bronzen, Elfenbein- und Teakholzschnitzereien. In Möbelläden feilschte Fong See verbissen um Schnitzwerke, die mit Permutteinlagen verziert waren. Und er hielt nach Götzenfiguren Ausschau, denn er wußte, daß die sich in seinen Läden immer gut verkauften.

Kuens Onkel war ein reicher und mächtiger, aber auch ein vorsichtiger Mann, der mit allem sehr geheimnisvoll tat. Niemand wußte, wann er das Haus verlassen würde oder wohin er ging. An manchen Tagen, wenn er an der Tür am Fuß der Treppe erschien, war er kaum besser gekleidet als ein Bauer. Überhaupt ging er nie in westlicher Kleidung oder in den feinen Gewändern eines Mandarins auf die Straße, um kriminelle Elemente nicht auf sich aufmerksam zu machen.

So wie Fong See auf Messen und Ausstellungen in Amerika nach Kuriositäten suchte, so hielt er auch in China nach bizarren, ausgefallenen Objekten Ausschau. Er besuchte Pfandhäuser und Gebrauchtwarenhandlungen und kaufte deren Bestände mit allem Drum und Dran. Von Antiquitätenhändlern übernahm er riesige Mengen, manchmal ganze Räume voller Waren. Ebenso erwarb er ganze Paletten mit diesem oder jenem, ohne recht zu wissen, ob ein Stück aus der Han-, der T'ang- oder der Sung-Zeit darunter war. Und das spielte auch keine Rolle, denn er wußte, daß er zu Hause für alles mindestens das Dreifache des Einkaufspreises bekam.

Jahre später mochte sich mancher ausmalen, wie Fong See beim Öffnen der Kisten in Los Angeles eine Schale aus der Zeit der

Sung-Dynastie auspackte und vor sich hin murmelte: »Die ist aus der Sung-Zeit. Die ist nicht nur das Dreifache des Einkaufspreises wert. Die ist zwanzigtausend Dollar wert.« Fest steht jedenfalls, daß einige der bedeutendsten Sammler im Land zu Fong See gingen und daß viele ihrer Sammlungen später in Museen landeten. Doch von all dem verstand Kuen sehr wenig.

Alle im Dorf sagten, Kuen sei ein Glückspilz, und er versuchte, sich auch so zu fühlen. Er kannte Geschichten von wohlhabenden Grundbesitzern und reichen Mandarinen, und so hatte er sich zu Beginn der Reise ausgemalt, was ihn erwartete, doch das Leben, das Fong See und seine Familie führten, entsprach diesen Erwartungen in keiner Weise. Sie beschäftigten nicht einmal einen Koch im Haus. Sie hatten keine Diener, nur einen alten Mann, der den Garten in Ordnung hielt. Die Mutter war schön, freundlich und nett. In der ersten Zeit nach ihrer Ankunft in Kanton ging sie mit Fong See einkaufen. Doch dann hörte Kuen zufällig, wie sie im Hof miteinander in Streit gerieten, als sie, fertig angezogen, herunterkam, um Fong See auf einem seiner Streifzüge zu begleiten. Da sie englisch sprachen, verstand Kuen kein Wort, doch ihm fiel auf, daß sie es von da an vorzog, zu Hause zu bleiben, und sich mit einer Handarbeit auf die Veranda setzte.

Die Familie behandelte Kuen gut. Er hatte eine schöne Zeit und benahm sich anständig. Er sprach wenig und überließ das Reden den anderen. Wenn Eddy, Sissee oder einer der anderen ihn eines Fehlers bezichtigte, so nahm er das ohne Widerrede hin. Wenn sie behaupteten, daß er beim Spielen gemogelt habe, so ließ er sie gewähren, selbst wenn er und alle anderen wußten, daß er im Recht war. Was auch geschah, er beklagte sich nie, auch dann nicht, als Cousin Ming ihn an der Hose packte, hochhob und wie einen alten Lappen schüttelte, bis sie auf den glitschigen Steinen ausrutschten und er, Kuen, sich dabei den Knöchel verstauchte.

Die meiste Zeit spielte er mit Eddy und Sissee. Eddy war von Kanton begeistert. Bennie weniger. Wie Kuen wagte sich Bennie nur selten aus dem Haus und reagierte auf alles, was er da draußen sah, hörte und roch, mit Angst. Eddy hingegen war gern mit Leuten zusammen, die ihm die Stadt zeigten, wie sein Dolmetscher, seine Rikscha-Jungen, die Hauskulis und seine Sänftenträger. Tagelang lag er dem Dolmetscher und einem Rikscha-Jungen in den Ohren, bis sie ihn endlich zum Tempel der Schrecken brachten, wo es von Wahrsagern, Jongleuren, Spielern, Händlern und Bettlern wimmelte und Kinder Erdnüsse und Streichhölzer verkauften wie Eddys Vater fünfzig Jahre zuvor.

Ermutigt durch Eddys Abenteuerlust, seine raschen Fortschritte beim Erlernen der kantonesischen Umgangssprache und seine unbezähmbare Lust am Verbotenen, nahmen ihn der Dolmetscher und der Küchenkuli in die Bordelle der Stadt mit, freilich nicht in die exklusiven Häuser, wo vermutlich Ming und Ray verkehrten, und auch nicht in Absteigen, wo man das Vergnügen einer Nacht höchstwahrscheinlich mit einer unappetitlichen Krankheit bezahlen mußte, sondern in Etablissements, die zu einem Vierzehnjährigen paßten, weil die Mädchen dort ebenso jung waren wie er. Für ein paar Yuan, so sagte Eddy zu Kuen, bekomme man dort etwas zu sehen und noch mehr. Die Mädchen hätten weiß gepuderte Gesichter und rot geschminkte Lippen und seien mit weiten schwarzen Jacken und Hosen bekleidet. Er habe ihnen die Hand unter die Jakken geschoben und die Brüste gestreichelt. Jedenfalls erzählte er das Kuen.

An manchen Nachmittagen bat Ticie Kuen, Eddy und Sissee Spiele beizubringen, die ihm gefielen, und so zeigte er seinen reichen Verwandten, wie man sich ohne Geld oder gekauftes Spielzeug die Zeit vertreiben konnte. Er brachte ihnen bei, wie man einen Stein auf einen anderen warf, so daß der andere vom Boden wegsprang, oder wie man einen Stein in die Luft warf und dann mit dem Handrükken auffing. Aber Eddy wollte davon nichts wissen. »Das ist was für Mädchen«, sagte er angewidert. »Kinderkram.« Eddy bevorzugte ein Spiel namens *gat*. Jeder Junge liebte *gat*. Dazu nahm Kuen zwei Ziegelsteine und legte einen kurzen Stock quer über sie. Dann schleuderte mit Hilfe eines längeren Stocks den kürzeren in die Luft. Manchmal gelang es Eddy, den Stock zu fangen, manchmal nicht. Wenn ja, legte Kuen seinen langen Stock auf die Steine, und Eddy mußte versuchen, seinen kurzen so zu werfen, daß Kuens Stock von den Steinen herunterfiel. Wenn ihm das gelang, bekam er den Punkt. Manchmal gingen sie auch aufs Dach und ließen Drachen steigen. Kuen zeigte Eddy, wie man Glasscherben an der Drachenschnur befestigte und dann damit versuchte, die Schnur des anderen zu kappen. Bald schon war Eddy so gut, daß er Kuens Drachen jedesmal zum Absturz brachte. Der Jüngere beschwerte sich deswegen nie.

Nachmittags, wenn Fong See einen Besucher empfing, gab es Tee, zu dem Erdnüsse, Wassermelonenkerne, gesalzene Pflaumen und eingelegte Oliven gereicht wurden. Sobald Fong See gegangen war, schnappten sich Eddy und Kuen die Oliven- und Pflaumenkerne, gingen nach draußen und spielten damit Murmeln. Dabei warfen sie abwechselnd mit der Scherbe eines zerbrochenen Dachziegels nach den Olivenkernen, um sie aus einem Kreis zu treiben, den sie vorher in den Staub gezeichnet hatten. Manchmal warfen sie auch mit den größeren Pflaumenkernen nach den kleineren Olivenkernen. Der Vorrat an Kernen jedes Jungen wuchs oder schrumpfte, je nachdem, wie oft er am Nachmittag gewann oder verlor.

Schließlich packten Kuens Onkel und seine Familie ihre Koffer und reisten weiter in den Norden. Kuen wurde ins Dorf zurückgeschickt. Er versuchte, seinen Angehörigen und Freunden von seinen Abenteuern zu erzählen, ihnen zu schildern, wie seltsam es war, aus nächster Nähe zu sehen, wie diese Fremden lebten. »Wir wollen deine Prahlereien nicht hören«, sagten seine Freunde. »Ich habe keine Zeit, mir diesen Unsinn anzuhören«, tadelte ihn seine Mutter. Kuen lernte, seine Erinnerungen für sich zu behalten.

Das Reisen in China war, gelinde ausgedrückt, schwierig. Lange hatten Behörden und Bauern gegen die Einführung der Eisenbahn gekämpft. Dieser Widerstand beruhte einerseits auf dem Unwillen, mit alten Bräuchen zu brechen, zum anderen auf einem wohlbegründeten Mißtrauen gegenüber Ausländern. Ungebildete Menschen wie Fuhrknechte, Schubkarrenfahrer oder Bootsführer fürchteten, die Eisenbahn werde die böse Geistern erzürnen, die sich dann am Volk rächen würden – und natürlich einfache Arbeiter wie sie um ihr Auskommen bringen. Die Gebildeten wiederum hatten festgestellt, daß jedesmal, wenn ein Unternehmer aus England,

Deutschland, Frankreich, Rußland oder den Vereinigten Staaten eine Straße baute, die Regierung seines Landes die Straße dazu benutzte, ihre Machtposition in China zu stärken, neue Gebiete in Besitz zu nehmen oder sich Handelsvorteile zu verschaffen. Beamte begriffen, daß Eisenbahnlinien – genau wie gepflasterte Straßen – Missionaren und anderen Ausländern, die das Land ausbeuten wollten, das Reisen erleichterten. Der Widerstand war so groß, daß die chinesischen Behörden 1875 die erste Eisenbahnlinie von Shanghai nach Wusung gekauft und dann zerstört hatten. Im Jahr 1919 war demgegenüber ein gewisser Fortschritt festzustellen. Doch auch jetzt durchzogen nur fünfundvierzig Bahnlinien die unermeßlichen Weiten Chinas.
Dies war auch der Grund, warum die Sees, abgesehen von ihrem überstürzten Rückzug aus Dimtao, niemals mit dem Zug fuhren. Statt dessen reisten sie mit Sänfte, Flußdampfer, *hakka* (einem Holzboot für schmale Kanäle), Dschunke, Sampan und Reitpferd oder mit den Schiffen, die an der Küste pendelten. Außerhalb der größeren Städte führte die Familie eigene Verpflegung, eigenes Bettzeug und eigene Diener mit. Manchmal, nach einer langen Tagesreise in der Sänfte, stieg die Familie in einem Landgasthof ab, der nur mit einfachen Betten und einem in die Wand eingebauten Ofen zum Kochen und Heizen ausgestattet war.
Angenehm verliefen die Tage auf den Flußdampfern. Die jüngeren Söhne dachten sich Spiele aus, Ticie las oder nähte und ermutigte Sissee, sich zu ihr zu setzen und sich im Sticken zu üben. Fong See ging häufig an Land und spazierte am Ufer entlang, wenn Treidler das Schiff an Tauen zogen. Manchmal wußten diese Arbeiter von mittellosen Bauern, denen der Grundbesitzer wegen der überfälligen Pacht oder der schlechten Qualität ihrer Erzeugnisse mit Vertreibung drohte. Dann machte Fong See einen kurzen Abstecher zu der betreffenden Familie. Hatte der geschätzte Bauer etwas, das er gerne verkaufen würde? Vielleicht einen Ahnenaltar für den Neujahrsritus? Oder ein Schmuckstück aus der Mitgift seiner Frau?
Das Reisen in der Sänfte war weitaus anstrengender. Vier Kulis trugen Letticies Sänfte, zwei liefen hinterher. Wurden zwei Träger müde, übernahmen die Ersatzleute, ohne dabei jemals ins Stolpern zu

geraten oder den Rhythmus des leichten Trabs zu stören. Die Sees hatten die besten Träger gemietet, die versprochen hatten, niemals im Gleichschritt zu laufen, was das Risiko der Passagiere, »seekrank« zu werden, beträchtlich verminderte. Bei dieser Art der Fortbewegung mußten Letticie und Sissee notgedrungen getrennt reisen. Sissee trug einen weißen Matrosenhut, der ihre helle Haut vor der Sonne schützte. Ständig blickte Letticie nach hinten, wobei sie zum Leidwesen der Kulis ihr Gewicht verlagerte, und vergewisserte sich, daß ihre Tochter noch in Sichtweite war. Bei jeder Rast sagte sie: »Solange ich deinen Hut sehe, weiß ich, daß dir nichts zugestoßen ist.«

In den folgenden Monaten widmete sich Fong See verstärkt der Ausbildung seiner Söhne. Dabei setzten er und Ticie unterschiedliche Schwerpunkte. Während er seinen Söhnen beibrachte, worauf es beim Handeln ankam, zeigte sie ihnen, worauf sie bei der Ware zu achten hatten. So wie Künstler Ticie einst gelehrt hatten, Porzellanware nach der Reinheit des Stils zu beurteilen, so unterwies sie jetzt ihre Kinder. Auf diese Weise lernten Ming und Ray – und durch sie indirekt auch die jüngeren –, die traditionellen Gefäßformen chinesischen Porzellans zu erkennen: den Ingwerkrug, die Reisschale, die Mei-ping-Vase.

Im staubigen Lager einer Werkstatt, die auf Seladon-Ware spezialisiert war, kniete Ticie nieder und strich mit der Hand über die gräulich-grüne Oberfläche eines Ingwerkrugs aus Porzellan: »Ihr müßt feststellen können, ob das Stück echt oder eine Imitation ist«, erklärte sie. »Pa und ich achten auf drei Dinge, wenn wir ein echtes Stück kaufen wollen. Erstens, die Form darf niemals von der Norm abweichen. Wenn ihr in dieser Hinsicht Zweifel habt, betrachtet die Silhouette.« Bei diesen Worten trug sie das Gefäß in die Mitte des Raums. »Seht ihr, daß es unten schmal ist und sich nur im oberen Drittel baucht? Als nächstes betrachten wir die Farbe der Glasur.«

»So wie bei dem Imari-Porzellan in Japan?« fragte Ming.

»Genau«, antwortete Ticie. »Mit der Zeit werdet ihr lernen, Glasuren an der Qualität und an den Mineralarten zu unterscheiden, die in diesem Jahr, vor zehn Jahren oder im letzten Jahrhundert verwendet wurden.«

Das letzte Kriterium, die Qualität der Pinselführung, fiel bei Seladon-Ware nicht so sehr ins Gewicht wie bei den Emailfarbendekors, die Fong See besonders mochte. Dennoch fiel Ticie die Aufgabe zu, auf die Qualität der Zeichnung von Gesichtern, Landschaften und Blumen, die eine Arbeit schmückten, hinzuweisen. »Je weniger Striche ein Künstler verwendet, desto eindrucksvoller«, erklärte sie beim Besuch einer anderen Werkstatt. »Wenn ihr solche Emailmalereien betrachtet – oder sogar Landschaftsbilder –, überlegt euch, welche Art von Pinsel der Künstler benutzt hat, wieviel Farbe er aufgetragen und in welchem Winkel er den Pinsel geführt hat. Wenn ihr dies alles berücksichtigt, könnt ihr leichter entscheiden, ob das Stück den geforderten Preis wert ist.«

An diesem Punkt übernahm Fong See und schärfte den Kindern ein, daß sie nur Waren einkaufen sollten, die sich ihrer Ansicht nach gut verkaufen ließen, ohne darüber freilich zu vergessen, daß ein Geschäft davon profitierte, wenn es eine Vielfalt von Kunden anzog. »Wir kaufen gute Antiquitäten für Sammler und Museen«, fuhr Ticie fort. »Und wir kaufen Raritäten und Kopien für Touristen. Für Kunden, die sich keine Antiquitäten leisten können, nehmen wir manchmal auch billige Imitationen und behandeln sie, damit sie älter aussehen. Oder wir kaufen dekorative Stücke für Leute aus Hancock Park oder Pasadena, die ihre Häuser damit schmücken.«

Die Familie zog von Dorf zu Dorf, von Stadt zu Stadt und machte bei Töpfereien halt, die sich auf Stücke der *famille rose* oder *famille verte,* auf »Ochsenblut«-Glasuren oder Blauweiß-Porzellane spezialisiert hatten. Außerdem suchte sie nach Schriftrollen, Möbeln, Schnitzereien und Stickereien. Nach letzteren hielt Ticie besonders intensiv Ausschau, denn sie hatte festgestellt, daß die Hausfrauen in Hancock Park und Pasadena eine Schwäche für das rein Dekorative hatten. »Solche Stickereien sind bei unseren Kundinnen sehr beliebt. Sie verwenden sie als Zierdeckchen oder Tischläufer. Mit den größeren dekorieren sie gern ihre Sofas und Klaviere. Einige machen daraus sogar Kostüme für Bälle und Maskenfeste.« Sie brachte Sissee bei, den Glanz von Seide zu prüfen, und erzählte ihr die Geschichte des »verbotenen Stichs« – eine knifflige Technik, die untersagt war, weil junge Mädchen dabei erblindeten.

Nur gelegentlich legten die Sees eine Ruhepause ein und genossen

die Landschaft. In der Stadt Soochow bewunderten sie die Lotosblüte und einen See, auf dessen Oberfläche sich kaum eine Welle kräuselte. Nach dem Treiben in Kanton bot diese ruhige und schöne Umgebung eine willkommene Erholung. Anschließend ging es weiter nach Nanking, der ehemaligen Südlichen Hauptstadt, wo die Familie das Grab des »Bettlerkaisers«, des Begründers der Ming-Dynastie, besichtigte. Der Platz war von Unkraut überwuchert und bot ein trostloses Bild, dennoch waren die Jungen über den Besuch sehr aufgeregt, denn jeder von ihnen trug den Namen Ming in seinem chinesischen Vornamen. Sie begegneten keinem anderen Touristen, nur ein paar unfruchtbaren Frauen, die zum Grab pilgerten und Münzen auf die steinernen Elefanten warfen, die den »Seelenweg« säumten. Blieb eine Münze auf einem der Elefanten liegen, so galt das als gutes Omen für künftigen Kindersegen.
Qingdao entpuppte sich als deutsche Stadt mit einer Brauerei. Die Straßen waren sauber, die Häuser europäisch. Jedes Mitglied der Reisegesellschaft kostete das Bier, das für den Export gebraut wurde, aber alle waren sich einig, daß der ebenfalls im Ort hergestellte Birnenwein viel besser schmeckte. In Qingdao gingen sie an Bord eines Dampfers und fuhren in Richtung Norden nach Tientsin. Nach einer kurzen Stadtbesichtigung reisten sie weiter ins Landesinnere nach Peking, der herrlichen Kaiserstadt mit ihren Prachtstraßen. Ticie und die Kinder unternahmen Tagesausflüge zu der Großen Mauer, den Ming-Gräbern, den Ruinen des Alten Sommerpalastes und dem Park des Duftenden Berges. Fong See, Ming und Ray kauften ein. Um ihre Kenntnisse in chinesischer Kunst und im Antiquitätenhandel zu vertiefen, blieben die beiden älteren Jungen in Peking zurück, als Fong See schließlich mit dem Rest der Familie nach Kanton und Foshan zurückkehrte.

In einem Haus mit neunzehn Zimmern untergebracht und von neunzehn Dienern umsorgt, lebten sich Ming und Ray schnell ein und ließen bei jungen Damen aus gutem und weniger gutem Hause ihren Charme spielen. Die Brüder hatten Mitleid mit russischen Mädchen aus Wladiwostok und verbrachten viele Abende mit diesen reizenden Flüchtlingen. An anderen Abenden vergnügten sie sich in den verrufeneren »Kissen-Häusern« der Stadt.

In Peking zeigte die Kameradschaft zwischen Ming und Ray, die altersmäßig nur anderthalb Jahre auseinander waren, erste Risse. Ming führte das vornehme Leben eines chinesischen Gentleman. Jeden Morgen paukte ein Privatlehrer mit ihm Mandarin. Jeden Nachmittag bestellte er eine Sänfte und ließ sich ins Geschäftsviertel tragen. Dort saß er in einem finsteren Laden entspannt in einem niedrigen Stuhl, trank Tee und feilschte gut gelaunt mit einem gerissenen Teppichhändler. Er schlug Teppiche um und prüfte die Qualität der Knüpfarbeit. Geduldig zählte er die Knoten. Je mehr Knoten pro Quadratzoll, desto höher der Preis. Er fragte den Händler nach dem Anteil an Seide. In der Frage der Farbe war er unnachgiebig.

»Ja, ich weiß, daß den Chinesen die Kombination von Gelb und Blau oder Grau und malvenfarbigen Tönen gefällt, aber ich richte mich nach dem amerikanischen Geschmack«, erklärte er. »Die Leute in meiner Stadt mögen solche Farbkombinationen nicht. Ich hätte gern mehr in den beiden Farbtönen Hell- und Dunkelblau.«

Von seinem Vater hatte Ming gelernt, daß Geduld sich bei diesem Spiel immer auszahlte. In einigen Tagen würde er das Geschäft unter Dach und Fach bringen. Der Händler würde ein Dutzend Teppiche zusammenrollen und für den Transport verpacken lassen und murrend zwei Rechnungen ausstellen: eine falsche für den Zoll, mit einem niedrigeren Preis, und eine richtige für Ming.

Je besser Ming das Mandarin beherrschte, desto mehr ärgerte sich Ray über seinen eigenen Unterricht. »Wozu soll ich diese Sprache lernen?« fragte er seinen Bruder. »Ich brauche nur dreißig Kilometer weiter zu reisen, und schon verstehen mich die Leute nicht mehr, und ich verstehe sie nicht mehr. Das ist doch Zeitverschwendung.« Ray erhielt darauf nie eine befriedigende Antwort. Bei den gemeinsamen Einkaufstouren fuhr er Ming an: »Wie hältst du das nur aus? Du sitzt stundenlang in irgendeinem Loch, nippst an einer Tasse Tee und legst Pausen zwischen den Sätzen ein, ohne daß ein Preis zustande kommt. Und zwei Tage später gehst du wieder hin, und alles beginnt von vorn. Das macht mich verrückt! Damit will ich nichts zu tun haben.«

Doch was er auch sagte, es gelang ihm nicht, seinen älteren Bruder gegen den Vater aufzubringen. Dieses Verhaltensmuster hatte ihr Verhältnis von klein auf geprägt. Als Erstgeborener hatte Ming Anspruch auf Vorzugsbehandlung. Wenn es zu Hause gedünsteten Fisch gab, löste Vater sogar die Bäckchen heraus und reichte sie seinem Ältesten. Ming wurde als künftiger Firmenchef aufgebaut, während Ray nur die Rolle eines nominellen Partners blieb, und das bedeutete viel Arbeit, wenig Geld, keinen Respekt.

Rays Eltern hatten erwartet, daß er den Groll seiner frühen Teenagerzeit überwinden würde. Doch wie sollte er? Die Erinnerungen an seine Kindheit nagten an ihm – die Wutanfälle seines Vaters, die stille Mißbilligung seiner Mutter, der Spott seines Bruders. Im Laden ließ ihn Vater nur Touristen bedienen, niemals die guten Kunden. »Immer nur Frauen, die einen Seidenpyjama für ihren Chauffeur suchen!« haderte er, doch seine Klagen stießen stets auf taube Ohren.

So wie sich Ming und Ray einander entfremdeten, so lebten sich nun auch Fong See und Ticie auseinander. Seit Fong See im Dorf den mächtigen Patriarchen gespielt hatte und als wohlhabender, angesehener Mann durch das Land reiste, hörte er nicht mehr auf Ticies Rat. Sie mußte hilflos zusehen, wie er, gegen ihre Einwände, in Dimtao und in Foshan, der Handelsstadt westlich von Kanton, Immobilien kaufte.

Wenn sie ihn nach dem Grund für diese Erwerbungen fragte, zuckte er nur mit den Schultern und antwortete mürrisch: »Ich will in Foshan ein Hotel. Und ich werde im Dorf ein Haus bauen. Ein großes Haus. Ein Herrenhaus.«

»Suie! Wir leben nicht hier! Wozu brauchen wir in Dimtao ein Herrenhaus, wenn wir in Los Angeles über dem Laden wohnen?«

Dieser Streit war so alt wie ihre Ehe. Hatte Fong See früher jedoch auf ihre Argumente etwas entgegnet, so sah er sie jetzt nur noch verständnislos an. Manchmal hatte sie den Eindruck, er kaufe jeden Tag ein neues Objekt hinzu. »Was sollen wir denn mit einer Korbfabrik?« fragte sie. »Sicher, an Korbwaren verdienen wir gut. Aber der Import hat doch immer reibungslos geklappt. Warum sollen wir uns eine Fabrik aufhalsen?«

»Ich bin der Mann, ich mache die Einkäufe«, gab er zurück.

Da hatte er recht, gewiß. Die Einkäufe hatte immer er getätigt, doch sie hatte die Auswahl getroffen. Sie fühlte sich machtlos gegen ihn. Als Ausländerin, die nur ein paar Brocken der Landessprache konnte, hatte sie in China keinerlei Macht. Sie konnte nur abwarten, was als nächstes passieren würde.

Eines Tages kam er von einem Ausflug zurück und eröffnete ihr, daß er eine Fabrik für Feuerwerkskörper gekauft habe. Die jüngeren Kinder waren begeistert, doch Ticie geriet in Harnisch. »Feuerwerkskörper?« fragte sie aufgebracht. »Wir sind Antiquitätenhändler.«

»Ich kann Feuerwerkskörper verkaufen«, antwortete er erbost.

»Suie, Feuerwerkskörper werden dem Ruf des Ladens schaden.«

Doch er gab nichts auf ihre Meinung. Nach all den Jahren meinte er, ebensoviel zu wissen wie sie, wenn nicht sogar mehr. In China war er ein bedeutender Mann. Er brauchte sie nicht. Ticie faßte seine wiedergefundene Selbständigkeit und seine Überheblichkeit als persönliche Beleidigung auf. Je mehr er in China investierte, desto mehr dachte sie über ihr Leben nach. Fragen, die sie jahrelang unterdrückt hatte, drängten nun mit Macht in ihr Bewußtsein.

Warum wollte er in Dimtao ein Herrenhaus bauen? Warum mußte er vor den Dorfbewohnern unbedingt den großen Mann spielen, seinen Reichtum zur Schau stellen und damit prahlen, wie er auf dem Goldenen Berg ein Vermögen verdient hatte? Und was am ärgerlichsten war: Warum meinte er all diese Dinge tun zu müssen, während sie und die Kinder in Los Angeles immer noch über dem Laden wohnten? Sie versuchte, ihn zu verstehen. Natürlich fühlte er sich den Menschen in Dimtao verpflichtet, weil sie ihm die Reise nach Amerika finanziert hatten. Natürlich konnte er neben Antiquitäten auch kunstgewerbliche Erzeugnisse importieren und damit Geld verdienen. Das hatte er schon immer getan. Gleichwohl merkte sie, wie er sich ihr mit jedem Tag mehr entzog und in die Arme seines Mutterlandes warf.

Dann, als sie schon dachte, er könne sie mit nichts mehr überraschen, eröffnete er ihr: »Eddy bleibt in Dimtao, wenn wir fahren heim. Er kümmert sich um Großmutter.«

»Eddy?« lachte sie. »Er ist erst vierzehn.«

»Vierzehn gutes Alter. Ich mit vierzehn nach Kalifornien.«

Mit allem hatte sie gerechnet, nur nicht damit, daß sie eines ihrer Kinder in dem rückständigen Dorf Dimtao zurücklassen sollte. Sie war zu verblüfft, zu niedergeschmettert, um ein Argument vorzubringen. Sie sagte nur: »Wir können Eddy nicht hierlassen.«

»Eddy bleibt hier.« Fong See erklärte ihr, daß nur Eddy dafür in Frage komme, denn er sei der jüngste. Nach alter Sitte mußte er sich um die Alten – in diesem Fall Shue-ying – kümmern und die Gräber der Ahnen pflegen. Ticie konnte unmöglich an chinesischen Gepflogenheiten rütteln, dennoch schmerzte sie der Gedanke an die bevorstehende Trennung.

Eddy selbst war ihr keine Hilfe. Er sagte, er wolle in China bleiben. Es gefalle ihm hier. Schon in den ersten Tagen in Kanton war Ticie aufgefallen, wie schnell er sich die Sprache aneignete, wie freundlich er zu den Sänftenträgern war und auch dann noch vor Unternehmungslust sprühte, wenn der Rest der Familie erschöpft war und in der drückenden Nachmittagshitze ein Nickerchen machte. Er wollte immer noch mehr sehen. Sie wußte, daß er in Bordelle gegangen war. In dieser Beziehung war er seinem Vater nachgeschlagen und mit vierzehn für so etwas auch alt genug. Das Problem war nur, daß sie ihren Sohn nicht den Geschäften ihres Mannes opfern wollte.

Fong See behauptete zwar, daß Eddy zurückbleiben solle, um für Shue-ying zu sorgen, doch Ticie hatte begriffen, daß er in Wahrheit eine andere Absicht verfolgte. Eddy sollte seine neuen Unternehmungen und Immobilien verwalten. Sie wußte, daß es müßig war, mit Suie darüber zu streiten, denn schließlich war er im selben Alter nach Amerika gekommen, hatte hart gearbeitet, selbst seinen Lebensunterhalt verdient und es zu etwas gebracht. Eddy, in dessen Adern das Blut seines Vaters floß, war jeder Aufgabe gewachsen, die ihm aufgetragen wurde.

Ticies Gespräche mit Suie nahmen einen Ton an, der in ihrer Ehe neu war. Sie sprachen leise und gereizt. »Ich will meinen Sohn bei mir haben. Ich will nicht, daß er hierbleibt und Immobilien verwaltet, die wir sowieso nicht brauchen.«

»Einem Angehörigen kann ich trauen«, antwortete Fong See, als habe er ihr gar nicht zugehört. »Eddy kann ich trauen.«

»Ich habe dir geholfen, viele Verwandte nach Los Angeles zu holen«, fuhr sie fort. »Warum soll ich meinen Sohn hierlassen, wenn Wing, Dai-Dai und die anderen alles Menschenmögliche getan haben, um aus China herauszukommen?«

»Eddy bleibt hier. Geht in Schule. Lernt Chinesisch«, beharrte Fong See.

»Niemals«, entgegnete sie. »Dann kommt eins zum anderen. Zuerst geht er in die Schule, dann schlägt eine Heiratsvermittlerin eine Verlobung vor, und wir verlieren Eddy für immer. Dann bekomme ich ihn nie zurück.«

Als Fong See stur blieb, sagte sie: »Familie ist Familie. Ich lasse nicht zu, daß wir getrennt werden. Wir fahren nach Hause.« Sie erzählte Fong See von ihrer geheimen Reisekasse. »Es steht dir frei, hierzubleiben oder mit uns zu kommen. Wenn nötig, kaufe ich selbst unsere Tickets.«

Im Januar 1920, nach sechsmonatigem Aufenthalt im Ausland, beschloß Ticie, die Reise abzubrechen und nach Hause zu fahren. Sie telegrafierte Ray und Milton, sofort nach Kanton zu kommen, und bestieg gleich nach ihrem Eintreffen mit allen Kindern die Fähre nach Hongkong, von wo sie an Bord der *Nanking* in die Vereinigten Staaten zurückkehren wollte. Fong See beschloß, in China zu bleiben, offensichtlich, um sich um seine Geschäfte zu kümmern.

Erstaunlich ist, wie Ray die Monate in China später verklärte. So erzählte er, er habe zwei »denkwürdige« Jahre in Peking verbracht, »für das Importgeschäft der Familie Antiquitäten gesammelt und Teppiche entworfen« und sei von der »unvergleichlichen Schönheit und zeitlosen Schlichtheit« der alten Einrichtungsgegenstände in den Häusern gebildeter Chinesen »völlig fasziniert« gewesen. Damals in China, so erzählte er Reportern, habe er beschlossen, »den Stil moderner, auf das westliche Leben abgestimmter Möbel mit den imponierenden Vorzügen des Fernen Ostens zu verbinden«.

Eddy sollte für den Rest seines relativ kurzen Lebens bedauern, daß er nicht in China geblieben war. In den folgenden Jahren malte er sich die verpaßten Chancen in seiner Phantasie immer rosiger aus. Doch trotz beruflicher Enttäuschungen und wachsender Unzufriedenheit blieb er immer der »chinesischste« aller Brüder. Bennie hingegen wertete die Reise nach China als Randepisode in einem unkomplizierten Leben, das sonst ganz und gar amerikanisch geprägt war. Ming kehrte mit praktischen Kenntnissen in chinesischer Kunst nach Los Angeles zurück, von denen er ein Leben lang profitieren sollte.

Ticie war auf dieser Reise nach zweiundzwanzig Ehejahren auf Distanz zu Fong See gegangen. Und doch blickte sie keineswegs sorgenvoll in die Zukunft, als sie an jenem Tag im Jahr 1920 an der Reling der Fähre stand. Sie beruhigte sich mit dem Gedanken, daß ihre Meinungsverschiedenheiten mit Suie nur vorübergehender Natur waren und daß ihre Ehe, sobald er nach Hause kam, weitergehen würde wie bisher.

TEIL DREI

KAPITEL 8

PLAYBOYS

1920–1924

Im Jahr 1920 lebten in Los Angeles eineinhalb Millionen Menchen, und täglich wurden es mehr. Allein im August 1919, als die Familie See noch in China weilte, trafen per Eisenbahn, Auto oder Dampfschiff 21 000 Neubürger in der Stadt ein. Und im selben Monat des darauffolgenden Jahres hatte sich diese Zahl bereits verdoppelt. Im Durchschnitt ließen sich in den zwanziger Jahren jeden Tag knapp über 350 Einwanderer im Los Angeles County nieder, von denen einige schon längere Zeit in Amerika gelebt hatten, andere »frisch vom Boot« kamen. Der stete Strom der Zuwanderer verwandelte Los Angeles, das noch um die Jahrhundertwende lediglich eine Fläche von 82 Quadratkilometern umfaßt hatte, bis 1925 in eine wildwuchernde, mehr als 1000 Quadratkilometer große Stadt. In der Rangliste der bevölkerungsreichsten Städte des Landes kletterte Los Angeles vom zehnten auf den fünften Platz, sehr zur Irritation der Bewohner San Franciscos, die ihre Stadt lange Zeit für die wichtigste an der Pazifikküste gehalten hatten.

In den zwanziger Jahren stieg die durchschnittliche Lebenserwartung der Amerikaner auf fünfundfünfzig Jahre. Jede vierte amerikanische Familie kaufte oder verkaufte ein Automobil, und die Ford Automobile Corporation brachte ein Auto auf den Markt, das gerade einmal 290 Dollar kostete. Das Radio kam groß in Mode. Die Frauen schüttelten den Kopf über den ersten Miß-Amerika-Schönheitswettbewerb, beklatschten die Wahl der ersten Senatorin und des ersten weiblichen Gouverneurs, bejubelten die Abenteuer der

Fliegerin Amelia Earharts und begrüßten die Annahme des 19. Verfassungszusatzes.

Ungeachtet dieser radikalen gesellschaftlichen Veränderungen sah man es in Los Angeles nach wie vor nicht gern, wenn die zweitausend Chinesen, die die Stadt als ihre Heimat bezeichneten, die Grenzen von Chinatown überschritten. So waren Chinesen in den öffentlichen Badeanstalten von Bimini oder Brookside nicht zugelassen. (Es sei denn, sie konnten ein ärztliches Rezept vorlegen, und selbst dann war ein solcher Besuch ein gewagtes Unterfangen.) Dieses Mißtrauen beruhte auf Gegenseitigkeit. Viele Chinesen betrachteten die Weißen immer noch als fremde Teufel, von denen verderbliche Einflüsse ausgingen. Als beispielsweise die Schulbehörde eine Zählung der schulpflichtigen Kinder durchführte, zündeten die Bewohner der China Alley Kerzen an und hängten Gebete an ihren Wohnungstüren auf, um sich gegen das Böse zu wappnen, das die mit der Erhebung betrauten Lehrer möglicherweise mitbrachten.

Ming und Ray ließen sich weder von dem in Chinatown verbreiteten Aberglauben anstecken, noch respektierten sie die Grenzen des Ghettos. Die Reise nach China, insbesondere das luxuriöse Leben in Peking, hatte ihren Horizont erweitert. Sie verfügten über einen reichhaltigen Fundus exotischer Geschichten, aus dem sie nach ihrer Rückkehr nach Los Angeles schöpfen konnten. Die beiden ältesten Söhne Fong Sees waren reich, gebildet und sahen blendend aus. Ming hatte ein schmales, glattes Gesicht wie sein Vater und dicht gelocktes Haar wie seine Mutter. Doch alle in der Familie hielten Ray für den hübscheren. Ray hatte volle Lippen, und er neigte dazu, seinen Kopf leicht zu senken und durch seine dichten Wimpern aufzuschauen, was eine unwiderstehlich erotisierende Wirkung hatte.

So wie die beiden sich verändert hatten, so hatte sich auch Los Angeles verändert. Früher, auf der High School, waren sie noch ignoriert, geschnitten und ausgeschlossen worden. Doch als die Rudolpho-Valentino-Filme in die Kinos kamen – *Die vier apokalyptischen Reiter, Der Scheich* oder *Blut und Sand* –, wurde exotische Sinnlichkeit plötzlich Inbegriff männlicher Attraktivität, und davon profitierten Ming und Ray mit ihrem exotischen Aussehen. Sie suchten und fanden Anschluß an die besten Kreise. (Obgleich man ebensogut sagen könnte, daß diese Kreise Ming und Ray suchten und fanden.) Sie wurden in Clubs und Tanzlokale mitgenommen und von kühneren Frauen zum Essen und in ihr Bett eingeladen.

Ray änderte seinen Entschluß, »so schnell wie möglich« aus Chinatown abzuhauen. Zum einen waren weder er noch Ming gezwungen, mit den in ihren Augen rückständigen chinesischen Nachbarn zu verkehren. Zum anderen weilte Fong See noch immer in China, wodurch der Familie seine tyrannische Gegenwart erspart blieb. Folglich konnten die beiden das Geld ihres Vaters verprassen, schicke Autos fahren, teure Klamotten und Geschenke kaufen und ihre neuen Freunde in die Clubs einladen, ohne daß sie genötigt waren, auch nur über einen Cent Rechenschaft abzulegen, sich Standpauken anzuhören oder irgendwelche Anordnungen zu befolgen. Kurz gesagt, sie konnten tun und lassen, wonach ihnen der Sinn stand.

Und doch, hätte Ray angesichts seiner Abneigung gegen seinen Vater Chinatown nicht endgültig den Rücken kehren sollen? Er hätte sich eine Arbeit suchen können, und vielleicht hat er das ja auch getan, zumindest halbherzig. Doch weder er noch Ming *mußten* arbeiten. Alle ihre Bedürfnisse wurden befriedigt, alle ihre Rechnungen bezahlt. Warum sollte sich Ray den Kopf darüber zerbrechen, daß er immer noch in Chinatown lebte, wo er doch die meisten Nächte, in cremefarbene Seidenlaken gehüllt, in den Armen irgendeiner schönen Frau verbrachte, die ihn bereitwillig in ihr Bett ließ?

Es waren die Roaring Twenties. Ray und Ming zerbrachen sich über überhaupt nichts den Kopf. Wenn sie, was selten genug vorkam, tatsächlich einmal arbeiteten, dann nur, um herumzualbern und Spaß zu haben. Während ihre Mutter den Laden in Downtown führte, verbrachten Ray und Ming den Großteil ihrer Tage draußen in Ocean Park, wo sie Antiquitäten versteigerten. In der Karnevalsatmosphäre von Ocean Park wetteiferten die ältesten Sprößlinge der F. Suie One Company mit der Achterbahn, den Tanzsälen und den Badehäusern um die Aufmerksamkeit der zahlreichen Müßiggänger, die sich, ein paar Blocks entfernt, vor allem vor Abbot Kinneys Venice drängten, um die Reize der Madame Fatima, der Schlangenbeschwörerin, und den Mann, der »sie bei lebendigem Leib verschlingt«, zu bestaunen. Fong Sees Söhne schlugen neben dem von italienischen Art-Deco-Gebäuden gesäumten Gehweg ein Verkaufszelt auf. Um Passanten anzulocken, leiteten sie die Auktionen mit einer Vaudeville-Show ein oder verkauften Eintrittskarten zur Besichtigung der ausgestopften Meerjungfrau. Abwechselnd erklommen sie das Podest und versteigerten Antiquitäten und Raritäten. Die Kunden bezahlten mit Hundertdollarscheinen. Das Geld floß so schnell in die Kasse, daß Ming und Ray mit dem Zählen kaum nachkamen.

Ihre Einnahmen, die vor allem in den ersten Jahren dieses kaufwütigen Jahrzehnts beträchtlich waren, sammelten sie tagsüber in einem Glas und hauten sie abends in den Flüsterkneipen, Nachtbars, Countryclubs und Tanzpalästen der Stadt auf den Kopf. Seit die Prohibition in Kraft war, trieben sie sich vor allem in Venice oder Vernon herum, wo man es mit dem Alkoholverbot nicht allzu genau nahm. Manchmal fuhren sie auch hinaus zum Cotton Club in Culver City und mieteten den ganzen Laden für eine Privatparty. Doch nirgendwo waren Milton und Ray besser bekannt als im Vernon County Club, wo alles, was sich für wichtig hielt, verkehrte und am besten Fusel weit und breit berauschte. Sie gaben in dem Club Riesenpartys, engagierten Gus Arnheims Band und machten richtig einen drauf. Im Gegensatz zu den armen Bewohnern von Chinatown, die in ständiger Angst vor diskriminierenden Gesetzen und Schikanen mühsam ihren Lebensunterhalt verdienten, spürten Ray und Ming nichts von dem Rassismus der Zeit. Man akzeptierte sie wegen ihres Aussehens, ihres Geldes und ihrer überbordenden Lebenslust. Ming und Ray hinterließen überall einen bleibenden Eindruck. In ihren eleganten Smokings, das Haar mit Pomade glatt nach hinten gekämmt, gaben sie eine blendende Figur ab. Sie konnten jedes Mädchen am Platz beim Tango oder Shimmy quer über die Tanzfläche schieben und besaßen noch genug Ausdauer, um wieder von vorne zu beginnen. Und im Gegensatz zu den meisten anderen jungen Männern, die ihre Gesprächspartnerinnen mit leeren Redensarten langweilten, schlugen Ming und Ray ihre Zuhörerinnen mit Geschichten über Peking und Shanghai, über Opiumhöhlen und russische Prinzessinnen in ihren Bann.

Dabei entging der Aufmerksamkeit der jungen Damen mit ihren gepuderten Schultern und Strumpfhaltern, die knapp über den Knien hervorsahen, keineswegs, daß diese beiden Männer offenbar in Geld schwammen. Sie fuhren die schnellsten, schönsten und teuersten Automobile, kannten die besten Alkoholschmuggler in der Stadt und im County und sprachen ohne Unterlaß davon, wie sie noch mehr Geld scheffeln konnten. Sie träumten davon, ganz groß ins Immobiliengeschäft einzusteigen, Penthouse-Wohnungen und Häuser aufzukaufen oder einen eigenen Nachtclub zu eröffnen. Auch wenn die Mädchen nicht alles für bare Münze nahmen, so wußten sie doch, daß jemand, der solche Pläne schmiedete, es nicht nötig hatte zu arbeiten. Die beiden Jungs hatten anscheinend einen reichen Daddy, der ihnen alles kaufte. Und davon abgesehen: Welches Mädchen hörte nicht gern zu, wenn ein Mann über Erdöl sprach? Wenn Milton und Ray das Grundstück der Familie am Signal Hill erwähnten, gab es im ganzen County keine einzige junge Frau, die nicht gewußt hätte, daß dort praktisch jeden Tag eine neue Ölquelle entdeckt wurde.
Miltons Karriere als Playboy sollte freilich nur von kurzer Dauer sein. Am 11. Juni 1921 heiratete er auf dem Standesamt von Tijuana die Schauspielerin Dorothy Hayes, die bei Paramount unter Vertrag stand. Wie viele, die in den Prohibitionsgesetzen vor allem eine Aufforderung zu um so hemmungsloserem Alkoholkonsum sahen, trank Dorothy viel zuviel. Da sich auch Ming kaum zurückhielt, waren die ersten Jahre ihrer Ehe ein einziges rauschendes Fest.

Fong See, der immer noch in China weilte und darauf vertraute, daß Ticie sich um das Geschäft in Los Angeles kümmerte, gewöhnte sich allmählich an das Leben eines vornehmen Grundherrn. Jahrelang hatte er seinen Drang, Land zu kaufen, unterdrücken müssen, doch nun stürzte er sich auf diese Aufgabe mit um so größerem Eifer. Die Dorfbewohner in Dimtao waren froh, ihre Lehm- oder Ziegelhütten gegen amerikanische Dollars verkaufen zu können, für die sie beim Umtausch riesige Summen chinesischen Geldes bekamen. Der Grundstückskauf für sein Hotel in Foshan dagegen gestaltete sich erheblich schwieriger. Just auf dem Gelände, das er als Bauplatz auserkoren hatte, stand nämlich ein Tempel des Bu-Sing-Clans, in dem dieser seine mehrere hundert Jahre zurückreichenden Aufzeichnungen aufbewahrte. Schließlich erlagen die Oberhäupter des Clans ihrer eigenen Habgier und verkauften Fong See nicht nur das Grundstück, sondern auch noch die eintausend Tonstatuen, die, so weit man zurückdenken konnte, zu den Reliquien des Tempels gehört hatten. Kaum hatten sich die Clanchefs von den Statuen getrennt, bestürmte sie Fong See, ihm auch die restlichen Reliquien zu verkaufen, namentlich eine große, vielarmige Statue des Gottes Shiva, der in jeder Hand eine Sonne und einen Mond hielt, sowie eine Reihe mit Blattgold überzogener und bemalter männlicher und weiblicher Gipsfiguren aus der Ming-Zeit.

Fong See erwarb zudem alle Schnitzwerke aus dem Tempel, darunter einen sechs Meter hohen Bogen, der hinter dem Hauptaltar stand. Auf dem Bogen aus geschnitztem und vergoldetem Holz waren die Acht Kostbarkeiten abgebildet: die Perle, die Raute, die Münzen, die beiden heiligen Schriftrollen, der Klangstein, die aus dem Horn eines Nashorns gefertigten Becher, der Spiegel und das Artemisiablatt. Ebenfalls eingeschnitzt waren Fledermäuse, die ein langes Leben symbolisierten (Fong See erinnerte sich daran, daß sein Vater getrocknete Fledermäuse benutzt hatte, um Langlebigkeit, gutes Augenlicht und ein allgemeines Empfinden des Wohlergehens und des Glückes zu garantieren), sowie eine Kürbisflasche, die an die Wanderungen Li T'ieh-kuais, eines der Acht Unsterblichen, sowie an Geisterbeschwörung und Mystik erinnern sollte. Daneben gab es noch Phönixe, Hirsche und Tauben – alles Glücksbringer und Symbole für langes Leben und Unsterblichkeit. Alle diese Erwerbungen wurden verpackt und nach Los Angeles verschifft.

Anfang 1921 näherte sich das Grand Hotel Foshan seiner Fertigstellung: ein modernes, vierstöckiges Gebäude in einer Stadt, in der es noch nie ein Hotel gegeben hatte, geschweige denn eines mit Toiletten und Badewannen im westlichen Stil. Fong See ließ es sich nicht nehmen, die Fortschritte auf der Baustelle persönlich zu inspizieren. Als er kurz vor Abschluß der Arbeiten durch den Haupthof ging und die hölzernen Treppen hinaufstieg, die zum Vordereingang des Hotels führten, konnte er die Pracht der Eingangshalle bereits erahnen. Vom Treppenabsatz schwang sich in weitem Bogen der ganz aus geschnitztem Mahagoni gefertigte Empfangstisch bis ans andere Ende des Raums. An jedem Ende der Halle fiel durch deckenhohe Buntglasfenster weiches Licht in den Farben Pekingrosa, Seladongrün und Kaisergelb. Das Fenster an der Vorderseite bot einen Ausblick auf die belebte Straße vor dem Hotel, während das rückwärtige Fenster auf einen Hof hinausging, der eines Tages von hohen Bäumen beschattet und für müde Reisende mit Tischen und Stühlen ausgestattet werden würde. Jenseits des Hofes sah er Arbeiter, die das Gebäude strichen, das er zu seinem Stadthaus auserkoren hatte. Während Fong See durch die ersten drei Stockwerke ging und die schweren Holztüren der Gästezimmer mit ihren Milchglasscheiben inspizierte, nahm vor seinem geistigen Auge das Bradbury Building in Los Angeles Gestalt an, und er wies den Architekten an, auf dem Querbalken über jeder Tür die Zimmernummer anzubringen. In der nach modernsten Maßstäben eingerichteten Küche im vierten Stock sah Fong See der kleinen Armee von Handwerkern zu, die auf dem Boden knieten und Kacheln verlegten. Im benachbarten Shiwan hatte Fong See nach längerem Suchen eine Keramikfabrik entdeckt, die es sich zugetraut hatte, die komplizierten Designs neu zu schaffen, die er in den Villen und großen öffentlichen Gebäuden von Los Angeles gesehen und bewundert hatte. Und so prangten jetzt in jedem Stockwerk des Hotels geometrische Muster auf den Böden, hier ein Stern in Rot, Weiß und Schwarz, dort Bänder in Magenta, Rotbraun und Aquamarin, die sich auf den langen Fluren miteinander verschlangen.

Ein paar Tage später, an einem sonnigen Morgen Ende Januar, ließ sich Fong See in einer Sänfte über die erhöhten Pfade zwischen den Reisfeldern von Foshan nach Dimtao tragen. Schon aus der Ferne konnte er das hohe Dach seiner fast vollendeten Villa ausmachen, das die Schutzmauer von Dimtao überragte. Vor dem Wachhäuschen am Haupteingang seines neuen Besitzes wurde er von seinem Architekten empfangen und in einen geräumigen Hof geführt. Noch war der Hof nur ein mit Bauschutt übersäter Platz, doch bald schon sollte hier ein Garten mit exotischen Pflanzen und Bäumen angelegt werden.

Fong See war mit einer reichen Vorstellungskraft gesegnet. Wenn das Foshan Grand Hotel zu gleichen Teilen den Art-déco-Strömungen Südkaliforniens und dem berühmten Kwangtunger Keramikkunsthandwerk huldigte, so galt das erst recht für seinen Landsitz in Dimtao. Aus dem ganzen Land hatte er Handwerker in das kleine Dorf kommen lassen. Die einen ritzten zarte Wolken- und Drachenmotive in Milchglasscheiben, andere schnitzten Trennwände aus Teakholz, in die die Scheiben eingesetzt wurden, wieder andere entwarfen Designs für exquisite Keramik, die ebenso wie die für das Grand Hotel in Shiwan hergestellt wurde.
Fong See kümmerte sich um jede Kleinigkeit. Selbst die Abflußrohre, die für Architekten wie Arbeiter ein Mysterium waren und deshalb im ganzen Haus offen verlegt wurden, waren mit glasierten Blumengirlanden aus Keramik in den Farben Gelb, Grün, Weiß und Rosa verziert. Über jedem Fenster prangten liebevoll ausgeführte, glasierte Vogelskulpturen, die den Vorbildern in dem eintausend Jahre alten Ahnentempel von Foshan nachempfunden waren, und die Veranda im zweiten Stock war mit dekorativen, emaillierten Landschaften geschmückt. Fong Sees Landsitz würde das erste Haus in der Geschichte des Dorfes sein, das mit Fenstern aus Glas und westlichen Toiletten ausgestattet war.
Fong See stieg in den geräumigen und überdachten Pavillon auf dem Dach hinauf und ließ den Blick über sein Reich schweifen – die Felder in der Ferne, die Ziegel- und Lehmhütten seiner Vettern und die Bauern, die dort unten arbeiteten. Nur eines schmerzte ihn: Seine Mutter würde die Vollendung dieser Anstrengungen – das Ergebnis ihrer eigenen harten Arbeit und der Opfer, die sie gebracht hatte – nicht mehr miterleben. Er hatte vier Männer angestellt, die sie in einen langen Rattansessel hoben und durch das Dorf trugen, damit sie das Haus in Augenschein nehmen konnte. Fong See hatte sich geschworen, bis zum Tod Shue-yings in China zu bleiben. Wenn sie zu ihren Vorfahren zurückkehrte, würde er persönlich berufsmäßige Totenkläger bestellen und das Bankett ausrichten.
Fong See brachte nicht nur Geld und Arbeit ins Dorf, auch durch andere Gefälligkeiten verstand er es, sich die Sympathien der Dorfbewohner zu sichern. Besonders gerne erzählte man in Dimtao, wie

einmal ein Nudelverkäufer ins Dorf gekommen war, als Fong See gerade einen Spaziergang unternahm, und Goldener-Berg-See für alle Dorfbewohner, die zu einem Schwätzchen unter den großen Feigenbaum gekommen waren, Nudeln gekauft hatte. Zum Dank für diese und andere gute Taten beschützten sie Goldener-Berg-See, sooft er in Dimtao weilte. »Er ist ein sehr wichtiger Mann aus dem Bezirk Nam Hoi«, sagten sie zueinander. »Wenn sich jemand nach ihm erkundigt und fragt, ob er Goldener-Berg-See ist, müssen wir es abstreiten.« Jedesmal, wenn die Dorfbewohner seine wahre Identität verleugnet und dadurch eine Bande potentieller Kidnapper von ihrem Vorhaben abgebracht hatten, ließ Fong See ein Festmahl für sie ausrichten. Er sonnte sich in ihrer Wertschätzung und fühlte sich stark und mächtig.

Bevor er wieder aus dem Dorf abreiste, befahl er einem Steinmetz, auf einer Marmorplatte, die über dem Säulenbogen am Eingang eingesetzt werden sollte, einen Segensspruch einzugravieren: »Glückseligkeit kommt durch das Tor.« Außerdem beauftragte er einen Künstler, die Schriftzeichen eines konfuzianischen Verspaars – von denen der eine familiäre Eintracht, der andere familiäres Glück prophezeite – auf Schriftrollen zu malen und diese zu beiden Seiten des Eingangs aufzuhängen. Nur ein Problem blieb, das noch einer Lösung harrte: Wem konnte er das, was er hier aufgebaut hatte, anvertrauen, wenn er nach Amerika zurückkehrte?

Fong See besaß die Villa in Dimtao, das Grand Hotel in Foshan und das Exportgeschäft der F. Suie One Company. Darüber hinaus gehörten ihm mehrere Fabriken, in denen Papierwaren, Feuerwerkskörper, Körbe und Drachen hergestellt wurden. Er hatte dieses Imperium mit dem Schweiß, dem Blut und dem Vertrauen seiner Familie aufgebaut. Es war undenkbar, die Leitung der Geschäfte einem Außenstehenden zu übertragen. Onkel Yun kam eigentlich am ehesten dafür in Frage, doch hatte er erst kürzlich anklingen lassen, daß er mit seiner Position in der F. Suie One Company nicht zufrieden sei. Deshalb hatte Fong See sich für Eddy entschieden, war damit aber auf den entschiedenen Widerstand Ticies gestoßen.

Obwohl inzwischen ein Jahr seit Ticies Rückkehr nach Los Angeles vergangen war, hatte Fong See ihr noch nicht ganz verziehen. Er verstand einfach nicht, warum Eddy nicht in China hatte bleiben können. Er selbst hatte schließlich schon mit sieben in Kanton Streichhölzer verkauft und später, als er so alt war wie Eddy, geheiratet und sich auf den Weg zum Goldenen Berg gemacht. Doch Fong See wußte, daß der Streit zwischen ihm und seiner Frau weit über die Frage hinausreichte, ob Eddy die Geschäfte in China übernehmen sollte. Nach Fong Sees Ansicht war Ticie nicht nur ungehorsam und respektlos, sie weigerte sich auch, ihn als den Menschen zu sehen, der er geworden war. Er war nicht länger ein junger Chinese, der versuchte, in einem fremden Land seinen Weg zu gehen. Nach Jahren des Kampfes in Los Angeles hatte er begriffen, daß seinem Erfolg in Amerika immer Grenzen gesetzt sein würden. In China dagegen konnte er es so weit bringen, wie er wollte, konnte er sein Geld so einsetzen und seinen Einfluß so geltend machen, wie er es für richtig hielt. All das, wovon er in Los Angeles geträumt hatte, konnte er hier erreichen. Hier war er Goldener-Berg-See – Grundbesitzer, Exporteur und Dorfvorsteher. Doch wenn er diese Position behaupten wollte, brauchte er Hilfe.

Ohne Blutsverwandte in China, auf die er sich verlassen konnte, verfiel Fong See auf den Gedanken, Ming mit einem Mädchen aus einer tüchtigen Familie zu verheiraten. Durch eine Heiratsvermittlerin erfuhr er von der sechzehnjährigen Ngon Hung, deren Name »rotes Gesicht« bedeutete. Sie wohnte in dem Dorf Nam Bin in seinem Heimatbezirk Nam Hoi und verdiente sich ihren Lebensunterhalt mit der Herstellung von Feuerwerkskörpern. Jede Woche holte sie in einer Fabrik dickes, rotes Papier ab, trug es nach Hause und rollte daraus mit der Anmut, die nur durch unablässige Wiederholung entsteht, dicke Hülsen, die sie auf einer Seite verschloß. Die Hülsen gab sie bei ihrem nächsten Besuch in der Fabrik wieder ab, wo sie von Arbeitern mit Schwarzpulver gefüllt, mit Zündschnüren versehen und verkapselt wurden.

Ngon Hung war das einzige Kind der Witwe Fong Guai King, der ein ausgeprägter Geschäftssinn, Klugheit und Umsicht nachgesagt wurden. Und diese Eigenschaften muß sie tatsächlich besessen haben, denn nachdem Fong See die Witwe aufgesucht hatte, beschloß er, ungeachtet der Tatsache, daß sie eine Frau mit gebundenen Füßen

war, seine zahlreichen Interessen in ihre Hände zu legen. Schnell war ein Brautpreis für Ngon Hung ausgehandelt, und alles, was Fong See jetzt noch brauchte, war ein Bräutigam.
Keiner von denen, die heute noch am Leben sind, vermag sich genau an die damaligen Vorgänge zu erinnern, und auch die schriftlichen Zeugnisse sind, wie so oft, wenn es um Täuschungsmanöver geht, alles andere als eindeutig. Einer Version der Ereignisse zufolge wurde Milton nach China bestellt und nach seiner Ankunft von seinem Vater an das Schicksal der chinesischen Junggesellen in Los Angeles erinnert und daran, was sie nicht alles unternähmen, um eine Frau zu finden. Doch die Vorstellung, ein Bauernmädchen zu heiraten, gefiel dem Playboy Milton, der nicht nur eine Vorliebe für schnelle Autos, sondern auch für leichtlebige Mädchen hatte, ganz und gar nicht. Milton lehnte ab. Um nicht das Gesicht zu verlieren, heiratete Fong See das Mädchen, das, so wollte es die Tradition, ihren zukünftigen Ehemann erst in der Hochzeitsnacht zu sehen bekam. Statt eines jungen und hübschen Bräutigams, wie versprochen, bekam Ngon Hung einen alten und runzeligen Mann mit grauem Haar, der unablässig über Hautausschläge klagte.
Daß in dieser Version der Geschichte an keiner Stelle von Miltons Eheschließung mit Dorothy Hayes die Rede ist, deutet darauf hin, daß man in der Familie See die chinesische Tradition pflegte, sich eine Stadtfrau und eine Landfrau zu nehmen. Gleichwohl kehrte Milton, wie aus den Akten der amerikanischen Einwanderungsbehörde hervorgeht, weder 1921 noch 1922 nach China zurück. Erst 1925 reiste er wieder nach China, und es ist nicht ausgeschlossen, wenn auch sehr unwahrscheinlich, daß Fong See selbst zu diesem späten Zeitpunkt, nachdem Ngon Hung ihm bereits eine Tochter geschenkt hatte, noch hoffte, Milton mit dem Mädchen verheiraten zu können. Und in der Tat gibt es eine andere Version der Geschichte, der zufolge Milton bei dieser Chinareise eine zweite Frau heiraten *wollte*, das Vorhaben aber am Brautpreis scheiterte.
Die glaubwürdigste Version ist, daß Ticie eines Tages im Laden stand und sich über Onkel Yuns seltsames Verhalten wunderte, nachdem er einen Brief von Fong See erhalten hatte. Sie bat ihn, ihr den Brief zu übersetzen, doch er weigerte sich. Seit Jahren hatten sie Seite an

Seite gearbeitet, hatte Ticie die englischen und Onkel Yun die chinesischen Bücher geführt. »Du bist eine gute Frau«, soll er ihr geantwortet haben. »Du hast dich an seiner Seite abgeplagt und ihm geholfen, reich zu werden.« Er schrieb an seinen Bruder und bat ihn, die Heirat mit dem Mädchen rückgängig zu machen. »Ticie war dir immer eine gute Frau. Und du hast Mutter versprochen, daß sie immer deine Frau Nummer eins sein würde. Du kannst keine bessere Frau als Ticie finden.« Das mochte zwar stimmen, dennoch konnte er sich nicht dazu durchringen, Ticie über den Schritt ihres Mannes zu unterrichten.

Doch irgendwie sprach sich in Chinatown herum, was Fong See getan hatte. Von denen ausgestreut, die den Mächtigen Schaden wünschten, gingen Gerüchte von Mund zu Mund, von Laden zu Laden. Jennie Chan, Sissees alte Freundin, muß eine gewisse Häme empfunden haben, als sie dem Mädchen, das mit seinem Reichtum geprotzt, sie ins Kino eingeladen und Süßigkeiten für sie gekauft hatte, die Neuigkeit unter die Nase rieb. »Wie ich höre, hat sich dein Vater eine andere Frau genommen«, sagte sie. »Jedermann in Chinatown weiß das.« Sissee wußte es nicht, und genausowenig der Rest ihrer Familie. Schließlich stahl Ticie den Brief, den Fong See an seinen Bruder geschrieben hatte, und ließ ihn sich von einem Briefeschreiber übersetzen. So erhielt sie den endgültigen Beweis dafür, daß ihr Mann ein weiteres Mal geheiratet hatte. Ticie tobte, und Onkel Yun versuchte, sie zu beruhigen: »Du darfst dein Herz nicht verschließen. Sei nicht so stur.« Doch wie Fong See, so schlug auch Ticie seinen Rat in den Wind.

Jahrelang wurde diese dritte Heirat innerhalb der Familie als eine rein geschäftliche Übereinkunft betrachtet. Heute jedoch, da viele Verwandte gestorben sind und die moralischen Wertvorstellungen sich gewandelt haben, ist die Familie von dieser Auffassung abgerückt. »Mein Großvater ist seiner Laune gefolgt, einen anderen Grund hatte er nicht«, glaubt mein Vater Richard. »Er war nichts anderes als ein lüsterner alter Mann.« Sumoy, die jüngste Tochter Fong Sees und Ngon Hungs, glaubt, daß ihre Mutter als jüngere »Cousine« oder »Nichte« in die Vereinigten Staaten kam, nicht als Ehefrau. »Meine Mutter war eine schöne Frau, und das war ihre

Chance, nach Amerika zu kommen«, sagt Sumoy. »Sie war überrascht, daß mein Vater sie zur Frau nahm, aber sie war nicht entsetzt. Ihr war gesagt worden, daß dieser Mann sich um sie und ihre Mutter kümmern würde, daß sie keine Not leiden würde.«

Sumoy glaubt, daß Fong See die Heirat dazu benutzt hat, seinen Status zu untermauern. »Mein Vater war erfolgreich, und er wollte der Welt zeigen, daß er sich eine junge Frau nehmen konnte. Er wollte beweisen, daß er immer noch Kinder zeugen und für sie aufkommen konnte. Eine Frau aus China zu heiraten und sie in der chinesischen Tradition zu halten, gab ihm ein neues Gefühl der Stärke.« Zu Fong Sees Heirat mit Ticie bemerkt Sumoy: »Sie hatte vier Söhne, und allein die Tatsache, so vielen Söhnen das Leben geschenkt zu haben, gilt in einer chinesischen Familie als eine große Leistung. Daß die beiden sich gegen widrigste Umstände behauptet haben« – gegen das Verbot von Mischehen und gegen die rassistische Haltung von Chinesen und Weißen –, »beweist, daß sie eine starke Liebe verbunden haben muß.«

Anfang 1921 heiratete Fong See, damals schon Mitte Sechzig, die sechzehnjährige Ngon Hung, ein schönes Mädchen mit hohen Wangenknochen und einer makellosen Haut. Innerhalb der vorgeschriebenen Zeit gebar Ngon Hung eine Tochter, deren Name Jong Oy (Tiefe Liebe) dem von Sissee (Jun Oy oder Wahre Liebe) auffallend ähnlich war. Kurze Zeit später reichte Ticie die Scheidung ein. Nach Shue-yings Tod und ihrer Beerdigung im Frühjahr 1922 verließ Fong See China. Nach seiner Ankunft in Los Angeles im Mai 1922 suchte Fong See den ehemaligen Söldner Richard White auf und bat ihn um Rat. White empfahl ihm einen Anwalt. Zwei Jahre später wurde der Ehevertrag mit Ticie außer Kraft gesetzt, ohne daß dafür eine formale Scheidung notwendig gewesen wäre, denn nach amerikanischem Recht waren die beiden niemals verheiratet gewesen. Der Grundbesitz in La Habra und Long Beach wurde aufgeteilt, wobei Ticie die bessere Hälfte bekam. Dafür verzichtete sie auf alle Ansprüche auf den Besitz in China, und Fong See verpflichtete sich, für Sissees Unterhalt fünfundzwanzig Dollar pro Monat an sie zu zahlen.

Fong See behielt das Geschäft in der Los Angeles Street Nr. 510 und benannte es in Fong See On Company um. Von jetzt an wollte er unter Fong, seinem eigentlichen Nachnamen, firmieren. Ticie schloß einen Laden, den sie in Pasadena neu eröffnet hatte, und nahm den Großteil der Waren, darunter die wertvollsten Antiquitäten, aus den beiden Läden in Pasadena und in Chinatown mit. Fong See blieben Waren im Wert zwischen 50000 und 80000 Dollar. Schließlich, um den Bruch komplett zu machen, zog Ticie mit ihren Kindern aus Chinatown in das Geschäft an der Ecke Seventh und Kip Street in Downtown, einen Block östlich der Figueroa Street. Der Laden behielt den Namen F. Suie One Company.

Obwohl Fong See häufig nach China reiste und Ngon Hung besuchte, mußte sie mehrere Jahre warten, bis sie den ihr zustehenden Platz an der Seite ihres Mannes auf dem Goldenen Berg einnehmen konnte. 1924 erließ die Regierung der Vereinigten Staaten ein neues Einwanderungsgesetz, den sogenannten »Second Exclusion Act«. Das Gesetz, das darauf abzielte, die Einwanderung von Japanern zu unterbinden, erlaubte zwar einen praktisch unbegrenzten Zuzug von Iren, Italienern und Polen, setzte für Chinesen aber eine Quote von jährlich 105 Einwanderern fest. Während europäische Immigranten dazu ermutigt wurden, ihre – nicht auf die Quote angerechneten – Frauen mitzubringen, wurde die Einwanderung von Frauen aus Japan, China, Korea und Indien vollständig ausgesetzt. Dies galt sogar für die Frauen von US-Bürgern. (Außerdem verlor, unabhängig vom Geschlecht, jeder amerikanische Bürger, der einen chinesischen Bürger heiratete, die amerikanische Staatsangehörigkeit.) Da als Folge des Gesetzes bis 1930 kaum noch eine Chinesin nach Amerika einreisen konnte, verschlechterte sich das ohnehin schon unausgewogene Verhältnis zwischen Männern und Frauen in den Chinatowns noch weiter. Im Chinatown von Los Angeles kamen auf eine Frau zehn Männer.

Am 20. Dezember 1927 schließlich hatte Fong See es geschafft: Das amerikanische Konsulat in Kanton stellte Ngon Hung eine Einreiseerlaubnis aus. Zwei Wochen später, am 3. Januar 1928, ging sie an Bord der SS *President McKinley*, und am 28. Februar, so geht aus den Aufzeichnungen der Einwanderungsbehörde hervor, betrat sie mit ihrem Sohn Fong Ming Chuen auf dem Arm in San Francisco amerikanischen Boden. Bis auch Jong Oy die Erlaubnis zur Einreise in die Vereinigten Staaten erhielt, sollten noch mehrere Jahre vergehen. Die Einwanderungsbehörde stieß sich daran, daß sie bereits 1921, also vor Fong Sees Scheidung von Ticie, das Licht der Welt erblickt hatte. Fong See hatte sich so lange als verheirateter Mann ausgegeben, daß es ihm nun verständlicherweise schwerfiel, den Beamten die Existenz seiner neuen Familie zu erklären. Wenn er sich erst 1924 von seiner amerikanischen Frau hatte »scheiden« lassen, wie konnte er dann bereits 1921 von einer anderen Ehefrau eine Tochter bekommen haben? Und wenn Jong Oy ein Adoptivkind war, wie Fong See behauptete, welchen legitimen Grund konnte er dann dafür anführen, sie in die Vereinigten Staaten nachzuholen? Es dauerte bis zum 22. Oktober 1932, bis die Eltern Jong Oy in Los Angeles in die Arme schließen konnten.

Ticie wird sich in den deprimierenden Wochen und Monaten nach der Entdeckung, daß ihr Mann ein sechzehnjähriges Mädchen geheiratet hatte, kaum für Statistiken, Aus- und Einreisezeiten und Akten der Einwanderungsbehörde interessiert haben. Nicht daß sie zum ersten Mal von ihrem Mann getrennt gewesen wäre. Fong See war mehr als einmal ohne sie nach China gereist und in den Vereinigten Staaten oft wochen- und monatelang von einer Messe zur anderen gefahren. Doch niemals hätte sie damit gerechnet, daß er sich eine andere Frau nehmen würde. Natürlich, da war Yong gewesen, seine erste, noch unberührte Frau, doch Yong hatte ihm nichts bedeutet. Deshalb hatte Ticie sich auch keine Sorgen gemacht, als Suie monatelang fortblieb und aus den Monaten schließlich ein Jahr wurde. Er muß sich um seine Geschäfte kümmern, hatte sie sich immer wieder selbst beruhigt. Sobald das Hotel in Betrieb ist, wird er nach Hause kommen, und alles nimmt wieder seinen gewohnten Gang.
Ticie hatte es nicht glauben können, als Sissee mit verweinten Augen und völlig verstört nach Hause kam und ihr von den Gerüchten erzählte, die im Viertel kursierten. Selbst als ihr der Übersetzer den Brief ihres Mannes an seinen Bruder vorlas, glaubte sie es noch nicht wirklich. Und als sie über die Marchessault Street zurück in den Laden ging, trug sie den Kopf hoch und überhörte geflissentlich die Grüße, die ihr Nachbarn auf der Straße zuriefen.

Natürlich hätte sie die neue Frau einfach ignorieren können. Zu Sissee sagte sie sogar: »Was kann ich daran ändern? In China gehört das eben dazu. Wenn sich ein reicher Chinese mehrere Frauen nimmt, so gilt das als standesgemäß.« Yong hatte sie niemals ernst genommen, doch als Ngon Hung ihr erstes Kind bekam, konnte sie die Rivalin nicht länger ignorieren. Ticie blieb keine andere Wahl, als soviel wie möglich aus den beiden Läden einzupacken und zusammen mit den Kindern auszuziehen.
In der ersten Nacht nach ihrer Flucht, als sie in ihrem Zimmer über dem neuen Laden in der Seventh Street lag und an die Decke starrte, wurde sie sich ihrer neuen Lage voll bewußt. Welch eine Schande! Wie konnte sie ihren Nachbarn und Freunden noch in die Augen sehen? Sie schämte sich, mit einem Bigamisten verheiratet zu sein, vor allem aber war sie wütend: Wie hatte er es nur wagen können? Sie empfand einen brennenden Schmerz. Sie warf die Decken zur Seite, wälzte sich im Bett und konnte doch keine Ruhe finden. Schließlich stand sie auf und wanderte ziellos durch die Zimmer im ersten Stock, dann durch die mit Antiquitäten vollgestellten Gänge unten im Erdgeschoß. Die Gedanken überschlugen sich in ihrem Kopf. Was sollte sie tun? Was *konnte* sie tun? Was hätte sie anders machen können?
Ohne Antworten auf diese Fragen finden zu können, stürzte sich Ticie in die Arbeit. Sie war so damit beschäftigt, ihre persönliche Habe aufzuräumen und die Waren auszupacken und in Regalen zu verstauen, daß sie ihre Gefühle eine Zeitlang vergaß. Schließlich wich der Schmerz, der anfänglich in ihr gebrannt hatte, einem Kummer, der sie niemals mehr verlassen sollte. Dabei mußte sie weiter für ihren Lebensunterhalt sorgen und härter arbeiten als jemals zuvor.
Als kluge Geschäftsfrau wußte Ticie, daß sie nicht nur einen großen persönlichen Verlust erlitten hatte – sie hegte keine Hoffnung, jemals wieder von einem Mann geliebt zu werden –, sondern auch einen herben geschäftlichen Rückschlag. Die Leute waren zur F. Suie One Company gekommen, um Fong See zu sehen, der immer für eine denkwürdige Darbietung gut gewesen war. Fong See wußte die Kunden mit Witzen und Temperamentsausbrüchen zu unterhalten. Nicht daß Ticie den Rassismus, der sich hinter dieser Faszination

verbarg, übersehen hätte. Die Kunden fanden es amüsant, wie sich Fong See – in dem Gefühl, daß ihm als Ehemann einer Weißen und Vater halbweißer Kinder nichts passieren konnte – vor ihnen als ganzer Mann aufspielte. Damit war es jetzt endgültig vorbei. Ming und Ray waren sich zu schade, den Kunden Theater vorzuspielen.

Da Ticie fünf Menschen zu versorgen hatte, ihr gesichertes Monatseinkommen aber nur fünfundzwanzig Dollar betrug, blieb ihr keine andere Wahl, als die Antiquitäten zu verkaufen, die in dem neuen Laden lagerten. Ironischerweise eröffnete ihr gerade die Trennung von Fong See die Möglichkeit, ihren alten Traum zu verwirklichen, die F. Suie One Company allein durch die Qualität ihres Angebots zum Erfolg zu führen. Sie nahm Ming und Ray fest an die Kandare und sorgte dafür, daß sie ihren extravaganten Lebensstil zügelten. Sie brauchte die beiden an ihrer Seite, mußte wissen, daß sie selbst für ihren Lebensunterhalt aufkommen konnten. Und sie war auf ihre Hilfe angewiesen, wollten sie nicht alle Gefahr laufen, im Armenhaus zu landen. Vor allem aber durfte sie vor ihren jüngeren Kindern keine Schwächen zeigen.

Nach der Scheidung der Eltern versuchten die Kinder, sich vom Einfluß ihres Vaters frei zu machen. Ohne sein Geld waren sie nicht mehr die privilegierten Sprößlinge des reichsten Mannes in Chinatown, sondern nur noch junge Leute, die besser aussahen als der Durchschnitt und auf eigene Faust versuchen mußten, sich außerhalb von Chinatown zu behaupten.

Gleichwohl bemühte sich Sissee, die 1921 zwölf Jahre alt wurde und somit nur vier Jahre jünger als ihre neue Stiefmutter war, den Kontakt zu ihrem Vater nicht abreißen zu lassen. Immer wieder besuchte sie ihn in Chinatown, bis er sie eines Tages anfuhr: »Warum bist du gekommen?«

»Um dich zu sehen, Pa«, antwortete sie.

»Was willst du?« beharrte er.

»Ich will überhaupt nichts von dir«, erwiderte Sissee und schüttelte den Kopf, so daß ihr die langen Ringellocken über die Schultern nach hinten fielen. »Ich komme nicht hierher, weil ich um ein Almosen betteln will.« Damit drehte sich das sonst so schüchterne und zurückhaltende Mädchen um und marschierte aus dem Laden.

Welchen Sinn hat es noch, dachte sie im Hinausgehen, ihn zu besuchen, wenn er mir sowieso nur einen Tritt in den Hintern gibt? Früher hätte sie vielleicht noch Jennie Chan ihr Leid klagen können, doch wie sagte ihre alte Freundin einige Jahre später: »Aus den Augen, aus dem Sinn. Wir wußten einfach nicht mehr, wie wir miteinander reden oder Erfahrungen austauschen sollten.«

Unterdessen eroberten die vier Jungen, vom strengen Regiment ihres Vaters befreit, neue Freiräume. Die beiden jüngsten, Eddy und Bennie, waren gerade dabei, ihren Abschluß an der Polytechnic High School zu machen. Bennie war größer und stärker als Eddy, der gutmütig und etwas linkisch wirkte, aber dennoch voller Tatendrang steckte. Zwischen den beiden herrschte eine offene Rivalität, die nirgendwo deutlicher wurde, als wenn es um ihre Autos ging. Fong See hatte sich zwar aus Chinatown zu Wort gemeldet und gesagt: »Gib nicht alles nur den beiden älteren Jungen. Du mußt das Geld gerecht aufteilen.« Doch leider zeigte er nach wie vor keine Bereitschaft, seine Forderung mit mehr als den fünfundzwanzig Dollar zu untermauern, die für Sissee reserviert waren. Folglich konnten sich Bennie und Eddy keine eleganten Autos leisten, wie sie ihre älteren Brüder und ihr Vater vorzogen, und verlegten sich statt dessen auf aufgemotzte Model Ts von Ford. Das Model T war ein vergleichsweise schlichtes Auto, und tatkräftig unterstützt von deutschen Mechanikern, die Rennautos bauten, lernten Eddy und Bennie schnell, wie man den Wagen leichter machte, indem man schwere Metallteile ausbaute.

Die beiden Jungen lieferten sich viele Rennen. Auf ebener Strecke war Bennie schneller, doch am Berg hatte Eddy stets die Nase vorn. Eddy machte sich einen besonderen Spaß daraus, die Polizei abzuhängen. Zuerst fuhr er den Beamten davon, dann hielt er an und plauderte mit ihnen. Wenn sie ihn fragten, was er mit dem Wagen angestellt habe, und von ihm verlangten, die Motorhaube zu öffnen, verbrachte er die nächste halbe Stunde unweigerlich damit, ihnen zu erklären, wie er den Motor frisiert hatte. Von einem Strafzettel war dann meist keine Rede mehr.

Während Bennie und Eddy mit ihren Autos die Gegend unsicher machten, halfen Ming und Ray ihrem Vater trotz ihres gespannten

Verhältnisses zu ihm, Zelte für Automobilausstellungen zu dekorieren. Fong See war im Lauf der Jahre ein richtiger Autonarr geworden. Seit längerem sammelte er die Prospekte der Automobilhersteller und war über die neuesten Modelle stets gut informiert. Er hatte Kontakte zu den Vertretern der großen Hersteller geknüpft, und seit er die Autosalons ausstattete, konnte er vorab einen Blick auf die neu auf den Markt kommenden Modelle werfen und den einen oder anderen Wagen für Ming und Ray kaufen. Die Dekoration war immer dieselbe: Ming und Ray schlugen die Zelte mit Wandteppichen aus, hängten spanische Fransentücher auf, stellten Dads »Schnapsidee« und andere Bronzegefäße auf und engagierten Tanzgirls mit tiefgegürteten Hemdkittelkleidern und Stirnbändern, die an den Nachmittagen für Unterhaltung sorgten.

Die finanzielle Abnabelung von ihrem Vater hatte den für die Roaring Twenties typischen Optimismus Rays und Mings nicht erschüttern können. Sie waren zuversichtlich, es auch auf eigene Faust zu schaffen. Überzeugt, daß sich die Seventh Street zur Hauptverkehrsader der Stadt entwickeln würde, überredete Ray seine Mutter dazu, an der Ecke Seventh und Bixel Street, nur ein paar Blocks von ihrem neuen Laden entfernt, ein Grundstück zu pachten, auf dem sie ein zwölfstöckiges Haus (die gesetzliche Obergrenze) errichten wollten. Die Laufzeit des Vertrags betrug 89 Jahre. Die Pacht hätte sich in diesem Zeitraum auf insgesamt 3655000 Dollar belaufen, die Baukosten für das Gebäude wurden mit 500000 Dollar veranschlagt. Das Erdgeschoß mit fast zwölf Metern Straßenfront, in dem Ray den Hauptsitz der F. Suie One Company unterbringen wollte, sollte mit asiatischen Stilelementen versehen werden. Das aus Peking herangeschaffte Marmorportal eines Lamaist-Tempels sollte als Eingang und Blickfang dienen. Für das Innere waren ein Miniaturtempel und ein Sonderraum für chinesische Antiquitäten vorgesehen, und in einem separaten Innenhof wollte Ray Verkaufsflächen für Gartenmöbel und dekorative Außenausstattungen schaffen. Ferner beabsichtigte die Familie, neben dem gesamten Kellergeschoß auch die beiden obersten Stockwerke selbst zu nutzen, wo sie sich private Penthouse-Wohnungen einrichten wollte. Doch trotz umfangreicher Planungen und der Tatsache, daß das Projekt sogar auf der Titelseite der *Los Angeles Times* Erwähnung fand, verlief die Sache im Sand.

Statt dessen eröffneten Ming und Ticie an der Ecke Los Robles und Green in Pasadena einen neuen Laden, und Ray übernahm die Leitung der Filiale in der Innenstadt. Von allen Kindern war Ray am meisten über die Scheidung verbittert, auch wenn er nach wie vor Geschenke von seinem Vater annahm. Der Bruch hatte aber auch seine gute Seiten. Zum ersten Mal in seinem Leben hatte Ray ein Ziel vor Augen: Er wollte seiner Mutter helfen, die Familie zusammenzuhalten. Und er war bereit, alles zu tun, um dieses Ziel zu erreichen. Besonders gern arbeitete er mit den Filmstudios zusammen.

Der Verleih von Dekorationen für Autoausstellungen und von Kostümen und Requisiten an Theatertruppen hatte quasi zwangsläufig Geschäfte mit Hollywood nach sich gezogen. Manchmal war der Laden an der Ecke Seventh und Kip praktisch leergeräumt – alles, von kleinen Haarspangen über Teppiche bis zu den großen Schnitzereien des Bu-Sing-Tempels, war verliehen. Für die erste Woche stellten Ray und Ming zehn Prozent des geschätzten Verkaufswerts eines Gegenstands in Rechnung, danach sprang die Leihgebühr auf fünfzig Prozent. Und es kam oft vor, daß die Studios die Requisiten ein oder zwei Monate behielten. Obwohl die F. See On Company und Tom Gubbins Asiatic Costume Company, die sich im selben Block wie Fong Sees Laden in Chinatown befand, einen Teil der Aufträge ergatterten, verdiente die F. Suie One Company praktisch an jedem Film mit chinesischen Motiven, der von den zwanziger Jahren bis heute gedreht wurde.

Mary Louie, das Mädchen, das während der Grippeepidemie im Laden ausgeholfen hatte und später übernommen wurde, bekam in dieser Zeit einiges zu sehen. Sie erlebte mit, wie Ray und Milton ein flottes Leben führten und mit ihrer Clique herumzogen, wie herausgeputzte Frauen in den Laden kommen und den Jungen, vor allem Milton, eindeutige Angebote machten, und wie Ray diese Frauen beim Wort nahm, bis er schließlich Leona Blade kennenlernte und in Mexiko heiratete, um die Sache »legal« zu machen. So gut aussehend Ray war, so unattraktiv war Leona, die sich, wie Mary bemerkte, nur selten fotografieren ließ.

Es schien, als habe die Familie das Trauma der Scheidung nicht nur überlebt, sondern auch überwunden. Ming und Ray setzten ihr ausschweifendes Leben fort, fuhren schnelle Autos, hatten Affären und scherten sich einen Teufel um die Prohibition. Wenn Mary Louie in den Laden an der Seventh Street kam und den Raum aufschloß, in dem sich der Safe befand, um Hut, Handschuhe und Handtasche abzulegen, stolperte sie mehr als einmal über den am Boden liegenden Ray. Sie rief dann immer in Pasadena an, und eine Stunde später betrat eine aschfahle Ticie den Laden. Während Ray sich den Brummschädel hielt und schwor, nie wieder einen Tropfen Alkohol anzurühren, schnappte sich Ticie seine Flaschen – für die Rays Schwarzhändler fünfzehn Dollar pro halbem Liter kassierte – und goß ihren Inhalt ins Klo. Manchmal, wenn Ray und Mary gerade nicht aufpaßten, ließ sie aber auch eine Flasche in ihrer Handtasche verschwinden. So glatt die Dinge an der Oberfläche zu laufen schienen, hin und wieder mußte sie ihren Kummer ertränken.

In all den Jahren, die Stella Copeland mit ihren arbeitsuchenden Eltern herumgezogen oder von einem Verwandten zum anderen weitergereicht worden war, wäre ihr nicht im Traum eingefallen, daß sie eines Tages in eine chinesische Familie einheiraten würde. In Waterville hatte sie zwar schon von Chinesen gehört, als das Gerücht umging, daß einige ein Restaurant im Ort eröffnet hätten. Doch die Vorhänge an den Fenstern des Restaurants waren immer vorgezogen, und Stella hatte nie von jemandem gehört, der tatsächlich dort gegessen hätte. Als das Restaurant dann schloß, wußte sie immer noch nicht, ob es tatsächlich Chinesen betrieben hatten oder ob die ganze Sache nicht doch nur ein Gerücht gewesen war. Und natürlich hatte sie von den Chinesen gehört, die bei Wenatchee am Columbia River nach Gold geschürft hatten, bis sie aus der Stadt gejagt worden waren. Wie hatte einer der Alten gesagt: »Als die Chinesen schließlich verschwanden, war nicht einmal mehr Gold genug übrig, um den Zahn einer Wanze zu füllen.« Ihrer Ansicht nach hieß das, daß Chinesen sehr gründliche Menschen waren.
Das erste Mal, als Stella einen Chinesen mit eigenen Augen sah, war sie sechs Jahre alt und reiste gerade mit ihren Eltern durch British

Columbia. Sie erinnerte sich, wie sie im ersten Stock des Gasthauses aus dem Fenster sah und auf der Straße zwei Weiße erblickte, die einer alten Chinesin über die Straße halfen. Die Füße der Frau waren so winzig wie die eines Kleinkinds, und wie ein Kleinkind wankte sie auch vorwärts. »So sehen die Füße aller heidnischen Chinesinnen aus«, erklärte ihre Mutter später. »Die Männer binden ihren Frauen und Töchtern die Füße zusammen, um ihnen die Knochen und den Willen zu brechen. Dann gehorchen die Frauen.« Danach sah Stella keinen Chinesen mehr, bis sie nach Los Angeles kam.

Als Großmutter Copeland starb, war Stella klar, daß es nur noch eine Frage der Zeit war, bis die anderen nicht mehr wußten, was sie mit ihr anfangen sollten. Sie konnte ihren Eltern nicht überallhin folgen – und wenn sie ehrlich war, gefielen ihr nicht einmal mehr die Sommer auf der Farm –, und jeder Verwandte im Ort hatte sie schon mindestens einmal bei sich aufgenommen. Schließlich wurde sie, gerade mal fünfzehn Jahre alt, zu ihrer Tante Cora, der Schwester ihres Vaters, nach Los Angeles geschickt.

Tante Cora war, nachdem sie geheiratet und einen Sohn bekommen hatte, mit ihrem Mann nach Denver gezogen, und alles sah danach aus, als sollte sie ein schönes Leben haben. Doch dann starb ihr Mann an Lungenentzündung, und ein halbes Jahr später war auch das Baby tot. Tante Cora ging nach Los Angeles und fand einen Job auf Cawstons Straußenfarm, wo sie Federn sortierte und mit den schönsten Hüte schmückte. Später machte sie sich selbständig und eröffnete einen Laden für Damenhüte. Das einzige Problem war, daß Tante Cora an Tuberkulose litt und daß es kein zuverlässiges Heilmittel gegen diese Krankheit gab. Stella malte sich aus, wie ihre Verwandten zusammengekommen waren und beschlossen hatten, sie zu Cora zu schicken.

Und warum auch nicht? Mit zehn war Stella schon einmal in Los Angeles gewesen. Allerdings konnte sie sich nur noch daran erinnern, daß sie Heimweh nach Waterville gehabt hatte. Sie hatte gehört, daß man bei Cawstons die Strauße nicht nur züchtete, sondern auch auf ihnen ritt. Und dann gab es da noch diesen anderen Ort – irgendeine Löwenfarm oder so etwas –, wo ein Verrückter auf diesen Biestern ritt und Leute dafür bezahlten, daß sie ihm dabei zusehen durften. In Los Angeles, so hatte Tante Cora geschrieben, blühten das ganze Jahr über Blumen. Es sei so sonnig dort, daß in einer Stadt namens Pasadena – Cora versprach, sie ihr zu zeigen – die Leute an Silvester hinausgingen, alle Blumen pflückten, die sie finden konnten, und eine Rosenparade abhielten, die auf der Welt ihresgleichen suchte. In Stellas Augen waren all diese Geschichten nur erfunden. Sie hielt sie für einen Trick, sie für Los Angeles zu begeistern, damit sie nicht mitbekam, was wirklich los war.

Als Stella Ende 1920 in Los Angeles eintraf, konnte sie nicht mehr verstehen, warum sie solche Angst gehabt hatte. Ja, sie hatte Waterville geliebt, aber das Aufregendste, was sie dort erlebt hatte, waren die Kriegsjahre gewesen, und selbst die waren nicht sonderlich aufregend gewesen. Die Einwohner waren geschlossen zum Bahnhof gezogen, um die Soldaten zu verabschieden. Die Mädchen hatten Waschlappen für die Jungs gestrickt. Manche kamen zurück, manche nicht. Das war alles. Jedes Jahr, wenn die Schule anfing, waren ein paar Jungs wieder da, ein paar andere tot. Was an ihrem fünfzehnten Geburtstag in Waterville los gewesen war, verdiente kaum eine Erwähnung: Eine Abordnung von Bürgern der Stadt war nach Ephrata gefahren, um mit Hatfield, dem Regenmacher, zu sprechen. Die Apfelbäume in den Plantagen unten in Wenatchee waren von einer Krankheit befallen und rollten ihre Blätter zusammen, der Weizen stand hoch, brauchte aber noch Regen, und drüben im Nifty lief der Film *Eye for Eye* mit Nazimova in der Hauptrolle. Das war alles. Was Los Angeles anging, stellten sich Stellas Befürchtungen als unbegründet heraus. Alles, was Tante Cora und die anderen über die Straußenfarm, die Löwen, die Badehäuser und die Blumen erzählt hatten, stimmte. Eine Zeitlang kam ihr alles wie verzaubert vor, und ein Teil von diesem Zauber blieb an Stella hängen. Zu ihrem sechzehnten Geburtstag bekam sie von Tante Cora eine lacklederne Handtasche und einen Ring mit zwei Perlen, bei weitem die extravagantesten Geschenke, die ihr jemals gemacht worden waren. Dann gewann sie mit einer Zeichnung von Sarah Bernhardt einen Malwettbewerb und kam in die Zeitungen.

Jeden Tag entdeckte Stella etwas Neues. Auf den Straßen sah sie die unterschiedlichsten Menschen – reiche und arme, braune und schwarze und alle denkbaren Zwischenstufen. Jeden Tag fuhren Stella und Tante Cora mit der Straßenbahn von dem Wohnheim für alleinstehende Frauen am Wilshire Boulevard zu Coras Hutsalon. Und jeden Tag sah Stella aus dem Fenster, beobachtete die Passanten auf der Straße und hielt Ausschau nach der weißen Frau – der mit dem kastanienbraunen, hochgesteckten Haar – und dem chinesischen Mädchen mit den Ringellocken und Füßen, die eine ganz normale Größe hatten. Jeden Tag stellte sie sich dieselben Fragen. Wer waren die beiden? Warum sah man sie immer gemeinsam? Und warum hatte das Mädchen keine gebundenen Füße?

Später sah sie noch mehr Chinesen, allerdings unter etwas bedrohlicheren Umständen. Sonntags gingen Stella und Cora mit Bess Mayland und Ann Annette Hagen ins Bimini-Badehaus. Tante Cora kannte Bess und Ann Annette aus der Zeit, als sie gemeinsam auf Cawstons Farm gearbeitet hatten. Inzwischen hatte jede ihren eigenen Laden. Die eine verkaufte Hüte, die andere Handschuhe, die dritte Kleider. Alle drei waren jung und ungebunden – Cora war verwitwet, die anderen beiden hatten nie geheiratet. Nach dem Baden fuhren sie mit der Straßenbahn zurück in die Innenstadt. Meistens gingen sie nach Chinatown, wo man billig essen konnte.

»Bleibt zusammen und paßt auf, daß ihr nicht getrennt werdet«, mahnte Tante Cora ihre Freundinnen, als sie die Plaza überquerten und sich in der Marchessault Street einen Weg durch die Menge bahnten. »Wir wollen doch nicht, daß eine von uns von Mädchenhändlern gekidnappt wird.« Da Stella in Waterville einen Roman nach dem anderen verschlungen hatte, wußte sie, daß so etwas tatsächlich passieren konnte.

Während sie im finstersten Teil von Chinatown eine ungepflasterte Straße entlanggingen und nach einem Restaurant suchten, in dem sie für zehn Cent eine Schüssel dieser merkwürdigen Nudeln bekamen, warnte Bess Mayland Stella: »Damit du es weißt, das hier ist eine verruchte Gegend. Voll von unanständigen Mädchen, die unanständige Dinge tun. Es ist ja eigentlich nichts für deine Ohren, aber wenn du eine von ihnen berührst, holst du dir eine Krankheit, die dir die Geschlechtsteile wegfaulen läßt.«

Natürlich geschah nichts dergleichen. Sie bekamen ihr Essen und

stocherten darin herum. Wenn sie nach Chinatown gingen, wußten sie nie, wo sie landen würden. Einmal gerieten sie in ein Straßenfest und kauften ein paar Nippsachen, einen Fächer und eine Papierlaterne. Ein andermal begegneten sie einem Leichenzug, der sich von allem unterschied, was Stella jemals zuvor gesehen hatte. Er erinnerte sie eher an eine Art Festumzug. Die Leute trugen große Fotografien des Verstorbenen vor sich her, und alle waren ganz in Weiß gekleidet. Die Menschen klagten und jammerten, als ob sie sonst nichts zu tun hätten, und die Feuerwerkskörper, die überall explodierten, ließen Ann Annette und Bess überrascht zur Seite springen.
Stella wußte, daß es so nicht weitergehen würde. Tante Coras Tuberkulose wurde immer schlimmer. Stella versuchte zwar zu helfen, ging ihr im Laden zur Hand und pflegte sie, wenn sie, was immer öfter passierte, im Bett bleiben mußte. Doch bald ging es Cora so schlecht, daß ein Arzt kommen und die Flüssigkeit aus ihrer Lunge absaugen mußte. Der Ausfluß wurde in einen Eimer geleitet. Wenn Stella den Eimer ausspülte, blubberte der Inhalt wie etwas Lebendiges. Cora wurde immer schwächer und verlor zusehends an Gewicht. Als sie starb, wog sie nur noch fünfzig Pfund.
Das war 1922, und wieder einmal wurde Stella von Haus zu Haus weitergereicht. Zuerst wohnte sie bei Großmutter Huggins, die drüben an der Towne Avenue in einem neuen Haus lebte. Dann zogen ihre Eltern nach Redlands, einer Stadt östlich von Los Angeles, und Stella wohnte eine Zeitlang bei ihnen. Dann wurde sie bei ihrem Cousin Vernon und seiner neuen Frau Ida einquartiert, die am Glassell Park, einen Steinwurf von Downtown entfernt, als Hausangestellte arbeiteten. Mit ihrer kleinen Tochter Dorothy teilte sich Stella ein Zimmer. Sie besuchte die Polytechnic High School und verdiente sich ihren Lebensunterhalt damit, daß sie auf Dorothy aufpaßte, als Kindermädchen arbeitete und Teppichmuster entwarf.
Stella hatte eine Schwäche für die Kunst. Das war auch Tante Cora nicht entgangen, und so hatte sie vor ihrem Tod ihren Bruder beauftragt, dafür zu sorgen, daß Stella eine Kunstschule besuchen konnte. Stella bewarb sich bei Otis und Chouinard. Während sie auf einen Bescheid wartete, ging sie zum Potboiler's Club, den Sigurd Russell, der Sohn des Schauspielers Edmund Russell, ins Le-

ben gerufen hatte. Die Presse nannte den Club ein »Zentrum der Kunstbegeisterung, des Austausches und der genialen Schöpferkraft«. Und genauso empfand es auch Stella. Zu jeder Tages- und Nachtzeit saßen Leute im Club, tranken Kaffee und malten, und Samstag abends wurde getanzt. Nicht daß Stella sich jemals auf die Tanzfläche gewagt hätte, aber es gefiel ihr, dabeizusein. An den Sonntagen organisierte Sigurd Russell Vorträge, und einmal im Monat trafen sich die Mitglieder und führten ein Theaterstück auf. Die Potboilers, wie sie genannt wurden, unterhielten eine Künstleragentur, ein Tauschbüro und gaben sogar eine eigene Zeitung namens *Art for Art's Sake* heraus. Stella lernte in dem Club eine Menge interessante Leute kennen, samt und sonders Künstler und Bohemiens, und sie fing an, sich als eine von ihnen zu betrachten.

Dann, bevor sie wußte, wie ihr geschah, verliebte sie sich. Den Tag, an dem es geschah, vergaß sie nie: Es war bei der Abschlußfeier der Polytechnic High School im Jahr 1924.

Natürlich war er ihr bereits in Mrs. Stoniers Kurs für Gebrauchsgraphik aufgefallen. Jeder konnte sehen, daß Eddy See Chinese war, auch wenn sein schwarzes Haar einen Stich ins Braune hatte und nicht glatt herunterhing, sondern wild in alle Richtungen abstand. Irgendwie unterschied er sich von den Leuten in Chinatown, die stets zu Boden blickten und es nicht wagten, einem direkt ins Gesicht zu schauen. Eddy schien vor gar nichts Angst zu haben. Wenn er sprach, hörten alle zu und lachten. An der Schule kursierte sogar das Gerücht, daß er mit Mr. Preston, dem Direktor, befreundet sei. Wenn Eddy keine Lust auf den Unterricht hatte, so hieß es, ging er hinunter in Prestons Büro, schlüpfte zusammen mit dem Direktor aus dem Fenster und blieb für den Rest des Tages unauffindbar. Als Eddy sie fragte, ob sie Lust hätte, ihn zu seinem Picknick am Abschlußtag zu begleiten, war sie sprachlos. Warum um alles in der Welt sollte er mit einer wie ihr ausgehen wollen? Zum Teufel, sie konnte ja nicht einmal tanzen.

Eddy holte sie mit seinem Auto ab. Sie hatte zwar schon zuvor Model Ts gesehen, und einmal war sie sogar in einem mitgefahren, aber so eines war ihr noch nie untergekommen. Eddy hatte die Innenverkleidung herausgerissen und durch geflochtene Strohmatten ersetzt, die sie irgendwie an Strohkörbe erinnerten. Die Matten stammten, wie er ihr erzählte, von den Philippinen. Doch am meisten überraschte sie, wie schnell der Wagen fuhr.

»Ich habe ihn frisiert«, erklärte er ihr, während sie einen Hügel hinaufbrausten. »Mein dritter Bruder hat den gleichen. Seiner ist zwar schneller, aber nicht so schön wie meiner.«

Stella hatte keine Ahnung, wovon er sprach.

»Meine älteren Brüder stehen mehr auf protzige Autos«, fuhr Eddy fort. »Du weißt schon, Packard, Stutz und so weiter. Da kann ich nicht mithalten. Pa kauft ihnen jedes Jahr ein neues Auto. Bennie und mir macht es mehr Spaß, das Letzte aus unseren Autos herauszukitzeln. Noch ein paar Verbesserungen, und ich hänge alle ab.«

Eigentlich hätten sie den Rest der Klasse am Strand treffen sollen, doch sie kamen niemals dort an. Eddy behauptete, er sei versehentlich falsch abgebogen, nach links statt nach rechts. Und vielleicht stimmte das sogar, aber Stella fiel es schwer, ihm zu glauben. Immerhin war er hier aufgewachsen, und selbst sie wußte, wie man ans Meer gelangte – einfach in die Richtung fahren, aus der die frische Brise wehte. Doch wenn sie ehrlich war, machte es ihr gar nichts aus. Bald schon nämlich traten die schäbigen Häuser, die den Osten von Los Angeles säumten, zurück, und sie kamen auf eine staubige, ungeteerte Straße, die in die Wüste hinausführte. Es war die Zeit, in der die wilden Blumen blühten, und sie fuhren durch ein Meer von knallroten Mohnblüten, in dem hier und da lavendelblaue Lupinen aufleuchteten. An einem Palmenwäldchen hielten sie an, breiteten eine Decke auf dem Boden aus und öffneten den Picknickkorb, den Eddys Mutter gepackt hatte. Sie hatte ihnen Sandwiches gemacht und von den Brotscheiben die Kruste abgeschnitten. Das beste aber war der Tausend-Schichten-Kuchen aus der Elite Bakery. Als Tante Cora noch gelebt hatte, war sie manchmal zu Elite gegangen und hatte Petits fours gekauft. Sie waren köstlich gewesen, nur leider viel zu klein. Nur einmal, an Stellas Geburtstag, hatte sie eine große Torte mit nach Hause gebracht. Stella hatte das Gefühl gehabt, in ein Stück Himmel zu beißen – tausend hauchdünne Creme- und ebenso viele Teigschichten. Jetzt hatten Stella und Eddy ihre eigene Tor-

te, und irgendwie hatte sie das Gefühl, das müsse etwas bedeuten, doch sie wußte nicht genau, was.
Sie blieben den ganzen Nachmittag dort, aßen, lachten und sahen zu, wie der trockene Wind durch die Palmwedel über ihnen strich. Stella beschränkte sich darauf, Eddy zuzuhören. Sie mochte den Klang seiner Stimme, und es schien ihm nichts auszumachen, daß sie kaum etwas sagte. Und was die Sache mit Direktor Preston anging, das stimmte! Eddy machte sich tatsächlich mit ihm durch das Fenster davon, wenn ihn die Schule langweilte.
»Für die Schule habe ich nicht viel übrig«, sagte Eddy. »Ich war in China, ich habe die Chinesische Mauer gesehen. Das Leben, Stella, das ist nicht die Schule.«
Stella sagte, daß sie ihn verstehe. Auch sie wisse, wie das Leben jenseits dieser Stadt mit ihren Straßenbahnen, Hochhäusern und hupenden Automobilen aussehe. Sie spürte ein Verlangen, ihm von den Sommern zu erzählen, die sie auf Farmen verbracht hatte, von ihrer Mutter und ihrem Küchenwagen, von ihrem Vater, der, wenn er betrunken war, Prügeleien angezettelt hatte, und davon, daß Menschen, die sie liebte, auf die furchtbarste Weise umzukommen schienen. Doch Stella schwieg und lauschte Eddys Geschichten über chinesische Mädchen, die ihr Augenlicht verloren, weil sie ihre Tage damit zubrachten, den verbotenen Stich zu machen, von seinen großen Brüdern, die vor den roten Mauern der Verbotenen Stadt um Teppiche gefeilscht hatten, von Männern und Frauen, die für ein paar Cents verbotene Dinge taten – Gott sei Dank ging er darauf nicht näher ein.
Ein paar Tage später lud er sie zu sich nach Hause zum Essen ein. Ida half Stella, Bänder um ihre Brüste zu wickeln, damit sie, wie es damals Mode war, ganz flach erschienen. Während Stella die Locken in ihrem Haar ausbürstete, gab Vernon ihr kluge Ratschläge mit auf den Weg. Das war typisch Vernon. Er ermutigte sie, wo er nur konnte. Sie wußte, daß Vernon und Ida, die selbst gegen den Willen ihrer Eltern geheiratet hatten, sie ins Herz geschlossen hatten, und sie spürte ihr Wohlwollen, wenn sie von Eddy erzählte.
»Die Sache kann so oder so enden«, schloß Vernon, als Eddys Wagen in die Hofeinfahrt einbog. »Aber egal, was die anderen sagen, Ida und ich stehen zu dir.«

Eddy nahm den Weg über die staubigen Straßen durch Glassell Park und über den Los Angeles River, wo die geteerten Straßen anfingen. Überrascht stellte Stella fest, daß sie an Chinatown vorbei und auf der Figueroa Street stadtauswärts fuhren. An der Ecke Seventh und Kip hielt er vor einem Gebäude an, das, wie sie einem Schild entnahm, die F. Suie One Company beherbergte. Das Gebäude sah ganz und gar nicht wie ein Wohnhaus aus, und für einen Moment fragte sie sich, ob sie nicht einen großen Fehler begangen hatte. Was, wenn seine Familie eine Bande von Mädchenhändlern war, wie die, vor denen Tante Cora sie immer gewarnt hatte? Eine Glokke schrillte, als sie den Laden betraten, und Eddy rief: »Ich bin's nur.«

Stella folgte ihm und betrat eine andere Welt. Ein schwerer Geruch nach Moschus hing in der Luft. Einen Moment lang meinte sie, die Besinnung zu verlieren. Vor ihr lag ein langgestreckter dunkler Raum, und es kam ihr wie eine Ewigkeit vor, bis sich ihre Augen an das schummerige Licht gewöhnt hatten. Und als sie die Konturen um sich herum wahrnahm, wagte sie keinen Schritt mehr, so vollgestellt war der Raum. Was sie sah, berührte sie auf eine seltsame Weise. Das dunkle Holz der mit Schnitzereien verzierten Truhen schien sie dazu einzuladen, mit den Händen darüber zu streichen. Ihre Augen tanzten über Schnitzereien, die an den Wänden befestigt waren und vom Boden bis zur Decke reichten. Statuen von Göttern und Göttinnen, viele größer als sie selbst, starrten sie an, manche freundlich, andere ernst und mißbilligend.

»Ich möchte dir meine Schwester – alle nennen sie Sissee – und meine Mutter vorstellen«, sagte Eddy.

Das Mädchen mit den Ringellocken! Und hinter ihr, die Frau mit einem Gesicht, wie man es sich sanftmütiger nicht vorstellen konnte.

»Das ist also das Mädchen, von dem mein Sohn die ganze Zeit gesprochen hat«, sagte Eddys Mutter lächelnd und reichte Stella die Hand. Ihre Worte fluteten über Stella hinweg, kühl, ruhig und sanft. Sie faßte Stella bei der Schulter und führte sie durch die engen, gewundenen Gänge in den rückwärtigen Teil des Ladens und dann die Treppe hinauf in die Wohnung der Familie.

Bald darauf trafen die anderen Mitglieder der Familie ein: Bennie mit seiner Freundin Bertha Wertheimer, Ray mit Leona und schließlich Dorothy, die alleine kam, weil Ming geschäftlich unterwegs war. Eddy hatte ihr bereits von Dorothy erzählt. »Sie ist eine atemberaubende Schönheit«, hatte er gesagt. »Muß sie auch sein, schließlich arbeitet sie drüben bei Paramount. Ming hat sie in einem Nachtclub kennengelernt.« Solche Menschen kannte Stella bislang nur aus Zeitschriften.

Stella bemühte sich, Ray sympathisch zu finden. Er wirkte sehr erwachsen und selbstsicher und sah mit seinen verträumten Augen und vollen Lippen aus wie ein Filmstar. Doch Stella hatte schon vor langer Zeit gelernt zu erkennen, ob jemand sie mochte oder nicht. »Wir wollen, daß Eddy Medizin studiert«, war das erste, was Ray zu ihr sagte. »Damit dir das von vornherein klar ist.« Eddy hatte nie etwas von einem Medizinstudium erwähnt, doch darum ging es auch gar nicht. Ray fand Stella nicht sympathisch, und sie fand ihn nicht sympathisch.

Während Ticie sich um das Essen kümmerte, nahmen die anderen auf den Stühlen mit den hohen Rückenlehnen Platz, die um den langen Holztisch in der hell erleuchteten Küche standen. Stella bemerkte, daß auf dem Tisch Eßstäbchen lagen, aber keine Gabeln. Als sie nervös mit den Stäbchen herumhantierte, zeigte ihr Bennie, wie man sie handhabte. »Wir benutzen sie so«, sagte er, nahm die Stäbchen in die Hand und schob sie wie Strohhalme in den Mund, »und trinken unsere Suppe damit.« Als die Suppe aufgetragen wurde, nahm Stella die Eßstäbchen in den Mund und versuchte – natürlich vergebens –, die Suppe zu trinken. Alles lachte, und Bennie am lautesten.

Stella spürte, wie sie errötete, und war den Tränen nahe. Doch dann ergriff Ticie das Wort: »Ihr Jungs hört jetzt sofort auf, das arme Mädchen so aufzuziehen.« Ungläubig registrierte Stella, daß sie tatsächlich aufhörten, Witze zu reißen, zumindest für eine Weile. Als alle Speisen auf dem Tisch standen, setzte sich Ticie neben Stella und zeigte ihr, wie man die Stäbchen hielt.

Das Essen war, gelinde ausgedrückt, ungewohnt. Immer wieder pickten Eddy oder seine Mutter mit ihren Stäbchen etwas aus den Schüsseln auf dem Tisch und ließen es in Stellas Teller fallen. Was konnte sie anderes tun, als es zu essen? Niemand klärte sie darüber auf, was da auf ihrem Teller lag, und sie hielt es nicht für angebracht, danach zu fragen. Das Essen schmeckte ihr, mehr oder weniger. Das grüne Zeug erinnerte sie irgendwie an Seife – an *gute* Seife –, und auch diese schwammigen weißen Würfel und diese runzeligen braunen Dinger, die in einer braunen Soße schwammen, schmeckten auf eine ungewohnte Weise gut. Bevor die Mahlzeit zu Ende war, hatte sie sogar gelernt, wie man den Reis aß: Man führte die Schüssel an die Lippen und schaufelte sich die Körner mit Hilfe der Stäbchen in den Mund.

Und sie lernte noch mehr. Sie waren keine »Chinamen«, sondern Chinesen.

»Wenn die Leute uns so nennen«, erklärte Ticie, »dann ist das so, wie wenn man einen Farbigen ›Nigger‹ nennt.« Stella wunderte sich, daß Eddys Mutter »uns« sagte, als sei sie ebenfalls eine Chinesin. Doch wieder wagte sie es nicht, nachzufragen. Stella erfuhr auch, daß die gebundenen Füße »Goldlilien« genannt wurden, und Ticie setzte ihr auseinander, daß die Füße chinesischer Frauen nicht gebunden würden, um sie ihren Ehemännern gefügig zu machen, sondern weil die Chinesen von alters her glaubten, daß gebundene Füße anmutig seien und das Auge erfreuten. Doch seit der Gründung der Republik sei alles anders: Die Männer schnitten sich die Zöpfe ab, und die Frauen lösten die Bänder von ihren Füßen.

Auf der Heimfahrt ließ Stella den Abend Revue passieren. Sie hatte niemals zuvor eine richtige Familie erlebt – eine Familie, in der sich alle zum Abendessen versammelten, sich gegenseitig aufzogen, in der sich einer um den anderen kümmerte. Und dieser Laden, er hatte sie hypnotisiert und in seinen Bann geschlagen – womit? – mit etwas Verbotenem, mit einem Zauber. Was auch immer es war, eines wußte sie ganz sicher: Nie zuvor war sie an einem schöneren und geheimnisvolleren Ort gewesen, und sie würde alles in ihrer Macht Stehende tun, damit sie für immer an diesem Ort bleiben konnte.

KAPITEL 9

DIE ENTFÜHRUNG

1925–1928

Fong Sees Trennung von seiner weißen Frau sorgte in Chinatown für Gesprächsstoff. Doch in diesen Jahren geschah noch vieles – Gutes wie Schlechtes –, was die Bewohner der Enklave in Atem hielt. Die Elektrizität hielt ihren Einzug, Straßen wurden asphaltiert und Gehwege angelegt. An jeder Ecke boten sich neue Gelegenheiten. 1922 wurde Y. C. Hong, der als Dolmetscher für die Einwanderungsbehörde arbeitete, als erster Chinese in die Anwaltskammer aufgenommen. Zwei Jahre später spielte Anna May Wong, die Tochter eines Wäschereibesitzers, in dem Film *Der Dieb von Bagdad* ein spärlich bekleidetes Sklavenmädchen, womit sie einerseits in Chinatown einen Skandal auslöste, andererseits den Grundstein für das Klischeebild der chinesischen Frau als Puppe und Vamp legte, das rund um die Welt Eingang in die erotischen Phantasien der Männer fand.

In diesen Jahren öffnete sich Chinatown immer mehr westlichen Einflüssen. 1924 beschloß die chinesische Chamber of Congress von Los Angeles auf einer Sondersitzung, endlich etwas gegen den schlechten Ruf zu unternehmen, den die Enklave bei den Weißen hatte. Man kam überein, den Tourismus in Chinatown zu fördern und den Bezirk für Frauen sicher zu machen, einerlei ob sie nun in Begleitung oder allein unterwegs waren. Die versammelten Geschäftsleute versprachen, »das Rowdytum der aus der Unterschicht stammenden weißen Besucher in Chinatown« einzudämmen, und luden alle Kalifornier zum chinesischen Neujahrsfest ein.

Zwei Jahre später sprach ein Lehrer der Macy-Street-Grundschule in Chinatown bei der Southern Pacific Railroad vor, in deren Besitz der alte Teil Chinatowns östlich der Alameda Street übergegangen war, und schlug vor, auf dem Gelände, auf dem früher die Ställe der Gemüsehändler gestanden hatten, einen Spielplatz anzulegen. Die Eisenbahngesellschaft stimmte zu, und jung und alt kam heraus und half, den Schutt wegzuräumen, Steine fortzuschleppen und das Gelände einzuebnen. Nach seiner Fertigstellung lockte der Spielplatz Apablasa die Kinder aus Chinatown mit einem Sandkasten, Klettergangen, Rutschen, Schaukeln und einem Sportplatz.

Im darauffolgenden Jahr gründeten ein paar Burschen der Brethren Chinese Church ein chinesisches Baseballteam und tauften es auf den Namen Low Wa, was soviel bedeutete wie die »Chinesischen Eulen«. Obwohl japanische Geschäftsleute fast zwanzig Baseballmannschaften unterstützten und diverse Weinkellereien und Brauereien mehrere mexikanische Teams sponserten, wollten die chinesischen Kaufleute kein Geld zuschießen. Sie konnten nicht verstehen, wie man sich einer so nutzlosen Beschäftigung wie Sport hingeben konnte, wo es doch soviel wirkliche Arbeit zu tun gab. Die Folge war, daß die Chinesischen Eulen keine einheitlichen Trikots besaßen. Einige Spieler erstanden sie in Secondhandshops, andere verlegten sich darauf, Stück für Stück eine vollständige Kluft anzuschaffen.

Vielleicht war es diese Aufbruchsstimmung, die Onkel Yun inspirierte, als er 1923 bei Fong See vorsprach. »Ich würde mich gerne selbständig machen, aber dazu brauche ich deine Erlaubnis.« Fong See, der respektierte, wie hart sein Bruder für ihn gearbeitet hatte, willigte ein. »Ich werde dir immer treu ergeben bleiben«, erklärte Fong Yun dankbar. Am 1. Mai 1923 eröffnete er in der West Seventh Street Nr. 807, einen Block von Ticies neuem Geschäft entfernt, einen eigenen Laden. Wie in Chinatown damals üblich, gründete auch Fong Yun eine Personengesellschaft mit vier Scheinpartnern. Sein einziger echter Teilhaber in der Fong Yun Company war der Mann seiner toten Schwester, Jun Quak. Beide steckten zweitausend Dollar in das Unternehmen, genug, um sich vor den Einwanderungsbehörden als Kaufleute zu legitimieren. Unglücklicherweise war Onkel Yun kein Geschäftsmann vom Kaliber seines Bruders.

Onkel Yun hatte ein »rein weißes Viertel« als Standort für seinen Laden ausgewählt und begann, wie Ticie, Requisiten und Bühnendekorationen an die Filmstudios zu verleihen. Einer seiner besten Kunden waren die Goldwyn Studios. Ein- oder zweimal die Woche schaute ein Agent vorbei und lieh Teppiche, Stickereien, Wandschirme, Porzellan und Möbel aus. Wie wenig kaufmännisch Fong Yun dachte, zeigte sich beispielsweise daran, daß er dem Studio einmal einen Wandschirm im Wert von 7000 Dollar für lächerliche 150 Dollar die Woche verlieh. Kurz zuvor hatte Goldwyn Fong See noch 10000 Dollar für die Ausstattung einer Straßenszene bezahlt. Die Miete, die Fong Yun für seinen Laden bezahlte, belief sich auf schwindelerregende 450 Dollar im Monat und fraß seine Einnahmen auf. Wieviel das war, wird klar, wenn man weiß, daß Fong See für sein Geschäft an der Los Angeles Street gerade einmal 65 Dollar Miete entrichtete. 1924, im absoluten Boomjahr in der Geschichte der Stadt, hatte Fong Yun Waren im Wert von 30000 Dollar in seinem Geschäft stehen, setzte 17000 Dollar um und fuhr einen Verlust von 1750 Dollar ein.

Bereits ein Jahr später mußte Fong Yun seinen Laden wieder schließen. Sein Scheitern beruhte auf dem verhängnisvollen Zusammenwirken mehrerer Faktoren: seiner Neigung, allzuviel und zu häufig an seine Familie in China zu denken, der exorbitant hohen Miete und seiner zuvorkommenden Art, die ihm bei Verhandlungen schlechte Dienste leistete. Wieder einmal mußte Fong Yun seinen älteren Bruder um Hilfe bitten. Fong See übernahm das Geschäft, und Fong Yun stand noch tiefer in der Schuld seines Bruders.

Trotz Fong Yuns Fehlschlag beschlossen zwei von Fong Sees »Partnern«, sich selbständig zu machen. Wing Ho, der viele Jahre lang den Laden in Long Beach geführt hatte, zahlte seinen Gönner aus, und im Branchenverzeichnis von Long Beach trat an die Stelle der »F. Suie One – Raritäten« die Firma »Wing's Chinese Art«, die mit Bronzen, Messingwaren, Cloisonné, Jade und Seide handelte. Der falsche Fong Lai holte sich eine Ehefrau aus China herüber und eröffnete mit ihrer Hilfe im Bogengang des Jergins Trust Building in Long Beach ein Geschäft für chinesische Kunst. Inspektoren der Einwanderungsbehörde monierten zwar, daß der Laden nur zwölf auf fünfzehn Fuß groß sei, lobten aber die moderne Einrichtung und das »reichhaltige Angebot an Vasen, Keramik und Seidenwaren aller Art, Raritäten, Toilettenartikeln, Schuhen, Sandalen, Artikeln aus Holz, Decken und praktisch allem, was in vergleichbaren Geschäften geführt wird«. Fong Sees »Partner« hatten ihre Lektion gelernt.

Nach dem Weggang Wing Hos und Fong Lais mußte Fong See einen weiteren Rückschlag einstecken, von dem sich sein Unternehmen nie mehr ganz erholen sollte. Seit er erstmals den Fuß auf den Goldenen Berg gesetzt hatte, jagte er dem Erfolg nach. Sein Traum war ein zutiefst »amerikanischer« Traum. Fong See strebte nach Geld, Macht, Respekt, einer Frau und Kindern, die ihn liebten. Im Jahr 1919, als er zu seiner Chinareise aufgebrochen war, hatte er sich noch sagen können, daß sein Traum in Erfüllung gegangen sei. Dann aber, in China, sah er sein Leben in einem ganz neuen Licht. War er, so fragte er sich, nach amerikanischen Maßstäben wirklich reich? Konnte er sich dort niederlassen, wo es ihm beliebte? Hatte er in seiner Wahlheimat wirklich Einfluß? Kümmerten sich die *Amerikaner* darum, was er dachte? Respektierten ihn seine weißen Kunden wirklich, oder war er für sie nur ein »amüsanter Chinese«? Hatten seine Frau und seine Kinder ihm jemals die Hochachtung erwiesen, die ihm zustand? Fragen über Fragen, die er immer nur mit einem Nein beantworten konnte.

Aufgewühlt, das bisher Erreichte in Zweifel ziehend, erlag er dem Zauber seiner alten Heimat, und sein amerikanischer Traum verwandelte sich in einen chinesischen. All das, wonach er sich sehnte – Respekt, Reichtum, Macht –, in China konnte er es erringen. Doch für seine voreilige, entweder aus geschäftlichem Kalkül oder fleischlicher Lust getroffene Entscheidung, Ngon Hung zur Frau zu nehmen, mußte er teuer bezahlen. Fong See verdankte einen großen Teil seines Erfolgs dem Umstand, daß er mit einer Weißen verheiratet war, die den Kunden ein Gefühl der Vertrautheit vermittelte. In einem 1921 geführten Interview etwa äußerte Ticies langjähriger Freund Richard White die Ansicht, sie sei der eigentliche »Kopf des Unternehmens«. Ticie überwachte und lenkte alle geschäftlichen Vorgänge, und die Kenntnisse, die sie dabei erworben hatte, nahm sie mit in die Seventh Street. Fong See bemühte sich zwar, den Verlust, der durch ihren Weggang entstand, wettzumachen, indem er mit Helen Benjamin eine neue weiße Mitarbeiterin anstellte und ihr auch ein gutes Gehalt bezahlte – einhundert Dollar im Monat –, doch es war einfach nicht dasselbe. 1926 mußte Fong See der Einwanderungsbehörde erstmals einen Verlust von zweitausend Dollar aus seinem Kunsthandel melden. Obwohl er versicherte, diesen Verlust durch künftige Gewinne ausgleichen zu können, nahm die Behörde diesen geschäftlichen Rückschlag zum Anlaß, sein Unternehmen genauer unter die Lupe zu nehmen. Nach seiner Rückkehr von einer kurzen Chinavisite im selben Jahr wollte sie von Fong See plötzlich die Geburtsdaten aller seiner Kinder wissen. Zwar konnte er alle der Reihe nach mit ihren chinesischen Namen aufzählen – von seinem ältesten Sohn Ming bis zu seiner jüngsten Tochter Jong Oy –, doch konnte er sich beim besten Willen an keinen einzigen Geburtstag erinnern. Er brauchte volle zwei Monate, bis er die geforderten Angaben endlich zusammen hatte. Fong See hoffte, seine neue Frau so schnell wie möglich nach Amerika holen zu können. Das Zusammenleben mit ihr, so hoffte er, würde wie ein Jungbrunnen auf ihn wirken und verhindern, daß er sich in einen vergeßlichen Greis verwandelte.

Onkels Yuns Haushalt in Dimtao umfaßte fünf Kinder, eine Säugamme und zwei Dienerinnen, darunter auch Lui Ngan Fa, die sich um die jüngeren Kinder kümmerte und Hausarbeiten verrichtete. Die Familie bewohnte Shue-yings altes Haus, das zwar nicht mit dem Haus Fong Sees vergleichbar war, in dem jetzt Ngon Hung lebte, aber immerhin ein großes Wohnzimmer aufwies, an das sich zwei Schlafzimmer anschlossen. Im Wohnzimmer war unter der Decke ein breites Brett angebracht, das als Stauraum diente. In jedem Schlafzimmer waren auf einem Holzpodest zwei große Betten errichtet, wobei in einem der Zimmer zusätzlich eine Zwischendecke eingezogen worden war, um Schlafraum für die Kinder zu schaffen. Der Hof verfügte über einen Brunnen, der kühles, frisches Wasser lieferte, und war groß genug, um mehreren Leuten bequem Platz zum Sitzen zu bieten. An den Hof grenzte eine halboffene Küche, wo in einer kleinen Nische in der Außenwand eine Statue des Küchengottes über die Tätigkeiten der Familie wachte. Jedes Jahr zu

Beginn des Neujahrsfestes wurde der Küchengott unter dem lauten Krachen von Feuerwerkskörpern herausgeholt, damit er seine alljährliche Reise zum Himmelsherrn antreten und ihm über das Verhalten der Familie im abgelaufenen Jahr berichten konnte.

Da Fong Yun gewöhnlich auf dem Goldenen Berg weilte, stellte sich die Familie in ihrem Tagesablauf darauf ein, daß kein Mann im Haus war. Die Dienstmädchen weckten die Kinder, wuschen sie und bereiteten ihnen das Frühstück. Die kleineren Kinder blieben den Tag über im Haus, während die älteren – Kuen, Ho und Haw – zur Schule gingen, wo sie mit den Lehren des Konfuzius, der klassischen Dichtkunst und den neuen Idealen und Ideen der Republik bekannt gemacht wurden.

Die Dorfbewohner behandelten Fong Yuns Familie freundlich, immerhin war er ja der Bruder Fong Sees. Doch obgleich jedermann in Dimtao Goldener-Berg-See für seine wohltätigen Werke pries, gab es auch den einen oder anderen wenig ehrbaren Bürger, wozu auch ein Cousin Fong Sees zählte. Dieser Cousin verfügte, obwohl die Dorfgemeinschaft die Einrichtung eines Opiumhauses abgelehnt hatte, immer über einen ansehnlichen Vorrat an Opium, das er von den Banditen und Gesetzlosen bezog, die in geheimen Lagern in den Bergen hausten. Niemand kümmerte sich zunächst darum. Doch dann übertrat Fong Sees Cousin die Grenzen dessen, was akzeptabel war: Als die Banditen ihm Geld für Auskünfte über Goldener-Berg-See und seine Familie anboten, diente er ihnen bereitwillig als Spion. Allerdings hielt sich Fong See nur selten in Dimtao auf, und auch an seine Familie konnte der Cousin nicht herankommen, da sie hinter den Mauern ihres Hauses in Sicherheit lebte. Also tat er das nächstliegende und erschlich sich das Vertrauen von Fong Yuns Frau Leong-shee. Er erledigte Botengänge für sie und sprach ihr gut zu, wenn sie allzusehr unter der langen Abwesenheit ihres Mannes litt. Er spielte mit den Kindern und prägte sich ihre Namen, ihre Gesichter und ihr Alter ein: Da waren zunächst der dreizehnjährige Kuen, der zwölfjährige Ho und und der zehnjährige Haw, dann die sechsjährige Choey Lau und schließlich der jüngste Sohn Duk, der am dritten Tag des zweiten chinesischen Monats 1925 geboren war und seit längerem an einer Lungenentzündung litt.

Die Leute aus dem Dorf warnten Leong-shee vor dem Vetter, doch sie wollte nicht hören. Dann, Ende Januar 1927 war es soweit. Zwanzig Männer – zu viele für die beiden Wachposten – kletterten über die Schutzmauer des Dorfes und stürmten zu Fong Yuns Haus. Sie setzten am schwächsten Punkt der Außenmauer an, genau dort, wo die Nische mit der Statue des Küchengottes eingelassen war. Die Familie erwachte von den Hammerschlägen und dem Geräusch der nachgebenden Wand. Zitternd vor Angst kauerten Leong-shee und eines der Dienstmädchen in einer Ecke des elterlichen Schlafzimmers, doch die Banditen schenkten ihnen keine Beachtung. »Wir sind gekommen, um uns die Söhne Fong Yuns zu holen«, riefen sie, warfen Körbe um und rückten die wenigen Möbelstücke zur Seite. Ein paar steckten kleinere Wertgegenstände ein. Dann nahmen sie sich das andere Schlafzimmer vor. Nach einer kurzen Verfolgungsjagd hatten sie Ho und Haw gefangen, aber wo steckte der älteste Sohn, Kuen? Choey Lau hatte sich mit Ngan Fa, dem zweiten Dienstmädchen, unter ihrer Bettdecke verkrochen und stellte sich schlafend. Plötzlich fühlte sie die Hand eines Banditen an ihren Ohrläppchen. Als er ihre Ohrringe spürte, rief er: »Nicht dieses Kind. Sie ist das Mädchen. Sie ist für uns wertlos.«

Kuen hatte sich unter dem Holzpodest seines Bettes versteckt und einen Tonkrug vor sich hingestellt. Keine Haarspitze von ihm war zu sehen. Dennoch wäre es wohl nur eine Frage der Zeit gewesen, bis ihn die Entführer entdeckt hätten. Doch als auf der Straße immer mehr Dorfbewohner, aufgeschreckt von dem Radau, zusammenliefen, gaben die Banditen die Suche auf und traten mit Ho, Haw und dem kleinen Duk den Rückzug an.

Niemand versuchte, die Banditen aufzuhalten. Als ein Mann schließlich »Halt, stehenbleiben!« rief, fuhren seine Nachbarn ihn an: »Laß sie doch Fongs Söhne mitnehmen. Der Familie geht es sowieso viel zu gut. Sie haben viel zuviel. Das ist nicht gerecht.« Haw, der diese Bemerkungen hörte, fragte sich: Warum können sie nur so neidisch sein? Mein Vater und mein Onkel haben ihre Chance beim Schopf gepackt. Sie haben ihre Heimat verlassen und hart gearbeitet. Niemand hat ihnen etwas geschenkt.

Ungehindert setzten die Banditen ihre Flucht durch die dunklen

Gassen fort und verließen das Dorf durch das Haupttor. Vor ihnen lag ein Fußmarsch von mehreren Stunden. Obwohl Ho und Haw erschöpft und verängstigt waren, wagten sie nicht, sich zu beklagen, zu weinen oder um Hilfe zu bitten, wenn sie strauchelten und hinfielen. Ho flüsterte seinem jüngeren Bruder zu: »Sie scheren sich einen Dreck darum, wie es uns geht. Für sie zählt nur das Geld. Wir müssen vorsichtig sein.« Unerbittlich ging es weiter. Die Banditen folgten den erhöhten Pfaden zwischen den Reisfeldern und hielten nur hier und da in einem Dorf an und verlangten heißen Tee. Dann stiegen sie langsam den Berg Sha Han hinauf, auf dem ihr Dorf lag. Nach zwei Tagen starb der kleine Duk an seiner Lungenentzündung, die ihn ohnehin schon geschwächt hatte. Als Leong-shee seinen Leichnam auf der Türschwelle ihres Hauses fand, brach sie verzweifelt in Tränen aus. Auf keinen Fall durfte sie zulassen, daß ihren beiden anderen Söhnen dasselbe Schicksal widerfuhr. Sie ließ einen Briefeschreiber holen, und bald darauf trat ein Brief die lange Reise nach Los Angeles an, in dem Leong-shee ihren Mann anflehte, nach Hause zu kommen und mit den Entführern zu verhandeln. Das war Anfang Februar 1927.

Ho und Haw verbrachten die nächsten acht Monate in dem Dorf der Kidnapper auf dem Berg Sha Han. Soweit sie es beurteilen konnten, waren die Männer, die sie entführt hatten, nicht die einzigen Verbrecher in dem Dorf. Anscheinend lebten hier alle von Lösegelderpressung. Und doch hatte es keiner zu Reichtum gebracht. Die Häuser waren kaum mehr als Hütten und schäbig im Vergleich zu den stabilen, mit Ziegeldächern gedeckten Backsteinhäusern im Delta des Perlflusses. Hinter einigen Häusern waren Gruben ausgehoben, wie man sie auch in anderen Dörfern fand. Wurden sie andernorts jedoch als Lagerraum für Gemüse und Reis oder als Abfallgruben benutzt, so dienten sie hier als Gefängnis für die aus ihren Dörfern entführten Menschen. Vor allem ältere Männer mußten oft monatelang in den Gruben ausharren, bevor ihre Familie das Lösegeld bezahlte und sie halb tot nach Hause zurückkehren durften.

Fong Yuns Söhne hatten Glück, daß sie noch Kinder waren. Chun Kuen, der Anführer der Banditen, nahm Ho und Haw mit in sein

Haus. Sie lebten mit der Familie zusammen und verrichteten Hausarbeiten. Obwohl Chun Kuen ihnen gelegentlich zeigte, daß er sie ins Herz geschlossen hatte, hüteten sie sich tunlichst, ihm jemals zu widersprechen. Sie lernten, niemals etwas zu sagen, was als Klage oder Drohung aufgefaßt werden konnte. Sie waren für Chun Kuen zwar nur wertvoll, solange sie noch lebten, doch er konnte es nicht ertragen, wenn man sich ihm widersetzte. Seinen Zorn herauszufordern hieß, das eigene Leben aufs Spiel zu setzen. Manchmal schmiedeten die beiden Fluchtpläne, doch was konnten sie schon tun? Sie waren ja noch halbe Kinder. Sie wußten zwar, daß sie in den Bergen waren und daß sie auf dem Weg hierher Felder durchquert hatten, aber selbst wenn ihnen die Flucht aus dem Dorf gelungen wäre, den Weg nach Hause hätten sie niemals gefunden.
In den langen Monaten ihrer Gefangenschaft lebten sich die beiden Jungen in die Dorfgemeinschaft ein. Schließlich legten sie sogar ihren Nam-Hoi-Dialekt ab und fingen an, in dem Dialekt der Banditen zu sprechen. Manchmal gefiel es ihnen hier sogar, wie etwa an jenem Tag, als sie mit ihren Entführern anläßlich des Frühlingsfestes zu den Gräbern ihrer Ahnen reisten. Doch die Realität holte sie immer wieder ein. Gegen Ende ihrer Gefangenschaft, als ihr Vater und ihr Onkel bereits in Dimtao eingetroffen waren, näherten sich berittene Soldaten dem Dorf. Doch kein Bandit blieb lange Bandit, wenn er nicht vorsichtig war. »Kommt mit, oder wir bringen euch um«, herrschte Chun Kuen die beiden an, und eilends verließen sie das Dorf. Als die Soldaten das Dorf erreichten, hielt sich keine Menschenseele mehr darin auf.

Fong Yun erfuhr erst Anfang März 1927, daß drei seiner Söhne entführt worden waren und Duk in den Händen der Kidnapper sein Leben verloren hatte. Obwohl die Zeit drängte und Yun so schnell wie möglich nach China zurückkehren mußte, hielt sich die Einwanderungsbehörde in Los Angeles an den vorgeschriebenen Amtsweg. Zeugen mußten gehört und eidesstattliche Erklärungen vorgelegt werden. Am 15. März forderte Inspektor J. C. Nardini in einem Schreiben an das Ministerium für Arbeit Fong Yuns Akte an. Einen Monat später, am 15. April, begannen die Anhörungen. Zu keinem

Zeitpunkt wurde das Wort *Entführung* ausgesprochen. Fong Yun, dessen Söhne sich inzwischen seit zehn Wochen in der Gewalt der Kidnapper befanden, wollte nicht riskieren, die Untersuchung des Inspektors noch weiter zu komplizieren und dadurch in die Länge zu ziehen.

Was Fong See anging, so hatte ihn Inspektor Nardini erst vor Jahresfrist vernommen und damals danach gefragt, ob es in seiner Familie irgendwelche Veränderungen gegeben habe, woraufhin Fong See lediglich den Tod seiner Mutter erwähnt hatte. Diesmal aber wollte Nardini die Gelegenheit dazu nutzen, etwas mehr über ein Gerücht zu erfahren, das sich hartnäckiger als jedes andere in Chinatown hielt: das Gerücht über Fong Sees neuerliche Heirat. Der Inspektor stellte Fong See denn auch nur eine formale Frage – »Wie heißen Sie?« –, bevor er zur Sache kam: »Wie heißt Ihre Frau in China? Wann haben Sie sie geheiratet? Haben Sie Kinder mit ihr?«

Fong See beantwortete der Reihe nach alle Fragen und fügte hinzu: »Jong Oy ist eine Adoptivtochter. Sie ist das Kind meiner Frau.«

»Wer ist der Vater des Mädchens?«

»Ich weiß es nicht«, antwortete Fong See.

»Nennen Sie uns bitte die näheren Umstände, wie Sie zu dieser Tochter gekommen sind.«

»Sie kam mit meiner Frau.«

»Wie kam Ihre Frau zu diesem Mädchen?«

»Sie hat sie geboren.«

»Wie alt ist Ihre Frau?«

»Dreiundzwanzig.«

»Wie alt war Ihre Frau zum Zeitpunkt der Eheschließung?«

»Zweiundzwanzig«, log Fong See.

»Und Sie behaupten, daß sie zu diesem Zeitpunkt bereits ein Kind von einem anderen Mann hatte?«

»Es ist nicht mein Kind.«

»Sie haben meine Frage nicht beantwortet«, fuhr Nardini ihn an und blätterte in Fong Sees Akte. »Bei Ihrer letzten Einreise gaben Sie an, daß die fünfjährige Jong Oy Ihre jüngste Tochter sei. Und jetzt behaupten Sie, Jong Oy sei Ihre Stieftochter. Wie erklären Sie sich das? Warum haben Sie damals mit keinem Wort darauf hinge-

wiesen, daß Jong Oy die Tochter Ihrer Frau aus einer früheren Ehe ist?«
Falls der Einwanderungsinspektor gedacht hatte, er habe Fong See in die Enge getrieben, hatte er sich gründlich getäuscht.
Fong See zuckte bloß mit den Achseln und blickte sein Gegenüber unverwandt an. »Nach chinesischem Brauch ist sie meine Tochter.«
Einen Moment lang war Inspektor Nardini sprachlos, dann beschloß er, direkt zum Kern der Sache zu kommen. »Waren Sie aus gesetzlicher Sicht dazu legitimiert, diese zweite Frau zu heiraten? Hatten Sie sich von Ihrer ersten Frau ordnungsgemäß getrennt, so daß Sie eine neue Ehe eingehen konnten?«
»Wir waren seit Jahren getrennt.«
»Was meinen Sie mit getrennt? Durch einen Gerichtsbeschluß?«
»Das war nicht notwendig.«
»Sie sollen meine Frage beantworten«, schnauzte ihn Nardini an.
»Es gab keinen Gerichtsbeschluß.«
Der Inspektor lehnte sich zurück, nickte der Stenographin selbstgefällig zu und sagte: »Mit anderen Worten, rechtlich gesehen sind Sie von Ihrer hiesigen Frau nicht geschieden? Wie können Sie dann eine andere Frau rechtskräftig heiraten?«
»Ich war mit meiner ersten Frau niemals rechtsgültig verheiratet«, erwiderte Fong See so hochmütig, wie es ihm nur möglich war.
»Wie waren Sie denn mit ihr verheiratet?«
»Wir haben einfach zusammengelebt.«
»Ihre erste Ehefrau war doch eine Weiße?«
»Ja.«
»Wollen Sie mir damit etwa sagen, daß eine Bürgerin dieses Landes, eine weiße Frau, bereit war, mit Ihnen zusammenzuleben, ohne nach dem Gesetz mit Ihnen verheiratet zu sein?« erkundigte sich der Inspektor mit vor Sarkasmus triefender Stimme.
»Ja.«
»Und jetzt möchten Sie hier zu Protokoll geben, daß Sie in China eine chinesische Witwe geheiratet haben?« Nardini starrte ihn ungläubig an.
»Ja.«
Da der Inspektor so nicht weiterkam, änderte er seine Strategie und

fragte Fong See nach dem Grund für die Namensänderung seines Geschäftes.
»Meine Frau hat mich verlassen, ich hatte keine andere Wahl«, antwortete Fong See.
»Was hatte das denn damit zu tun?« rief Nardini verzweifelt.
»Ich habe den Namen geändert, damit meine erste Frau keine Ansprüche auf mein Geschäft erheben kann.«
Inspektor Nardini gab sich geschlagen. Er schickte dem Bezirksdirektor der Einwanderungsbehörde eine positive Beurteilung, und kurze Zeit später erhielt Fong Yun seine Wiedereinreisepapiere.
Am 31. Mai 1927 bestieg Fong Yun ein Schiff nach China. Seine Söhne befanden sich mittlerweile seit vier Monaten in der Gewalt der Entführer.
Normalerweise war Fong Yun ein sanftmütiger Mann, der seine Familie liebte. Doch unter der doppelten nervlichen Belastung der Entführung und seines gescheiterten Ausflugs in die Selbständigkeit fiel er zurück in traditionelles Denken und stellte sich auf den Standpunkt, daß Kinder vor allem als Absicherung gegen die Unwägbarkeiten des Alters dienten. Söhne wurden in die Welt gesetzt, damit sie sich später ihrer Eltern annahmen. Am wichtigsten war der älteste Sohn, der Stammhalter, und glücklicherweise hatten die Entführer Kuen, seinen ältesten Sohn, nicht mitgenommen. Die anderen beiden Söhne – welchen Wert in Dollars und Cents besaßen sie für Fong Yun? Er wußte, daß er sich mit seiner Frau, die ihre Kinder über alles liebte, in dieser Frage überwerfen würde. Doch er durfte sich von ihr unter keinen Umständen beeinflussen lassen. Frauen zählten nicht. Mädchen wurden gekauft und verkauft oder nach der Geburt dem Tod überlassen. Mit dieser falschen inneren Einstellung ging Yun an die Sache heran und beschloß, seiner Frau gegenüber unnachgiebig zu bleiben.
Als Fong Yun in Dimtao eintraf, waren die Verhandlungen zwischen den Entführern und den Unterhändlern in eine Sackgasse geraten. Zunächst versuchte er, sich mit Leong-shee zu verständigen. »Das Land leidet unter einer schlimmen Hungersnot«, sagte er. »Selbst wenn wir Ho und Haw verlieren, bleiben uns immer noch Kuen

und Choey Lau. Wir sind jung und können noch mehr Kinder bekommen. Sollen die Entführer tun, was sie wollen.«

Eine andere Frau hätte sich Fong Yuns pragmatischen Argumenten vielleicht gebeugt, nicht jedoch Leong-shee. Seit ihrer Heirat hatte sie die meiste Zeit ohne ihren Mann auskommen und sich alleine um die Erziehung der Kinder kümmern müssen. Sie war eine selbständige und couragierte Frau, klug und mitfühlend.

»Ich will meine Kinder zurück«, beharrte sie.

»Wie stellst du dir das vor? Ich kann nicht über ein Lösegeld verhandeln«, erklärte Fong Yun. »Ich bin ein Mann. Das wäre viel zu gefährlich für mich.«

»Dann werde ich gehen.«

Also blieb Fong Yun in Dimtao, und Leong-shee reiste allein zu den Verhandlungen mit den Entführern. Sie wußte, daß sie nicht Gefahr lief, gekidnappt zu werden, denn selbst jetzt, in der Republik, galten Frauen als nutzlos und leicht ersetzbar. Manchmal blieb sie tagelang weg, und jedesmal, wenn sie ins Dorf zurückkam, flehte sie ihren Mann an, auf die Forderungen der Banditen einzugehen. Vergeblich, Fong Yun blieb hart: »Es herrscht eine Hungersnot, und wir haben noch andere Kinder, die wir ernähren müssen.« Doch wenn Fong Yun versuchte, im Bett seine ehelichen Rechte einzufordern, wies ihn Leong-shee ab.

»Ich habe keine Zeit für die Liebe. Ich habe keine Zeit für Sex. Ich habe überhaupt keine Zeit für solche Dinge. Meine Kinder befinden sich in der Gewalt von Entführern.«

Nacht für Nacht bekam Fong Yun dieselbe Antwort. Er war sehr lange von seiner Familie getrennt gewesen und hatte erwartet, bei seiner Rückkehr nach Dimtao eine gefügige Frau vorzufinden und keine zänkische Hexe. Also tat er das, was seines Erachtens jeder normale Mann in seiner Lage getan hätte.

Lui Ngan Fa, das Dienstmädchen, war neunzehn Jahre alt. Die Familie Fong hatte sie gekauft, als sie acht Jahre alt war. Seit dieser Zeit diente sie der Familie mit großem Fleiß, und niemals hatte sie um etwas gebeten, was auf den Wunsch nach einem anderen, besseren Leben hätte schließen lassen. Sie machte die Betten, hütete die Kinder und war glücklich, wenn sie genug zu essen bekam und Kleider zum Anziehen hatte. Noch nie hatte sie sich mit irgend jemandem im Haus gestritten oder es an Respekt gegenüber der Familie fehlen lassen, indem sie sich etwa in ihrer Gegenwart niedergesetzt oder vor ihren Augen gegessen hätte. Mit ihren neunzehn Jahren war Ngan im heiratsfähigen Alter, und Fong Yun hatte sich auch schon nach einem passenden Mann für sie umgeschaut. Doch jetzt, von seiner eigenen Frau zurückgewiesen, stellte er fest, daß er sich von den Reizen der jungen Ngan angezogen fühlte. Und warum auch nicht? Lebten sie nicht im selben Haus, und kümmerte sich Ngan nicht um ihn, wenn Leong-shee unterwegs war? Leong-shee hatte nicht das Gefühl, sich beklagen zu dürfen. Schließlich hatte sie damals, als Fong Yuns erste Frau von einem Husten dahingerafft wurde, nicht anders gehandelt.

Im November 1927 war es soweit: Dank Leong-shees unermüdlichem Einsatz wurden Ho und Haw gegen ein Lösegeld von zweitausend amerikanischen Dollar, das Fong See bezahlte, freigelassen. Bei ihrer Rückkehr sahen die beiden Jungen ziemlich dreckig und heruntergekommen aus, und es dauerte monatelang, bis sie den Dialekt der Banditen ablegten und wieder den, zumindest für Leong-shees Ohren, reinen Nam-Hoi-Dialekt sprachen. Die Freude der Banditen über das Lösegeld währte nicht lange, sie wurden gefaßt und hingerichtet. Der verräterische Cousin blieb in Dimtao, bis er mit einem weiteren dunklen Geschäft die Dorfbewohner vollends gegen sich aufbrachte und sie ihn der Polizei auslieferten. Die nächsten Jahre saß er in einem Gefängnis in Foshan, während Beweise gegen ihn zusammengetragen wurden. Schließlich wurde er vor Gericht gestellt, für schuldig befunden und erschossen.

Nach der Entführung hielten es Fong Yun und Fong See für zu riskant, ihre Familien in China zurückzulassen. Leong-shee und die vier Kinder stellten beim amerikanischen Generalkonsulat in Kanton den Antrag, Fong Yun in die Vereinigten Staaten begleiten zu dürfen. Darüber hinaus füllte Fong Yun ein Formular für Ngan Fa aus, die mittlerweile ihr erstes Kind unter dem Herzen trug. Er gab sie als Leong-shees »Dienerin« aus. Auch Ngon Hung, Fong Sees Frau, stellte einen Einreiseantrag für sich und ihre Kinder, den sechs Monate alten Ming Chuen und Jong Oy. Als Ehefrauen von

Kaufleuten, die legal in den Vereinigten Staaten lebten, erhielten Ngon Hung und Leong-shee ihre Einreisevisa. Der Antrag für Jong Oy wurde indes zurückgewiesen, so daß das kleine Mädchen vorläufig bei Ngon Hungs Mutter untergebracht werden mußte.
Am 6. Februar 1928, ein Jahr nach der Entführung, gingen sie alle in San Pedro von Bord. Den Beamten der Einwanderungsbehörde war der Name Fong See inzwischen geläufig, und trotz der rigiden Anwendung des Quotengesetzes verfügte Fong See über genügend Einfluß, seine neue Frau, die Frau und die Konkubine seines Bruders und alle Kinder bis auf Jong Oy mit ins Land bringen zu können.
Nach ihrer Ankunft in Los Angeles zogen die beiden Familien in das ehemalige Gebäude der städtischen Wasser- und Elektrizitätswerke in der Marchessault Street. Der zweistöckige Backsteinbau, der an die Plaza angrenzte und nur einen halben Block von der Fong See On Company entfernt war, hatte die Form eines Dreiecks und umschloß einen Hof, der so groß war, daß man mit Lastwagen hineinfahren und Güter verladen konnte. Neben dem Haupthaus gehörten noch mehrere Nebengebäude zu dem Komplex.
Die älteren Kinder wurden zur Schule geschickt und dazu ermutigt, amerikanische Namen anzunehmen. Ho hieß jetzt Danny Ho, Kuen wurde zu Charlie, und so weiter. Danny Ho war – vielleicht weil er eine andere Mutter hatte – der einzige, der seinen neuen Namen auch tatsächlich annahm und darauf bestand, nur noch mit ihm angesprochen zu werden. Da die Jungen für die erste Klasse zu alt waren, wurden sie in eine »Aufbauklasse« gesteckt, wo sie Englisch lernten und versuchen sollten, den Rückstand auf ihre Altersgenossen aufzuholen.

Jeder, der Milton kannte, wunderte sich, daß er es immer noch mit Dorothy aushielt. Zugegeben, sie war eine atemberaubend schöne Frau mit großen, dunklen Augen und feingeschnittenen Gesichtszügen. Doch hinter dieser schönen Fassade verbarg sich ein weit weniger einnehmendes Innenleben. Nicht nur, daß Dorothy schlechte Manieren hatte, man sah ihr auch an, daß sie ein Flittchen war. »Er ist ein viel zu netter Mensch, als daß er sich mit so einer abgeben

sollte«, tuschelten die Leute hinter Miltons Rücken. »Aber sie hat ihn unter der Fuchtel. Er ist eben vollkommen verrückt nach ihr.«
Milton und Dorothy scherten sich einen Teufel darum, was die Leute sagten, und genossen ihr Leben in vollen Zügen. Und es war beileibe nicht so, daß nur Dorothy Affären gehabt hätte, auch Milton pflegte seine Amouren. Die beiden hatten am Wilshire Boulevard im Westen der Stadt ein Haus gemietet, das für die wilden Parties, die dort gefeiert wurden, und die Ströme schwarzgebrannten Gins, die dabei flossen, bald berühmt war.
Bei einer dieser Parties war Dorothy so betrunken, daß sie stolperte und mit dem Hintern auf den Feuerrost fiel. Verdutzt blieb sie sitzen, dann brach sie in lautes Lachen aus. Alle anderen lachten mit. Als die Gäste Dorothy endlich wieder auf die Beine halfen, sahen sie, daß sich der Gitterrost durch ihr Kleid bis auf das nackte Fleisch durchgebrannt hatte. Dorothy hatte nicht das geringste gespürt.
Die meisten ihrer Freunde hielten Dorothys ausschweifendes Leben für den Grund, warum Milton keine Kinder wollte. Nur wenige kannten den wahren Grund. »Ich will nicht, daß sie dasselbe durchmachen müssen wie ich«, schüttete er manchmal einem seiner engsten Freunde sein Herz aus. »Es ist nicht leicht, als Chinese in diesem Land zu leben.«
Im Gegensatz zu Ming war Ray überaus ehrgeizig. Er war, auch wenn er den Vergleich gehaßt hätte, wie sein Vater. Er wollte Erfolg haben, sein Leben verändern. Eine Weile glaubte er, er könnte zusammen mit Ming seinen Weg machen, ins Immobiliengeschäft einsteigen oder einen Club eröffnen. Doch Ming war sich so sicher, daß ihm eines Tages die F. Suie One Company in den Schoß fallen würde, daß er, zumindest in Rays Augen, träge geworden war. Milton liebte es, im Laden zu stehen und mit Kunden zu verhandeln, Ray dagegen quälte seit Jahren das Verlangen, aus dieser engen Welt auszubrechen. Nach der Trennung seiner Eltern war Ray dahintergekommen, was ihn an dem Familienunternehmen störte. Es waren nicht die chinesischen Kunstgegenstände oder seine Brüder. Nein, was ihm mißfiel, war vielmehr die Gemächlichkeit, die Langeweile, die ihn überkam, wenn er auf den nächsten Kunden wartete, der Überdruß, der in ihm aufkam, wenn er einem Kunden die ausgestellten

Waren vorführen mußte, das eintönige Feilschen um den Preis. Er wollte etwas Aufregenderes tun, etwas, bei dem er eine treibende Rolle spielen konnte. Jetzt, da seine Brüder verheiratet waren oder zumindest kurz davor standen, wurde immer offensichtlicher, daß ein oder zwei Läden nicht genügend abwarfen, um alle zu versorgen. Dabei lag das Geld förmlich auf der Straße. Höchste Zeit also, daß er, Ray, aus dem Laden herauskam.

Kamen wichtige Kunden in den Laden, spitzte er stets die Ohren. Lucky Baldwin, einer der großen Immobilientycoons der Stadt, zählte seit langem zur Stammkundschaft der F. Suie One Company, und seine Tochter kaufte regelmäßig in der Filiale in der Seventh Street ein. Eines Tages kam sie und verlangte Seidenpyjamas für ihren Chauffeur. Ray, der sich geschworen hatte, diesem Leben bald den Rücken zu kehren, mußte das tun, was er am meisten verabscheute – einem aufgetakelten Weibsbild durch den Laden hinterhertrotten und Seidenpyjamas verkaufen. Luckys Tochter hatte eine Schwäche für Elfenbeinschnitzereien. Ihr einziges Problem war, daß sie nicht wußte, wo sie ihre Sammelstücke unterbringen sollte, und an diesem Tag bat sie Ray um einen Rat.

Ganz der Sohn seines Vaters, antwortete Ray ohne Zögern: »Wenn Sie es wünschen, werden wir Ihnen eine Vitrine anfertigen.«

Er ging zu Bennie, der leidenschaftlich gern mit Holz arbeitete, und machte ihm ein Angebot. »Willst du mit mir zusammen eine Fabrik aufmachen, oder willst du hierbleiben und weiter den braven Sohn eines Chinesen spielen?«

Bennies Antwort war eindeutig: »Ich bin dabei.« Auch Eddy sagte seine Hilfe zu.

Ausgestattet mit einem Kredit über zehntausend Dollar von Baldwins Tochter, gründeten Ray und Bennie 1928 in einem der Lagerhäuser der F. Suie One Company in der Ceres Street, unten im Industriegebiet, ihr erstes eigenes Unternehmen: See Manufacturing – »Fabrik für Stilmöbel, Spiegel, objets d'art und Neuheiten«. Der Erfolg ließ nicht lange auf sich warten. Ihre Kontakte nach Hollywood bescherten ihnen lukrative Aufträge, und bald schon schreinerten sie Möbel für Mae West und andere Berühmtheiten. Ray machte die Entwürfe, Bennie und Eddy führten sie aus.

Ticie bestand darauf, daß alle zusammenhielten. Ihr war nicht wohl bei dem Gedanken, daß ihre Söhne auf das regelmäßige Einkommen verzichten sollten, das die Läden in Pasadena und Downtown garantierten. Genausowenig kam es in Frage, daß sie Fong Sees Beispiel folgten und Scheinpartner in das Geschäft aufnahmen. Statt dessen wurde ein großer Familientopf gebildet, in den die Gewinne aus jedem neuen Unternehmen fließen sollten, das eines der Kinder gründete, und aus dem dann zu gleichen Teilen an alle Familienmitglieder verteilt werden sollte. Mit einer Ausnahme: Fong See. Er hatte die Wahl gehabt und sich gegen die Familie entschieden. Die Einrichtung des Familientopfes vertiefte den Graben, der Ticies Kinder von ihrem Vater trennte, noch weiter.

Während die anderen Brüder versuchten, ihren Platz zu finden, und immer wieder schwankten, ob sie etwas Neues anfangen oder dem Alten treu bleiben sollten, ließ sich Bennie durch nichts aus der gewohnten Ruhe bringen. Es hatte es schon immer geliebt, mit der Hand über Holz zu streichen, und jetzt durfte er seine Tage damit verbringen, das zu tun, was er am meisten liebte. Seit seinem zwölften Geburtstag war er fest entschlossen, Bertha Wertheimer zu heiraten. Nun, da seine Zukunft gesichert war, machte er sein Versprechen wahr und fuhr mit Bertha nach Mexiko, um sie zu heiraten.

Auch vier Jahre nach ihrer ersten Verabredung mit Eddy klammerte sich Stella mit unverminderter Zähigkeit an ihn oder seine Familie. Sie hatte Geduld. Es war dieselbe Geduld, dieselbe Besessenheit, die es ihr ermöglichte, sich stundenlang auf den Entwurf für einen Teppich zu konzentrieren. Stella glaubte, daß etwas passieren mußte, wenn sie einfach nur bei der Familie *bliebe*.

Über die Jahre hinweg hatte sie sich dem Lebensrhythmus der Familie See angepaßt. Jeden Dienstag kam Mr. White zum Abendessen. Mal kochte Ticie chinesisch, mal schickte sie Sissee und Stella zum Metzger, um dicke Steaks zu besorgen. Mittwochs schaute gewöhnlich Mark Robbins, ein Charakterdarsteller vom Film, vorbei. Mark war ein guter Freund von Ray, und meist wurden es feuchtfröhliche Abende. Mark mochte Stella. Einmal brachte er ihr sogar einen Papagei mit. Freitags stattete die in Sissee vernarrte Mrs. Morgan der Familie einen Besuch ab. Und sonntags fanden sich alle verheirateten Söhne mit ihren Frauen bei Ticie ein: Milton und Dorothy, Ray und Leona, Bennie und Bertha.

Stella erkannte sehr früh, daß sie in Ticie, die ihr mehr eine Mutter wurde, als Jessie Copeland es jemals gewesen war, ihre wichtigste Verbündete hatte. Sie hatten sich auf Anhieb verstanden. Stella hatte sofort gespürt, daß Ticie, die ihr gegenüber stets freundlich und zuvorkommend war, ein gutes Herz hatte. Ticie wiederum hatte sich von dem Mädchen mit den blauen Augen und den roten Haaren an sich selbst erinnert gefühlt: ein auf sich allein gestelltes Kleinstadtmädchen, das niemanden hatte, der sie liebte und sich um sie kümmerte.

Im Lauf der letzten beiden Jahre hatte Ticie angefangen, sich nach Stellas Anwesenheit zu sehnen, wenn sie längere Zeit wegblieb. Es kam vor, daß sie Eddy fragte, ob er Stella gesehen habe, oder vorschlug, er solle sie doch zum Essen einladen. Und zu Sissee sagte sie: »Der Umgang mit Stella ist gut für dich.« Ticie bemerkte nie, daß Sissee Stella gegenüber gemischte Gefühle hegte. Einerseits fand ihre Tochter es natürlich wundervoll, eine Freundin zu haben, ihre erste echte Freundin seit Jennie Chan. Andererseits wurde sie immer wieder auf Stella eifersüchtig. Ich bin deine Tochter, drängte es sie, ihrer Mutter zu sagen, nicht Stella.

Eines Abends, als Eddy nach einem Rendezvous mit Stella mit zerrissenen Hosen nach Hause kam, beschloß Ticie, die beiden in ihrer Nähe zu halten, wo sie darüber wachen konnte, daß sie nicht zu weit gingen. Sie wußte, wie verliebte junge Leute waren und wie leicht die Vorsicht eines ganzen Lebens in einem Moment zunichte gemacht werden konnte. So kam es, daß Stella im Lauf der Zeit immer häufiger die Nacht unter ihrem Dach verbrachte, manchmal auch zwei oder drei.

Stella wohnte abwechselnd bei ihrer Cousine in Los Angeles und bei ihren Eltern, die nach Redlands gezogen waren. Die übrige Zeit verbrachte sie bei den Sees – entweder in der Innenstadt oder in Pasadena –, vorgeblich, um Ticie zur Hand zu gehen oder auf Rays und Leonas Tochter Pollyanne aufzupassen. Wegen der langen Fahrten, die Eddy auf sich nehmen mußte, wenn er Stella bei ihren Eltern besuchte, fand er kaum noch Zeit für den Vorbereitungskurs auf das Medizinstudium, den er an der Universität von Südkalifornien belegt hatte. Stella und Eddy waren so ineinander verliebt, daß keiner von ihnen es schlimm fand, als er den Kurs schließlich hinschmiß. Sie wollten einfach nur möglichst viel Zeit miteinander verbringen. Für Stella hieß das, daß sie gegenüber ihren Eltern immer öfter die Ausrede gebrauchte, sie müsse Ticie helfen oder auf Pollyanne aufpassen.

Als Leona 1928 in ein Wüstensanatorium eingeliefert wurde, um eine Krankheit auszukurieren, blieb Stella bei Ticie und kümmerte sich um Pollyanne. Stella liebte das Baby. Was hatte es nicht schon alles durchgemacht in seinem kurzen Leben. Leona wäre bei der Geburt fast gestorben. Vor der Geburt hatte der Frauenarzt Ray zu sich bestellt und ihm mitgeteilt, daß Leona Zwillinge erwarte, die beiden Föten aber so unglücklich lägen, daß sie einen herausschneiden müßten, wenn sie den anderen retten wollten. Ray war die Entscheidung zugefallen, welcher Fötus überleben und welcher sterben sollte.

»Ich lieb' dich, Pollyanne. Ich liebe dich über alles. Ich werde immer hier sein und mich um dich kümmern«, gurrte Stella, wenn sie sich an den angenehm riechenden Hals des kleinen Mädchens schmiegte. Oh, wie sehr sie sich nach einem eigenen Kind, nach einer eigenen Tochter sehnte.

Stella war glücklich. Wenn nur nicht diese furchtbaren Halsschmerzen gewesen wären. Aus Angst, wieder nach Redlands zurückkehren zu müssen, scheute sie sich zuerst, etwas zu sagen. Doch als die Schmerzen immer schlimmer wurden, begriff sie, daß sie nicht mehr länger warten durfte, und vertraute sich Ticie an. »Ma, mein Hals tut so weh. Ich glaube, es ist besser, wenn ich zu meinen Eltern zurückkehre.«

Ticie sah Stella überrascht an. Doch dann nahm sie ihr Pollyanne ab und verabschiedete sich von ihr.

Stella fuhr mit dem Zug nach Redlands, wo ihre Eltern Jessie und Harvey in einer alten fensterlosen Holzhütte wohnten, die nur über einen Lehmfußboden verfügte. Harvey war ständig betrunken, und

Ted, Stellas kleiner Bruder, schrie ohne Unterlaß. Nach Stellas Geburt hatte Jessie mehrere Fehlgeburten gehabt. Und jetzt, wo ihr Wunsch nach einem zweiten Kind endlich in Erfüllung gegangen war, hatte sie nicht mehr die Kraft, sich um das Baby zu kümmern.

Stellas Halsschmerzen wurden schlimmer. Jessie kochte ihr Tee mit Zucker und Zitrone, doch das half nicht. Dann bekam sie Fieber. Einmal, in einem klaren Moment, hörte sie ihre Eltern streiten.

»Aber sie braucht einen Arzt«, rief ihre Mutter.

»Das ist doch hinausgeworfenes Geld«, erwiderte ihr Vater. »Das Mädchen ist kräftig. Sie wird es schon überstehen.«

Unterdessen verfolgte Ray in Los Angeles beunruhigt Zeitungsberichte über den Ausbruch einer Diphtherieepidemie. »Was, wenn Stella Diphtherie hat? Was, wenn sie Pollyanne angesteckt hat?«

Dem Mädchen fehlte nichts, aber Ticie dachte voller Sorgen an Stella. Sie hatte sich geschämt, daß sie hatte gehen müssen. Sie hatte kaum noch sprechen können, und ihre Sommersprossen hatten sich in ihrem bleichen Gesicht abgehoben. »Hat Stella mit euch darüber gesprochen, wie es ihr ging?« erkundigte sich Ticie bei Sissee und Eddy.

»Nein.« Eddy schüttelte den Kopf.

»Sie hat nur gesagt, daß sie Halsschmerzen habe... starke Halsschmerzen«, antwortete Sissee. »Sie hat mich in ihren Mund sehen lassen. Ihr Rachen war ganz rot.«

»Eddy, ich will, daß du sofort nach Redlands fährst und sie holst«, sagte Ticie. »Wir wissen zwar nicht viel über ihre Eltern, aber ich will sichergehen, daß sie einen anständigen Arzt bekommt.«

Als Eddy in Redlands ankam, phantasierte Stella bereits im Fieber. Er hatte keine Probleme, ihre Eltern davon zu überzeugen, daß es besser war, wenn er sie mitnahm. Ihre Mutter schien erleichtert, und so betrunken, wie ihr Vater war, schien ihm alles egal zu sein. Eddy trug Stella in seinen Wagen und fuhr mit ihr zurück nach Los Angeles. Die ganze Fahrt über wurde Stella von einem fürchterlichen Husten gequält.

»Mach den Mund auf, Stella, ich muß mir deinen Rachen ansehen«, befahl Ticie, die das Mädchen sofort nach ihrer Ankunft in Los Angeles ins Bett gesteckt hatte.

Stella schlug die Augen auf und erkannte Ticies sanftes Gesicht. Sie würde alles tun, was Ticie verlangte. Sie öffnete den Mund und sah, wie Ticie unwillkürlich zurückprallte. Stella wußte, warum. Sie hatte sich am Morgen im Badezimmerspiegel betrachtet – ihr entzündeter Rachen war von dickem grünen Eiter überzogen, der aussah wie Moos auf einem Stein.

»Eddy, du holst Dr. Lovejoy«, sagte Ticie ruhig. Sie hatte ihre Fassung zurückgewonnen. »Und du, Sissee, bringst Pollyanne in Rays Wohnung. Dort bleibst du, bis ich dich hole. Beeilt euch, alle beide.«

Später kam der Arzt, entfernte den Eiter von Stellas Mandeln und sagte, daß er das Mädchen ins Seuchenkrankenhaus einweisen müsse.

Stella brach in Tränen aus, wußte aber, daß der Arzt recht hatte. Sie mußte unter Quarantäne gestellt werden.

An die Zeit im Krankenhaus konnte sie sich später kaum noch erinnern. Sie entsann sich nur noch, wie sie einmal das Gefühl gehabt hatte, daß sich jemand neben ihr im Bett wälze. »Hör damit auf«, schrie sie. »Hör auf. Es tut mir weh, wenn du dich bewegst.« Dann spürte sie, wie sie sich erhob und auf ihr Bett hinunterblickte. Doch zu ihrer Überraschung war das Bett nicht leer oder nur mit ihr selbst belegt. Sie sah sich selbst zweimal darin liegen – eine Stella, die sich von einer Seite auf die andere warf, und eine, die sich beklagte. Sie war damals dreiundzwanzig und wäre erneut um ein Haar gestorben.

Als sie wieder auf den Beinen war, half sie Ticie, Eddy und Sissee beim Umzug in ihr neues Haus am Maplewood Drive im Westen von Los Angeles. Ticie und Sissee konnten es kaum erwarten, endlich in ein »richtiges« Haus, ohne angeschlossenen Laden, zu ziehen. Anfangs konnte Stella ihre Begeisterung nicht recht verstehen. Welchen Unterschied machte es schon, ob man über einem Laden wohnte oder nicht? Die Sees besaßen mehr und lebten besser als irgend jemand sonst, den Stella kannte. Doch je mehr Zeit sie mit Ticie verbrachte und je mehr sie über ihre Vergangenheit erfuhr, desto mehr verstand sie, warum Ticie dem Haus am Maplewood Drive so große Bedeutung zumaß. Fong See hatte sich stets geweigert, der Familie ein Haus zu kaufen, obwohl Ticie ihn immer wieder darum gebeten hatte. Wenn Ticie von Fong See erzählte, spürte Stella, daß ihre Gefühle für ihn noch nicht erloschen waren.

Ende 1928 zahlte sich Stellas Beharrlichkeit endlich aus. Eddy machte ihr einen Heiratsantrag. Allerdings konnte sich Stella später nicht an die genauen Umstände erinnern, und das könnte bedeuten, daß er ihr gar keinen Antrag gemacht hat. Möglicherweise hatte sie nur das Gefühl, daß sie von Anfang an, seit er sie zum Essen in die F. Suie One Company eingeladen hatte, auf diesen Augenblick hingelebt hatte. Alles, woran sie sich erinnerte, war, daß sie und Eddy eines schönen Tages hinaus nach Redlands gefahren waren, um mit ihren Eltern und Großmutter Huggins zu reden. Niemand schien sich daran zu stoßen, daß Stella einen Chinesen heiraten wollte. Nun, nicht ganz. Großmutter Huggins ließ die eine oder andere Bemerkung fallen, doch als sie Eddy kennenlernte, schwenkte sie um. Sie fand, daß er ein netter junger Mann war. Außerdem, mit welchem Recht hätten ihre Verwandten jetzt plötzlich Einwände erheben können? Bisher hatten sie sich nicht wirklich darum gekümmert, was aus ihr wurde. Daß Ticie nichts einzuwenden hatte, war klar, und was Fong See anging, der wurde erst gar nicht gefragt, auch wenn er dem Paar zur Hochzeit zwei riesige geschnitzte Türen ins Haus schickte, die mit rotem Firnis gestrichen und mit Blattgold verziert waren.

Am 17. November 1928 zwängten sich Stella, Eddy, Ticie, Sissee und Mr. Preston (der Direktor der polytechnischen High-School fungierte als Trauzeuge) in Eddys Auto und fuhren hinunter nach Tijuana. Zum Glück führte Ticie immer eine gewisse Summe Geld bei sich, denn als sie endlich einen Friedensrichter aufgetrieben hatten, stellte sich heraus, daß man für eine Eheschließung eigentlich eine längere Zeit in Mexiko gelebt haben und obendrein Gesundheitszeugnisse und diverse andere Dokumente vorlegen mußte. Nachdem Ticie die bürokratischen Hindernisse mit einem angemessenen Schmiergeld aus dem Weg geräumt hatte, fragte der Friedensrichter: »Wünschen Sie die Zeremonie in spanischer oder in englischer Sprache? Englisch ist teurer.«

»Wenn es Ihnen nichts ausmacht, übersetze ich«, rief Sissee. »Ich habe in der Schule Spanisch gelernt.«

Also hörte Stella zu, wie der Friedensrichter den vorgeschriebenen Text herunterrasselte und wie Sissee sich bemühte, englische Sätze daraus zu machen. Bevor Stella sich versah, saß sie wieder im Auto und war auf dem Rückweg nach Los Angeles. Später am Abend zog Ticie sie beiseite. Stella nahm an, ihre Schwiegermutter wolle sie aufklären. Statt dessen sah Ticie sie mit ihren sanften und traurigen Augen an und sagte: »Ich weiß nicht so recht, Stella. Ich liebe meinen Sohn sehr. Trotzdem, achte darauf, daß du immer etwas Geld für dich auf der Seite hast.« Ticie gab Stella einen Kuß und blickte ihr nach, als sie zu ihrer lang ersehnten Hochzeitsnacht in Eddys Zimmer ging.

KAPITEL 10

KRISENZEITEN

1929–1934

Die Chinesen hatten so viele schwere Zeiten durchgemacht, daß der Schwarze Freitag im Oktober 1929 sie anfangs kaum berührte. Wer ohnehin arm war – die Wäschereibetreiber und Gemüsehändler –, arbeitete weiter vierzehn Stunden am Tag, wie immer, seit er auf dem Goldenen Berg war. Und auch die wohlhabenderen Chinesen, die niemals auf die Idee gekommen wären, an der Börse zu spekulieren, gingen davon aus, daß die Wirtschaftskrise nur die Welt der Weißen betraf und ohne Einfluß auf Chinatown und ihren Wohlstand blieb. Aus ebendiesem Grund glaubten viele Chinesen in den ersten Krisenjahren, daß jetzt eine günstige Zeit für Investitionen sei, und gründeten in den weißen Vierteln der Stadt neue Unternehmen.

Auch der Gemüsehändler Leong Jeung, der Ehemann der Chinesischlehrerin Mrs. Leong, hatte es satt, jeden Tag stundenlang an seinem Stand auf dem City Market zu stehen. Mit seinen Ersparnissen und etwas Geld, das er sich von Verwandten geborgt hatte, eröffnete er zwei Häuser westlich der Kreuzung Hollywood Boulevard und Vine Street das Chinese Garden Café. Leong, dem ein Speise- und Tanzlokal vorschwebte, engagierte eine vierköpfige Band mit Sängerin und stellte einen Koch ein, der sich gleichermaßen darauf verstand, Steaks und Koteletts zu braten, wie *Chop suey*, *Chow mein* oder *Egg foo yung* auf den Tisch zu zaubern. Sein ältester Sohn übernahm die Rolle des Oberkellners, und Gilbert, der sich gerade erst an der Universität von Südkalifornien eingeschrieben hatte, streifte sich einen Frack über und bediente an den Tischen.

Anfangs erfreute sich das Chinese Garden Café eines regen Zulaufes, doch das Geschäft ließ schnell nach. Mit der Zeit kam es immer öfter vor, daß Leong und seine Frau spät nachts über den spärlichen Tageseinnahmen saßen und nicht wußten, wo sie die 350 Dollar für Gilberts Studiengebühren hernehmen sollten. Bald darauf spitzte sich die Lage so zu, daß Gilbert das Studium abbrechen und Leong Jeung das Restaurant schließen und nach Chinatown zurückkehren mußte. Geschichten wie diese machten jetzt immer häufiger die Runde. Die Wirtschaftskrise hatte Chinatown erreicht.

Auch Ming und Ray hegten in diesen Jahren große Pläne. Unbeeindruckt von dem Fehlschlag, den sie mit dem Projekt an der Ecke Bixel und Seventh Street hatten hinnehmen müssen, suchten und fanden sie ein neues Objekt: ein wunderschönes, zweistöckiges Gebäude mit einem breiten Treppenaufgang am Wilshire Boulevard. Ticie behielt das Geschäft in Pasadena, während Ming und Ray die Filiale in der Seventh Street auflösten und für das Gebäude am Wilshire Boulevard einen Staffelmietvertrag abschlossen, was Anfang 1929 durchaus noch unproblematisch erschien. Kaum hatten sie im Erdgeschoß einen neuen Laden eingerichtet, fingen sie an, Pläne für einen Nachtclub im ersten Stock zu schmieden.

Getreu Ticies Ratschlag hob Milton die Qualität des Warenangebots weiter an und verbannte alle »Flohmarktartikel« aus den Regalen. Im Gegensatz zu den Raritäten und Andenken, mit denen Fong See nach wie vor einen guten Schnitt machte, setzte Milton auf teure und ausgefallene Antiquitäten. »Nach welchen Kriterien legst du den Preis eines Kunstgegenstands fest?« fragte er oft rhetorisch. »Danach, wieviel du für ihn bezahlt hast? Danach, wie schwierig es war, ihn zu beschaffen? Danach, wie selten er ist? Kunst kann nicht mit einer Dose Pfirsiche verglichen werden. Du mußt den Markt beobachten, abschätzen, ob ein Objekt selten ist oder nicht. Du siehst es dir an und beurteilst die Qualität der Arbeit. Und dann überlegst du, wieviel Stroh du in die Kisten packen mußt, damit es beim Transport nicht beschädigt wird.« Um seinen Kunstsachverstand unter Beweis zu stellen, brach Ming im August 1930 zu einer viermonatigen Einkaufsreise nach China auf.

Keine Wolke schien den Himmel über der Familie See zu trüben.

Stella und Eddy hatten sich bei Ticie und Sissee einquartiert, die inzwischen Betriebswirtschaft an der Universität von Kalifornien in Los Angeles studierte. Am 4. Juli 1930 schenkte Stella einem Jungen das Leben, dem sie den Namen Richard gaben. Ray und Leona erwarben ein Haus in Nichols Canyon, Bennie und Bertha ließen sich mit ihrer Tochter Shirley in Beverly Hills nieder, und schließlich zogen auch Ming und Dorothy in den Westen der Stadt.

Doch den Sees erging es mit ihrem neuen Laden am Wilshire Boulevard nicht viel anders als Leong Jeung mit dem Chinese Garden Café. Der große Traum platzte wie eine Seifenblase. Die Wirtschaftskrise hielt die Stadt im Griff, und statt im Obergeschoß einen Nachtclub einzurichten, waren die Sees froh, daß sie einen Teil der Etage an einen Eisenwarenhändler vermieten konnten. Und während die Kunden immer weniger Geld zur Verfügung hatten und jeden Cent zweimal umdrehten, bevor sie ihn ausgaben, trieb der Staffelmietvertrag die Miete für das Gebäude unerbittlich in die Höhe – von fünfhundert über siebenhundert auf eintausend Dollar, und das war erst der Anfang.

Nach so vielen Jahren, in denen Geld kein Thema gewesen war, mußten jetzt auch die Sees den Gürtel enger schnallen. Nach wie vor flossen die Einnahmen aller Familienmitglieder in den gemeinsamen Topf, aus dem jeder seinen Anteil erhielt. Über mehrere Monate hinweg mußte sich jeder Haushalt der Familie mit gerade einmal fünf Dollar pro Woche begnügen. Sissee, die ihr Studium abgebrochen und bei einer Firma, die Häuser isolierte, einen Job angenommen hatte, brachte mit zehn Dollar wöchentlich den Löwenanteil nach Hause. Das bedeutete, daß die See Manufacturing Company und die beiden Filialen der F. Suie One Company zusammen nicht viel mehr als fünfzehn Dollar pro Woche erwirtschafteten. Gleichzeitig stöhnte die Familie unter den Ausgaben: Sie mußte vier separate Haushalte unterhalten, die Löhne für die Angestellten, die Miete für die Geschäfte und die Fabrik zahlen und die Qualität des Sortiments beibehalten.

Anfang 1933 berief Ticie eine Familienversammlung ein. »Die beiden Läden haben lange Zeit große Gewinne abgeworfen«, sagte sie. »Wir hatten den Markt praktisch für uns alleine. Unser Handicap ist, daß wir auf Luxusgüter gesetzt haben. Aber die Leute kaufen keine Antiquitäten, wenn sie nicht wissen, was sie am nächsten Tag essen sollen. Kurz gesagt, wir sind pleite.«

»Aber was sollen wir tun?« rief Ray. »Aus dem Vertrag für das neue Gebäude kommen wir nicht heraus.«

»Es muß doch irgendein Gesetz geben, gegen das dieser Vertrag verstößt«, sagte Milton.

»Wir nutzen ja noch nicht einmal die gesamte Fläche«, fuhr Ticie fort. »Das Obergeschoß steht halb leer. Egal wie, wir müssen aus dem Vertrag heraus.« Die anderen nickten zustimmend.

Nachdem der Beschluß einmal gefaßt war, gingen sie sofort daran, ihn in die Tat umzusetzen. Die vier Brüder fuhren mit Lastwagen in die Stadt und räumten im Schutze der Dunkelheit den Laden am Wilshire Boulevard leer. Die Waren wurden auf einer Farm in La Habra, in Ticies Haus am Maplewood Drive und in diversen Hinterzimmern und Garagen von Rays, Bennies und Mings Häusern verstaut. Ein paar Tage später kehrte Ticie nach Chinatown zurück und mietete an der Ecke Los Angeles und Marchessault Street direkt gegenüber Fong Sees Domizil im alten Gebäude der städtischen Wasser- und Elektrizitätswerke einen neuen Laden. Ray, Eddy und Bennie arbeiteten in der Fabrik, während Ming und Ticie den neuen Laden einrichteten. Zum Schutz gegen Schuldeneintreiber wurde der Laden auf Sissees Namen eingetragen. Die Sees waren, wie die Leongs, nach Chinatown zurückgekehrt.

An diesem Umzug drohte Ticie innerlich zu zerbrechen. Jahrelang hatte sie alle und alles zusammengehalten und dabei aus Kraftreserven geschöpft, die sie nie in sich vermutet hatte. Die Trennung von Fong See, der Aufbau eines neuen Ladens, die Ungewißheit, ob die Fabrik Erfolg haben würde, was es auch war, sie hatte allem standgehalten. Doch jetzt, in ihrem fünfundfünfzigsten Lebensjahr, deprimiert durch den Fehlschlag am Wilshire Boulevard, gedemütigt, weil sie in ihre alte Nachbarschaft zurückkehren mußte, und verzehrt von ihrer Sehnsucht nach Suie, hatte sie das Gefühl, daß es nichts mehr gebe, für das zu kämpfen sich lohnte. Sie fühlte sich ausgebrannt, schwach, unfähig, dem Schicksal zu trotzen und dem Druck noch einmal standzuhalten.

Ihr einziger Trost war, daß sie, wenn sie schon nicht mit Suie zusammensein und sich von ihm beschützen lassen konnte, ihn jetzt wenigstens aus der Ferne zu Gesicht bekam. Tag für Tag saß sie in einem Korbsessel im rückwärtigen Teil des Ladens an der Los Angeles Street, sah auf die Straße hinaus und fragte sich, ob Suie wohl jemals auf dem Weg zur Arbeit oder nach Hause auf einen Sprung bei ihr hereinschauen würde. Wohl kaum. Vielleicht nie mehr, solange sie noch lebte. Gleichwohl verging kein Tag, an dem sie nicht in dem Stuhl saß und hoffte, daß die Türglocken klingelten und er plötzlich vor ihr stand. Daß das noch nicht geschehen war und wahrscheinlich auch nie geschehen würde, spielte kaum eine Rolle. Wichtig war nur der kleine Hoffnungsschimmer, daß er doch noch den Weg zu ihr finden könnte. Er erhielt sie am Leben.
Die Wut, die sie erfüllt hatte, war längst verraucht und einer endgültigen furchtbaren Leere gewichen. Ticie war nur noch ein Schatten ihrer selbst. Zwar kümmerte sie sich noch um das Geschäft, doch drängte sie Ming, mehr Verantwortung zu übernehmen. Gewissenhaft erfüllte sie ihre Pflichten als Mutter, obwohl sie wußte, daß keines ihrer Kinder mehr auf sie angewiesen war. Sie pflegte ihre Freundschaften, doch es kam vor, daß sie mitten in einem Raum voller Menschen saß und sich völlig verlassen fühlte.
Sie versuchte, sich mit dieser Leere abzufinden, mit diesem Gefühl, daß ihre Haut nichts weiter als ein schwarzes Vakuum umhüllte. Nur der Alkohol tröstete sie in ihrer Einsamkeit.

An einem frühen Morgen im Januar 1934 trat Fong See aus der Tür seines Hauses und blickte zu Ticies Laden auf der gegenüberliegenden Straßenseite. Fast immer, wenn er morgens das Haus verließ oder abends zurückkehrte, sah er seine zweite Frau in ihrem Laden neben dem Fenster sitzen und darauf warten, daß er vorbeiging. Obwohl er mit der westlichen Vorstellung von Liebe wenig anfangen konnte, wußte er, daß sie ihn immer noch liebte.
Zwölf Jahre war es jetzt her, daß seine erste Familie Chinatown verlassen hatte. In dieser Zeit hatte sich in der Los Angeles Street wenig verändert. Doch jetzt, nach ihrer Rückkehr, sah Fong See die Straße so, wie Ticie sie sehen mußte. Er überquerte die Marchessault Street

und blickte an Ticies Geschäft vorbei die August Alley hinunter, dorthin, wo die kleinen Läden ihre Lager hatten. Auf der anderen, hangabwärts gerichteten Straßenseite lag das Metzgergeschäft Sam Sing, das die Bewohner und Restaurants von Chinatown mit Fleisch versorgte, so weit die Menschen hier zurückdenken konnten. Dahinter, weiter die Marchessault Street hinunter, gab es nichts, was den Blick noch lohnte, nur Spuren des Verfalls.

Er blieb stehen und inspizierte die Auslagen im Schaufenster seiner Frau. Die Ladenfront war nicht größer als seine eigene, hatte aber den Vorteil, daß sie sowohl auf die Los Angeles Street wie auf die Marchessault Street hinausging. Ticie und ihre Söhne würden ihm Konkurrenz machen, daran bestand kein Zweifel. Ihr neuer Laden verfügte über ein Zwischengeschoß und einen Keller, doch soweit er beurteilen konnte, standen beide leer. Im Obergeschoß hatte die methodistische Kirche mehrere Räume angemietet, in denen Mrs. Leong unter anderem auch Fong Sees jüngere Söhne in Chinesisch unterrichtete.

Unmittelbar an Ticies Laden grenzte ein Raritätengeschäft, doch es war allgemein bekannt, daß der Besitzer seinen Wohlstand weniger dem Handel mit Raritäten als vielmehr den Umsätzen der im Keller versteckten Spielhölle verdankte. Dann kam das Lugo-Haus mit dem Canton Bazaar im Erdgeschoß und dem Hop Sing Tong im ersten Stock, gefolgt von einem weiteren Raritätenhändler und einem Kräutergeschäft. Sein eigener Laden, die F. See On Company, nahm die Mitte des Blocks ein und war mit dem in riesigen Lettern auf die Seitenwand gemalten Firmennamen immer noch der auffälligste. Das Obergeschoß beherbergte eine chinesische Zahnarztpraxis, eine chinesische Anwaltskanzlei und diverse Büros chinesischer Geschäftsleute.

Gleich dahinter schloß sich Tom Gubbins Asiatic Costume Company an, erkennbar an zwei großen Papierlaternen, die ein fahles Licht auf die Straße warfen. Kimonos in grellen Farben glitzerten im Schaufenster und erregten die Aufmerksamkeit der Passanten. Wie Ticie und Fong See arbeitete auch Gubbins immer häufiger mit den Filmstudios zusammen, an die er Kostüme und Requisiten verlieh und für die er, wenn sie chinesische Statisten brauchten, auch als

Vermittler fungierte. Das Obergeschoß hatte Gubbins an Leong Jeung vermietet, der gerade ein neues Restaurant, das Soochow, eröffnet hatte.

Das Soochow, so prahlten die Leongs, sei das siebtgrößte Restaurant in Chinatown, und sie hätten eigens für ihre weiße Kundschaft das Familien-Diner erfunden. Aber nicht nur weiße, auch reiche chinesische Familien fanden Gefallen an den niedrigen Preisen und gaben im Soochow Festessen für bis zu hundertfünfzig Gäste. Den Abschluß der Häuserzeile zur Ferguson Alley hin bildete Jerry's Joint, eine Bar, die einst vier Spielhöllen beherbergt hatte, inzwischen aber ein beliebtes Restaurant war. Mittags aßen hier die Mitarbeiter des Rathauses, abends die Filmleute aus Hollywood. Alle diese Geschäfte und Lokale gingen auf die alte spanische Plaza hinaus.

Chinatown brauchte seine Zeit, bis es zum Leben erwachte. Die ersten, die morgens verschlafen aus dunklen Hofeingängen traten, waren die alten Männer. Dann, nach und nach, kamen die Händler heraus und entfernten die zum Schutz an den Schaufenstern angebrachten dicken Bretter. Als nächstes stapelten die Krämer auf dem Gehweg Kisten mit Zwiebeln, Kohlrüben und Wintermelonen, Zukkerrohrstangen, jungem, ganz frischem *bocai* oder in der häuslichen Badewanne gezüchteten Bohnensprossen. Hin und wieder konnte es auch passieren, daß ein wagemutiger Händler einen Zuber mit Schnecken oder Schildkröten herausstellte. Nun dauerte es nicht mehr lange, bis die Laufburschen aus den umliegenden Restaurants durch die Straßen wuselten und ihre fleißigen Mitbürger mit Tee oder zugedeckten Schalen, aus denen verlockende Gerüche aufstiegen, versorgten. Um zehn Uhr hatten die Händler ihre Vorbereitungen abgeschlossen, und der Tag konnte beginnen. Doch die Betriebsamkeit täuschte darüber hinweg, daß die Geschäfte nicht gut gingen.

Fong See verschwendete sonst keine Zeit mit Erinnerungen, doch selbst er hielt gelegentlich inne und ließ sein Leben Revue passieren. Zwölf Jahre waren seit der Trennung von Ticie vergangen, und er wußte, daß er keine treibende Kraft im Leben seiner ersten Familie mehr war. Selbst für seine Kinder aus dieser Verbindung – Ming, Ray, Bennie, Eddy und Sissee – spielte er nur noch eine Nebenrolle.

Weder waren sie zu ihm gekommen, als ihr Geschäft scheiterte, noch hatten sie ihn um Rat gefragt, als sie beschlossen, nach Chinatown zurückzukehren. Im Lauf der Zeit hatten sie sich immer enger um ihre Mutter geschart und sich ihre Wertvorstellungen zu eigen gemacht.

Auch in Chinatown war er in vielerlei Hinsicht nicht mehr die treibende Kraft von einst. Mit seinen siebenundsiebzig Jahren galt er als Patriarch, bei dem die Leute Rat und Hilfe suchten, den sie um seinen Segen baten. Obwohl seine Kunden ihn nach wie vor mit den verschiedensten Namen ansprachen, wurde er in Chinatown inzwischen nur noch See-bok genannt, eine Ehrenbezeichnung für einen Mann seines Alters und seines Ranges.

Doch zu Hause war See-bok der wichtige Mann, der er immer hatte sein wollen. Seine Ehe mit Ngon Hung entsprach weit mehr den traditionellen chinesischen Wertvorstellungen als die Beziehung, die er mit Ticie geführt hatte. Mit Ngon Hung konnte er chinesisch sprechen, wenn auch nicht über geschäftliche Angelegenheiten. Wenn er ihr sagte, sie solle etwas tun, dann tat sie es – sie mußte. Das war ihre Pflicht, und genau so verstand sie es auch. Sie hatte ihm zu dienen. Ngon Hung liest mir jeden Wunsch von den Augen ab, dachte er, und niemals kommt ein Wort der Klage über ihre Lippen. Wenn meine Kräfte nachlassen und mein Ende naht, wird sie immer noch jung und stark sein. Und dann waren da noch die Kinder, die sie ihm geschenkt hatte – Jong Oy, Ming Chuen, Ming Yun und May Oy. Sie alle waren Vollblutchinesen.

In Fong Sees Haushalt hatten die althergebrachten chinesischen Sitten noch Gültigkeit. Ngon Hung blieb zu Hause und kümmerte sich um die Kinder. Auf die Straße, wo andere Männer sie sehen konnten, ging sie nur selten. Wenn etwas besorgt werden mußte, schickte sie Bedienstete oder eines der Kinder los, ja, gelegentlich ging sogar Fong See auf dem Nachhauseweg zum Schlachter und kaufte frisches Schweinefleisch oder ein Huhn. 1932 erhielt auch Jong Oy endlich die Erlaubnis, nach Los Angeles zu kommen, und Ngon Hung verwandte viel Zeit darauf, dieser Tochter – wie später auch ihrer zweiten Tochter May Oy – beizubringen, was es hieß, eine gute Ehefrau und Mutter zu sein, wie man einen Haushalt führte, wie man stickte, wie man gehorchte.

Ticie hatte ihm nie gehorcht. Hatte sie irgendwohin gehen wollen, dann war sie gegangen. Hatte sie etwas sagen wollen, dann hatte sie es gesagt. Hatte sie etwas tun wollen, dann hatte sie es getan. Sie hatte versucht, wie ein Hahn zu krähen. Ngon Hung hingegen konnte er so behandeln, wie es ihm paßte. Durch sie konnte er seinen Reichtum und sein Prestige zur Schau stellen. Die Ehe mit Ngon Hung hatte ihm gezeigt, wie angenehm es war, eine junge Frau zu haben, und so war es nur folgerichtig, daß er, als er 1929 wieder nach China reiste, erneut heiratete. Si Ping, ein Mädchen im Alter von Ngon Hung, war eine Konkubine im traditionellen Sinn. See-bok trug sich nie mit dem Gedanken, sie in die Vereinigten Staaten zu holen.

Fong See führte das Leben eines geachteten Familienoberhaupts und Ehrenmanns. Und das hatte er sich seiner Ansicht nach auch verdient. Doch wie so viele andere litt auch er unter den Folgen der Depression. 1932 waren nur fünf Lieferungen aus China eingetroffen, und im darauffolgenden Jahr gar nur noch zwei. In geschäftlicher Hinsicht erging es ihm nicht besser als Ticie: Er mußte die Filiale in der Seventh Street schließen und seine Aktivitäten auf den Laden in der Los Angeles Street konzentrieren. Zum ersten Mal seit dreißig Jahren hatte er nur noch einen Laden. Der Wert des Warenbestands belief sich zwar nach wie vor auf fünfzigtausend Dollar, doch Gewinne warf das Geschäft nicht mehr ab. Im Gegenteil, in den beiden zurückliegenden Jahren hatte Fong See schätzungsweise zehntausend Dollar verloren. Doch davon ahnte niemand etwas. Oder, wie er es Inspektor Nardini auseinandersetzte: »Davon weiß keine Menschenseele etwas. Diese Verluste gehen nur mich und den Staat etwas an.«

Überall in Chinatown gingen die Geschäfte schlecht. Der Preis für das Waschen und Bügeln eines Hemdes fiel von fünfzehn auf fünf Cent. Wer fünfundzwanzig Cent in der Stunde verdiente, konnte sich glücklich schätzen. Die meisten waren schon zufrieden, wenn sie auf einen Dollar pro Tag kamen und sich ein Dach über dem Kopf und etwas zu essen leisten konnten. Auch in Mexiko gab es kaum noch Arbeit, und zahllose Chinesen blieben dort hängen. See-bok hatte gehört, daß in manchen Monaten über dreihundert

in Mexiko lebende Chinesen ihre kargen Ersparnisse nach Hause schickten, dann über die Grenze spazierten und sich freiwillig von den US-Behörden schnappen ließen, die sie, und nur darum ging es diesen Leuten, auf Staatskosten nach China abschoben.
Was die chinesischen Einwanderer sich im Laufe der Zeit aufgebaut hatten, wurde im Jahr 1933 zunichte gemacht. Ehefrauen und ganze Familien wurden nach China zurückgeschickt, weil das Leben dort billiger war. Onkel Yuns Familie – seine Frau und alle seine Kinder, seine Konkubine und ihre Tochter – war bereits mit dem Schiff unterwegs, und See-bok wußte, daß es nur noch eine Frage der Zeit war, bis auch er die Seinen nach China zurückschicken mußte. (Was nicht hieß, daß er kein Geld gehabt hätte. Insgeheim hatte er eine beträchtliche Summe auf die Seite geschafft, mit der er Geschenke, Handelswaren oder weitere Immobilien in China erwerben konnte.)
Chinatown verwandelte sich wieder in eine Enklave alleinstehender Männer. Alles, was man hörte, waren ihre leise murmelnden Stimmen, das monotone Rattern der Güter- und Personenzüge und das Rumpeln der Lastwagen auf der Alameda Street. Die Schlangen vor den Suppenküchen und den Jobvermittlungsbüros waren verschwunden. Chinatown versank in Niedergeschlagenheit. Die Männer hockten zusammengekauert in den Hauseingängen, starrten ratlos auf ihre gefalteten Hände und warteten. Zum Betteln waren sie zu stolz, lieber hungerten sie. Der chinesische Wohlfahrtsverein, die Tongs und die Bezirksvereinigungen taten, was in ihrer Macht stand. Wer nicht mehr weiterwußte, konnte in das Haus seines Tongs oder seiner Vereinigung gehen, wo zu bestimmten Tageszeiten Mahlzeiten ausgegeben wurden.
Gerade als es den Anschein hatte, daß es nicht mehr schlimmer kommen könne, mußte die chinesische Gemeinde einen neuerlichen Schlag hinnehmen. Daß die Eisenbahn einmal mehr der Grund war, entbehrte in Fong Sees Augen nicht einer gewissen Ironie. Bereits 1913 hatte sich die Stadtverwaltung mit dem Gedanken getragen, Chinatown abzureißen und auf Juan Apablasas ehemaligen Weingärten, dem heruntergekommenen Gebiet östlich der Alameda Street, das den Hauptteil von Chinatown ausmachte, einen

Bahnhof zu errichten. In den folgenden zwanzig Jahren war das Projekt durch eine Prozeßlawine gestoppt worden. Zuerst stritten die Apablasas und die Stadt Los Angeles darüber, wem die Straßen in Chinatown gehörten. Als dieser Streit beigelegt war, verkaufte die Familie das Gelände an den Unternehmer L. F. Hanchett, der behauptete, er wolle es für die gewerbliche Nutzung erschließen und darüber hinaus eine »chinesische Kolonie« errichten. Als ans Licht kam, daß er gelogen und von Anfang an den Bau eines Bahnhofs im Sinn gehabt hatte, wurde seinen Abrißabsichten per Gerichtsbeschluß ein Riegel vorgeschoben. 1928 erwarb die Southern Pacific Railroad, die in der Zwischenzeit in der Nachbarschaft mehrere Grundstücke aufgekauft hatte, das Gelände und legte zusammen mit der Union Pacific Pläne für einen Bahnhof vor, mit dem sie dem Eisenbahnverkehr ein Denkmal setzen und überdies der wachsenden Bedeutung der Stadt Rechnung tragen wollte. Am 19. Mai 1931 bestätigte der Oberste Gerichtshof von Kalifornien die Rechtmäßigkeit der Enteignung des Geländes östlich der Alameda Street und gab grünes Licht für den Bau des Bahnhofs. Fong See hatte das Urteil nicht weiter bekümmert, denn sein Laden lag auf der Westseite der Alameda Street.

Zwei Jahre später flatterten den betroffenen Haushalten die Räumungsbefehle ins Haus. Den Bewohnern wurde bis zum Auszug eine Frist von dreißig Tagen eingeräumt. Die Stadt stellte die Versorgung mit Wasser, Gas und Strom ein, und die wenigen Gehwege, die angelegt worden waren, wurden wieder aufgerissen. Einige Ladeninhaber und Familien beugten sich dem Druck, doch viele blieben – aus Mißtrauen, aus Unwissen und aus Angst. »Wir möchten das Haus, in dem wir so lange gewohnt haben, nicht verlassen. Wir warten einfach«, erklärte ein Mann gegenüber einem Zeitungsreporter. Ein anderer sagte: »Ja, wir wollen umziehen. Wir wissen nur nicht, wohin. Hier und da heißt es, daß ein neues und schöneres Chinatown gebaut werden soll. Ja, dort würden wir gerne hinziehen.« Da viele Bewohner Chinatowns kein Englisch lesen konnten und den Räumungsbefehl irrtümlich für eine Abschiebedrohung wegen mutmaßlicher Tongmitgliedschaft hielten, waren sie völlig überrascht, als die Abrißtrupps anrückten. See-bok fragte sich, wie viele

Bewohner Chinatowns im Zuge der Aktion ihr Zuhause verloren. Zweieinhalbtausend? Fünftausend? Da es gang und gäbe war, bei Volkszählungen zu schummeln, die Einwanderungsbehörde hinters Licht zu führen und Freunde oder Verwandte oft jahrelang zu verstecken, vermochte niemand verläßliche Angaben zu machen.

Am 22. Dezember 1933 wurde mit den Abrißarbeiten begonnen. Eine Woche später waren die vertrauten Orientierungspunkte dem Erdboden gleichgemacht: die alte chinesische Schule, der Spezialitätenmarkt, wo über so viele Jahre hinweg die Gemüsekarren gestanden und Männer mühsam ihren Lebensunterhalt verdient hatten, der alte Tempel an der Ecke Marchessault und Juan Street, die Schmiede, der Apablasa-Spielplatz, ganz zu schweigen von den zahllosen Suppenküchen, Fleischmärkten und Teeläden. In der Hektik des Aufbruchs blieb Wertloses und Wertvolles zurück, wurden Edelsteine und Kleider, Reisschüsseln, Eßstäbchen und Suppenlöffel, *Fan-tan*-Knöpfe und Spielchips, Hackmesser, tragbare Öfen, Gefäße voller Öl, Wein und Sojasoße, Glaswaren, Arzneimittel und Schminktiegel, Zahnbürsten und Schuhe zurückgelassen, und die Kinder weinten ihren Murmeln, Puppen und anderen Spielsachen nach.

Über Nacht standen Hunderte von Menschen auf der Straße. Die einen fanden irgendwo in der Ninth Street, nahe dem City Market, Unterschlupf. Andere zogen zu Verwandten oder Geschäftspartnern, die das Glück hatten, im nicht betroffenen Teil Chinatowns westlich der Alameda Street zu wohnen. Wer Köpfchen hatte – und das galt für Chinesen ebenso wie für Weiße –, der begann, von der Errichtung eines neuen Chinesenviertels oder neuer Chinesenviertel zu träumen und zu überlegen, wie er selbst daraus Profit schlagen konnte. Nur nicht Fong See. Der hatte beschlossen, sich im neuen Jahr keine Gedanken über diese Angelegenheit zu machen.

»Jetzt stell dich nicht so an, bleib«, sagte Tyrus Wong ein letztes Mal und deckte den Küchentisch, neben dem George unschlüssig herumstand.

»Okay«, antwortete George, schnappte sich einen Stuhl und setzte sich zu den anderen.

Eddy lächelte. Eigentlich wäre es seine Aufgabe gewesen, George zum Bleiben aufzufordern, doch was zum Teufel machte das schon. Sie saßen im Kellergeschoß des Ladens und waren gerade dabei, ein preiswertes Abendessen zuzubereiten. Eddy hatte sich in den letzten Monaten mit Tyrus Wong und Benji Okubo, zwei Studenten vom Otis College, angefreundet, die eines Tages im Laden aufgetaucht waren, um sich Kunstgegenstände anzusehen. Heute abend hatten sie George Stanley mitgebracht, einen talentierten Bildhauer. George war die ganze Zeit über steif und nervös herumgestanden. Tyrus hatte immer wieder versucht, ihn mit aufmunternden Worten an den Tisch zu locken, aber George hatte sich einfach kein Herz fassen können.

Tyrus nahm ein geschältes hartgekochtes Ei in die Hand und versuchte, das harte Eigelb herauszupressen. Dabei drückte er etwas zu fest zu, und der kleine runde Dotter hüpfte heraus, fiel zu Boden und rollte über den schmutzigen Beton. Tyrus hob das Eigelb auf, trug es zur Spüle und wusch es unter dem Wasserhahn ab. George erhob sich mit einem Ruck und sagte: »Mir ist gerade etwas eingefallen. Ich habe einen Termin. Ich muß jetzt gehen.«

Kaum hatte George die Tür hinter sich zugezogen, brachen die anderen in lautes Gelächter aus.

»Hast du gesehen, wie das Eigelb rausgeflutscht ist?« kicherte Tyrus. »Es ist wie ein Golfball über den Boden gerollt.«

»Ich habe einen Termin«, äffte Eddy George nach. Tyrus lachte Tränen.

Je öfter sie die Szene nachspielten, desto lustiger wurde sie.

Eddy war glücklich, wieder in Chinatown zu sein. Chinatown hatte etwas Besonderes, das es woanders nicht gab. Natürlich sah jeder Chinatown durch seine eigene Brille. Vor allem die Journalisten waren fasziniert. Sie berichteten nicht über die Bandenkriege zwischen den Tongs, Opiumschmuggel, Prostitution und Spielhöllen, für sie war Chinatown mehr, viel mehr. Chinatown war, wie es ein Korrespondent der *New York Times* formulierte, »ein dunkles und menschenbrodelndes, gefährliches und undurchdringliches Viertel, voller mysteriöser Zutaten wie Chili con carne, und genauso scharf«. Die alte Plaza, die direkt gegenüber dem Laden lag, sei »die Brutstätte eines überschäumenden, gewalttätigen Lebens, das ebenso schöpferisch ist, wie Hollywood steril ist«.

Das war nicht die Welt, die Eddy Tag für Tag erlebte. Er empfand eher wie Louise Leung, die Tochter eines der angesehensten Kräuterheilkundigen der Stadt, die an der Universität von Südkalifornien studiert hatte und als einzige chinesische Reporterin für die *Los Angeles Times* arbeitete. Eddy erinnerte sich an einen Artikel, den sie erst kürzlich veröffentlicht hatte. Unter der Überschrift »Sag mir, was ich bin – Chinese oder Amerikaner?« hatte sie ihre Eßgewohnheiten beschrieben – Toast, Eier und Kaffee zum Frühstück, Reis, gebackener Tofu und Spareribs zum Abendessen –, die problematische Kleiderfrage angesprochen – sie kleidete sich westlich, während ihre Kollegen bei der Zeitung fanden, daß sie chinesische Gewänder tragen sollte – und von ihren Eltern berichtet, die noch nie Käse oder Butter probiert hätten, da sie diese Milchprodukte als ekelerregend empfanden. Nach Eddys Ansicht hatte Louise die schwierige Gratwanderung zwischen den beiden Kulturen sehr anschaulich illustriert. Wie Louise wußte auch Eddy nicht, wo sein Platz war.

Nach wie vor hatten viele der alten Gepflogenheiten und Vorurteile Bestand. Natürlich durften inzwischen auch Chinesen das College besuchen und Prüfungen ablegen. Doch was half der beste Abschluß, wenn kein amerikanisches Unternehmen bereit war, einen Chinesen einzustellen? Manche kleideten ihre Absage in höfliche Worte, doch die meisten machten sich noch nicht einmal diese Mühe. Wie jene Restaurants, die Schilder mit der Aufschrift »Kein Zutritt für Hunde, Asiaten und Neger« aufstellten, oder jene Kinos, wo die Kassierer das »Ausverkauft«-Schild aufhängten, sobald sich ein Chinese dem Schalter näherte.

Eddy wußte, daß er nicht zu dieser Welt da draußen gehörte. Aber gehörte er nach Chinatown? Gewiß, er fühlte sich glücklich hier, konnte mit Benji und Tyrus etwas unternehmen, und doch …

Eddy hatte auch Freunde wie George Wong. George war 1929 von San Francisco heruntergekommen und hatte östlich der Alameda Street einen Fisch- und Geflügelladen eröffnet. Nach dem Abriß war er in die Spring Street gezogen. Seine Einstellung zu den Weißen unterschied sich deutlich von der, mit der Eddy aufgewachsen war. »Die Weißen kommen doch nur nach Chinatown, um uns zu beklauen und zu berauben«, wetterte George. »Sie kommen hierher und fotografieren uns, ohne vorher zu fragen. Das bringt mich in Rage. Wenn ich einen Weißen zur Rede stelle, sagt er: ›Für wen hältst du dich eigentlich?‹ Und wenn ich dann erwidere: ›Ich habe dir gesagt, daß du damit aufhören sollst. Hör auf! Noch einmal, und ich rate dir, schleunigst aus Chinatown zu verschwinden‹, hetzen sie uns ihre Polizei auf den Hals. Einer ist besonders großkotzig. Ich meine den, der immer so abfällig auf uns herunterblickt und uns ›Gelbe‹ nennt.«

Manchmal zückte George an dieser Stelle ein imaginäres Messer und führte vor, was er dem Polizisten gerne ins Gesicht sagen würde: »Was, du willst einen Kampf? Dann komm her, los, komm. Ich werde es dir schon zeigen.« Und wenn sich dann ein paar Chinesen zusammengetan und den betreffenden Polizisten verprügelt hatten, höhnte George: »Der einzige Unterschied zwischen diesem Bullen und uns ist, daß er eine Polizeimarke trägt. Wenn er jetzt vor mir stehen würde, würde ich sagen: ›Nenn mich nicht *Chinaman*. Kein abfälliges Wort über mein glattes, schwarzes Haar. Es ist auch nicht anders als deines. Kein abfälliges Wort über uns Chinesen, oder du wirst es bereuen, wenn du wieder nach Chinatown kommst.‹ Der Typ kann sich glücklich schätzen, daß er nur Prügel bezogen hat. In Amerika muß man die amerikanischen Gesetze befolgen. Aber wenn mich einer beleidigt, macht er besser einen großen Bogen um Chinatown.«

Obwohl George die Weißen nicht mochte, kam er mit den Sees gut aus. »Ihr seid halbe Chinesen«, erklärte er. »Ihr macht keinen Ärger.« George war zwar heißblütig, aber alles in allem doch ein umgänglicher Typ.

Auch Eddy sah seinen Vater jetzt wieder häufiger. Im Jahr 1934 stellte Fong See allen Kindern seiner ersten Familie einen viertürigen Plymouth vor die Tür. Die Plymouths waren zwar nichts im Vergleich zu den schnittigen Limousinen, mit denen Ming und Ray aufgewachsen waren, doch Eddy verstand die Geste als eine Art Friedensangebot. Dann lud Fong See Sissee und Eddy ein, ihn und seinen

Sohn Chuen zur Weltausstellung nach Chicago und anschließend nach New York zu begleiten. Es war wie in den alten Zeiten. In Chicago bestaunten Eddy und Chuen einen rauchspeienden Roboter, der sich bewegen und sprechen konnte. Und in New York gingen sie ins Kaufhaus Macy's und kauften sich trotz ihres großen Altersunterschieds die gleichen Lindbergh-Jacken und Fliegerbrillen.

Das alles konnte nicht darüber hinwegtäuschen, daß Eddy nicht mehr wußte, was er mit sich anfangen sollte. Aus dem Job in der Fabrik war nichts geworden. Die Arbeit hatte ihn gelangweilt, und als er einmal tagelang Bretter durch die Kreissäge schieben mußte, hatte er seine Gedanken schweifen lassen. Er hatte sie so lange schweifen lassen, bis er ein paar Finger weniger hatte. Nach dem Unfall hatte Eddy, mittlerweile dreiundzwanzig Jahre alt, in Jing Hings Juweliergeschäft mit einer Lehre angefangen. Wenn er nicht dort war, half er Ticie und Ming im Laden.

Die F. Suie One Company hatte sich verändert. Die Waren ließen sich grob in drei Kategorien unterteilen: Ein Drittel war für Sammler bestimmt, ein Drittel für den Verleih an Filmstudios, und ein Drittel wollte die Familie für sich behalten. Das lukrativste Geschäft – soweit in diesen Tagen überhaupt etwas lukrativ war – war das mit den Filmstudios. Seit 1919 *Gebrochene Blüten* in die Kinos gekommen war, verliehen die F. Suie One und die F. See On Company regelmäßig Kostüme und Requisiten an die Studios. In letzter Zeit hatten vor allem der 1932 gedrehte Streifen *Shanghai Express* und der 1933 fertiggestellte Film *The Bitter Tea of General Yen* für gute Einnahmen gesorgt. Da Ticie die Verhandlungen mit den Requisiteuren, die in ihren Augen ein »ungehobelter Haufen« waren, verabscheute, fiel diese Aufgabe ihren Söhnen zu. Doch als jüngster wurde Eddy zu diesen Besprechungen niemals hinzugezogen.

Womit sollte er seine Zeit ausfüllen? Mit Alkohol? Mit Frauen? Oder mit Arbeit? Was den Alkohol betraf, so war Eddy ein gebranntes Kind. Es schmerzte ihn, wenn er, was inzwischen häufiger vorkam, mit ansehen mußte, wie seine Mutter sich betrank. Er fühlte sich hilflos, wenn sie Pollyanne losschickte, um aus dem Laden an der Ecke eine neue Flasche zu holen, oder wenn sie so betrunken war, daß sie die Kontrolle über sich verlor. Eddy hatte jenen Sonntagabend, an dem Mary Louie zum Essen eingeladen war, noch nicht vergessen. Der Tag hatte ganz normal angefangen. Ticie ging auf den Markt, suchte eine Lammkeule aus, brachte sie nach Hause, rieb sie mit Gewürzen ein und schob sie, mit geschälten und in Scheiben geschnittenen Kartoffeln garniert, in den Ofen. Ming und Ray, die ebenfalls da waren, füllten in einem fort das Glas ihrer Mutter. Bald war die Lammkeule vergessen. Mary fragte laut und ungeniert, warum die beiden versuchten, Ticie betrunken zu machen, und Stella antwortete, weil Dorothy und Leona es in dem Haus nicht aushielten und den Abend so schnell wie möglich hinter sich bringen wollten. Was Eddy anging, so glaubte er, daß seine Mutter vor allem deshalb trank, weil sie sich ausgeschlossen fühlte.

Zu Frauen fühlte sich Eddy schon eher hingezogen. Er kannte Stella seit zehn Jahren und war seit sechs Jahren mit ihr verheiratet. An manchen Tagen konnte er ihr Genörgel einfach nicht mehr ertragen. Ständig beklagte sie sich, wie schwer sie es habe, als ob es nicht alle schwer hätten. Ganz besonders mißfiel es ihm, wenn sie hinter ihm her trottete und ihn mit ihrem Pessimismus und ihren Vorwürfen verfolgte. Eddy hatte seit dem Unfall in der Fabrik viel Zeit, ein Umstand, der es ihm ermöglichte, die Vorzüge einer unverbindlichen Affäre zu entdecken. Die Frau, auf die seine Wahl fiel, hieß Helen Smith und war eine Bekannte Mings. Wenn Helen in den Laden kam, dann stets unter einem Vorwand. Mal kaufte sie zwölf Holzbecher für einen Dollar, dann eine *Chop-suey*-Schüssel für vierzig Cent oder eine Tischdecke und Servietten für siebenundachtzig Cent. Eddy hielt die Affäre mit Helen Smith für harmlos. Außerdem, gingen Ming und Ray nicht andauernd fremd? Und wer scherte sich darum?

Was schließlich die Arbeit betraf, so sprachen alle nur über Rays oder Mings Träume. Über Eddys Träume sprach niemand. Doch auch er hatte welche. Gern malte er sich aus, welches Leben er jetzt hätte führen können, wenn er 1919 in China geblieben wäre. Er wäre inzwischen ein reicher, mächtiger Mann und stünde in engem Kontakt mit seinem Vater. Statt dessen sah er ihn jetzt nur jeden Tag am Laden vorbeigehen und mußte miterleben, wie seine Mutter ihm schmachtende Blicke nachwarf, während sie vorgab, nach dem

Postboten Ausschau zu halten. Eddy träumte von einem Leben, das der Kunst und der Schönheit gewidmet war. Doch leider war Eddy kein Künstler. Oh, er war geschickt, keine Frage. Er war in Chinatown bekannt dafür, daß er alles wieder richten konnte, ob es sich nun um eine zerbrochene Lampe oder einen demolierten Bilderrahmen handelte. Doch es war etwas ganz anderes, etwas wirklich Eigenes zu erschaffen.

Durch Benji Okubo und Tyrus Wong hatte er Kontakt zu der Künstlergruppe bekommen, in der die beiden verkehrten. Benji war Japaner und ein seltsamer, etwas spleeniger Bohemien. Er war in Riverside aufgewachsen und hatte als Stipendiat am Otis College Kunst studiert. Während des Studiums hatte er sich seinen Lebensunterhalt als Aushilfskellner in der Cafeteria des Colleges verdient, wo er die Böden aufwischte und die Essensreste einsammelte und mit nach Hause nahm. Benji hatte sich lange Koteletten wachsen lassen, die er zu Schmachtlocken verzwirbelte. Sein Hemd war stets bis zum Bauchnabel aufgeknöpft, der Kragen heruntergeklappt. Manchmal trug er einen knöchellangen Trenchcoat, stellte sich mit verschränkten Armen irgendwohin und warf finstere Blicke um sich. Inzwischen verbrachte er seine Zeit in der Art Students' League, einer Vereinigung von Kunststudenten, oder in einer Scheune an der Alvarado Street, wo er Malunterricht gab.

Tyrus Wong war zwar noch in China auf die Welt gekommen, lebte aber schon sehr lange in Chinatown. Er war ein hagerer kleiner Kerl, der wie ein Filmschauspieler sprach. Aber Tyrus konnte nicht nur umwerfend komisch sein, er war auch ein begabter Künstler. Zusammen mit seinem Vater, der vor einer Spielhölle Schmiere stand, lebte er in einem Wohnheim für Junggesellen. Eddy hatte Tyrus, ebenso wie Benji, im Laden kennengelernt. Als Tyrus immer öfter dort auftauchte, begann Ticie ihn schließlich zu fragen, ob er denn schon etwas gegessen habe. Tyrus hatte nie etwas gegessen, und es dauerte nicht lange, bis er und Eddy Freundschaft geschlossen hatten.

Und Eddy? Eddy hatte eine lockere, ungezwungene Art. Er bevorzugte weite Kleidung, einmal, weil sie seinen weit ausholenden Gesten entgegenkam, zum anderen, weil er immer bereit sein wollte, das in die Tat umzusetzen, was ihm oder einem anderen gerade in den Sinn kam. Sein Haar war lang und zerzaust, doch im Vergleich zu Benjis wilden Frisuren war sein Haarschnitt noch recht gesittet. Und im Gegensatz zu Benji, der ständig an seinen Schmachtlocken zwirbelte, ließ Eddy sich einen Ziegenbart stehen.

Wenn es irgend etwas gab, das die drei miteinander verband, dann ihre Bewunderung für den Künstler Stanton MacDonald-Wright, der gemeinsam mit seinem Freund Morgan Russel in Paris die Kunstschule Synchromy gegründet hatte. MacDonald-Wright hatte es nicht lange an der Synchromy ausgehalten. Die Schule schränke ihn in seiner Kreativität ein, hatte der Künstler verkündet und war nach Kalifornien zurückgekehrt, wo er die Leitung der Art Students' League übernahm. Dadurch, daß er chinesische und japanische Motive in seine Arbeit einfließen ließ, ermutigte er seine asiatischen Studenten, sich auf ihre Wurzeln zu besinnen und sich von ihnen inspirieren zu lassen. Allerdings fragte sich Eddy, nachdem er die Bilder gesehen hatte, wer da wen beeinflußte – MacDonald-Wright seine Schüler oder die Schüler ihren Lehrer.

Der einzige Schönheitsfehler an der Sache war, daß niemand Notiz von ihrer Arbeit nahm. Ein paar von ihnen, wie Tyrus, wirkten zwar bei Arbeitsbeschaffungsprogrammen der Bundesbehörde WPA mit. Doch das hieß noch lange nicht, daß man sie als Künstler auch *ernst* nahm. Das brachte Eddy auf eine Idee, die er auch gleich Ming und Ticie unterbreitete. »Was haltet ihr davon, wenn wir im Zwischenstock eine Kunstgalerie einrichten?« fragte er. »Als Ladenfläche taugt er ja doch nicht. Kein Kunde verirrt sich dort hinauf.« Ming und Ticie hatte nichts dagegen einzuwenden.

Die erste Ausstellung war Tyrus' Arbeit gewidmet – Lithographien, Drucke und Gemälde. Die zweite Ausstellung war dann schon sehr viel umfangreicher. Neben Bildern von Benji, Tyrus und Stanton MacDonald-Wright waren auch Arbeiten der Künstler Hideo Date, Jake Zeitlin und Jimmy Redmond zu sehen. Die Ausstellung war so erfolgreich, daß der kommunale Kunstverein, die städtische Bibliothek und die Kunstgalerie der Palos Verdes Estates eine weitere finanzierten. Besonders amüsant an dieser Ausstellung fanden die drei Freunde den Ausstellungskatalog, in dem Tyrus als ein »großer

Bewunderer Michael Angelos [*sic*], El Grecos und der alten chinesischen Meister« gepriesen wurde. Damit schien der Bann gebrochen: Im darauffolgenden April sollten Hideo, Benji und Tyrus gemeinsam im Kunstmuseum des Los Angeles County ausstellen.
Trotz aller Erfolge blieben die drei knapp bei Kasse, und das war auch der Grund, warum sie an den meisten Abenden im Keller unter dem Laden herumhingen und kochten. Meist hatten sie gerade genug Geld, um sich ein Reisgericht namens *fan jiu* – kurz gedünsteter und dann in Wasser gekochter Reis – zuzubereiten und das Ganze mit ein paar Spritzern »Wanzensoße«, Benjis abfällige Bezeichnung für Sojasoße, aufzupeppen.
»He, Benji, kennst du das weiße Mädchen, das eine Zeitlang am Otis studiert hat?« fragte Tyrus seinen Freund, als sie wieder einmal in dem Keller zusammensaßen. »Stell dir vor, die hat mir erzählt, daß sie auf Wright scharf ist. Und warum nicht? Alle Mädchen wollen mit Wright ins Bett. Dann ist sie zur Art Students' League rübergegangen, und was glaubst du, was passiert ist?«
»Keine Ahnung, aber wir werden es bestimmt gleich erfahren, ob wir wollen oder nicht«, erwiderte Benji.
»Mann, der Typ ist so cool. Sagt zu ihr: ›Gott hat Abermillionen kleine Mädchen geschaffen. Könnte es sein, daß dieses kleine Mädchen hier ein bißchen verdorben ist?‹«
Alle lachten, und Tyrus fuhr fort: »Ich habe sie gefragt: ›Und wo liegt die Pointe?‹ Und sie hat geantwortet: ›Er trug Seidenstrümpfe.‹«
Sprunghaft wie Tyrus war, wartete er erst gar nicht auf die Reaktionen der anderen, sondern tischte gleich die nächste Geschichte auf. »Wie ihr wißt, sind Ausflüge nach Mexiko zum Skizzenmachen sehr beliebt. Man fährt zwei, drei Stunden, und schon ist man in einem anderen Land. Die Landschaft, die Farben, alles ist anders. Kommt also mein Freund zu mir und sagt: ›Laß uns nach Mexiko fahren.‹ Ich denke mir, er hat einen großen, schwarzen Packard, warum also nicht? Auf der Rückfahrt stelle ich an der Grenze in Tijuana fest, daß ich meine Papiere vergessen habe. Der Beamte sagt: ›Tja, dann müssen Sie über Mexicali fahren.‹ Bloß, bis nach Mexicali ist es verdammt weit. Mein Freund, seine Frau, seine Tochter, alle hocken

sie auf dem Vordersitz. Wir fahren durch die Wüste, und ich fühle mich so elend wie ein Straßenköter. Endlich sind wir in Mexicali. Und was kriegen wir dort zu hören? ›Nein, nein, nein. Sie müssen in Tijuana über die Grenze.‹ Also fahre ich nach Tijuana zurück, und dort lassen sie mich warten und warten. Einen ganzen Monat lassen sie mich schmoren.«

»Aber sie haben dich nicht eingelocht«, fiel ihm Benji ins Wort. »Du konntest dich in der Stadt herumtreiben. Hast du gemalt?«

»Ich konnte nicht. Ich hatte zuviel Schiß.«

»Und was war mit der chinesischen Familie, mit der du befreundet bist?« warf Eddy ein. »Haben die Leute dich nicht bei sich aufgenommen?«

»Genau«, rief Benji augenzwinkernd. »Und hatten die nicht eine Tochter?«

Mit diesen Neckereien wollten sie vor allem verhindern, daß Tyrus wegen seiner unglücklichen Liebe zu einem chinesischen Mädchen, das in einer Drogerie am Ende der Straße arbeitete, in Depressionen verfiel. Er hatte das Mädchen in einem Buchladen gesehen und war sofort Feuer und Flamme für sie gewesen. Ein Freund, bei dem er sich nach ihr erkundigt hatte, hatte ihm zwar ihren Namen – Ruth – verraten, ihm aber auch prophezeit, daß er bei ihr keine Chance habe.

»Ruth hat an der Universität von Kalifornien studiert«, sagte er. »Und du bist nicht einmal über die ersten Klassen der High School hinausgekommen.«

»Das wird mich nicht davon abhalten, sie zu fragen, ob sie mit mir ausgeht«, erwiderte Tyrus störrisch. Es kam, wie es kommen mußte. Tyrus ging in die Drogerie, in der Ruth arbeitete, lud sie zu einem Eis ein und bekam eine Abfuhr.

»Nein, danke«, war alles, was sie sagte, bevor sie ihm den Rücken zudrehte. Tyrus' Freund sah sich bestätigt: »Habe ich dir nicht gleich gesagt, daß du bei ihr abblitzt? Ich hab' dich gewarnt, aber du wolltest ja nicht hören.«

Eddy und Benji versuchten alles, um Tyrus von Ruth abzulenken. Sobald die Sprache auf Ruth kam, versank Tyrus in dumpfes Brüten und wiederholte ein ums andere Mal: »Verdammt, das war wie ein

Schlag mit dem Holzhammer.« Künstler brauchten sich nicht allzusehr anzupassen, dachte Eddy, aber auch sie mußten sich mitunter mit dem Problem herumschlagen, wie sie ein Mädchen herumkriegten.

Alkohol? Frauen? Arbeit? Nichts davon interessierte Eddy übermäßig. Er hatte eine Schwäche für dumme Witze, vorzugsweise dumme und schmutzige Witze, und es gefiel ihm, mit seinen Kumpeln herumzuhängen und sich gegenseitig alberne Geschichten zu erzählen. Kurz gesagt, Eddy wollte Spaß haben. Alles, was er nun tun mußte, war, einen Weg zu finden, wie er möglichst viel Spaß haben konnte, und eine Arbeit, die ihm gefiel.

KAPITEL 11

ERINNERUNGEN: TYRUS ERZÄHLT SEINE GESCHICHTE

Manchmal fragen mich die Leute, ob ich China vermisse. Ich muß sagen, ich weiß es nicht. Es gibt nicht viel, woran ich mich erinnere. Ich erinnere mich daran, daß in einer Ecke unseres Hauses ein Herd stand. Ich erinnere mich daran, daß wir unsere Lebensmittel in einem Korb aufbewahrten, der an einem Haken an der Decke hing, damit die Ratten sie nicht fraßen. Und ich erinnere mich an den Ziegelstein, der vor dem Haus aus dem Boden ragte. Einmal bin ich über ihn gestolpert. Nein, in Wahrheit lag ich im Schoß meiner Großmutter, und sie ließ mich fallen. Hier hat es mich erwischt. Bums! Hier, siehst du sie, die kleine Narbe, die davon zurückgeblieben ist? Wir waren zwei Familien, eine auf der einen und eine auf der anderen Seite. Auf einer Seite gab es eine Öffnung, und wenn es regnete, kam das Wasser herein. Auf der anderen Seite wurden die Schweine gehalten. Grunz, grunz. Und Hühner. Es war nicht sehr hygienisch, nicht so wie hier.

Baseball oder ähnliche Spiele kannten wir nicht. Wir spielten mit Fledermäusen, nahmen einen Stecken und versuchten, sie im Flug zu treffen. Oh, nachts kamen sie zu Hunderten heraus. Wenn man sie erwischte, fiepten sie. Und bleckten die Zähne. Ja, genau so. Im Sommer gab es Grillen. Sie machten einen unvorstellbaren Lärm. Du nimmst dir einen langen Stab und diese chinesische Reispastete, *na maw,* du weißt schon, dieses gelbe Zeug. Wir zerrieben die Pastete zu einer klebrigen Masse und schmierten sie auf die Spitze des Stabes. Wenn eine Grille an dem klebrigen Reis hängenblieb, steckten wir sie in einen Käfig und trugen sie nach Hause. Wenn sie starb, bekam sie eine richtige Beerdigung.

Mein Vater arbeitete in Sacramento als Aushilfe in einem Krämerladen. Arbeit zu finden war nicht leicht in diesen Tagen, aber mein Vater sparte eisern und kam nach China zurück, um mich zu holen. Ich war neun Jahre alt. Das Schiff, auf dem wir nach Amerika fuhren, hieß *China.* Die *Nile* war das kleinste Schiff. Die *Nanking* – ein Schwesterschiff der *China* – war größer, so groß wie das Schiff, mit dem ihr gefahren seid. Vielleicht sind wir uns ja auf See begegnet? Ein lustiger Gedanke, nicht? Auf dem Boot teilten wir uns zu dritt eine Kabine – mein Vater, ich und ein anderer Mann. Es war das erste Mal, daß ich auf eine richtige Toilette ging. Als ich den Deckel öffnete und die hufeisenförmige Sitzfläche sah, dachte ich: »Was soll das denn sein? Darauf kann man doch unmöglich *sitzen.«* Also habe ich meine Beine über den Sitz gelegt, so, siehst du? Doch dann kam ein Steward vorbei und schrie mich an: »Setz dich gefälligst anständig hin!« Er hat mir einen mordsmäßigen Schrecken eingejagt. Kennst du den Spruch von »dem langsamen Schiff, das nach China fährt?« Unseres war ein langsames Schiff, das aus China kam. Wir waren ungefähr einen Monat unterwegs. Nicht schlecht, oder?

Bei der Ankunft auf Angel Island wurde ich von meinem Vater getrennt. Mein Vater hatte seine Papiere bereits. Er durfte an Land gehen, und ich mußte auf der Insel bleiben. Frauen und Männer wurden getrennt untergebracht. Ich war bei den Männern. Die Wachen brachten einem dreimal am Tag etwas zu essen. Sie öffneten das Tor und bliesen in eine Trillerpfeife. Sobald der Pfiff ertönte, rannten alle die Treppe in den Speisesaal hinunter und aßen, so schnell sie konnten. Wenn man nicht schnell genug war, gab es nichts mehr. Morgens, mittags und abends, immer das gleiche Spiel: Wir schlangen das Essen runter, so schnell wir konnten, und rannten dann wieder die Treppe hoch, bevor sie die Tore bis zum nächsten Essen oder bis zum nächsten Tag wieder verriegelten. Es war wie im Gefängnis. Zu Essen gab es *choy* – chinesisches Gemüse –, eine große Pfanne mit Reis und manchmal etwas Fleisch.

Die Zeit vertrieb ich mir mit Kaugummis, amerikanischen Kaugummis, die ich von den Wachen bekam. Ich kaute von morgens bis abends. Das beste waren die Heizkörper der Dampfheizung. Ich klebte den Kaugummi an das Metall und sah zu, wie er langsam herunterglitt. Wenn er unten ankam, schob ich ihn mir wieder in den Mund und kaute eine Weile darauf herum, bevor ich das Spiel von neuem begann. Es war eine Möglichkeit, die Zeit totzuschlagen. Die Erwachsenen spielten Karten oder schrieben Gedichte, ich nicht.

Weil ich ein Kind war, mußte ich das oberste Bett nehmen. Es waren Stockbetten, eins, zwei, drei. Die Hitze da oben war unerträglich. Es war heißer als in der Hölle. Von meinem Bett aus konnte ich fast die Decke berühren. Und ich konnte den Männern zusehen, wenn sie Gedichte an die Wand schrieben. Einige malten sehr schöne Schriftzeichen. Das waren die wirklich Gebildeten. Aber von denen starben viele im Lager. Vielleicht konnten sie die Fragerei nicht ertragen. Manche, die zu lange in dem Lager bleiben mußten, brachten sich um. Warum? Ich glaube, sie hatten die Hoffnung verloren, jemals nach Amerika einreisen zu dürfen, und nach Hause zurückkehren konnten sie auch nicht. Die Schande wäre einfach zu groß gewesen. Vor allem den Frauen stellten die Einwanderungsbeamten peinliche Fragen. Wie oft schlafen Sie mit Ihrem Mann? Wie oft in einer Nacht? Manche hielten das einfach nicht aus. Andere quälten sie nicht mit solchen Fragen, nicht einmal die Japaner. Aber Japan war damals auch ein mächtigeres Land. Einmal schickte mir mein Vater eine Nachricht. Ein Mann steckte sie mir beim Essen unter dem Tisch zu. »Wenn sie dich das und das fragen, dann paß auf, daß du das und das antwortest«, stand auf dem Zettel. Die Beamten stellten mir diese Fragen nie. Obwohl sie wußten, daß die Antworten auf ihre Fragen erlogen waren, bohrten sie weiter. Bürokraten eben. Ich verbrachte zwei Wochen in dem Lager, aber sie kamen mir vor wie zwei Monate. Das war Angel Island.

Dann kam ich nach Sacramento. Rechts neben uns wohnte ein Mann, der Landschaften von Postkarten abmalte. Auf Wunsch meines Vaters nahm ich bei ihm Unterricht. Damals dachten wir, der Mann sei sehr gut, aber wenn ich heute zurückblicke, denke ich: »Mann, der hat ja nur Postkarten abgemalt.« Auf der anderen Seite wohnten zwei Weiße. Zwei sehr, sehr alte Frauen. Sie husteten und keuchten die ganze Nacht. Die eine hatte schlohweißes Haar, wie ein Geist. Und lang war es, wie das Haar einer Hexe. Sie ging niemals an die Sonne. Ich hatte furchtbare Angst vor ihr.

Später betrieb mein Vater zusammen mit einem Weißen eine Flickschusterei. Aber was verstand mein Vater schon vom Schuheausbessern? Wenn er abends heimkam, waren seine Finger völlig zerschnitten. Dann wurde er von seinem Partner übers Ohr gehauen und aus dem Geschäft gedrängt. Mein Vater konnte sich nicht einmal wehren. Er tat mir leid. Sein Partner hatte ihm übel mitgespielt.

Dann zog er wegen der besseren Arbeitsmöglichkeiten nach Los Angeles. Mich ließ er in Sacramento zurück. In der Zeit wohnte ich zusammen mit vier Männern in einem Zimmer. Tagsüber half ich in einem Laden aus. Der Besitzer betrieb auch ein Restaurant, das abends geöffnet war. Ich mußte Bohnensprossen aus dem Keller holen, in dem es von riesigen Kakerlaken wimmelte. Das war eklig, aber wenigstens lernte ich dort kochen.

Habe ich schon gesagt, daß ich auf die McKinley-Grundschule ging? Die meisten Kinder waren Weiße. Einmal mußten wir ein Diktat schreiben. Der Junge vor mir versuchte ständig, mich zu zwicken. Wenn man dabei erwischt wurde, bekam man Punkte abgezogen. Schließlich platzte mir der Kragen, und ich sagte: »*For Christ's sake*, George, sitz endlich still.« Nur daß ich nicht »*For Christ's sake*« sagte, sondern »*for crysake*«. Ich dachte, daß das ein Wort sei. Und ich wußte nicht, daß es ein Fluch war. Es gab ein paar Worte, von denen ich wußte, daß sie unanständig waren, aber »*for crysake*«? Jedenfalls kam Miss Lockhart, meine Lehrerin, zu mir her und sagte: »Das will ich nie wieder von dir hören, Ty.« Als sie mich auch noch zu drei Tagen Nachsitzen verdonnerte, brach ich in Tränen aus. Doch dann schüttelte sie mich, und dabei rutschte ihr die Perücke immer weiter herunter, und ich mußte lachen. Das machte die ganze Sache natürlich nur noch schlimmer, aber dafür konnte ich nichts.

Wenn du dir dieses Gesicht anschaust, könntest du meinen, ich sei ein Engel gewesen. Aber ich war ein ungezogenes Kind. Um die Wahrheit zu sagen, die Sprachbarriere war an allem schuld. Ich war sehr hübsch, als ich klein war, aber ich konnte kaum ein Wort Englisch. Mein Englisch ist immer noch nicht gut. Ich erinnere mich an ein Lied, das wir immer sangen: »Columbia, Gem of the Ocean«

(»Columbia, Perle des Ozeans«). Doch ich dachte immer, es hieße: »Columbia, Jump in the Ocean« (»Columbia, spring in den Ozean«). Wenn wir uns in der Schule prügelten und ich zum Direktor zitiert wurde, zeigte ich immer auf eine Stelle an meinem Körper und sagte: »Er. Er.« Damit wollte ich sagen, daß mich ein anderer Junge dorthin geboxt hatte. Wenn die Lehrerin uns aufgab, bis zum nächsten Tag einen Aufsatz über ein aktuelles Ereignis zu schreiben, wußte ich nie, was sie damit meinte. Was war ein aktuelles Ereignis? Ich las keine Zeitung. Die einzige Zeitung, die ich kaufte, war die Sonntagszeitung. Ich las die Comics, faltete die Zeitung wieder zusammen und verkaufte sie wieder. So war das. Da die Zahlen überall gleich sind, waren die meisten Einwandererkinder gut im Rechnen. Ich nicht. Ich taugte zu gar nichts.

Ziemlich bald fing ich an, einen Tag in der Woche zu schwänzen. Ich ging in den Park, angeln. Angeln machte mir Spaß. Bald fehlte ich zwei, dann drei und dann vier Tage. Schließlich blieb ich ganz weg. Was hätte ich auch als Entschuldigung vorbringen sollen? Daß ich ein Magengeschwür hatte? Oder Kopfschmerzen? Schließlich hatte ich einen ganzen Monat gefehlt. Miss Hansen, meine neue Lehrerin, sagte zu mir: »Ty, du bist ein sehr kluger Junge, aber wie soll ich dir etwas beibringen, wenn du jeden Tag fehlst?« Schließlich drohte sie, mich nicht zu versetzen, und schickte einen Brief an meinen Vater nach Los Angeles. Mein Vater ließ ihn übersetzen, und kurze Zeit später erhielt ich einen Brief von ihm mit Geld und der Anweisung, den nächsten Zug nach Los Angeles zu nehmen. Zur Begrüßung am Bahnhof verpaßte er mir erst einmal eine Ohrfeige.

Wir lebten in Chinatown in einem Junggesellenwohnheim an der Ferguson Alley. Ich war damals zehn oder elf Jahre alt. Die Männer kamen und gingen. Sobald sie einen Job fanden, verschwanden sie. Im ganzen Haus gab es nur ein Klo, in dem sich auch das Waschbekken befand. Warmes Wasser gab es nicht. Unser Raum war winzig, und die Gasheizung zischte ununterbrochen. Das Licht kam von einer einzelnen Glühbirne, und zum Waschen hatten wir eine Schüssel. Wenn wir Wasser brauchten, mußten wir ins Klo runtergehen.

Zu der Zeit arbeitete mein Vater als Geber in einer Spielhölle. Immer nur *Fan-tan,* den ganzen Tag, die ganze Nacht. Damals gab es in Chinatown nur zwei oder drei Spielhöllen. Weiße sah man dort fast nie, nur Chinesen und ein paar Filipinos. So wie im Film, mit Killern und so, war es damals nicht.

Neben unserem Haus befand sich ein Bordell, in dem drei Chinesinnen wohnten. Sogar weiße Mädchen gab es da, kannst du dir das vorstellen? Wenn die Mädchen älter wurden, waren sie draußen aus dem Geschäft. Was glaubst du, was man mit denen gemacht hat? Manchmal weigerte sich ein Kunde zu bezahlen und wurde von den Mädchen auf die Straße hinausgejagt, wo sie ihm noch Schimpfworte nachriefen.

Unser Zimmer teilten wir mit ein paar anderen Männern. Wir schliefen auf Feldbetten. Die Wanzen waren eine Plage. Damit sie nicht in die Betten hochkrabbelten, stellten die Männer die Beine der Betten in kleine, mit Kerosin gefüllte Schalen. Wenn das nicht half, knackten wir die Wanzen zwischen Zeigefinger- und Daumennagel. Das Blut, das herausspritzte, das war unser Blut. Wenn ich morgens die Bettdecke zurückschlug, sah ich Blutstreifen auf dem Laken. Mein Blut. Die Viecher fraßen einen bei lebendigem Leibe auf.

Mein Vater schickte mich nach Pasadena auf die Methodistenschule. Es gab dort eine Menge ausländische Schüler – aus China, Rußland, Mexiko. Und ich fing an zu arbeiten. Zuerst als Hausbursche für eine Einkäuferin von I. Magnin. Sie war sehr nett. Das heißt, ich sah sie nur einmal. Als ich zu ihr kam, legte sie fünfzig Cent und fünf Stückchen Schokolade für mich auf den Tisch und sagte: »Du brauchst nur die Möbel abzustauben und den Boden zu fegen.« Ein lockerer Job, dachte ich mir. Fünfzig Cent und fünf Stückchen Schokolade für ein bißchen Abstauben und Fegen. Das Ende vom Lied? Nun, ich verdrückte die Schokolade und kehrte den ganzen Schmutz einfach unter den Teppich. Den Rest des Tages brachte ich damit zu, in einer Zeitschrift zu blättern. Dann nahm ich meine fünfzig Cent und ging heim. Natürlich entdeckte die Frau meine Schlamperei und warf mich hochkant hinaus. Ich fühlte mich furchtbar.

Dann las ich in der Zeitung, daß eine Familie einen Schüler als Aushilfe für die Wochenenden suchte. Das Haus der Familie lag an der

Belle Fontaine. Ich weiß das deshalb noch so genau, weil ich immer Belly Fontaine sagte. »Du sollst mir helfen, das Frühstück zu machen«, erklärte mir die Frau, als ich mich vorstellte. Auf ihre Frage, ob ich bügeln könne, antwortete ich: »Na ja, ein bißchen was verstehe ich davon schon.« Sie nickte, und gleich darauf schleppte sie einen riesigen Korb voller Wäsche an. Ich mußte bügeln, bügeln, bügeln. Verdammt harter Job für fünfzig Cent, dachte ich.
Am Abend kam ihr Sohn rein und sagte, daß er mir mein Zimmer zeigen wolle. Er führte mich die Treppe hinauf, öffnete eine Tür und erklärte: »Das war das Zimmer meines Bruders. Meine Eltern haben alles so gelassen, wie es war.« Ich fragte ihn, was mit seinem Bruder passiert sei, und er antwortete: »Er ist gestorben.« »Gestorben?« fragte ich zurück. »Ja«, sagte er. »Und ich will, daß du hier schläfst und dich wohl fühlst.« Du weißt ja, daß wir Chinesen an Geister glauben. Kaum daß ich im Bett lag, zog ich mir auch schon die Decke über den Kopf. Vor lauter Angst, einen Geist zu spüren, wagte ich es nicht einmal, die Hände auf die Brust zu legen. Die Leute hielten ein paar Tauben im Hinterhof, und die verdammten Viecher gurrten die ganze Nacht. Junge, Junge, ich habe Blut und Wasser geschwitzt. Allerdings hatte das auch sein Gutes. Sonst hätte ich wohl ins Bett gemacht. Jedenfalls, am nächsten Morgen tischte mir die Frau Toast und Eier und ein Glas Milch auf, und ich dachte, jetzt kommt der angenehme Teil. Doch dann trug sie einen neuen Korb mit frisch gewaschener Wäsche herein, und wieder hieß es: bügeln, bügeln, bügeln. In meiner Verzweiflung sagte ich: »Heute ist Sonntag. Ich muß meinen Vater besuchen. Darf ich gehen?« Sie hatte nichts dagegen, bat mich aber, wieder zurückzukommen. »Natürlich, auf jeden Fall«, antwortete ich und verschwand. Ich ging nie wieder hin. Nicht für fünfzig Cent.
In dieser Zeit ging ich regelmäßig zur Schule. Aber ich habe dir ja bereits gesagt, daß ich kein guter Schüler war. Wirklich gut war ich nur im Fach Kunst. Am liebsten zeichnete ich Cowboys und so. Kunst war schon in China meine Leidenschaft gewesen. Selbst dort hatten wir Zeichenunterricht, und wenn der Lehrer einen Gegenstand auf sein Pult stellte, den die älteren Schüler nachzeichnen sollten, beispielsweise eine Rübe, dann zeichnete ich die Rübe nach,

obwohl ich in einer niedrigeren Klasse war. In Los Angeles ging ich auf die Ben Franklin Junior High School. Dort fing ich an, Plakate für die Schule zu malen. Der Direktor wurde auf mich aufmerksam und sagte, er werde versuchen, mir ein Stipendium für eine Kunstschule zu verschaffen. »Was ist das, ein Stipendium?« fragte ich ihn, und er erklärte mir: »Als Stipendiat bekommst du Geld.« So kam ich zu einem Sommerstipendium für das Otis College. Ich war der Jüngste in meiner Klasse. Einmal konnte ich vom Fenster unseres Klassenzimmers aus meinen Vater sehen, der auf der gegenüberliegenden Straßenseite auf mich wartete. Die anderen machten sich den ganzen Tag über ihn lustig. »Wer ist der Kerl dort? Wer ist dieser komische Chinese?« Ich sagte ihnen nicht, daß er mein Vater war, aber in der Mittagspause ging ich zu ihm rüber, und er drückte mir ein Sandwich mit Schweinefleisch von See Yuen in die Hand.

Manchmal ging ich auf dem Heimweg in die Bücherei und sah mir die Bilder der japanischen Sumi-e-Maler an. Von ihnen habe ich gelernt, daß man ein gutes Bild malen kann, indem man nur das aufs Papier bringt, was absolut unverzichtbar ist. Wenn man ein Bild mit fünf statt mit zehn Pinselstrichen malt, dann bringt man es zum Singen. Und ich nahm mir die chinesische Tuschemalerei aus der Sung-Zeit vor. Dabei habe ich gelernt, daß die Natur immer großartiger ist als der Mensch. Daß nur das Gleichgewicht und die Harmonie zwischen Natur und Mensch zählen.

Mein Vater unterstützte mich, wo immer es ging. Er hatte in China eine gute Ausbildung bekommen und konnte aus dem Stegreif Gedichte, Geschichten und Legenden vortragen. Nein, ein Künstler war er nicht, aber er liebte die Kunst der Kalligraphie und sah zu, daß ich jeden Tag meine Schriftzeichen übte. Da wir nicht genug Geld für Tusche und Papier hatten, verdünnte ich die Tusche mit Wasser und schrieb auf Zeitungspapier. Manchmal, wenn mein Vater auf der Straße ein Bild entdeckte, das ihm gefiel, zum Beispiel ein Werbeplakat für Spaghetti, wies er mit dem Finger darauf und sagte: »Siehst du, wie der Dampf gemalt ist? Er sieht täuschend echt aus. Das ist gute Kunst. So mußt du es machen.«

Manchmal haßte ich meinen Vater aber auch. Er war sehr streng. Du erinnerst dich doch bestimmt noch an den alten Apablasa-Spielplatz. Mein Vater brannte dort unten in einer kleinen Hütte Schnaps. Für fünfzig Cent bekam man ein Schnapsglas von dem Zeug. Das war vielleicht ein Fusel, sage ich dir. Egal, jedenfalls schlich ich mich immer auf den Spielplatz und spielte mit den anderen Baseball. Wenn ich ihn kommen sah, mußte ich alles stehen- und liegenlassen und die Beine in die Hand nehmen. Denn wenn er mich erwischte, schrie er mich an, von wegen ich hätte nur zwei Hände und würde mir mein Leben ruinieren, wenn ich mir einen oder zwei Finger brechen würde. Dann wieder sah er mich nachdenklich an und sagte: »Schau dich an, wie mager du bist. Du mußt etwas für deinen Körper tun.« Aber als Kind denkt man nicht an solche Dinge. Alles, was man im Kopf hat, ist, die Schule zu schwänzen und im Westlake Park angeln zu gehen.

Einmal hat er mich zu einem Mann mitgenommen, der Buckeye-Bilder malt. Weißt du, was Buckeye-Painting ist? Es ist ein Stil. Der Himmel hat ein bestimmtes Blau, auf den Bergen liegt ein wenig Schnee. Unten in der Ecke steht immer derselbe alte Baum, und dann darf auch der kleine See nicht fehlen, in dem sich alles spiegelt. Man bekam fünfundzwanzig Cent für ein Bild, und der Typ, Ingerholt hieß er, verkaufte es für fünf Dollar weiter. Das war keine Kunst, nur Fließbandarbeit, sonst nichts. Man klatscht ein halbes Dutzend auf die Leinwand und geht wieder heim. Mein Vater stellte mich diesem Ingerholt vor. »Er ist gut«, sagte mein Vater zu Ingerholt. »Werden Sie meinem Jungen zeigen, wie man solche Bilder malt?« Und weißt du, was der Typ mir geantwortet hat? »Laß die Finger von diesem Mist. Geh auf die Kunstschule und lerne, was richtige Kunst ist, wie man sauber zeichnet und malt.«

Mit meiner Kunst verdiente ich mir bereits als Schüler etwas Geld. Da war zum Beispiel dieser Filmproduzent, der immer auf Großwildjagd nach Afrika ging. Er bestellte mich zu sich nach Reseda, weil ich etwas für ihn malen sollte. Das Haus war voller Felle. Auf dem Boden lag ein Löwenfell, und selbst die Barhocker waren mit Zebrafell bezogen. Er drückte mir eine Leinwand in die Hand und sagte: »Mal mir ein paar Affen.« Also malte ich ein paar Affen. Sie baumelten an den Schwänzen an einem Ast und sahen aus wie eine Weintraube. Der Mann kam zurück und betrachtete das Bild. »Sehr gut, hervorragende Arbeit. Nur eins, Wong. Ich habe Tausende von Affen gesehen, aber solche noch nie. Was ist das für eine Art?« Ich wußte darauf keine Antwort. Ich hatte meiner Phantasie einfach freien Lauf gelassen. Schließlich sagte er: »Egal, mir gefallen sie«, und gab mir hundert Dollar.

Ein anderes Mal fragte mich ein Lehrer vom Otis College, ob ich nicht Lust hätte, ein Reklamebild für eine Firma am Hollywood Boulevard zu entwerfen. Klar hatte ich Lust. Also suchte ich die Firma auf, und der Mann dort ging mit mir auf die Straße und sagte: »Siehst du das Haus da oben? Dort soll das Reklamebild hin, drei auf sieben Meter.« Kein Problem, antwortete ich.

Wir gingen zurück in sein Büro, und er sagte: »Wir stellen Büstenhalter her.« Ich hatte keine Ahnung, was ein »Büstenhalter« war. Chinesen redeten niemals über solche Dinge, und mein Vater schon gar nicht. Ich sagte: »Ich habe keine Ahnung, was das ist. Ich habe noch nie einen Büstenhalter gesehen.«

Der Mann sah mich erstaunt an. »Du hast noch nie einen Büstenhalter gesehen?« Er rief seine Sekretärin ins Zimmer, eine ziemlich dralle Frau um die Fünfzig oder Sechzig. »Wären Sie so freundlich, diesem jungen Mann hier zu zeigen, was ein Büstenhalter ist?« Sie ging kurz hinaus, und als sie wieder hereinkam, trug sie einen Büstenhalter *über* ihrem Kleid. Zurück in der Schule, fragte ich mich, ob Frauen so etwas anziehen, um ihren Oberkörper zu wärmen. Schließlich hatte ich eine Idee. Ich malte den nackten Oberkörper eines der Modelle und darüber einen Büstenhalter. Als ich damit zu dem Mann ging, nickte er zufrieden und sagte: »In Ordnung, hier hast du fünfunddreißig Dollar.« Ein anderer malte dann das Reklamebild direkt auf die Wand. Mein Vater ging mit mir zum Hollywood Boulevard runter. Als er das Bild sah, sagte er: »Ich bin stolz auf dich.«

KAPITEL 12

»IN DER DRACHENHÖHLE«

1934–1935

Sehr selten – vielleicht nur einmal in einem Jahrhundert, und das auch nur, wenn eine Familie großes Glück hat – kommt eine Zeit, in der alles perfekt zu sein scheint. Eine Zeit, die in Träumen und Erinnerungen fortlebt, die Kinder und Enkel fasziniert und in ihnen den Wunsch weckt, sie miterlebt zu haben. Eine Zeit voller ungewöhnlicher und interessanter Menschen, die elegante Kleider tragen und mit den sinnlichen Stimmen der Liebe und der Intrige sprechen. Menschen, die Zigarettenspitzen aus Elfenbein in den Händen halten, die bei allem, was sie tun, Weltläufigkeit beweisen und denen niemals etwas Schlechtes zustößt. Eine Welt, die man meist nur aus dem Kino kennt. Doch für ein paar kurze Jahre war das auch die Welt Eddy Sees und seiner Freunde.

Alles begann Ende 1934 mit einem Abendessen im Keller der F. Suie One Company in der Los Angeles Street und einer Unterhaltung, die ebenso rätselhaft und schwer zu fassen ist wie das Dragon's Den selbst. Eddy stand wahrscheinlich am Herd und bereitete Rindfleisch mit Tomaten zu, während Stella den vierjährigen Richard hütete. Tyrus und Benji ließen den Tisch von der Decke herunter, und Sissee deckte ihn mit Eßstäbchen und Schüsseln. Später, als sie, jeder mit einer Tasse duftendem Tee vor sich, um den Tisch saßen, kamen sie wie immer auf die Kunst, ihre Träume und die Reichtümer, die sie noch nicht erworben hatten, zu sprechen.

»Eddy, du solltest oben im Zwischengeschoß wieder einmal eine Ausstellung organisieren«, sagte Tyrus.

»Natürlich, für *euch* hat sich die letzte Ausstellung ja auch gelohnt«, erwiderte Eddy im Spaß. »Ich habe die Bilder aufgehängt, ich habe die ganze Arbeit gemacht. Aber den Ruhm, den habt ihr eingeheimst.«

»*Du* hast die ganze Arbeit gemacht?« bellte Benji.

»Es war eine großartige Ausstellung«, sagte Eddy. »Die Arbeiten waren gut. Aber eins sage ich euch, Geld ist damit nicht zu machen.«

Mit diesem Gedanken befaßten sie sich eine Weile. Sie liebten die Kunst, aber konnte man von ihr auch leben? Daß Benji nicht das verdiente, was man einen Lebensunterhalt nennen konnte, daran bestand kein Zweifel. Tyrus hatte am Otis College als Wunderkind gegolten, doch seine Versuche, sich als Künstler sein Geld zu verdienen, taugten lediglich als Geschichten zur Erheiterung seiner Freunde. Sissee arbeitete immer noch für zwei Dollar die Stunde für die Firma, die Häuser isolierte. Stella hatte die Aussicht auf eine Karriere als Gebrauchsgraphikerin aufgegeben und widmete sich voll und ganz Richard und der Familie. Und Eddy? Daß die Galerie im Zwischengeschoß Brot auf den Tisch zaubern würde, erwartete niemand. So gesehen verhielt es sich mit der Galerie nicht anders als mit dem Laden im Erdgeschoß. Zwar liebten die Leute Kunstwerke und schöne Dinge noch immer, aber dafür Geld auszugeben, konnte sich in diesen Zeiten so gut wie niemand mehr leisten.

»Wir müssen herausfinden, was die Leute brauchen«, sagte Eddy.

»Sex«, bot Benji an. »Du nimmst dir eine Frau, und ich nehme den Sex.« Diesen Satz hörten sie nicht zum ersten Mal aus seinem Mund.

»Essen«, schlug Tyrus vor. Alles lachte. Seit sie Tyrus kannten, war er ein Strich in der Landschaft.

»Essen«, wiederholte Sissee nachdenklich.

Sie sprach das Wort so leise, so nachdenklich aus, daß Eddy unvermittelt herausplatzte: »Das ist es! Machen wir doch ein Restaurant auf.«

Zuerst hielten sie die Idee für ein Hirngespinst, doch je länger sie darüber sprachen, desto plausibler erschien sie ihnen.

»Wie steht es mit der Konkurrenz?« fragte Eddy. »Da ist zunächst das Soochow, dann das Man Gen Low, das Tuey Far Low, das Grand East und das Grand View. Und dann gibt es noch das Yee Yung Gooey – nicht gerade ein Name, der Amerikanern leicht von der Zunge geht.« Sie stellten sich das Yee Yung Gooey vor: die offene Küche, das Sägemehl auf dem Boden, die Eßstäbchen, die in einem schmutzigen Glas auf dem Tisch standen. Auch sonst bot das Yee Yung Gooey keine Annehmlichkeiten. Es war einfach ein billiges Restaurant, in dem alleinstehende Männer einen Teller Suppe, ein Tagesessen, eine Schüssel Reis und eine Tasse Tee für 25 Cent bekamen.

»Und Jerry's Joint. Dort bekommt man amerikanisches Essen – Rippchen, Steaks und Hummer«, merkte Sissee an.

»Ich ziehe das Sam Yun und das See Yuen vor«, fügte Tyrus hinzu. In beiden Restaurants verkehrten vor allem chinesische Familien, und beide servierten amerikanische Gerichte. Die Preise waren niedrig. Für Schweinebraten, Roastbeef, Suppe mit Austerncrackern, Kaffee, frischgebackenen Kuchen und hausgemachtes chinesisches Hefeteigbrot bezahlte man gerade einmal 25 Cent, für ein T-bone-Steak 35 Cent.

Jemand warf ein, daß das Paris Café, ein chinesisches Restaurant im Garnier Building, dichtgemacht habe, das Paris Inn aber, ein italienisches Restaurant, immer noch floriere.

»Was ist mit den *Chop-Suey*-Lokalen?« fragte Stella.

»Die zählen nicht.«

»Unterm Strich gibt es also vielleicht sieben gute Restaurants in Chinatown, in denen Familien essen können«, sagte Eddy. »Wir wären also die Nummer acht in der Stadt, aber das macht nichts – wir werden einfach besser sein als die anderen. Außerdem bin ich ja ein halber *lo fan!* Wir werden das Restaurant für die Weißen sein. Wir wenden uns an die Weißen.«

»Ich frage mich, ob wir das wirklich schaffen«, zweifelte Stella.

»Es darf kein gewöhnliches Restaurant sein.« Eddy war jetzt nicht mehr zu bremsen. »Es muß *das* Restaurant sein. Wir müssen in die Klatschspalten, wir müssen die Leute aus Hollywood herlocken.« Mit einem Blick in die ungläubigen Gesichter seiner Freunde fragte Eddy: »Wieso denn nicht?«

Niemand antwortete ihm. Schließlich murmelte Benji nur ein Wort: »Kunst.«

Natürlich, das war es. Durch Kunst konnte sich ihr Restaurant von den anderen abheben.

»Benji kann die Wände bemalen«, sagte Eddy begeistert, »und Tyrus wird ihm dabei helfen.« Damit war die Rollen verteilt, war klar, wer Boß und wer Gehilfe sein würde.
»Tyrus allein reicht nicht«, meinte Benji.
»Kein Problem, du wirst mehr Leute bekommen«, versicherte Eddy.
»Und wo willst du es aufmachen, Edddy?« fragte Tyrus.
»Hier, Tyrus. Genau hier.« Sie sahen sich in dem Kellerraum um und betrachteten die unverputzten, mit den Jahren schwarz gewordenen Backsteinwände, die derben Holzdielen, die dicken Wasserrohre, die an der Decke verliefen, und den großen Haupthahn in der Mitte, mit dem das Wasser an- und abgestellt wurde. Was sie sahen, hätte wohl jeden anderen von der Idee wieder abgebracht, doch Eddy und seine Freunde waren jetzt so begeistert, daß sie nichts schrecken konnte. Benji schob die Essensreste zur Seite, zog ein Blatt Papier hervor und fing an, die Ideen der anderen zu notieren.
»Wir könnten die Wand herausreißen«, dachte Eddy laut.
»Ein Job für Tyrus«, sagte Benji.
»Ich entwerfe die Speisekarten. Jeden Tag eine neue«, schlug Tyrus vor.
»Aber vorher brichst du die Wand durch.«
»Ich könnte die Empfangsdame machen«, bot Sissee an.
»Eiscreme, wir müssen unbedingt Eiscreme anbieten«, rief Eddy. »Aber nicht die üblichen Geschmacksrichtungen, sondern Lichee und Ingwer. Es läßt sich doch bestimmt jemand auftreiben, der uns das herstellt. Niemand außer uns wird solche Geschmacksrichtungen anbieten. Damit sind wir einmalig.« Eddy sah in die Runde. »Was haltet ihr davon, wenn wir das Lokal Dragon's Den nennen?«
»Long Gam Low«, übersetzte Tyrus. Drachenhöhle.
Sie feilten an dem Plan, bis sie das Gefühl hatten, daß sie ihn Eddys ältestem Bruder Ming vorlegen konnten. Doch Ming hielt nichts von der Idee. »Du hast doch nicht die geringste Ahnung von Gastronomie«, hielt er Eddy vor. »Das hier ist ein Keller. Niemand geht zum Essen in einen Keller. Die Leute wollen keine Treppen hinabsteigen. Sie wollen hinaufsteigen. Und sie wollen in einer hübschen Umgebung essen, nicht in einem dreckigen Rattenloch.«

An diesem Punkt schaltete sich Ticie ein: »Ming wird dir das Geld geben.«
»Na gut, sechshundert Dollar, und keinen Cent mehr.«
Diese sechshundert Dollar – Geld, daß die Familie wie durch ein Wunder durch die Krisenjahre gerettet hatte – waren alles, was sie brauchten. Wo es ging, improvisierten sie oder nahmen die Dienste der Familie in Anspruch. Eddy lieh sich vom Laden zwei Fo-Hunde aus Marmor und stellte sie dort auf, wo einmal der Eingang des Restaurants sein sollte. Stühle und Tische, ein Garderobenschrank für Hüte und Mäntel, ein Kassentisch und mehrere Raumteiler wurden – zum Selbstkostenpreis, versteht sich – von See Manufacturing geliefert. Die Möbel waren in einem pseudochinesischen Stil gehalten: Schnitzereien schmückten die Rückenlehnen der Stühle, und blaue und weiße Keramikfische dienten als Griffe am Hutschrank. Die Küche wurde mit riesigen Woks und einer ausladenden, aus zwei Bekken bestehenden Spüle ausgestattet, das Geschirr bezogen sie en gros über den Laden. Da die Prohibition noch immer in Kraft war, richteten sie in dem Schacht des Lastenaufzuges, der sich sonst als Platz für eine kleine Bar angeboten hätte, einen Eiscremestand ein. Für einen Dollar pro Tag plus Trinkgeld stellte Eddy zwei Kellner und zwei Bedienungen ein. Zum Küchenpersonal, das zwischen vierzig und sechzig Dollar im Monat verdiente, gehörten ein Chefkoch, ein zweiter Koch, ein Bratenkoch, eine Küchenhilfe sowie mehrere Tellerwäscher.
Als die Tongs auf der Bildfläche erschienen und ihren Schutz anboten, sagte Eddy: »Ihr könnt mit mir machen, was ihr wollt, meinetwegen könnt ihr mich auch umbringen. Aber seid euch im klaren darüber, daß ich drei Brüder habe. Wenn mir etwas passiert, werden sie euch zur Rechenschaft ziehen.« Später hielten ihm die anderen vor, er habe eine große Dummheit begangen, doch Eddy sagte nur: »Scheiß auf die Tongs. Wenn du genügend Leute hast, die hinter dir stehen, brauchst du sie nicht. Außerdem sind sie lange nicht mehr so stark wie früher.« Alle hofften, daß er recht hatte.
Die Innenausstattung überließ Eddy den Künstlern. Tyrus, der tagelang damit beschäftigt war, die Wand zwischen den beiden Speiseräumen einzureißen, ließ an den Rändern Zacken stehen, so daß

der Keller tatsächlich wie die Höhle eines Drachen aussah. Marian Blanchard, den Eddy ebenfalls von der Kunstschule her kannte, bemalte die Zacken. Am Ende war, wie die Leute sich später lachend erinnerten, der Großteil ihres Geldes für Farbe draufgegangen. Der poröse Backstein sog Kübel um Kübel Grundierung auf, und nicht viel anders verhielt es sich, als Marian die Zacken in Kaisergelb strich. Ein ums andere Mal wurde Eddy losgeschickt, einen neuen Kübel Du Pont Deluxe zu besorgen.

Benji, der für die Bemalung der Wände Kunststudenten und ein paar Leute, die für die WPA arbeiteten, angeheuert hatte, fand gleich mehrfach Gelegenheit, seinen Perfektionismus unter Beweis zu stellen. Die Wandgemälde vereinten japanische und chinesische Stilmerkmale und waren stark von Stanton MacDonald-Wright beeinflußt, nach dessen Theorie der Westen aufhören mußte, in linearen Mustern zu denken. Der westliche Rationalismus, so predigte MacDonald-Wright, könne keine Antworten liefern. Sein Konzept lautete, verschiedene Farben einander gegenüberzustellen und ohne Rückgriff auf die traditionelle westliche Perspektivtechnik eine Illusion von Räumlichkeit und Tiefe hervorzurufen.

MacDonald-Wrights vielversprechendster Zögling schuf ein Gemälde, das drei Kellerwände bedeckte. Auf der ersten Wand stellte Benji die Acht Unsterblichen und ihre Attribute dar: den Fächer, mit dem Chung-li Chuan die Seelen der Toten auferweckte, das Schwert, mit dem der Einsiedler und Gelehrte Lu Ting-pin das Böse aus der Welt vertrieb, die Lotosblüte des Knaben Ho Hsien-ku, der von dem Himmelspfirsich gekostet und sich in eine Fee verwandelt hatte und von zermahlenem Perlmutt und Mondstrahlen lebte, die Kalebasse, die der Bettler Li T'ieh-kuai auf seinen Pilgerfahrten mit sich führte, die Kastagnetten Ts'ao Kup-chius, die Flöte Han Hsiang-tsus, den Blumenkorb Lan Ts'ai-hos und die fischförmige Trommel Chang Kuolaos, der die Gabe hatte, sich unsichtbar zu machen. Auf der zweiten Wand prangte ein riesiger Buddha, und die dritte zeigte einen Krieger im Kampf mit einem Drachen. Die Art und Weise, wie der Drache, an dessen Körper jede einzelne Schuppe perfekt ausgeführt war, hinter den Wolken verschwand und wieder auftauchte, erinnerte stark an das von der WPA finanzierte Wandgemälde MacDonald-Wrights in der Bibliothek von Santa Monica.

Die Rollenverteilung war klar: Benji zeichnete die Konturen, seine Gehilfen füllten sie aus. Benji hatte ein feines Gespür für Farben, und so war es kein Wunder, daß die Pigmente an der Wand wie Juwelen funkelten. Gleichzeitig konnte Benji aber auch sehr pedantisch und stur sein. Es kam nicht nur einmal vor, daß er am Abend seine Gehilfen anfuhr: »Nein, nein und nochmals nein. Übermalt das wieder. Wir fangen morgen noch mal von vorne an!« Niemand außer Tyrus wagte es, ihm zu widersprechen, und selbst Tyrus bereute es, wenn er es tat.

»Benji«, sagte er einmal, »ich weiß ja, daß die Unsterblichen lange Ohrläppchen haben, aber diese hier sind wirklich *sehr* lang.«

Am nächsten Tag ließ Benji ihn die Ohrläppchen noch länger machen.

Und als Tyrus die Haare, die aus den Ohren und Nasen der Unsterblichen sprossen, als Gestrüpp bezeichnete, verdonnerte in Benji am darauffolgenden Tag dazu, jedes einzelne Haar in langen, perfekt geschwungenen Locken zu malen.

Am 1. Februar 1935 öffnete das Dragon's Den seine Pforten und war sofort in aller Munde. Los Angeles war immer noch eine vergleichsweise kleine Stadt, und die Nachricht, daß ein neues Restaurant eröffnet hatte, machte schnell die Runde. Die Kunstszene strömte herbei, um die Wandgemälde in Augenschein zu nehmen, und wer sich mehr für leibliche Genüsse begeisterte, kam, um die »authentische« Küche zu kosten. Eddy servierte Essen für die ganze Familie, ein damals in Amerika noch weitgehend unbekanntes Konzept. Bis Mitte der dreißiger Jahre galten Chinarestaurants gemeinhin als bloße Chop-Suey-Lokale, und jedes chinesische Gericht wurde *Chop Suey* genannt. Das Dragon's Den bot komplette Familienmenüs für einen halben, einen dreiviertel oder einen Dollar pro Person an. Dafür erhielt der Gast eine Suppe, *Chow-mein,* chinesische Erbsen mit *charsui, Egg foo yung,* frittierte Krabben und Reis. Der Preis für Gerichte à la carte – zum Beispiel Ente mit Mandeln, Huhn in Sojasauce oder Schweinefleisch süßsauer– richtete sich nach der Tellergröße. Solche amerikanisch-chinesischen Gerichte galten damals – im Gegensatz zu heute – noch als exotisch und ausgefallen. (Allerdings lagen im Dragon's Den, wie in den meisten anderen Restaurants in Chinatown, auch chinesische Speisekarten aus, auf denen sich authentischere Gerichte zu authentischeren Preisen fanden.)

Das Restaurant war »in«, und das zog die Hollywood-Leute an. Sidney Greenstreet und Peter Lorre etwa, zwei Namen, die bereits damals für wilde Abenteuer und tragische Lebensgeschichten standen, hatten im Dragon's Den einen festen Tisch, an dem sie so gut wie jeden Abend saßen und speisten. Allerdings war Los Angeles nicht Casablanca, und noch suchte niemand nach dem Malteser Falken. Hin und wieder tauchte sogar Walt Disney samt Anhang in dem Restaurant auf, auch wenn es heute schwerfällt, sich das vorzustellen. Offensichtlich war Disney nicht nur ein Trickfilmzeichner und Filmproduzent, der mit seiner Arbeit die amerikanische Durchschnittsfamilie unterhielt, sondern auch ein Mann, der sich in Chinatown herumtrieb, in dunkle Keller hinabstieg und Freunde und Kollegen zu ausgefallenen Speisen wie frittierten Shrimps oder *Egg foo yung* einlud.

Zwischen den Tischen der Prominenz saßen aufstrebende junge Künstler, die verrückt waren auf alles Chinesische. In ihren Augen war die Familie See eine *Macht,* war das Dragon's Den ein *Kunstwerk.*

Die anderen, die Filmleute, die in Hollywood Träume auf Zelluloid bannten – Regisseure, Produzenten, Kameramänner, Kostümbildner, Bühnenbildner und Dekorateure – kamen aus beruflichen Gründen. Wenn sie auf der Suche nach Requisiten für einen neuen Film einen Nachmittag lang oben im Laden nach chinesischen Originalstücken gestöbert hatten, sagte Ticie zu Ming: »Ming, die Leute sind jetzt schon so lange hier, willst du sie nicht zu einem guten chinesischen Essen nach unten begleiten?« Natürlich wollte er. So skeptisch er Eddys Idee zunächst gegenübergestanden hatte, so bereitwillig ließ er sich vom Erfolg überzeugen. Und die Schlange der Wartenden, die sich allabendlich vom Eingang des Restaurants den ganzen Block entlang bis in die Marchessault Street hinzog, belegte, wie gut das Dragon's Den lief. Außerdem kam der Erfolg allen Sees zugute, denn nach wie vor flossen alle Einnahmen, egal ob sie aus der Fabrik, dem Laden oder dem Restaurant stammten, in den Familientopf, aus dem alle fünf Familien ernährt wurden.

Das Dragon's Den war anders als andere Restaurants, und so war es kein Wunder, daß hier bald auch die verkehrten, die üblicherweise nicht so gerne gesehen wurden – homosexuelle Männer und lesbische Frauen. Wo sonst wurden sie so freundlich behandelt wie hier, wie von Eddy, Benji, Sissee und Tyrus? Wo sonst hätte man sie überhaupt eingelassen, sie mit demselben neckischen Respekt behandelt und ihnen erlaubt, ihre individuellen Neigungen auszuleben?
Vom Inneren des Dragon's Den sind keine Fotografien erhalten – falls jemals welche gemacht wurden –, und auch Aufnahmen der Außenansicht finden sich nur in den städtischen Archiven. Sie zeigen ein an den Hang gebautes Backsteinhaus, auf dessen Seitenwänden der von Tyrus in englisch und chinesisch aufgemalte Schriftzug »Dragon's Den« prangte. Alles andere – die Wandgemälde, die Gäste, das Essen – lebt nur in wenigen, nostalgisch gefärbten Erinnerungen fort. Über diese Bilder des Konkreten hinaus haben sich im Gedächtnis der Menschen, die damals im Dragon's Den verkehrten, vergänglichere Erinnerungen an zauberhafte Abende voller Leidenschaft erhalten, an das Gefühl, daß man mitten im prallen Leben stand. Auf eine gewisse Weise sind diese Erinnerungen auch wahr. Auf eine andere Weise jedoch sind sie reine Phantasie, von der Kamera des Geistes verfremdete Bilder, denn unter der glitzernden Fassade bahnte sich ein Unheil an, drohte eine Ehe auseinanderzubrechen.

Nach der Hochzeit mit Eddy war Stella überzeugt gewesen, daß sich nun ihr ganzes Leben verändern würde. Doch mit der Wirtschaftskrise hatte sich das Glück von der Familie abgewandt. Statt über Bedienstete zu gebieten, ausgedehnte Reisen zu unternehmen, elegante Kleider zu tragen oder sich die Nächte in Clubs um die Ohren zu schlagen, saß Stella den ganzen Tag im Haus am Maplewood Drive. Sie bemühte sich sehr, eine gute Mutter zu sein, doch das war eine undankbare Aufgabe. Sie wusch Richards Windeln mit Naphtha-Seife der Marke Fels, so wie es ihr Großmutter Copeland beigebracht hatte, und strickte und häkelte Pullover, Mützen und Decken für ihren Sohn. Als Richard älter wurde, opferte sie ihre Leidenschaft für die Kunst, um sich ihm voll und ganz widmen zu können, saß mit

ihm am Boden und schnitt mit der Zickzackschere Bilder aus Zeitschriften aus und klebte sie auf Papierbögen.
Stella tat das, was die Frauenzeitschriften jungen Müttern rieten und was sie andere Frauen tun sah. Richard füllte ihr Leben aus. Sie war bei ihm, wenn er aufwachte, wenn er sich anzog, wenn er aß. Sie begleitete ihn zum Kindergarten und litt mit ihrem kränkelnden Sohn, wenn er wieder einmal von Schmerzen geplagt heulte. Sie überprüfte, ob er sich gewaschen hatte, und sie sorgte dafür, daß er die Medikamente gegen sein Asthma und seine Allergien nahm. War das nicht das, was von einer Mutter erwartet wurde? Daß sie bei ihrem Kind blieb?
Dabei reichte ihr ein Blick auf ihre Schwiegermutter und ihre Schwägerin, um ihre eigene Unzulänglichkeit zu erkennen. Ticie vergötterte Richard. Wie oft saßen die beiden zusammen in der Küche, und Ticie schmierte ihm dick Butter auf einen Cracker oder eine Scheibe Toast, die er dann mit einem verzückten Gesichtsausdruck vertilgte. Sogar Sissee, die keine eigenen Kinder hatte, taugte mehr zur Mutter, dachte Stella. Sissee wußte, wie man ein Kind bestrafen konnte, ohne es zu schlagen, sie war streng, ohne jemals zu schreien. Einmal, als Richard gerade etwas Unartiges zu seiner Großmutter gesagt hatte, nahm Sissee ihn zur Seite und sagte mit ruhiger, aber strenger Stimme: »Daß du mir nie wieder so etwas zu Großmutter sagst.« Richard tat es nie wieder.
Wie war es möglich, daß die Rolle als Mutter eines Kindes und Ehefrau für Stella zu einer drückenden Last wurde? Vielleicht lag es daran, daß sie bereits unter der Last ihrer Kindheit litt, unter der Erinnerung an Eltern, die sich so gut wie gar nicht um sie gekümmert hatten, unter der Tatsache, daß sie trotz ihrer künstlerischen Begabung keine ordentliche Ausbildung erhalten hatte. Oder daran, daß ihre Träume, ihre Hoffnungen, ihre Erwartungen angesichts der Realität ihres Lebens wie Seifenblasen zerplatzt waren? Eines Lebens, das sich zum Großteil in einem kleinen, stickigen Bungalow abspielte, das sie zermürbte mit der täglichen Sisyphusarbeit, die in einem fünfköpfigen Haushalt anfiel – Waschen und Bügeln, Kochen und Putzen. Während ihr Mann, ihre Schwiegermutter und ihre Schwägerin ausgingen und sich vergnügten, saß sie zu Hause

und mußte sich mit der Gesellschaft eines kränklichen Kindes begnügen.
Stella suchte und fand Trost im Essen, wobei sie alles bevorzugte, was weiß war. Es beruhigte sie, wenn sie spürte, wie Tapioca-Pudding, Kartoffelbrei oder dicke Buttermilch ihre Kehle hinunterrutschten. Entgegen den Angaben in den Schwangerschaftsbüchern hatte sie das Gewicht, daß sie während der Schwangerschaft zugelegt hatte, nicht wieder verloren. Im Gegenteil, sie hatte weiter zugenommen. Ihr Gewicht war von 50 Kilogramm auf 60, dann auf 65 und schließlich auf 70 Kilogramm gestiegen. Bedenkt man, wieviel sie in sich hineinstopfte, muß sie damals sehr unglücklich gewesen sein. Dabei muß sie gewußt haben, daß sie, wenn sei so weitermachte, Gefahr lief, Eddy zu verlieren. Als ihr der Hausarzt eröffnete, daß sie abermals schwanger sei, war sie für kurze Zeit wieder glücklich. Doch dann, wie nicht anders zu erwarten, verschwor sich die Welt wieder gegen sie – Stella erfuhr von der Existenz Helen Smiths.
Am 15. Februar 1935, zwei Wochen nach der Eröffnung des Dragon's Den, stand Stella auf der mit Fliegengittern geschützten Veranda des Hauses am Maplewood Drive und sortierte die schmutzige Wäsche, die sie später waschen wollte. Es war selbst für Los Angeles ein ungewöhnlich heißer Tag, und die Schwüle trug nicht gerade dazu bei, Stellas morgendliche Übelkeit zu lindern. Während sie die Bunt- und die Weißwäsche auf verschiedene Haufen legte, schickte sie ihre Gedanken auf die Reise und hoffte, auf diese Weise das Unwohlsein vergessen zu können. Ihr Blick wanderte über die Rasenflächen der Vorgärten und blieb in den sich wiegenden Palmen hängen, die die Straße säumten. Mechanisch schob sie die Hand in umgestülpte Socken und drehte sie auf die richtige Seite, dann nahm sie sich Richards Hosen vor und kramte ein Stück, einen Stein und anderen Krimskrams aus den Taschen hervor. Dasselbe tat sie mit den Hosen ihres Mannes, zog hier einen Beleg heraus, dort eine Münze, als sie plötzlich ein zu einem winzigen Quadrat zusammengefaltetes Stück Papier in den Händen hielt. Unwillkürlich fing sie an zu zittern, und noch während sie den Zettel auseinanderfaltete, wußte sie bereits, was es war.
»Hallo, Liebster«, stand ganz oben. »Wie geht es meinem Schatz

heute? Danke für den Anruf. Ich war heute morgen so kurz angebunden, weil mein Mann zu Hause war. Melde dich doch später noch einmal, vielleicht klappt es dann. Fühle mich heute einfach wunderbar. Du hast mich gestern sehr glücklich gemacht. Einmal die Woche reicht mir vollkommen. Aber das weißt du ja. Bis später, Liebling. P.S.: Erwarte deinen Anruf um 17.30 Uhr oder 18 Uhr.« Die Nachricht war nicht unterschrieben.

Stella fing an zu schreien, ihre Beine gaben nach, ihr Herz drohte zu zerspringen, Tränen liefen ihr über die Wangen. Sissee und Ticie kamen aus dem Haus gerannt. »Bist du in Ordnung?« riefen sie. »Ist etwas mit dem Baby?« Stella versuchte zu sprechen, brachte aber vor lauter Schluchzen kein Wort heraus. Sie reichte Sissee, die ihre anfängliche Eifersucht auf Stella längst überwunden hatte und ihre beste Freundin geworden war, den Zettel. Ein harter Zug legte sich um Sissees Mund, während sie die Zeilen las. Sie konnte es nicht glauben. Ausgerechnet Eddy, den sie von allen ihren Brüder am meisten liebte, hatte sie alle hinters Licht geführt. Ticie schüttelte langsam den Kopf, Tränen traten ihr in die Augen. Daß ihr Sohn Stella, ihre geliebte Schwiegertochter, hintergangen hatte, war für sie nur sehr schwer zu ertragen.

Sissee versuchte, Stella zu beruhigen. »Wer ist diese Frau? Kennen wir sie?«

»Helen Smith«, sagte Stella, und Sissee wußte sofort, daß sie recht hatte.

Wie kommt es, daß eine Frau oft ganz genau weiß, mit wem ihr Mann sie betrügt? Weibliche Intuition? Nimmt sie an sich selbst eine Unzulänglichkeit wahr, die ihr die andere Frau vor Augen führt? Hört sie einen unterschwelligen Ton in der Stimme ihres Mannes, wenn über die betreffende Frau gesprochen wird? Oder ist es die merkwürdige Pause, die in einer Unterhaltung eintritt, wenn der Name der Nebenbuhlerin fällt? Was Stella angeht, so war es von allem ein bißchen, und in den folgenden Monaten sollte sie sich mehr als einmal dafür verfluchen, daß sie nicht schon früher etwas gesagt oder getan hatte.

Wie so viele Stammkunden verbrachte auch Helen Smith viel Zeit im Laden. Nur daß sie sich meist nicht mit Ticie unterhielt, sondern es vorzog, Eddy am Juweliertisch Gesellschaft zu leisten. Stella erinnerte sich noch daran, daß Helen Eddy gebeten hatte, ein paar Bilderrahmen für sie anzufertigen. Sie hatte nichts dabei gefunden, schließlich kamen ständig Leute mit solchen Aufträgen zu Eddy. Ebensowenig war sie stutzig geworden, als er ihr die Rahmen ins Haus lieferte. Das gehörte zu seinem Job.

Als gute Kunden hatten die Smiths letzte Weihnachten von Ticie und Sissee eine Teekanne geschenkt bekommen, und Stella hatte Helens Tochter eine Puppe geschickt. Das Dankschreiben, das sie von Mrs. Smith erhielten, war überschwenglich: »Die Teekanne ist einfach entzückend und paßt hervorragend zu unserem Zinnservice. Wir werden stets an Sie denken, wenn wir sie benutzen. Vielen herzlichen Dank.« Der Brief, den Stella von Helens Tochter bekam, klang da schon ganz anders und begann mit den Worten »Du blöde Kuh«. Stella hätte auf verschiedene Weise darauf reagieren können. Beispielsweise hätte sie mit Helen sprechen oder die Nachricht Eddy zeigen können, doch sie hatte damals beschlossen, die Sache auf sich beruhen zu lassen. Ganz offensichtlich hatte das Mädchen auch so schon genug Probleme.

Doch in dem Moment, in dem sie den Zettel in Eddys Hosentasche entdeckte, fügten sich all die kleinen Einzelheiten, die sie bislang verdrängt hatte, plötzlich zu einem Bild zusammen. Eine Erinnerung machte ihr ganz besonders zu schaffen: Obwohl das Dragon's Den erst zwei Wochen zuvor eröffnet worden war, gehörten die Smiths bereits zu den Stammgästen. Eines Abends, als Stella ausnahmsweise auch einmal im Restaurant gewesen war, hatte Helen zuviel getrunken. Stella brachte sie hinauf in den Laden, damit sie sich auf dem Kinderbett im Hinterzimmer erholen konnte. Als sie ihr die Stöckelschuhe von den Füßen zog, sagte Helen etwas sehr Seltsames: »Warum hat dein Mann eigentlich immer Löcher in den Socken?«

Stella schrieb die Bemerkung Helens alkoholisiertem Zustand zu und ging, ohne weiter darüber nachzudenken, wieder hinunter und holte Helens Mann. Auf dem Weg nach oben kniff er Stella in den Hintern und verwirrte sie damit völlig. Trotzdem war sie damals bei Helen sitzengeblieben, bis sie sich besser gefühlt hatte. Jetzt brei-

tete sie das alles vor Sissee und Ticie aus und verfluchte sich selbst. »Wie konnte ich nur so blöd sein? Ich kümmere mich um diese Frau, und dabei macht sie die ganze Zeit mit Eddy herum.«
»Wir werden auf der Stelle zu dieser Mrs. Smith fahren«, sagte Sissee. »Der werden wir Bescheid stoßen.«
Das Haus der Smiths lag an einem Hang im Schatten hoher Eukalyptusbäume und umgeben von Lantanen. Helen hatte wohl ihr Auto in die Einfahrt einbiegen sehen, denn als sie ausstiegen, stand sie oben auf dem Treppenabsatz vor dem Haus und warnte sie, nicht näher zu kommen. »Mein Mann ist krank«, sagte sie. »Macht keinen Lärm. Verschwindet.«
»Es ist mir scheißegal, ob dein Mann krank ist, du Flittchen«, schrie Stella. »Ich werde dir die Augen auskratzen.« Sie wollte die Treppe hinaufrennen. Doch Sissee, eingeschüchtert von dem Gedanken, daß ein Mann im Haus war, und von der Ruhe, die Helen ausstrahlte, hielt sie zurück.
»Komm«, sagte sie, »wir machen besser, daß wir hier wegkommen.« Aber Stella schrie weiter und versuchte, sich Sissees Griff zu entwinden, während Helen wieder im Haus verschwand. Nur mit Mühe gelang es Sissee, Stella zurück zum Auto zu bugsieren.
Das Haus am Maplewood Drive muß seinen Bewohnern an diesem Abend sehr eng erschienen sein. Ticie und Sissee saßen in einem Zimmer, der noch nicht fünfjährige Richard in einem anderen, während Stella sich im Wohnzimmer Eddy vorknöpfte. Er versprach ihr, Helen nie wiederzusehen, und bat sie um Verzeihung. Als Helen Smith ein paar Tage später den Laden betrat, jagte Benji sie wieder hinaus und schrie ihr nach: »Und laß dich ja nie wieder hier blikken.«
In den ersten Wochen nach dem Bekanntwerden der Affäre wußte Stella nicht, was sie tun sollte. Nur eines wußte sie: Sie wollte das Kind, das sie von Eddy erwartete, nicht bekommen. Sie ging zu Ticie und Sissee und sprach mit ihnen darüber. »Ich will nicht, daß Eddy glaubt, ich würde das Baby dazu benutzen, ihn an mich zu binden.« Ihr Hausarzt weigerte sich zwar, eine Abtreibung vorzunehmen, gab ihr aber eine Adresse, an die sie sich wenden konnte. Es war ein verzweifelter Schritt, aber Stella sah keinen anderen Ausweg.

Für sie alle – und vor allem für Tyrus – war das Dragon's Den eine Möglichkeit, Kunst und Geld zu verbinden. Nach dem Abschluß seines Studiums am Otis College hatte er für die WPA gearbeitet, Bilder für öffentliche Einrichtungen gemalt und hin und wieder eine Provision kassiert, doch das war es gewesen. Im Dragon's Den hatte er bei der Bemalung der Wände geholfen und Speisekarten und Streichholzschachteln entworfen. Dafür bekam er von Eddy zwar kein Geld, aber immerhin konnte er sich als Kellner etwas verdienen. Tyrus nahm, so hatte es den Anschein, die Dinge immer auf die leichte Schulter.

Das Kellnern machte ihm Spaß, und fast jeden Tag ereignete sich etwas, das er später zu einer seiner berühmten Geschichten verarbeiten konnte. Einmal, als er einem Gast gerade Suppe brachte, sah er, wie eine Ratte an einem Rohr an der Decke entlanghuschte. Noch während ihm der Gedanke durch den Kopf schoß, was für einen Aufstand es geben würde, wenn die Ratte jetzt herunterfiele und in der Suppe landete, verschwand das Tier wieder. Tyrus war gerade dabei, Suppe in die Schale auf dem Tisch zu schöpfen, da schrie der Mann an dem Tisch plötzlich: »Eine Ratte, mir ist gerade eine Ratte über den Fuß gelaufen.« Tyrus sah den Mann ruhig an und sagte: »Aber nein, hier gibt es keine Ratten. Aber wir haben eine süße kleine Katze. Und das ist auch der Grund, warum es hier keine Ratten gibt.« Und noch während er das sagte, wußte er bereits, daß er daraus eine gute Geschichte machen konnte.

Tyrus hatte nur ein Problem: Er war einsam.

Eines Tages sagte Eddy zu ihm: »Wir könnten noch ein paar Aushilfen gebrauchen. Hat nicht Ruth eine Zeitlang drüben im Soochow bedient? Meinst du, sie hätte Interesse?«

»Ich werde mich sofort darum kümmern«, rief Tyrus begeistert.

Ein paar Minuten später hastete er die Treppe zum Soochow hinauf und fragte Mrs. Leong, ob Gilbert da sei. Gilbert war da, und, was noch besser war, er konnte ihm auch Ruths Telefonnummer geben. Noch am selben Tag rief Tyrus sie an und fragte sie, ob sie an einer Stelle im Dragon's Den interessiert sei. »Natürlich«, erwiderte Ruth. »Ich komme gleich bei euch vorbei.« Und so stieß Ruth zur Truppe. Tyrus war selig. Er konnte jetzt jeden Abend mit Ruth zusammensein, ohne sie um eine Verabredung bitten zu müssen, konnte mit ihr Witze über die Gäste reißen, ohne sie mit »geistreicher« Konversation beeindrucken zu müssen. Die Trinkgelder, die sie bekamen, teilten sie gerecht unter sich auf.

Es dauerte eine Weile, bis sich Tyrus endlich ein Herz faßte und sie fragte, ob sie Lust hätte, mit ihm *David Copperfield* anzusehen.

»Natürlich«, antwortete Ruth.

Nach der Vorstellung gingen sie eine Kleinigkeit essen. Tyrus erzählte seine besten Geschichten, und Ruth lachte stets an den richtigen Stellen. Dann war sie dran. Sie erzählte von ihrem Großvater in China, der als Holzschnitzer in einem Tempel gearbeitet hatte. »Während der Hungersnot wußte er nicht mehr, wie er seine Familie ernähren sollte. So brachte er eines Tages meine Mutter zum Hafen und sagte zu ihr: ›Du wirst mit deiner Tante auf den Goldenen Berg gehen. Sie wird sich um dich kümmern, und du wirst jeden Tag Reis zu essen bekommen.‹ Doch auf dem Schiff konnte sie ihre Tante nirgendwo finden. Als sie schließlich mutterseelenallein in San Francisco ankam, wurde sie einem Jobvermittler vorgeführt, doch der sagte nur: ›Sie ist zu mager. Wir können sie nicht gebrauchen.‹«

So blieb Ruths Mutter ein Leben als Prostituierte erspart. Statt dessen kam sie im Cameron-Haus unter, wo sie neben Nähen und Stikken auch Englisch lernte. Sie blieb in dem Haus, bis sie mit siebzehn einen Prediger heiratete, der doppelt so alt war wie sie und für Leute, die chinesische Einwanderer beschäftigten, als Dolmetscher arbeitete. Nach dem verheerenden Erdbeben beluden sie einen Ochsenkarren und zogen von San Francisco hinunter in den Süden, zuerst nach Santa Barbara und von dort weiter nach Bakersfield, wo sich Ruths Vater eine Existenz als Farmer aufbaute.

»Ich war in der dritten Klasse, als meine beste Freundin plötzlich kein Wort mehr mit mir sprach. Und warum? Weil ich Chinesin war.« In Ruths Stimme schwang Verbitterung mit. Nach dem College arbeitete sie zunächst als Sekretärin für den Anwalt Y. C. Hong. »Er hat immer gesagt, daß man Diskriminierung mit diplomatischen Mitteln bekämpfen muß. Wenn du behutsam vorgehst, wiegst du die anderen in dem Glauben, sie würden die Richtung vorgeben, doch in Wahrheit bist du es, der sie lenkt.«

Später kam Ruth auf die Rolle einer Ehefrau zu sprechen. »Ich bin in einer Familie aufgewachsen, in der auch die Frauen gearbeitet haben«, sagte sie. »Meine Mutter war Hebamme und kümmerte sich um die Kinder von Leuten, die auf den Feldern arbeiteten, und meine Schwestern haben immer ihren Männern bei der Arbeit geholfen.«

Nach dieser ersten offiziellen Verabredung ging alles sehr schnell. Tyrus besuchte Ruths Familie in Bakersfield, wo er hin und wieder bei der Gemüseernte mit anpackte. Ruths Familie mochte Tyrus, auch wenn er mittellos war und anscheinend keine Zukunftsperspektive hatte. Zu Ostern schenkten sie ihm ein Entenküken, zogen es für ihn auf und schlachteten das Tier anläßlich eines gemeinsamen Essens. Doch als Ruths Schwester die gebratene Ente auf den Tisch stellte, wand sich Tyrus plötzlich vor Verlegenheit. »Ich kann das nicht essen, versteht ihr? Das wäre, als ob ich mein eigenes Kind verspeisen würde.« Möglicherweise hielten sie ihn nach dieser Episode für noch sentimentaler und verrückter als zuvor, doch der Sympathie, die sie ihm entgegenbrachten, tat das keinen Abbruch.

Ruth beschloß, die Hochzeit im engen Kreis der Familie zu feiern. Weder Eddy noch Sissee, noch sonst jemand aus dem Dragon's Den wurde eingeladen. Doch statt beleidigt zu schmollen, fuhren Benji und Eddy hinaus nach Bakersfield und klopften mitten in der Nacht an das Fenster des Brautpaares. Schließlich kam Tyrus heraus. »Was um alles in der Welt soll das?« rief er. »Ihr hättet doch wenigstens einen oder zwei Tage warten können. Mein Gott!« Benji und Eddy lachten bloß und veranstalteten weiter einen Heidenlärm.

Im Juni 1935 erhielt Stella mit der Post einen anonymen, maschinengeschriebenen Brief: »Wußten Sie, daß Ihr Ehemann und seine Geliebte sich wieder treffen? Natürlich werden die beiden, sollten Sie sie zur Rede stellen, wie schon einmal alles leugnen und abstreiten. Doch ich habe unwiderlegbare Beweise. Aber vielleicht interessiert Sie das gar nicht, immerhin scheinen Sie sich so gut wie alles gefallen zu lassen.«

Doch Stella hatte nicht Krankheiten wie rheumatisches Fieber, Pokken und Diphtherie überstanden, um sich ihr Leben von einem untreuen Mann ruinieren zu lassen. Und sie war keine Frau, die sich so leicht unterkriegen ließ. Sie nahm die nächste Straßenbahn und fuhr zum Haus von Helen Smiths Eltern. »Bitte richten Sie Ihrer Tochter aus, daß sie meinen Mann in Ruhe lassen soll«, sagte sie zu ihnen. »Ich liebe meinen Mann sehr, und ich habe einen Sohn mit ihm. Wir brauchen Eddy, Helen nicht. Sie hat schon einen Mann.« Helens Eltern hörten ihr zu, und als sie ging, hatte sie das Gefühl, einen Schritt in die richtige Richtung getan zu haben. Natürlich ging Eddy an die Decke, als er erfuhr, was Stella getan hatte.

In diesem Sommer fand Stella Trost in Elsie Robbins Zeitungskolumne »Listen World« und unterstrich Sätze, die auf ihre Situation zuzutreffen schienen. »Wir können unsere Tage mitten im größten Trubel verbringen, in einer Welt, in der tagtäglich zahllose Dinge mit uns und um uns herum geschehen, und doch so unwissend wie Gänse bleiben«, schrieb Elsie einmal. »Auch Gänse kommen auf die Welt, leben und sterben, und doch verbringen sie ihr Leben in vollkommener Unwissenheit. Auch viele Menschen leben in vollkommener Unwissenheit, und zwar aus denselben Gründen wie die Gänse ... Man kann nichts über das Leben lernen, wenn man nicht lebt. Man kann nicht leben, wenn man keine Risiken eingeht. Welche Grenzen unserem Leben gesteckt sind, hängt davon ab, welche Risiken wir auf uns nehmen.« Einmal schien Elsie sich direkt an Stella zu wenden: »Liebe lohnt sich immer, gleich was sie uns abverlangt ... Haß lohnt sich nie, gleich was wir aufgeben müssen ...«

Stella schnitt jetzt nicht mehr nur Bilder für Richard aus der Zeitung aus, sondern auch hilfreiche Ratschläge für sich selbst. »Vielleicht gehört dein Mann zu denen, die einfach niemals treu sein können. Vielleicht ist das die Bürde, die dir das Leben aufgeladen hat. Versuche nicht, sie abzuwerfen. Nimm sie auf dich, so wie du Krankheit, Armut und Krieg auf dich nimmst, mit Mut und Courage. Denke daran: Was die Liebe deines Mannes betrifft, so kann dir keine Frau etwas wegnehmen. Du hast sie bereits verloren, bevor eine andere sie findet.« Stella klammerte sich an diese Worte, versuchte, darin einen Weg zu finden, wie sie Eddy zurückgewinnen konnte.

Sie erzählte jedem von Eddys Affäre mit Helen Smith, ihren Verwandten, den Kunden im Laden, ihren Freunden. Sie hatte das Gefühl, daß Eddy seine Geliebte fallenlassen würde, wenn sie nur oft genug von ihr erzählte. Und die ganze Zeit über erhielt sie anonyme Briefe. Der Brief, denn sie am 13. August erhielt, war der bislang längste:

Glauben Sie nicht, daß Sie es zu weit treiben? Alles deutet darauf hin, daß Sie es sind, die schuld an dem Ärger ist, nicht die andere …

Meiner Ansicht nach beweisen Sie einen sehr schlechten Stil, wenn Sie den Leuten auf die Nase binden, wie wenig Sie schon immer besaßen, ja, daß Sie manchmal nicht einmal etwas zu essen hatten. Wer die Sees kennt, weiß es besser. Sie sollten sich glücklich schätzen, daß die Familie Ihres Mannes Sie so gut behandelt. Wie man hört, besitzen Sie seit Ihrer Hochzeit mehr als jemals zuvor …

An Ihrer Stelle würde ich meine Privatangelegenheiten nicht vor Außenstehenden ausbreiten, geschweige denn ihnen erzählen, daß es Zeiten gab, in denen ich von fünf Dollar die Woche leben mußte, oder von den Entbehrungen berichten, die ich ertragen mußte … Sie behaupten, Sie könnten jederzeit eine Arbeit bekommen. Warum suchen Sie sich dann keine? Warum ziehen Sie es vor, sich selbst zu bemitleiden und neidisch darauf zu sein, was andere haben …?

Die Behauptung, daß diese Frau Ihrem Mann nachläuft, ist unfair. Was wissen Sie schon über diese Beziehung? Hätten Sie an jenem Sonntag von Ihrem gesunden Menschenverstand Gebrauch gemacht und sich weniger von Ihren Gefühlen mitreißen lassen, hätten Sie möglicherweise mehr erfahren. Ich kann Ihnen versichern, daß die Beziehung auf Gegenseitigkeit beruhte. Sie, als Außenstehende, wissen fast gar nichts darüber. Haben Sie auch nur eine Minute geglaubt, daß er so dumm sein würde, Ihnen die Wahrheit zu sagen, wo er doch weiter mit Ihnen zusammenleben muß? Ich weiß sehr viel über die Angelegenheit, und ich weiß auch, daß er ebenso verrückt nach ihr war wie sie nach ihm …

Entweder Sie vergessen alles und erniedrigen und versklaven sich auch weiterhin, oder Sie ziehen einen Schlußstrich und machen sich endlich nützlich. Sie sollten in der Lage sein, so viel Geld wie sie (Helen) zu verdienen, immerhin halten Sie sich ja für eine überaus nützliche Ehegefährtin. Wissen Sie, was Ihr Problem ist? Daß Sie faul sind und daß Sie nach einer Trennung von Ihrem Mann keinen anderen finden würden, der Sie wollte. Wenn Sie klug sind, hören Sie auf, ihm ständig nachzuspionieren. Ich weiß von der Frau, daß Ihr Mann einmal über Sie gesagt hat, Sie würden wie eine Klette an ihm hängen.

Stella hatte keine Ahnung, wer diese anonymen Briefe schrieb – vielleicht eine Freundin von Helen, vielleicht Helen selbst –, doch wie die Briefe, die sie zuvor erhalten hatte, bestärkte sie auch dieser nur in ihrer Entschlossenheit. Was konnte sie schon tun, wenn sie Eddy verließe? Es war die Zeit der Wirtschaftskrise, und die Aussichten, einen Job zu finden, waren mehr als schlecht – zumal im Kunstbereich, dem einzigen Bereich, in dem Stella über Qualifikationen verfügte. Zu ihren Eltern zurück konnte sie auch nicht; es gab praktisch nichts mehr, was sie mit ihnen noch verband. Harvey, ihr Vater, hatte sich zweimal als Friseur versucht, doch als er immer mehr getrunken hatte, waren die Kunden ausgeblieben. War er früher gegenüber Stellas Mutter nur verbal ausfällig geworden, so hatte er irgendwann angefangen, sie auch zu schlagen. Schließlich hatte er sie endgültig sitzenlassen. Seit der Trennung schlug er sich als Bettler auf der Fifth Street, besser bekannt als »Skid Row«, durch. Jessie und Stellas achtjähriger Bruder Ted hatten Redlands mit nicht mehr als einem Koffer und ihrem Papagei verlassen und waren in Großmutter Huggins neues Haus in Glassell Park gezogen – gleich um die Ecke, die Straße rauf wohnten Stellas Cousin Vernon und ihre Cousine Ida.
Stella tat das, was sie schon immer getan hatte, seit sie die Familie See kannte. Sie harrte aus und wartete. Sie wußte, wenn sie die Sees verließe, würde sie nicht nur ihren Ehemann verlieren, sondern auch die einzige richtige Familie, die sie jemals gehabt hatte.

[illegible]

[illegible]

[illegible]

TEIL VIER

KAPITEL 13

MOMENTAUFNAHMEN

1936–1938

Im Jahr 1935 kehrte Fong See nach China zurück. Er beorderte Yun nach Los Angeles, um das Geschäft zu führen, und befahl ihm, seine Frau Leong-shee, ihre Töchter und seine jüngsten Söhne in Dimtao zurückzulassen. Yuns älteste Söhne, Danny Ho und Haw, begleiteten ihren Vater nach Los Angeles. Sie wollten Geld verdienen und ihre Frauen, die sie erst kürzlich geheiratet hatten, auf den Goldenen Berg nachholen. Anfang 1936 lebte Fong See mit seiner jungen Familie bereits ein Jahr in seinem Herrenhaus in Dimtao. Er sollte bald schon seinen achtzigsten Geburtstag feiern; Ngon Hung aber war gerade dreißig geworden.

See-boks Besitz in China wuchs weiter. Ihm gehörte das Grand Hotel Foshan, das beste Hotel in der Stadt. Er kaufte zwei Pfandhäuser – was fast dasselbe war, wie wenn er in den Vereinigten Staaten zwei Banken gekauft hätte. Die Dinge, die sich in den Pfandhäusern ansammelten, waren denen sehr ähnlich, die er in seiner frühen Zeit als Geschäftsmann verkauft hatte – Rattanmöbel, Körbe und billige Kleidung. Auch seine philanthropische Tätigkeit weitete er aus. Er fühlte sich Dimtao noch immer besonders verpflichtet, und da die Kinder dort keine ordentliche Schulbildung bekamen, stellte Goldener-Berg-See die Mittel für Gründung und Unterhalt einer Privatschule zur Verfügung, deren Besuch kostenlos war. Auch die schlammigen Wege, die den Dorfbewohnern schon so lange das Leben schwer machten, waren ihm ein Dorn im Auge. Er redete den Leuten die Furcht vor bösen Geistern und Banditen aus und erklärte, es sei an der Zeit zu modernisieren. Dann finanzierte er den Bau einer drei Meter breiten Straße, die von Dimtao bis in die Außenbezirke von Foshan führte. Die Dorfbewohner hatten ihre alten Ängste schnell vergessen und priesen die neue Straße für ihre Bequemlichkeit.

See-bok kümmerte sich nie um Politik. Da er nicht lesen konnte, wußte er nur, was geredet wurde. Seit Japan 1931 die Mandschurei erobert hatte, war es immer wieder in China eingefallen. Fong See aber dachte: Die Japaner kommen und gehen, aber China wird bleiben. Mao Tse-tung propagierte seit 1927 den Kommunismus, und Chiang Kai-shek hatte 1932 begonnen, »Ausrottungsfeldzüge« gegen kommunistische Truppen zu führen. Chiang und Mao kommen und gehen, dachte Fong See, aber China wird bleiben. Er glaubte, der Kampf zwischen den beiden Männern werde ihn oder seine Familie nie betreffen.

Da er genug Geld besaß und sich wegen der politischen Entwicklung keine Sorgen machte, konnte er das Leben in seinem Herrenhaus unbeschwert genießen, das in Erinnerung an die Zeit, als Ticie darin wohnte, *Gway*-Haus oder Haus der weißen Geister hieß und noch heute so heißt. Mit der Zeit war es immer prächtiger geworden. Der Mangobaum, den Fong See viele Jahre zuvor in der Mitte des Gartens gepflanzt hatte, spendete kühlen Schatten. Der Hof beherbergte zwei Küchen. In der einen wurden die täglichen Mahlzeiten zubereitet, in der anderen Festessen für bis zu sechzig Gäste. Bei solchen Banketten hängte Fong See farbenfrohe Laternen in den Garten, bestellte Glücksspeisen und mietete blinde Mädchen, die für die Gäste sangen. Vor den Mauern des Grundstücks warteten Rikschas, um Gäste nach Hause zu fahren, und entlang den gepflasterten Wegen standen Bettler um Reste des Festmahls an. See-bok stellte auch zusätzliche Wächter ein, die durch ihr dramatisches Äußeres halb an Gorillas Chiang Kai-sheks, halb an Hollywood-Gangster erinnerten. Als der unvermeidliche Versuch gemacht wurde, Fong Sees Söhne zu entführen, sprangen die Wächter auf die Trittbretter ihrer PS-starken schwarzen Wagen und verfolgten die Kidnapper, wobei sie hemmungslos von ihren Pistolen Gebrauch machten. Diesmal wurden die Kidnapper erschossen.

Von seinem Lieblingsplatz auf dem Balkon aus konnte Fong See

Ngon Hung und Leong-shee beobachten, wenn sie wie jeden Morgen an dem großen marmornen Goldfischteich saßen, der den Mittelpunkt des Gartens bildete. In Los Angeles hatte Ngon Hung zwar ein einsames Leben geführt, aber wenigstens hatte sie sich nicht mit Verwandten, engstirnigem Klatsch oder schwierigen Dienstboten herumschlagen müssen. Aufgrund ihrer Jugend und Unerfahrenheit hatte sie in China nicht viel Autorität. Ihre Kinder, zwei Söhne und drei Töchter, waren noch so jung, daß die Frauen aus dem Dorf sich bemüßigt fühlten, ihr mit gutgemeinten, meist jedoch unwillkommenen Ratschlägen zu helfen.

»Wenn eine schwangere Frau von roten Blumen träumt, bekommt sie ein Mädchen«, mochte eine der alten Tanten sagen.

»Wenn sie von weißen Blumen träumt, wird es ein Junge«, sagte eine andere.

»Du mußt viel Eiweiß essen, dann bekommt deine Tochter eine weiße Haut«, riet eine dritte.

Jede Mutter, Großmutter oder Tante hatte diesbezüglich ihre eigene Theorie, doch wenn es um die praktische Erziehung der Kinder ging, ließen sie keine andere Meinung gelten. Nur ihre eigene Methode war die richtige.

»Verwöhn deine Söhne nicht, sonst werden sie Schwächlinge, wenn sie groß sind.«

»Gib deinen Kindern Süßigkeiten, und sie bekommen einen süßen Charakter.«

»Hör nicht auf diese Tante. Hör auf mich.«

Bei diesen Streitereien fand Ngon Hung in der Frau des Onkels eine Verbündete. »In China drängen einem die Tanten immer Ratschläge auf«, sagte Leong-shee. »Wenn man auf eine hört, ist sie zufrieden. Aber was ist mit den anderen?«

Ngon Hung und Leong-shee brachten viele Stunden damit zu, wegen der Konkubinen ihrer Männer einander ihr Leid zu klagen.

»In Amerika hatte ich ein besseres Leben, denn dort blieb mir der Anblick dieser Si Ping erspart«, beschwerte sich etwa Ngon Hung.

»Dein Mann ist jemand, zu dem die Leute kommen können«, antwortete Leong-shee. »Du weißt gar nicht, wie mächtig er ist. Gewiß, wir haben es schwer, aber es hätte für uns schlimmer kommen können.«

»Ich kann vieles ertragen«, sagte Ngon Hung, deren Bauch sich schon wieder über einem neuen Kind wölbte. »Doch es schmerzt mich wirklich sehr, daß der Alte« – so nannte sie ihren Mann – »sich eine vierte Frau genommen hat.«
»Si Ping darf nicht nach Amerika«, sagte Leong-shee, die es als demütigend empfand, daß ihr Mann eine Bedienstete zu seiner Nebenfrau gemacht, sie nach Los Angeles mitgenommen, drei Kinder mit ihr gezeugt und schließlich alle nach China zurückgeschickt hatte, wo sie nun unter einem Dach mit ihr lebten. »Dir kann nichts passieren. Aber ich weiß, wie weh es tut. Einerlei, wie man aufgewachsen ist, ob man gebildet ist oder nicht, reich oder arm, es tut immer weh, wenn der Ehemann mehr als eine Frau braucht.«
See-boks jüngere Söhne interessierten sich nicht für die Gespräche der Frauen, selbst wenn sie sich um Konkubinen drehten. Sie waren alle noch keine zehn Jahre alt. See-bok merkte ihnen an, daß sie unter den Zwängen des Dorflebens litten. Sie mußten Bauernkleidung tragen. Sie mußten zur Schule gehen und chinesische Schriftzeichen lernen. Sie mußten ruhig und aufmerksam dasitzen, wenn Dorfbewohner kamen und See-bok ihre Aufwartung machten. Ihre einzige Freude waren die Ferien, die Feste und die Gruselgeschichten über Fuchsgeister und andere Gespenster, die alte Dorfweiber unter dem uralten Banyanbaum erzählten.
In den langen, unbeschwerten Tagen nach seiner Rückkehr genoß See-bok das dörfliche Leben. Er lag auf seinem Balkon, hörte auf seiner Victrola eine Platte von Enrico Caruso und wachte, ohne sich von den Streitereien seiner Frauen stören zu lassen, über sein Reich, den herrlichen Garten, die Bauern, die zu seinem Wohl die Felder bestellten, und die Kinder, die unter seiner Obhut standen. Er gedachte zu bleiben und hier seinen Lebensabend zu verbringen.

Anfang 1932 kaufte der Filmproduzent Irving Thalberg die Filmrechte für den mit dem Pulitzer-Preis ausgezeichneten Roman *Die gute Erde* von Pearl S. Buck. »Lieber würde ich alles Filmmaterial und jeden investierten Cent auf den Müll werfen, als einen Film zu zeigen, der Zwietracht zwischen den beiden Ländern säen könnte«, verkündete er. »Ich habe nur das eine Ziel, mit dem Film eine offenere und freundschaftlichere Beziehung zwischen den Völkern beider Länder herzustellen.« Durch diese Worte ermutigt und der Rollen überdrüssig, die sie im Lauf der Jahre hatte spielen müssen, bewarb sich Anna May Wong bei Metro-Goldwyn-Mayer.

»Ich würde gerne eine Sprechprobe machen und wäre sehr glücklich, wenn ich die Rolle der O'Lan bekäme«, sagte sie. Doch bei MGM wollte man sie nur Lotus spielen lassen, ein Teehausmädchen, das der Held Wang als Nebenfrau ins Haus holt und dem in dem Film der Part der Schurkin zufällt. »Sie wollen ausgerechnet mir, die ich chinesisches Blut in den Adern habe, die einzige unsympathische Rolle in dem Film geben und alle anderen Chinesen von Amerikanern spielen lassen«, sagte Anna May Wong empört. Tatsächlich wurden, allen guten Absichten Thalbergs zum Trotz, die Traumrollen mit Weißen besetzt: Paul Muni spielte den Wang und Luise Rainer die O'Lan. Niedergeschmettert verließ Anna May Hollywood und reiste nach China.

Mit Hilfe von Presse und Rundfunk wurden an der amerikanischen Westküste Darsteller für die restlichen achtundsechzig Sprechrollen gesucht. Dreihundert Sprechproben fanden statt. Dabei erwies sich die Aussprache der Bewerber als ein Problem. Chinesen gibt es auf der ganzen Welt, und so wurden viele abgelehnt, weil sie etwa mit spanischem oder australischem Akzent sprachen. Andere hatten einen geeigneten Akzent, wollten jedoch ihr Geschäft nicht im Stich lassen, um als Filmschauspieler zu wirken. Wieder andere, in Amerika geborene Chinesen, wollten unbedingt eine Rolle haben, wurden jedoch abgelehnt, weil ihr Englisch zu gut war. Schließlich spielte Ching Wah Lee, der Herausgeber der Zeitschrift *Chinese Digest*, die Rolle von Wangs Freund. Keye Luke, der am Chouinard Kunst studiert hatte, erhielt die Rolle des älteren Sohnes, und Caroline Chew, die Tochter des berühmten Verlegers und Ökonomen Dr. Ng Poon Chew, spielte eine Teehaustänzerin. Jennie Chan, Sissees alte Freundin, nahm sechs Wochen als Statistin an den Dreharbeiten teil. Ray See machte eine Probeaufnahme, wurde jedoch nicht genommen, weil seine Stimme zu »sanft« sei.

Während über die Besetzung entschieden wurde, schickte Thalberg den Regisseur Sidney Franklin mit einer Crew nach China, die dort insgesamt dreihundertneunzig Packkisten mit chinesischen Nadeln, Kochutensilien, Ackergeräten, Türen und Fenstern, Wasserrädern, Körben und Kleidungsstücken sammelte. Auf dieser Reise drehte Franklin auch die Massenszenen, die den Film beherrschen sollten. Zu diesem Zwecke heuerte er auf dem Land viertausend »Flüchtlinge« an, von denen jeder anderthalb Dollar pro Tag erhielt. Dazu kamen viertausend Soldaten von der 25. Infanterie- und Artilleriedivision Chinas, die alle anderen Aufgaben erledigten, die Franklin in den Sinn kamen.

Im Jahr 1936 wurden die Dreharbeiten in Kalifornien fortgesetzt. MGM hatte in Northbridge ein zweihundert Hektar großes Gelände erworben, auf dem ein funktionierender chinesischer Bauernhof errichtet werden sollte. Unter der fachmännischen Leitung von Yee On, einem Pflanzer aus Santa Barbara, wurde ein Abhang terrassiert, gepflügt und mit Zwiebeln, Lauch, Chinakohl, Senf, Mangold, Rotkohl, Wassernüssen und Asukibohnen bepflanzt.

Unten im Tal wurde ein künstlicher Fluß angelegt und mit Steinbrücken, Wasserrädern und anderen Bewässerungsvorrichtungen versehen. Selbst ein paar müde Wasserbüffel mußten die Reise über den Pazifik antreten, damit die Anlage noch authentischer wirkte. Am Ende war der Hof so realistisch geraten, daß das amerikanische Landwirtschaftsministerium einen Vertreter schickte, der die chinesischen Methoden zur Erosionsvermeidung studierte. Auf diesem Schauplatz kämpften Wang und O'Lan leidenschaftlich gegen die Heuschrecken. Und in den Drehpausen jagte Luise Rainer mit ihrem Hund Johnny Kaninchen.

Eine ummauerte »Stadt« mit über 200 Geschäften wurde gebaut. Gebratene Enten hingen in den Schaufenstern, Barbiere pflegten Zöpfe, Antiquitätenhändler boten ihre Waren feil, und Straßenhändler trugen an Stangen gepökelten Fisch oder Wurst durch die Gassen. Statisten saßen tagelang auf umgedrehten Strohkörben und verkürzten sich die Warterei mit einem Schwätzchen. Einige fühlten sich an ihre Jugend erinnert, an Reiche, die, mit herrlichen Gewändern aus Seide bekleidet, von ihren im Licht zahlreicher Laternen erstrahlenden Balkonen auf die Straße heruntersahen, und an Arme, die in Lumpen und mit Bettelschalen in der

Hand zu ihren Füßen kauerten. Viele andere, die auf dem Goldenen Berg geboren waren, sahen hier zum ersten Mal das »richtige« China.

Fast alle Bewohner Chinatowns wurden in das Geschehen miteinbezogen. Manche wurden nur eingestellt, um darauf zu achten, daß die Statisten die richtigen Kostüme trugen: Die Jacken der Frauen wurden seitlich geschlossen, die Jacken der Männer auf der Brust. Frauen mit kurzem Haar trugen grob geschnittene Perücken, und solche mit Dauerwellen verbargen ihr Haar unter einem schwarzen Tuch. Trotz der dreihundertneunzig Packkisten schickte MGM Leute zur F. Suie One Company, um zusätzliche Requisiten zu besorgen. Ming See ging die Liste der gesuchten Dinge durch und fand sie entweder in seinem Geschäft oder im Laden seines Vaters, der F. See On Company. Auf diese Weise sorgte Ming See dafür, daß das ganze Geschäft von den Familien See und Fong gemacht wurde. Die beiden Häuser verliehen Schubkarren, Rikschas, Laternen und Möbel für die Szenen im bäuerlichen Milieu, die auf Wangs Hof gedreht wurden, und Wandschirme, Stickereien und Schnitzereien für die Szenen mit reichen Städtern.

Tom Gubbins von der Asiatic Costume Company rekrutierte Statisten und fungierte bei den aufwendigen Außenaufnahmen als Dolmetscher. Wenn die Filmgesellschaft dreihundert oder mehr Statisten anforderte, bekam sie Mengenrabatt. Die meisten Statisten erhielten jedoch einen Standardlohn von »fünf Dollar pro Chinese«. Wie einst die einheimischen Werber ausländischer Firmen in China, so machte auch Tom Gubbins ein Vermögen, indem er eine Prämie für jeden Statisten kassierte, der in *Die gute Erde* mitwirkte. Als der Film am 29. Januar 1937 Premiere hatte, wurde er als das authentischste Porträt chinesischen Lebens gepriesen, das je auf die Kinoleinwand gebracht worden war.

Fünf Monate später, am 7. Juli 1937, setzte Japan plötzlich seine eindrucksvolle Militärmaschine in Gang, eroberte fast alle Städte und Industriegebiete an der chinesischen Küste und schnitt das Land praktisch vom Meer ab. Angesichts dieser Entwicklung schlossen Mao Tse-tung und Chiang Kai-shek einen zeitweiligen Waffenstillstand und verbündeten sich gegen den gemeinsamen Feind. Fong See gab den Traum auf, seinen Lebensabend in China zu verbringen, und kehrte mit seiner Familie nach Los Angeles zurück. Yuns Frau Leong-shee, ihre Kinder und die Frauen der drei ältesten Söhne begleiteten ihn, während Fong Sees vierte Frau Si Ping, Yuns Konkubine Ngan Fa und deren drei Kinder in China blieben.

Fong See kehrte in einer Zeit des Umbruchs nach Chinatown zurück. Seit das alte Chinatown größtenteils abgerissen worden war, wußte jeder, daß ein neues gebraucht wurde. Wie aber sollte es aussehen, und wo sollte es entstehen? Pläne wurden gemacht und wieder verworfen, bis sich schließlich zwei realisierbare Projekte herauskristallisierten: China City und New Chinatown. China City stand unter der Schirmherrschaft von Christine Sterling, einer Angehörigen der oberen Zehntausend. Sie hatte zuvor bereits Olvera Street geschaffen, einen auf Tourismus getrimmten mexikanischen Marktplatz gleich neben der alten spanischen Plaza. Mit tatkräftiger Unterstützung einiger weißer Geschäftsleute, darunter auch Tom Gubbins und Harry Chandler, der Erbe der *Los Angeles Times*, wurde das Geld für den Bauplatz zwischen Spring Street, Ord Street, Alameda Street und High Street aufgetrieben.

New Chinatown entstand ein paar Blocks weiter nordöstlich. Die Anregung dazu ging von Peter Soo Hoo aus, dem ersten Chinesen überhaupt, den das städtische Wasser- und Elektrizitätsamt als Bauleiter einstellte. In seinen Augen bot North Broadway, das Areal der alten Franzosen- und Italienerviertel, auf dem inzwischen die Lagerhäuser der Santa Fe Railroad standen, ideale Voraussetzungen für den Bau eines neuen Chinesenviertels, das den Bewohnern selbst gehören und von ihnen selbst verwaltet werden sollte. New Chinatown sollte sich von Old Chinatown so radikal wie möglich unterscheiden. Die Häuser sollten erdbebensicher sein und unter strenger Beachtung aller sanitären und feuerpolizeilichen Vorschriften errichtet werden. Breite, offene und luftige Straßen waren geplant, um der Straßenkriminalität vorzubeugen. Prostitution, Glücksspiel und Opiumkonsum sollten verboten werden. Nur ein paar Dinge wollte Soo Hoo von Old Chinatown übernehmen. So plante er, in den oberen Stockwerken aller Gebäude Wohnungen für Ladenbe-

sitzer einzurichten und den Häusern selbst ein chinesisches Gepräge zu geben.
Während diese Pläne vorangetrieben wurden, blieb der letzte noch erhaltene Teil von Old Chinatown an der Los Angeles Street das Herz der chinesischen Gemeinde. Ironischerweise war das Dragon's Den, obwohl es einer halbchinesischen Familie gehörte, dort das beliebteste Restaurant und zog zum Mittagessen, zum Abendessen und zum späten Imbiß um Mitternacht die meisten Gäste an. Nun, da Eddy endlich Alkohol ausschenken durfte, schloß es erst um zwei Uhr morgens. Samstags und sonntags war es sogar bis vier Uhr morgens geöffnet, nicht als ein Lokal, in dem man sich betrank, sondern in dem man sich aufhalten konnte. Wenn Eddy und Sissee das Restaurant geschlossen hatten, gingen sie und jeder, der mitkommen wollte, zum City Market, um das Notwendige für den nächsten Tag einzukaufen.
Sissee wußte, daß die Verantwortung für das Restaurant ihren Bruder belastete und daß er davon Magengeschwüre bekam, doch ihr selbst gefiel es, daß immer etwas Unvorhergesehenes passierte: Mal stritten die Köche mit den Küchenjungen oder waren schlecht gelaunt, weil sie in der Lotterie verloren hatten, mal mußte ihr Bruder eilends Wassernüsse auftreiben, weil die Importe aus China zurückgingen und der Chefkoch bereits begonnen hatte, Wassernüsse durch *jicama* zu ersetzen. Ein andermal mußte Eddy – natürlich in aller Freundschaft – Benji feuern, als dieser die Weinfäßchen füllen sollte und nicht zurückkehrte, weil er zu sehr damit beschäftigt war, sich selbst abzufüllen.
Und Sissee liebte ihre Gäste. Der Kameramann James Wong How und seine Freundin, die Schriftstellerin Sanora Babb, kamen regelmäßig ins Dragon's Den. Da Jimmy mit Rücksicht auf seine Karriere die Sittenklausel in seinem Vertrag einhalten mußte, konnte er die weiße Sanora nicht heiraten, und da er obendrein ein traditionsbewußter Chinese war, lebten die beiden nicht zusammen. Sie bewohnten damals mehrere Jahre lang getrennte Apartments im selben Haus. Wenn sie gemeinsam ausgingen, bekamen sie häufig Ärger. Einmal geriet eine Frau beim Anblick des Paars so in Rage, daß sie über Sanora herfiel und ihr den Kopf gegen den Boden schlug. Bei

anderer Gelegenheit wollten Jimmy und Sanora neue Restaurants in der Stadt ausprobieren, doch im ersten wurden sie nicht bedient, im zweiten schon an der Tür abgewiesen. Als sie schließlich doch wieder zum Dragon's Den fuhren, schrie eine Frau aus ihrem Auto heraus Sanora an: »Sie müssen eine Hure sein!« und verfolgte sie bis in die Marchessault Street. Dort parkte sie und stieg aus dem Wagen. Während Jimmy im Eingang des Dragon's Den wartete, ging Sanora auf die Frau zu, riß ihr den Hut vom Kopf und warf ihn in den Rinnstein. »Oh, mein Hut!« kreischte die Frau. »Er hat hundert Dollar gekostet!« Sanora lachte nur, hakte sich bei Jimmy unter und ging mit ihm die Treppe hinunter in das einzige Lokal der Stadt, daß ihnen eine sichere Zuflucht bot.

Niemand jedoch schlug die Gäste so sehr in den Bann wie die schöne Anna May Wong. Sie war verführerisch und temperamentvoll, hatte eine kurvenreiche Figur und eine »anrüchige« Vergangenheit und lag mit ihrer Familie im Streit. An vielen Abenden, außer in den zehn Monaten, die sie nach dem Debakel mit *Die gute Erde* in China verbrachte, erschien sie in einem diagonal geschnittenen Seidenkleid und einem bodenlangen Hermelinmantel um die Schultern im Dragon's Den und hielt an ihrem Tisch hof. Gnädig reichte sie jedem, der ihr seine Aufwartung machte, die Hand, selbst jenen Chinesen, die hinter ihrem Rücken über sie schimpften und spotteten. Eddy verstand sich blendend mit Anna May, denn sie hatte die gleiche Schwäche für dumme Witze wie er. Jedesmal, wenn sie ins Restaurant kam, erfreute sie ihn mit der einen oder anderen Geschichte. »Eines Nachmittags wirft ein Angler seine Schnur aus, und eine bildschöne blonde Meerjungfrau beißt an«, begann sie beispielsweise, während Sissees Bruder einen Stuhl an ihren Tisch rückte. »Er zieht sie schnell an Land, und sie sieht wirklich göttlich aus. Er nimmt sie auf die Arme und untersucht sie genau, dann wirft er sie wieder ins Wasser. Sein Freund, der neben ihm angelt, fragt: ›Warum?‹ Und er antwortet: ›Wie?‹«

Eddy lachte dann und revanchierte sich mit einem ähnlich schlüpfrigen Witz. »Ein alter Mann wird impotent. Er geht zu einem chinesischen Kräuterheilkundigen, und der sagt, daß Affenhoden helfen würden, aber die seien sehr teuer. ›Aber keine Sorge‹, fährt er fort,

›ich habe gehört, daß Roggenbrot genausogut hilft.‹ Also geht der alte Mann in einen jüdischen Feinkostladen und kauft zwölf Roggenbrote. ›Feiern Sie ein Fest?‹ fragt die Frau hinter dem Ladentisch. ›Nein‹, sagt der Mann. Da sagt die Frau: ›Dann wird es hart, bevor Sie es aufgegessen haben.‹ Und der Mann sagt: ›Warum wissen alle über dieses Brot Bescheid, nur ich nicht?‹«
Manchmal lächelte Anna May und sagte: »Weißt du, Eddy, die Japaner kennen keine solchen Witze.«
Für Sissee war das Dragon's Den eine Oase der Kultur, des Vergnügens und der Toleranz. Chinatown dagegen war immer noch ein rauhes Pflaster. Harte Jungs – und andere, die nicht so hart waren, aber eine gute Gelegenheit zu schätzen wußten – machten Samstag nachts gern einen Abstecher nach Chinatown und zettelten eine Schlägerei an, weil sie wußten, daß ihre Opfer sich kaum wehren konnten. Sie wurden von den Chinesen als »übermütige Weiße« bezeichnet. »Manchmal werfen sie ihren Teller auf den Boden«, beschwerte sich der Sohn des Besitzers vom Man Gen Low. »Und manchmal gehen sie auf die Toilette und stopfen Wäsche in die Kloschüssel.« Und manchmal nahmen die Kellner Eispickel, suchten auf der Straße nach Autos, die ihnen nicht vertraut waren, und »zerstachen die Reifen«.
»Wir kommen nicht anders gegen sie an«, sagte der Sohn. »Zum Teufel, die sind eins achtzig und wir …«
Wenn George Wong gerade da war, der inzwischen die meisten Restaurants mit Fisch und Geflügel belieferte, hatte er meistens auch etwas beizutragen. »Wenn es in eurem Restaurant ein Problem gibt, rennt hinaus auf die Straße und schreit. Wir kommen dann und versuchen, die Sache zu regeln. Wenn es Ärger gibt, kämpft. Ihr wißt genau, was passiert, wenn ihr einen Polizisten holt. Er schmeißt den Kerl raus, aber er nimmt ihn nicht fest. Schließlich ist es ein Weißer. Er muß nicht dafür bezahlen.«
Wenn Sissee und Eddy da waren, fügte bestimmt jemand hinzu: »Es gibt aber auch eine Menge nette Weiße.« Aber selbst darüber lächelten viele Leute. Niemand in Chinatown hatte vergessen, wie Sissees zweitältester Bruder Ray im Suff eine freche Lippe riskiert und mit den Kellnern im Grandview Garden Streit angefangen hatte. »Sie

haben ihn grün und blau geschlagen«, sagten die Leute, wenn sie an den Vorfall zurückdachten.

Auch das Dragon's Den war vor solchen Streichen nicht sicher. Einmal stellte Eddy auf der Treppe eine Gruppe von Zechprellern, als sie gerade das Lokal verlassen wollten. Nach einem hitzigen Wortwechsel lagen sie plötzlich alle auf Eddy drauf, und einer drückte ihm die Daumen in die Augen. Sissee schoß hinter der Kasse hervor, kletterte auf das Menschenknäuel und schrie, so laut sie konnte: »Laßt meinen Bruder los. Das könnt ihr mit meinem Bruder nicht machen!« Da stürzte sich Tyrus, der kürzlich eine Stelle bei den Disney Studios bekommen hatte, wo er für zwei Dollar fünfzig den Hintergrund von Zeichentrickfilmen ausmalte, in das Getümmel und schrie: »Tritt sie nicht zu hart. Das sind Freunde von George Stanley, und der hat gerade die Statuette für die Academy Awards entworfen.«

An einem anderen Abend blickte Sissee hinter ihrer Kasse plötzlich in die Mündung eines vernickelten Revolvers. »Mach die Kasse leer«, zischte der Mexikaner, der ihn hielt, leise. Als sie sich weigerte, trat ein zweiter Mann hinter sie, drückte ihr einen Revolver in den Rücken, schob sie beiseite und schnappte sich hundert Dollar. Sie wagte nicht zu schreien. Wie die *Times* später berichtete, fand der Raub statt, »ohne daß zwanzig Gäste etwas merkten«.

Von da an sah Eddy wie ein Gangster aus dem Kino aus, wenn er das Restaurant betrat. Er trug einen zweireihigen Nadelstreifenanzug und darüber einen großen schwarzen Mantel mit einem Gürtel. Außerdem war er mit einer Pistole Kaliber .22 und einem Revolver Kaliber .32 bewaffnet – zum Schutz gegen »gewalttätige Elemente« und wenn er Papiertüten voller Bargeld mit sich führte. Letzteres erinnerte Sissee an die Zeit, als ihr Vater mit Papiertüten voller Geld aus dem Laden in Pasadena zurückgekommen war.

Sissee gondelte gern mit ihrem Plymouth in der Stadt herum. Spät in der Nacht, wenn das Restaurant geschlossen hatte, fuhr sie mit ihren Freunden zum City Market, wo sie einkauften und lachten. Und im Morgengrauen rollte sie gemächlich zurück zu dem Haus am Maplewood Drive. Mit diesem Lebensstil war Sissee eine der unabhängigsten jungen Frauen in Chinatown und nach Ansicht mancher sogar in der ganzen Stadt.

Andererseits verbrachte sie soviel Zeit wie möglich mit ihrer Mutter. In Chinatown hieß es, Sissee und ihre Mutter stünden sich so nahe, daß nicht einmal ein Blatt Papier zwischen sie passe. Sissee wohnte bei ihrer Mutter und brachte für sie das Geld auf die Bank. Sie fuhr sie überall hin. Wohin sie auch ging, ihre Mutter war fast immer dabei. Manchmal holte sie ihre Mutter ab, wenn das Restaurant geschlossen hatte, und fuhr mit ihr bis morgens um vier oder fünf durch die Stadt – alles nur, um Ticie von ihrer Einsamkeit abzulenken. »Meine Mutter ist wirklich ein guter Kumpel«, sagte Sissee, wenn ein Mann mit ihr ausgehen wollte. »Alles, was ich tun will, tut sie auch.« Deshalb führte Sissee, auch wenn sie viel herumkam, in vieler Hinsicht ein behütetes Leben.

Sie war inzwischen achtundzwanzig und noch immer unverheiratet, obwohl mehrere Männer ein Auge auf sie geworfen hatten. Jack, ein Juwelier, der im selben Block wie die F. Suie One Company seinen Laden hatte, brachte Eddy bei, wie man Ringe herstellte und Edelsteine einsetzte, in der falschen Hoffnung, bei Sissee damit Eindruck zu schinden. Drunten im City Market hatte sich ein Lebensmittelhändler mit einem eigenen Stand bis über beide Ohren in sie verliebt. Ein anderer junger Mann namens »Accordion Joe«, dem ein Restaurant in Hollywood gehörte, machte ihr den Hof. Doch er verdarb alles, als er sie zu einem Boxkampf ausführte. Eine der Kellnerinnen im Dragon's Den hatte einen Bruder, der Sissee ebenfalls heiraten wollte, aber er wollte auch ein Beerdigungsinstitut aufmachen. »Das ist genauso schlimm wie die Quetschkommode«, vertraute Sissee Stella an.

Sissee hatte zwar gemischtes Blut, aber sie war die Tochter des wichtigsten Geschäftsmanns in Chinatown, und so wurde von ihr erwartet, daß sie einen Mann aus guter Familie heiratete. Der einzige, der diese Voraussetzung erfüllt hätte, war Gilbert Leong. Seine Mutter war ein Energiebündel und lehrte die Kinder von Chinatown ihre Muttersprache. Sein Vater Leong Jeung besaß das gutgehende Restaurant Soochow und war der Präsident des chinesischen Wohltätigkeitsvereins. Zwischen Sissee und Gilbert war es keine Liebe auf den ersten Blick. Schließlich kannten sie sich schon seit Jahren. Zum ersten Mal waren sie sich 1919 als Kinder auf der *Nanking* begegnet, und später hatte Gilbert, der in der Ninth Street, in der sogenannten Market Chinatown, wohnte, die Missionsschule seiner Mutter besucht, die im selben Block lag wie Fong Sees Geschäft.

Im Jahr 1933, als Ticie kurz vor Eröffnung des Dragon's Den zurück nach Chinatown gezogen war, hatte Sissee im Soochow hin und wieder eine Schale Nudeln gegessen. Nun, da sie zusammen ausgingen, zog Gilbert sie damit auf. »Du hast damals immer stocksteif dagesessen und in dein Buch gestarrt. Du hast deine Nudeln gegessen und so getan, als würdest du mich nicht sehen, aber du hast das Buch verkehrt herum gehalten.« Sissee lachte immer, wenn er das erzählte, denn er hatte zumindest teilweise recht. Sie hatte ihn wirklich gern angesehen, wenn sie glaubte, daß er es nicht merkte.

Gilbert war noch immer dasselbe magere Kerlchen wie einst auf der *Nanking*, und doch war er jetzt Bildhauer und ein vielversprechender Architekt. Drei Jahre zuvor, als sie das erste Mal miteinander ausgegangen waren, hatten sie sich den Film *Viva Villa* von James Wong Howe angeschaut. Danach hatten sie über die Beleuchtung in dem Film gesprochen, darüber, wie echt die Wolken ausgesehen hatten und wie glänzend es Jimmy gelungen war, Atmosphäre zu schaffen. Das zweite Mal waren sie auf einen Ball an der University of California gegangen. Inzwischen war Gilbert ein regelmäßiger Gast am Maplewood Drive. Es machte Sissee verrückt, daß ihre Brüder immer um sie herumschlichen, wenn er da war. Wenn Ming herüberkam, trank er zunächst ein paar Gläser, dann begann er zu tanzen und machte Radau. Unterdessen versuchte Gil ständig, den Arm um sie zu legen, und sie hätte es gern gehabt.

Nur eins machte ihr Sorgen. Sie ging jetzt schon drei Jahre mit Gilbert. Warum hatte er ihr noch keinen Heiratsantrag gemacht?

Seit Jessie Copeland, Stellas Mutter, zu Großmutter Huggins nach Glassell Park gezogen war, saß sie teilnahmslos an ihrem Schlafzimmerfenster und starrte auf die Straße hinaus. Nur manchmal schnalzte sie mit der Zunge zu dem Papagei hinüber, den ihr Stella geschenkt hatte. Ihr Verhalten änderte sich nicht, bis eines Tages, Ende 1937, etwas bei ihr aushakte. Sie lehnte sich vor, öffnete den Vogelkäfig und erwürgte den Papagei. Großmutter Huggins brachte sie ins Kreiskrankenhaus, und dort wurde beschlossen, sie auf unbestimmte Zeit dazubehalten. Stellas Bruder Ted zog mit Stella und Eddy in ein Haus, das die beiden an der Kingsley, ein paar Blocks von Ticie entfernt, gemietet hatten.

Unglücklicherweise kam Ted damit in eine Familie, die keine weitere Krise mehr verkraften konnte. Eddy, durch seine Verantwortung für das Restaurant und seine Bemühungen, die Beziehung zu Stella zu kitten, schwer belastet, wollte kein Kind im Haus. Stella kochte immer noch innerlich vor Wut über seine Affäre. Es waren vielleicht die dunkelsten Stunden in der Geschichte der Familie See, als Stella, die ihre Wut so lange unterdrückt hatte, diese an ihrem wehrlosen zehnjährigen Bruder ausließ.

Manchmal sagte Ted ein falsches Wort, und Stella rastete aus wie ihre Mutter. In blinder Wut drosch sie so lange auf Ted ein, bis sie sich ausgetobt hatte. Danach setzten die Schuldgefühle ein. Wie konnte sie so etwas tun, auf einen wehrlosen Jungen einschlagen? Einmal, als sie ihn wieder schlug, blickte er sie seltsam an und sagte: »Warum schlägst du immer mich? Warum schlägst du nie Richard?« Da drehte sie sich, ohne nachzudenken, um und gab Richard eine Ohrfeige. Erst später, als sie sich wieder beruhigt hatte, wurde ihr bewußt, daß Richard nicht das geringste getan hatte.

Stella besuchte ihre Mutter nur ungern im Krankenhaus, denn sie wußte nie, wie sie reagieren würde. Manchmal erkannte sie ihre Tochter, aber normalerweise stierte sie nur die Wand an. Niemand konnte erklären, was mit ihr los war. Manchmal war von einem *Schlaganfall* die Rede. Manchmal hieß es, sie sei *manisch depressiv*, dann wieder, sie sei *schizophren* oder habe einen *Nervenzusammenbruch* erlitten.

In der Familie sprach man einfach nicht darüber, genauso wie niemand Stellas Vater erwähnte. Was hätte man auch sagen sollen? »Der Mann ist ein Trunkenbold und ein Herumtreiber?« Gelegentlich erhielt Stella einen Anruf von der Polizei, wenn man Harvey aufgegriffen hatte. Manchmal tauchte er an ihrer Tür auf. Er stank nach billigem Fusel, Schweiß und Erbrochenem. »Kannst du mir etwas Geld borgen? Du bekommst es zurück.« Eddy gab ihm ein paar Dollar, und Harvey verschwand wieder.

Nur Richard profitierte von Teds Anwesenheit. Stella erlaubte ihm, mit Ted ins Kino, auf den Markt oder hinüber zu Tante Ticie zu gehen. Sie erlaubte, daß die Jungen Umhänge anlegten, Superman spielten, aufs Garagendach kletterten und heruntersprangen. Ted war ein Wildfang, anders als Richard, der unsportlich war und an Asthma, Ekzemen und Allergien litt. Manchmal schwoll Richards Gesicht so an, daß seine Augen, Wangen und Lippen in einem einzigen unkenntlichen Klumpen verschwanden. Stella gab ihm Beruhigungspillen, damit er atmen konnte. Sie rieb seine Haut mit grüner Salbe ein, die den Juckreiz linderte. Sie ging mit ihm zum Arzt und ließ ihm Spritzen geben. Und in der Nacht stellte sie einen Verdampfungsapparat mit einer Benzointinktur in das gemeinsame Zimmer von Ted und Richard. Sie wußte nicht, daß Ted aus dem Fenster und auf das Dach kletterte, wenn das Gerät seinen übelriechenden Dampf verströmte, und daß er oft die ganze Nacht draußen blieb.

Am 1. Februar 1938, nur wenige Monate, nachdem Ted bei ihr eingezogen war, fing Stella die letzte Nachricht von Helen Smith ab. Diesmal war es eine kleine Karte, wie man sie im Schreibwarengeschäft kaufen konnte. Auf der Vorderseite war ein Schulmädchen abgebildet und darunter stand: »An meinen Freund. Oh, hätt' ich doch ein bißchen Zeit und Geld, dann lief' ich wie ein Wiesel durch die Welt und sucht' eine Karte, mit der ich dir sag', daß ich an dich denke an jedem Tag.« Auf die Rückseite hatte Helen geschrieben: »Konnte Dir die Blumen dieses Jahr nicht schicken. Alles Gute und herzlichen Glückwunsch zu deinem dreijährigen Jubiläum im Dragon's Den.« Stella begriff, daß die Affäre jetzt wirklich vorbei war.

Kurz darauf bot ihr eine Freundin einen Job als Haussitterin in Pasadena an. Stella wußte, daß die Distanz ihrer Ehe nur guttun konnte, und ergriff die Gelegenheit freudig beim Schopf. Sie zog mit Richard in das Haus und ließ Ted bei Eddy. Sie war froh, Zeit für sich zu haben, Zeit, in der ihr Zorn verrauchen konnte, in der sie versuchen konnte zu vergeben. Außerdem verdiente sie etwas Geld – eigenes Geld, das sie für den Notfall beiseite legen konnte, wie Ticie ihr so oft geraten hatte.

An den Wochenenden besuchte Richard seinen Vater. Eines

Abends, als Eddy im Dragon's Den arbeiten mußte, ließ er Richard bei Ticie allein in dem Haus am Maplewood Drive zurück. Richard sah schweigend zu, wie seine Großmutter zu trinken begann. Als später sein Vater anrief und sich nach ihm erkundigte, bemerkte selbst Richard, daß seine Großmutter lallte. Zwanzig Minuten später fuhr sein Vater vor dem Haus vor.

»Wie kannst du dich vollaufen lassen, wenn du auf Richard aufpassen sollst?« schrie er. »Hast du denn überhaupt kein Verantwortungsgefühl? Du Säuferin! Du Schnapsdrossel!« Dann gab er Ticie einen Stoß. Richard sah zu, wie aus den Stößen Schläge wurden. Ticie weinte, aber sie sagte kein Wort. Dann verließ sie das Haus und ging die Straße hinunter. Selbst Richard wußte, daß es nicht fair war, sie so aus dem Haus zu treiben. Schließlich war es *ihr* Haus.

Eddy saß auf der Couch und wartete, den Kopf in die Hände gestützt. Als Ticie nicht zurückkam, stieg er mit Richard in den Plymouth. Sie suchten die Straßen ab, bis sie sie fanden. Sie ließen sie einsteigen und fuhren heim. Niemand sagte etwas.

Kurze Zeit später hatte Stella ihren Job in Pasadena beendet und kehrte nach Hause zurück. Ticie hatte anscheinend mit dem Trinken aufgehört.

Seit Fong Yun das erste Mal seinen Fuß auf den Goldenen Berg gesetzt hatte, war er den Launen seines Bruders ausgeliefert. Wenn Fong See wünschte, daß Yun nach China reiste, dann reiste er. Wenn Fong See wünschte, daß er falsche Angaben über ein Möbelstück machte, dann machte er falsche Angaben. Yun war jedoch nicht ganz unschuldig an seinem Elend. In der Familie galt er als Gelehrter, da er auf Kosten seines älteren Bruders eine umfassende Ausbildung erhalten hatte. Deshalb fanden seine Angehörigen, daß Yun in höheren Regionen schwebte. Ihrer Ansicht nach war er kein guter Geschäftsmann, weil er von seinem Bruder verwöhnt worden sei.

Yun war als optimistischer und eifriger junger Mann nach Los Angeles gekommen, aber seine Träume waren zu Nichts zerronnen. 1923 hatte er die Fong Yun Company in der Seventh Street eröffnet und war gescheitert. In den frühen dreißiger Jahren versuchte er es mit einem weiteren Laden und machte erneut Bankrott. Als er 1935 nach Los Angeles zurückkehrte, versuchten sich seine ältesten Söhne, Kuen, Danny Ho und Haw, ebenfalls als Geschäftsleute und eröffneten an der Ecke Seventh und Figueroa Street einen kleinen Laden namens Fong Brothers. Auf dem Höhepunkt der Depression konnte ein Raritätengeschäft im Herzen des Geschäftsviertels von Los Angeles jedoch keine drei Familien ernähren. Danny Ho führte den Laden alleine weiter, und seine Brüder arbeiteten wieder für Fong See. Sie waren noch jung. Sie hatten noch genügend Zeit, sich eine Zukunft aufzubauen. Yun aber hatte das Gefühl, in der Falle zu sitzen.

Ursprünglich hatte er nach China zurückkehren wollen, sobald seine Söhne auf eigenen Füßen standen, aber das Schicksal schien sich gegen ihn verschworen zu haben. Erstens fiel es den Jungen unerwartet schwer, sich eine Existenz aufzubauen. Und zweitens hatte Yun Leong-shee, die jüngeren Kinder und die drei neuen Frauen seiner älteren Söhne nach Los Angeles bringen müssen. Diese Frauen hatten in China ein privilegiertes Leben geführt und Hausmädchen beschäftigt, die ihnen beim Ankleiden halfen, für sie kochten und putzten. Und nun konnten sie sich nur schwer an die Verhältnisse in Los Angeles gewöhnen. Die in Amerika geborenen Ehefrauen in der Familie, die harte Zeiten durchgemacht hatten, nahmen an der Hochnäsigkeit der Fong-Frauen besonders Anstoß. »Die sind verwöhnt«, sagten sie. »Sie haben nie gearbeitet. Sie haben gedacht, sie könnten hierherkommen und müßten keinen Finger rühren ...« Die Folge von all dem war, daß Fong Yun immer mehr Mäuler zu stopfen hatte.

Jeden Abend kehrte er in seine Räume im Haus seines Bruders zurück. Er weinte beim Abendessen in Gegenwart seiner Frau und der jüngeren Kinder. »Mein Bruder ist ein Tyrann«, klagte er.

»Warum wehrst du dich nicht?« fragte Leong-shee. »Warum läßt du dir alles gefallen?«

»Ich verdanke meinem Bruder mein Leben«, antwortete er. »Als ich jung war, waren wir so arm, daß mein Bruder im Regen Gras schneiden mußte, damit wir etwas zu essen hatten. Und ich verdanke ihm meine Ausbildung. Ich schulde ihm mein Leben.«

So tief er auch fiel, Yun vergaß nie, daß sein Bruder ihn auf den Goldenen Berg gebracht hatte. Obwohl er jahrelang niedere Arbeiten verrichten mußte, blieb er See-bok treu. Er ehrte seinen Bruder, wie es die Tradition vorschrieb. Wenn seine Kinder ihn fragten, ob sie zum Zelten oder Skifahren dürften, sagte er: »Ihr müßt euren Onkel fragen. Das gehört sich so.«

Die Kinder grübelten oft über die Beziehung ihres Vaters zu ihrem mächtigen Onkel nach. »Jeder Mensch hat seine eigene Persönlichkeit«, sagte etwa Kuen. »Jeder Mensch hat seine eigene Art, Dinge zu tun. Wenn See-bok nicht diesen besonderen Charakter hätte, dann würde er auch nicht soviel Geld verdienen.« Fong Yun jedoch hatte acht Kinder und eine Frau in den Vereinigten Staaten und weitere drei Kinder und eine Konkubine in Foshan. Er war für sie alle verantwortlich und mußte für sie sorgen. Die Errichtung von New Chinatown und China City eröffnete ihm die Gelegenheit, sich aus der Knechtschaft bei seinem Bruder zu lösen.

»Ich kann mich auf meine eigenen Füße stellen« sagte er seinem Bruder. »Ich würde es gerne noch einmal alleine versuchen.« Fong See sah es nicht gern, daß sein Bruder ihn verließ, doch er war nicht zornig. Dafür mochte er ihn zu sehr.

»New Chinatown können wir uns nicht leisten«, sagte Fong Yun zu Leong-shee. »Man braucht zweitausend, vielleicht sogar dreitausend Dollar, wenn man dort ein Geschäft eröffnen will. Wir gehen nach China City.«

Fong Yun war einer der ersten, der in China City Räume mietete – die größte Fläche im ganzen Komplex –, und er wurde der erste Präsident der China City Association. Choey Lau, seine älteste Tochter, bat ihn, sich gegen das hohe Risiko zu versichern, das die Familie einging, doch davon wollte er nichts wissen. »Ich bin ein ehrlicher Mann«, sagte er. »Ich bin kein Spieler, und eine Versicherung ist eine Art Glücksspiel. Es ist wichtiger, das Geld in Waren anzulegen.« Und genau das tat er.

Am 8. Juni 1938 wurde China City offiziell eingeweiht. Ein Reporter, der für die *Los Angeles Times* über das Ereignis berichtete, ließ sich von der Atmosphäre mitreißen und schrieb von explodierenden Feuerwerkskörpern und jubelnden Chinesen. Dann beschrieb er die Lotosteiche, die Tempelgongs, die Stände der Raritätenverkäufer, die

Tanzpavillons und die »schlanken orientalischen Mädchen, die in seidenen Jacken und Hosen hin- und hertrippeln«. China City bediente hemmungslos alle Klischees über China und beschwor die »exotische« Atmosphäre eines chinesischen Dorfes. Der gesamte Komplex, der sich über einen Block erstreckte, war von einer Miniaturausgabe der Chinesischen Mauer umschlossen. Die schmalen gepflasterten Wege dahinter säumten übriggebliebene Dekorationen aus *Die gute Erde.* Enten und Hühner tummelten sich vor dem Bauernhaus der Wangs, Touristen fuhren in Rikschas die »Straße der hundert Überraschungen« hinunter und knabberten an »Chinaburgern«.

Nur drei Wochen später, am 25. Juni 1938, fand einige Blocks entfernt die große Eröffnung von New Chinatown statt. Besucher konnten sie durch zwei große Tore betreten – das erste war »Der Versammlung der besten Talente« gewidmet; das andere hatte Y. C. Hong, der bucklige Anwalt, finanziert und seiner Mutter und allen »mütterlichen Tugenden« gewidmet. Das neue Viertel war mit Laternen, Fahnen und Flaggen der Vereinigten Staaten und der Republik China geschmückt.

Hübsche Mädchen in traditionellen Trachten führten Besucher durch die mit roten Teppichen ausgelegten Straßen, die so hochaktuelle Namen trugen wie Mei-Ling Way (der Rufname von Madame Chiang Kai-shek) und Sun Mun Way (nach Dr. Sun Yat-sens Buch *Die drei Grundlehren vom Volk).* Tyrus Wong, Keye Luke und Gilbert Leong hatten Kunstwerke für eine Ausstellung zur Verfügung gestellt. Nach einer Parade, einem Löwentanz und musikalischen Zwischenspielen begaben sich Politiker und Prominente, darunter auch Anna May Wong, in das nach New Chinatown verlegte Restaurant Man Jen Low. Draußen tanzte und wiegte sich die Menge bis spät in die Nacht im Licht der Laternen zu den Klängen der Musik. Nach dem doppelten Erfolg von China City und New Chinatown sah es ganz so aus, als habe die Depression für die Chinesen in Los Angeles endlich ein Ende. Und für kurze Zeit war China City ein schöner Traum für Onkel Yun und ein Wunderland für seine Kinder.

Kurz nach der Einweihung von China City stand Choey Lon, Fong Yuns fünfjährige Tochter, neben ihrer Mutter in der Metzgerei Sam

Sing, beobachtete und lernte. Leong-shee deutete verstohlen auf ein bestimmtes Teil von einem Stück Schweinefleisch. »Ich will diese Scheibe«, raunte sie ihrer Tochter zu, »aber sie ist noch nicht dran.« Es war jeden Tag dasselbe: Leong-shee und ihre Tochter marschierten mehrmals zwischen China City und der Metzgerei hin und her, bis der Metzger genau bei der Scheibe Fleisch angelangt war, die Leong-shee haben wollte.

Für Choey Lon war China City ein magischer Ort. Der schwache Duft von Weihrauch wehte aus einem Tempel herüber, und eine leichte Brise ließ die Glöckchen vor den Läden erklingen. An einem der beiden Tore stand in chinesischen Schriftzeichen zu lesen: »Wenn Chinas Löwe erwacht, dann öffnet sich prächtig die Stadt«, am anderen hielten zwei überlebensgroße Torwächter Wache, die ihr älterer Bruder Kuen gemalt hatte. Die Kuan-Yin-Skulptur von Gilbert Leong mit ihren lieblichen Rundungen schmückte den Hof des Konfuzius, auf dem die Pflastersteine bewußt unregelmäßig verlegt waren. Die Straßen und Plätze, der Hof des Konfuzius, der Hof der Lotosteiche und der Hafen von Whang Po waren ideal zum Fangen oder Versteckspielen. Rikscha-Jungen zogen Touristen für 25 Cent durch die holprigen Gassen und schrien: »Aus dem Weg! Aus dem Weg!«

Geheimnisvolle Leute lebten in China City: Ein italienischer Wahrsager. Ein großer buddhistischer Mönch von seltsamem Äußeren. »Er kommt aus dem Norden«, erklärte Choey Lons Mutter. »Dort sind die Leute so groß.« *Lo-fan*-Frauen besuchten den Mönch und sangen mit ihm. Ein anderer Mann verhielt sich wie ein Torwächter. Er hatte seinen Stand genau am Eingang von China City, war klein und dunkelhaarig und hatte Froschaugen. Alle nannten ihn Erdnuß, nicht nur, weil er Erdnüsse verkaufte, sondern auch, weil er wie eine Erdnuß aussah. Und schließlich beobachtete Choey Lon gerne Tom Gubbins, der mit seinem Laden nach China City umgezogen war. Er war so anders mit seinem englischen Akzent, seinen durchdringenden blauen Augen, seinem sorgfältig gestutzten Bart und seinem Dreispitz.

Choey Lon erlebte, wie Königinnen und Prinzessinnen China City besuchten:

Eleanor Roosevelt, Mae West, Gene Tierney und Anna May Wong. Mae West war von dem Kuan-Yin-Tempel so beeindruckt, daß sie auf ein Foto von sich schrieb: »Ihr müßt mal kommen und euch meinen Tempel ansehen.« Choey Lon fand die Schauspielerinnen besonders aufregend, auch wenn ihr Vater die Leute aus Hollywood ablehnte. »Hüte dich vor leichten Jobs und leichtverdientem Geld«, sagte er. »Geh nicht zum Film. Das ist ein übles Geschäft, in dem es von Schurken wimmelt. Ich kenne Anna May Wong von klein auf. Aber ich sage dir, die Unterhaltungsbranche ist das Letzte. Du sollst dir deinen Lebensunterhalt anständig verdienen.«

Lon war nicht das einzige Kind, das von China City begeistert war. Kinder aus ganz Chinatown zog es hierher. Manchmal kamen auch Ted und Richard. Waren sie ihre Cousins? Sie war sich über den Verwandtschaftsgrad nicht im klaren, wußte nur, daß sie mit ihr verwandt und weiß waren. Auf jeden Fall benahmen sie sich wie Kinder von Touristen mit ihren kegelförmigen Lutschern und Eisbechern. Andere Kinder arbeiteten in China City. Lilly Mu Lee verkaufte Gardenien für 15 Cent und Ansteckstäußchen für 35 Cent das Paar, und für einen Penny sang sie »God Bless America«.

Lon meinte, in einem Märchen der Weißen zu leben. China City war ein riesiges Schloß, und sie war Schneewittchen. Wie eine Prinzessin brauchte sie nichts zu lernen, denn von einer Prinzessin wird nur erwartet, daß sie schön ist, in einem herrlichen Palast wohnt und sich mit hübschen Dingen umgibt. In ihrer Phantasie erschien ihr ein weißer Prinz.

Ihre Eltern versuchten, ihr den Kopf zurechtzusetzen.

»Weiße Männer trinken zuviel.«

»Weiße Männer schlagen ihre Frauen.«

»Weiße Männer sind untreu.«

Stimmte das wirklich? Lon wollte es herausfinden.

Während Lon sich selbst als Schneewittchen sah, sah sie ihre Mutter als Aschenputtel. Leong-shee arbeitete hinten im Laden und kochte für alle. Da es kein fließendes Wasser gab, wusch sie das Geschirr in einer Wanne und leerte den Eimer mit dem fettigen Wasser anschließend auf die Straße. Niemand half ihr, weder Lon noch ihr Vater. Er behandelte Leong-shee wie eine Sklavin.

Choey Lon wußte, daß ihr Vater sich für einen erstklassigen Kaufmann hielt. Er hatte hochfliegende Pläne, aber selbst Lon merkte, daß nichts aus ihnen wurde. Sein Laden war schön, wunderbar eingerichtet. Er hatte noch gute Antiquitäten von seinem Laden in der Seventh Street übrig, aber größtenteils führte er billige Raritäten – Rückenkratzer, kleine Teekännchen und Aschenbecher.

Lon liebte ihren Vater heiß und innig und hatte das Gefühl, daß er sie am meisten liebte. Er schenkte ihr viel Aufmerksamkeit, und wenn auch nicht mit Umarmungen und Küssen wie die weißen Väter, so war seine Zuneigung doch echt und rein. Er zog sie mit lustigen Spitznamen auf wie »Zuckerklößchen« und »Schildkrötenei«. Wenn sie ihn um etwas bat, bekam sie es. Er hielt nicht viel von Disziplin. »Kinder verstehen, wer man ist«, sagte er. »Wenn man ein Kind böse nennt, dann entwickelt es sich in diese Richtung. Kinder müssen durch Beobachten lernen.« Die Folge dieser Einstellung war, daß alle Zurechtweisungen und Strafen von Leong-shee kamen.

Am heutigen Spätnachmittag, als die Kunden ihre letzten Einkäufe tätigten, ging Leong-shee mit ihrer Tochter noch einmal zu Sam Sings Metzgerei. Lon sah, daß das Stück Fleisch, das ihre Mutter ausgesucht hatte, jetzt abgeschnitten werden konnte. Sie wußte, daß sie beobachten und lernen sollte, aber sie identifizierte sich nicht mit der Frauenrolle, die ihr vorgelebt wurde. Sie sah, daß ihre Mutter die eigentliche Ernährerin der Familie war. Sie sorgte für ihre Kinder. Sie war eine perfekte chinesische Mutter, eine gute Buddhistin, die Traditionsbewußtsein und Gehorsam vermittelte. Und sie bemühte sich jeden Tag aufs neue, eine gute Ehefrau zu sein. Wenn Choey Lon in der Metzgerei neben ihr stand, begriff sie, was es hieß, perfekt zu sein. Sie sah, wie gut ihre Mutter ihre Arbeit machte. Sie sah, wie Frauen Dinge taten, die der Welt nicht auffielen und keine Anerkennung fanden.

Lon schwor sich, niemals eine solche Frau zu werden. Sie wollte nicht heiraten. Sie wollte keine Kinder bekommen. Und sie glaubte fest, daß ihr Vater damit einverstanden sein würde. »Es hat keinen Zweck, Kinder mit Schlägen zu etwas zu zwingen«, sagte er. »Sie gehen den Weg, den sie gehen wollen. Kleines Zuckerklößchen, du wirst einfach die sein müssen, die du bist.« Lon glaubte ihm.

KAPITEL 14

ANNA MAY SPRICHT (AUS DEM GRAB)

Mein Leben lang hat nie jemand danach gefragt, was ich dachte. Niemand hat mich gefragt, ob es mir gefiel, daß einer meiner Brüder vor seinen Klassenkameraden mit mir prahlte, um sich in meinem Ruhm zu sonnen. Niemand hat mir erklärt, warum meine Familie selbst nach meinem Tod noch versuchte, meine Existenz geheimzuhalten. Niemand hat mir gesagt, daß ich den meisten Leuten nur als eine Frau in Erinnerung bleiben würde, die »negative Klischeevorstellungen« geweckt hätte, und daß nur wenige mein Andenken in ihren »Fanzines« und Phantasien in Ehren halten würden.

Niemand hat mich je gefragt, was *ich* dachte. Sie jedoch können mich fragen. Fragen Sie mich, wohin ich gehöre, wer ich bin. Ich werde es Ihnen sagen, und Sie können es glauben oder nicht. Das ist mir gleichgültig. Denn was immer *ich* sage, Sie werden es ohnehin verändern.

Sie fragen mich: *Was ist Ihre Heimat? Kalifornien?* Ich frage zurück: Wie könnten es die Vereinigten Staaten sein, wo ich keinen Grund erwerben darf? Wo ich keinen weißen Mann heiraten darf? Sie fragen: *Ist Ihre Geburtsstadt Los Angeles Ihre Heimat? Oder Chinatown? Dort müssen Sie sich doch wohl gefühlt haben.* Natürlich liebte ich das Dragon's Den. Ich war fast jeden Abend dort. Aber das übrige Chinatown? Die Leute wollten mich nur, wenn sie mich ausnutzen konnten. Wenn sie Geld für die China-Hilfe sammeln wollten, veranstalteten sie ein Mondfestival. Sie sagten: »Wir brauchen eine

Galionsfigur. Wir brauchen einen Star.« In ihren schmutzigen Herzen wußten sie natürlich, daß dafür nur eine Person in Frage kam. »Fragen wir Anna May«, sagten sie. Und natürlich lehnte ich nicht ab, obwohl ich wußte, daß sie am Tag nach dem Fest wieder so sein würden wie zuvor und daß ich alleine nach Hause gehen würde.

Was ist mit Europa? Dort müssen Sie doch glücklich gewesen sein. Dort haben Sie doch soviel Ruhm geerntet.

Dazu habe ich folgendes zu sagen: Ich konnte in Amerika keine anständige Rolle bekommen, und ich wollte ein Star sein. Als ich nach London ging, wurde ich gefragt: »Warum haben Sie Amerika verlassen?« Ich sagte: »Ich habe Amerika verlassen, weil ich dort so oft sterben mußte. Ich wurde praktisch in jedem meiner Filme umgebracht. Mitleiderregend zu sterben war anscheinend mein größtes Talent.«

Ein anderes Mal antwortete ich auf dieselbe Frage: »Als ich aus Hollywood fortging, schwor ich mir, nie wieder einen Film zu drehen. So satt hatte ich die Rollen, die ich bekam. Warum sind die Chinesen auf der Leindwand immer die Schurken? Und so primitive Schurken obendrein – mordlustig, heimtückisch, hinterhältig! Wir sind nicht so. Wie könnten wir so sein, schließlich ist unsere Kultur um vieles älter als die des Westens. Wir haben strenge Verhaltensregeln, einen strengen Ehrenkodex. Warum wird das nie gezeigt? Warum müssen wir immer intrigieren, rauben und morden? Ich konnte es nicht mehr ertragen, wie die Drehbuchautoren die chinesischen Figuren anlegten. Erinnern Sie sich an Fu Manchu? An *Daughter of the Dragon?* Einfach gemein!«

Ich erzähle Ihnen das, weil mir sehr wohl bewußt war, daß ich negative Klischeevorstellungen geweckt habe. Das war ja der Grund, warum ich unbedingt O'Lan spielen wollte. *Die gute Erde* zeigte Chinesen in einem guten Licht, aber Thalberg wollte *weiße* Schauspieler für die Hauptrollen. Ich finde es schon erstaunlich, wenn heute behauptet wird, *ich* sei schuld an diesen Klischees.

Ich hatte die Nase gestrichen voll von Amerika. Also fuhr ich 1928 mit dem Schiff nach Deutschland und drehte *Schmutziges Geld.* Danach ging ich nach Paris, dann nach London und wieder zurück nach Berlin. Ich lernte Französisch und Deutsch. Zumindest be-

hauptete ich das. Vielleicht lernte ich auch nur, die Wörter vor der Kamera auszusprechen. Vielleicht hatte ich keine Ahnung, was ich sagte. Aber darauf kam es gar nicht an, denn ich war ein Star. 1929 spielte ich in *A Circle of Chalk* mit Laurence Olivier. Abends warteten die Leute am Bühneneingang auf mich. Warteten sie auch auf Olivier? Niemals! Ich trat hinaus in den Regen oder Nebel, und da waren sie – junge Männer im Smoking, junge Frauen mit Ponyfrisuren. Die Männer begehrten mich, und die Frauen puderten sich das Gesicht mit Ocker, um meinen elfenbeinfarbenen Teint zu imitieren. Im Jahr 1931 sagte Sessue Hayakawa: »Komm zurück nach Amerika und spiele die Hauptrolle in *Daughter of the Dragon.*« Ich sagte zu den Reportern: »Es ist schön, wieder zu Hause zu sein. Ich freue mich, daß man hier wieder einen Film mit mir drehen will. Ich muß gestehen, ich hatte den Mut verloren, als ich Hollywood verließ. Aber ich war nicht verbittert. Alle waren nett zu mir gewesen. Jetzt bin ich dankbar, es war kein leichter Anfang. Das wird mir vielleicht Glück bringen.« Im Jahr darauf spielte ich in *Schanghai-Express.*
Ist China Ihre Heimat?
Die Chinesen haben ihre eigene Art, grausam zu sein. Als ich die Rolle in *Die gute Erde* nicht bekam und nach China ging, dachte ich: Vielleicht ist das ja meine Heimat. In Nanking wurde mir zu Ehren ein vierstündiges Staatsbankett gegeben. Ich sprach Kantonesisch, die Beamten sprachen Mandarin. Zu diesen zwei Sprachen muß ich etwas sagen. Sie sind einander nicht so ähnlich wie etwa Spanisch und Italienisch. Sie sind so verschieden wie Deutsch und Englisch.
»Übersetzen Sie mir alles, was die Beamten sagen«, wies ich meinen Dolmetscher an. »Wirklich alles.« Und im Verlauf des Essens flüsterte er mir leise ins Ohr, was die anderen tatsächlich sagten, als sie aufstanden und ihre »Toasts« ausbrachten. »Weiß sie eigentlich, daß ihre Filme in unserem Land verboten sind? Was ist mit dieser Kurtisane in *Schanghai Express?* Ist das etwa das Bild der chinesischen Frau, das sie der Welt vermitteln will? Weiß sie eigentlich, wie sie unsere Mütter und Schwestern und Frauen und Töchter damit entwürdigt?« Ich saß da. Ich lächelte. Ich hörte zu. Ich erklärte ihnen auf englisch: »Wenn man es als Schauspielerin zu etwas bringen will,

kann man sich die Rollen nicht aussuchen. Man muß nehmen, was man bekommt. Ich bin nach China gekommen, um zu lernen.« Als ich fertig war, bekam ich Standing ovations. Und in Amerika schrieben sie: »Sie wurde wie eine Prinzessin empfangen.«

Ich blieb zehn Monate in China. Mein ganzes Leben lang hatte ich Heimweh nach diesem Land gehabt, obwohl ich niemals dort gewesen war. Der Lebensrhythmus dort brachte etwas in meinem Herzen zum Klingen, das verstummt gewesen war. Ich verlor meine Ruhelosigkeit. Es ist schwer zu erklären. Wir Chinesen sagen: »Mit Himmel und Erde im Einklang sein.« Darauf kommt es an. Ich besuchte mein Heimatdorf Toishan. Die Frauen kamen aus den Häusern geströmt. Sie hatten nicht geglaubt, daß es mich wirklich gab. Sie hatten mich für ein künstliches Geschöpf gehalten, das nur auf der Leinwand existierte.

Als ich wieder in Amerika war, arbeitete ich hart, um Geld für die chinesische Bevölkerung zu sammeln. Ich sprach überall. Bei Paramount hatten sie nichts dagegen. Sie halfen mir sogar. Die Public-Relations-Abteilung verfaßte Presseerklärungen für mich: »Angesichts der gegenwärtigen Ereignisse in Fernost empfindet die chinesische Schauspielerin Anna May Wong eine Abneigung gegen alles Japanische.« Ich hatte ein Apartment mit Blick auf einen japanischen Garten. Nun beruhigte mich der Anblick nicht mehr, sondern machte mich wütend. Ich besaß ein Goldfischglas. Ich hatte immer Fische, weil es mich beruhigte, ihnen beim Schwimmen zuzusehen, und weil ich dann vergessen konnte, was mich gerade plagte. Nun jedoch mußte ich unaufhörlich an den Garten denken. Paramount gab eine weitere Presseerklärung heraus: »Gestern abend ist Miss Wong in eine möblierte Wohnung in einem anderen Teil Hollywoods gezogen, wo nichts in der Umgebung sie mehr an Japan erinnert.«

Und Sie fragen: *War es denn genug, nicht mehr in einen japanischen Garten blicken zu müssen?* Natürlich nicht. Ich besaß eine der größten und wertvollsten Garderoben in Hollywood. Ich hatte überall Kleider gekauft, in Paris, New York, Hollywood und China. Also versteigerte ich über zweihundert Kleider, Ensembles, Schals und Accesoires, darunter Fächer, Juwelen und Kopfschmuck. Der gesamte Erlös ging an Hilfsorganisationen.

Folgendes habe ich erlebt: Als ich in *Piccadilly* Jameson Thomas küßte, wurde die Szene von britischen Zensoren herausgeschnitten. Als mir in *Haitang* ein russischer Großfürst den Hof machte, wurde der Film in Ungarn verboten. Kein Film-Liebhaber durfte mich je heiraten. Wenn man einer weißen Schauspielerin Schlitzaugen geschminkt, ihr eine schwarze Perücke aufgesetzt und sie in ein chinesisches Kostüm gesteckt hatte, dann ging es. Aber bei mir? Ich war eine reinblütige Chinesin. Ich mußte immer sterben, damit das blonde weiße Mädchen den Mann bekommen konnte.
Meine Antwort auf all Ihre Fragen? Ich habe mich nie irgendwo zu Hause gefühlt, weil es nie ein Zuhause für mich gab.
Mein Vater hatte eine Wäscherei. Sie wissen, wie das ist – die Arbeit nimmt kein Ende, man wird schlecht behandelt und schlecht bezahlt. Meine Eltern schickten mich nachmittags nach der normalen Schule in die chinesische Schule, aber dort gefiel es mir überhaupt nicht. Ich ging statt dessen ins Kino und schaute mir *Paulines Abenteuer* an. Weißt du noch, Stella, wie wir darüber gelacht haben? Du hast dieselben Filme in Waterville gesehen und dir gewünscht, du wärst an einem *anderen Ort*, und ich habe sie in Los Angeles gesehen und mir gewünscht, ich wäre *eine andere.*
Ich wurde als Wong Liu Tsong geboren, was ungefähr soviel bedeutet wie Reifbedeckte Gelbe Weiden oder Reifbedeckte Weidenblüten oder Rauhreif der Weidenbäume. Mein ganzes Leben sehnte ich mich nach etwas anderem. Ich weiß noch, wie ich nach den Fortsetzungsfilmen heimkam, mich vor den Spiegel stellte und sämtliche Rollen nachspielte. Ich weiß noch, wie ich auf dem Schulweg die Augen weit aufriß, um wie eine Weiße auszusehen.
Als ich zehn war, arbeitete ich für einen Kürschner. Manchmal brauchte er mich als Mannequin. Einmal kleidete er mich in einen Nerzmantel und knöchellange Pantalons aus Brokat und machte ein Foto für die Kupfertiefdruckbeilage der Zeitung. Mein Vater war von meiner Eleganz so beeindruckt, daß er das Bild ausschnitt und es an meinen Halbbruder in China schickte. »Tsong ist wirklich sehr schön«, schrieb mein Bruder zurück, »aber bitte schickt mir die goldene Uhr auf der Rückseite.« Was ich dazu sage? Ein Pelzmantel tickt nicht.

Eines Tages hörte ich, daß ein Film über den Boxeraufstand gedreht wurde – *The Red Lantern.* Ich ging zu einem Agenten. War es Tom Gubbins? Nein, es war der baptistische Pfarrer Wang. Er sagte: »Mal sehen, du hast große Augen, eine große Nase, große Ohren und einen großen Mund. Ich glaube, das tut's.« Er gab mir den neuen Namen Anna May Wong. Ich war zwölf Jahre alt, und ich wollte zum Film. Zwei Jahre lang wirkte ich nach der Schule in verschiedenen Filmen als Statistin mit. Meine Geschwister deckten mich. Sie wußten, wie zornig mein Vater werden konnte. Schließlich bekam eine meiner Schwestern ein schlechtes Gewissen und erzählte es meinem Vater.

Er wurde wirklich zornig. Er sagte, die Leute in Hollywood benützten unflätige Ausdrücke. Er sagte, Schauspielerin sei kein anständiger Beruf. Er sagte: »Die weißen Männer werden dich ausnutzen, sie werden dich kompromittieren.« Mein Vater war so wütend, daß er versuchte, mich zu verheiraten. Er fragte mich nicht nach meiner Meinung. Aber Ihnen werde ich sagen, was ich dachte. Ich wollte keinen Ehemann, der mich herumkommandierte. Ich wollte mein Leben nicht in Chinatown verbringen. Ich wollte keinen Koch oder Wäscher heiraten. Ich wollte keinen Mann, der mir mein ganzes Geld wegnahm, vorausgesetzt, er ließ mich überhaupt weiterarbeiten. Außerdem hätte mich ohnehin kein chinesischer Mann genommen. Ich war zu amerikanisiert für eine Ehe mit einem Mann meiner Rasse.

Mein Vater gab seine Bemühungen auf, und ich heiratete nie. Als ich dann in *Der Dieb von Bagdad* das Sklavenmädchen spielte, war mein Kostüm so durchsichtig, daß meine Familie es mir nie verzieh. In ihren Augen war ich eine Kurtisane. Nur mein Bruder Richard hielt zu mir. Allerdings beschwerte sich mein Vater nie, daß ich Geld nach Hause brachte. Er hatte nichts dagegen, daß ich die ganze Familie ernährte. Er hatte nichts dagegen, als ich einem meiner Brüder eine Schreibmaschine kaufte und einem anderen zu einer Ausbildung als Fotograf verhalf. Er hatte nichts dagegen, daß ich allen meinen Brüdern die Privatschule bezahlte. Und in der Rolle des Sklavenmädchens war ich wirklich schön.

Nach dem *Dieb von Bagdad* war ich für die Presse das »himmlische

Mädchen«. Die Journalisten nannten mich »dunkeläugig« und »exotisch«. Ich war die »orientalische Prinzessin«, die »Chinapuppe«, das »Lotos-Girl«, die »chinesische Nonkonformistin«, die »Königin der B-Movies«. Sie sagten, ich hätte mir nie die Haare geschnitten, nie eine Brille oder wollene Unterwäsche getragen, mir nie Locken legen lassen, nie Hummer gegessen, nie auf einem Fahrrad gesessen, nie ein Radio besessen. Sie sagten, ich hätte die längsten Nägel in Hollywood. Das stimmte. Es machte Schlagzeilen, als ich mir für *Daughter of Shanghai* die Nägel schnitt. Und es machte abermals Schlagzeilen, als ich sie mir für *Dangerous to Know* wieder wachsen ließ.

Haben Sie je darüber nachgedacht, wie es wäre, schön zu sein? 1938 kürte mich die Zeitschrift *Look* zur »schönsten Chinesin der Welt«. Ich weiß noch, wie in London einmal eine Parlamentsdebatte unterbrochen wurde, als ich die Zuschauergalerie betrat. Alles kam einen Augenblick zum Stillstand, nur damit die Abgeordneten zusehen konnten, wie ich zu meinem Platz ging und mich setzte. Wenn ich von meinen »Triumphzügen im Ausland« nach Amerika zurückkehrte, wurde ich als »der Star des Kontinents« gefeiert. Es hieß, mein Teint sei »wie eine Rose, die durch altes Elfenbein schimmert«, und mein Gesicht leuchte auf der Leinwand wie eine Ming-Vase. Und doch, wenn man in Hollywood eine »Chinesin« brauchte, dann nahm man Luise Rainer, Sylvia Sydney, Myrna Loy oder Sigrid Gurie.

Hinter meinem Rücken redeten die Leute über meine Einsamkeit. Noch heute sagen manche: »Hatte Anna May nicht Tuberkulose?« »Hatte sie nicht unglückliche Liebesaffären?« »Ist sie nicht praktisch zur Einsiedlerin geworden?« »Mußte nicht ihr Bruder für sie sorgen?« Warum haben diese Leute niemals *mich* gefragt?

Aber ich will Sie etwas fragen: Was würden Sie tun, wenn Ihre Familie sich Ihrer schämte? Was würden Sie tun, wenn Sie ihr schlimmstes Geheimnis wären? Ich habe folgendes getan: Ende 1930, als ich am Broadway mit Wilbur Crane in *On the Spot* spielte, wurde meine Mutter in Los Angeles von einem Auto angefahren. Meine Brüder riefen mich an und sagten es mir. Sie sagten mir alles: Schädelbruch, gebrochenes Bein, innere Verletzungen. Später riefen sie noch einmal an und sagten mir, daß meine Mutter gestorben war. Können Sie sich vorstellen, wie es mich schmerzte, daß ich so weit weg war? Was ich fühlte, als die Polizei den Fahrer straflos davonkommen ließ? Er war ein Weißer, müssen Sie wissen. Ich verklagte ihn, und mein Vater und meine Brüder schlossen sich an. Was hätten sie getan, wenn ich nicht dagewesen wäre?

Also sage ich: Sollen die Leute doch reden, was sie wollen. Ändert das etwas an meinem Leben? Bringt es mich zum Verschwinden? Nach meiner Rückkehr aus China stellte ich fest, daß man hier in Amerika rastlos nach etwas suchte, das niemand finden konnte. Die Chinesen jedoch hatten es schon vor vielen Jahren gefunden – eine Art Heiterkeit, eine innere Ruhe, die auf einem Verständnis des Lebens beruht. Man sagt, das Leben sei kurz. Und meines war wirklich kurz. Es dauerte nur vierundfünfzig Jahre.

Man sagt, ich sei an gebrochenem Herzen gestorben, aus Enttäuschung, an zu großer Verbitterung. Ich sei gestorben, um für meine Sünden am chinesischen Volk zu büßen. Ich aber sage: Darauf kommt es überhaupt nicht an. Ich lernte, nicht mehr zu kämpfen, sondern mich von den Wellen tragen zu lassen.

KAPITEL 15

EINE ZWEITE CHANCE

1939–1941

Am 21. Februar 1939, ein knappes Jahr nach der Einweihung, wurde China City durch eine Feuersbrunst völlig zerstört. Beamte führten den Brand auf schwelende Reste von Feuerwerkskörpern zurück, die bei der chinesischen Neujahrsfeier abgebrannt worden waren. Die meisten Ladenbesitzer, darunter auch Fong Yun, waren nicht versichert. Ein paar Unglückliche verloren ihren gesamten Besitz und zogen geschlagen von dannen. Viele Bewohner konnten jedoch auf Ersparnisse zurückgreifen oder borgten Geld von Verwandten, um ihre Läden wiederzueröffnen. Fong Yun bat wieder einmal seinen Bruder um Hilfe und bekam sie.

Drei Monate später, am 17. Mai 1939, wurde die auf den Ruinen der Apablasa Street errichtete Union Station eingeweiht und als »der modernste Bahnhof Amerikas« gefeiert. Außerdem produzierten die Angelenos damals schon über die Hälfte der amerikanischen Flugzeuge und die schlimmsten Verkehrsstaus in der Geschichte der Menschheit. Als Mittel gegen letztere wurde ein Straßennetz von 650 Kilometer Länge geplant.

Am 2. August 1939 wurde China City mit großem Pomp wiedereröffnet. Eine Schauspielertruppe führte Ausschnitte aus berühmten Pekingopern auf, Löwen- und Drachentänzer sprangen und wirbelten über die Wege, Zauberer, Musiker und Teufelstänzer schlugen das Publikum in ihren Bann. Cafébesitzer verteilten Eßstäbchen als Souvenirs, und die Besitzer der Stände und Läden verschenkten Litschipflaumen. Doch die Geschäfte sollten nie mehr so gutgehen wie

zuvor. China City schleppte sich von Jahr zu Jahr dahin. Es wurde immer schäbiger und heruntergekommener, während New Chinatown weiter gedieh und wuchs.
Kurz nach der Feuersbrunst hatte Stella festgestellt, daß sie schwanger war. Sie und Eddy sahen darin eine Chance für einen Neubeginn ihrer Ehe. Stella hatte jedoch das Gefühl, daß die Schwangerschaft nicht ohne Komplikationen verlaufen würde, und ihr Arzt verstärkte die bösen Vorahnungen, indem er entweder an Wochenenden oder zu ungewöhnlichen Tageszeiten anrief. Ab Ende Dezember meldete er sich täglich und fragte, wann sie ins Krankenhaus gehen werde. Stella antwortete immer dasselbe: »Es ist noch nicht Zeit. Ich gehe erst am 15. Januar in die Klinik.«
Als es schließlich soweit war, schaute sie auf dem Weg ins Krankenhaus bei Ticie und Sissee am Maplewood Drive vorbei. »Kümmert euch um Richard, wenn mir etwas passiert«, sagte sie, überzeugt, daß sie sterben würde. Das letzte, woran sie sich später erinnerte, war, wie der Arzt sanft und beruhigend auf sie einredete, während der Anästhesist ihr eine Maske aufs Gesicht drückte. Als sie erwachte, saß Sissee an ihrem Bett.
»Und das Baby?« fragte Stella.
Ihre Schwägerin hatte Tränen in den Augen. »Es lebt, Stella, aber es wird nicht durchkommen.«
Stella war eine starke Frau. Aber sie war nicht stark genug, sich das Baby anzusehen. Es hatte einen Wasserkopf, und der Doktor meinte, es sei ein Glück, daß es bald sterben werde. Einige Tage später kam er in Stellas Krankenzimmer und teilte ihr mit, daß das Baby gestorben sei. Stella machte sich Vorwürfe. Sie führte den Tod des Babys auf ihre Abtreibung während Eddys Affäre mit Helen Smith zurück.
Sechs Monate später, im Juni 1940, unterzeichnete Präsident Roosevelt den Alien Registration Act. Nach diesem Gesetz sollten alle Fremden in Amerika registriert und erkennungsdienstlich behandelt werden. Außerdem wurde die Mitgliedschaft in »antiamerikanischen« Organisationen unter Strafe gestellt. Im November wurde Roosevelt als erster amerikanischer Präsident für eine dritte Amtszeit gewählt.

Im selben Monat wurde Angel Island geschlossen, erst, muß man sagen, denn bereits 1922 war das Auffanglager für Einwanderer als »völlig verschmutzt und unbewohnbar« beurteilt worden. Die letzten 125 chinesischen Männer und 16 Frauen wurden am 4. November 1940 von der Insel in ein Übergangslager nach San Francisco verlegt. Nach der amerikanischen Kriegserklärung übernahm die Armee die Insel und benutzte sie als Lager für japanische Kriegsgefangene. Nach dem Krieg sollte der langsame Zerfall der Baracken weitergehen.

Inmitten dieser welthistorischen Ereignisse und kleinen privaten Tragödien verstärkten die Menschen in den vier chinesischen Gemeinden von Los Angeles – in China City und New Chinatown, in den letzten heruntergekommenen Blocks von Old Chinatown westlich der Alameda Street und in Market Chinatown neben dem City Market – ihre Anstrengungen zur Unterstützung der Landsleute in der Heimat, die während der Wirtschaftskrise begonnen hatten. Entsetzt über Berichte von Hungersnöten und von Kindern, die im Chinesisch-Japanischen Krieg ihre Eltern verloren hatten, schlossen sich die chinesischen Amerikanerinnen in Organisationen zusammen und sammelten Mittel zur Verteidigung Chinas und zur Unterstützung seiner notleidenden Bevölkerung. Die Frauen, die so lange geschwiegen hatten, riefen nun Geschlechtsgenossinnen aller Rassen dazu auf, Baumwollstrümpfe statt Strümpfe aus japanischer Seide zu tragen. Sie sammelten Geld für Medikamente und Nahrungsmittel. Sie veranstalteten Basare, Modenschauen, Theater- und Tanzaufführungen.

Von 1938 bis zum Kriegsende veranstalteten alle Chinatowns von Los Angeles gemeinsam das Mondfestival, um die Kassen der Vereinigten China-Hilfe zu füllen. Jedes Jahr fieberte man wochenlang dem großen Augenblick entgegen, in dem das schönste und wohlerzogenste Mädchen zur Königin des Festivals gewählt war. David Soo Hoo, der Bruder des Gründers von New Chinatown, schlug vor, daß andere Mädchen ein Trommelkorps bilden sollten. Und so kam es, daß in den folgenden Jahren die Mei-Wah-Mädchen überall in Südkalifornien auf Paraden und Festivals ein vertrauter Anblick wurden.

Von nun an gingen die chinesischen Amerikaner, die traditionell jeden Konflikt vermieden hatten, um nicht als »Unruhestifter« zu gelten, auf die Straße, veranstalteten Umzüge und Demonstrationen und protestierten gegen amerikanische Firmen, die Schrott und Öl nach Japan verkauften. Chinesen hielten Mahnwachen vor Fabriken und Geschäften, die Japanern gehörten. Ladenbesitzer boykottierten japanische Waren, die oft die Säule ihres kleinen Geschäfts gebildet hatten. (Manchmal bedeutete »Boykott« einfach nur, daß eine ganze Familie stundenlang die kleinen Aufkleber mit der Aufschrift »Made in Japan« von den Waren kratzte.)

Niemand steht bei den Bewohnern der Chinatowns wegen seines Engagements für China in so guter Erinnerung wie Mrs. Leong. Die Mutter von Gilbert Leong und Ehefrau des Soochow-Wirts Leong Jeung hatte in China weibliche Verwandte, die von japanischen Soldaten vergewaltigt, mißhandelt und ermordet worden waren. Und nun sammelte sie mit derselben unerschöpflichen Energie Geld für die China-Hilfe, mit der sie ihren Schülern chinesische Schriftzeichen beibrachte. Als die chinesische Handelskammer auf die Idee kam, in Geschäften und Restaurants englisch und chinesisch beschriftete Sammelbüchsen aufzustellen, fuhr Mrs. Leong mit dem Bus kreuz und quer durch die Stadt und versorgte sämtliche chinesischen Restaurants und Wäschereien mit solchen Büchsen. Sie fuhr hinaus nach Hollywood, in die Strandsiedlungen und sogar in Außenbezirke, die keine Namen zu haben schienen. Wenn am Monatsende zusammengerechnet wurde, hatte sie jedesmal die höchsten Beiträge gesammelt.

In dieser Zeit des Umbruchs genossen die chinesischen Teenager Freiheiten, die fünf Jahre zuvor noch als ungehörig gegolten hätten. Bei einer 1939 durchgeführten Umfrage gaben 210 chinesische Jungen und Mädchen an, daß sie Radio hörten und besonders Jack Benny und Eddy Cantor verehrten. Auch George Burns, Gracie Allen, Jack Oakie, Fred Allen, Al Jolsen und Al Pearce waren beliebt. Die Mädchen schwärmten für Bing Crosby, während die Jungen das Hit Parade Orchestra vorzogen.

Und was tat Fong See in all dem Trubel? Er blieb der Einzelgänger, der er immer gewesen war. Er hatte es zu etwas gebracht und sich an der Spitze behauptet, weil er es vermieden hatte, in die traditionelle Rolle chinesischer Einwanderer zu schlüpfen. Natürlich hatte er seine Familie aus China herausgeholt, bevor die schweren Bombardements begannen, aber erst, als seine Kinder an antijapanischen Demonstrationen teilgenommen hatten, um gegen den Verkauf japanischer Spielzeuge und Geräte in China zu protestieren. Und natürlich störte es ihn, als die Japaner Foshan eroberten und ausgerechnet sein Hotel zu ihrem Hauptquartier machten.

Aber er befaßte sich nicht mit der lokalen antijapanischen Propaganda. Er ging nicht auf Demonstrationen. Es machte ihm nichts aus, daß Schiffahrtswege blockiert oder unsicher waren. In seinem Lager auf dem Gelände der Wasser- und Elektrizitätswerke hatte er in Kisten große Mengen japanischer Waren gebunkert, die er von seinen zahlreichen Handelsreisen mitgebracht hatte. Seine Nachbarn, die bei der Plünderung von Nanking oder den zahlreichen Bombenangriffen auf zivile Ziele Verwandte verloren hatten, waren empört über seine Haltung. Nicht genug damit, daß er kein Geld für ihre Sache spendete, obendrein protzte er auch noch regelrecht mit seinen japanischen Waren, indem er sie deutlich sichtbar in seinen Schaufenstern plazierte. »Fong See spielt ein doppeltes Spiel«, murrten die Leute. »Er hält es mit beiden Seiten. Wir sollten ihm die Hucke voll hauen.«

Kurze Zeit schien es so, als wolle sich See-bok zur Ruhe setzen. Im Jahr 1939 trat J. J. Sugarman, ein Auktionator und Händler, der an den Dreharbeiten von *Die gute Erde* beteiligt gewesen war, an ihn heran und unterbreitete ihm das Angebot, den gesamten Warenbestand der F. See On Company zu übernehmen und bar zu bezahlen. Fong See ging sofort auf den Vorschlag ein, und Sugarman veräußerte die Ware per »Räumungsverkauf« in der alten Niederlassung der Firma in der Los Angeles Street Nr. 510. Als Sugarman fertig war, wurde Fong See wieder der Inhaber des Geschäfts. Die Transaktion machte ihn berühmt. Noch vierzig Jahre nach seinem Tod gab es in Chinatown Leute, die mit einer Mischung aus Ehrfurcht, Ungläubigkeit und schierem Vergnügen den Kopf schüttelten, wenn sie daran dachten, wie er, ein Chinese, einen Weißen übers Ohr gehauen hatte.

See-bok hatte einige der besten Waren zurückgehalten und begann wieder von vorn. Diesmal hatte er keine »Teilhaber«, sondern arbeitete ganz allein, ohne sich ständig mit der Einwanderungsbehörde herumschlagen zu müssen. Doch er war jetzt zweiundachtzig, ein Alter, in dem Reisen und Verhandlungen alleine schwer zu bewerkstelligen sind. Chuen, sein ältester Sohn aus der Ehe mit Ngon Hung, war erst zwölf und damit zu jung, um ihm auf einer Handelsreise von Nutzen zu sein. Statt dessen wandte sich See-bok an Milton, seinen ältesten Sohn aus der Ehe mit Ticie. »Ich möchte nach China reisen, um Waren zu kaufen«, sagte er. »Du mußt mitkommen. Ich bin zu alt, um alle Verhandlungen selbst zu führen.«

»Gut«, sagte Ming, »ich mache diese letzte Reise mit dir.« Er packte seine Sachen, verabschiedete sich von Dorothy und fuhr mit seinem Vater nach Übersee.

Die Reise fand 1939 statt und wurde für beide sehr profitabel. Fong See hatte seine Söhne gelehrt, daß sich in Krisenzeiten immer Gewinne erzielen lassen. In Chinatown spürte jeder, daß ein großer Krieg mit Japan bevorstand, und Fong See war sich mit Ming darin einig, daß jetzt der richtige Zeitpunkt war, über den Pazifik zu fahren und soviel wie möglich herüberzuholen. Gemeinsam konnten sie en gros einkaufen und später, wenn sie wieder in Los Angeles waren, die Waren aufteilen.

Außerdem sollte die Reise dazu beitragen, das Sortiment beider Geschäfte zu erweitern. Das Antiquitätengeschäft hatte sich verändert, seit Fong See als Händler tätig war. Bis zur Chinesischen Revolution von 1911 waren die amerikanischen Sammler chinesischer Antiquitäten dem alten europäischen Geschmack gefolgt. In ihren Salons und Wohnzimmern stand entweder polychromes Porzellan in den Farben Rot, Grün und Blauweiß oder monochromes in Dubarry-Rosa, *Blanc de Chine* und *Clair de Lune*, mit Ochsenblutglasur und verschiedenen geflämmten Glasuren.

Nach 1911 hatte kaiserliche Ware – Schriftrollen aus der Ming-Zeit, Einrichtungsgegenstände aus den Palästen und Ming-Porzellan – den Markt überschwemmt. Die folgenden Wirren in der Zeit der Warlords hatten China weiteres Leid gebracht. Viele Familien hatten Erbstücke verkaufen müssen, die viele Sammler und Vertreter von Museen für wertvoller hielten als die kaiserliche Ware. Die meisten dieser Gegenstände stammten aus der Sung-Zeit, Stücke aus Jade und frühe Metallwaren, Gemälde, Juwelen und Keramik. Auch neue Keramik und neues Porzellan – schneeweiße *Tings, Lung Chuans, Kuan*-Krakelees und gesprenkelte *Chuns* oder *Ch'iens* – tauchten plötzlich auf dem Markt auf. Zur selben Zeit wurden beim chinesischen Eisenbahnbau Berge untertunnelt, Stadtmauern durchbrochen und manchmal versehentlich auch Gräber geöffnet. Als dabei Stücke aus der Han-, Tsin-, Wei- und Sui-Dynastie zutage gefördert wurden, kamen auf dem Markt primitive Werke der Frühzeit groß in Mode. Außerdem war der Kunstverstand der westlichen Sammler gewachsen, und sie begannen, die Leidenschaft der Chinesen für Gemälde, Bronzen und Arbeiten aus Jade zu teilen.

Bis Mitte der dreißiger Jahre hatten sich archaische Bronzen, deren Entstehungszeit bis ins 18. Jahrhundert v. Chr. zurückreichte, bei amerikanischen Sammlern zur beliebtesten und gefragtesten chinesischen Antiquität entwickelt. (Die Chinesen selbst hatten schon im 1. Jahrhundert n. Chr., als die ersten Exemplare wiederaufgetaucht waren, ihre Leidenschaft für alte Bronzeobjekte entdeckt, die auch nach dem Ersten Weltkrieg noch nicht erlahmt war, als China mit Deutschland im Rahmen des Versailler Vertrags die Rückgabe eines antiken astronomischen Instruments aus Bronze aushandelte, das die Deutschen während des Boxeraufstands aus dem Kaiserlichen Observatorium in Peking mitgenommen hatten.) Fong See hoffte, Bronzen zu annehmbaren Preisen aufzutreiben.

Die Reise durch Korea, Japan und China erwies sich als anstrengend und schwierig. Die Koreaner erwarteten von Fong See, daß er den Kotau vor ihnen machte, was er als unerträgliche Zumutung empfand. Ihr Verhalten war beleidigend und respektlos. Er tobte, und als Ming versuchte, ihn zu besänftigen, wurde er nur noch wütender und streitlustiger. In China reisten sie durch Gebiete, die bereits von den Japanern besetzt waren. Sie fuhren nach Jingdezhen, wo sich einst die kaiserlichen Keramiköfen befunden hatten, luden die erworbene Ware auf Lastkähne und fuhren damit den Yangtsekiang hinunter. Unterwegs ließen sie Handzettel verteilen, damit die Leute zum Flußufer kamen und ihnen ihre Sachen verkauften. Langsam

folgten sie dem Fluß bis nach Schanghai. Die Japaner stoppten sie, kamen an Bord und wollten die gesamte Ware beschlagnahmen. Eine Version der Geschichte lautet, Fong See und Ming hätten um ihr Leben gefürchtet, eine andere, Ming habe sich wie ein »arroganter Schnösel« aufgeführt und diesmal habe der Vater den Sohn zu beruhigen versucht.
Wie See-bok vorausgesagt hatte, machten sie gute Geschäfte. In Yokohama kaufte Ming sechs Kisten Pilze für das Dragon's Den, eine Rikscha und diverse Raritäten für 224,91 Dollar. In Kobe erwarb er zehn Perlenketten unterschiedlicher Qualität. Der größte Teil der Ware wurde jedoch in China gekauft, in Kanton, Schanghai und Peking. Ein Blick auf beliebige Packzettel der Firma P. H. Yui in Peking vermittelt eine Vorstellung von der Vielfalt, Menge und unterschiedlichen Qualität der Waren, die Vater und Sohn erwarben.
Kiste Nr. 1 (nur Messing): 12 Paar Steigbügel; 1 pfirsichförmiges Räuchergefäß; 3 Figuren; 5 Räuchergefäße; 1 Einhorn; 4 Bügeleisen; 3 Vasen; 2 Kühe; 1 Ente; 1 Trinkgefäß; 4 Spiegel; 1 Ofen; 9 Symbole; 43 Ornamente. Kiste Nr. 67: 1 Steingutpferd; 2 Lackkisten; 1 bestickter seidener Wandbehang; 2 bestickte seidene Bettbezüge; 2 bestickte seidene Türvorhänge; 230 Meter Seide, Satin und Samt in den Farben Weiß, Blau, Gelbbraun, Gelb und Grün.
Insgesamt füllte die Ware 124 Kisten mit einem Gesamtgewicht von 12 740 Kilogramm. Bei den Kisten wurde nicht nur das Gesamtgewicht angegeben, sondern auch das Gewicht bestimmter Waren, so etwa: reine Lackwaren, 460 Kilogramm; mit Stein eingelegte Lackwaren, 295 Kilogramm; Knochen, 9 Kilogramm; Elfenbein, 15 Kilogramm; Laternen aus Horn, 9 Kilogramm; Seidenstickereien, 55 Kilogramm; Porzellan, 275 Kilogramm; Soochow-Jade, 26 Kilogramm. Die Ware verließ Peking am 25. November 1939, ging per Zug nach Tientsin, wurde dort auf die SS *Norway Maru* verladen und traf am 18. Januar 1940 in Los Angeles ein.
Ming wurde bei seiner Rückkehr beim Schmuggeln erwischt, wobei unbekannt ist, ob es sich um die oben beschriebene Ladung handelte. Für alle Waren waren Packzettel mit den tatsächlichen Preisen und mit viel niedrigeren Preisen geschrieben worden. Ming, der seinem Vater an Arroganz in nichts nachstand, wurde erwischt, weil er

nicht nur die gefälschten, sondern auch die echten Packzettel bei sich trug. Nachdem er einen vorläufigen Zoll von 1100,30 Dollar gezahlt hatte, nahmen die Beamten eine gründlichere Durchsuchung vor. Vier Opiumpfeifen wurden beschlagnahmt, ebenso dreißig aus Rohleder geschnittene Puppen, weil sie um hundert Prozent unterbewertet worden waren. Trotzdem mußte Ming nach sorgfältiger Inspektion der Ware nur 73,77 Dollar Zoll nachzahlen.

Weder für Fong See noch für Ming war dieses Spiel etwas Neues. Beide waren schon mehrmals beim Schmuggeln erwischt worden. Natürlich verstießen sie damit gegen das Gesetz, aber aufgrund organisatorischer Probleme in China war es tatsächlich fast unmöglich, Rechnungen und Packzettel in Übereinstimmung zu bringen. Außerdem waren die Zölle hoch und lagen bei fünfzig Prozent oder mehr, so daß sich die Importeure ziemlich oft falsche Rechnungen ausstellen ließen, auf denen die Waren zum halben Kaufpreis aufgelistet waren.

Mings Fehler hatte Folgen auf beiden Seiten des Pazifik, wie Briefe von damals belegen. Mr. Shing von der Firma Zing Hsiang Shing in der Nankingstraße in Schanghai nahm in einem Brief auf die Schwierigkeiten Bezug, die Ming bei dem Versuch gehabt hatte, Ware »zu einem niedrigeren Preis« durch den Zoll zu bringen. »Wir gingen davon aus, daß Sie die Sache schon lange in Ordnung gebracht haben«, schrieb Mr. Shing. »Nun haben wir jedoch dieselben Schwierigkeiten in San Francisco, und es droht eine Untersuchung, wenn die Sache nicht geklärt wird.« Shing verlangte von »Mr. Milton«, nach San Francisco zu reisen und »das Problem zu lösen«.

See-bok war keineswegs wütend auf Ming. Im Gegenteil, er freute sich. Für ihn war »schmuggeln« ein böses Wort für ein ehrenwertes Unterfangen. Wer schlau war, tat es. Es war ein fester Bestandteil des Geschäfts, eine der Fertigkeiten, die Ming zu See-boks Genugtuung gut gelernt hatte.

Nach seiner Rückkehr zog Fong See aus dem ehemaligen Gebäude der Wasser- und Elektrizitätswerke aus und mietete das alte Haus der methodistischen Mission in der Los Angeles Street, in dessen Keller sich das Dragon's Den befand. Ticie mietete das Erd- und das Zwi-

schengeschoß für die F. Suie One Company, und See-bok bezog mit Ngon Hung und ihrer Kinderschar das Stockwerk darüber.
Sobald seine Familie untergebracht war, machte sich See-bok an die mühsame Aufgabe, in seinen alten Ladenräumen in der Los Angeles Street Nr. 510 ein neues Geschäft einzurichten. Seine alten weißen Kunden staunten über ihn. Sie betrachteten ihn als eine Art persönliches Eigentum und sagten »mein Mr. See«, wenn sie von ihm sprachen. »Mein Mr. See war reich«, erinnerte sich einer von ihnen fünfzig Jahre später. »Er war eine Urgewalt, ein Mann, der etwas bewegte. Der alte Knabe hatte etwas. Also, ich habe es jedenfalls so in Erinnerung: Er sprach dieses komische Amerikanisch, aber was ich Ihnen sagen will, ist, daß er Würde und Klasse hatte. Auf mich hat er überhaupt nicht wie ein Bauer gewirkt, obwohl er ein Chinese war, natürlich.«

Im Jahr 1940 ging Gilbert Leong schon sechs Jahre mit Sissee. Sie war eine schöne junge Frau. Ihr Gesicht war ein perfektes Oval und hatte nicht die groben Züge einer Bauerntochter. Ihre Stimme klang angenehm, weder so schrill wie die mancher Chinesinnen noch so rauh und derb wie die amerikanischer Mädchen. Sie war schlank und doch vorne und hinten nicht so flach wie viele Chinesinnen, aber sie hatte auch nicht die unschönen Wölbungen mancher Amerikanerinnen. Ihr Haar trug sie in einem Knoten, der mit kunstvollem chinesischem Schmuck verziert war. Außerdem war sie die Hilfbereitschaft in Person, wie jeder bestätigen konnte, der einmal in Not geraten war. Aus all diesen Gründen war Gilbert in sie verliebt, aber er hatte noch immer nicht um ihre Hand angehalten. Seine Eltern waren gegen eine Heirat, und Gilbert konnte mit ihren strengen religiösen Anschauungen und ihren überholten chinesischen Traditionen nicht brechen.
Die Leongs stammten aus dem südchinesischen Dorf Sun Wie, das in der ganzen Region für seine Orangen berühmt war. 1886 war Gilberts Vater als »falscher Sohn« eines in Kalifornien lebenden Chinesen auf den Goldenen Berg gekommen. Er arbeitete zuerst als Gemüsehändler und zog mit einem Schubkarren von Tür zu Tür. Später half ihm Gilberts Mutter, einen Stand auf dem City Market

zu eröffnen. An der Spitze der Markthierarchie standen Händler, die feste Verträge mit Bauern hatten und in deren Auftrag Produkte verkauften. Ihnen folgten die Zwischenhändler, die von Leuten wie den Leongs kauften und an Lebensmittelgeschäfte verkauften. Ganz unten rangierten die *hang chie mei* – die »Männer hinter dem Karren«, die die Ware in den einzelnen Stadtvierteln ausfuhren.

Bei den Leongs arbeiteten alle Familienmitglieder an dem Stand. Gilberts Vater und sein älterer Bruder stapelten das Obst und Gemüse fünf bis sechs Kisten hoch. Seine Mutter half beim Sortieren der Ware. Gilbert richtete die Früchte her und legte die besten obenauf. Wie bei den Sees wanderte alles Geld, das die Kinder verdienten, in die Familienkasse und wurde von Gilberts Mutter nach Bedarf zugeteilt.

Leong Jeung schuftete viele Jahre lang jeden Tag achtzehn Stunden, dann hatte er vom Handel mit Obst und Gemüse genug und eröffnete ein Restaurant in Hollywood. Gilbert arbeitete dort als Kellner und bekam mehr Trinkgeld, wenn er Pidgin-Englisch sprach, und nicht das Englisch, das er auf dem College gelernt hatte. Nachdem die Familie mit dem Chinese Garden Café gescheitert war, eröffnete sie das Soochow in Chinatown. Es war das dritte Restaurant in der Stadt, das *cha nau*, Teekuchen, servierte. Gilberts Mutter bestand darauf, daß viele Teesorten vorrätig waren – Chrysanthemen-Tee, Sechstes Glück, Oolong, Jasmin und Rauchtee mit seinem strengen Geschmack. Sie wurden stets vor der Mahlzeit serviert. Danach kamen Schüsseln mit *char siu bao* (Teigröllchen, mit gebratenem Schweinefleisch gefüllt) und anderen Klößen, die wie Ohren, wie eine Brieftasche oder wie der Hodensack eines alten Mannes geformt waren, auf den Tisch. Nach dem Essen schrieb der Kellner die Rechnung, indem er die leeren Platten zählte. Übrige Klöße gingen zurück in die Küche und wurden wieder aufgewärmt.

Das Soochow war ein Erfolg, und 1936 zog die Familie vom City Market weg in das Italienerviertel Cypress Park am Fuß des Mount Washington unmittelbar östlich von Downtown Los Angeles. Ihr neues Haus glich dem eines Plantagenbesitzers, zweistöckig, mit großen Säulen an der Vorderseite, zehn Zimmern und viel Land darum herum. Gilbert hatte alle möglichen Geschichten über das Haus gehört:

Es sei früher eine »Flüsterkneipe« gewesen und habe einem Schwarzbrenner gehört. Und angeblich hatte Jim Jeffries, der ehemalige Boxweltmeister im Schwergewicht, darin gewohnt. Trotz der recht zwielichtigen Vergangenheit des Hauses hatte es den Nachbarn zunächst gar nicht gefallen, daß nun eine chinesische Familie darin wohnen sollte. Nachdem jedoch der Gemeindepfarrer mit ihnen gesprochen und ihnen die Leongs vorgestellt hatte, gab es keine Probleme mehr.

Gilbert war ein guter chinesischer Sohn und ein glänzender Schüler. »Mach dem chinesischen Volk keine Schande«, war ein Satz, mit dem ihn seine Mutter großgezogen hatte. Sie achtete streng darauf, daß ihre Kinder gutes Englisch und gutes Chinesisch sprachen. Zu Hause wurde chinesisch gesprochen. »Wenn ich etwas auf chinesisch zu dir sage, mußt du mir chinesisch antworten«, hatte sie immer gesagt, als Gilbert noch ein Kind war. »Antworte niemals auf englisch. Ich hätte dann taube Ohren, und wir könnten kein Gespräch führen. Außerdem wäre es eine große Blamage, wenn die Kinder einer Chinesischlehrerin kein gutes Chinesisch sprächen.«

Gilbert lernte schon als kleiner Junge Chinesisch, allerdings nicht von seiner Mutter. Seine Mutter hatte keine Zeit für normale Hausarbeiten wie Strümpfestopfen oder Kochen, von Privatstunden für ihren Sohn ganz zu schweigen. Dazu war sie viel zu beschäftigt: Sie mußte ihre Schüler unterrichten, regelmäßig nach San Francisco fahren und Schulbücher, Pinsel und Tusche kaufen und obendrein auf dem Marktstand arbeiten. Und so fiel Großmutter die Aufgabe zu, Gilbert zu unterrichten. Wenn sie mit der Hausarbeit fertig war, setzte sie sich mit Gilbert an den Küchentisch und brachte ihm einfache Wörter und Sätze bei.

Als Gilbert in die High School kam, schickten ihn seine Eltern quer durch die Stadt nach Lincoln. Das bedeutete, daß er auf dem Heimweg von der Schule mitten durch Chinatown kam und den Unterricht seiner Mutter besuchen konnte. Er wußte noch genau, wie er das erste Mal durch das dunkle Treppenhaus hinaufgestiegen war und das Klassenzimmer betreten hatte. Es lag an der Ecke Marchessault und Los Angeles Street. Er kannte alle fünfundzwanzig Schüler bereits. Sie waren zwischen fünf und achtzehn Jahre alt und wurden in fünf Gruppen unterrichtet. Die ersten Stunden gruben sich unauslöschlich in Gilberts Gedächtnis ein.

»Jede Lektion umfaßt dreißig Wörter«, erklärte seine Mutter den neuen Schülern. »Ihr werdet gut aufpassen und sie auswendig lernen.« Gilbert lernte nur allzu schnell, daß seine Mutter die Hände ungehorsamer Schüler mit dem Bambusstiel eines Staubwedels traktierte.

»Die chinesische Sprache wurde von einem Herrscher erfunden, der Würmern beim Kriechen zusah«, erklärte seine Mutter. »Die Würmer kriechen nach links. Die Würmer kriechen nach rechts. Unsere Sprache hat sich über viele Jahrhunderte hinweg verändert und entwickelt. Die Gelehrten verbessern sie, werfen Altes über Bord und fügen Neues hinzu.«

Tag. Sonne. Erde. Mond. Das waren Gilberts erste Schriftzeichen. Wenn man Sonne und Mond kombinierte, erhielt man die neue Bedeutung *morgen.* Die nächsten Schriftzeichen in der Fibel waren *Himmel* und *Erde.* Dann *Vater, Mutter, Sohn* und *Tochter.* Als er älter wurde, erkannte er, daß die Schriftzeichen aufeinander aufbauten. Wenn man dem Schriftzeichen für *Tür* einen Strich hinzufügte, wurde *Heim* daraus, fügte man noch einen hinzu, so bedeutete es *Ehe.* Ein Strich stand für *Junge,* zwei standen für *Sohn,* und verdoppelt bedeutete das Ganze *männliche Zwillinge.* Mit jedem weiteren Strich veränderte sich die Bedeutung und wurde komplexer.

»Ihr müßt lernen, damit ihr eure Pflicht als Kinder erfüllen und euren Großeltern in euren Heimatdörfern schreiben könnt«, predigte seine Mutter. Die Schüler schrieben aus ihren Fibeln sorgfältig Schriftzeichen ab und fügten dann die Namen ihrer Großeltern ein. *»Wie geht es euch? Uns geht es gut. Ich lerne in der Schule.«* Nach der dritten und vierten Klasse erhielten sie neue Bücher über die Geschichte und Geographie Chinas. »China hat die Form eines Maulbeerblatts.« Gilbert konnte sich noch gut an die indigoblauen Lehrbücher erinnern, die in China von Hand gebunden worden waren. Irgendwie war der Geruch Chinas an den Holzschnittdrucken und dem dünnen Papier haftengeblieben, und Gilbert hatte das Gefühl, daß sie nicht nur mit Ohren, Mund und Fingern, sondern auch mit der Nase lernten.

Gilbert mußte natürlich der beste Schüler sein. Nicht nur seine Mutter erwartete das von ihm, sondern auch alle Schüler in der Missionsschule. Gleichwohl lernte er von den vielen tausend chinesischen Ideogrammen nur etwa eintausend. Sie bestanden meist aus vier oder fünf Strichen und selten auch aus bis zu zehn. Schriftzeichen mit fünfundzwanzig oder dreißig Strichen waren seltene Wörter, die für große Gelehrte eine tiefe Bedeutung besaßen.

Seine Eltern erwarteten nicht nur, daß er gut Chinesisch lernte, sondern daß er sich auch in der Welt der Weißen auszeichnete. Im Gegensatz zu Fong See, der aus einer Bauernfamilie stammte, hatte Mrs. Leong eine Ausbildung erhalten. Ihre Familie glaubte nicht nur, daß das Leben eines Gelehrten am reinsten sei, sondern war zudem davon überzeugt, daß Bildung die einzige Möglichkeit sei, aus Chinatown herauszukommen. Kaum hatten die Leongs Gilberts Lerneifer und Begabung erkannt, nahmen sie seinen älteren Bruder Ed vom College, damit Gilbert an seine Stelle treten konnte. Gilbert besuchte die Universität von Kalifornien und studierte am Couinard Kunst und Architektur. Seine Skulpturen wurden in China City ausgestellt, und nach dem Examen setzte er seine Ausbildung bei einem Architekten fort. Doch seine Mutter war mit dem Erreichten noch immer nicht zufrieden, und Gilbert hatte das Gefühl, daß der Druck, den sie auf ihn ausübte, erst nachlassen würde, wenn er den Auftrag erhielt, eigene Gebäude zu entwerfen. Eines Abends Ende 1940 – der Rest der Familie hatte sich bereits ins obere Stockwerk zurückgezogen – saß Gilbert allein mit seiner Mutter im Wohnzimmer und mußte sich wieder einmal eine ihrer Predigten anhören. »Es gibt andere Mädchen in der Stadt«, sagte sie streng. »Vergiß dieses Mädchen, diese Florence See. Im Lauf der Zeit wirst du schon eine finden, die reines chinesisches Blut hat. Du sagst, daß du sie magst, und ich sage dir, das ist, als ob der Himmel einstürzt.« Ihre endlosen Moralpredigten zermürbten Gilbert und ließen ihn seine Vorsätze vergessen. »Du bist noch jung«, sagte sie gerade.

»Mutter«, protestierte er, »ich bin dreißig Jahre alt.«

Sie funkelte ihn einen Augenblick zornig an, dann sprach sie weiter: »Ich habe keine Vorurteile. Aber ich will, daß mein Sohn ein chinesisches Mädchen heiratet. Und ich will dir auch sagen, warum.

Mischehen funktionieren nicht. Sieh dir nur Fong Sees Familie an. Oder nimm die Familie Chew. Die Leute werden euch schief ansehen. Sie werden euch nicht akzeptieren. Und wenn ihr Kinder bekommt…«

Gilbert hatte nie die Zeit für Vergnügungen gehabt. Als kleiner Junge hatte er andere Kinder nie zu Hause besucht. Er hatte nie Geld für zweifelhafte Dinge ausgegeben. Statt dessen war er der kirchlichen Epworth League für junge Menschen beigetreten. Sie hatten sich einmal in der Woche getroffen und Erwachsenen gelauscht, die von ihren Erfahrungen berichteten. An der High School war Gilbert nie mit einem Mädchen ausgegangen. Dann, im College, hatte er Tom Leungs Familie kennengelernt. Der Vater war Kräuterheilkundiger. Eine Tochter war Journalistin. Eine andere hatte Peter Soo Hoo geheiratet. Nach den Football-Spielen hatte die Familie Parties gegeben, auf denen getanzt wurde. Gilbert war ein paarmal dort gewesen und hatte sogar mit einigen Mädchen getanzt. Mit dieser Elsie zum Beispiel. Es lief ihm immer noch heiß und kalt den Rücken hinunter, wenn er daran dachte, wie sie beim Foxtrott zur Sache gegangen war. Sie hatte ihre Brüste an ihn gepreßt und von ihrer Reise nach Schanghai geplappert. Sie und Anna May Wongs Bruder Jimmy hatten dort angeblich den Tango eingeführt, und zwar nicht nur im New Asia Hotel, sondern auf dem ganzen Festland. »In China hatte ich für alles Dienstmädchen«, flüsterte Elsie ihm ins Ohr. »Sie kochten, wuschen, putzten. Ich mußte keine Hausarbeit machen, davon wären meine Haare stumpf geworden, und ich hätte meinen Teint ruiniert.« Er registrierte, daß das Mädchen, das sich da an ihn schmiegte, nicht mehr der braungebrannte Wildfang war, der ein Jahr zuvor nach China aufgebrochen war. Inzwischen spannte sich der gelbe Chiffon ihres Kleides über Rundungen, die kaum ein chinesisches Mädchen aufzuweisen hatte. Und ihre Haut war cremeweiß. Doch mit Elsie war es nie etwas geworden.

Es gab auch noch eine andere Sorte von Frauen. Prostituierte und Mädchen von zweifelhaftem Ruf. In den Seitenstraßen der Alameda, im chinesischen Zuhälterviertel, hingen immer noch chinesische Mädchen über den Geländern der Balkone und lockten einsame Junggesellen hinauf. Diese Frauen bedienten chinesische Männer.

Nur sehr selten sah er Chinesen mit weißen Frauen. Und wenn, dann waren die Frauen nicht gerade berauschend. Blonde von der miesesten Sorte, aufgetakelte Prostituierte. Die Chinesen flanierten mit diesen Frauen nicht über den Wilshire Boulevard oder den Broadway, sie nahmen sie mit nach Chinatown, wo die Leute ihre Verachtung nicht offen zeigten. Selbst im Soochow gab es Männer, die mit einer bestimmten Sorte Frau dort auftauchten. Einige davon waren ziemlich berühmt, etwa Johnny Weißmuller, der Lupe Velez mitbrachte. Sie war ein rassiges Weib mit einer tollen Figur. Doch auf diesem Gebiet teilte Gilbert die Ansichten seiner Mutter. Frauen dieser Sorte waren abscheulich.

Tatsächlich wußte Gilbert nicht viel über Sex. Einmal hatte er Teekuchen in eine Spielhölle geliefert, den ein Gewinner bestellt hatte, als plötzlich vor einem Hurenhaus ein Krankenwagen hielt. Die Sanitäter trugen einen Mann und eine Frau heraus. Die beiden waren nackt und staken ineinander wie zwei Hunde. »Zuviel Spanische Fliege«, hörte er jemanden auf der Straße sagen.

Als er die Geschichte Eddy und Tyrus erzählte, lachte Eddy und sagte: »Er starb mit einem Lächeln auf den Lippen.« Tyrus aber erriet den Grund für Gilberts Verwirrung. »Hat dir dein Vater nichts von den Blumen und den Bienen erzählt?« fragte er. »Mein Vater hat mir auch nichts erzählt. Weißt du was? Geh zum Kräuterheilkundigen, der hat alles für unter der Gürtellinie. Glaube mir. Für die Potenz der Männer. Für die Fruchtbarkeit der Frauen. Aber wehe, du kommst mit Kopfweh. Da kann er nichts für dich tun.« Für Gilberts Freunde war alles nur ein einziger großer Witz.

Sosehr Gilbert auch gegen seine Gefühle ankämpfte, er war nur an einer Frau interessiert. Wie konnte er das seiner Mutter erklären? Wie sollte er ihr erklären, was für ein Mensch er war? *Ich bin ein Bildhauer. Mit meinen Händen bearbeite ich den Marmor und mache etwas Schönes daraus. Ich unterwerfe den Stein meinem Willen. Ich bin Architekt. Aus meinen Visionen sollen Bauwerke entstehen für das Leben und für die Lebenden.* Gilbert sehnte sich danach, seine Fesseln zu sprengen, aber er wußte, daß er derjenige war, der Karriere machen mußte. Er sollte ein Gelehrter werden und der Familie Ehre machen.

Gilbert schaute auf seine Hände, beugte demütig den Kopf und sagte nichts. Er wußte genau, daß er bei der nächsten Gelegenheit mit Sissee brechen würde, und er haßte sich dafür.

An einem Sommertag im Jahr 1941 stieg Ticie in Central Point, Oregon, aus dem Wagen, und ihre Schuhe knirschten auf dem Kies der Auffahrt. Sie schaute zu dem Haus hinüber, in dem sie aufgewachsen war. Der Himmel erstrahlte in einem satten, tiefen Blau, und es war heiß wie in einem Backofen, genau wie sie es in Erinnerung hatte. Ansonsten hatte sich der Ort völlig verändert.

»Was denkst du, Ma?«

Ticie drehte sich herum und sah ihre Tochter an.

»Dort drüben war ein kleiner Teich«, sagte Ticie und zeigte auf die Stelle. »Und siehst du den Küchenanbau? Eine Tabakpflanze rankte sich bis zum Dach hinauf. Jetzt ist sie abgestorben.«

Sissee spürte, daß ihre Mutter sich quälte, und sagte: »Komm, wir sehen uns ein bißchen um.«

Sie schlenderten über das Grundstück. Offensichtlich lebte hier schon lange niemand mehr. Alles war von Unkraut überwuchert. Das Haus war verlassen. Die Scheune stand noch, und nach einem sanften Stoß öffnete sich knarrend das alte Tor. Sonnenstrahlen fielen durch die Ritzen der Holzwände, Staubteilchen tanzten im Licht. Die Scheune war leer, nur ein paar vergessene Heuballen lagen noch vor einer Wand. Der schale Geruch nach Vieh, Heu und Holzbalken erfüllte die Luft. Ticie blickte nach oben und sah, daß Tauben auf den Balken nisteten. Es war fast fünfzig Jahre her, seit sie Oregon verlassen hatte, doch die Scheune kam ihr unverändert vor. Sie stellte sich vor, daß sie auch in weiteren fünfzig Jahren noch so dastehen würde – vielleicht noch etwas wackliger, vielleicht sogar völlig leer –, aber stehen würde sie noch, denn welcher Farmer, der bei Verstand war, würde eine so perfekte Scheune abreißen?

Ticie ging wieder nach draußen, setzte sich auf die Stoßstange des Wagens und sah zu, wie ihre Tochter über die Felder streifte. Ticie wußte nicht, wem der Besitz jetzt gehörte, deshalb wollte sie ihren Brüdern keinen Vorwurf daraus machen, daß er so heruntergekommen war. Außerdem, wer war sie denn, sich zu beschweren? Sie selbst hatte sich, wenn sie es recht bedachte, auch nicht gerade zu ihrem Vorteil verändert. Sie war nie eitel gewesen, aber wenn sie jetzt in den Spiegel sah, mußte sie sich den Tatsachen stellen. Sie war eine alte Frau, rundlich, ergraut, mit Brille. Und sie war auch innerlich müde und alt. In letzter Zeit fiel es ihr immer schwerer, morgens aufzustehen, sich anzuziehen, nach Downtown fahren zu lassen und den ganzen Tag im Laden zu sitzen.

Sie blickte auf ihr Leben zurück und erkannte, daß sie das bekommen hatte, wonach sie sich am meisten gesehnt hatte. Eine Familie. Fong See hatte Eddy 1919 in China zurücklassen wollen, aber sie hatte die Familie zusammengehalten und war mit ihren Kindern heimgefahren. Später, als sie aus Chinatown weggezogen waren, hatte sie die Kinder gedrängt, eine Familienkasse einzurichten, nicht nur, damit sie finanziell abgesichert waren, sondern auch, damit sie zusammenblieben. Bis heute kam die Familie jeden Sonntagabend, an allen Feiertagen und an allen Geburtstagen der Enkelkinder zusammen.

Während sie in der heißen Sonne saß, dachte sie beglückt an ihre Kinder. Offiziell war sie immer noch die Chefin der F. Suie One Company, die tägliche Routinearbeit hatte Ming übernommen. Er war ein guter Geschäftsmann geworden, hatte ihren Blick für Kunst und Suies Sinn fürs Geschäft geerbt. Ihr zweiter Sohn Ray hatte immer zu ihr gehalten. Er hegte immer noch einen Groll gegen seinen Vater, weil dieser sie verlassen hatte. Ticie sah die Ironie in diesem ambivalenten Verhältnis: Ray war Suie von allen ihren Kindern am ähnlichsten – gerissen und ehrgeizig. An Bennie, ihrem dritten Sohn, schätzte sie besonders seine Klarheit und Offenheit. Er arbeitete gern mit Holz, er liebte Berta, er liebte seine Kinder.

Stella und Eddy, deren Sohn Richard und Sissee standen ihr wohl am nächsten. Sie sah sie jeden Tag. Stella war für sie wie eine zweite Tochter. Ticie war stolz auf Eddy, stolz auf seine Vitalität und seinen Erfolg mit dem Dragon's Den. Sie bewunderte die Art, wie er sich um Suies zweite Familie bemühte. In dieser Hinsicht glich er ihr am meisten: Die Familie stand an erster Stelle. Richard war ihr Lieblingsenkel. Sie war begeistert von seiner Aufgewecktheit, seiner angeborenen Intelligenz. Sie konnte nicht anders, sie mußte ihn einfach verwöhnen.

Schließlich war da noch ihre Tochter. Sissee war wirklich eine der schönsten Frauen in Chinatown, und mit dieser Meinung stand Ticie nicht allein. Ihr volles dunkles Haar war nach der neuesten Mode frisiert. Sie hatte hohe Wangenknochen und Mandelaugen. Mit ihrem scheuen, freundlichen Lächeln bezauberte sie die Menschen. Sie war eine lebenslustige, attraktive junge Frau, und doch hatte sie niemanden, der sie in die Arme nahm. Ticie gestand sich ein, daß sie daran nicht ganz unschuldig war. Sie stützte sich in hohem Maße auf ihre Tochter. Sie zählte darauf, daß Sissee sie zum Einkaufen fuhr, nach Chinatown, in den Laden. Und jetzt hatte sie auch noch diese Reise mit ihr unternommen!

Ticie wußte, daß sie bald sterben würde. Der Arzt hatte es nicht direkt gesagt, aber sie wußte es. Deshalb konzentrierte sie sich jetzt, in diesen letzten Monaten oder Jahren, auf ihr letztes Ziel. Sie wollte, daß ihre Tochter heiratete. Sie wollte sie versorgt wissen. Auf der Fahrt in den Norden hatte sie versucht, mit Sissee darüber zu reden. »Du brauchst jemanden in deinem Leben. Du sollst nicht immer nur für mich sorgen.« Sissee hatte unbeschwert gelacht und das Thema gewechselt. Ticie konnte nicht weiter in sie dringen, denn sie kannte die Realität ebenso, wie sie ihre Tochter kannte.

Sissee war jetzt zweiunddreißig. Sie war ein Mischling. Kein *lo fan* würde sie je heiraten, und kein Chinese würde sie je heiraten. Die meisten chinesischen Familien erlaubten ihren Söhnen nicht einmal, mit einem amerikanischen Mädchen auszugehen. »Ich will nicht, daß mein Sohn eine Fremde heiratet«, hatte Ticie eine Mutter in Chinatown sagen hören. »Es wäre lästig, sich mit einer solchen Schwiegertochter zu unterhalten, und mein Sohn würde sich mir entfremden.«

Ticie hatte so lange in Chinatown gelebt, daß sie sich an diese altmodischen Vorstellungen gewöhnt hatte. Im Viertel wurde sogar von Eheschließungen zwischen Partnern abgeraten, die aus verschiedenen Distrikten in China stammten. »Anderer Dialekt, andere Sitten«, sagten die Mütter. »Zuviel Probleme für meinen Sohn.« Noch immer wurden viele Ehen in Chinatown nach herkömmlicher Weise arrangiert, indem man eine Heiratsvermittlerin einschaltete oder zwei Mütter sich einfach mit Fotos ihrer Kinder zusammensetzten.

Viele Familien, wie etwa die des Onkels, schickten ihre Söhne nach China, damit sie dort ein »anständiges« Mädchen heirateten, das nach strengen Gebräuchen erzogen worden war und so verrückte Dinge wie Tanzen, Musik, Filme oder Radios nicht kannte. Die meisten Mädchen wurden verheiratet, wenn sie einundzwanzig waren. Sissees Freundin Jennie hatte in diesem Alter geheiratet und schon drei Kinder geboren. Nur wenige tapfere Mädchen brachen mit der Tradition, widersetzten sich dem Wunsch ihrer Familie und heirateten, wie einst Ticie, aus Liebe.

Hier auf dem Gehöft der Pruetts konnte Ticie nicht umhin, sich an das Mädchen zu erinnern, das einst so große Hoffnungen in die Liebe gesetzt hatte. Nun, da sich ihr Leben dem Ende zuneigte, konnte sie mit einem gewissen Abstand darauf zurückblicken. Sie hatte wirklich aus Liebe geheiratet. Und sie hatte sich aus Liebe von ihrem Mann getrennt. Sie hatte ihn hocherhobenen Hauptes verlassen und ein eigenes Geschäft eröffnet. Wie hätte sie wissen sollen, daß die Depression kommen würde? Wie hätte sie wissen sollen, wie einsam sie sein würde? Ja, sie hatte ihre Familie zusammengehalten, aber sie hatte dafür bezahlt.

Nach ihrem Scheitern am Wilshire Boulevard war sie nach Chinatown zurückgekehrt, aber nicht mehr als die Frau des bekanntesten Geschäftsmanns von Chinatown. Sie war nur noch eine bedauernswerte alte *fan-gway*-Frau, die sich in einem Eckhaus einmietete. Aber wo hätte sie sonst hingehen können? Damals, als sie Fong See geheiratet hatte, hatte sie auf viele Möglichkeiten verzichtet. Was war Chinatown anderes als ein Ort für Menschen, denen nur wenige Möglichkeiten offenstanden?

Als junges Mädchen hatte sie gebuttert, Kühe gemolken und Kinder gehütet, deren Namen sie längst vergessen hatte. Damals hätte sie sich nicht träumen lassen, daß das letzte Laster ihres Lebens die Lotterie sein würde. Viele der alten Männer, die auf ihrer täglichen Runde vom Soochow über den Metzgerladen zu ihrem Geschäft durch die Straßen schlurften und Tippscheine verkauften, lebten schon genausolang in Chinatown wie sie. Einigen hatte sie geholfen, wenn sie Probleme mit der Einwanderungsbehörde hatten, oder sie hatte für sie Briefe aufgesetzt, Mietverträge geprüft. Sie waren alle

zusammen alt geworden, und diese Männer hatten sie nicht vergessen wie so viele ihrer Nachbarn.
Sie warteten geduldig, wenn Ticie angestrengt auf das gebrochen weiße Papier mit den grünen Schriftzeichen für Baum, Katze, Ratte, Kuh usw. starrte – acht in waagrechter, zehn in senkrechter Richtung. Sie überlegte, dann sagte sie: »Ich habe heute eine Katze gesehen. Welches ist das Schriftzeichen für *Katze?* Das möchte ich ankreuzen.« Oder sie sagte: »Der Mond war letzte Nacht sehr schön, findest du nicht, Ah-soong? Zeig mir das Schriftzeichen für *Mond.*« Später kamen die alten Männer zurück und teilten ihr mit, ob sie gewonnen hatte.
Während ihr all diese Gedanken durch den Kopf gingen, beobachtete sie, wie Sissee auf der anderen Seite des Feldes stehenblieb und das Gesicht der Sonne zuwandte. Sie war weit weg, und Ticie stellte sich vor, wie ihre Tochter jetzt aussah. Bestimmt hatten sich ihre Wangen leicht gerötet und glänzten, weil sie beim Spazierengehen in dieser Hitze ins Schwitzen gekommen war. Als Sissee sich umdrehte, winkte und langsam zum Wagen zurückkam, dachte Ticie nicht zum ersten Mal, daß ihre Tochter einfach zu schön sei, um als alte Jungfer zu enden.
Ticie wußte, daß Sissee naiv war und nicht verstand, was mit Gilberts Familie los war. Sie begriff nicht, wie wichtig es für Gilbert war, daß seine Mutter diesem oder jenem chinesischen Verein als Präsidentin vorstand. Von Ticie dazu erzogen, die Menschen nach ihren individuellen Qualitäten zu beurteilen, begriff sie nicht, daß Gilberts Familie nur ihr »weißes« Gesicht sah. Sie konnte nicht verstehen, welchen Druck Mrs. Leong auf ihre Kinder ausübte, insbesondere auf Gilbert, ihren Hoffnungsträger. Ticie dagegen sah und begriff das alles, aber sie hatte in den vergangenen Jahren keinen Weg gefunden, es Sissee zu erklären.
Wie die meisten Paare hatten auch Sissee und Gilbert manchmal Streit. Ticie buk gern Kuchen, und Sissee lud Gilbert gern zu einem Stück ein. »Willst du heute abend nicht vorbeikommen? Es gibt Kuchen«, hatte sie ihn vor einigen Monaten gefragt, als sie im Soochow Bambussprossen borgte, weil sie im Dragon's Den ausgegangen waren. Gilbert hatte versprochen, gegen sieben da zu sein.

Sissee hatte gewartet, aber Gilbert war nicht erschienen. »Na ja, es ist Samstag abend, im Soochow ist bestimmt viel los«, beruhigte sie Stella, und sie warteten weiter.
Schließlich kam Gilbert doch noch. Sissee brachte den Kuchen und fragte: »Wie groß soll ich dein Stück machen?«
»Ich will nichts«, antwortete Gilbert. »Ich habe schon bei Mrs. Coe Kuchen gegessen.«
Sie saßen da wie gelähmt. Später weinte Sissee. Gilbert durfte das Haus wochenlang nicht betreten. Aber schließlich hatten sie sich doch wieder versöhnt.
Ein andermal hatte Gilbert gesagt: »Sissee, du bist die einzige«, und die ganze Familie damit in Verwirrung gestürzt. War dies der langersehnte Heiratsantrag? Konnte man ihm trauen? Dann hatte Gilbert seine Meinung wieder geändert. »Ich würde dich gerne heiraten, aber ich muß auf meine Familie hören. Du bist keine Chinesin.«
Inzwischen war die Beziehung endgültig zu Ende. Sissee war am Boden zerstört. Und die Sees reagierten wie die meisten Familien, wenn ein Mitglied verletzt wird: Sie richteten ihre Wut nach außen. »Für wen, zum Teufel, halten die sich eigentlich?« hatte Stella getobt. »Dieser Gilbert ist doch nichts weiter als der Sohn eines Restaurantbesitzers. Eine tolle Partie!«
Für Sissee war es jedoch ein schwerer Schlag gewesen, und das war der eigentliche Grund, warum Ticie sich von ihr zu dieser Reise hatte überreden lassen.
Sissee war jetzt zum Auto zurückgekehrt, und sie fuhren etwa anderthalb Kilometer die Straße hinunter zum Friedhof von Central Point. Ticie hatte sich im Lauf der Jahre an den chinesischen Brauch der Grabpflege gewöhnt und war deshalb schockiert, als sie sah, daß der Friedhof von Unkraut und Giftsumach überwuchert war. Zunächst wanderten sie ziellos zwischen den Grabsteinen umher, dann suchten sie systematischer nach den Gräbern von Luscinda und John Pruett. Es dauerte fast eine halbe Stunde, bis Ticie zwei Steine aus weißem Marmor erspähte, die mit dem Rücken zu ihr standen. Sie steuerte direkt auf sie zu, ging um sie herum und stand vor den Grabsteinen ihrer Eltern. Beide waren an der Basis bemoost. Der Marmor war durch Regen und Schnee verwittert. Auf

den Inschriften: »Er war ein guter Vater und jedermann ein Freund« und: »Jesus liebt die, die rein und gottesfürchtig sind«, hatten sich dunkle Flecken gebildet.

»Komm, Ma«, sagte Sissee, nachdem sie die Gräber vom Unkraut befreit hatten. »Sehen wir nach, ob deine Brüder noch hier in der Gegend leben.«

Ticie ging zurück zum Wagen und schwieg auf der ganzen Fahrt zur Tankstelle, wo Sissee in einem Telefonbuch nachschaute. »Da steht ein Pruett drin«, rief sie aufgeregt.

»Ist mir egal«, sagte Ticie.

»Willst du nicht wenigstens bei ihm vorbeischauen, wo wir doch so weit gefahren sind?«

»Nein, auf keinen Fall. Ich will einfach nur nach Hause.«

Es war eigentlich gar nicht so toll, wenn man in seinem Leben so viele Veränderungen erlebte, dachte See-bok. Wie sagten die *lo fan* doch gleich? Jedes Unglück hat auch sein Gutes. Ihm kam es eher so vor, als ob jedes Glück auch sein Schlechtes hatte. Da saß er nun, über achtzig Jahre alt, ein gewiefter Geschäftsmann, geachtet und gefürchtet. Er hatte eine bildschöne junge Frau. Sie hatte ihm viele Kinder geschenkt und würde bestimmt noch mehr bekommen. Trotzdem konnte er eine gewisse Verbitterung nicht verhehlen.

Sein Verhältnis zu den Weißen hatte sich geändert, seit er Ngon Hung geheiratet hatte. Er hatte Ideen gehabt. Er hatte Träume gehabt. Wenn nur ein einziger *fan gway* ihm geholfen hätte … Er meinte damit nicht die Freundschaft mit Richard White oder das simple Geschäft mit Sugarman, sondern ein wirklich ernsthaftes finanzielles Engagement, dann hätte er es wirklich zu etwas bringen können. Dann wäre er jetzt auch *da draußen* jemand. Als Weißer wäre er jetzt reich und berühmt. Er würde in einer Villa in Pasadena oder Hancock Park leben, umgeben von den kostbarsten Dingen, die die Welt zu bieten hatte. Nun, da er seit über sechzig Jahren in diesem Land lebte, begriff er, wie närrisch seine Träume gewesen waren.

Also war er wieder mehr Chinese geworden. Statt eleganter dreiteiliger Anzüge trug er jetzt die Gewänder eines Mandarins. Seine schicken Eidechsenlederschuhe hatte er gegen die bequemen Slipper aus Tuch getauscht, die er in seinem Laden verkaufte. Und sein Englisch hatte er vergessen – oder tat wenigstens so. Seit die Kinder in seinem Haus kantonesisch plapperten, konnte er sich an die alten Laute wieder erinnern. All die Vorstellungen von Kindererziehung, über die sich Ticie lachend hinweggesetzt hatte, besaßen nun wieder ihre volle Gültigkeit. Bei Ngon Hung wußte er, daß sie nie den Mut aufbringen würde, ihm zu widersprechen.

Die Leute hatten ihn stets wegen seines Weitblicks bewundert. Jetzt fiel es ihm immer schwerer, weitblickend zu sein. Er dachte an Ngon Hung. Sie war eine Schönheit, doch er war ein alter Mann. Gab es da vielleicht andere Männer, jüngere Männer, die sie begehrten? Er sperrte sie ein. Sie durfte das Haus nicht verlassen. Manchmal fragte er sich, ob sie unglücklich war, aber eifersüchtig, wie er war, verscheuchte er den Gedanken sofort. Mit Ngon Hung sprach er nie über das Geschäft. Sie war nicht seine Vertraute, und sie hatte mit dem Geschäft nichts zu tun. Daß sie daheimblieb und Zeit hatte, sich die Fingernägel zu polieren, erhöhte sein Ansehen im Viertel. Sie war jung und attraktiv, auch wenn ihre Frisur oder ihre Kleider nicht der letzte Schrei waren. Ihm gefiel sie so.

Er bestand darauf, daß sich seine zweite Familie gegenüber seiner ersten Familie anständig verhielt. Die Kinder aus der zweiten Familie mußten Ticie ihren Respekt erweisen und sie regelmäßig besuchen. (Sie sei elegant, aber ziemlich schweigsam, berichteten sie.) Er hatte Ngon Hung beauftragt, Ticie und ihren Mitarbeitern jeden Samstag ein Mittagessen in den Laden schicken zu lassen. Manchmal war es ein chinesisches Essen, aber meist kam es von See Yuen, der an der Alameda Street amerikanische Gerichte servierte. Der Austräger keuchte die kleine Steigung in der Marchessault Street hinauf, ein großes Tablett mit gebratenem Schweinefleisch schleppend, über dem sich schwere silberne Deckel wölbten. Die wohlschmeckenden Tribute zahlten sich aus. Die Kinder aus seiner ersten Ehe waren inzwischen alle erwachsen, und doch nannten sie seine Frau, die kaum älter war als Sissee, respektvoll *Apho,* »Großmutter«, oder *Ahji-ah,* »Schwester«.

Sosehr er auch dagegen ankämpfte, er mußte ständig an Ticie denken. Manchmal fragte er sich, ob die anderen merkten, daß er eine

Schwäche für sie hatte. Er wußte, daß Ticie ihn immer noch liebte. In letzter Zeit überlegte er, ob sie wohl irgendwie krank oder leidend war. Aber wie hätte er sie aufsuchen können, ohne Anlaß zum Tratsch zu geben? Nur wenn er mit seiner jüngsten Tochter, der kleinen Sumoy, seine Spaziergänge machte, konnte er in Ticies Laden vorbeischauen und mit ihr sprechen.

Ehefrauen. Es machte ihn stark, daß er so viele hatte. Es erhöhte sein Ansehen in der Gemeinde. Auch war es angenehm, wenn man nachts eine warme junge Frau im Bett hatte. Aber manchmal hätte er es auch schön gefunden, wenn er seine Ruhe gehabt hätte.

Kinder. Als seine Kinder 1937 aus China zurückkehrten, waren sie ihm wie elende Immigranten aus der Unterschicht vorgekommen. Und sie hatten ein schreckliches Englisch gesprochen. Mit Onkels Familie war es das gleiche gewesen. Doch es hatte ihm nichts ausgemacht. »Eines Tages gehen wir alle zurück nach China«, hatte er zu seinen Kindern gesagt. »Wir geben unser Geld nicht hier aus, wir sparen es für China.« Zur chinesischen Schule hatte er inzwischen eine völlig andere Einstellung als früher. »Kümmert euch nicht um eure amerikanische Ausbildung«, sagte er jetzt. »Ihr werdet nicht ewig hierbleiben. Deshalb geht ihr auf die chinesische Schule. Paßt gut auf und lernt.«

Er regierte mit eiserner Faust. Keine Fahrräder. Keine Rollschuhe. Keine Schlittschuhe. Kein Sport, kein Football, kein Baseball. Keine Tanzveranstaltungen, kein Kino, kein Radio. Keine Freundinnen, keine Freunde, keine Knutschereien. All dies galt doppelt und dreifach für seine Töchter. Wenn seine Kinder sagten, daß andere Väter ihren Kindern dieses oder jenes erlaubten, antwortete er: »Diese Dinge sind dekadent. Sie üben einen schlechten Einfluß auf euch aus.« Der Unterschied zwischen seiner ersten und seiner zweiten Familie bestand darin, daß ihm jetzt alle gehorchten.

Enkel. Zu den Familienfesten – Hochzeiten, Geburten, Beerdigungen – kamen alle seine Söhne aus der ersten Ehe mit ihren Familien. Er konnte die Kinder nicht auseinanderhalten. Das tat Ngon Hung für ihn. Oh ja, Richard kannte er. Das war ein Junge. Aber den Rest? Sie brachten ihm irgendein sommersprossiges oder hochaufgeschossenes, mageres Mädchen, und seine Frau sagte: »Das ist Pollyanne, Rays Tochter.« Oder: »Das ist Marcia, Bennies Tochter.« Er musterte sie mit rapide schwindender Aufmerksamkeit, nickte mit dem Kopf und sagte: »Ja, ja.« Dann schickte er sie wieder fort. Vielleicht tätschelte er ihnen noch schnell den Kopf, wenn ihm danach war. Diese *lo-fan*-Kinder waren Fremde für ihn.

Geschäfte. Mr. White war immer noch regelmäßiger Gast in der F. Suie One und der F. See On Company. Er speiste einmal die Woche mit Ticie drüben am Maplewood Drive zu Abend und einmal in Fong Sees Laden, wo es schon immer ein Abendessen für die Mitarbeiter gegeben hatte. Wenn er zu Fong See kam, setzte er sich auf einen der hochlehnigen Stühle oder auf den Gartenstuhl aus Porzellan neben der Kasse und wartete geduldig. Die meisten der alten Kunden waren gestorben, und an ihre Stelle waren junge Dekorateure getreten, die sich überhaupt nicht mehr auskannten. See-bok mußte ihnen erklären, woran man ein wertvolles Kunstwerk erkannte. Er arbeitete noch härter als früher, wenn er sie zu einem Kauf überredete und gleichzeitig glauben machte, sie verhielten sich geschickt und clever.

Er taxierte die neuen Kunden so, wie er es früher mit den Regierungsbeamten getan hatte. Manchmal spielte er sein Ich-nix-sprechen-Englisch-Spiel. Manchmal tat er so, als habe er vergessen, daß sie bereits handelseinig geworden waren, damit ein junger Neureicher dachte, er habe den alten See-bok über den Tisch gezogen, und deshalb immer wiederkam. Auf Touristen reagierte er wie in alten Zeiten. »Hinaus mit Ihnen!« rief er, wenn sich einer in den Laden verirrte. »Stehlen Sie mir nicht die Zeit. Wenn Sie nichts kaufen können, brauchen Sie auch nicht hereinzukommen. Gehen Sie in ein anderes Geschäft.« Chinesische Kunden behandelte er sogar noch schlimmer. »Ich bin nicht darauf angewiesen, mit Ihnen Geschäfte zu machen. Ich will nicht mit Ihnen handeln. Verschwinden Sie!« Andererseits hatte er immer noch das private Zimmer für besonders geschätzte Kunden.

Noch mehr Geschäfte. Er hatte in China große Feste gegeben, und er gab große Feste in Amerika. Er lud Geschäftspartner zu Teekuchen in seine Wohnung ein. Er ließ sie bewirten. Wenn der Bote mit dem Essen kam, gab er ihm demonstrativ ein Trinkgeld, damit seine

Geschäftspartner sahen, was für ein wichtiger Mann er war. Chinesen gaben normalerweise kein Trinkgeld, aber er hatte sich den amerikanischen Brauch zu eigen gemacht. Fünfundzwanzig oder fünfzig Cent konnte er wahrhaftig leicht entbehren. Natürlich wollte er damit Eindruck schinden, doch für den Teekuchen-Mann oder den Laufburschen See Yuens war es immer eine große Sache. In manchen Dingen war er also doch noch weitblickend.

Geschäft und Familie. Er hatte nie auf Fremde zurückgreifen wollen. »Ich hole jemanden aus der Familie, der uns hilft«, hatte er immer zu seinem Bruder gesagt, wenn sie Unterstützung brauchten. Warum das so war? Seine Familie hatte immer geholfen, wenn Weiße nicht halfen. Bestimmte Dinge waren ihm noch immer wichtig: Geld und Besitz, und daß er Geschäftsmann war, und kein Wäscher oder Krämer. Von diesem Weg war er nie abgewichen. Nun kamen die Leute zu ihm und baten ihn um Rat, genau wie sie es in seinem Dorf getan hatten. Er hatte seine Günstlinge, und seine Gegenspieler bestellte er zu sich, wenn es sein mußte. Es war ihm gleichgültig, was andere Leute dachten, solange sie ihm zustimmten. Er hatte immer das letzte Wort.

»Ich brauche mehr Geld, um jemanden herüberzuholen«, sagte beispielsweise ein Besucher zu ihm.

»Um wen handelt es sich?« fragte See-bok, und dann entschied er über das Schicksal der betreffenden Person.

»Ich suche Arbeit«, wandte sich ein junger Mann an ihn. »Können Sie mir helfen?«

»Was kannst du?« fragte See-bok. »Was hast du gelernt? Was willst du werden?« Und wenn er erfahren hatte, was er wissen mußte, besorgte er dem einen oder anderen jungen Immigranten eine Stelle.

»Soll ich mit Lee Ham ein Geschäft aufmachen?« fragte ihn ein anderer.

»Er hat noch nie etwas durchgehalten«, antwortete Fong See. »Du solltest dir dafür einen anderen suchen.«

Wieder ein anderer fragte: »Arthur Chung hat mich um ein Darlehen von zehntausend Dollar gebeten. Was soll ich tun?«

Er dachte kurz nach und sagte: »Zweitausend sind genug.«

Selbst etablierte Geschäftsleute baten ihn um Rat.

»Jimmy, dieser Junge aus meinem Heimatdorf, strengt sich bei der Arbeit nicht an. Könntest du ein Wörtchen mit ihm reden?«
Wenn dann Jimmy mit dem unerschütterlichen Optimismus der Jugend bei See-bok erschien, wurde er einem Verhör unterzogen. »Warum machst du deine Arbeit in der Wäscherei deines Onkels nicht ordentlich? Warum tust du nicht, was er sagt?«
Und wenn Jimmy dumm genug war zu antworten: »Ich arbeite eben nicht gerne hart«, dann war er bis zum Abend garantiert seine Stelle los und durfte lernen, welche Folgen es hatte, wenn man ungehorsam war.
Die japanische Krise. Manche Leute in Chinatown murrten noch immer, weil er japanische Waren in seinem Laden verkaufte. Diese Kritik kam von Blindgängern und Leuten, die zuviel redeten. Warum sollte er keine japanischen Waren verkaufen? Sie waren Teil seines Sortiments. Er hatte sie vor Beginn des Krieges gekauft. Wie kamen die Leute dazu, ihm Vorschriften zu machen? Was ging ihn das Geschrei dieser Flaschen an? Er wußte noch genau, wie seine Nachbarn in den Laden gekommen waren und sich beschwert hatten. Später hatten sie sogar Farbbeutel an seine Schaufenster geworfen. Dachten sie vielleicht, er würde das vergessen?
Als Mrs. Leong mit den Sammelbüchsen der China-Hilfe bei ihm erschienen war, hatte sie unverrichteter Dinge wieder abziehen müssen. Er wußte, daß sich das in Chinatown herumgesprochen hatte, aber es machte ihm nichts aus. Eine Nichte, die manchmal im Geschäft arbeitete, hatte ihn darauf angesprochen. »Ich kümmere mich auf meine Weise um China«, hatte er geantwortet. »Ich spende Geld für mein Dorf. Ich hole Verwandte herüber. Was man gibt, sollte von Herzen kommen, und bei mir ist das so. Außerdem weiß man nicht, was diese Leute mit dem Geld anfangen. Sie sind so gierig.«
Zum Sohn des Besitzers vom Man Gen Low hatte er gesagt: »Ich will mit dieser antijapanischen Bewegung nichts zu tun haben. Diese Leute sind korrupt. Man gibt ihnen Geld, und sie stecken es in die eigene Tasche. Warum sollte ich solchen Leuten mein Geld anvertrauen? Ich brauche sie nicht. Ich bin nicht auf sie angewiesen. Wenn ich patriotisch sein will, dann auf meine Weise.«
Teilhaber. Seit dem Verkauf an Sugarman hatte er keine Teilhaber

mehr. Doch sein Leben war dadurch nicht einfacher geworden. Im Gegenteil, selbst die alltäglichsten Dinge erschienen ihm jetzt komplizierter. Bis vor wenigen Jahren hatte Fong Lum für die Familie gekocht. Er war ein Verwandter und »Teilhaber«. Jeden Abend bereitete er hinten im Laden ein perfektes chinesisches Festmahl zu. Alle holten sich einen Stuhl und setzten sich um einen runden Tisch wie in einem Restaurant. Fong See, zeitlebens ein Freund gesunder Kost, bestand darauf, daß nur möglichst frische Zutaten verwendet wurden. Und er bevorzugte Hühner, die zwischen drei und vier Pfund wogen. »Die sind am zartesten«, sagte er zu seinen Söhnen. Eines Tages kam Fong See auf den Gedanken, ein lebendes Huhn zu kaufen und selbst zu schlachten, damit es garantiert frisch war. Lum ging mit dem Tier hinaus auf den Hinterhof, schnitt ihm die Kehle durch und warf es in einen Mülleimer, wo es seine letzten Zukkungen tun sollte. Es sprang jedoch heraus und raste kreuz und quer über den Hof, bis alles mit Blut verspritzt und jedem der Appetit vergangen war. Diese Zeit war vorbei. Lum hatte ihn verlassen und arbeitete jetzt für Sugarman. Ngon Hung hatte seine Aufgabe übernommen, obwohl sie noch nie gekocht hatte.
Seine Lebensgeschichte. Wenn Reporter ihn über Chinatown interviewten, schwindelte er und behauptete, daß er schon seit 1871 in Los Angeles lebe. Wenn Kunden ihn mit Mr. See, Mr. On oder Mr. Suie ansprachen, klärte er sie nie auf, daß sein Familienname in Wirklichkeit Fong lautete. Wenn man ihn fragte, wie viele Frauen er hatte, antwortete er je nach Laune eine, zwei, drei oder vier. Und wenn er berichten sollte, wie er ins Land gekommen war, gab er sich alle Mühe, eine gute Geschichte zu erfinden, die möglichst einmalig war. Er hatte die Fragerei satt. Warum die ewig gleichen Fragen immer wieder gleich beantworten? Inzwischen hatte er so vielen verschiedenen Leuten so viele unterschiedliche Geschichten erzählt, daß er selbst nicht mehr wußte, welche der Wahrheit entsprach.

An einem Sonntagmorgen im Jahr 1941 steckte Ngon Hung die Schnurverschlüsse durch die vorgesehenen Schlaufen an der Jacke ihrer Tochter, bis sie im Genick, in der Armbeuge und an der Seite ordentlich geschlossen war. Dann kniff sie in Sumoys Wangen, damit sie eine gesunde Farbe bekamen. »Jetzt kannst du gehen«, sagte Ngon Hung und schob Sumoy sanft durch den Raum mit der alten Orgel und hinaus in den Hauptraum der ehemaligen methodistischen Mission. »Er wartet auf dich. Also los, geh mit dem alten Mann spazieren.«

Sumoy tat wie geheißen. Sie war 1935 geboren und das jüngste Mädchen in der Familie – und das goldigste und beliebteste. Sie war immer guter Laune und weinte nie. Vor ihrer Einschulung war sie jeden Tag mit ihrem Vater spazierengegangen. Inzwischen begleitete sie ihn nur noch an den Wochenenden und in den Ferien.

Sie verließ mit ihrem Vater die Wohnung, und sie stiegen die beiden schlecht beleuchteten Treppen hinunter. Ihr Pa nahm sie fest bei der Hand und ermahnte sie, nicht loszulassen. Heute gingen sie hinunter ins Dragon's Den, hinüber zum Soochow und dann zum Juwelierladen Jin Hing, zum Eastern Grocery Store und zum Hop Sing Tong. Dort setzte sie sich ihrem Vater auf den Schoß und hörte zu, wie er mit den anderen alten Männern redete.

Auf dem Heimweg besuchten sie »Mutter«, die unten im Haus ihren Laden hatte. Er hatte große Ähnlichkeit mit dem von Pa. Mutter war eine alte Geisterfrau. Obwohl sie viele Falten hatte, war sie noch ziemlich hübsch. Sumoy wußte, daß Mutter irgendwie zur Familie gehörte, sie wußte nur nicht, wie oder warum. Manchmal saß sie still dabei, wenn Mutter mit Pa plauderte. Aber heute sagte Pa: Setz dich da hin und spiele. Mutter gab ihr einen Spielzeugschmetterling an einem Stock. Dann verschwand sie mit Pa hinter einem Vorhang, der klimperte, wenn man hindurchging. Sumoy blieb draußen und wartete.

Sie ließ den Schmetterling hin und her schwingen und sah zu, wie er geräuschlos mit seinen Papierflügeln flatterte. Sie hatte schon oft so gewartet. Mutter gab ihr immer ein Buch oder Papier und Stifte oder etwas anderes zum Spielen. Sie wußte nie, worüber Mutter und Pa redeten. Und obwohl sie erst sechs war, wußte sie, daß sie nicht fragen durfte.

Sumoy ging jetzt in die Schule und hatte gelernt, daß nicht alle so lebten wie sie. Sie erinnerte sich noch an den ersten Tag in der Vorschule. Ihre Mutter hatte ihr chinesische Baumwollhosen und eine Jacke mit Schnurverschlüssen angezogen, genau wie heute. Alle anderen Kinder in der Schule hatten Kleider getragen. Am Abend hatte sie ihre Mutter angefleht, ihr ebenfalls ein Kleid anzuziehen. Aber es hatte lange gedauert, bis ihre Eltern nachgegeben hatten.

Sie durfte viele Dinge nicht tun. Pa wollte nicht, daß sie zu den Pfadfinderinnen ging. »Ein Kind wie du übernachtet nicht woanders«, sagte er. »Außerdem soll niemand sagen, daß meine Tochter auf dem Boden schlafen muß.« Er wollte nicht, daß sie in die Bücherei ging. »Wenn du ein Buch gelesen haben mußt, dann bekommst du es in der Schule. Sonst ist es unnötig.« Er wollte nicht, daß sie in die Kirche ging. »Verschwende deine Zeit nicht dort. Niemand soll Entscheidungen für dich treffen. Du sollst dein Leben nicht für andere leben.« Statt dessen wollte er, daß sie stickte. Er wollte, daß sie strikken lernte. Er wollte, daß sie Klavierstunden nahm. Lauter Dinge, die sie nicht interessierten. Sie sah ihrer Mutter zu, wenn sie Hemden für ihre älteren Brüder nähte. Sie bemerkte, daß ihre ältere Schwester May Oy passiv und schüchtern war und eine gute Zuhörerin. May Oy war so still, daß man ihre Anwesenheit kaum wahrnahm. Ihre älteste Schwester Jong Oy war dagegen lebhaft. Ständig nörgelten alle an ihr herum. Sie wollten, daß sie ruhig dasaß und Halsketten auffädelte, die in der Olvera Street verkauft wurden.

»Du sollst dich nur mit Familienmitgliedern vergnügen«, sagte Pa. Sumoy fand das in Ordnung, was ihre älteren Geschwister betraf, denn die hatten Vettern und Basen im selben Alter. Nicht aber, was sie betraf, denn sie war allein und mußte ihre Zeit mit Erwachsenen verbringen. Trotzdem gefiel es ihr, wenn Pa sie zum Mittagessen bei Onkel und Tante in China City mitnahm. Die Tante war immer so lieb zu ihr. »Setz dich auf diesen Stuhl, er ist der bequemste«, sagte sie, wenn Sumoy zu Besuch kam. Und sie fragte immer, ob es ihr gutgehe. Dann band sie die Shirley-Temple-Schleifen in ihrem Haar neu und flüsterte ihr Koseworte ins Ohr. Und sie brachte ihr Süßspeisen – Biskuitkuchen, Klößchen, Kokosplätzchen oder Mondkuchen, den sie aus Melonen machte und in dünne Scheiben schnitt. Bei der Tante war es wie im Paradies, denn daheim war ihr Vater immer so streng, und ihre Mutter schimpfte immer: »Nicht so viele Süßigkeiten. Das ist zu süß für die Kinder. Warum erlaubst du ihnen, daß sie ihr das geben?«

Der Perlenvorhang klimperte wieder, und Pa kam heraus. Sumoy verabschiedete sich von der Geisterfrau, die Mutter hieß, und folgte ihrem Vater. »Gib mir die Hand«, sagte er an der Tür. Die eine Hand in der trockenen, pergamentartigen Hand ihres Vaters und in der anderen den Schmetterling an seinem Stock, trat Sumoy wieder hinaus auf die Straße. Sie blinzelte ein paarmal, bis sich ihre Augen vom Halbdunkel des Ladens auf den hellen kalifornischen Sonnenschein umgestellt hatten.

Heute war sie so müde, daß sie ihre guten Manieren vergaß und Fragen stellte. Als sie die wenigen Schritte zu der Treppe gingen, die zu ihrer Wohnung hinaufführte, fragte sie: »Warum kaufst du kein Auto, Pa? Dann können wir herumfahren und müssen nicht mehr die ganze Zeit zu Fuß gehen.«

»Ich bin zu alt, um Auto fahren zu lernen«, antwortete er.

Sie begannen, die Treppe hinaufzusteigen. »Warum müssen wir hier wohnen, Pa?«

»In fünfzig oder hundert Jahren wird die Stadt immer noch wachsen. Die Eisenbahn ist nicht weit. Es ist gut, wenn man da ist, wo Leute kommen und gehen. Wenn wir hierbleiben, sind wir immer an vorderster Front.«

Auf dem ersten Treppenabsatz machte Fong See eine Verschnaufpause.

»Pa, hast du eigentlich nie genug davon, die vielen Treppen hinaufzusteigen?«

»Wir leben *oben*«, sagte er. »Dieses Haus könnte noch größer sein. Wenn das Rathaus dreizehn Stockwerke hoch sein kann, dann können andere Gebäude noch höher sein.«

»Dann werden sie zu schwer und fallen in sich zusammen«, sagte Sumoy.

Pa drehte den Schlüssel im Schloß und schob sie durch die Tür in die angenehm vertraute Atmosphäre der Wohnung in der alten methodistischen Kirche. »Sumoy, eines Tages wird die ganze Stadt voll sein mit Häusern, die viel höher sind, als wir beide es uns heute vorstellen können. Darauf müssen wir uns einstellen.«

Seit Fong Dun Shung Südchina verlassen hatte, um als Kräuterheilkundiger beim Eisenbahnbau zu arbeiten, war das Schicksal der Familien See und Fong stets eng mit den politischen und wirtschaftlichen Bedingungen der Zeit verknüpft gewesen. Einige Ereignisse, wie der Einwanderungsstopp und die große Vertreibung, hatten allein die Chinesen betroffen. Andere, wie die Depression und der Zweite Weltkrieg, betrafen alle Menschen im Land, auch die Fongs und die Sees.

Der Überfall auf Pearl Harbor am 7. Dezember 1941 brachte eine Reihe von Veränderungen für beide Familien. Die Schiffahrtswege blieben für die Dauer des Krieges praktisch geschlossen, und bis 1945 kam so gut wie keine neue Ware mehr über den Pazifik. Keine Antiquitäten, keine Wassernüsse, keine Seide. Viele Tante-Emma-Läden in Chinatown mußten deshalb Billigware aus Mexiko beziehen. Geschäfte wie die F. Suie One und die F. See On Company mußten von hochwertigen Importen aus China auf Dinge umsteigen, die auf Auktionen ersteigert werden konnten, auf Waren minderer Qualität, die aus den tiefsten und dunkelsten Kellern der Warenhäuser hervorgezerrt wurden, ja sogar auf Souvenirs. Ende 1941 konnten weder Fong See noch Ticie voraussehen, wie sich das auf ihre Geschäfte auswirken würde. Auch Ray und Bennie wußten es nicht. Ihre See Manufacturing Company, die Schlafzimmer für Filmstars herstellte und damit satte Gewinne erzielte, wurde auf kriegswichtige Produkte umgestellt, und das sollte ihr Leben verändern.

KAPITEL 16

FAMILIE LEONG BEKOMMT EINE SCHWIEGERTOCHTER

1942–1945

In Kalifornien lebten 42 000 gebürtige Japaner sowie 97 000 Deutsche und 114 000 Italiener, als die Japaner Pearl Harbor bombardierten. Die Angehörigen aller drei Gruppen wurden als »feindliche Fremde« eingestuft, denen es verboten war, militärische Einrichtungen oder die Kanalzone in Panama zu betreten – als ob letztere ein beliebtes Reiseziel gewesen wäre. Sie durften weder mit dem Flugzeug reisen noch innerhalb ihres Wohnortes umziehen. Auch der Erwerb und Besitz von Feuerwaffen, Kameras, Kurzwellenradios, unsichtbarer Tinte oder Codes wurde ihnen verboten. Kurz darauf wurden alle ihre Finanzguthaben eingefroren und alle Banken, die feindlichen Ausländern gehörten, geschlossen, unabhängig davon, wer bei ihnen Geld angelegt hatte.

Zusätzlich zu diesen von der Regierung verhängten Maßnahmen begann ein Großteil der Bevölkerung aus Angst vor funkgelenkten Luftangriffen, den Japanern, die als Feinde am leichtesten zu erkennen waren, das Leben schwerzumachen. Vermieter setzten japanische Familien auf die Straße, Lieferanten verkauften nicht mehr an japanische Firmen. Japaner konnten keinen Führerschein mehr machen, bekamen von den Banken keine Kredite mehr und wurden sogar vom Milchmann boykottiert.

Am 2. Februar 1942 sperrten Bundestruppen die Brücke zwischen Terminal Island und Long Beach und beschlagnahmten die Fähre. Von den viertausend Menschen, die auf Terminal Island lebten, waren über die Hälfte japanische Farmer. Die Familienoberhäupter aller japanischen Familien wurden auf Befehl des Präsidenten unter Arrest gestellt. Und am selben Tag empfahl Justizminister Earl Warren, alle feindlichen Fremden japanischer Herkunft für die Dauer des Krieges dreihundert Kilometer ins Landesinnere umzusiedeln. Der Plan wurde genehmigt. Am 19. Februar, gut zwei Wochen später, erließ Präsident Roosevelt die Präsidialdirektive Nr. 9066. Sie ermächtigte den Kriegsminister, in den Vereinigten Staaten militärische Sperrgebiete einzurichten, aus denen das Militär in eigener Regie alle mißliebigen Personen ausweisen konnte.

Ende Februar schienen sich die schlimmsten Befürchtungen der Einwohner von Los Angeles zu bestätigen, als ein nicht identifiziertes U-Boot einige Granaten in ein Ölfeld bei Santa Barbara feuerte. In der folgenden Nacht wurde weiter südlich ein nicht identifiziertes Flugzeug entdeckt, worauf in Los Angeles Fliegeralarm ausgelöst wurde. Sirenen heulten, Suchscheinwerfer der Flak schickten ihre Strahlen in den Nachthimmel. Von Panik ergriffene Einwohner machten alle Verdunklungsmaßnahmen zunichte, indem sie auf die Straße rannten und das Licht in ihren Häusern brennen ließen. Die Luftabwehr feuerte 1430 Geschosse auf die vermeintlichen Angreifer ab. Kein Flugzeug wurde getroffen, aber fünf Menschen starben in dem Inferno – zwei an Herzschlag, drei bei Autounfällen. Einige Garagen, Terrassen, Autos und Nebengebäude wurden durch herabfallende Luftabwehrgeschosse beschädigt oder zerstört. Die Hysterie legte sich erst, als man feststellte, daß es sich bei dem »Angriff« um einen falschen Alarm gehandelt hatte.

Am 18. März schuf Roosevelt die Kriegsumsiedlungsbehörde unter Leitung von Milton Eisenhower, dem Bruder General Dwight D. Eisenhowers. »Ich habe das starke Gefühl«, sagte Eisenhower, »daß wir, als Amerikaner, wenn wir nach dem Krieg diese beispiellose Umsiedlung von 100000 Menschen noch einmal in Ruhe überdenken, die vermeidbaren Ungerechtigkeiten bedauern werden, zu denen es dann vermutlich gekommen sein wird.« Einige Wochen später wurde mit der Evakuierung begonnen. Der für die Durchführung verantwortliche General de Witt rechtfertigte die Aktion folgendermaßen: »Ein Japs ist ein Japs. Ob loyal oder nicht, er ist ein gefährliches Element. Es gibt keine Möglichkeit, festzustellen, ob ein Japaner loyal ist... Es macht keinen Unterschied, ob er amerikanischer Staatsbürger ist; theoretisch ist er immer noch ein Japaner, und man kann ihn nicht ändern.«

Viele der 42000 gebürtigen Japaner in Kalifornien hatten Familie, und viele hatten in Amerika geborene Kinder. Dies bedeutete, daß 94000 Japaner aus Kalifornien und weitere 24000 aus den Bundesstaaten Washington und Oregon als »potentielle Feinde« betrachtet und interniert wurden. Verblüffenderweise dienten 33000 Nisei – in Amerika geborene Japaner – trotz der Internierung in den US-Streitkräften.

Auch Eddys alter Freund Benji Okubo wurde umgesiedelt – zuerst nach Pomona, dann weiter landeinwärts nach Heart Mountain in Wyoming. Eine Freundin bewahrte seine Gemälde auf und versprach, sie nach Kriegsende zurückzugeben. Andere hatten weniger Glück. Viele Japaner mußten ihre Geschäfte oder Häuser über Nacht verkaufen. Andere ließen sie einfach zurück. Eddy, Stella, Richard und Ted mieteten von den Okis, einer japanischen Familie, die interniert wurde, ein Haus auf dem Micheltorena Hill. Sie versprachen den Okis, das Haus bis zu ihrer Freilassung in Ordnung zu halten.

Viele Chinesen profitierten vom Unglück der Japaner, in wirtschaftlicher wie sozialer Hinsicht. So kaufte die Familie Woo einer evakuierten japanischen Familie eine Firma für Agrarerzeugnisse ab, benannte sie in Chunking Produce Company um und machte mit ihr ein Vermögen. Ein anderer Chinese kaufte bei Kriegsausbruch eine große Menge Reis und konnte sie, als die Importe aus China aufhörten, zu stark erhöhten Preisen verkaufen.

Die seit gut zwanzig Jahren bestehende See Manufacturing Company begann mit der Herstellung kriegswichtiger Produkte. In der Vergangenheit hatte Ray für Mae West, Anna May Wong, Edward G. Robinson und Howard Hughes Möbel entworfen, und Bennie hatte die Entwürfe präzise, schnell und mit preiswerten Materialien verwirklicht. Nun produzierte die Firma neben kleinen Beistelltischen auch Kartenhalter aus Sperrholz, die sich hervorragend an einer Flugzeugwand befestigen ließen, und neben Bettgestellen mit kunstvoll verschlungenen Schnitzereien auch Tragflächen für Flugzeuge.

Wie die Familie Woo und der Mann mit seinem Lagerhaus voll Reis verdienten auch Ray und Bennie plötzlich eine Menge Geld.

Ein ganz anderer Aspekt war, daß nach der Einberufung zahlreicher weißer Amerikaner viele Arbeitsplätze frei wurden. Während des Krieges arbeiteten schätzungsweise dreißig Prozent aller chinesischstämmigen Amerikaner aus New Yorks Chinatown in Rüstungsbetrieben. Auf der anderen Seite des Kontinents wollte sich Haw, der inzwischen einen Sohn und eine Tochter hatte, vom Militärdienst zurückstellen lassen. Er faßte sich ein Herz und erklärte Fong See, seinem langjährigen Arbeitgeber und Wohltäter, daß er die Firma verlassen müsse. »Ich habe keine andere Wahl. Sie werden bald auch Familienväter einziehen.« Haw bekam eine Stelle als Werkzeugmacher in einem Rüstungsbetrieb in Culver City. Sein Gehalt verdoppelte sich, und dann verdoppelte es sich noch einmal, so daß er schließlich hundert Dollar die Woche verdiente. »Das ist eine Menge Geld«, prahlte er.

Es sah ganz danach aus, als ob Haw und viele andere, die anderswo lukrativere Jobs bekommen hatten, nicht nach Chinatown zurückkehren würden. Und in der Tat: Zwischen 1940 und 1950 blieb der Prozentsatz von Chinesen, die in Restaurants und Wäschereien arbeiteten, im Vergleich zur übrigen Bevölkerung zwar hoch, aber der Anteil von Chinesen in Handwerksberufen stieg von 1,4 auf 3,5 Prozent und in akademischen und technischen Berufen von 2,5 auf 6,6 Prozent.

Mit Blick auf ihre Geschichte in diesem Land wußten die Chinesen jedoch, daß sie Vorsicht walten lassen mußten. Der vereinigte chinesische Wohlfahrtsverband druckte Abzeichen mit der amerikanischen und der chinesischen Flagge und dem Schriftzug »Eure Verbündeten«. Außerdem verteilte er Urkunden, die bestätigten, daß ihre Besitzer der chinesischen Rasse angehörten. Die Bewohner von Chinatown rissen sich um diese Papiere und klebten sie in die Fenster ihrer Häuser, Geschäfte und Autos. Chinesen trugen Anstecker mit der chinesischen Flagge und Armbinden, auf denen »China« oder »Chinese« stand. »Denkt daran!« kommentierte der *Los Angeles Examiner*. »Ein Chinese ist ein Chinese und kein Japs.« »Diese *lo fan*!« sagten die Leute in Chinatown verwundert, amüsiert und ein wenig ängstlich. »Sie können einen Chinesen nicht von einem Japaner unterscheiden.«

Die Tatsache, daß der Exclusion Act nach wie vor in Kraft war, schadete dem Image der Vereinigten Staaten als Schutzmacht der Demokratie. Das Gesetz war in Kraft geblieben, obwohl die chinesische Bevölkerung in den USA, die immer noch zu zwei Dritteln aus Männern bestand, auf 75 000 bis 78 000 gesunken war und fast ein Viertel der Männer daheim oder in Übersee an den Kriegsanstrengungen mitwirkte. (Allerdings muß gesagt werden, daß viele chinesische Rekruten sofort auf die Kochschule geschickt wurden.) Auch meldeten sich viele nicht deshalb zum Kriegsdienst, weil sie glühende Patrioten gewesen wären, sondern weil sie damit automatisch die Staatsbürgerschaft erhielten, was ihnen die Chance eröffnete, eines Tages nach China zu reisen und »die Ehefrau eines amerikanischen Bürgers« heimzuführen.

Die Forderung nach einer Aufhebung des Einwanderungsstopps fand viele Befürworter, von Ng Poon Chew, dem chinesischen Journalisten und Dozenten, bis zu Pearl S. Buck, die durch den Erfolg von *Die gute Erde* als Buch und Film berühmt geworden war. In San Francisco verabschiedete der Kreisverwaltungsvorstand eine Resolution, in der er, im Einklang mit der Haltung der Bürger, für eine Aufhebung des Gesetzes plädierte. Für jede Stimme, die sich für eine Aufhebung aussprach, meldeten sich jedoch zahlreiche andere zu Wort, die dagegen waren, so der Gewerkschaftsverband American Federation of Labor, die Daughters of the American Revolution, die Native Sons of the Golden West und die Crusading Mothers of Pennsylvania.

Ende Juni 1942 saß Mrs. Leong, Sprachlehrerin, aktive Spendensammlerin für die China-Hilfe und Mutter Gilbert Leongs, im großen Speisesaal des Restaurants Soochow und bereitete das Festessen vor, mit dem die Heirat zwischen ihrem Sohn und Sissee See gefeiert werden sollte. Sie kratzte sich mit einer Haarklemme am Kopf und steckte dann ein paar lose Strähnen fest, die sich aus dem Haarknoten in ihrem Genick gelöst hatten. Das aufgeregte Geschnatter in der Küche ignorierend, versuchte sie, in Gedanken noch einmal die Liste der Aufgaben durchzugehen, die sie in den nächsten Tagen zu erledigen hatte. Fünfzig Jahre zuvor hatte sie bei den Missionaren gelernt, wie man störende Probleme aus seinem Kopf verbannt und sich auch in schwierigen Zeiten ganz auf seine Arbeit konzentriert. Heute jedoch war ihr Herz so gebrochen, daß ihre Gedanken ständig abschweiften, als wollten sie sich des verletzten Organs annehmen.

Sie wußte, was die Leute in Chinatown über sie dachten: daß sie reich sei, daß sie ihre Nase in fremde Angelegenheiten stecke, daß sie alten Dingen zuviel Wert beimesse, daß sie eine übertriebene Vorliebe für American Football habe, daß sie ihre Kinder Ed, Gilbert, Elmer und Margie zu sehr an die Kandare nehme. Sie wußte, was hinter ihrem Rücken geredet wurde. »Mrs. Leong hat in der Familie die Hosen an.« (Falsch.) »Sie ist eine knallharte alte Dame, die geradewegs durch die Hölle marschieren würde, nur um eine Schweinekeule für das Restaurant zu kaufen.« (Richtig.) »Mrs. Leong unterdrückt ihre Kinder. Kein Wunder, daß sie so geworden sind, wie sie sind.« (Das brachte sie auf die Palme!) Selbst ihre Tochter Margie lachte über diese dummen Sprüche. »Ach was, Mutter, du hast die Familie nicht unter der Fuchtel. Du bist nur geschäftstüchtig.« Nun aber würden ihre Nachbarn sehen, daß sie gescheitert war. Sie würden sie auslachen und verspotten. Trotzdem würde sie ihnen auch weiterhin dienen, denn vor allem war sie eine gute Christin.

Fast zwanzig Jahre lang hatte sie in der methodistischen Mission im zweiten Stock des Gebäudes an der Ecke Marchessault und Los Angeles Street, direkt über der F. Suie One Company, ihren Unterricht gehalten. Jeden Tag hatte sie sich gezwungen, von ihrem Haus in der Ivadel Street zu diesem letzten noch verbliebenen Block von Old Chinatown zu gehen, hatte mit ihren Schülern gepaukt und sie im Schreiben gedrillt. Jeden Abend war sie an Fong Sees Geschäft vorbei den Block hinunter zum Restaurant Soochow gegangen, hatte die Bücher kontrolliert, dafür gesorgt, daß in der Küche alles lief, und sich die Bestellungen für den morgendlichen Einkauf bei den Großhändlern auf dem City Market notiert.

In all den Jahren hatte sie bewußt jeden freundschaftlichen Kontakt mit der weißen Frau vermieden, die mit ihren halbweißen Söhnen die F. Suie One Company führte. Als die Mission in die New High Street umgezogen war, hatte sie gehofft, daß sie Mrs. See nun endgültig los sei. Nun wohnte See-bok mit seiner neuen Frau in den alten Räumen der Mission. So etwas schickte sich nicht, auch wenn es in China traditionell erlaubt war.

Hätte jemand Mrs. Leong gefragt, warum sie als Christin Vielweiberei nicht ablehnte, so hätte sie leidenschaftlich geantwortet: »In China gibt es eine Vielzahl von Gründen, mehrere Frauen zu haben. Manchmal bekommt eine Familie keine Söhne. Manchmal muß eine arme Familie ihre Töchter verheiraten. Bevor man weiß, wie einem geschieht, ist eine Nebenfrau da. Das ist seit Tausenden von Jahren so! Es ist eine chinesische Tradition, die nicht im Widerspruch zu meinem christlichen Glauben steht.« Aber niemand hatte sie gefragt, und vielleicht dachten die Leute, sie sei nur deshalb gegen die bevorstehende Heirat zwischen Gilbert und Sissee, weil See-bok mehr als eine Frau hatte.

Es gab so vieles, was die Leute in Chinatown bei ihr nicht verstanden. Ihre Familie feierte Weihnachten und Silvester mit amerikanischen und chinesischen Gerichten, doch sie bestand darauf, daß auch das chinesische Neujahrsfest gefeiert wurde. »Warum feiern wir auch das chinesische Neujahr, wo wir doch in Amerika leben?« fragte ihre Tochter jedes Frühjahr. Und Mrs. Leong antwortete jedesmal: »Wir richten uns nach dem chinesischen Kalender, weil wir nicht vergessen wollen, daß wir Chinesen sind.«

Aber sie wußte immer, wo sie die Grenze ziehen mußte. Vor ihrem Haus standen keine Türwächter, die das Eindringen böser Geister verhindern sollten. Ihre Kinder ließen keine Feuerwerkskörper explodieren, damit der Küchengott in den Himmel fuhr und über das Verhalten der Familie im zurückliegenden Jahr Bericht erstattete. Ihre Kinder würden niemals Götzen anbeten. An ihrem Haus wurden keine roten Papiertransparente mit bedeutungsvollen Sprüchen aufgehängt. Wenn ihre Nachbarn Angst hatten, am Neujahrstag Messer und Scheren zu benützen, weil sie glaubten, sie könnten das Glück des kommenden Jahres zerschneiden, so war das deren Problem. Für sie war das alles Aberglaube. Das chinesische Neujahr jedoch basierte auf dem Mondkalender, und der war nicht heidnisch. Ihre Kinder durften ihrer Ahnen gedenken, ihnen danken, daß sie ihnen das Leben geschenkt hatten, und sie um ihren Segen bitten.

Natürlich ging sie auch zum Kräuterheilkundigen und kaufte Heil- und Stärkungsmittel für ihre Familie. Sie setzte sich in einen der geschnitzten Stühle aus Teakholz im Gee Ning Gong und wartete, bis sie ihre in weißes Papier eingeschlagenen Kräuter erhielt. Dann ging sie nach Hause und brühte eigenhändig den Tee auf oder mischte die Kräuter als zusätzliche Stärkung in ein Hühnergericht. Es tat ihr zwar weh, daß ihre Nachbarn und ihre eigenen Kinder nicht begriffen, wie sie zu diesen alten Bräuchen stand, aber sie konnte nichts daran ändern.

Nun waren es nur noch wenige Tage bis zur Hochzeit, und sie hatte sich noch immer nicht mit der Mutter ihrer künftigen Schwiegertochter getroffen. Obwohl schon seit geraumer Zeit über die Mitgift verhandelt wurde und sie mit ihrem Mann bereits überlegt hatte, wie viele Brautkuchen ihre Familie zusätzlich zu dem gebratenen Schwein als Brautpreis liefern sollte, grübelte sie immer noch über diese Wendung der Ereignisse nach. Wie konnte Gilbert eine Frau heiraten, die nicht seiner Rasse angehörte, nach allem, was sie ihn gelehrt hatte?

»Ihr seid hier in Amerika so etwas wie Botschafter«, hatte sie zu ihren Kindern gesagt, als sie noch kleiner waren. »Ihr repräsentiert alle chinesischen Kinder. Die Leute passen auf, wie ihr euch benehmt und wie ihr sprecht. Viele Weiße haben noch nie Kontakt zu Chinesen gehabt, also tut euer Bestes.«

»Sollen wir wie die Amerikaner werden?« hatten dann Gilbert oder die kleine Margie gefragt.

Sie hatte immer mit Nein geantwortet. »Ihr müßt euch aus der chinesischen und aus der amerikanischen Kultur das Beste herauspikken und beides mischen. Ihr seid amerikanische Staatsbürger. Ihr seid in diesem Land geboren, also müßt ihr auch etwas von der amerikanischen Kultur übernehmen. Glaubt nicht, daß ihr in allem chinesisch sein müßt. Ihr seid chinesische Amerikaner.«

Als sie noch in der Ninth Street am City Market gewohnt und den Obst- und Gemüsestand geführt hatten, hatte sie bestimmte Regeln

für die Kinder aufgestellt: »Sprecht nur englisch, wenn ihr nicht zu Hause seid. Sprecht englisch in der Schule, auf der Straße und sogar im Hof. Sobald ihr aber zur Tür hereinkommt, müßt ihr chinesisch sprechen.« Die Regeln waren leicht zu befolgen, und die Kinder hielten sie ein. Später jedoch gab es Probleme mit Margie. Sie wollte ein modernes amerikanisches Mädchen sein. Mrs. Leong blieb hart und verbot ihr Lippenstift und Kosmetika. Auch baumelnde Ohrringe und Seidenstrümpfe waren tabu. Ihre Tochter war aus gutem Haus und sollte sich ordentlich kleiden – »bis aufs I-Tüpfelchen genau«, wie sich Margie oft beschwert hatte.
Nun aber fragte sich Mrs. Leong, welchen Sinn all ihre Regeln gehabt hatten. Acht Jahre lang hatte sie geglaubt, Gilbert werde sich Fong Sees Tochter aus dem Kopf schlagen und ein chinesisches Mädchen heiraten. Sie hatte Jennie Chan schon als Kandidatin ins Auge gefaßt, als das Mädchen erst fünf Jahre alt gewesen war. Jennies Familie war arm, aber sie war in der Mission eine glänzende Schülerin gewesen, und Mrs. Leong hatte sie oft die jüngeren Kinder unterrichten lassen. Außerdem schwärmte sie ebenfalls für Football, und so war sie früher der einzige Mensch gewesen, den Mrs. Leong zu den Spielen der Universitätsmannschaft mitgenommen hatte. All dies war lange her. Jennie hatte Eddie Lee geheiratet, drei Töchter geboren und als erste Chinesin überhaupt bei Bullock's eine Stelle erhalten. In der Hutabteilung, hieß es. War diese See-Tochter etwas Besseres? Nein, sie war dreiunddreißig, eine alte Jungfer!
Mrs. Leong war nie für eine frühe Heirat eingetreten. Sie hatte gehofft, Gilbert würde sich Zeit lassen, um das richtige Mädchen zu finden. Zuerst kommt die Ausbildung, hatte sie immer gesagt und gedacht, daß er sich ein gebildetes Mädchen suchen würde, eine wie Ruth Kimm. Sie hatte Gilbert oft gesagt, wie sehr ihr Ruth gefiel. »So ein hübsches Mädchen, elegant, gut erzogen, aus guter Familie, und ihr Vater besitzt eine Farm. Gute frische Agrarprodukte. Und sie hat eine gute Stelle in einer Apotheke.« Dann aber hatte Ruth diesen jungen Künstler geheiratet, der mit den See-Jungen befreundet war. Er war bestimmt nicht der Richtige für sie. Das sah doch jeder.

Trotzdem hatte Mrs. Leong noch immer gehofft, daß die Universität die Lösung bringen würde. »Es ist mir egal, wie alt du bist«, hatte sie zu ihrem Sohn gesagt. »Du mußt auf jeden Fall studieren. Wenn dir das nötige Geld dazu fehlt, bezahle ich.« Und sie hatte bezahlt. Sie war für die Studiengebühren aufgekommen, für Bücher, Kleidung, das Mittagessen in der Mensa, den Musikunterricht und die Kosten für das Auto. Dann machte ihr Mann das Chinese Garden Café in Hollywood auf. Es wurde ein Desaster, und sie mußten Gilbert von der Uni nehmen!

Sie hatten keine andere Wahl, als in Chinatown, unmittelbar neben Fong Sees Geschäft, das Soochow zu eröffnen. 1933 war es das siebte Restaurant in Chinatown, das Dinner für die ganze Familie servierte. Für fünfzig Cent pro Person bekam man *chow mein,* Zuckererbsen, und *char siu,* ein Omelett, gebratene Shrimps und Reis. Kein Chinese hätte dieses für Touristen zusammengestellte Essen je bestellt! Aber den Weißen schien es zu schmecken, und das Soochow florierte, selbst während der Prohibition. Sie erlaubte ihrem Mann nie, Alkohol auszuschenken, niemals, darin blieb sie hart. Wenn die weißen Gäste trinken wollten, dann sollten sie ins Toey Far Low gehen. Ein übler Laden! Sollten sie sich dort amüsieren!

Schließlich hatte die Familie so viel Geld verdient, daß Gilbert seine Ausbildung fortsetzen konnte, und selbst Margie hatte inzwischen an der Universität von Kalifornien einen Abschluß als Sozialpädagogin gemacht. Mrs. Leong sprach gern darüber. »Mein Sohn ist Architekt«, sagte sie. »Er arbeitet für Harold Harris. Dieser Mr. Harris ist ein großer Bewunderer von Frank Lloyd Wright. Er entwirft avantgardistische Häuser. Wissen Sie, was mein Gilbert immer sagt? Er sagt: ›Harris hält nichts von Mittelmaß!‹ Und meine Margie? Oh, die ist Sozialpädagogin.« Ihre Freunde kannten sie gut genug, um lieber nicht nach Ed oder Elmer zu fragen.

All diese Dinge begriff Gilbert ebensowenig wie ihr Engagement für die Mission. Als Mädchen in China war sie eine »Reis-Christin« gewesen. Sie wurde auf eine baptistische Missionsschule geschickt, wo sie gegen Austausch für eine Mahlzeit die Wege des Herrn kennenlernen sollte. Im Lauf der Zeit hatte sie ihren knurrenden Magen vergessen und sowohl im Religionsunterricht wie auch in den anderen

Fächern geglänzt. Als sie siebzehn war, suchte eine Heiratsvermittlerin einen Mann für sie aus, den sie nie gesehen hatte. Er hieß Leong Jeung, war Gemüsehändler auf dem Goldenen Berg und kam nur für die Hochzeit nach China. Er war viel älter als sie, aber ein guter Mann. Bevor er nach Amerika zurückkehrte, hatte sie ihn zum Christentum bekehrt. 1910, als Ed noch kein Jahr alt war, hatte sie ein Schiff nach San Francisco bestiegen. *Aiya!* Angel Island, so viele Monate hatte sie dort verbracht. Und jeden einzelnen hätte sie am liebsten aus ihrem Gedächtnis gestrichen.

Als sie ihren Mann schließlich in Los Angeles wiedergetroffen hatte, war er Methodist geworden. Sie war Baptistin, aber vor allem war sie Chinesin. Aus Achtung vor Leong Jeung wurde sie ebenfalls Methodistin. Sie lernte alles, was sie über die Methodisten in Los Angeles in Erfahrung bringen konnte: daß sie wie die Baptisten und Kongregationalisten nach den Unruhen und dem Massaker von 1871 Missionsstationen gegründet hatten, daß ihr Erfolg wesentlich davon abhing, ob die Geistlichen wenigstens etwas Chinesisch sprachen, daß sie geistlichen Trost spendeten, die Chinesen mit der amerikanischen Kultur vertraut machten und für jung und alt Sprachkurse anboten.

Ebenfalls aus Achtung vor ihrem Mann hatte sie sich in der methodistischen Mission engagiert. Und sie war nicht die erste, denn schon 1889 hatten sich mehrere Chinesen in der methodistischen Mission taufen lassen und waren in das Gemeinderegister aufgenommen worden, darunter auch Chan Kiu Sing, ein Geschäftsmann aus der Spring Street, und seine Frau. Chan hatte als erster Chinese in den Vereinigten Staaten von den Methodisten die Erlaubnis zum Predigen erhalten. Von 1900 bis zu seinem Tod im Jahr 1923 war er der Pfarrer der Chinesischen Vereinigten Methodistischen Kirche von Los Angeles gewesen.

Noch heute stimmte es Mrs. Leong traurig, wenn sie an seinen Tod dachte. Pfarrer Chan hatte sehr viel für die Gemeinde getan. Neben seiner kirchlichen Tätigkeit arbeitete er als erster chinesischer Dolmetscher am Gericht. Er fungierte als Sozialarbeiter, Pfarrer, Kirchenvorstand und Vermittler zwischen seinen Landsleuten und der Regierung. Viele chinesische Hausfrauen ließen sich von ihm zur

Metzgerei von Sam Sing begleiten und beim Kauf gebratenen Schweinefleischs beraten. Häufig sah man ihn mit Tüten voll duftendem Fleisch die Marchessault Street hinaufgehen, das er wenigen Auserwählten persönlich überbrachte. (Mrs. Leong gehörte selbstverständlich zu ihnen.)

In der ersten Zeit auf dem Goldenen Berg hatte Mrs. Leong auch erfahren, daß es weiße Frauen gab, die ihre Familien bis zu dreimal pro Woche abends verließen und Junggesellen Englisch beibrachten. Und sie lernte Mrs. Emma Findlay kennen, eine Kongregationalistin, die konsequent darauf verzichtete, offen zu missionieren, und es vorzog, sich den Frauen in Chinatown und deren Freundinnen und Verwandten in der Gegend um den City Market unentbehrlich zu machen. Sie brachte ihnen Englisch bei, besorgte ihnen die Materialien für ihre Stickereien und begleitete sie in amerikanische Geschäfte, wenn sie westliche Schuhe, Hüte mit Straußenfedern und Hemdkleider mit spitzenbesetzten Kragen kaufen wollten. Sie zeigte ihnen, wie man sich die Haare im Pompadour-Stil hochsteckte. Sie machte sie mit der deutschen Hebamme bekannt, versorgte sie mit Babykleidung und meldete ihre Kinder, wenn sie alt genug waren, in amerikanischen Schulen an.

All dies hatte Mrs. Leong beobachtet und gelernt. Und dabei war ihr klar geworden, daß sie für solche Aufgaben besser geeignet war als jede Amerikanerin! Einige Zeit später reiste sie nach San Francisco, legte eine Prüfung ab, schwor einen Treueid auf die Verfassung der Vereinigten Staaten und wurde die erste Chinesischlehrerin mit einer offiziellen Genehmigung der kalifornischen Regierung. In Amerika gab es keine »Reis-Christen«. Anders als in China hatten die meisten Leute hier genug zu essen, selbst wenn sie sehr arm waren. Sie mußte einen anderen Weg finden, um die Seelen der Kinder zu retten. Sie hätte sie »Sprach-Christen« nennen können, denn alle Eltern in Chinatown wollten, daß ihre Kinder die Sprache ihres Heimatlandes lernten.

Ihre Arbeit beschränkte sich nicht auf die Kinder. Einige Jahre zuvor hatte sie mit Mrs. Chan, der Witwe des Pfarrers, den Win One Circle gegründet, die erste religiöse Frauenorganisation in Los Angeles. Sie hatten lange über den Namen gestritten. Win One bedeutete für sie, eine Frau für ihre Sache zu gewinnen oder in ihren Kreis zu bringen und sie dann die Bibel zu lehren. Viele Mitglieder waren anfangs Buddhistinnen und wußten nichts über Jesus, aber sie lernten schnell. Sie waren sehr einsam. Nach Jahren der Trennung von ihrem Mann waren sie schließlich wie Mrs. Leong allein nach Amerika gekommen. Auch sie hatten Monate auf Angel Island verbracht, weil sie die Fragen der Einwanderungsbeamten nicht verstanden hatten. Andere waren von ihren Männern per Post bestellt worden und hatten sie erst zu Gesicht bekommen, als sie Angel Island verließen. Manche waren sogar ins Land geschmuggelt worden und hatten den Pazifik in einer versiegelten Holzkiste im Laderaum eines großen Schiffes überquert, ganz still, damit niemand sie entdeckte, mit genau bemessenen Essensrationen und im schrecklichen Gestank ihrer eigenen Exkremente. Gleichgültig, wie sie gekommen waren, sie sprachen kein Englisch und hatten keinen Glauben.

Der Win One Circle wurde ein großer Erfolg. Mrs. Leong suchte viele Frauen persönlich auf und sprach so lange mit ihren Männern, bis sie ihnen die Erlaubnis gaben, sie einmal pro Woche in ihrem Haus zu besuchen. Bestand die Gruppe zu Anfang nur aus etwa zwölf Frauen, so war sie einige Jahre später auf zwanzig angewachsen. Nach einem Mittagessen, bestehend aus Nudeln und Tee, lasen sie in der Bibel und sangen. Danach brachte Mrs. Leong den Frauen einfache Redewendungen bei, machte sie mit amerikanischen Gebräuchen vertraut und gab ihnen Tips, wie sie sich im Umgang mit Amerikanern verhalten sollten. Vor den Festtagen – und da immer mehr Frauen konvertierten, feierten auch immer mehr Weihnachten – erklärte sie ihnen, wo es Weihnachtsschmuck zu kaufen gab, was eine Zuckerstange war und wie man Lebkuchen buk.

Sie erklärte ihnen, welche Geschäfte gut waren, wobei sie immer den National Dollar Store am Broadway empfahl. »Er gehört Joe Shoong. Er ist mit dreiundzwanzig nach San Francisco gekommen, und jetzt gehören ihm vierzig Warenhäuser.« Sie erklärte den Frauen, in welchem Stockwerk sie welche Geschenke finden konnten. Männersocken und Krawatten im Zwischengeschoß, Rentierpullover im zweiten Stock. Und im Erdgeschoß sollten sie beim Nikolaus vorbeischauen, der den Kindern Kandiszucker und ein Büchlein schenkte. Sie brachte ihnen bei, wie man auf englisch »Können Sie mir bitte helfen?« »Was kostet das?« »Ich will eines [zwei, drei oder vier]?« und »Vielen Dank« sagte. Sie erklärte ihnen, worauf sie Anspruch hatten: »Bittet eine Frau hinter der Ladentheke um Hilfe. Bewahrt euer Geld in einem Geldbeutel auf und zählt es sorgfältig, wenn ihr bezahlt. Laßt euch Zeit. Die Amerikanerin wird vielleicht ärgerlich, aber es ist euer Geld.«

Darüber hinaus traf sich Mrs. Leong einmal im Monat in der Kirche neben der Plaza mit den Müttern ihrer Sprachschüler zum Tee. Für alle Frauen, deren Kinder ihren Unterricht besuchten, bestand »Anwesenheitspflicht«, so wie alle Schüler auch an der Sonntagsschule und am sonntäglichen Gottesdienst teilnehmen mußten. Die Frauen kamen, selbst wenn sie Kuan Yin verehrten oder den Lehren des Konfuzius folgten. Sie wollten, daß ihre Kinder etwas lernten.

Dieser Frauenkreis war wie ein Nest voll hungriger Jungvögel. »Ich will, daß meine Kinder die Kultur und Zivilisation unserer Heimat kennenlernen«, piepste eine Mutter. »Mein Sohn soll Chinesisch lernen, damit er die Briefe seiner Großeltern lesen kann«, wünschte sich eine andere. »Ich gebe meinem Kind alles, wenn es nur auf chinesisch darum bittet«, verkündete eine dritte. Mrs. Leong tat ihr Bestes, damit ihre Träume in Erfüllung gingen.

Sie wußte, daß die Kinder sich oft bei ihren Eltern beschwerten, weil sie keine Freizeit hatten. An den Werktagen dauerte ihr Unterricht von 15.30 Uhr bis 17 Uhr, an den Samstagen von 10 bis 12.30 Uhr. Sonntags war Gottesdienst von 8 bis 11 Uhr, Sonntagsschule von 11 bis 15 Uhr. Die Kinder jammerten, daß ihnen keine Zeit zum Spielen bleibe. Sie gingen in die amerikanische und die chinesische Schule, mußten nach dem Unterricht in den Wäschereien, Restaurants oder Raritätengeschäften ihrer Familien arbeiten und schließlich auch noch ihre Hausaufgaben machen und ihre häuslichen Pflichten erfüllen. Mrs. Leong war das Gejammer gleichgültig – ihr Gilbert war auch so aufgewachsen, und es hatte ihm gutgetan –, aber bei Pfarrer Chan stieß es auf offene Ohren. Er änderte die Zeiten für Gottesdienst und Sonntagsschule, nur damit die Familien mehr Freizeit hatten. »Machen wir es so«, sagte er, »dann können die Leute den Nachmittag im Park oder am Strand verbringen.« Sie hatte

nicht verstanden, daß er und auch sein Nachfolger Wong so dachten, aber sie mußte damit leben.
Sie fand immer neue Betätigungsfelder. Einmal im Monat gab es ein gemeinsames Treffen von Kongregationalisten, Presbyterianern und Methodisten. Jede Gemeinde versammelte sich zu einem Frühgottesdienst in ihrer eigenen Kirche, aber am Nachmittag trafen sich alle drei zu einem gemeinsamen Picknick, meistens im Lincoln oder im Brookside Park. Am 4. Juli, dem amerikanischen Unabhängigkeitstag, drängten sich Kinder aller drei Konfessionen auf der mit Stangen gesicherten Ladefläche des Lastwagens der Methodisten-Mission. Während der Laster quer durch die Stadt zum Meer rumpelte, bewarfen die Kinder Passanten und Autos mit Feuerwerkskörpern. Auf der einen Seite des Führerhauses flatterte die amerikanische und auf der anderen die chinesische Flagge. Mrs. Leong mußte immer an warmen Kartoffelsalat, belegte Brötchen, gebratenes Huhn und knirschenden Sand zwischen den Zähnen denken, wenn sie sich an diese ausgelassenen Tage am Strand erinnerte.
»Die Schule nimmt dich zu stark in Anspruch«, murrte ihr Mann oft, wenn sie müde wurde. »Du solltest den Unterricht aufgeben. Warum vergeudest du deine Zeit? Es ist zuviel für dich.« Mit dieser Arbeit konnte man nicht reich werden, das war ihr klar. Die Zentrale der methodistischen Kirche in San Francisco bezahlte monatlich fünfundzwanzig Dollar für den Unterricht, den sie nun schon seit zwanzig Jahren hielt. Zu Leong Jeung sagte sie immer, daß sie nicht des Geldes wegen arbeite, sondern um Gott zu dienen. Es war doch eine Tatsache, daß die Mitgliederzahl der methodistischen Kirche in den Jahren, seit sie unterrichtete, auf dreihundert gestiegen war und die Zahl der Presbyterianer und Kongregationalisten nun übertraf. »Ja, ja, das stimmt schon«, sagte ihr Mann dann immer und wechselte das Thema.
Und jetzt diese Hochzeit! Acht Jahre lang hatte sie Gilbert davon abgeraten. Und sie war immer noch überzeugt, daß sie richtig gehandelt hatte. »Ich will ganz offen zu dir sein«, hatte sie zu Gilbert gesagt. »Alle chinesischen Eltern – nein, nicht nur chinesische, auch alle anderen, Japaner oder Italiener – wollen, daß ihre Kinder jemanden aus ihrer eigenen Rasse heiraten. Florence See ist eine

Halbchinesin, gewiß. Natürlich ist sie Chinesin. Aber sie hat zuviel *fan yin* in sich, sie denkt zu sehr wie eine Weiße.«

In diesen letzten acht Jahren hatte sie oft mit ihrem Sohn gestritten. Er hatte immer gesagt: »Für dich gibt es nur Chinesen alter Schule. Du sagst, man müsse ein hundertprozentiger Chinese sein und alles kennen – die Bräuche, das Denken, einfach alles.«

Und sie hatte immer geantwortet: »Wenn du von dem Fremden auch nur ein bißchen in dir hast, wirst du auf die andere Seite wechseln. Diese Florence See, sie hat zuviel *fan yin,* das sage ich dir.«

Doch schließlich hatte Gilbert nicht mehr auf sie gehört. Es sei wegen des Krieges, hatte er gesagt. Als Soldat werde er sein eigenes Leben leben.

»Ich muß den Stier bei den Hörnern packen, Mutter«, hatte er gesagt.

Und er hatte es getan. Einfach so! Er war zu Fong See gegangen. Wie hatte sie bloß erwarten können, daß der alte Mann nein sagen würde! »Ich weiß, was im Viertel geredet wird«, sagte er. »Du und meine Tochter, ihr geht schon lange miteinander. Auch deine Familie kenne ich schon lang. Schick deine Mutter zu mir, und ich werde mit ihr sprechen.« Ihr Besuch bei dem alten See-bok hatte den Beginn der offiziellen Verlobungszeit markiert und die langwierigen Verhandlungen über den Brautpreis eingeleitet.

Jetzt ließ sie ihre Augen über die lange Liste wandern, die sie erstellt hatte. Wenn schon eine Hochzeit, dann mußten alle Bräuche gebührend beachtet werden. Die Eastern Bakery in der Grant Street in San Francisco buk die besten Brautkuchen im Land, manche mit Fleisch, andere mit Lotossamen oder einer Paste aus schwarzen Bohnen gefüllt. Sie bestellte zusätzlich zwei Dutzend von denen mit den Lotossamen, weil ihr Name, *lin ji,* wie »steter Kindersegen« klang. Der Mann, der ihre Bestellung aufnahm, hatte versprochen, einige Kuchen in einer Form mit dem Schriftzeichen für »langes Leben« oder »doppeltes Glück« zu backen. Zehn Körbe mit diesen Kuchen, das gebratene Schwein und das Geldgeschenk an Fong See würden wohl als Brautpreis genügen.

Sie ging in die Küche und sprach mit einem der Köche, der gerade das *bat ho lin ji* bereitete, das traditionelle Dessert aus Lilienblättern.

Ihre Schriftzeichen bedeuteten: »Zwischen diesen beiden Menschen wird hundertjährige Harmonie herrschen.« Die Schildkröten mußten bald hier sein, und auch die Haifischflossen waren bestellt. In einer Ecke der Küche wanden sich Dutzende schwarzer Aale in einer Wanne, so daß das Wasser förmlich brodelte. Mrs. Leong nickte resigniert mit dem Kopf. Beim Hochzeitsbankett würde es nicht an Glücksspeisen fehlen.

Die Trauung von Florence Luscinda See und Gilbert Lester Leong fand am Nachmittag des 2. Juli 1942 um 14 Uhr im Seitenschiff der methodistischen Kirche am Colorado Boulevard in Pasadena statt. Da Braut und Bräutigam in den Augen des Staates beide Chinesen waren, durften sie in Kalifornien heiraten. Sissee war damit das einzige Mitglied ihrer Familie, das in den Vereinigten Staaten getraut wurde. Die Gestaltung der Feier war stark von Mrs. Findley beeinflußt. Sie hatte in Chinatown Hochzeiten westlichen Stils eingeführt, die von den Chinesen *men ming* oder »aufgeklärte Hochzeiten« genannt wurden. Der Gedanke, daß die Familie der Braut die Hochzeit allein ausrichtete, war dem chinesischen Denken jedoch fremd. Sissees und Gilberts Hochzeit war ein Mittelding zwischen einer vier- bis siebentägigen chinesischen Hochzeit mit Sänften und Banketten, bei denen die Braut einen prächtigen, schweren Kopfschmuck trug, und einer westlichen Hochzeit mit weiß gekleideter Braut, Gottesdienst, Feier und Flitterwochen.

Nach chinesischem Brauch wurden die Brautkuchen, das gebratene Schwein und ein gebratenes Huhn in goldenes und rotes Papier verpackt und an Fong See geschickt. Er ließ das Schwein zerlegen, die Teile wieder in rotes Papier wickeln und sie Freunden und Verwandten in Chinatown überbringen. Zur kirchlichen Trauung wurden nicht vier- bis fünfhundert Gäste eingeladen, wie manche in Chinatown erwartet hatten, sondern nur vierzig – praktisch die gesamte Verwandtschaft mit Ausnahme Anna May Wongs. Schließlich herrschte Krieg. Sissee trug bei der Zeremonie ein gestärktes, ausgestelltes Kleid aus weißem Satin.

Nach dem Gottesdienst fuhr die Hochzeitsgesellschaft zum Haus der Leongs an der Ivadel und strömte durch die große, luftige Eingangshalle zu einem Empfang mit Imbiß für über hundert Gäste. Sissee hatte das weiße Brautkleid gegen ein traditionelles, brokatbesetztes chinesisches Hochzeitskleid in Rot getauscht und machte unter den Gästen die Runde. Von ihrer Verwandtschaft waren vierzehn Sees und acht Fongs anwesend. Yuns Familie stellte weitere vierundzwanzig Gäste. Die anderen Gäste, die Sissee eingeladen hatte, waren Freunde: Mrs. Morgan, Mr. White und sechs Mitglieder der Familie Wing aus Long Beach, die Bedienungen Esther, Loy und Juanita aus dem Dragon's Den, ferner Tyrus und Ruth, Wally, Helen, Kay und Pink. Die Familie Leong stellte nur vier Gäste, da Elmer bereits in Übersee war. Sie hatte jedoch fünfundzwanzig Wongs, fünfundzwanzig Laus, die Witwe Chan mit ihren Töchtern und andere Freunde eingeladen.

Der Empfang, das Bankett, das am Abend im Soochow für die Freunde und Verwandten der Familie des Bräutigams gegeben wurde, und das Bankett, das am folgenden Abend für die Verwandten und die mehrheitlich weißen Freunde Sissees stattfinden sollte, gaben allen Beteiligten Gelegenheit zum Nachdenken. Die Begegnung zwischen Ticie und Mrs. Leong war erwartungsgemäß recht verkrampft. Die beiden Frauen hatten wenig gemeinsam. Mrs. Leong zog es immer wieder zu den von ihr geladenen Gästen hinüber, und Ticie blieb am liebsten für sich.

Sie wanderte durch das Haus, das nach chinesischer Sitte ab heute das Heim ihrer Tochter war. Vor Jahren hätte sie sich über die Pracht und die Größe des Hauses gefreut. Sie zögerte am Fuß der großen Treppe, dann ging sie durch das holzgetäfelte Wohnzimmer mit seinem riesigen offenen Kamin in das Eßzimmer, wo die Geschenke – Schmuck, Münzen, Seide und Stickereien – ausgelegt waren. Sie fand ein ruhiges Plätzchen in der Bibliothek, setzte sich allein in eine Ecke und wartete, bis die Aufregung des Tages von ihr abfiel. Sie war glücklich, erleichtert und müde. Wenigstens war ihre Tochter jetzt gut versorgt.

Stella war Ticies Stimmung nicht entgangen. Auf der Herfahrt hatte sie im Wagen das überwältigende Gefühl gehabt, daß Ticie nun, da Sissee verheiratet war, nicht mehr lange zu leben hatte.

Es waren viele Kinder da, die große Kinder- und Enkelschar Onkel

Yuns und die Kinder aus der stetig wachsenden Familie Fong Sees. Sie tobten durch das Haus, kicherten, wenn sie zurechtgewiesen wurden, und rannten weiter. Sie kommentierten die Geschenke mit »Ahs« und »Ohs«, bewunderten die einen, stöhnten über andere. Als die Kinder des Onkels einen Augenblick zur Ruhe kamen, unterhielten sie sich über Mrs. Leong. Die älteren hatten sie als eine nette und geduldige Frau in Erinnerung. »Sie hat unserer Familie sehr geholfen«, sagte eines von ihnen. Doch die jüngeren ließen kein gutes Haar an ihr, denn in den zwanzig Jahren ihrer Tätigkeit als Lehrerin hatte Mrs. Leong allmählich ihre Geduld verloren. Hatte sie früher mit dem Bambusstock ihres Staubwedels lediglich auf den Tisch geklopft, wenn die Kinder nicht aufgepaßt hatten, so band sie heute manchmal zwei oder drei Stöcke zusammen, damit sie auf den Handgelenken oder Handflächen der Schüler mehr Wirkung entfalteten.

»Wenn wir auch nur ein Wort aus der Lektion vergessen hatten, mußten wir die Hand ausstrecken und bekamen eins übergezogen.«

»Und die Eltern haben uns nicht geglaubt.«

»Ich war wirklich ungezogen«, sagte Gim, einer der jüngeren Söhne Yuns. »Ich lernte meine Lektionen nicht. Und wenn Mrs. Leong einnickte, schnitt ich Grimassen und alberte herum.«

»Dafür hat sie dich dann so fest geschlagen, daß dein Arm mehrere Tage geschwollen war.«

»Und dann hat Mom beschlossen, daß wir nicht mehr hinzugehen brauchten.«

Die Braut huschte von Gast zu Gast, nahm schüchtern Komplimente entgegen und errötete bei allzu obszönen Anspielungen auf die bevorstehende Hochzeitsnacht. An diesem Tag präsentierte sich Sissee als das, was sie immer gewesen war und immer bleiben sollte – als eine dienstbare Seele. Sie war schön und freundlich und verstand von asiatischer Kunst ebensoviel wie von der Führung eines Restaurants. Vor allem aber war sie eine gute chinesische Tochter, die dem konfuzianischen Verständnis von der Rolle der Frau folgte. Als kleines Kind hatte sie ihrem Vater gehorcht, als Erwachsene hatte sie ihren Brüdern gehorcht und ihrer Mutter als Gesellschafterin gedient, und als verheiratete Frau war sie bereit, sich dem Willen ihres Mannes zu beugen und die Gepflogenheiten in seiner Familie zu achten.

Sissee ignorierte bewußt den Gabentisch, während sie mit den Gästen sprach, da ihr dort nur die Mitgift ihres Vaters ins Auge stach. Sie konnte vielleicht eine echte Ming-Vase nicht auf Anhieb von einer falschen unterscheiden, aber sie war inmitten schöner Dinge aufgewachsen und hatte ein gutes Auge für Qualität. Sie sah, daß die beiden geschnitzten Stühle, die ihr Vater geschickt hatte, aus dem späten 19. Jahrhundert stammten und ansehnliche, aber keineswegs großartige Stücke waren. Und sie sah, daß es sich bei dem kompletten Kanton-Service mit Brotkörben und Mokkatäßchen um zweitklassige Exportware handelte. Als das Porzellan eingetroffen war, hatte sie es genau untersucht und die Stücke mit entsprechenden Stücken in Ticies Laden verglichen. Wenn sie zwei Teller nebeneinander hielt, sah sie, daß ihr Teller dicker, seine Bemalung primitiver und die Farbe seiner Glasur greller war.

Dieses Geschenk stimmte sie traurig. Ihr Vater hatte ihr ein »hübsches« Service geschenkt, dennoch war sie verletzt. Er war in seinen Laden gegangen und hatte ein paar nichtssagende Dinge ausgewählt. Andererseits war sie Realistin genug, um zu wissen, daß sie sich glücklich schätzen konnte, überhaupt etwas bekommen zu haben. Nach dem Empfang würde sie das Geschirr wieder in die acht Originalkisten verpacken und nie benutzen.

Nach dem Empfang stiegen alle wieder in ihre Autos und fuhren zum Soochow, wo die Familie des Bräutigams ihr erstes Bankett gab. Viele Gäste legten die kurze Strecke auf der gerade vollendeten ersten Schnellstraße von Los Angeles zurück. In Fong Yuns Wagen ging es wild zu. Die kleinen Kinder tobten auf dem Rücksitz, und Gary, der jüngste Sohn des Onkels, öffnete die Tür und fiel hinaus. Die Familie hielt an, nahm den Jungen wieder an Bord und fuhr zum französischen Krankenhaus, einem der letzten Überbleibsel des ehemaligen Franzosenviertels. Die Ärzte weigerten sich, den Jungen zu untersuchen.

»Wir haben keine Notaufnahme«, sagte die Frau an der Pforte. Yun argwöhnte, daß man in dem Krankenhaus keine Chinesen behandeln wollte. Rückblickend betrachtet, mag es daran gelegen haben, daß die Familie nicht krankenversichert war. Jedenfalls stiegen alle wieder in den Wagen. Die Kinder weinten, die Mutter wimmerte, und Gary fühlte sich aufgrund der allgemeinen Panik immer schlechter. Sie fuhren zum Kreiskrankenhaus, wo Stella vor Jahren mit Diphtherie eingeliefert worden war. Sissee und Gilbert erschraken, als sie von dem Unfall hörten. Das war das denkbar schlechteste Omen. Dann aber stellte sich heraus, daß der Junge sich nichts getan hatte, und das frischvermählte Paar war sogleich wieder bester Laune.

Beim Bankett am ersten Abend führte Ed Leong in der Küche des Soochow ein umsichtiges und effizientes Regiment. Sobald die Gäste Platz genommen hatten, trugen die Kellner dampfende Schüsseln mit Haifischflossensuppe auf. Beifälliges Gemurmel erhob sich, als die Gäste erkannten, was für ein fürstliches Mahl aufgetischt wurde. Wie viele Bräute hatte auch Sissee nicht die Zeit, das Bankett zu ihren Ehren richtig zu genießen. Sie wanderte von Tisch zu Tisch und goß Tee in die Tassen auf ihrem kleinen Tablett. Wenn sie es herumreichte, nahm sich jeder Gast eine Tasse und legte an ihre Stelle ein *lai see,* ein Päckchen Papiergeld, das der Braut Glück bringen sollte.

»Möge dir jede Ecke des Universums ihren Segen spenden«, sagte einer der Gratulanten.

»Ich will nächstes Jahr rote Eier!« rief ein anderer in Anspielung auf den Brauch, daß Eltern nach der Geburt eines Sohnes der Verwandtschaft rote Eier schenken.

»In neun Monaten und zwei Minuten«, scherzte ein anderer unter fröhlichem Gelächter.

Am nächsten Morgen erwachte Sissee in Gilberts Schlafzimmer in dem Haus an der Ivadel. Sie legte ein geblümtes Kleid an und bürstete sich die Haare. Sie war jetzt keine alte Jungfer mehr, aber auch keine junge Braut, wie ihr der Spiegel zeigte. Ein paar graue Strähnen durchzogen bereits ihr Haar.

Im Erdgeschoß warteten die Leongs. Sissee hatte keine Möglichkeit, den Ahnentempel in Sun Wei zu besuchen, wo seit Menschengedenken an einer Wand die Namen aller Leongs verzeichnet wurden. Vor dieser Wand hätte sie nach der Tradition als neue Schwiegertochter den Vorfahren ihres Mannes ihren Respekt erweisen und sagen müssen: »Ich, Florence Leong, bin gekommen, um eurer Familie beizutreten.« Statt dessen sollte sie nun wie andere junge Ehefrauen in anderen Chinatowns im ganzen Land die einfachere und leichter zu realisierende Teezeremonie vollziehen.

Mrs. Leongs Blick war so streng, daß Sissee errötete. Dennoch machte sie sich ohne Zögern ans Werk. Sie brachte Wasser zum Kochen, goß ein wenig in eine Teekanne und schwenkte es herum, um das Porzellan anzuwärmen. Sie maß die Teeblätter in ihrer Handfläche, wie es ihre Mutter viele Jahre zuvor von den Junggesellen in Fong Sees Hinterzimmer in Sacramento gelernt hatte. Dann gab sie die Blätter in die Kanne und wartete schweigend, bis der Tee gezogen hatte. Mit niedergeschlagenen Augen goß sie den Mitgliedern ihrer neuen Familie Tee in die Tassen – zuerst dem Schwiegervater und der Schwiegermutter, dann ihrem Schwager und schließlich Gilberts Schwester. Sissee fühlte plötzlich einen Anflug von Panik, denn sie wollte unbedingt alles richtig machen. Als sie die Tassen überreichte, erhielt sie auch von allen ihren neuen Verwandten ein *lai see* oder ein Schmuckstück.

Leong Jeung, Gilberts Vater, beobachtete den Vorgang aufmerksam und wohlwollend. Er war ein einfacher Mann, umgänglich und bescheiden. Die Leute mochten ihn wegen seiner Wärme und Freundlichkeit, aber nur wenige wußten, daß er in aller Stille Gutes getan hatte. Während der Depression hatte er mit seinen Schecks für die Kong Chow Association und die Kirche vielen Menschen geholfen. Doch er hatte nie Anerkennung für seine guten Taten erwartet. In seiner Familie galt er als schwach, denn er schien nicht nach hohen Idealen zu streben wie seine Frau. Doch er wußte genau, was er tat. Er stammte vom Land und sprach einen ländlichen Dialekt, seine Frau war eine Städterin und sprach einen städtischen Dialekt. Jedermann konnte sehen, daß sie aus einer erstklassigen Familie kam. Aus diesem Grund hatte er beschlossen, sich im Hintergrund zu halten.

Er sah zu, wie seine Schwiegertochter den Tee einschenkte, und hoffte im stillen, daß diese Ehe klappen würde. Er blickte über den Tisch zu seiner Frau. Er wußte, daß sie sich in den kommenden Monaten lang und breit über die Schwächen des Mädchens auslassen würde, aber im Augenblick schien sie zufrieden. Wenn diese Sissee ihren übrigen Pflichten ebensogut nachkam, hatte sein Sohn vielleicht doch keine schlechte Wahl getroffen.

Bald nach der Hochzeit fuhren Sissee und Gilbert nach Arizona und von dort weiter nach Tennessee, wo Gilbert stationiert war. Wenige Wochen nach ihrer Abreise wurde Ticie bettlägrig. Sie ließ einen Kräuterheilkundigen kommen und trank Tees. Aber nichts half. Sie bat die Familie, Sissee nichts zu sagen. »Sie soll glücklich sein«, sagte sie. »Ich will, daß sie ihre Flitterwochen genießt und Gilbert richtig gut kennenlernt.« Als sich ihr Zustand verschlechterte, zog sie zu Ray und Leona.

Diesmal sah sie selbst, wie sehr sich Rays Lebensstil von dem der anderen Familienmitglieder unterschied. Sein elegantes Haus im Nichols Canyon wurde von Eukalyptusbäumen beschattet. Ticie wohnte in dem japanischen Teehaus neben dem Swimmingpool. Ray besuchte sie abends, wenn er aus der Fabrik kam. Mit einem Highball in der Hand saß er dann in einem Sessel, blickte in die flimmernde Luft des Canyons hinaus und unterhielt sich mit ihr. Häufig kam er dabei auf seinen Vater zu sprechen. »Ich kann ihm nicht verzeihen«, sagte er dann.

Das erinnerte Ticie daran, wie ungern Ray als Junge mit Jaderingen hausieren gegangen war, wie ungern er Nähkörbe geschmückt oder Möbelstücke zusammengebaut hatte. Erst mit achtzehn oder neunzehn hatte er seine Unzufriedenheit überwunden und sich dazu durchringen können, das Geld seines Vaters zu genießen. Dann aber hatte Suie Ngon Hung geheiratet, und seitdem hegte er wieder den alten Groll gegen seinen Vater.

»Wenn ich ihm vergeben kann, warum kannst du es dann nicht?« fragte Ticie.

»Nach allem, was wir seinetwegen durchgemacht haben?« erwiderte Ray. »Nach allem, was er *dir* angetan hat? Ich kann es einfach nicht, Ma. Ich werde es nie können.«

»Vielleicht ändert sich das, wenn ich einmal nicht mehr bin. Man kann nie wissen. Eines Tages brauchst du vielleicht seine Hilfe.«

Aber Ray schüttelte den Kopf. »Ich werde nie etwas von ihm annehmen.«

Ticie wußte, daß Ray von allen ihren Kindern seinem Vater am ähnlichsten war, aber gleichzeitig wußte sie auch, daß sie ihn durch nichts dazu bewegen konnte, seine Haltung zu ändern.

Anfang Dezember 1942, sechs Monate nach Sissees Hochzeit, zog Ticie wieder nach Hause in den Maplewood Drive. Mitte Dezember wurde sie von Stella und Eddy in das Mount Sano Hospital gebracht. In den folgenden zwei Wochen weigerte sich Ticie, ihre Enkel zu sehen. Nicht einmal Richard durfte sie besuchen. Am 4. Januar 1943 starb sie an einer Gehirnblutung, hervorgerufen durch fortgeschrittene Arteriosklerose und erhöhten Blutdruck. Sie wurde 66 Jahre alt. Sissee war außer sich vor Schmerz, als sie zur Beerdigung aus Memphis zurückkehrte. »Warum habe ich nichts davon gewußt?« sagte sie weinend. »Warum hatten wir nicht mehr Zeit miteinander? Ich hätte so gern für sie gesorgt.« Niemand konnte sie beruhigen oder trösten.

Wie erschüttert die Familie war, läßt sich daran ermessen, daß Ticies Kinder und Enkel von der Beerdigung kaum mehr in Erinnerung behielten, als daß sie in der Little Church of the Flowers am Forest Lawn in Glendale stattfand. Stella weiß nicht einmal mehr, daß sie auf dem Begräbnis war, obwohl sich andere Trauergäste mit Bestimmtheit an ihre Anwesenheit erinnern. Rays Tochter Pollyanne weiß noch, daß sie den größten Teil des Gottesdienstes auf der Toilette verbrachte und zusammen mit Stella versuchte, Sissee zu trösten. Chuen, der älteste Sohn aus Fong Sees Ehe mit Ngon Hung, erinnert sich, daß sein Vater und seine ältere Schwester Jong Oy zu der Beerdigung gingen, nach ihrer Rückkehr aber kein Wort darüber sprachen, möglicherweise aus Rücksicht auf Ngon Hung.

Sissee ging kurz nach der Beerdigung das Adreßbuch ihrer Mutter durch und schrieb an alle, die nicht auf der Beerdigung gewesen waren. Einer der Antwortbriefe stammte von einer Tante May Pruett aus Eureka in Kalifornien. War sie Ticies Tante? War sie die Tante der Kinder? Oder die Frau eines ihrer Brüder, die sie verstoßen hatten? Nun, da Ticie tot war, würden ihre Kinder es nie erfahren. Als sie den Brief lasen, begriffen sie jedoch, wovor ihre Mutter geflohen war. »Seid getrost, denn sie ist nicht tot, sie schläft nur, wie Jesus in der Bibel sagt«, schrieb Tante May. »Ihr werdet sie wiedersehen. Es gibt keinen Tod, denn Gott ist unser Leben.« Die Kinder waren über diese Botschaft verwirrt und beschlossen, nicht zurückzuschreiben.

Genauso nebelhaft wie die Erinnerung an Ticies Tod ist auch die an den Rest des Jahres 1943. Sicher ist, daß Milton nun allein die F. Suie One Company leitete. Außerdem hatte er eine junge Frau kennengelernt, eine Weiße namens Irene »Sunny« Rockwell, die ein kleines Atelier hinter der F. Suie One Company gemietet hatte. Milton sagte, er und Sunny hätten sich zusammengetan, um T'ang-Pferde herzustellen, bis er echte Stücke aus China besorgen könne. Doch die Klatschmäuler in Chinatown wußten es besser: Die beiden hätten sich tatsächlich zusammengetan, aber nicht um T'ang-Pferde herzustellen!

Ray und Bennie waren mit der See Manufacturing Company beschäftigt. Die frischverheiratete Sissee lebte mit Gilbert im Süden und arbeitete nicht mehr im Dragon's Den. Eddy, der sich nach dem Überfall der Japaner auf Pearl Harbor einen Ziegenbart wachsen ließ, den er bis zu seinem Tode tragen sollte, war nun allein für das Dragon's Den verantwortlich – und schloß das Lokal. Warum, ist nicht ganz klar. Stella hat behauptet, wegen Sissees Abwesenheit und wegen »eines Todesfalls«. Eddy selbst erzählte gern eine andere Version. Danach beschloß er, das Dragon's Den zu schließen, als er einen Koch bat, den Boden zu wischen, und der Mann sich rundweg weigerte, wohl wissend, daß Chinesen jetzt, im Krieg, endlich auch »draußen« anständige Jobs bekamen. Wie auch immer, fest steht jedenfalls, daß Eddy das Dragon's Den schloß und sich bei der See Manufacturing Company anstellen ließ, damit er vom Militärdienst befreit wurde. Obwohl er mit dem Dragon's Den der ganzen Familie See durch die Zeit der Wirtschaftskrise geholfen hatte, leistete er nun keinen Beitrag mehr zur Familienkasse, ein Umstand, der seine Brüder nicht gleichgültig ließ.

In ihrer Trauer interessierte sich die Familie nicht für die USA-Reise von Soong Mei-ling, der Frau des Generalissimus Chiang Kai-shek. Ihr Besuch hatte den doppelten Zweck, die Amerikaner um Mittel für den Krieg gegen Japan zu bitten und auf eine Aufhebung des Exclusion Act hinzuwirken. Sie sprach vor dem Kongreß in Washing-

ton und hatte eine Unterredung mit Präsident Roosevelt. Auf dem Rückweg nach China besuchte sie Los Angeles. Dieser Tag markierte einen Höhepunkt in dem jahrelangen Kampf der Stadt gegen den japanischen Aggressor, einem Kampf, der im New Life Movement, in der Rice Bowl Campaign, in der Seven-Seven Campaign (nach dem japanischen Bombardement der Marco-Polo-Brücke in Peking am 7. 7. 1937), im Erwerb großer Mengen von Kriegsanleihen und in den 250 000 Dollar, die 1941 beim Mond-Festival zusammengekommen waren, seinen vielfältigen Ausdruck gefunden hatte. Insgesamt hatten die Chinesen in Los Angeles mehr Geld aufgebracht als die größeren Chinatowns in New York und San Francisco. Madame Chiang Kai-shek bemühte sich, diese Leistung zu würdigen.
Am 31. März 1943 trat sie in der Hollywood Bowl auf, wo es, wie der Autor Garding Liu schrieb, vor Menschen nur so wimmelte. Madame Chiang, die in Wellesley studiert hatte, war die eleganteste Frau, die die viertausend Chinesen im Publikum je gesehen hatten. Sie trat ohne Hut auf, und ihre schwarzen Haare glänzten in der Sonne. Ihre Ohrläppchen waren mit silbernen Knöpfen geschmückt. Sie trug einen langen *cheongsam* aus schwarzem Satin mit blaßblauem Futter. (Nicht ganz so wichtig wie die Spendenkampagne und der Kampf gegen den Exclusion Act, aber doch bemerkenswert ist die Tatsache, daß es im Gefolge ihres Besuches bei jungen Chinesinnen als schick galt, sich bei besonderen Gelegenheiten stolz in traditionellen chinesischen Kleidern zu zeigen, die allerdings so modern geschnitten waren, daß sie einen Arm frei ließen und die Figur betonten.)
Wie die Chinesen im Publikum trug auch Madame Chiang Anstecker am Revers: einen mit den silbernen Schwingen der chinesischen Luftwaffe und einen zweiten mit den Nationalfarben Rot, Weiß und Blau. Nach ihrer Rede wurde sie von Bürgermeister Fletcher Bowron zu einer Parade geleitet, die ihr zu Ehren auf der Macy Street in Chinatown stattfand. Später besuchte sie einen Empfang beim chinesischen Wohlfahrtsverband. Über diese Auftritte und über Madame Chiangs Schönheit und Eleganz, ihre Anmut und Bildung wurde in der Presse ausführlich berichtet, und die Artikel dürften zumindest bei Teilen der Leserschaft die Überzeugung geweckt haben, daß die chinesische Rasse letztlich doch nicht so schlecht war.

In einer Rede vor dem Kongreß nannte Präsident Roosevelt den Einwanderungsstopp einen »historischen Fehler«. Am 17. Dezember 1943 unterzeichnete er den Magnuson Act, ein Gesetz, das die alten diskriminierenden Gesetze aufhob und Chinesen die Einbürgerung erlaubte. Der Schauspieler Keye Luke, der als ältester Sohn des Serienhelden Charlie Chan berühmt geworden war, verkündete, er wolle als erster Chinese amerikanischer Staatsbürger werden. Als er vor Gericht erscheinen sollte, drehte er jedoch gerade einen Film mit Wallace Berry, und so wurde ein chinesischer Arzt als erster eingebürgert. Amüsiert schrieb der Zeitungskolumnist Walter Winchell einen Artikel mit folgender Überschrift: »Keye Luke, Charlie Chans Sohn Nummer eins, hat gerade die Gelegenheit verpaßt, auch chinesisch-amerikanischer Staatsbürger Nummer eins zu werden.«

In den aufregenden Tagen nach der Aufhebung des Exclusion Act achtete niemand auf das Kleingedruckte, demzufolge die 1924 festgelegten Einwanderungsquoten in Kraft blieben. Aus diesem Grund taten sich die Einwanderungs- und Einbürgerungsbeamten nach wie vor schwer, genügend »geeignete« und »qualifizierte« Chinesen zu finden, um die jährliche Quote von 105 Einwanderern zu erfüllen. Tatsächlich ließ die amerikanische Regierung in den ersten zehn Jahren nach der Aufhebung durchschnittlich nur 59 Chinesen jährlich ins Land. Zusätzlich wurden zwischen 1944 und 1952 nur 1428 chinesische Amerikaner eingebürgert, nachdem sie die Rechtmäßigkeit ihres Aufenthalts im Land durch Dokumente belegt und in Prüfungen nachgewiesen hatten, daß sie des Englischen mächtig waren und die Geschichte und die Verfassung der Vereinigten Staaten kannten.

Auch die Gesetze gegen Rassenmischung und das Verbot, Land zu erwerben, blieben in Kraft. Bedrohlicher war für die Chinesen, daß Weiße sie mit Japanern verwechselten. Bennie, dessen Haus in Beverly Hills auf den Namen seiner Frau gekauft war, sorgte sich wegen möglicher Repressalien gegen Familien mit chinesischen Vorfahren. »Erzählt den Nachbarn nicht, daß ihr chinesisches Blut habt«, schärfte er seinen Töchtern ein. »Und erzählt es auch an der Schule nicht. Sagt es keinem Menschen.« Seine Tochter Marcia erinnert sich heute: »Ich wuchs mit der Vorstellung auf, daß es ein Geheimnis sei. Ich erzählte es niemandem. Es war tabu. Nicht weil ich mich schämte, eine Viertelchinesin zu sein, denn ich schämte mich nicht, sondern weil ich einfach nicht wußte, was passieren würde.«

Der Krieg ging weiter. Die Angelenos gewöhnten sich an die Verdunklungsmaßnahmen. In Rundfunkspots wie »Viva Victory« wurde die Bevölkerung ermahnt, sich anständig zu benehmen, sparsam mit ihren Rationen umzugehen und Kriegsanleihen zu kaufen. Jeeps brausten durch die Stadt. Ströme von GIs ergossen sich aus der Union Station, fuhren mit der Straßenbahn hinaus an den Strand und besuchten in der Hoffnung auf einen Tanz mit Betty Grable die Hollywood Canteen. Manchmal überquerten die Soldaten auch einfach die Alameda Street und unternahmen einen Streifzug durch Chinatown.

Viele GIs sahen zum ersten Mal »die große weite Welt«, faßten sich ein Herz und probierten chinesisches Essen. Und einige Restaurantbesitzer sahen sich zu einer Maßnahme gezwungen, die sie zur Zeit der Depression nie für möglich gehalten hätten: Sie schlossen, um sich des Ansturms zu erwehren. Die Kapazitäten der Restaurants waren schlichtweg erschöpft, Vorräte waren nicht mehr zu bekommen, und die meisten Angestellten waren entweder im Krieg oder arbeiteten in der Rüstungsindustrie. Die Familie Leong hatte in New Chinatown ein zweites Soochow eröffnet, mußte es jedoch wieder schließen, weil es an Tellerwäschern, Bedienungen und Kellnern fehlte. Gilbert und Elmer waren beim Militär, und Ed arbeitete bei der See Manufacturing Company, damit er nicht zum Militär mußte. Die Familie Leong stellte ihr neues Lokal für die Dauer des Krieges der Truppenbetreuungsorganisation USO zur Verfügung und konzentrierte sich ganz auf das erste Soochow.

Am 30. April 1945 beging Hitler Selbstmord. Einen Tag danach gebar Sissee in Memphis eine Tochter, Leslee Ann Leong. Eine Woche später kapitulierte die deutsche Wehrmacht. Am 6. August 1945 warfen die Amerikaner die Atombombe über Hiroshima ab, drei Tage später eine zweite über Nagasaki. Am 14. August kapitulierte Japan bedingungslos. Der Krieg war endlich vorbei, und die Soldaten kehrten nach Hause zurück. Bald waren Sissee, Gilbert und Leslee in Los Angeles wieder mit ihren Familien vereint.

TEIL FÜNF

KAPITEL 17

HOHLER BAMBUS

1946–1947

Von 1940 bis 1950 verdoppelte sich die Bevölkerung von Los Angeles. Knapp achtzig Prozent der Zuwanderer stammten aus dem Mittelwesten. Aus Iowa waren mehr Menschen gekommen, als in der Stadt Des Moines lebten, aus Indiana mehr, als in Terre Haute, aus Nebraska mehr, als in Lincoln lebten. Wo einst Spargel oder Limabohnen gezogen worden waren, entstanden quasi über Nacht Krankenhäuser, Parkplätze und endlose Häuserreihen. Auch die Zahl der Autos explodierte. In Los Angeles gab es mehr Autos als in Alabama, Arizona und Colorado zusammengenommen, und Los Angeles hatte von allen Städten in den Vereinigten Staaten den schlimmsten Smog.

Im Krieg hatte die Stadt ihren Ruf als »Waffenschmiede der Demokratie« begründet. Ihre Flugzeugindustrie war die größte im ganzen Land und der Industriezweig, der in Los Angeles den größten Umsatz machte und die meisten Arbeitskräfte beschäftigte. Auch in anderen Branchen rangierte die Stadt an erster Stelle. Wie die Zeitschrift *Time* berichtete, »wird in Los Angeles mehr Fisch gefangen als in Boston oder Gloucester. Es produziert mehr Möbel als Grand Rapids, mehr Automobile als jede andere Stadt mit Ausnahme von Detroit und mehr Reifen als jede andere außer Akron. Seine Textilindustrie (Badeanzüge, Freizeithosen, Sportkleidung) wird nur von der New Yorks übertroffen. Im Hinterland wird Stahl produziert. Im Hafen werden mehr Güter umgeschlagen als in San Francisco.« Nur wenige wußten, daß der Los

Angeles County auch bei Milch- und Agrarprodukten führend war.
Seit den Preiskriegen der Eisenbahngesellschaften in den achtziger Jahren des 19. Jahrhunderts hatte die Stadt keinen solchen Aufschwung und Wandel mehr erlebt. Am ersten Weihnachtsfest nach dem Krieg erstrahlte Los Angeles im Glanz der Lichter und Dekorationen. Die Freude über die Rückkehr der Soldaten war groß. Die Schaufenster der Kaufhäuser waren mit faszinierenden Dingen wie elektrischen Eisenbahnen und Waschmaschinen gefüllt. Nikolause mit Perücken und falschen Bärten verteilten Kandiszuckerketten und Lutscher an Kinder, deren Gesichter vor Begeisterung glühten. Gruppen von GIs schlenderten in Uniform die Gehwege entlang oder bahnten sich mit ihren Jeeps hupend einen Weg durch die verstopften Straßen. Frauen, die vor Glück über ihre Schwangerschaft strahlten, machten bei Silverwoods und Barker Brothers einen Schaufensterbummel. Andere Frauen hakten sich bei Männern unter, die sie nie zuvor gesehen hatten und nie wiedersehen würden, und reihten sich in die Warteschlangen vor den Kinos Orpheum, Lowe's State, Pantages oder Million Dollar ein, um sich einen Film anzusehen.
Auch Chinatown wuchs mit dem Rest der Stadt. Seine Einwohnerzahl stieg zwischen 1940 und 1950 von 5300 auf 8000. Ermöglicht wurde dieser Zuwachs durch den War Brides Act vom 9. August 1946, ein Gesetz, das chinesische Frauen amerikanischer Bürger von der Einwanderungsquote ausnahm, aber auch durch den Displaced Persons Act von 1948, der Flüchtlingen die Einwanderung erleichterte. Die offizielle Quote für chinesische Immigranten lag zwar noch immer bei 105 Personen pro Jahr (dagegen hatte etwa Polen eine Quote von 6524 Personen pro Jahr). Doch zwischen 1946 und 1953 kamen über 7000 chinesische Frauen als »Kriegsbräute« in die Vereinigten Staaten, und weitere 3465 chinesische Studenten, Besucher und Seeleute erhielten als Vertriebene ein unbefristetes Aufenthaltsrecht.
Viele alte und junge Chinesen wurden eingebürgert. Chuen Fong, der älteste Sohn aus Fong Sees zweiter Familie, war einen Monat vor Kriegsende zum Militär eingezogen worden und erhielt bei sei-

ner Entlassung 1947 die Staatsbürgerschaft. Fong Yun wurde ein Jahr später naturalisiert. Wie die anderen amerikanischen GIs wurden auch die chinesischen Veteranen bei der Wohnungssuche und bei Bewerbungen an Hochschulen bevorzugt. Bis zum Frühjahr 1949 hatten sich 3610 chinesischstämmige Amerikaner an amerikanischen Colleges und Universitäten eingeschrieben, mehr als je zuvor. Angesichts dieser Erfolge wurde Bildung allgemein als Weg erkannt und akzeptiert, aus Chinatown herauszukommen.

Obwohl der Oberste Gerichtshof die Beschränkungen beim Landerwerb schon 1917 für verfassungswidrig erklärt hatte, hatte Kalifornien an ihnen festgehalten. Erst im Mai 1948 verabschiedete das Parlament des Bundesstaates ein Gesetz, das die Sondergesetze gegen den Landerwerb durch Chinesen und Angehörige anderer Minderheiten faktisch aufhob, indem es verbot, sie vor kalifornischen Gerichten einzuklagen. Diese Entwicklung – und der Zustrom chinesischer Immigrantinnen – veränderte die Struktur der chinesischen Gemeinden. Kleinfamilien amerikanischen Stils entstanden und zogen in die bislang nur von Weißen bewohnten Vorstädte, die über bessere Wohnungen und Schulen verfügten.

Auch die Gesetze gegen die Rassenmischung waren zählebig. Als Viertelchinesin fiel etwa Rays Tochter Pollyanne noch immer unter die staatlichen Rassengesetze. Wie schon ihre Eltern reiste auch sie mit ihrem weißen Bräutigam zur Eheschließung nach Tijuana. Erst zwei Wochen später, am 1. Oktober 1948, erklärte der kalifornische Verfassungsgerichtshof die Gesetze gegen die Rassenmischung für verfassungswidrig. Im Jahr darauf registrierte das Standesamt des Los Angeles County achtzig Mischehen, darunter elf zwischen weißen und chinesischen Partnern. Bennies Tochter Shirley, die zusammen mit ihrer Schwester im Krieg hatte schwören müssen, niemandem zu sagen, daß sie chinesisches Blut hatte, war das erste Mitglied der Familie See, das in den Vereinigten Staaten einen Weißen heiratete.

Die Haltung der Bevölkerung änderte sich jedoch nicht so schnell. »Nach dem Zweiten Weltkrieg hielt man uns für dumm oder verrückt, weil wir unseren ganzen Verdienst unseren Eltern gaben«, erinnerte sich David Lee. »Wer aus dem Ghetto ausbrach, mußte die schockierende Erfahrung machen, daß er unerwünscht war. Da war beispielsweise Sammy Lee, der Olympiasieger im Wasserspringen. Obwohl er als Hauptmann oder Major aus dem Krieg zurückkehrte, durfte er sich in Orange County kein Haus kaufen. Tote konnten nicht begraben werden, weil auf den Friedhöfen Rassentrennung herrschte.« Chinesen zogen Erkundigungen ein, bevor sie in ein neues Viertel übersiedelten. So fragten etwa Tyrus und Ruth Wong die Vorbesitzer ihres Hauses, ob in der Nachbarschaft Leute wohnten, die keine Chinesen in ihrem Viertel haben wollten.

»Nach dem Krieg ergriffen einige von uns akademische Berufe und wurden Ärzte oder Rechtsanwälte«, berichtet Wilbur Woo, der als Kind hinter dem Haus der Leongs am City Market in Chinatown gewohnt hatte und nach dem Krieg als einer von fünfzehn chinesischen Studenten an der Universität von Kalifornien studierte. »Andere machten einen Supermarkt in einem Schwarzenviertel auf. Doch die Einstellung vieler Leute hatte sich nicht wirklich verbessert. Ich weiß noch, wie ich Ende der vierziger Jahre auf der Fahrt nach Sacramento von einem Polizisten angehalten wurde. Seine erste Frage war, in welchem Restaurant ich arbeitete.« Fong Yuns älteste Tochter, Choey Lau, heiratete einen Piloten der amerikanischen Luftwaffe. Er bekam in der zivilen Luftfahrt keinen Job, weil er Chinese war. Erst als er 1951 nach Hawaii zog, erhielt er eine Anstellung bei den Aloha Airlines, die ein Chinese gegründet hatte.

Auch Prominente hatten unangenehme Erlebnisse. Als der Chef der chinesischen Delegation bei den Vereinten Nationen in New York an einem falschen Hotelzimmer anklopfte, übergab ihm die Frau, die an die Tür kam, wortlos ihre Wäsche. In Kalifornien eröffnete der Kameramann James Wong Howe mit einem Teil des Geldes, das er in Hollywood verdient hatte, ein chinesisches Restaurant. Als ein Fotograf Werbeaufnahmen von der Fassade des Restaurants machte, trat Howe auf ihn zu und sagte: »Könnten Sie ein bißchen nach links gehen, da haben Sie eine bessere Perspektive.« »Was, zum Teufel, verstehen Sie vom Fotografieren?« sagte der Fotograf verächtlich. »Kümmern Sie sich lieber um Ihre Kochtöpfe.«

Das Leben im letzten Block von Old Chinatown hatte sich freilich kaum verändert. Es gab noch immer die alten Geschäfte, die F. See

On und die F. Suie One Company, das Soochow, das Raritätengeschäft der Familie Chew und den Kräuterladen. Durch die engen Gassen gingen noch immer Hausfrauen zur Metzgerei Sam Sing, um Schweinefleisch zu kaufen, Lokalpolitiker setzten sich an die dreitausend Jahre alte holzgeschnitzte Bar im Jerry's Joint, fromme Chinesen suchten Rat und Glück im Kong-Chow-Tempel, und Junggesellen erhielten für einen Vierteldollar bei See Yuen eine komplette Mahlzeit. Auch das Lugo-Haus war noch immer ein Zufluchtsort für alleinstehende Männer. Nur das einstmals großartige Pico-Haus war zu einer schäbigen Absteige verkommen, und sonntags auf der Plaza beschworen Prediger vor einer spärlichen, aus Obdachlosen, Trinkern und Tippelbrüdern bestehenden Zuhörerschaft alle Höllenqualen.

Die Bürger von Los Angeles waren stolz auf alles Neue, und alle schienen die Absicht zu haben, die Stadt noch größer, besser und sauberer zu machen. In den letzten Jahren des Jahrzehnts wurden zahlreiche alte Wahrzeichen abgerissen. Auch Old Chinatown war manchen ein Dorn im Auge und geriet in Gefahr. Am 6. November 1946 beantragte der Rechtsanwalt Ray Chesebro im Auftrag der Stadt beim Obersten Gerichtshof die Enteignung der 22 Grundeigentümer im letzten verbliebenen Block des alten Chinesenviertels. Der ganze Block sollte abgerissen und durch einen Park ersetzt werden, um den Zugang zur Union Station zu »verschönern«. In den folgenden Monaten wurde der Plan im Zusammenhang mit dem Bau des Hollywood Freeway geändert. Nun sollte der größte Teil des Geländes für die Verbreiterung von Straßen genutzt werden.

Die Bewohner von Old Chinatown reagierten auf diese Vorgänge mit einer Ruhe, die Reporter als beunruhigend empfanden. Viele waren jedoch wie Fong See in den Vereinigten Staaten alt geworden. Sie hatten die große Vertreibung erlebt und waren, seit sie erstmals einen Fuß auf den Goldenen Berg gesetzt hatten, daran gewöhnt, je nach Laune der weißen Bevölkerungsmehrheit hin- und hergeschoben zu werden. Ein Reporter der *Daily News* interviewte Fong See, der, wie es später hieß, »mit philosophischem Gleichmut« reagierte. (Das Konkurrenzblatt, die *Los Angeles Times,* unterstrich diesen Eindruck mit Fotos, auf denen der alte Mann »ganz ruhig« und »unbeeindruckt« von dem Enteignungsverfahren wirkte.) »Ein Mensch braucht nur wenig Platz, weniger als dieses Zimmerchen, in dem wir jetzt stehen«, sagte Fong See zu dem Reporter der *Daily News*. »Und wenn mein letztes Stündlein schlägt, werde ich noch weniger Platz brauchen. Ich hatte ein gutes Leben und warte gelassen ab, was die Zukunft bringt.« Ein anderer Reporter fragte Fong See, ob er in den letzten fünfzig Jahren viel Geld verdient habe. »Hinterm Haus habe ich drei Wagenladungen«, lachte der alte Mann. »Aber ich weiß nicht, was ich damit anfangen soll.« Der Reporter sah darin ein Beispiel für seinen »subtilen fernöstlichen Humor«.

Ein weiterer Reporter schien mit einem ganz anderen Mann zu sprechen. »Es gibt immer Veränderungen«, sagte Fong See nachdenklich. »Die Stadt lechzt nach Veränderung. Ich bin oft umgezogen. Die Menschen meinen immer, daß Veränderungen traurig sind. Stimmt nicht. Veränderungen müssen sein.«

Fotografen streiften durch die Straßen Old Chinatowns. Einer knipste Fong See in seinem langen bestickten Mandarin-Gewand, als er in meditativer Pose mit einem Federstaubwedel vor einer Buddha-Statue stand. Ein anderer nahm ein Kind auf, als es auf einen der steinernen Fo-Hunde vor dem Eingang der F. Suie One Company kletterte. Die Kameras hielten überall in der Enklave Widersprüche fest. So stand etwa eine geschnitzte Figur, die den Aufstieg des Menschen von einer primitiven Existenz zu einer höheren Zivilisation symbolisierte, neben einem Schild mit der Inschrift »Cola mit Rum – 40 Cent«. Im ganzen Block fragten sich die Leute, was sie tun sollten, wenn sie tatsächlich ausziehen müßten.

Im Jahr 1946 kehrte die Familie Oki aus dem Internierungslager zurück, und Stella, Eddy und Richard (Ted war zur Handelsmarine gegangen) zogen in das Kellergeschoß der F. Suie One Company, wo sich einst das Dragon's Den befunden hatte. Das halbe Geschoß war mit Gerümpel vollgestellt, was in dieser Familie von Antiquitäten bis zu altem Bauholz alles bedeuten konnte. Die andere Hälfte wurde als Wohnung abgeteilt. Die Wandgemälde von Benji und Tyrus mit den Acht Unsterblichen und dem Drachen waren immer noch da. Wunderschöne chinesische Kunstgegenstände belebten

dunkle Ecken. Ratten bauten ihre Nester zwischen den unverputzten Deckenbalken und huschten an den Wasserrohren entlang.
Manchen wäre es vielleicht paradox oder stillos erschienen, umgeben von teuren Kunstgegenständen in einem rattenverseuchten Keller zu leben. Aber was ist schon Stil? Fong See war in den beengten Verhältnissen seines Dorfes aufgewachsen. Seine Kinder waren in den beengten Verhältnissen von Immigranten aufgewachsen. Nun setzte Eddy diese Tradition fort. Seine Familie hatte immer in kleinen Wohnungen gelebt – aus Gewohnheit, Sparsamkeit oder Notwendigkeit. Eddy, Stella und nun auch ihr Sohn lernten, sich abzugrenzen und sich ihren eigenen Lebensraum zu schaffen. Sie lernten, sich im gleichen Raum aufzuhalten, ohne miteinander zu sprechen.
Der Job bei See Manufacturing hatte Eddy nichts gebracht. Seine Brüder hatten ihm die Verantwortung für das Fließband übertragen, aber er hatte bald gemerkt, daß sie ihn nichts wirklich Wichtiges tun lassen würden. Er hatte die tägliche Plackerei an der Kreissäge schließlich satt gehabt und gekündigt. Jetzt half er Ming im Laden. Dazu brauchte er einfach nur die Treppe hinabzugehen. Er hatte unmittelbar hinter dem Haupteingang einen Tisch aufgebaut, auf dem er Schmuck herstellte. Sein Leben war jetzt viel ruhiger, und das tat seinen Magengeschwüren gut, die er in der Zeit im Dragon's Den bekommen hatte und immer noch nicht losgeworden war.
Auch Stella arbeitete wieder in der F. Suie One Company. Als Teenager hatte sie Ticie in dem Geschäft an der Kip Street Gesellschaft geleistet, und als frischverheiratete Frau hatte sie ihre Schwiegermutter jeden Tag in dem Geschäft am Wilshire Boulevard besucht. Sie hatte ihr kleinere Arbeiten abgenommen, Kunstgegenstände poliert, abgestaubt, den Boden gewischt. Nun, da Richard die High School besuchte, verbrachte sie erneut viel Zeit im Laden, und dabei profitierte sie von ihrer künstlerischen Erfahrung. Jahrelang arbeitete sie an der Restaurierung eines Wandschirms aus Koromandelholz, preßte Spachtelmasse in die Risse, besserte die Schnitzereien aus, ersetzte zersplitterte Perlmuttstückchen und trug dünne Schichten schwarzen Lacks auf.
Richard feierte seinen sechzehnten Geburtstag im einstigen Dra-

gon's Den. Er war ein Viertelchinese, und man sah ihm an, daß er chinesische und weiße Vorfahren hatte. Er war ein hübscher Junge, größer als seine Cousins und Onkel und etwas stämmiger. Er hatte weiche, seidig-schwarze Haare und ein gewinnendes schüchternes Lächeln. Am meisten beeindruckten jedoch seine grünen Augen, auf die er ungeheuer stolz war.

Richard begann, in drei Welten zu leben: in der von Benji Okubo, in der Welt der Weißen und in Chinatown. Im Sommer und sonst, wenn er Ferien hatte, arbeitete er zusammen mit Benji als Landschaftsgärtner. Benji war noch immer ein rauher und wilder Geselle, auch wenn ihn seine Frau Chabo, die er im Internierungslager geheiratet hatte, etwas zähmte. Er fuhr mit Richard zu Ava Gardners oder Elizabeth Taylors Haus hinaus, schnitt mit ihm Hecken, stutzte Sträucher und legte Blumenbeete an. Nach der Arbeit saßen sie bei einem Six-Pack Bier zusammen und redeten.

Neun Monate im Jahr ging Richard zur Schule. Doch im Gegensatz zu den anderen Kindern aus Chinatown besuchte er nicht die Belmont oder die Polytechnic High School, sondern die John Marshal High School in der Nähe von Silverlake. Die meisten Schüler waren weiße Christen, aber Freunde hatte er nur unter den wenigen jüdischen Schülern. Besonders viel Zeit verbrachte er mit einem Jungen, der Arzt werden wollte. Was die beiden verband, war weniger ihr ethnisches Anderssein als vielmehr die Tatsache, daß sie überhaupt anders waren. Sie waren nicht »in«. Sie waren nicht beliebt. Und sie gingen nie mit Mädchen aus. Statt dessen wetteiferten sie im Unterricht miteinander und träumten davon, später aufs College zu gehen.

Nach der Schule kehrte Richard zurück nach Chinatown. Er half im Laden und verrichtete viele Arbeiten, die schon sein Vater und seine Onkel als Teenager ausgeführt hatten. Er bohrte Löcher in die Böden von Porzellanvasen und brachte Fassungen für Glühbirnen an, damit man sie als Lampen benutzen konnte. Er setzte Möbel zusammen, die zerlegt aus Asien eintrafen. Er saß an dem Wandschirm aus Koromandelholz, wie jedes Familienmitglied irgendwann einmal. Dabei wurde ihm klar, daß er nicht wie sein Vater und sein Onkel ein Leben lang im Antiquitätengeschäft arbeiten wollte.

Erstmals traf sich Richard auch mit seinen Cousins und Cousinen (den Kindern Fong Yuns) und mit seinen »Tanten« und »Onkeln« (den Töchtern und Söhnen Fong Sees) sowie mit einigen jungen Männern aus dem Block, unter ihnen Albert Wong, der Junge aus der Metzgerei Sam Sing, und Allen Mock, der Sohn eines Spielers. Für sie war er eindeutig ein Weißer, doch sie akzeptierten ihn, weil er zur Verwandtschaft gehörte.

All diese Jungen, auch Richard, waren so hohl wie Bambus. Sie waren äußerlich Chinesen und innerlich leer. Sie paßten nicht in die Welt ihrer Eltern, doch sie paßten auch keineswegs in die Welt ihrer weißen Kameraden. Und sie lebten auch in einer anderen Welt als die Mädchen in Chinatown. Die Grundanschauungen paßten nicht zusammen. Die amerikanische Arbeitsethik – Erfolg, Ansehen im Beruf, Bildung und Zurschaustellung des Wohlstands in Konkurrenz zu den Nachbarn – entsprach einfach nicht den Grundsätzen ihrer Erziehung. Sie hatten gelernt, für Reisen und Festessen zu sparen, für die Familie und nicht für sich selbst zu arbeiten, sich auf die Rückkehr nach China vorzubereiten, vor Amerikanern das Gesicht zu wahren und nichts zu tun, was ihrer Familie schaden konnte.

Wie schon ihre Väter und Großväter litten auch sie darunter, daß ihre Kultur geringgeschätzt wurde. Die Welt da draußen gab es ihnen laut und deutlich zu verstehen: Ihr seid anders. Was ihr denkt, zählt nicht. Ihr seid schlecht. Ihr seid dreckig. Es ist unangenehm, euch als Nachbarn zu haben. Bewußt und unbewußt nahmen sie diese Haltung wahr, seit sie geboren waren. Seid vorsichtig! Paßt auf, was ihr sagt! Macht keinen Fehler! Wie alle jungen Männer auf der Welt hätten sie eigentlich voller Hoffnungen, Träume und Tatendrang sein sollen, statt dessen erfüllte sie nur eine zermürbende Mischung aus Unsicherheit und Resignation.

Richard dachte nicht an diese Dinge, wenn er die Stufen erklomm, die aus dem Dragon's Den in die Wohnung seines Großvaters hinaufführten, und eine Welt betrat, die ihm rein chinesisch erschien. Stühle mit geraden Lehnen säumten alle vier Wände des Raumes. Das alte Harmonium der methodistischen Mission stand immer noch auf seinem Podium, und manchmal traten die kleineren Kinder seine Pedale und erzeugten ein schreckliches pfeifendes Stöhnen. Auch ohne das Harmonium war der Lärmpegel immer hoch. In der Wohnung lebten neun Menschen: Richards Großvater, seine Frau und ihre sieben Kinder – vom Säugling bis zum Zwanzigjährigen. Und als sei das noch nicht genug, schneiten oft die Nachbarskinder herein und hockten sich mit offenem Mund vor den neuen Fernsehapparat – den ersten im ganzen Viertel. Zusätzlich zu dem Lärm der menschlichen Stimmen, dem Babygeschrei, dem Kichern und Gezeter der Teenager und dem Brüllen der alten Leute, dröhnte dann aus dem Gerät der Bericht von einen Ringkampf oder eine Nachrichtensendung.

Richard schenkte seinem Großvater oder Ngon Hung nur wenig Beachtung. Fong See kam ihm wie ein Fossil vor, und seine Stiefgroßmutter wirkte uralt mit ihrem krummen Rücken und ihrem schlurfenden Gang. Dabei war sie nur wenige Jahre älter als Tante Sissee. Die Schwangerschaften, die Geburten und das Aufziehen von sieben Kindern hatten ihren Tribut gefordert. Wie im Ghetto üblich, hatte sie alle Kinder zu Hause geboren. Manchmal war die Geburt leicht gewesen – wie ein Gang auf die Toilette –, manchmal sehr schwer, wenn sie nämlich allein im Haus gewesen war und die Wehen viele Stunden gedauert hatten.

Richard war mit den Gepflogenheiten dieser lebhaften Familie vertraut. Jeden Monat rief sein Großvater die Kinder zusammen und gab jedem zwischen zehn und fünfzehn Dollar, den Anteil aus der Familienkasse, den man jetzt Taschengeld nannte, um auf der Höhe der Zeit zu bleiben. Zu May Oy, die still und häuslich war wie ihre Mutter, sagte Fong See dann vielleicht: »Geh und kauf dir was Schönes.« Zu seinem ältesten Sohn Chuen sagte er: »Du hast letzte Woche im Laden gute Arbeit geleistet.« Yun lobte er vielleicht dafür, wie er ein Möbelstück zusammengebaut hatte. Und zu Sumoy mochte er sagen: »Wie ich höre, warst du gut in der Schule.« Manchmal zog er auch etwas Geld ab und schimpfte: »Ich habe gehört, daß du deine Schwester geärgert hast.« Oder: »Du hast deiner Mutter nicht geholfen, *joang* zu machen.« Oder er schrie Jong Oy an: »Glaubst du, ich weiß nicht, daß du nachts aus dem Haus schleichst und dich mit diesem Soldaten triffst? So einer ist nicht der richtige Mann für meine Tochter. Du bekommst nichts diesen Monat.« Zu den Mädchen war er stets strenger als zu den Jungen, weil er meinte, ihren Wunsch nach einem modernen Leben durch Kürzung des Taschengelds und Vorhaltungen zügeln zu können.

Als Richard und die anderen Jungen älter wurden, gingen sie aus. Chuen und Yun hatten ein Auto – einen ausrangierten Army-Jeep aus dem Zweiten Weltkrieg. Alle Jungs quetschten sich hinein, und ab ging es in die Stadt zu einem *siu yeh,* einem »Mitternachtsimbiß«. Sie fuhren auf einen Hamburger mit Pommes und Malzbier ins Van de Kamp's an der San Fernando Road oder in den Westen nach Ocean Park, wo sie bei Zucky's ein Sandwich mit eingelegtem Rindfleisch und Krautsalat verzehrten, oder ins Micelli's in Hollywood, wo die italienischen Kellner Richard wie einen Filmstar behandelten, oder einfach die Ninth Street hinunter, um am City Market Nudeln und Klöße oder eine Schale *jook* (Reisbrei) mit gepökeltem Fisch zu essen.

Sie besuchten Anna May Wong in ihrem chinesischen Haus mit Mondtor, Hof und hohen, schmalen Türen. Diese Besuche – oft waren auch Sissee, Gilbert, Stella und Eddy mit von der Partie – verliefen sehr vergnügt, denn man erinnerte sich an die schönen Zeiten im Dragon's Den. Manchmal kamen noch andere Freunde vorbei: Tyrus und Ruth, Dorothy Jenkins (eine alte Freundin von der Kunstschule, die jetzt als Kostümbildnerin mit dem Oscar ausgezeichnet worden war), der Filmregisseur Norman Foster, James Wong Howe und Sanora Babb sowie Katherine DeMille (die Nichte von Cecile B. DeMille). Häufig war auch Anna Mays jüngerer Bruder Richard da und umsorgte seine Schwester, wie er es schon seit vielen Jahren tat. Wenn Anna May Wong mit den Jungs allein war, spielten sie Poker, tranken und erzählten alberne Geschichten. Anna May Wong trug einen schwarzen Pullover und eine schwarze Freizeithose, und die Fransen ihrer Ponyfrisur waren noch immer so schwarz wie damals, als sie die Sklavin im *Dieb von Bagdad* gespielt hatte.

Im Sommer machten die Jungen größere Ausflüge und kampierten im Yosemite, im Mammoth oder im Yellowstone Park. Manchmal fuhren sie auch zum Jagen und Fischen nach San Diego. Mit der Zeit begriff Richard, was ihn von den anderen unterschied. Gewiß, Onkel Yuns Söhne Chong und Gai spielten Tennis, Chuen war beim

Militär gewesen, und sein jüngerer Bruder Yun reparierte Autos – alles Dinge, mit denen Richard etwas anfangen konnte. Doch in vielerlei Hinsicht hatten sie eine ganz andere Erziehung genossen als er. Onkel Yun hatte seinen Söhnen nie erlaubt, zu den Pfadfindern zu gehen, weil er Uniformen mißtraute. Er hatte sie keinen Mannschaftssport treiben lassen, weil er mit Rikscha-Rennen aufgewachsen war und Laufen für eine Sportart der Unterschicht hielt. Der größte Unterschied war jedoch, daß Chuen und Yun arbeiten *mußten,* weil sie später einmal das Geschäft ihres Vaters übernehmen sollten. Auch die Söhne Onkel Yuns *mußten* arbeiten, weil sie in New Chinatown ein eigenes Geschäft aufmachen wollten. Albert Wong arbeitete am härtesten von allen. Er lieferte aus, führte die Bücher, schnitt Fleisch, und samstags und sonntags putzte er auf dem City Market Schuhe. Dagegen *erwartete* niemand von Richard, daß er arbeitete. Er war der Gelehrte in der Familie. Seine Eltern wollten nur, daß er zur Schule ging, gute Noten bekam, im Laden herumwerkelte und im Sommer Benji half.

Auf ihren Ausflügen waren die Jungen oft tage- und nächtelang unterwegs, ohne jemals an Diskriminierung zu denken. Sie wußten, wie leicht sie Ärger vermeiden konnten, wenn sie bestimmte Dinge einfach ignorierten. Nur ein paarmal bekamen sie Schwierigkeiten: So wurden sie an der kanadischen Grenze zurückgewiesen, weil sie »zuviel Gerümpel im Auto« hatten. Als sie Jong Oy, die mit ihrem Soldaten durchgebrannt war, in New York besuchten, bekamen sie kein Zimmer. Und als sie ein öffentliches Schwimmbad besuchten, stürzte sie ein Schild mit der Aufschrift »NUR FÜR WEISSE« in Verlegenheit. Sie wußten nicht, ob sie als Weiße galten, also gingen sie wieder.

Wenn sie nicht unterwegs waren, hingen sie normalerweise in der Nähe von Onkel Yuns Geschäft in China City herum. Sie bauten Modellflugzeuge, Radios und Elektrogeräte, reparierten Möbel und bastelten auf der Straße an Autos herum. Manchmal tranken sie Bier oder Wein – Richard trank mehr als die anderen – und unterhielten sich. Genau wie Fong See seine Lebensgeschichte des öfteren änderte, so erfanden auch sie seine Geschichte immer wieder neu, schmückten sie aus, veränderten sie, stellten Vermutungen an oder ließen einfach ihrer Phantasie freien Lauf.

»Was glaubst du, wie mein Vater deine Großmutter kennengelernt hat?« wandte sich Chuen an Richard.
»Er hatte eine Fabrik für Unterwäsche ...«
»Glaubst du wirklich, daß es so passiert ist?«
»Du meinst, daß sie einfach reingegangen ist und er ihr den Job gegeben hat?«
Die Jungen sahen einander nachdenklich an.
»Klingt ziemlich unwahrscheinlich.«
»Vielleicht hat er sie in seiner Zeit als Hausierer kennengelernt«, schlug Richard vor. »Vielleicht war sie eine Kundin. Verstehst du, was ich meine? Vielleicht bekam er außer Geld noch was anderes von ihr.«
»Wie ich meinen Vater kenne, habe ich daran keinen Zweifel.«
»Wie war es bei deiner Mutter?« fragte Richard. »Hat er sie wirklich gekauft?«
»Ich glaube, mein Vater brauchte eine Frau, weil er mehr Kinder haben wollte«, spekulierte Chuen. »Meine Mutter war verängstigt, aber er war freundlich und lieb zu ihr. Sie war seit ihrem fünften Lebensjahr allein. Sie mußte in Abfällen nach Eßbarem stöbern, weil ihr niemand etwas gab.«
»Unsere Mutter wollte immer Englisch lesen und schreiben lernen«, fügte Yun hinzu. »Sie wollte einen Hauslehrer, aber mein Vater hat ihn verjagt.«
Mit ihren zurückgekämmten Haaren und ihren Lederjacken hielten sich die Jungs für heiße Typen, aber sie gingen nie mit Mädchen aus. Niemals. Früher hätte Fong See Frauen für seine Söhne gesucht, aber dazu war er inzwischen zu alt. Ngon Hung hätte sich mit anderen Müttern treffen und etwas arrangieren können, aber sie liebte ihre Söhne zu sehr, um zu merken, daß sie außer ihr noch jemanden anderen brauchten. Tatsächlich waren die Jungen so gut versorgt, daß sie kein dringendes Bedürfnis hatten, sich anderswo umzusehen. Sicherlich hätten sie sich gern mit einem Mädchen verabredet, nur wußten sie nicht, wie sie es anstellen sollten.
Ihre Schwestern und Cousinen schienen sich leichter anzupassen. Während die Jungen durch die Straßen streiften, kletterten die Mädchen zusammen auf ein Bett und blätterten in Modezeitschrif-

ten. Sie ließen sich Dauerwellen machen oder legten sich Locken. Und sie gaben einander amerikanische Namen. Aus Jong Oy wurde Joan, und Sumoy wollte Carol genannt werden – ohne »e«.

Die Mädchen schienen besser gerüstet, mit den Konflikten zwischen den Anforderungen der amerikanischen Gesellschaft und dem fest in der Tradition wurzelnden Familienleben fertig zu werden. Zu Hause war es tabu, etwas von seinem Körper zu zeigen, sich gegenüber männlichen Familienangehörigen respektlos zu verhalten oder Wünsche zu hegen, die über Sticken und Mutterschaft hinausgingen. Aber möglicherweise eröffnete ihnen das amerikanische Schulsystem bessere Chancen als ihren Brüdern, die nach der Schule im elterlichen Geschäft arbeiten mußten. Die Mädchen konnten ihre Hausaufgaben machen, weil sie nicht »arbeiten« mußten. (»So eine sinnlose Zeitverschwendung«, hätte ein Vater seinen Sohn getadelt, wenn er ihn beim Hausaufgabenmachen erwischt hätte.) Vielleicht bekamen die Mädchen auch eher Kontakt zu weißen Kunden, weil sie in der Gasse hinterm Haus keine Kisten auspacken mußten. Choey Lau fand in einer weißen Kundin eine *kai ma,* eine gute Fee, die mit ihr in die Oper, ins Ballett und in Konzerte ging. »Man sollte nicht meinen, daß du eine Chinesin bist«, schalt Leong-shee ihre Tochter. Doch Choey Lau nahm ihre Kritik gleichmütig hin und behauptete später: »Mrs. Morrison war daran schuld, daß ich den westlichen Lebensstil übernahm.«

Ihre jüngere Schwester Choey Lon verlor das Interesse an der traditionellen angloamerikanischen Kultur und lauschte lieber den Klängen der mexikanischen Mariachi-Musik, die aus den Bars in der Nachbarschaft herüberwehten. Wenn ihre ältere Schwester sich beim Einkaufen für ein züchtiges rosa Kleid entschied, dann wählte Choey Lon ein weißes mit roten Streifen. Am liebsten hätte sie freilich ein glitzerndes Kleid mit Ziermünzen und Rüschen gehabt, wie es die Mexikanerinnen in der Olvera Street trugen. Außerdem tanzte sie gern. Wenn ihre Angehörigen sagten: »He, Lonnie, der Rhythmus liegt dir im Blut«, dann antwortete sie: »Richtig, und ich habe keine Angst, es zu zeigen.« Sie probierte in der Küche verschiedene Gerichte aus und bat ihre Mutter, Tacos zu machen, und ihren Vater, sie zu essen. Leong-shee schüttelte über all das nur den Kopf und sagte: »Ich kann nicht glauben, daß du aus meinem Bauch gekommen bist.«

Für junge Männer war es noch immer schwierig, ein geeignetes chinesisches Mädchen zum Heiraten zu finden. Mütter, die in ihren Dörfern verkauft worden waren, sagten zu ihren Söhnen: »Hohe Wangenknochen bringen Unglück.« Auch Väter, die noch immer von der Rückkehr nach China träumten, nahmen kein Blatt vor den Mund. »Frauen mit kleinen Ohren sind vom Schicksal wenig begünstigt«, sagten sie beispielsweise. Selbst die alten Junggesellen, die bei jeder Familie mit am Tisch saßen, fühlten sich bemüßigt, liebeskranken jungen Männern Ratschläge zu erteilen wie: »Jeder weiß, daß eine kurze Unterlippe ein kurzes Leben bedeutet.«

Beziehungen zwischen Angehörigen unterschiedlicher Rassen waren zumindest problematisch. In seinem Buch über die Chinatown von Los Angeles schilderte Garding Lui die Ansichten der Chinesen zu diesem Problem: Danach waren »farbige« Frauen in Ordnung, denn sie waren fleißig, Mexikanerinnen hingegen gefährlich, denn sie brachten ihre Familie mit und brauchten zu viele Schlafzimmer, und Japanerinnen hielten sich für etwas Besseres. Außerdem berichtete Lui über eine Affäre zwischen einem Chinesen und einer Weißen. Das Paar fuhr zu einem Picknick aufs Land und turtelte miteinander, als ein Weißer an das Auto herantrat und den Chinesen als Frauenhändler beschimpfte. Die Frau unterbrach ihn und sagte: »Ich habe mich von drei untreuen Männern scheiden lassen. Von Kerlen wie Ihnen habe ich genug. Jetzt habe ich einen chinesischen Mann. Er ist treu und behandelt mich gut.« Garding Lui kommentierte die Szene folgendermaßen: »Wenn diese Frau drei oder vielleicht sogar fünf Ehemänner hatte, die absolut nichts taugten und untreu waren, und dann endlich einen gelben Ehemann fand, der allen ihren Wünschen entsprach, dann, Leute, sollten wir dem Chinesen applaudieren und nicht eifersüchtig sein.«

Doch normalerweise war es für junge Chinesen ein absurder Gedanke, mit einem weißen Mädchen ausgehen zu wollen. Sie hatten nicht das unerschütterliche Selbstvertrauen eines Fong See. Demgegenüber hatten chinesische Mädchen wenig Scheu, mit Weißen anzubändeln, solange sie die Sache vor ihren konservativen Eltern geheimhalten konnten. Vielleicht rührte dies daher, daß sie in der (damals) beneidenswerten Lage waren, als »chinesische Puppen« behandelt zu werden. Weiße Männer rissen sich darum, mit Chinesinnen auszugehen. Weiße Frauen dagegen verschwendeten keinen Tag mit einem Chinesen.

In dieser Atmosphäre, in der so vieles verboten war und schlimme Folgen haben konnte, verknallte sich Richard ausgerechnet in eine Frau, die auch zu jeder anderen Zeit und in jeder anderen Kultur für ihn tabu gewesen wäre – in seine »Tante« Sumoy.

Der Wandel, der sich in Los Angeles und auch im übrigen Land vollzog, war zu einem großen Teil auch darauf zurückzuführen, daß viele Amerikaner als GIs fremde Länder kennengelernt hatten, besonders asiatische Länder, die zuvor relativ unbekannt gewesen waren. Auf jede Horrorgeschichte, die über den Krieg im Pazifik erzählt wurde, kamen zahllose andere Geschichten über die Schönheit Hawaiis, die Genügsamkeit der Japaner und den Reichtum Chinas. Alle diese Eigenschaften schien Kalifornien, dank des Einflusses der chinesischen und japanischen Immigranten und dank seiner klimatischen und landschaftlichen Vorzüge, in sich zu vereinigen. Und so war es kein Wunder, daß der sogenannte kalifornische Lebensstil nach dem Krieg plötzlich das ganze Land faszinierte. Jeder sehnte sich nach Palmen, Sonne und Grillparties. Und Mondtore, aufwärts geschwungene Dachvorsprünge und chinesische Steinmetzarbeiten waren plötzlich ebenfalls gefragt. Ray See erkannte diese Trends und wußte, daß seine Zeit gekommen war.

Schon seit Jahren war es ihm lästig, daß er seinen Verdienst in den Familientopf abführen mußte. Aus seiner Sicht hatte er allein – mit etwas Hilfe von Bennie – die See Manufacturing Company aufgebaut. Eddys Beitrag fiel für ihn überhaupt nicht ins Gewicht, weil sein Bruder so früh wieder ausgestiegen war. Ray hatte in einem kleinen Loch in der Ceres Street mit Auftragsarbeiten für Hollywood-Stars und andere Prominente von der Westküste begonnen. Später hatte er Möbel im Monterey- und Mission-Stil angefertigt – schwere Stücke mit dicken Armlehnen und einfachem Design, die sich in Los Angeles jedoch gut verkauften. Dann hatte er erneut expandiert und während des ganzen Krieges für Stickley und Prevue Lampensets und moderne Möbel chinesischen Stils hergestellt. Damals war die Firma in die Eighteenth Street südlich von Downtown umgezogen, wo sie nun einen ganzen Block einnahm.

Ray wußte, daß er dank der Erfolge bei der Produktion von Möbeln wie auch von kriegswichtigen Gütern an einem entscheidenden Punkt seines Lebens angelangt war. Er konnte den Konflikt mit der Familie suchen und die Gewinne behalten, die ihm zustanden, oder aber Zurückhaltung üben und im Familienverbund bleiben. Als Morris Markoff, der Präsident der West Coast Lamp and Shade Manufacturers Association und Besitzer der Marbro Lamp Company, Ray eine Teilhaberschaft, Vertriebsmöglichkeiten, eine kräftige Kapitalspritze und landesweite Expansion anbot, handelte Ray. Wenn er aus der Familiengemeinschaft ausschied, konnten er und Bennie auf eigene Faust ein Vermögen machen. Nach Ticies Tod hatte Ray bei diesem Schritt kein schlechtes Gewissen mehr.

Anfang 1946 kamen die Geschwister See immer wieder im Zwischengeschoß des Ladens in der Los Angeles Street zusammen. Sie hatten deutlich unterschiedliche Lebenswege eingeschlagen. Ray hatte sich für ein Leben in der Welt der Weißen entschieden, für das luxuriöse Leben eines Playboys. Er war kräftig gebaut und hatte das fleischige Gesicht eines Mannes, der ein gutes Leben gewohnt ist. Seine Statur – er war über 1,80 Meter groß – verhalf ihm zu einer Ausstrahlung, mit der seine Brüder nicht konkurrieren konnten. Ironischerweise kam er von allen Söhnen der ursprünglichen Vision seines Vaters vom Leben in Amerika am nächsten. Er war durch und durch Unternehmer.

Rays Teilhaber und Mitarbeiter Bennie war eher ein häuslicher Typ. Er trug einfache, bequeme Kleidung, die sich für die Arbeit in der Fabrik besser eignete als für ein Arbeitsessen mit Geschäftsleuten. Er war bescheiden geblieben. Obwohl er sich mit Ray zusammengetan hatte, verkehrten die beiden Familien kaum miteinander. Ming war seiner Rolle als ältester Sohn einer chinesischen Familie treu geblieben. Er stand mit einem Fuß fest im Antiquitätengeschäft der Familie, nicht etwa aus Liebe zur chinesischen Kunst, sondern weil er dies als seine Pflicht empfand. Doch seine Freunde waren ausnahmslos Amerikaner. Eddy war dagegen fest in Chinatown verwurzelt. Alles an ihm schien chinesisch, außer seiner Frau und seinem Sohn. Und Sissee hatte sich durch ihre Heirat mit Gilbert am radikalsten für ein Leben als Chinesin entschieden.

Zwei Unternehmen standen bei den Zusammenkünften der Geschwister zur Debatte: die F. Suie One Company und See Manufacturing. Ming führte das Antiquitätengeschäft, doch es lief auf Sissees Namen, seit sich die Familie während der Wirtschaftskrise aus dem Geschäft am Wilshire Boulevard davongestohlen hatte. Eddy, Ray und Bennie hatten die Fabrik gegründet, aber Eddy hatte die Arbeit nicht gefallen, und so hatte er das Dragon's Den eröffnet. Doch das Restaurant war inzwischen geschlossen. Er war der einzige in der Familie, der kein eigenes Geschäft besaß, was seine Verhandlungsposition empfindlich schwächte.

Bündnisse wurden geschlossen und wieder gelöst. Bindungen wurden auf die Probe gestellt; manche hielten, andere zerbrachen. Bei den hitzigen Debatten, an die sich Rays Tochter Pollyanne und Eddys Sohn Richard nicht wegen ihres Inhalts, sondern wegen ihrer Schärfe erinnern, traten jahrelang unterdrückte Ängste, Animositäten, Ressentiments und alte Rivalitäten zutage. Anstatt darüber zu streiten, wer das schnellste, teuerste, größte Auto hatte, stritten sie nun, ob die familiäre Partnerschaft aufgelöst werden und, wenn ja, wer die beiden Firmen erhalten sollte.

Ray bewies eine unglaubliche Durchsetzungskraft und argumentierte, daß Eddy seine familiären Pflichten nicht mehr erfülle.

»Aber ich habe die Familie während der Depression unterstützt«, entgegnete Eddy. »Ich habe euch und eure Familien fünf Jahre lang über die Runden gebracht.«

»Das war während der Depression«, sagte Ray. »Das ist lange her, und wir schulden dir nichts. Bennie und ich haben jetzt unsere Chance, und was früher war, zählt heute nicht mehr.« Er thronte auf einem Stuhl, eine Hand in der Hosentasche, ein seidenes Taschentuch in der Brusttasche seines maßgeschneiderten Fischgrätanzugs.

»Ich habe die Fabrik mitgegründet«, sagte Eddy. »Habt ihr das vergessen?«

»Bennie und ich haben die ganze Arbeit gemacht, wir haben sie aufgebaut«, entgegnete Ray. Er zog an seiner Zigarette und fuhr dann fort: »Sie war immer unser Projekt.«

»Aber ich hatte Magengeschwüre. Ich mußte eine Zeitlang kürzertreten! Und jetzt, wo ich krank bin und nicht mehr soviel leisten kann, willst du mich fallenlassen?«

»Ich lasse dich nicht fallen«, sagte Ray. »Du warst derjenige, der das Dragon's Den geschlossen hat. Und schließlich haben wir ja auch noch den Laden. Warum tust du dich nicht mit Ming zusammen?«

Ming hatte bisher kaum etwas gesagt, aber nun wandte er sich an Ray. »Ich habe jahrelang im Laden gearbeitet, während Eddy mit dem Dragon's Den angegeben hat. Und nach der Schließung des Dragon's Den ist er in die Fabrik zurückgegangen.«

»Aber als Angestellter«, brauste Eddy auf. »Warum eigentlich nur als Angestellter?«

Doch Ming sprach weiter: »Und dann hat er gekündigt und bei mir im Laden Schmuck hergestellt.« Er wandte sich direkt an Eddy. »Ehrlich gesagt, verstehe ich nicht, wie du auf die Idee kommst, daß du das Geschäft führen könntest. Du hast keine einzige Handelsreise gemacht. Du hast nie mit Dekorateuren zusammengearbeitet. Du hast nie viel Zeit mit den Filmleuten verbracht, außer wenn du ihnen Essen serviert hast. Ich sehe keinen Grund, warum du mein Partner werden solltest.«

»Du weißt genau, daß ich das alles genausogut könnte wie du«, sagte Eddy. Aber Ming zuckte nur mit den Schultern. Das Geschäft gehörte ihm, einfach deshalb, weil er der älteste Sohn war.

Nach diesem Wortwechsel sah Eddy jedoch einen Ansatzpunkt. Er war wirklich überzeugt, daß er das Geschäft führen könnte, und hatte sich schon oft über Mings Überheblichkeit geärgert. Eines Tages, nach weiteren fruchtlosen Diskussionen, ging er zu seiner Schwester und sagte: »Ich sollte das Geschäft leiten. Ming hält sich für den großen Boß, aber ich könnte es besser führen.« Als Sissee nicht reagierte, versuchte er es mit einem anderen Argument: »Ich könnte auch tun, was Ray tut. Ich kann Möbel entwerfen. Ich kann Aufträge an Land ziehen.« Seine Schwester hörte ihm zu, aber sie sagte nicht, was sie dachte.

Bei einem weiteren Gespräch brachte Eddy ein Argument vor, von dem er dachte, daß es seinen Brüdern einleuchten müßte. In dem verzweifelten Versuch, sein Gesicht zu wahren und sich von seinen Brüdern nicht übervorteilen zu lassen, sagte er:. »Ma hätte nie gewollt, was ihr vorhabt. Sie wollte eine Familienkasse, damit wir zusammenhalten.«

»Ma ist tot«, entgegnete Ray. »Und ich sehe keinen Grund, warum ich deine Familie unterstützen sollte.«

»Und ich frage dich noch einmal: Hätte Ma das gewollt? Sie sagte immer, Familie sei Familie und wir sollten zusammenhalten.«

Kurz danach kam Eddy ins Krankenhaus, weil sich seine Magengeschwüre verschlimmert hatten. Nun, da er aus dem Weg war, beschlossen seine Geschwister, eine Entscheidung zu treffen. Sie kamen noch einmal im Laden zusammen. Die Brüder und Sissee waren sich einig, daß Eddy, wenn er dagewesen wäre, dafür gestimmt hätte, die Familie zusammenzuhalten. Bennie und Ray waren für eine Trennung. Ming, der sich Eddys Argument zu Herzen genommen hatte und überzeugt war, daß ihre Mutter für den Fortbestand der Partnerschaft gewesen wäre, stimmte gegen eine Trennung. Damit stand es zwei gegen zwei, und plötzlich hing alles von Sissee ab. Ihre Entscheidung überraschte alle. Obwohl Eddy ihr Lieblingsbruder war, schloß sie sich Ray und Bennie an. Nicht weil sie unbedingt für die Trennung gewesen wäre, sondern weil sie über Eddys Verhalten empört war. Sie hatte ihm helfen sollen, Ming das Geschäft wegzunehmen, und das hatte sie aufgebracht.

Eddy lag noch im Krankenhaus, als die Partnerschaft offiziell aufgelöst wurde. Ray und Bennie bekamen die Fabrik, Ming und Sissee behielten das Geschäft. Eddy bekam nichts außer der Zusicherung, daß er jederzeit in der F. Suie One Company arbeiten könne. Er durfte seinen Tisch am Haupteingang des Ladens behalten und weiterhin Schmuck herstellen und Lampen reparieren.

Es ist überraschend genug, daß Sissee gegen Eddy stimmte, wirklich erstaunlich ist jedoch, daß über den ganzen Vorgang nie gesprochen wurde. Die Kinder hörten nur Gerüchte, denn ihre Eltern hatten offenbar keine Lust, ihnen zu erklären, welche Rolle sie bei der Auflösung gespielt hatten. Eddy und Stella hatten allerdings bestimmte Vermutungen. Sie gingen zu Recht davon aus, daß Ray und Bennie für die Auflösung gestimmt hatten. Eddy grollte ihnen dafür den Rest seines Lebens, doch er hatte keinen täglichen Kontakt mit ihnen. Daß *Sissee* für die Auflösung gestimmt haben könnte, wäre Eddy und Stella nicht im Traum eingefallen.

Deshalb gaben sie Ming die Hauptschuld. Warum klärte Ming sie nie über den wahren Sachverhalt auf? Aus Zuneigung zu Eddy? Aus Liebe zu Sissee? Aus Rücksicht auf die Beziehung zwischen Sissee und Eddy, die, abgesehen von diesem einen Konflikt, immer sehr eng blieb? Oder fühlte sich Ming als ältester Sohn verpflichtet, wenigstens einen Rest von familiärer Eintracht zu erhalten? In den folgenden fünfzehn Jahren arbeiteten Ming und Eddy Seite an Seite. Eddy pflegte seinen Groll, und Ming nahm ihn schweigend hin, während Sissee weiterhin die Rolle der geliebten jüngeren Schwester spielte.

In anderen Familien wäre ein solches Szenario undenkbar gewesen, nicht jedoch bei den Sees. Selbst wenn Eddy völlig deprimiert war, pflegte er noch zu sagen: »Familie bleibt Familie. Wir müssen trotz allem zusammenhalten.« Und wenn er wieder einmal eine Meinungsverschiedenheit mit Ming gehabt hatte, sagte er: »Er ist mein Bruder. Und man hat nur eine Familie.« Obwohl er Ming, Ray und Bennie nie verzieh und ihr Verhältnis nie wieder so eng war wie zu Lebzeiten ihrer Mutter, war es für ihn unvorstellbar, eine dauerhafte Fehde mit seinen Brüdern zu beginnen, ähnlich wie es für Ticie unvorstellbar gewesen war, Eddy in China zurückzulassen. Die anderen mochten Ticies materiellen Besitz untereinander aufgeteilt haben, aber an Eddy war ihr einzig wahres Erbe gefallen, ihre Liebe zur Familie und ihr Glaube, daß ihre Kinder gemeinsam stärker waren als allein. Die Familie, und dazu gehörten nicht nur seine Brüder und seine Schwester, sondern auch seine Halbbrüder und Halbschwestern, war Eddys ein und alles. Sie kam immer zuerst, auch wenn er dafür Opfer bringen mußte.

KAPITEL 18

FEUER

1947–1950

Im Jahr 1947 mußte Fong See, inzwischen neunzig Jahre alt, ins Krankenhaus, um sich die Gallenblase entfernen zu lassen. »Ich glaube nicht, daß Sie die Operation überstehen«, sagte der Arzt. »Sie sollten vorher Ihre persönlichen Angelegenheiten regeln.« See-bok gefiel dieser Rat überhaupt nicht. Er würde es dem Doktor schon zeigen, indem er die Operation überlebte. Später, als er sich im Krankenhaus von dem Eingriff erholte, warnte ihn der Arzt noch einmal, daß er nicht mehr lange zu leben habe. Da versuchte Fong See zum ersten Mal in seinem Leben, an seinen Tod zu denken. Doch es wollte ihm nicht recht gelingen. Lieber dachte er daran, wie quicklebendig er sich noch fühlte.

Obwohl er dem Tod nur knapp entgangen war, sah er noch immer viel jünger aus, als er in Wirklichkeit war. Er war zeitlebens schlank gewesen. Mit jedem Jahr hatte er etwas von dem überflüssigen Fett verloren, das er vielleicht einmal besessen hatte. Inzwischen schien er nur noch aus Knochen und straff gespannter Haut zu bestehen, und das ließ ihn fünfzehn oder zwanzig Jahre jünger aussehen. Er schlurfte ein bißchen, weil er immer beide Füße auf dem Boden ließ, aber seine Haltung war noch immer stolz und aufrecht.

Er bekam immer noch alles mit, was um in herum geschah, und was sein Geschäft betraf, so beobachtete er die Entwicklung genau. Er hatte seine Informanten, die ihm alles zutrugen, was in Chinatown, in Los Angeles und in der Welt geschah. Zu Hause war er Herr und hielt seine Frau und seine Kinder unter scharfer Kontrolle. Auch über die Kinder aus seiner ersten Familie war er stets auf dem laufenden. Sie waren jetzt in den besten Jahren und alle verheiratet. Er verglich sie immer mit sich selbst. Ming war in die Rolle des Familienoberhaupts geschlüpft und erfüllte seine familiäre Pflicht, selbst wenn er sich damit bei seinen Brüdern und seiner Schwester manchmal unbeliebt machte. (See-bok hatte ebenfalls lernen müssen, Verantwortung zu tragen und mitunter unangenehme Entscheidungen für die Familie zu treffen.) Sein zweiter Sohn Ray tat das, wovon er selbst einst geträumt hatte: Er erwarb sich Ansehen unter den Weißen. (Es schmerzte See-bok, daß er zu diesem Sohn keine Beziehung mehr hatte. Aber was konnte er dagegen tun? Der Junge besuchte ihn nicht und rief ihn nicht an, wie es seine Pflicht gewesen wäre.) Von Bennie wußte er nicht viel, außer, daß er ein guter Junge war und seinem älteren Bruder gehorchte.

Eddy mochte er am liebsten. Der Junge besuchte ihn fast jeden Tag und verstand sich auch mit seinen jüngeren Halbbrüdern gut. Er brachte ihnen bei, wie man Möbel zusammenbaut, und half ihnen, ihre Autos zu reparieren. Er plauderte mit ihnen, zog sie auf und lachte mit ihnen. Und Sissee war eine gute Tochter, denn sie erzog seine Enkelin Leslee zu einer guten chinesischen Tochter mit anständigen Manieren. Und seine zweite Familie? Die sieben Kinder waren noch zu unreif, als daß er auf ihre Ansichten etwas gegeben hätte. Sie waren noch zu jung, um etwas Interessantes zu unternehmen. Sein jüngster Sohn Gary war erst zwei; seine älteste Tochter Jong Oy hatte geheiratet und war weggezogen.

Schließlich war da noch Ngon Hung. Über sie dachte er im Krankenhausbett am meisten nach. Er erkannte, daß er sie auf seine Art mochte. Allerdings hatte das mit der westlichen Vorstellung von Liebe nichts zu tun, überhaupt nichts, denn tatsächlich waren chinesische Frauen alles andere als wichtig. So weit er zurückdenken konnte, wurden Mädchen in China bei der Geburt ausgesetzt, als Bedienstete, Prostituierte und Konkubinen verkauft oder mit Männern verheiratet, die sie nie gesehen hatten. Frauen – chinesische Frauen – waren nur dazu da, ihren Ehemann zu umsorgen und Söhne zu bekommen. Ngon Hung hatte diese Pflichten erfüllt. Sie war unterwürfig und gehorsam, und sie hatte ihm vier Jungen und drei

Mädchen geschenkt. Er fand, daß sie ihm in all den Jahren eine gute Frau gewesen war.
Was würde mit ihr geschehen, wenn er einmal nicht mehr war? Wer würde sich um sie kümmern? Seine Kinder waren noch jung, und Ngon Hung war mit dem Leben in Amerika nicht vertraut. Fong See griff zum Telefon und rief Mr. Ogden an, den Anwalt, der ihn bei der Scheidung von Ticie vertreten hatte. »Sie sollten Mrs. Fong auch in diesem Land heiraten, damit es nach Ihrem Tod keine Unklarheiten in bezug auf das Erbe gibt«, riet ihm Ogden, als er am folgenden Tag ins Hospital kam.
Man trieb einen Friedensrichter auf und brachte ihn ins Krankenhaus. Fong See wurde in seinem Bett aufgesetzt, und Ngon Hung, die zweiundvierzig Jahre alt war, aber älter aussah, stand an seiner Seite. Minuten später waren die beiden auch nach den Gesetzen des Staates Kalifornien verheiratet.
Die Einzelheiten seines Testaments hielt Fong See fürs erste geheim. Er hatte keineswegs die Absicht, jetzt schon zu sterben. Schließlich mußte er erst seine Flitterwochen hinter sich bringen.

Am 10. Oktober 1947 hakte sich die alternde Leinwandgöttin Anna May Wong bei Ray unter, beugte sich zu ihm hinüber und flüsterte ihm etwas ins Ohr. Sie wollte sich auf ihr Zimmer zurückziehen. Sie war es leid, mit Leuten zu reden und Hände zu schütteln, und sie fand, daß sie in den vergangenen zwei Tagen genug auf ihren hohen Absätzen herumgestanden hatte. Sie bat Ray, sie auf ihr Zimmer zu bringen, doch Ray schüttelte sie ab. »Wir sind nicht dreitausend Kilometer gefahren, damit du dich hier kostenlos betrinken kannst«, sagte er. »Geh und trink eine Tasse Kaffee, aber in einer halben Stunde bist du wieder da und machst deine Arbeit.«
Anna May starrte ihn eine Weile giftig an, dann fuhr sie auf dem Absatz herum und ging unsicheren Schrittes davon. Warum hatte Ray sie überhaupt nach Chicago mitgenommen? Die Tänzerinnen hätten doch gereicht. Edith und die anderen waren vielleicht ein bißchen unbeholfen, aber sie sahen hübsch und sittsam aus, wenn sie auf der Bühne um seine Möbelstücke herumschwebten. Sie hatten nicht so große Brüste wie die Mädchen an den anderen Ständen,

aber die Kunden fanden sie reizend und bestellten wie nie zuvor. Ray hatte sie, Anna, als besondere Attraktion mitgebracht. Doch nach den letzten beiden Tagen wünschte sie, er hätte sie in Los Angeles gelassen, wo ihr Bruder sich um sie kümmerte. Letzte Nacht hatte sie Ray sogar einen Heiratsantrag gemacht. »Laß dich von Leona scheiden«, hatte sie gesagt. »Heirate mich. Das wäre gut für uns beide.«

Ray mußte zugeben, daß Anna May sehr gut mit Geld umgehen konnte, aber das hieß noch lange nicht, daß er seine Frau verlassen und eine Schauspielerin heiraten wollte. Er verbannte diese Gedanken aus seinem Kopf und konzentrierte sich auf das Geschäft. Nach der Auflösung des Familienverbunds hatten er und Bennie mit dem Lampenfabrikanten Morris Markoff die Firma See-Mar of California gegründet. Jetzt war er mit Markoff im Drake Hotel in Chicago und stellte in der Auktionshalle ihr neues Sortiment vor. Ihr Stand war ständig umlagert, seit die Halle vor zwei Tagen die Tore geöffnet hatte. Die Muster für den kommenden Januar kamen gut an, und es wurde viel bestellt. Und was noch wichtiger war, sie hatten der Lokalpresse mehrere Interviews gegeben.

Wie hätte er ahnen können, daß er einmal soviel Geld verdienen würde? Schritt für Schritt hatte er sich hochgearbeitet. Er versuchte, an Ming, Sissee und Eddy keinen Gedanken zu verschwenden. Wozu auch? Sie waren viel zu sehr der Vergangenheit verhaftet. Ming hing im Geschäft herum und wurde ein alter Mann. Sissee und ihr Mann beglückten ganz Chinatown mit ihren guten Taten. Und Eddy? Bedauerlich, was mit ihm passiert war, aber Geschäft war Geschäft. Wenn sein Vater mit irgend etwas recht gehabt hatte, dann damit, daß man keine Rücksicht auf die Familie nehmen durfte, wenn man den amerikanischen Traum verwirklichen wollte.

Ray liebte das Geschäft. Es machte ihm Spaß, sich für Fotografen in Positur zu stellen, Interviews zu geben und Menschen zu treffen. Er hatte den Ausdruck auf dem Gesicht der *Times*-Reporterin genossen, als er ihr erzählte, daß er Möbel für Bob Hope und Walter Brennan entwarf. Es gefiel ihm, daß er aus dem Holz, das von seinen Rüstungsaufträgen übrig war, Lampen-Tisch-Kombinationen herstellen konnte. Und er ließ sich mit Begeisterung über seine Firma

See-Mar of California aus, die Lampen und Beistellmöbel produzierte.
Die gesamte Familie See war praktisch von Anfang an irgendwie im Lampengeschäft tätig gewesen. Viele Jahre zuvor hatte seine Mutter den Vater überredet, aus dem Geschäft mit Unterwäsche auszusteigen und die restliche chinesische Seide zu Lampenschirmen zu verarbeiten. Jahrzehnte später produzierte Ming noch immer Lampen, indem er den Boden von chinesischen Vasen durchbohrte und Kabel durch die Löcher legte. Selbst Eddy leistete seinen Beitrag, denn er war der einzige in Chinatown, der jede kaputte Lampe reparieren konnte. Ray selbst entwarf inzwischen wirklich einzigartige Lampen. Seine Kollektion umfaßte mongolische Reiter, T'ang-Pferde, Schachfiguren und Köpfe griechischer Götter, ferner eine säulenförmige Lampe mit einem geschnitzten Akazienblatt, moderne »Kerzenleuchter« in Grün, Schwarz oder Rot, eine aus Erlenholz geschnitzte chinesische Frau mit wallendem Gewand und einer Schärpe um die Hüften. Seine Lampen hatten interessante Schirme aus chinesischer Seide, aus Kunstseide oder aus Baumwolle, die mit exotischen Mustern bedruckt waren, wie er sie früher für D. N. & E. Walter entworfen hatte.
Die Idee, funktionale Möbel zu entwerfen, faszinierte Ray. Aus diesem Grund wiesen viele seiner Tische Aussparungen für Zigaretten, Schallplatten und Zeitungen und sonstige Kleinigkeiten auf. Andere hatten eingebaute Vertiefungen für Gläser, Aschenbecher und sogar Radios. Er entwarf einen Kaffeetisch aus hellem Holz in Form eines chinesischen Ideogramms mit einer viereckigen Vertiefung für Blumenkästen an jeder Ecke, und ein Journalist kommentierte: »Er verleiht jedem Raum eine interessante Note.« Am Fuß einer seiner beliebtesten Lampen war ein Topf für einen echten oder einen haltbareren künstlichen Philodendron angebracht.
Mit chinesischen Antiquitäten hatte Rays Geschäft kaum noch etwas zu tun. Was er produzierte, war zwar nicht gerade Kitsch, aber Kunst konnte man es auch nicht nennen. »Nichts gegen ein schlechtes Produkt, wenn es nur Geld bringt«, hatte sein Vater immer gesagt, wenn er seine Söhne brandneue Ingwerkrüge in Mist vergraben ließ, damit sie schnell »alterten«. Sein Vater war ein Genie gewesen,

wenn es darum ging, Kunden hereinzulegen, das mußte Ray ihm lassen. Er wußte noch, wie seine Mutter und seine Schwester ganze Nachmittage lang mit einer Mixtur aus Asphalt und Terpentin Körbe, die gerade aus China eingetroffen waren, »antik« gemacht hatten. Mit solchen »Antiquitäten« hatten sich ordentliche Gewinne erzielen lassen, genau wie mit Lampen. Wenn seine Verkäuferinnen die Oberflächen aus Teakholz priesen, dann wußte er, daß wirklich nur die Oberfläche etwas Besonderes war. Er verwendete billiges Holz und schachbrettartige Oberflächen aus Marmor und Walnuß-Maserknollen, um das zu kreieren, was viele Innenausstatter »einzigartige Überraschungen« nannten. Hübsche Produkte aus billigen Materialien ließen sich immer verkaufen. Und er verkaufte sie – an Barker Brothers, Widdicomb, Stickley Brothers und Lord & Taylor.

Anna May kam zurück und hielt eine Zeitung in der Hand. Sie wirkte nüchtern, zu nüchtern. Er hoffte, sie hatte nichts Peinliches getan. Bei ihm angekommen, faltete sie die Zeitung auseinander und zeigte ihm eine Schlagzeile: Möbelfabrik in Los Angeles abgebrannt. Wachmann umgekommen. An ihrer Blässe und ihren zitternden Händen konnte er ablesen, wem die Fabrik gehörte.

Ray las den ganzen Bericht erst auf dem Rückflug nach Los Angeles. Elf Feuerwehrmannschaften mit einundzwanzig Löschfahrzeugen hatten den Brand stundenlang bekämpft. Als die Flammen erloschen waren, hatten Feuerwehrleute die Leiche des Nachtwächters gefunden. Ray betrachtete das Foto der ausgebrannten Fabrik und schauderte. In dem Artikel wurde allein der Schaden an dem Gebäude auf 25 000 Dollar geschätzt. Ray wußte, wie groß der Schaden im Inneren des Gebäudes war. Soweit er sehen konnte, waren alle Maschinen, alle Pflanzenlampen, Schachlampen und Lampen-Tisch-Kombinationen mit den dazugehörigen Lampenschirmen und alle Beistellmöbel in Rauch aufgegangen. Er schrieb ein paar Zahlen in sein Notizheft und zählte sie zusammen. Der Verlust betrug ungefähr eine Viertelmillion Dollar.

Ray begann sofort zu planen. Heute war der 10. Oktober 1947. Wenn es ihnen gelang, umgehend neue Räume zu mieten, konnten sie bis Ende der Woche neue Maschinen aufstellen. Wenn sie sofort mit der Arbeit begannen, konnten sie vielleicht in sechzig

Tagen liefern. Wenn das neue Sortiment am 10. Dezember lieferbar war, konnten sie noch vom Weihnachtsgeschäft profitieren. Niemand kaufte im Dezember Möbel, aber erschöpfte Käufer flüchteten mit ihren schweren Einkaufstaschen oft in Möbelabteilungen der Kaufhäuser und ruhten sich auf den Sofas und Sesseln aus. Nach den Feiertagen kamen sie dann wieder und kauften ein. Er mußte nur dafür sorgen, daß die Ware produziert und geliefert wurde. Wenn alles glattging, stand See-Mar am Ende vielleicht besser da als je zuvor. Wenn alles glattging ...

Am Flughafen nahm er ein Taxi und fuhr in das Industriegebiet von Los Angeles. Von außen sah das Fabrikgebäude nicht besonders stark beschädigt aus. Die Backsteinmauern standen noch, obwohl sie rauchgeschwärzt und die Fenster herausgeflogen waren. Ray hörte Schritte hinter sich und wandte sich um. Vor ihm stand ein alter Chinese. Sein Gesicht war so welk wie dürres Laub, und er trug ein Gewand, das bis auf den Boden reichte. Seine Hände waren in den weiten Ärmeln verborgen. Ray brauchte eine Weile, bis er in dem verhutzelten Fremden seinen Vater erkannte. Sie hatten sich jahrelang weder gesehen noch gesprochen.

»Was machst du hier?« fragte Ray.

»Jetzt wirst du Geld von mir borgen«, sagte Fong See.

Ray musterte den alten Mann, der vor so langer Zeit seine Mutter verlassen hatte, und er spürte, wie ihn der jahrelang aufgestaute Zorn erzittern ließ. Als er sich gefaßt hatte, sagte er mit leiser, heiserer Stimme: »Von dir? Niemals!« Ray ging über die Straße und betrat die Ruine des Gebäudes, das der erste sichtbare Beweis seiner Freiheit gewesen war. Er sprach nie wieder mit seinem Vater.

Am 21. Januar 1948, nur drei Monate nachdem Rays und Bennies Fabrik ausgebrannt war, traf die Familie ein weiterer Schicksalsschlag. Während Ming die Nacht mit Sunny Rockwell verbrachte – jener Bildhauerin, die in der Gasse hinter dem Geschäft arbeitete –, schlief seine Frau Dorothy, vermutlich betrunken, mit einer Zigarette im Bett ein. Das Haus brannte nieder, und Dorothy kam in den Flammen um. Da die Polizei Ming nicht finden konnte, rief sie Eddy an. Er kam sofort und identifizierte die verkohlten Überreste Dorothys. Als Ming in den frühen Morgenstunden eintraf, brach er völlig zusammen. Mit leerem Blick starrte er auf den Kamin, der unversehrt in einer zentimeterdicken Schicht von Asche stand. Er war zu verstört, um die Fragen der Polizisten und Feuerwehrleute zu beantworten.

Ming mußte irgendwo untergebracht werden. Im Dragon's Den war nicht genug Platz für eine weitere Person, und Ray oder Bennie stand er nicht nahe genug. Nach Eddys Ansicht kam eigentlich nur Sissee in Frage, denn Ming würde weibliches Mitgefühl brauchen, um über seinen Schmerz hinwegzukommen. Also fuhr Eddy seinen älteren Bruder zum Haus der Leongs an der Ivadel, wo Sissee und Gilbert seit ihrer Rückkehr aus Memphis wohnten. Ming, stumm vor Schmerz und Schuldgefühlen, wurde oben im Nähzimmer untergebracht.

Den ganzen Tag und die ganze Nacht gingen die Mitglieder der Familie bei ihm ein und aus. Sie versuchten, mit ihm zu sprechen, aber er antwortete nicht. Sie wärmten Geschichten über die See-Brüder wieder auf. Alle außer Bennie waren ihren Frauen untreu geworden. Ray und Leona waren nur noch der Form nach verheiratet. Stella und Eddy waren wieder miteinander ins reine gekommen. Doch mit Ming und Dorothy war es anders gewesen. Die Familie hatte von seiner Affäre mit Sunny gewußt, und obwohl sie schon so lange dauerte, hatte ihm bis heute niemand einen Vorwurf gemacht. »Wäre Ming bei ihr gewesen, wäre es nie passiert«, sagte Stella wütend. »Er war für sie verantwortlich.« Sissee war in diesen Stunden wie ein Fels in der Brandung. Sie kochte Kaffee, Tee und Essen für ihre Brüder und deren Frauen, und wenn böse Worte, wie die von Stella, fielen, sagte sie: »Wir wollen das alles vergessen. Wir müssen es Ming zuliebe vergessen.«

In den folgenden Wochen setzte sie sich in einer Weise für Ming ein, wie sie es für sich selbst nie getan hätte. Sie mobilisierte die ganze Familie, damit sie Ming half, die Erinnerung an den Brand aus seinem Gedächtnis zu tilgen. Denn er war wirklich ein gebrochener Mann. Seine Haare schienen über Nacht zu ergrauen. Er zitterte. Er konnte nicht mehr flüssig sprechen, sondern nur noch stammeln. »Niemand kann dir einen Vorwurf machen«, versuchten enge

Freunde ihn zu trösten. »Dorothy hat dich wie eine Ratte behandelt.« Mama Leong verlor kein Wort über Sissees Entscheidung, Ming ins Haus zu nehmen. Sie machte ihr weder Vorhaltungen, noch beklagte sie sich. Sie erlaubte Sissee einfach, für ihren Bruder zu sorgen.

Im Mai, vier Monate nach Dorothys Tod, wohnte Ming noch immer bei den Leongs. Eines Morgens saß er mit Sissee und ihrer Schwägerin Bernice in der Küche und schwieg, wie fast immer seit jener verhängnisvollen Nacht. Bernice war die erste Asiatin, die bei Western Auto eine Stelle bekommen hatte. Sie tranken Kaffee, und Bernice erzählte Anekdoten von ihrer Arbeit.

»Mein Chef sagte: ›Es gibt Biskuits und Kaffee zum Frühstück. Was nehmen Sie?‹ ›Biskuits und Kaffee‹, antwortete ich. ›Wow‹, sagte er. ›Und ich dachte, ihr Chinesen eßt bloß Reis.‹« Bernice lachte, und Sissee kicherte ebenfalls. »Die kommen doch alle aus dem Mittelwesten«, sagte Bernice. »Sie haben noch nie eine Frau wie mich gesehen.«

»Ich wette, das stimmt«, sagte Sissee.

»Sie sagen: ›Ihr Englisch ist aber gut‹«, fuhr Bernice fort. »Und ich sage: ›Kein Wunder, ich bin hier geboren.‹« Wieder lachten sie. Sie wußten genau, daß man solche Bemerkungen entweder als Diskriminierung oder als Witz auffassen konnte. Bernice sah auf die Uhr. »Ich muß gehen«, sagte sie. »Ich will nicht zu spät kommen.«

Sissee begleitete ihre Schwägerin zur Tür und sah zu, wie sie fortfuhr. Dann kehrte sie in die Küche zurück. Ming ging wortlos auf sein Zimmer, wo er bleiben würde, bis Sissee ihn zum Mittagessen rief. Sie räumte Küche und Speisekammer auf. Dann goß sie sich eine weitere Tasse Kaffee ein, ging ins Eßzimmer und überflog die Kleinanzeigen in der Zeitung. Sie genoß diese ruhigen Minuten am Morgen, nachdem die Leongs das Haus verlassen hatten und bevor sie mit ihrer täglichen Hausarbeit begann.

Das Haus an der Ivadel war ideal für eine Großfamilie wie die Leongs. Im Obergeschoß befanden sich fünf durch einen zentralen Flur getrennte Schlafzimmer. Im ersten wohnten Mr. und Mrs. Leong, im zweiten Sissee, Gilbert und Leslee, im dritten Elmer und Bernice. Die anderen beiden belegten Gilberts ledige Geschwister

Margie und Ed. Auf demselben Stock lag auch das Näh- und Gästezimmer, in dem Ming jetzt untergebracht war.
Sissee und Gilbert hatten kaum ein Privatleben. Gilbert arbeitete noch immer in seinem Architektenbüro. Die beiden teilten sich das gemeinsame Badezimmer mit dem Rest der Familie und das Schlafzimmer mit Leslee. Sie gingen sehr diskret miteinander um. In China war es Brauch, daß jede Kommunikation indirekt durch Dienstboten stattfand. Da es in den Vereinigten Staaten aber keine Dienstboten gab, die als Vermittler hätten fungieren können, galt die nächste Stufe der ehelichen Etikette: »Wenn du ins Bett steigst, verhalte dich wie ein Ehemann. Wenn du aus dem Bett steigst, verhalte dich wie ein Gentleman.« Tagsüber oder im Beisein der Familie waren Küsse, Berührungen oder Koseworte streng verboten – eine diskrete, unpersönliche Lebensweise, auf der die sittenstrenge Mrs. Leong nachdrücklich bestand.
Als Gilbert, Sissee und Leslee nach ihrer Rückkehr aus Memphis in das Haus eingezogen waren, hatte Mrs. Leong ihre Schwiegertochter noch längere Zeit mißtrauisch beobachtet und versucht, aus ihrem Verhalten auf ihren Charakter zu schließen. Sissee profitierte von ihren Erfahrungen im Antiquitätenladen und im Dragon's Den, als sie ihrer Schwiegermutter beweisen mußte, daß sie hart arbeiten konnte. Mrs. Leong erwarb ein paar heruntergekommene Wohnungen in Bunker Hill, und Sissee hielt sie in Ordnung. Immer wenn ein Mieter auszog, schrubbte sie die Wohnung mit Ammoniak und Clorox, bis ihre Hände bluteten. Sie beschwerte sich nie. Auch die Hausarbeit übernahm Sissee. Sie kaufte ein und putzte. Außer am Donnerstag, wenn ihr Schwiegervater zu Hause für die ganze Familie kochte, bereitete Sissee immer das Abendessen für ihre eigene kleine Familie. Denn mit Ausnahme des Donnerstags kehrten die anderen erst aus dem Soochow zurück, wenn Sissee und Gilbert schon im Bett waren. Zusätzlich zur Hausarbeit führte sie die Bücher der F. Suie One Company. In ihrer Freizeit arbeitete sie für den Chinese Women's Club und besuchte Mrs. Morgan, die alte Freundin ihrer Mutter – ein Beweis, daß sie alten Leuten den notwendigen Respekt erwies. Sissee war nie unehrlich zu Mrs. Leong und brachte ihr Achtung entgegen. Vor allem aber schien sie wil-

lens und in der Lage, die Ratschläge ihrer Schwiegermutter zu befolgen.

»Wenn wir Besuch bekommen, heiße ihn mit einer Tasse Tee willkommen«, sagte Mama Leong, und Sissee tat wie geheißen.

»Sei vorsichtig, was du sagst«, warnte die alte Dame. »Im Chinesischen kann eine falsche Beugung einem Wort eine ganz andere Bedeutung verleihen.« Oder sie sagte: »In diesem Haus werden immer extra Schöpflöffel für das gemeinsame Geschirr aufgelegt. In anderen Häusern oder bei manchen Festessen in zweitklassigen Restaurants bedienen sich die Leute mit ihren Eßstäbchen direkt aus den gemeinsamen Schüsseln. Das gibt es bei uns nicht. Aber wenn du irgendwo ißt, wo man es so macht, dann tust du es natürlich auch. Aus Höflichkeit nimmst du jedoch nur, was direkt vor dir steht.«

Eine andere Schwiegertochter hätte vielleicht erwidert: »Das weiß ich. Schließlich bin ich nicht in einem Stall aufgewachsen.« Aber Sissee hielt den Mund, um ihre Schwiegermutter glauben zu machen, sie sei gelehrig und fügsam.

Besonders schwierig war es, in dem Haus voller Erwachsener ein kleines Kind aufzuziehen. Obwohl in Chinatown aufgewachsen, war Sissee in bestimmten Dingen ganz anders erzogen worden, als in der Familie Leong üblich. Sie hatte ein enges Verhältnis zu ihrer Mutter gehabt. Umarmungen, Küsse und zärtliche Worte waren an der Tagesordnung gewesen. Bei den Leongs war es verpönt, Gefühle zu zeigen. Leslee wurde von ihren Großeltern nie umarmt oder geküßt. Weihnachts- oder Geburtstagsgeschenke wie Puppen und kleine Backöfen waren nicht zum Spielen da. Sie wurden gebührend betrachtet und bewundert, dann verschwanden sie auf dem Dachboden.

Die Leongs liebten Leslee natürlich. Sie machte keinen Lärm, tobte nicht durchs Haus und machte nichts kaputt. »Vor allem sieht sie wie ein typisches chinesisches Baby aus«, hatte Sissee ihre Schwiegermutter einmal sagen hören. Obwohl nach alter Sitte eigentlich Großvater Leong Jeung einen chinesischen Namen für Leslee hätte aussuchen sollen, war es Mrs. Leong gewesen, die sie Man Gai En genannt hatte, nach dem berühmten Musiker.

Nun, da Leslee älter wurde, schimpfte Mrs. Leong bisweilen. »Leslee darf nie vergessen, daß sie ein Mädchen ist. Sie muß sich beim Gehen, Sitzen und Sprechen wie eine junge Dame benehmen.« Eine andere Schwiegertochter hätte vielleicht gesagt: »Ach, Mama, du bist wirklich *chang hai,* wirklich penetrant.« Sissee jedoch nickte nur und sagte Leslee, sie solle sich ruhig verhalten und daran denken, daß sie in einem Haus voller Erwachsener lebe.

In anderen Familien hätte es vielleicht Widerstand, Streit oder versteckten Groll gegeben, aber die neun Leongs – Sissee eingeschlossen – hatten sich mit ihrem von der Tradition geprägten, angenehm klar geregelten Tagesablauf abgefunden. Gilberts älterer Bruder Ed übernahm bereitwillig die Verantwortung für das Familienunternehmen und handelte nach den Anweisungen seiner Mutter. Margie war Sozialarbeiterin, ging jedoch wie früher jeden Abend ins Soochow, wo sie immer noch als Wirtin fungierte.

Und Elmer? Der arme Elmer. Sissee wußte noch, wie gut ihr Schwager vor dem Krieg ausgesehen hatte. Er hatte im militärischen Geheimdienst gedient und fast jeden Tag Aufklärungsflüge über Deutschland unternommen. Schließlich hatte er Magengeschwüre bekommen. Einen Monat vor Kriegsende war er in die Vereinigten Staaten zurückgekehrt und hatte eineinhalb Jahre in einem Militärkrankenhaus gelegen. Außerdem hatte er als Soldat eine schlimme Akne bekommen. Nach der Entlassung aus dem Krankenhaus war er zu einem chinesischen Arzt gegangen und hatte sich die Haut abschmirgeln lassen. Seitdem gab er viel Geld für teure Kleidung und Schuhe aus, um sein durch Narben verunstaltetes Aussehen zu kompensieren. Wirklichen Rückhalt fand er in Bernice. Sie war eine starke Frau.

Bernice war in der Nähe von Fresno geboren und hatte eine Jugend verlebt, die insofern typisch für viele chinesischstämmige Amerikaner war, als ihre Familie meist hart ums Überleben hatte kämpfen müssen. Da es in der Gegend nur sehr wenige chinesische Familien gab, wuchs Bernice fast wie ihre weißen Altersgenossinnen auf und trug einen modernen Haarschnitt und Make-up. In der Familie sprach man Englisch und pflegte einen amerikanischen Lebensstil. Ihr Vater besaß ein Restaurant auf dem ersten Minigolfplatz Kaliforniens. Nach Ausbruch der Wirtschaftskrise zog er mit seiner Frau und seinen fünf Kindern nach Fresno und arbeitete als Koch in einem Lokal, in dem gespielt wurde und Prostituierte verkehrten. Laut Bernice war er ein sittenstrenger und religiöser Mensch und haßte diese Stelle. Bei der ersten Gelegenheit eröffnete er im Chinesenviertel von Fresno einen Krämerladen und später ein Restaurant. Das Lokal wurde für seine Kokoscreme und seine Zitronenkuchen berühmt. »Die Leute fuhren meilenweit, um sie zu kaufen, auch Amerikaner, nicht nur Chinesen«, sollte Bernice später Sissee erzählen. Bernice war achtzehn, als ihr Vater eine beidseitige Lungenentzündung bekam und kurz darauf an Herzversagen starb.

Bernice nahm eine Stelle in Wu's Café an. Dort lernte sie Elmer kennen, als er auf dem Weg zu einem Football-Spiel in San Francisco durch Fresno kam. 1940 zog sie nach Los Angeles und arbeitete für einen Kräuterheilkundigen. Als ihr diese Arbeit nicht mehr zusagte, wurde sie Sekretärin bei der Schauspielerin Ona Munson, die in *Vom Winde verweht* die Belle gespielt hatte. Bernice hatte eine Cousine namens Pearl Luck, die einen Souvenirladen in China City besaß. Pearl war Methodistin und nahm Bernice mit zur Mission, wo sie ihre Bekanntschaft mit Elmer erneuerte. Dann brach der Krieg aus. Elmer kam nach Übersee, und Bernice kehrte nach Fresno zurück. Als Elmer nach dem Krieg aus dem Krankenhaus entlassen wurde, bat er Bernice, wieder nach Los Angeles zu ziehen. Mrs. Leong versuchte zwar, die Verbindung zu verhindern, weil Bernice in ihren Augen aus zu bescheidenen familiären Verhältnissen kam. Doch der große Unterschied zwischen Elmer und Gilbert bestand darin, daß Elmer tat, was er wollte.

Elmer setzte sich über die Einwände seiner Mutter hinweg, brannte mit Bernice nach Las Vegas durch und heiratete sie. Mrs. Leong war schockiert, aber es blieb ihr nichts anderes übrig, als für eine zweite, kirchliche Trauung zu sorgen. Danach sollte Bernice die Tee-Zeremonie vollziehen, doch sie weigerte sich. »Ich lasse mich von der Familie nicht domestizieren«, hatte sie gesagt und sich weder damals noch später Mrs. Leongs Willen gebeugt.

Sissee hatte einen anderen Weg beschritten. Seit Ming im Haus war, genoß sie den Waffenstillstand mit ihrer Schwiegermutter. Dennoch war ihr klar, daß zu einer Ehe mehr gehörte als ein gutes Einvernehmen zwischen Ehefrau und Schwiegermutter. Sie wollte unbedingt ausziehen, aber Gilbert legte ihr immer wieder Steine in den Weg. Nicht zuletzt deshalb hatte sie ihr Bild von ihm gründlich revidiert. Anfangs hatte sie in Gilbert immer nur den Bildhauer gesehen, einen kreativen, romantischen Bohemien, wie Benji und Tyrus es waren. Um so schockierter war sie gewesen, als sie feststellte, daß Gilbert ein sturer, unbeugsamer chinesischer Ehemann war.

Je mehr sie davon sprach, in ein eigenes Haus zu ziehen, desto klarer wurde ihr, daß ihr Mann bei seiner Mutter bleiben wollte. Trotzdem hatte sie die Hoffnung noch nicht aufgegeben und studierte jeden Tag die Anzeigen. Nun hatte sie eine gefunden, die ihr vielversprechend erschien.

Als Gilbert am Abend nach Hause kam, zeigte sie ihm die Anzeige. »Die Army verkauft komplette Baracken«, sagte sie. »Wir könnten uns mit Stella und Eddy zusammentun und eine kaufen. Sie haben genug von ihrem Keller und suchen auch etwas Neues.«

»Was soll das heißen? Sollen wir etwa alle zusammen in einer Militärbaracke wohnen?«

»Nein, wir nehmen sie auseinander und bauen mit dem Material unser eigenes Haus. Dann kannst du endlich deine Vorstellungen verwirklichen und genau das bauen, was du willst.«

Gilbert lachte. »Das hört sich verrückt an, wie eine von Eddys Ideen. Du bist eine Träumerin, genau wie er.«

»Ich will hier raus«, sagte sie ohne Rücksicht auf die möglichen Konsequenzen ihrer Worte. »Hier wohnen mir einfach zu viele Leute.« Und wie einst ihre Mutter fügte sie hinzu: »Ich will ein eigenes Haus. Und wenn wir nicht zusammen ausziehen, dann gehe ich eben alleine.«

»Also gut«, sagte Gilbert. »Sieh dir die Baracke mal an. Vielleicht ist die Idee ja gar nicht so schlecht.«

Im Jahr 1948 wurde Sumoy, Fong Sees jüngste Tochter und Richards Tante, dreizehn. Sie war ein liebes kleines Persönchen und auf eine unschuldige Art hübsch. Alle mochten sie. »Sie ist so süß, sie wurde süß geboren«, sagten sie. Sumoy war eine gute Tochter. Sie hatte ihren Vater zu den Weihnachtseinkäufen bei Sears begleitet und ihm bei der Auswahl der Geschenke geholfen – Rentierjacken für die Jungen, gemusterte Baumwollblusen für die Mädchen, ein Hut mit passender Schärpe für Ngon Hung. Ihr Vater und ihre Brüder hüteten sie wie ein kostbares Juwel. Ihr Vater hatte sie nicht auf Campingausflüge gehen lassen, als sie jünger war, und jetzt verbot er ihr, mit kirchlichen Gruppen zu verreisen oder ihre Freundinnen zu Hause zu besuchen. Einmal, als sie bei Betty Hoo übernachten wollte, sagte er: »Nein, sie hat Brüder.« Betty suchte ihn auf und sagte ihm, daß sie ein eigenes Zimmer habe. Doch das allein genügte ihm nicht. »Hast du ein Schloß an der Tür?« fragte er. Sumoy durfte nur woanders schlafen, wenn die Tür des Zimmers ein Schloß hatte. Trotz seines ausgeprägten Beschützerinstinkts schien Fong See jedoch zu entgehen, daß Richard völlig verrückt nach Sumoy war.

Richard war für die gesamte Familie Fong etwas Besonderes. Die Mädchen fanden ihn faszinierend. Wie hätte es auch anders sein sollen? Er war achtzehn. Er war weiß, hatte schwarzes Haar und eine hellere Haut als sie. Und doch war er kein Fremder; er gehörte zur Familie. Als er nach Chinatown zog, wurde er von allen aufgenommen, als sei er von einer langen Reise zurückgekehrt. Richard war nicht einfach bloß ein Cousin, er war der Sohn des Onkels, Cousins und Halbbruders, den alle besonders ins Herz geschlossen hatten. Eddy hatte den Kontakt zur Familie nie abreißen lassen. Er hatte den Kindern ihr erstes Radio geschenkt, obwohl Fong See es verboten hatte. Er war mit den Jungen in den Angeles Forest gefahren, hatte Christbäume geholt und sie in Fong Sees Wohnung aufgestellt. Seine Frau Stella hatte den Kindern gezeigt, wie man aus Toilettenpapier Christbaumschmuck machte. Eddy war der ideale ältere Bruder, und es war nur natürlich, daß eine Familie, für die Blut dicker war als Wasser, seinen Sohn Richard vorbehaltlos akzeptierte.

Richard und Sumoy waren wie Romeo und Julia – ihre Liebe war zum Scheitern verurteilt und lieferte den Stoff für Geschichten. Die anderen Teenager waren bezaubert von den scheuen Blicken, die sich die beiden zuwarfen, davon, wie sie einander tief in die Augen sahen und dann, plötzlich errötend, schnell wieder wegschauten. »Es war so schön«, erinnerte sich ein Cousin. »Es war Liebe. Ich könnte weinen, wenn ich daran denke. So schön war es.«

Ein Teil der Spannung bestand darin, das Prickeln zwischen den beiden zu verfolgen, dem Mädchen, das gerade die Pubertät hinter sich hatte, und dem Jungen, der gerade von der High School gekommen war. Erhöht wurde die Spannung noch dadurch, daß diese Liebe etwas Unwirkliches hatte, denn wäre sie real gewesen, dann hätten die Erwachsenen doch ganz bestimmt etwas unternommen. Aber niemand griff direkt ein, weder Fong See noch Ngon Hung, noch Eddy, noch Stella. »Hab ein Auge auf Sumoy. Paß auf, daß sie nicht außer Kontrolle gerät und etwas tut, das der Familie Schande macht«, war alles, was Fong See sagte. Und Ngon Hung, die in einem Alter, in dem sich die meisten Mädchen zum ersten Mal verlieben, bereits Ehefrau und Mutter gewesen war, warnte Sumoy: »Männer haben immer Zeit, sich in der Stadt herumzutreiben. Sie werden dafür von der Gesellschaft nicht geächtet.«

Niemand nahm zur Kenntnis, daß Sumoy einen scharfen Verstand besaß. Sie war eine gute chinesische Tochter, und man hätte erwarten können, daß ihr Leben denselben Verlauf nehmen würde wie das ihrer Mutter: Kinderkriegen in jungen Jahren, Hausarbeit, frühes Altern. Doch Sumoy wollte unbedingt aus diesem ewigen Kreislauf ausbrechen. Abends nach der Junior High School setzte sie sich an ihren Tisch hinten im Laden und machte ihre Hausaufgaben. Ihr Vater schenkte ihr keine Beachtung, wenn sie über das schlechte Licht klagte, und sie wußte, daß ihre Klagen nichts halfen. Im Laden war es deshalb so dunkel, weil niemand den Staub sehen sollte. Also nahm sie nach den Hausaufgaben den Federstaubwedel und arbeitete sich damit quer durch den ganzen Laden.

»Warum gehst du überhaupt zur Schule?« sagte ihr Vater. »Falls du später mal arbeiten mußt, dann bestimmt als Sekretärin oder Bürohilfe.«

Ihre Mutter schüttelte verwirrt den Kopf. »Du kennst die Vergangenheit, aber die Zukunft ist dir wichtiger.«

Nur Richard verstand sie.

»Ich kann so nicht weitermachen«, gestand ihm Sumoy mit einem Weitblick, der für ihr Alter erstaunlich war. »Ich will nicht mein Leben lang im Laden stehen. Ich will etwas anderes tun. Außerdem lassen sie mich sowieso nie Teilhaberin werden. Chuen und Yun wer-

den das Geschäft übernehmen. Ich bin nur ein Mädchen. Sie dürfen die Möbel ausliefern, das Auto fahren und Vater helfen, ich nicht.«
»Das willst du doch sowieso nicht«, sagte Richard. »Du kannst etwas anderes tun. Du könntest aufs College gehen.«
Sumoy, die ein inniges Verhältnis zu ihrer Mutter hatte, wußte, daß sie nie eine bestimmte Grenze überschreiten würde, solange sie noch zu Hause wohnte. Also verschloß sie die Augen vor dem liebeskranken Jungen und zog es vor, in ihm den verständnisvollen Bruder zu sehen.

Gilbert, Sissee, Stella und Eddy hatten an der Landa Street, die hinter dem Elysian Park vorbeiführte, einen Bauplatz mit Blick über den Los Angeles River auf den Mount Washington gekauft und mit dem Abbau der Militärbaracke begonnen. Ende 1948 hatten sie schon beträchtliche Fortschritte gemacht. Jedes Wochenende fuhren sie in einem lockeren Konvoi die Alameda Street hinunter, die Erwachsenen in ihren Autos und Richard und Ted, der sich zwischen Handelsmarine und Militärdienst gerade eine Pause gönnte, in einem Pritschenwagen. Unterwegs hielten sie an einer Farm und kauften frischgeerntete Maiskolben. Dann fuhren sie in Long Beach über die Hängebrücke nach Terminal Island und legten den Rest des kurzen Wegs zur Kaserne zurück. Die Kaserne bestand aus etwa zwanzig Baracken. Alle waren an Familien verkauft worden, die ähnliche Pläne hatten wie die Sees und die Leongs. Auch Tyrus und Ruth kamen gewöhnlich mit, weil ihnen das Picknick und die lustige Unterhaltung gefielen.
Die Baracken hatten zwei Etagen. Jede Etage verfügte über eine Latrine mit mehreren Toiletten, die an eine einzige Wasserspülung angeschlossen waren, ein Umstand, der Tyrus zu ständigen Frotzeleien veranlaßte. »Was wollt ihr denn damit?« zog er Gil und Eddy auf. »Mein Gott, die haben doch nur eine Spülung.« Das Wasser für die Toiletten kam aus einem einzigen Tank. Er war riesig und für ein Privathaus völlig ungeeignet. Die Pissoirs zogen noch mehr Spott auf sich. Andere Dinge, wie der zwei Stockwerke hohe Boiler und sein Zubehör, waren einfach unfaßbar. Vieles andere wie etwa das

Holz, die Wasserrohre, die elektrischen Leitungen, die Nägel und die Wasserhähne war jedoch verwendbar.

Die Demontage war wie ein Hausbau in umgekehrter Reihenfolge. Die Männer – es war vor allem »Männerarbeit« – begannen mit dem Dach und arbeiteten sich langsam nach unten. Zuerst rissen sie das Deckmaterial ab und kratzten den Teer ab. Dann zogen sie langsam und vorsichtig die Nägel heraus, reichten die Bretter von Mann zu Mann hinunter und stapelten sie auf dem Pritschenwagen. Als das Dach und die Wände des oberen Stockwerks abgebaut waren, krochen die Männer wie Spinnen auf dem Netz der verbliebenen Balken und Deckenträger herum. Die Frauen saßen am Boden und plauderten, während sie Nägel geradeklopften und sie in hölzerne Fäßchen warfen, Kabel aufrollten, Fenster in Decken einschlugen und Installationsteile in Kisten verpackten.

Sie genossen die Zeit hier draußen, die Kameradschaft mit den anderen, das Zusammensein mit ihren Familien. Alle hatten inzwischen ein mittleres Alter erreicht. Ruth war noch immer eine Schönheit mit tiefschwarzen Haaren, und in ihren Augen blitzte ein unverwüstlicher Humor. Sissee sah mit ihren grauen Strähnen am ältesten aus, obwohl sie die Jüngste war. Stella hatte in den letzten Jahren eine verblüffende Wandlung durchgemacht. An Eddys Geburtstag 1947 hatte sie in einer Klinik am North Broadway mit einer Diät begonnen und brachte jetzt, nachdem sie jahrelang Übergewicht gehabt hatte, nur noch fünfzig Kilogramm auf die Waage. Sie hatte üppige Rundungen an Brust und Hintern und eine Taille mit einem Umfang von 55 Zentimetern. Ihre Haare waren noch immer feuerrot und kräuselten sich in der Seeluft.

Bei den Männern hatte die Zeit unterschiedliche Spuren hinterlassen. Gilbert wurde mit jedem Jahr hagerer und steifer. Tyrus blieb immer der alte. Er war schmächtig, tatkräftig und humorvoll und der Erfolgreichste von allen. Er hatte bei Disney aufgehört und war zu Warner Brothers gewechselt, wo er an »Story Boards« – der zeichnerischen Version von Drehbüchern – für Filme von John Wayne, George Raft und Frank Sinatra arbeitete. »Ich genieße viele Freiheiten«, sagte er zu seinen Freunden. »Es gibt keine Stempeluhr, und wenn es ruhig ist, kann ich nach Hause gehen und meine eigene Arbeit machen.«

Eddy hatte sich treiben lassen, seit er aus den Familienunternehmen ausgeschlossen war. Er hatte Schmuck hergestellt, für Freunde kleine Reparaturen durchgeführt, seinen Vater besucht. Er trug noch immer seinen Pearl-Harbor-Bart und war um die Taille ein bißchen breiter geworden. Vor allem aber war er ein unverbesserlicher Kindskopf geblieben. Er hielt eine Salami in die Luft und sagte: »Na, wie würde dir das zwischen den Beinen gefallen?« Tyrus lachte jedesmal, wenn er einen solchen Scherz machte, und sagte: »Typisch Eddy. Immer unter die Gürtellinie!«

Nach der Arbeit saßen die drei Paare in einem lockeren Kreis ums Feuer. Richard und Ted hielten sich etwas abseits und sprachen mit gedämpfter Stimme. Die vier kleinen Mädchen – Leslee und die drei Töchter von Ruth und Tyrus – zogen mit ihren Dreirädern geräuschvoll weite Kreise um die Gruppe. Diese Zeit genossen sie alle am meisten. Die Arbeit war getan, und sie konnten in einem Topf ihre Maiskolben auf dem Feuer kochen, Kaffee trinken und sich mit Sandwiches und kalten Nudeln stärken.

Ein Jahr später, im Jahr 1949, war die Baracke völlig zerlegt und das Holz, die elektrischen Leitungen und die Wasserhähne in den Lagerräumen und Hinterhöfen der Familie untergebracht. Dennoch hatte der Bau des Traumhauses noch nicht begonnen. Gilbert sagte, er sei »beruflich zu eingespannt«, um einen Plan zu entwerfen. Statt also in der Landa Street ein Haus zu bauen, zogen Eddy, Stella und Richard in das Haus von Großmutter Huggins in der Lantana Street in Glassell Park, unweit der Innenstadt. Stella hatte das Haus nach dem Tod ihrer Großmutter geerbt. Ihre Cousine Ida und ihr Cousin Vernon wohnten gleich um die Ecke, und Richard besuchte von hier aus das City College. Unterdessen wurde der Bauplatz in der Landa Street von Giftsumach und Englischem Raigras überwuchert.

Eddy nahm sofort mehrere Projekte zur Verschönerung des neuen Heims in Angriff, brachte sie jedoch nie zu Ende. Er riß die Decke heraus und legte die Balken frei. Er meißelte Gips von den Wänden. Er legte das Fundament für einen Anbau, verlor dann aber das Interesse daran. Er baute Fenster aus, um eine Veranda zu errichten, verlor abermals das Interesse und ersetzte die Fensterscheiben »provisorisch« durch Plastikfolie.

Dem Garten tat die sprunghafte Aufmerksamkeit gut. Stella und Eddy pflanzten mit Benjis Hilfe Feigenbäume, Riesenbambus, Klebsamengewächse, Tamarisken, Walnuß-, Aprikosen- und Avocadobäume. Danach wurde alles sich selbst überlassen, und bald entstand ein dichter Dschungel, aus dem hier und dort ausrangierte Gegenstände herausstachen, die Eddy in Los Angeles ergattert hatte. So kippte er den alten Karren eines chinesischen Straßenhändlers um und streute Reis darauf, um Vögel anzulocken. Er lehnte Bambusrechen an eine Wand und stellte abgeschnittene 20-Liter-Kanister für Sojasoße als Laubbehälter auf. Insgesamt machte der Garten einen verwilderten und ungezähmten Eindruck, doch war er ästhetisch durchaus ansprechend.

Ein Jahr nach dem Umzug in die Lantana Street hatte Eddy die Idee, zum Andenken an die chinesischen und andere Pioniere von Los Angeles deren historische Zeugnisse zu sammeln. Zusätzlichen Anstoß zu dem Projekt gab eine weitere Feuersbrunst in China City. Fong Yuns Geschäft blieb diesmal verschont, aber viele andere wurden zerstört oder beschädigt. Mehrere Ladenbesitzer gaben einfach auf und zogen fort. Danach gingen die Geschäfte noch schlechter, und um 1950 glich China City einer Geisterstadt. Etwa zur selben Zeit beschlossen die Stadtväter, den letzten Block von Old Chinatown abzureißen, Block 500 der Los Angeles Street, wo Ticie und Fong See ab 1906 gewohnt hatten.

Eddy schlug vor, die Bewohner der Los Angeles Street sollten mit Investitionen in Höhe von einer halben Million Dollar Sanierungsmaßnahmen durchführen und eine »Internationale Siedlung« mit Läden und Restaurants gründen. In der Siedlung sollten alle Kulturen vertreten sein, die einst nach Los Angeles gekommen waren, und gleichzeitig sollte sie Old Chinatown vor dem Abriß bewahren. »Man lockt die Leute an, indem man ihrem Magen etwas bietet«, sagte Eddy. »Und dann bleiben sie und kaufen Souvenirs. Wir müssen nur unsere Nachbarn dazu bringen, daß sie investieren und das bereits Vorhandene verbessern.« Das Lugo-Haus, einst von einer spanischen Familie dieses Namens errichtet, erster Sitz der Loyola-

Universität und in späteren Jahren eine Pension für chinesische Junggesellen, sollte in ein Museum umgewandelt werden. Tyrus fertigte mehrere Zeichnungen an, wie das Haus nach der Verwirklichung des Projekts aussehen sollte. Der *Los Angeles Mirror* schickte einen Reporter und einen Fotografen.

Der Stadtrat schien dem Projekt zunächst positiv gegenüberzustehen. Doch Mrs. Sterling, die beim Bau von Olvera Street und China City eine maßgebliche Rolle gespielt hatte, wollte nichts dulden, was ihren Unternehmungen Konkurrenz machen konnte. Sie fand bei der *Los Angeles Times* offene Ohren, und die wiederum hatte mehrere Stadtverordnete in der Hand. Zumindest war dies Eddys Sicht der Dinge.

Am 28. September 1950 erschienen alle Parteien vor dem Stadtrat. Was sollte mit der Los Angeles Street geschehen? Einige wollten sie einebnen und einen Parkplatz anlegen, andere einen deutschen Biergarten errichten. Gegen die Internationale Siedlung wurde vorgebracht, daß sie zu gewalttätigen Auseinandersetzungen zwischen den Tongs und den Cafébesitzern von China City führen könnte. Die Debatte fand ein jähes Ende, als Mrs. Sterling mit einer Abordnung aus der Olvera Street erschien. Sie trug Blumen im Haar, Perlen um den Hals und ein Kleid mit Blumenapplikationen an den Schultern und forderte eine Renovierung der gesamten Plaza. »Die Plaza sollte saniert und entkommerzialisiert werden, oder man sollte alles abreißen und einen Parkplatz daraus machen.« Sie betonte, daß die Internationale Siedlung ein »rein kommerzielles Unternehmen« sei. Verblüffenderweise wies niemand darauf hin, daß auch Olvera Street und China City schon seit vielen Jahren ausschließlich auf kommerzieller Basis funktionierten.

Mrs. Sterling forderte die Stadträte auf, die wichtige Rolle der mexikanischen und spanischen Kultur im kulturellen Erbe der Stadt zu berücksichtigen. Dann verkündete sie mit großer Begeisterung, daß sie für die Anwesenden eine kleine Überraschung vorbereitet habe. Die Saaltüren flogen auf, und eine mexikanische Volkstanzgruppe in prächtigen Kostümen strömte herein und gab, begleitet von einer Mariachi-Kapelle, eine Vorstellung.

Die Stadträte waren entzückt über dieses unerwartete, aber farbenfrohe Ereignis. Danach ergriff Sissee das Wort. »Wir sind nicht in unseren Kostümen gekommen«, sagte sie. »Wir haben keine Musik mitgebracht. Wir haben es nicht nötig, hier eine Schau abzuziehen. Wir schlagen zwar eine Internationale Siedlung vor, aber in erster Linie sind wir Amerikaner.« Und Eddy fügte hinzu, daß die Stadt außer den Mexikanern und Spaniern auch den Chinesen, Franzosen, Italienern und sogar – ein gewagtes Wort so kurz nach dem Krieg – den Japanern viel verdanke.

Doch der Stadtrat schien sich bereits für Mrs. Sterling entschieden zu haben. Nur das Lugo-Haus, das sich im Zentrum von Block 500 der Los Angeles Street erhob, stand noch zur Diskussion. »Der Gedanke, daß dieses historische Gebäude abgerissen werden soll, ist entsetzlich«, sagte Stadtrat Ed J. Davenport. »Der Rat wurde in vielen Punkten hinters Licht geführt und bekam nicht die ganze Wahrheit zu hören. Uns wurde gesagt, daß der gesamte Block für die Schnellstraße benötigt werde, und dann stellte sich heraus, daß nur ein kleiner Teil gebraucht wird.« Er schlug vor, das Lugo-Haus, den Kong-Chow-Tempel und einige andere Gebäude des Areals zu erhalten.

Orville Cladwell, der stellvertretende Bürgermeister und Vorsitzende der Stadtverwaltung, schlug vor, das Lugo-Haus in die nahe Olvera Street zu versetzen. Am Ende beschloß die State Parks Commission, die Plaza westlich der Los Angeles Street zu einem staatlichen Park zu erklären. Nach diesem Plan sollten das Pico-Haus, der Masonic-Tempel, das Garnier Building und ein altes Feuerwehrhaus erhalten bleiben. Abgerissen werden sollten hingegen das Lugo-Haus, die F. Suie One Company, die F. See On Company, das Soochow und die anderen Gebäude des letzten Blocks von Old Chinatown, um Platz für die Zubringer der Schnellstraße zu schaffen. Auf dem restlichen Gelände sollten Grünflächen angelegt werden. Eddy und Sissee verließen die Versammlung in der Erwartung, daß bald die Enteignungsbeschlüsse ins Haus flattern würden.

An einem Tag im Oktober 1950, drei Jahre nach dem Brand in seiner Fabrik, schlenderte Ray See durch seinen neuen Ausstellungsraum, um Bennie den abgeänderten Entwurf für ein Möbelstück zu bringen. Im Vorbeigehen hörte er, wie eine seiner Verkäuferinnen eine Lampen-Tisch-Kombination beschrieb. »Das Stück ist solide und ausgesprochen modern«, sagte sie und strich mit der Hand darüber. »Und doch ist es von einer Leichtigkeit und Zartheit, die an die Formgebung des 19. Jahrhunderts erinnert. Aus diesem Grund paßt Calinese ebensogut zum amerikanischen Kolonialstil und zu den strengeren englischen Stilen des 18. Jahrhunderts wie zu hochmodernen Einrichtungen.«

Ray lieferte seine Zeichnung ab, kehrte in den Ausstellungsraum zurück und lauschte erneut der Verkäuferin. Dabei kam ihm in den Sinn, daß man nicht Millionär wird, wenn man untätig herumsitzt wie ein Narr. Er hatte eine Glückssträhne, und er wollte sie nutzen. Mit harter Arbeit und Entschlossenheit hatte er die Firma wiederaufgebaut. Innerhalb von neun Tagen nach dem Brand hatte er neue Räume in einer Fabrik gemietet, und in derselben Zeit hatte Bennie die Maschinen überholt, die noch brauchbar waren. Sie hatten für Januar neue Ausstellungsstücke hergestellt, dann mit der Produktion begonnen und innerhalb von sechzig Tagen liefern können.

Am 26. Juli 1948, nur neun Monate nach dem Brand, hatten Ray, Bennie und Markoff die Einladungen zur feierlichen Eröffnung der neuen Fabrik verschickt. Das Werk nahm eine Fläche von 2400 Quadratmetern ein, und dank einem Sägedach war es möglich, den ganzen Tag bei natürlichem Licht zu arbeiten. Die Ausstellungsräume waren mit naturfarbenem Eukalyptusholz getäfelt und dreimal so groß wie die alten. Büros und Ausstellungsräume waren nur durch ein gewaltiges Panoramafenster von der Produktionsabteilung getrennt, so daß Besucher zusehen konnten, wie ihre Waren hergestellt wurden. Markoff war Ray in dieser Zeit gehörig auf die Nerven gefallen. Ständig hatte er alle Aufmerksamkeit auf sich gezogen, Interviews gegeben und obendrein die Produktionspläne in Frage gestellt. Schließlich hatte Ray ihn um die Auflösung der Partnerschaft gebeten, und Markoff hatte sofort zugestimmt. Ray und Bennie hatten den Namen See-Mar beibehalten, und das Geschäft war in Gang gekommen.

Schon 1948 hatte Los Angeles, in Großhandelspreisen gerechnet,

Möbel im Wert von 200 Millionen Dollar produziert, und jedes Jahr waren es mehr geworden. Einige führten diesen Erfolg auf den »frischen und gewagten« Stil der Designer an der Westküste zurück. Andere brachten den Trend mit dem Wachstum der Fernsehindustrie in Verbindung. Allein im Los Angeles County wurden täglich 456 Fernsehgeräte verkauft. Und entsprechend wuchs das Interesse an neuen Sitzgruppen, TV-Regalen und Fernsehtruhen.

Ray schuf auf der Grundlage dieser Theorien eine neue Möbelgeneration – Calinese. Tatsächlich hatte seine Frau Leona den Namen erfunden. »Er klingt ein bißchen nach Kalifornien und ein bißchen nach China«, hatte sie gesagt. »Du solltest etwas Preiswertes wie Myrtenholz verwenden. Das finden die Leute exotisch und neuartig.« Ray hatte auf sie gehört und mit Myrtenholz und Lauán, einem mahagoniartigen Holz von der philippinischen Insel Luzon, gearbeitet. Er entwarf kleine Rauchertische mit heller und dunkler Oberfläche, die man getrennt im Raum plazieren oder zusammenstellen konnte, wenn man einen großen Kaffeetisch brauchte. Er kombinierte eine Truhe und einen Bücherschrank, so daß die moderne Version eines altmodischen Geschirr- oder Porzellanschranks entstand. Und er entwarf weiter Lampen, besonders in Kombination mit Tischen. Alle seine Ideen wurden von Bennie und den Männern und Frauen an den Fließbändern verwirklicht.

Das Geschäft hielt Ray auf Trab, und das gefiel ihm. Er mußte für jede Saison neue Designs entwickeln, in Los Angeles, San Francisco und Grand Rapids Ausstellungsräume einrichten, die Kunden bewirten. Er hatte in der Möbel- und Teppichbranche noch keinen Menschen getroffen, der nicht gerne trank. Martinis und Steaks, Parties und Frauen, die willig die Beine breit machten, das war es. Nachts ließen die Leute die Sau heraus, und am folgenden Tag kauften sie ein. Es war einfach paradiesisch, fand Ray.

Besonders gefiel ihm, wie gut es sich auszahlte. Baker, Knapp & Tubbs hatten Calinese als erste geführt und in ihre Schaufenster gestellt. Bis 1950 war Calinese überall im Land zu bekommen. Frederick & Nelson in Seattle hatten Rays Möbel vorrätig und nannten sie »modern, aber nicht schmucklos«. James A. Cullimore & Company in Oklahoma priesen »den Detailreichtum und die weich gerunde-

ten Ecken des Fernen Ostens«. W. & J. Soane in San Francisco warben mit dem Slogan »hochmodern zu niedrigen Preisen« für den neuen Stil. Selbst die *New York Times* hatte über Calinese berichtet.
Im Jahr 1950 befand sich Ray auf dem Höhepunkt seiner Karriere, und jeder wußte es. Im Jahr zuvor war ihm Calinese nicht mehr genug gewesen, und er hatte wieder begonnen, Stoffe für D. N. & E. Walter zu entwerfen, eine Firma in San Francisco, die schon seit dem Bau der Eisenbahnlinie im Geschäft war. Unlängst hatte ihn das Unternehmen als den »bedeutendsten Textil- und Möbeldesigner« des Landes gefeiert. Dank seiner Verbindung zu Walter war außerdem ein Dokumentarfilm mit dem Titel »Die Kunst des Siebdruckverfahrens« gedreht worden, in dem Ray seine Entwürfe hatte vorführen können. Seine übergroßen, farbenprächtigen Drucke trugen Namen, die an die natürliche Schönheit Kaliforniens und Asiens erinnern sollten: Riesenkaktus (»schön wie ein Sonnenuntergang im Westen«), Blumenfenster (»nach einem Gitterfenster in San Franciscos Chinatown«), Oahu (»ein Muster, das Menschen zusagt, die eine polynesische Atmosphäre lieben«), Chunking (»unverwechselbar wie China selbst und so modern wie die Gegenwart«). Bei allen Entwürfen, so erklärte der Sprecher des Films, »wird eine raffinierte neue Farbkombination verwendet und ist ein leichter chinesischer Einfluß zu spüren. Dadurch entsteht etwas ganz Neues, so schön wie eine Ming-Vase und so erfrischend wie die freie Natur.« Die Firma Walter machte mit den neuen Drucken überall im Land Werbung für Kalifornien. »Wir sind stolz auf unseren Staat und unsere Lebensart«, sagte der Sprecher. »Und das versuchen wir zu vermitteln. Mit Walter-Drucken kann sich jeder die Sonne Kaliforniens ins Haus holen.« Wie der Sprecher erklärte, war es Rays Aufgabe, »Mystik, Philosophie und Charme des Fernen Ostens mit der kraftvollen Schönheit der Natur zu kombinieren«.
Für Ray hatte das neue Jahrzehnt vielversprechend begonnen. 15 000 Angelenos waren durch ein »Calinese Touch-Plate Home« in Santa Monica gepilgert. Das Haus mit zwei Schlafzimmern war von Barker Brothers ausgestattet worden. Alle Räume waren mit kakaobraunem Teppichboden ausgelegt. Wandbehänge und Polster waren in Kakaobraun, Türkis und Orangerot gehalten, mit zitronen-

gelben und lindgrünen Akzenten. Touch-Plate war ein neues Beleuchtungssystem mit Fernbedienung. Es war im ganzen Haus verlegt und ließ sich von vier Kontrollpulten aus bedienen. Das in der Werbung als »Haus der Zukunft« bezeichnete Gebäude war mit den modernsten Erfindungen ausgestattet: Außenjalousien, Infrarotstrahlern an den Decken der Schlafzimmer (»nie mehr ein kaltes Bett«), einem automatischen Garagentoröffner, einer hauseigenen Verbrennungsanlage (»garantiert rauchfrei und geruchlos«) und einziehbaren Gartenschläuchen und Wäscheleinen.

Lampen, Stoffe, Möbel – alles hatte Ray entworfen. Von seinem Schreibtisch aus blickte er in den Ausstellungsraum, wo die Verkäuferin gerade die Ware pries, wobei sie sich an einer kürzlich herausgegebenen Presseerklärung orientierte. »Diese Beistellmöbel hat Mr. See entworfen. Ihre Formen wurzeln in einer alten Tradition, und doch wirken sie alle ausgesprochen modern. Um den Stücken einen fernöstlichen Charakter zu geben, verwendet Mr. See Oberflächen aus Bernstein, Teakholz und anderen Materialien. Echte Korallen und Jade setzen farbliche Akzente. Das Wolken-Design stammt von einem alten Mandarin-Gewand in Mr. Sees Sammlung.«

Ray grinste. Seine vielgerühmte»Sammlung« fernöstlicher Antiquitäten. Wenn die wüßten, wie sehr er das Zeug haßte – den Geruch, den Anblick, all die unangenehmen Assoziationen. Ein Leben lang hatte er versucht, all dem zu entkommen, und jetzt wurde er auf Schritt und Tritt daran erinnert. Es verblüffte ihn, daß die phantastische Presse, die Calinese hatte, zu einem Großteil diesem Quatsch mit der »chinesischen Pionierfamilie« zu verdanken war.

Es war wirklich paradox. Die meisten seiner Freunde wußten nicht einmal, daß er Chinese war. Er erwähnte es nie. Seine Tochter Pollyanne hütete sich, ihn darauf anzusprechen. Er war ziemlich stolz darauf, Chinese zu sein, aber er konnte seinem Vater einfach nicht vergeben, daß er seine Mutter und die übrige Familie hatte sitzenlassen. Er dachte an das Bild von einem Chinesen, das Pollyanne gemalt hatte. Ray hatte nur einen Blick darauf geworfen und war wortlos davongegangen. Die Zeichnung hatte seinem Vater so ähnlich gesehen, daß ihm übel geworden war.

Während Ray See darüber staunte, wie weit er es aus eigener Kraft gebracht hatte, stand sein Vater auf wackligen Beinen vor seinem Geschäft in der Los Angeles Street Nr. 510. Nach all den Jahren zog er wieder einmal um. Diesmal nur in das wenige Blocks entfernte New Chinatown, wo nach den Plänen seines Schwiegersohns Gilbert Leong ein neuer Ausstellungsraum und ein neues Lager für die F. See On Company und eine Wohnung für See-boks Familie eingerichtet worden war. See-bok wußte, daß er den Umzug als Neubeginn hätte betrachten sollen, doch in seinem Leben hatte es allzu viele Neubeginne gegeben.

Er sah zu, wie Chuen und Yun, die beiden ältesten Söhne seiner zweiten Familie, einen Altartisch heraustrugen und sich rückwärts und seitwärts durch die Tür zwängten. Peter, Fong Lais Sohn, half ihnen. Fong See rief ein paar Anweisungen: »Stoßt nicht an! Seid vorsichtig!« und dachte daran, wie sein leiblicher Bruder durch den neuen Fong Lai ersetzt worden war. Der zweite Fong Lai hatte seinen Sohn nach Amerika holen wollen, und Fong See hatte es für ihn arrangiert. Peter war ursprünglich aus China gekommen, um Fong Sees Kindern Chinesisch beizubringen, aber jetzt arbeitete er im Geschäft.

See-bok ließ den Blick schweifen. Auf der anderen Straßenseite lag die alte spanische Plaza, rechts daneben die Olvera Street und linker Hand das Pico-Haus und die anderen Gebäude, die erhalten bleiben sollten. Dennoch war hier alles in Auflösung begriffen. Einige Häuser standen bereits leer. Die Metzgerei Sam Sing war in die Spring Street umgezogen, und die Leongs waren in das Soochow in New Chinatown übergesiedelt. Nur ein paar alte Männer wie er packten traurig ihre Besitztümer und ihre Waren zusammen. Alle machten sich davon, bevor die Bulldozer kamen.

See-bok sah zu, wie seine Söhne und Peter den Altar in den Möbelwagen luden. Drinnen im Laden standen seine jüngeren Söhne und Neffen auf Leitern, lösten Schnitzereien von der Wand, rollten Schriftrollen zusammen und hängten vorsichtig Wandbehänge ab. Seine Töchter verpackten Keramiken und kleine Bronzen.

Er war zu alt für diesen Umzug!

In den letzten paar Monaten hatte er zugesehen, wie andere gegen den Beschluß der Stadt gekämpft hatten. Er hatte gewußt, daß der Kampf nur mit Geld zu gewinnen war. Es gefiel ihm, daß in Chinatown Gerüchte kursierten, er habe der Stadt 25 000 Dollar geboten, um in seinem Geschäft in der Los Angeles Street bleiben zu können. Es gefiel ihm, wenn die Leute sagten: »Er spricht mit Geld statt mit dem Mund.« Er hatte nicht verraten, wie hoch sein Angebot tatsächlich gewesen war. Doch als die Stadt nicht angebissen hatte, war er mit seinem weißen Buchhalter zur Union Bank gegangen, um ein Darlehen für den Umzug nach New Chinatown aufzunehmen. Als er hörte, daß er unter der Hand zusätzliche Zinsen oder Bargeld bezahlen sollte – was genau, wußte er nicht mehr –, hatte er sich einfach geweigert und das Geld für das neue Haus selbst berappt. Solche Geschichten sorgten dafür, daß sein Ruf nicht verblaßte.

Chuen und die anderen luden jetzt andere Waren auf den Lastwagen. »Komm, Vater«, sagte Chuen. »Wir fahren jetzt zu dem neuen Laden. Am besten, du kommst gleich mit.«

Der neue Laden lag am Chunking Court in einem erst kürzlich erbauten Block von New Chinatown westlich der Hill Street. Sein Sohn parkte den Lastwagen vor dem Geschäft, und See-bok schlurfte in den dunklen Verkaufsraum.

»Willst du dich nicht ein bißchen hinlegen, Pa?« fragte Chuen. »Wir kommen schon zurecht.«

See-bok nickte und ging an den hastig auf dem Boden abgestellten Packkisten und Möbelstücken vorbei in ein Hinterzimmer, wo ein Feldbett aufgestellt war. Er setzte sich langsam, streckte sich mit einem Seufzer aus und starrte an die Decke. Das Geschäft bereitete ihm keine Sorgen. Meine Kunden werden mir folgen, dachte er. Seine Söhne würden die Kunden aus Beverly Hills und Pasadena bedienen, ebenso die Hollywood-Stars Yvonne de Carlo, Anne Baxter und Walter Pidgeon – eine gute Übung. Er selbst aber würde sich weiter um besonders wichtige Kunden wie Charles Eames und Frank Lloyd Wright kümmern. (Dieser alte Mann! Dieser Frank Lloyd Wright! Er hatte ihn fast zum Wahnsinn getrieben! Die Art, wie er in den Laden kam und mit seinem Stock an die Waren klopfte! Aber er hatte es ihm gezeigt. »Raus!« hatte er ihn angeschrien. »Raus mit Ihnen!« Und Wright hatte die Flucht ergriffen. Jahrelang hatte allein diese

Geschichte die Leute so verblüfft, daß sie zu ihm kamen, um zu erfahren, ob sie tatsächlich stimmte. Sie würden auch in seinen neuen Laden kommen, um sie noch einmal zu hören.)

Fong See war alt, aber er hatte seine Vision vom Leben in Amerika nie verloren. Er dachte immer noch voraus. Er wußte, daß sich die Leute fragten, warum er die Gelegenheit nicht genutzt hatte, um Chinatown ganz zu verlassen, aber der Bau des neuen Rathauses hatte ihm die Augen geöffnet. Beim Anblick des hohen, tadellosen Gebäudes war er zu der Überzeugung gelangt, daß in Los Angeles immer die Weißen an erster Stelle stehen würden. Also blieb er in Chinatown. Erst jetzt, nach 63 Jahren in Los Angeles, hatte er endlich einen Laden gekauft. (Immer noch über einen Strohmann, als Vorsichtsmaßnahme.) Es war, als hätte er damit verkündet: »Ich schlage hier Wurzeln. Ich bin nach Amerika gekommen. Ich hatte Erfolg. Vergeßt mich nicht.«

Es waren trübe Gedanken, die ihm auf dem Feldbett durch den Kopf gingen. Man schrieb jetzt das Jahr 1950. Er war dreiundneunzig, und er verlor zunehmend den Kontakt zu seiner Umgebung. Sein Sohn Ming hatte Sunny Rockwell geheiratet, aber er war nicht bei der Hochzeit gewesen. (Sie hatten ihn nicht eingeladen, weil er zu alt und unberechenbar war.) Die Beziehung zwischen seinen Söhnen und seinem Enkel Richard beobachtete er nur noch von fern. Der Junge hatte Schwierigkeiten. Er trank zuviel. Doch Fong See hatte zu Chuen gesagt: »Besser schlechte Freunde als gar keine Freunde.« Seine Tochter Jong Oy hatte einen von Chiang Kai-sheks Offizieren geheiratet und war weggezogen, zuerst in den Osten der Vereinigten Staaten und dann nach Taiwan. Sie hatte den Jungen kennengelernt, als er hier eine Ausbildung machte. See-bok hatte ihr damals bereits den Sohn eines Geschäftsmanns als Ehemann ausgesucht, aber sie hatte darauf bestanden, diesen Soldaten zu heiraten. Er war zu alt und zu schwach gewesen, um dies zu verhindern. Nun würde er sie wahrscheinlich nie wiedersehen.

Vergeßt mich nicht, dachte er.

Er hatte sich immer um seine Verwandten in China gekümmert, aber jetzt war er ein alter Mann, ohne Macht und Einfluß, völlig abgeschnitten von seinem Heimatdorf. Seit seiner Heirat mit Ngon

Hung hatte er immer nur darauf hingearbeitet, eines Tages Los Angeles zu verlassen und nach China zurückzukehren. Doch gerade als er sich in der Heimat hatte zur Ruhe setzen wollen, war es unmöglich geworden. Was hätte er anders machen können?
Er dachte zurück an die Invasion der Japaner. Sie hatten das Grand Hotel in Foshan beschlagnahmt und zu ihrem Hauptquartier gemacht. Seiner vierten Frau Si Ping, die er in den zwanziger Jahren geheiratet hatte, war es in Dimtao nicht schlechtgegangen. Sie hatten keine Kinder bekommen, und er hatte ihr hundert *mou* Land überlassen, von denen sie gut leben konnte. Dagegen hatte es Lui Ngan Fa, die Konkubine Onkel Yuns, mit ihren drei Kindern sehr schwer gehabt. Sie besaßen zusammen nur sechs *mou* und hatten sich von *jook* oder Reis mit Kohl ernähren müssen. Trotzdem sagten die Leute, daß niemand, der Lui Ngan Fa um etwas Geld oder eine Mahlzeit gebeten habe, mit leeren Händen aus ihrem Haus gekommen sei. Sie hatte Leuten geholfen, die außer gekochter Rinde nichts zu essen hatten. Und niemand hatte damals geahnt, daß ihr das in der kommenden finsteren Zeit einmal nützen würde.
Nach dem Krieg war Fong See nach China gereist und hatte sich selbst ein Bild von den Zuständen in der Heimat gemacht. Sein Mobiliar war zerschlagen, sein Haus demoliert, sein Land verwüstet. Der Manager des Hotels behauptete, er habe nur noch dreihundert Dollar auf dem Konto. »Dies ist ein Beweis für die Grausamkeit der imperialistischen Invasoren«, soll Fong See gesagt haben. »Mit den dreihundert Dollar kann ich genausogut meine Freunde und Verwandten zum Essen einladen.« Vielleicht hatte er das gesagt, vielleicht auch nicht. Er wußte es nicht mehr genau.
Ein paar Jahre lang hatte Ngon Hungs Mutter, die geschäftstüchtige Fong Guai King, das Hotel geführt. Doch das war nur von kurzer Dauer gewesen. Gleich nach dem Sieg über die Japaner hatten der Generalissimus und Mao wieder ihren Bürgerkrieg aufgenommen. 1949 zwangen Maos Truppen mit derselben Guerillataktik, die sie auch gegen die Japaner angewandt hatten, Chiang Kai-shek, sich vom Festland auf die Insel Taiwan zurückzuziehen. Kurz darauf erklärte sich das kommunistische Oberkommando zum Sieger, marschierte in Peking ein und machte die Verbotene Stadt zu seinem

Amtssitz. In Südchina übernahmen rangniedrigere Offiziere das Grand Hotel in Foshan und nutzten es als Büro des kommunistischen Kommissariats der Stadt. Fong Sees Stadthaus hinter dem Hotel wurde ohne jede Entschuldigung oder finanzielle Entschädigung abgerissen. Doch das war noch nicht alles. Er schickte Fong Guai King sechstausend Dollar, die allerdings nicht für sie bestimmt waren, denn sie war zu alt, und auch nicht für Si Ping, denn das hätte Ngon Hung nicht erlaubt. Nein, das Geld sollte seinen jungen Cousins und Neffen die Möglichkeit geben, das Land zu verlassen.

Fong See war nicht der einzige, der Geld schickte. In ganz Chinatown kratzten die Leute Geld zusammen und schickten es nach China, um Müttern, Brüdern, Vettern, Basen und Ehefrauen die Ausreise zu ermöglichen, bevor der Bambusvorhang fiel. Nach der Schließung der Grenzen hatten chinesische Familien zunächst noch »Teegeld« an ihre Verwandten in den Heimatdörfern geschickt. Doch inzwischen war das zu riskant. In allen chinesischen Städten und Dörfern waren Bürger, von denen es hieß, sie hätten imperialistische Verwandte im Westen, Repressalien ausgesetzt. Gleichzeitig entfesselten die politisch mächtigen Sechs Gesellschaften, ein Zusammenschluß von Wohltätigkeitsverbänden, die verschiedene Distrikte und Bezirke in China vertraten, nach dem Ausbruch des Koreakriegs im Jahr 1950 in den amerikanischen Chinatowns eine bösartige antikommunistische Kampagne. Angeblich hatten sie überall ihre Spione, die Einwohner meldeten, die mit dem kommunistischen Regime sympathisierten. Zusätzlich zu den Repressalien, die chinesischstämmige Amerikaner nun in ihren eigenen Vierteln zu fürchten hatten, hielt auch die Furcht vor den Weißen an, die seit den Tagen des Eisenbahnbaus nie nachgelassen hatte.

Auch die Amerikaner gerieten durch den Koreakrieg in den Bann antikommunistischer und antichinesischer Propaganda. Chinesische Wissenschaftler und Studenten an amerikanischen Universitäten durften nicht mehr in die Volksrepublik China zurückkehren. Die Internierung der Japaner im Krieg war noch in frischer Erinnerung, und so ging die Angst um, daß die Chinesen nun dasselbe Schicksal erleiden könnten. (Die Verabschiedung des McCarran Security Act im Jahr 1950, eines Gesetzes, das für den Fall des nationalen Notstands die Internierung von Kommunisten vorsah, trug nicht dazu bei, diese Befürchtungen zu zerstreuen.) All diese Faktoren führten dazu, daß 1949 nur noch sechshunderttausend Dollar an Verwandte in China geschickt wurden, während es 1948 noch sieben Millionen Dollar gewesen waren. Nun, im Jahr 1950, floß kaum noch »Teegeld« aus den Vereinigten Staaten nach China.

Fong Guai King hatte das Geld bekommen, aber einige Leute hatten den Mund nicht halten können. Sie hatte es, so gut es ging, versteckt und einen Teil sogar Lui Ngan Fa gegeben, um es neugierigen Blikken zu entziehen. Doch während die Fongs alle bisherigen Veränderungen in China ohne Schaden überstanden hatten, wurden sie diesmal zu Opfern. Fong Guai King, die noch immer gebundene Füße und weiche zarte Hände hatte, wurde auf den Dorfplatz geschleppt, wo sie auf Glasscherben knien und sich die Anklagen der frischgebackenen Kommunisten des Dorfes anhören mußte.

»Sie hat uns schlecht behandelt.«

»Sie war eine böse Frau und dachte immer nur an sich selbst.«

»Sie war reich. Sie hat fünfzig Prozent der Gewinne aus dem Grand Hotel in Foshan in ihre eigene Tasche gesteckt.«

»Sie hat sich nie um die Dorfbewohner gekümmert.«

»Sie hat nie hart gearbeitet. Ihr braucht euch bloß ihre Hände anzusehen.«

»Sie gehört zu den Schlimmsten ihrer Klasse.«

So ging es immer weiter, bis Fong Guai King schließlich ein Geständnis ablegte. Keinem Neffen oder Cousin gelang die Ausreise.

Dies war ein schrecklicher Gesichtsverlust. Doch es sollte noch schlimmer kommen. Fong See besaß über hundert *mou* Land und wurde zu einem bösen Großgrundbesitzer erklärt. Doch die Alten in Dimtao erinnerten sich noch an Goldener-Berg-Sees gute Taten und behandelten Si Ping gut, als sie interniert wurde. Sie hatten nicht vergessen, daß sie jedes Jahr am siebten Tag des siebten Monats den Markt für Kunst- und Handwerksprodukte finanziert hatte. Sie erinnerten sich, daß Frauen und junge Leute aus den neunundsechzig Dörfern des Bezirks Nam Hoi herbeigeströmt waren und dem beliebten Ereignis beigewohnt hatten. Nur die Bauern aus rivalisierenden Dörfern waren grausam zu Fong Sees vierter Frau und schlugen und beschimpften sie gelegentlich. Aber nicht allzu schlimm, wie es hieß. Der Nebenfrau Onkel Yuns blieb dieses Schicksal eine Zeitlang erspart. »Sie war immer freundlich und bescheiden«, erinnerten sich die Dorfbewohner. Doch schließlich schlug man auch sie auf den Kopf und zwang sie zu gestehen, daß sie für Guai King Geld versteckt hatte.

Die Kommunisten waren böse, zumindest dachten die meisten Leute so. Aber Fong See war sich da nicht so sicher. Viele in Chinatown hatten vergessen, wie es in China gewesen war: Hungersnöte, Dürren, Seuchen, keine Aufstiegschancen. Als Mao sagte: »Alle müssen arbeiten, dann haben auch alle zu essen«, konnte sich Fong See, der zwar als Großgrundbesitzer eingestuft, aber als Bauer aufgewachsen war, der unwiderlegbaren Logik dieser Worte nicht entziehen. Auch daß begabte Töchter ärmerer Familien, wie Verwandte schrieben, zu Zahnärztinnen, Ärztinnen und Ingenieurinnen ausgebildet wurden, war ein gutes Zeichen. Eine Frau konnte mehr sein als eine bloße Dienerin. Doch niemand wagte, so etwas laut zu sagen.

Die Amerikaner waren verwirrt von der Entwicklung. Nach jahrelangen Kampagnen für ein freies China hatten die Kommunisten die Macht ergriffen. Und dann brach auch noch ganz überraschend der Koreakrieg aus. Das war ein schwerer Schlag. Nicht nur die Parteitreuen in China suchten nach Sündenböcken, auch die Amerikaner suchten nach Sündenböcken für den Verlust Chinas. Ähnlich wie nach der Fertigstellung der Eisenbahnlinie im 19. Jahrhundert, als man die weiße Bevölkerung mit dem Gespenst der gelben Horden in Angst und Schrecken versetzt hatte, beschworen Politiker wie Senator Joseph McCarthy, der gerade mit seiner antikommunistischen Hexenjagd begann, auch jetzt wieder alte Ängste herauf.

Während die Demagogen und ihre Lakaien im Zuge der Kommunistenverfolgung den Ruf, die Karriere und das Leben vieler Menschen ruinierten, nahmen sich einige Senatoren einzelner Chinesen an, die hinter dem Bambusvorhang festsaßen. So etwa Woo Nguey, der Frau des Besitzers der Chunking Produce Company in Los Angeles, die bei einem Chinabesuch von den Ereignissen überrascht worden war. Senator Richard Nixon kam der Familie zu Hilfe, indem er ein Gesetz einbrachte, das Mrs. Woo die Einwanderung ermöglichte. Nach Mrs. Woos Rückkehr schenkte ihm die Familie zum Dank eine Kiste chinesisches Porzellan. Doch er schickte sie zurück und schrieb, es sei »falsch, ein Geschenk dafür anzunehmen, daß man das Richtige getan hat«. Die Familie Woo war hinfort von der Rechtschaffenheit Richard Nixons überzeugt.

Fong See hatte viele Veränderungen in seinem Heimatland erlebt – den Sturz der Mandschu-Dynastie, den Boxeraufstand, die Herrschaft der Warlords, den Aufstieg und Fall Chiang Kai-sheks. Trotz all dieser Krisen hatte er immer fest daran geglaubt, er könne eines Tages zurückkehren und seinen Lebensabend in China verbringen. Doch diesmal wußte er, daß er das neue Regime nicht überleben würde. Für ihn, der seit siebzig Jahren Geld nach China geschickt, dort investiert und Land erworben hatte, bedeutete dies nicht nur, daß seine Familie den größten Teil ihres Grundbesitzes an die Kommunisten verloren hatte. Es bedeutete auch, daß er dem alten Sprichwort »Die gefallenen Blätter kehren zur Wurzel zurück« nicht würde folgen können. Auf seinem Feldbett im Hinterzimmer des neuen Geschäfts wurde ihm klar, daß er sein Heimatdorf nie mehr wiedersehen würde. Er würde nie mehr auf dem Dachpavillon seines Hauses liegen und dem Gesang von Enrico Caruso auf der Victrola lauschen. Und er würde nicht in seiner Heimat begraben werden.

KAPITEL 19

NOCH EINE HOCHZEIT

1951–1957

Am 7. Februar 1951 rollten Bulldozer, Kräne und Dampfbagger die Los Angeles Street hinunter und begannen mit dem Abriß der neunzehn Gebäude des letzten Blocks von Old Chinatown, darunter Jerry's Joint, das Soochow, der Kong-Chow-Tempel, die Metzgerei Sam Sing und die F. See On Company und die F. Suie One Company. Zurückgelassene Möbelstücke wurden unter Haufen von Ziegelsteinen und zerschmetterten Holzwänden begraben. Auch das noch mit handgeschmiedeten Vierkantnägeln erbaute Lugo-Haus fiel. In Gebäuden, die nicht ganz dem Erdboden gleichgemacht waren, hingen abgerissene Rohre und lose Drähte in der Luft. Unterirdische Gänge und Keller, die einst Schutz bei Polizeirazzien geboten hatten, wurden zugeschüttet.

C. G. Byson, dessen Firma die Abrißarbeiten für 16 794 Dollar übernommen hatte, inspizierte jede abgerissene Wand in der Hoffnung, Schätze zu finden. Statt dessen fand er alte Lotteriescheine, haufenweise Lumpen, Altpapier und vergessene Kampferholztruhen, mit denen man früher auf den Goldenen Berg gekommen war. Sie waren vollgestopft mit Steppjacken, Seife und Papieren. Richard und Eddy streiften ebenfalls durch die Ruinen, sammelten die handgeschmiedeten Nägel ein und hoben Scherben chinesischen Porzellans, Ingwerkrüge und Arzneiflaschen auf. Richard fand Hemden mit abnehmbaren Kragen. Eddy sammelte Pflastersteine aus Granit und Randsteine für den Garten in der Lantana Street.

Der Abriß brachte für viele Familien wichtige Veränderungen mit sich. Die Sees zogen mit der F. Suie One Company hinüber in die Ord Street, in eines der letzten erhaltenen Gebäude von China City. Die beiden Fo-Hunde, die den Eingang des alten Geschäfts und zuvor den des Dragon's Den flankiert hatten, bewachten jetzt das alte Mondtor von China City, das in den Hof der F. Suie One Company führte. Drinnen wandelte die Familie alle alten Kioske und Verkaufsbuden in Verkaufsräume für bestimmte Waren um und nutzte den Weg, auf dem einst Rikschas mit gaffenden Touristen gefahren waren, um Möbel und allerlei Nippsachen auszustellen.

Gleich links hinter dem Eingang des Geschäfts lag der Raum mit den Bronzen. Dann folgte das Kunstzimmer, das die kostbarsten Stücke enthielt. In diesem Raum ließ Ming besonders geschätzte Kunden auf kleinen kuchenförmigen Schemeln Platz nehmen, die um einen runden Tisch aus Rosenholz standen. »Ich will ihnen einen echten Schatz zeigen«, sagte er dann oft und holte langsam und feierlich seine Rosenquarz-Sammlung hervor. An das Kunstzimmer schlossen sich der Porzellanraum an und dahinter eine kleine Nische mit einem 2,50 Meter hohen geschnitzten Shiva. Der hintere Teil des Ladens beherbergte verglaste Büros für Sissee und Ming und einen großen Werkstattbereich für Auftragsarbeiten und Reparaturen. Auf dem Rückweg zum Eingang lag links der Raum mit den Schriftrollen, gefolgt von dem mit den Stickereien. Dahinter führte ein Gang in einen Lagerraum. Von dort konnte man mit einem Aufzug in eine weitere Werkstatt im Obergeschoß fahren.

Der Tisch mit Eddys Schmuck befand sich gegenüber dem Raum mit den Bronzen, also noch immer unmittelbar neben dem Eingang. Dahinter begann der eigentliche »hintere« Bereich. Hier hielt sich die Familie auf. Hier arbeitete Stella noch immer an dem verflixten Wandschirm aus Koromandelholz und restaurierte auch andere Stücke. Hier kochten sich die Familienmitglieder Nudeln oder aßen *Char-siu*-Sandwiches aus Sauerteig, Teekuchen oder knusprige Sandwiches mit gebratenem Schweine- oder Lammfleisch und würziger Soße, die sie bei Philippe's auf der anderen Straßenseite holten. Am Spätnachmittag waren in diesem Bereich oft Freunde zu Gast, und man gönnte sich ein Glas »mit etwas Stärkerem«, bevor man nach Hause ging.

Die Familie sollte die folgenden dreißig Jahre in dem Laden in der Ord Street bleiben. In dieser Zeit war das Geschäft einem steten Wandel unterworfen. Zunächst ging der Verleih von Antiquitäten an Filmgesellschaften zurück und wurde vom Verleih für Fernsehproduktionen übertroffen, dann überwog wieder das Geschäft mit den Filmgesellschaften. Da China seine Grenzen geschlossen hatte, sahen sich die Sees nach anderen Bezugsquellen für ihre Waren um. Alte Kunden – darunter einige mit wertvollen Sammlungen – kamen in den Laden und wollten verkaufen. So verkaufte Grace Nicholson, die bis in die zwanziger Jahre hinein als Fong Sees Nachbarin in Pasadena eine Menge über asiatische Kunst gelernt hatte, ihre chinesischen Antiquitäten an die F. See On und die F. Suie One Company, als die Nachfrage zu sinken schien. Auch als die Bernheimers, die in Los Angeles für ihre japanischen Gärten berühmt waren, ihren Besitz versteigerten, erwarben Ming, Richard und Eddy große Stücke aus Bronze und Stein. Der spektakulärste Kauf war ein freistehendes Ehebett aus dem 19. Jahrhundert, bestehend aus einem kleinen Vorraum und dem Bett selbst, die beide von einem Verschlag aus Buchsbaum-, Obstbaum- und Rosenholz umschlossen waren. Das Bett war ursprünglich für ein Haus gebaut worden, in dem eine ganze Sippe – Onkel, Tanten, Schwiegerleute und Kinder – zusammenlebte, und hatte in China einem Ehepaar als Privatquartier gedient. In Los Angeles funktionierten es die Enkel und Großenkel der Sees, wenn sie ihre Großeltern im Geschäft besuchten, in ein Spielzimmer um.

Der inzwischen fast hundertjährige Fong See fühlte sich in seiner neuen Umgebung sehr fremd. In dem neuen Laden in New Chinatown war er von allem getrennt, was ihm vertraut gewesen war, und er kannte niemanden mehr. Old Chinatown war konservativ gewesen und hatte die alten Bräuche geachtet. New Chinatown war das genaue Gegenteil, modern und voller Schund. Fong See war schokkiert. Seine neuen Nachbarn kamen ihm wie Fremde vor, und er fühlte sich zu alt, um neue Freundschaften zu schließen. Seine Kinder spürten, daß er sich zurückzog. Sie wirkten irgendwie befreit und waren ständig unterwegs, fuhren Ski oder widmeten sich irgendeinem anderen närrischen Zeitvertreib.

So wie Sissee mit ihrer Mutter einen letzten Besuch in Oregon gemacht hatte, so fuhr Chuen nun mit seinem Vater nach Sacramento. Die dortige Chinatown war inzwischen völlig verschwunden. Sie suchten nach der Brauerei, in der Fong See als Teenager gearbeitet hatte. Fong See kannte den Weg noch und erzählte, daß er jeden Tag fünfzehn Kilometer zu Fuß hatte zurücklegen müssen, um an seinen Arbeitsplatz zu gelangen. Auch die Brauerei existierte schon lange nicht mehr. Und die Menschen von damals, sein Vermieter, der Rancher, seine Nachbarn, der Mann, der ihm geholfen hatte, die ersten Raritäten zu importieren, waren alle tot.

Fong See gab allmählich auf. All die alten Redensarten, mit denen man dem Alter Respekt erwies – »Euer Glück ist wie das östliche Meer«, »Euer Lebensalter ist so hoch wie das Gebirge im Süden«, »Möge Euch das Glück noch viele Jahre hold sein« –, bedeuteten ihm nun nicht mehr viel. Er verbrachte seine letzten Tage im Laden, zog für die Kunden eine Schau ab und erzählte ihnen in seinem künstlichen Pidgin-Englisch die unwahrscheinlichsten Geschichten, wie er es immer getan hatte. Doch die Nächte verbrachte er oft im Hinterzimmer des Ladens, weil er zu krank und zu müde war, um die Treppe zu seiner Wohnung hinaufzusteigen.

Während Fong Sees Leben allmählich zu Ende ging, machte sein Enkel Richard die ersten vorsichtigen Schritte ins Erwachsenenleben. In den Augen seiner chinesischen Freunde war er unerschrokken und stark. Er trank wie ein Stier und spottete über seine Verwandten, wenn ihnen schon von einem Bier schlecht wurde. Er schleppte ein gestohlenes Straßenschild oder eine Lampe vom Rangierbahnhof an und sagte unbekümmert: »Seht mal, was ich mitgebracht habe.« Wenn einer der Jungen über der Frage brütete, ob und wie er ein weißes oder mexikanisches Mädchen ansprechen sollte, sagte Richard: »Nichts wie ran!« In den zwei Jahren am City College hatte er Leute kennengelernt, die im Krieg gewesen waren. Sie wollten unbedingt anders sein und verabscheuten jede Form von Anpassung. In der Folgezeit hatte Richard bewußt einen »Paradiesvogel« aus sich gemacht – ein bißchen Beatnik, ein Touch Chinese und ein Schuß Verwegenheit in Haltung, Kleidung und Sprache. Auf seine Freunde und Verwandten in Chinatown wirkte er sehr »weiß«. Er schien zu wissen, was in und cool war in der Welt außerhalb Chinatowns.

Tatsächlich wußte er jedoch kaum mehr seine chinesischen Verwandten. Er prahlte mit seinen Rendezvous mit weißen Mädchen, doch in Wahrheit war er nur zweimal mit einem Mädchen ausgegangen, und das auch nur an der High School. (In Sumoy war er immer noch verknallt, hatte jedoch die Perspektivlosigkeit dieser Liebe erkannt.) Nun wollte er, wie zahllose chinesische Junggesellen vor ihm, endlich das »normale« amerikanische Leben kennenlernen – und die Mädchen. Doch das Drum und Dran einer Verabredung kam ihm ziemlich unnatürlich vor. Man warf sich in Schale, ging ins Kino oder tanzen und versuchte, sich mit einer Person zu unterhalten, die man nicht kannte. Das war wirklich nicht natürlich, aber er war jetzt zwanzig und wußte, daß er es probieren mußte.

Richard hatte von einem Schriftsteller gehört, der gesagt hatte, er schreibe nur, um Frauen kennenzulernen, und zwar nicht, um sie zu heiraten oder mit ihnen ins Bett zu gehen, sondern schlicht um den *Umgang* mit ihnen zu lernen. Das nahm sich Richard 1951 zu Herzen. Er schrieb ein Theaterstück und ließ es an der John Marschall High School, seiner alten Schule, aufführen. Er wußte, daß die Schüler in der Theater-AG ein bißchen unkonventioneller waren. Und er wußte auch, daß die Mädchen ihm nicht gleich den Kopf abreißen würden. Bei den Proben mußte er allerdings feststellen, daß die Mädchen mit ihren Angorapullovern, abnehmbaren Peter-Pan-Kragen und biederen Hemden für ihn alle gleich aussahen. Da er den Geruch von Schminke mochte, fühlte er sich besonders zu Carolyn Laws hingezogen, die ein Muttermal auf der rechten Wange unter einer dicken Schicht Make-up verbarg. Sie hatte ein gewinnendes Lächeln und dunkelbraune Augen. Ihr hellbraunes Haar umrahmte in hübschen Locken ihr Gesicht, und sie lachte gern.

Carolyn stammte aus einer sehr amerikanischen Familie. Ihr Großvater, George Washington Laws, war 1853 von Tennessee nach Westen gezogen und hatte als Pionier in der Nähe von Dallas eine Farm gegründet. Ihre Großmutter väterlicherseits stammte von Sir John

Bowlin ab. Er war einer der ersten Siedler in Virginia gewesen und hatte angeblich die Tochter von John Rolfe und Pocahontas, der berühmten Tochter des Indianerhäuptlings Powhatan, geheiratet. (Carolyn sagte, sie glaube nicht an die Geschichte.) Die Bowlins verloren im Bürgerkrieg fast ihren ganzen Besitz und zogen nach Südwesten in die Grapevine Prairie zwischen Dallas und Fort Worth. Carolyns Vater, George Laws, war in Texas aufgewachsen und wurde später in Los Angeles Journalist. Dort lernte er Kate Sullivan kennen. Ihre Vorfahren stammten aus dem Staat New York, und ihr Stammbaum reichte bis in die Zeit vor dem Unabhängigkeitskrieg zurück. George und Kate verliebten sich und heirateten. Dann kam die Depression, und Carolyn wurde geboren.

Carolyn war elf, als ihr Vater die Familie verließ, den Anonymen Alkoholikern beitrat und sich eine andere Frau nahm. Carolyns Mutter, so hatte Richard gehört, war Alkoholikerin und haßte ihre Tochter. »Du kannst ja zu deinem Vater ziehen, wenn es dir hier nicht paßt«, sagte sie angeblich zehn- bis zwanzigmal die Woche zu ihr. Anscheinend trank sie den ganzen Tag Hill & Hill Blend oder weinte in ihrem Zimmer.

In all den Jahren seit der Trennung war Carolyns Vater jede Woche einmal vorbeigekommen, obwohl ihm seine Ex-Frau jedesmal eine Szene machte. Als er arbeitslos war, brachte er sogar seine Freundinnen dazu, einen Beitrag zu Carolyns Unterhalt zu leisten. In Carolyns Augen war es ihr Vater, der bezahlte, der ihr Aufmerksamkeit schenkte und obendrein sogar noch Kates Wutanfälle über sich ergehen ließ. Viele andere Väter hätten sich bestimmt ganz davongemacht.

Im Jahr 1949 hatte Carolyns Mutter einen Säufer namens Jim Daly geheiratet und eine zweite Tochter bekommen. Nach ihrer Entlassung aus dem Krankenhaus hatte sie die sechzehnjährige Carolyn aus dem Haus gejagt. Carolyn war zu ihrem Vater und ihrer Stiefmutter in deren Einzimmerwohnung gezogen. Dort schlief sie auf der Couch, und die Erwachsenen im Schrankbett.

All diese Geschichten waren für Richard etwas völlig Neues. Er hatte noch nie einen Menschen getroffen, dessen Eltern geschieden waren – Scheidungen waren in den fünfziger Jahren ebenso ungewöhnlich wie Mischehen zwischen Asiaten und Weißen. Trotz oder gerade wegen ihrer schwierigen Kindheit schien Carolyn jedoch blendend zurechtzukommen. Sie war sehr beliebt, versäumte in ihrer Zeit an der High School nie eine Tanzveranstaltung und ging jeden Samstagabend aus. Sie spielte die Hauptrolle in dem Stück. Sie hatte in allen Fächern eine glatte Eins, denn sie wollte aufs College gehen und Schriftstellerin oder Lehrerin werden, wenn möglich sogar beides. Sie war ungemein ehrgeizig und zielstrebig. Mit anderen Worten, sie war auf dem besten Weg, sich in der normalen Welt durchzusetzen, obwohl sie alles andere als günstige Startbedingungen gehabt hatte.

Carolyn und ihre Freundin Jackie Joseph mochten Richard, obwohl er ganz anders war als die anderen jungen Männer, die sie kannten. Er war nicht wie die Jungs, die ausgestopfte Socken an die Rückspiegel ihrer Autos hängten, oder wie die Typen aus dem Valley, die Marihuana rauchten und uneingeladen auf Parties erschienen. Richard trug kragenlose Hemden, die er sich von seiner Mutter nähen ließ oder in Chinatown auftrieb. Er war unglaublich süß mit seinen schwarzen Haaren, dem verführerischen Lächeln und den hohen Wangenknochen. Obwohl nur ein Viertelchinese, hatte er asiatische Mandelaugen, die Carolyn wahnsinnig schön fand. Sein weißes Erbe zeigte sich in der Farbe seiner Augen – sie waren grün. Kurz gesagt, Richard hatte gerade so viel von einem Chinesen, daß er attraktiv, aber nicht fremdartig wirkte. Er war schüchtern, aber in gewisser Hinsicht auch wieder nicht. An manchen Tagen war er völlig überdreht und sagte zu den Leuten die unmöglichsten Dinge. An andern Tagen brachte er den Mund überhaupt nicht auf. Carolyn und Jackie kamen zu dem Schluß, daß er »gegen seine Schüchternheit ankämpfte«.

Er fuhr eine alte Schrottkiste – den alten Plymouth seines Vaters, Baujahr 1936. Sie war immer voller Plunder und hatte Schlagseite. Carolyn und Jackie waren unablässig auf der Suche nach einer Mitfahrgelegenheit, und Richard sagte niemals nein. »Ich fahre euch ständig durch die Gegend«, klagte er im Scherz. »Wie der heilige Joseph, der ewige Chauffeur.«

Eines Tages nahm er Carolyn, Jackie und einen Jungen namens Jack

Hensey mit nach Hause in die Lantana Street. Die jungen Leute saßen sich in dem muffigen Halbdunkel auf zwei Sofas gegenüber. Richards Gäste bestaunten all die seltsamen und schönen Dinge, aber sie wunderten sich, daß das Haus »nicht fertig« war. An einer Hausecke war ein Fundament gelegt, doch es hatte nicht den Anschein, als sollte die Arbeit daran noch in diesem Jahrhundert fortgesetzt werden. Die Wände in der Küche waren nicht verputzt, und trockener Gips quoll zwischen den Latten der Verschalung hervor. Das kleine Badezimmer war nur halb mit Sperrholzplatten verkleidet, und die Tür ließ sich nicht ganz schließen. Im Wohnzimmer war eine Wand herausgeschlagen, aber nur halb. Das Füllmaterial hing heraus, und genau hinter dem Loch stand das Bett von Richards Eltern, so daß es alle Welt sehen konnte.

Richard erzählte seinen Gästen, wie seine Eltern Weihnachten feierten. »Wir ziehen am Weihnachtsabend los und kaufen fünf oder sechs Christbäume«, sagte er. »Dann stellen wir sie in alte Sojasoßenbehälter und verteilen sie im ganzen Haus. Ein paar hängen wir sogar an die Decke.«

»Mein Gott, seht euch die Wohnung an! Und hört euch den Typ an!« hätten die drei Schüler als echte Kinder der konventionellen fünfziger Jahre am liebsten gerufen, und aus Furcht, in Gelächter auszubrechen, wagten sie es nicht, einander anzusehen. Sie waren zugleich beeindruckt, erschrocken und entsetzt. Richard See war entweder der coolste Typ aller Zeiten oder der komischste Kauz, der ihnen je über den Weg gelaufen war.

Hinterher fuhren sie zu Jack, dessen Mutter ihnen Limonade und Plätzchen servierte. Nicht nur, daß sie Richards Zuhause schäbig und Jacks Zuhause prächtig fanden, sie fühlten sich in der vertrauten Umgebung des alten, im spanischen Stil erbauten Hauses, das am Hang eines palmenbedeckten Hügels lag, einfach wohler. Hier war alles makellos sauber und geräumig, und eine vorbildlich korrekte Mutter führte das Regiment. Im stillen schworen sie sich, nie wieder einen Fuß in Richards Haus zu setzen.

Eines Tages, als sie sich schon seit Monaten kannten, fuhr Richard Carolyn zum Haus ihrer Mutter im Valley. »Ich bin zu einem Viertel Chinese«, sagte er, als sie auf einer Nebenstraße nach Griffith

Park rasten. Dann gestand er ihr, daß er seine Tante Sumoy liebte. »Da kann man nichts machen«, fügte er hinzu. »Ich habe mein Herz schon verloren. Ist das nicht schade?« So etwas hatte Carolyn noch nie von einem Jungen gehört, der sie in seinem Wagen mitnahm. Und dann fiel ihr ein, daß Richard ihr gleich am ersten Tag ihrer Bekanntschaft erzählt hatte, er habe mit Anna May Wong gepokert.

»Für mich ist sie die beste Schauspielerin aller Zeiten«, hatte Carolyn damals gesagt. Und gedacht hatte sie, *mit Abstand* die beste. Carolyn hatte schon immer für alles Chinesische geschwärmt. Als Kind hatte sie von ihren Eltern das Buch *Tales of a Chinese Grandmother* und kleine chinesische Teetassen geschenkt bekommen. Und tief in ihrem Inneren hoffte sie, mit Richards Hilfe das Leben ihrer Träume mit ihrem wirklichen Leben verbinden zu können.

Als sie anhielten, wußte Carolyn, was kommen würde. Richard küßte sie, löste sich wieder von ihr und sagte: »Kennst du ›Two Sleepy People‹? Ein Song von überzeugender Plausibilität.«

Sie war beeindruckt, wie er das Wort »Plausibilität« benutzte. Richard war nicht irgendein dummer Schüler, er war ein hochintelligenter College-Student. Und während ihr diese Gedanken durch den Kopf schossen, begriff sie, daß zwischen ihnen eine Seelenverwandtschaft bestand. Er nahm sie ernst und behandelte sie nicht wie ein dummes kleines Mädchen. Er hörte ihr zu. Er wollte wissen, was sie zu sagen hatte.

Von da an wurde ihre Freundschaft enger. Richard nahm sie in ausländische Filme mit, und sie sahen sich *Eine amerikanische Tragödie* mit Montgomery Clift und Elizabeth Taylor an. Er führte sie in Chinatown aus und zeigte ihr die Wandgemälde und die Holzdecken in der Union Station. Sie bummelten durch die Olvera Street und aßen Burritos und Taquitos. Diese Abende waren anders als die, die Carolyn mit gesichtslosen, langweiligen Jungs von der High School verbracht hatte. Als Carolyn ihren Burrito in die Avocadosoße tauchte, mußte sie an den einzigen anderen Jungen denken, der sie jemals in dieses Viertel mitgenommen hatte. Er hatte ein Stück von einem Burrito abgebissen und es angewidert in eine Mülltonne gespuckt. Richard würde sich niemals so abstoßend verhalten. Statt dessen fuhr er mit ihr auf das Grundstück seiner Eltern hinter dem Elysian Park, und dort saßen sie dann und redeten und redeten. Richard befriedigte eine tiefe Sehnsucht Carolyns, nicht die Sehnsucht nach einem Ehemann, nach einem Haus oder einer Familie, sondern die Sehnsucht nach Kultur. Richard hatte Kultur im Überfluß. Welcher andere Junge hätte ein Mädchen in die Union Station mitgenommen statt in einen Film mit Joan Crawford? Wer sonst hätte so mit ihr gelacht und herumgealbert? Wer hätte ihr zugehört, wenn sie davon sprach, daß sie Karriere machen wollte? Wer sonst hätte je ihre Träume erraten und gesagt, daß sie eines Tages auf dem Grundstück in der Landa Street ein Haus bauen und dort für immer zusammenleben würden, auch wenn es nur eine Phantasievorstellung war?

Als Carolyn im Juni 1951 vor der Abschlußprüfung an der High School stand, bat sie Richard, etwas in ihr Jahrbuch zu schreiben. »Wenn Du das brauchst, um Dich an mich zu erinnern«, schrieb er, »dann hat es keinen Sinn, daß ich es schreibe. Ich sehe Dich nach der Prüfung. Wenn nicht, dann wirst Du Dich wahrscheinlich gar nicht erinnern wollen.« Danach schickte er ihr einen zweiseitigen Brief, dessen Blätter zu hastig aus einem Block gerissen waren. »Zweiundzwanzig Jahre später oder Wer zum Teufel war das?« stand als Überschrift unter dem ausgefransten Rand. Dann begann der Brief. »Ich bin vielleicht ein Narr, aber ich halte es für möglich, daß wir heiraten (einander meine ich). Das hängt von Dir ab, von mir und von den vielen Millionen anderen, die Einfluß auf unser Leben haben.« Weiter unten hieß es: »Jede Zeile dieses Briefes wurde von Richard See geschrieben, als Gottes Gabe für die Kinder aus zerrütteten Familien, die sich vielleicht nicht so sehr nach einem Ehemann, sondern nach einem Vater sehnen, der ihnen das Gefühl der Geborgenheit gibt. Vielleicht sehnen sie sich aber auch nach einem Kind, dem sie Geborgenheit geben können. Ich bin beides, Vater und Kind, und doch weder das eine noch das andere.« Für den Fall, daß sie sich zu große Hoffnungen machte, fügte er hinzu: »Ich weiß nicht, ob ich jetzt verliebt bin, aber ich weiß, daß ich nie zuvor verliebt war. Ich weiß nicht genau, ob ich wirklich verliebt bin, aber ich bin fast an dem Punkt, wo ich es mir einrede.« Carolyn vermutete, daß er immer noch verrückt nach Sumoy war.

Richards Brief war nicht das einzige, was Carolyn nach dem Ende ihrer High-School-Zeit verunsicherte. Innerhalb weniger Tage zerrann alles, was ihrem Leben bisher eine gewisse Stabilität verliehen hatte. Ihr Vater warf sie zwar nicht direkt hinaus, aber er bat sie auch nicht zu bleiben. In dieser Übergangsphase wurde sie von Jackie Joseph zu einem Imbiß in Barney's Beanery eingeladen. »Sei nicht traurig«, sagte Jackie. »Wir haben eine tolle Zeit vor uns. Alles wird gut.« Noch am selben Abend zog Carolyn in das Einzimmer-Apartment, das Jackie mit ihrer Mutter Belle in Atwater nahe dem Los Angeles River bewohnte. Ihr Vater hatte versprochen, wöchentlich zehn Dollar für ihren Lebensunterhalt zu bezahlen. Jackie und Carolyn schliefen zusammen in einem Doppelbett, Belle bekam das andere.

Belle war nicht gerade das, was man eine typische Mutter und Hausfrau der fünfziger Jahre nennen könnte. Meistens war sie gar nicht zu Hause, sondern in dem Spirituosengeschäft, das sie an der Skid Row besaß. Sie kochte und putzte nie. Jackie konnte sich nur an zwei Kochversuche erinnern. Einmal hatte Belle ein Kaninchen zum Braten in den Backofen geschoben. Monate später öffnete jemand aus purer Neugier den Ofen, und das Kaninchen lag immer noch darin, aber so verschimmelt, daß Belle sagte: »Sieh dir das an, dem Karnikkel ist das Fell nachgewachsen.« Das andere Mal kam Jackie nach Hause und sah ihre Mutter in schwarzer Netzstrumpfhose, schwarzen Lacklederstöckelschuhen und einem schwarzen Pullover mit Fledermausärmeln am Küchentisch stehen. Sie knetete Brotteig und formte ihn zu interessanten Schleifen und Fragezeichen. Belle hatte jedoch wieder so schnell das Interesse verloren, daß der Teig nie gebacken worden war. Die Mahlzeiten kamen immer aus der Dose und wurden meist kalt aus der Büchse gelöffelt. Belle hatte *Endstation Sehnsucht* einmal zuviel gesehen und räumte den Tisch so ab wie Marlon Brando, indem sie einfach alles auf den Boden wischte. Dieser Mangel an traditioneller Häuslichkeit ging mit einer gewissen Gleichgültigkeit einher, was die Freunde und Bekannten ihrer Tochter und Carolyns betraf. Belle fragte die Mädchen nicht ein einziges Mal, was die vielen Jungen eigentlich wollten, die Jackie und Carolyn abholten, und sie fragte auch nie, wer sie waren.

Richard war in diesem Sommer ein häufiger Gast. Einmal überredete er sogar Chuen dazu, mit ihm und den beiden Mädchen auszugehen. Der Abend wurde eine Katastrophe. Chuen sah zwar recht gut aus, doch im Gegensatz zu Richard war er nicht witzig, sondern todernst, und er sprach am liebsten über chinesische Möbel, denn darin war er bereits Experte. So kam es, daß er und Jackie keinen gemeinsamen Gesprächsstoff fanden und sich fast zu Tode langweilten.

Meistens besuchte Richard die Mädchen jedoch in Belles Wohnung. Sie machten ihm eine Suppe in der Dose warm, und er sagte: »Habt ihr keine chinesischen Suppenlöffel? Ich kann die Suppe unmöglich mit diesen Blechlöffeln essen.«

»Du bist hier in einem *amerikanischen* Haus«, entgegnete Jackie. »Also friß oder stirb.«

Richard zuckte die Achseln und schlürfte die Suppe direkt aus der Schüssel. »So machen es die Chinesen«, sagte er. Und die Mädchen sahen zuerst ihn und dann einander an und dachten: Was für ein Verrückter, einfach cool.

Manchmal hatte er auch einen Stapel Bücher – etwa von Allen Smith oder Max Shulman – dabei, setzte sich auf die Couch und las. Dabei klopfte er sich bisweilen auf die Schenkel und lachte laut heraus. Doch es kam niemals vor, daß er aufblickte und sagte: »He, Mädels, hört euch das mal an!« Auch das fanden die Mädchen total verrückt, aber cool.

In Amerika war es damals üblich, daß ein junger Mann, der einem Mädchen den Hof machte, zwecks moralischer Unterstützung sein Auto mit Freunden vollpackte, dann bei der Angebeteten vorfuhr und mit ihnen im Hof herumstand. Richard verhielt sich genauso, nur daß die Kumpel, die in weißen Sweatshirts und mit aufgekrempelten Ärmeln aus seinem Auto stiegen, Chinesen waren. Dieses eine Mal zog Belle eine Grenze. Sie erlaubte sonst fast alles, schlief in ihren Kleidern, ließ Kaninchen im Backofen ein »Fell« wachsen und Hunderte von Chinchillas in ihrer Garage verhungern, doch nun sagte sie: »Das geht zu weit! Meine Nachbarn machen das nicht mit.« Und schließlich: »Sie müssen verschwinden!« Selbst Carolyn

mußte ihr beipflichten. Denn was waren das für Typen? Sie hatten Namen wie Haw und Maw oder andere, die sie schlichtweg nicht verstand.
Kurz nach diesem Vorfall schrieb ihr Richard den ersten von vielen zwölfseitigen Briefen. Er schrieb, sie sei ein wundervoller Mensch und doch zu oberflächlich, um je zu begreifen, was wahre Liebe sei. Er hat wieder mal Sumoy im Kopf, dachte Carolyn. Wenn er mich nicht mag, dann suche ich mir eben einen anderen.

City College 1952. Alles, was Carolyn in der High School seltsam und bizarr erschienen war, kam ihr nun plötzlich normal vor. Wie alle ihre Freundinnen schnitt sie sich die Locken ab und legte sich eine Kurzhaarfrisur zu, um den Mannequins in *Vogue* ähnlicher zu sehen. Sie gab die biederen Peter-Pan-Kragen auf und trug schwarze Rollkragenpullover – eine wichtige Stellungnahme, was Entfremdung und Konformismus betraf, und außerdem praktisch, weil die Pullover bügelfrei waren. Männer? Carolyn fand viele neue und interessante Männer, mit denen sie ausgehen konnte, aber sie mochte Richard immer noch gern. Er war inzwischen an die University of California gewechselt, wo er Anthropologie studierte. Er war nicht mehr da, aber sie wurde jedesmal an ihn erinnert, wenn sie Sumoy sah, die sich ebenfalls am City College eingeschrieben hatte.
Carolyn studierte im Immatrikulationsbüro Sumoys Stundenplan – und beobachtete ihre Rivalin in den Fächern Englisch, Geschichte und Psychologie mit Argusaugen. Wenn sie trotz ihrer häufigen Verabredungen und obwohl sie fleißig studierte und nachts regelmäßig im Van de Kamp's arbeitete, abends einmal nichts Besseres zu tun hatte, ging sie nach New Chinatown, starrte zu den gelben Lichtern in der Wohnung über der F. See On Company hinauf und fragte sich: Was hat diese Sumoy, was ich nicht habe? Sie lauschte dem melodischen Klang der Glöckchen, die an den Balkonen hingen, und dachte: Sumoy ist ganz einfach Chinesin, und was das bedeutet, werde ich nie ganz begreifen.
Sie versuchte, Richard zu vergessen, aber Los Angeles war im Grunde immer noch eine Kleinstadt. Einmal, als sie mit Jackie und zwei Jungen unterwegs war, schrie plötzlich einer der beiden: »Oh, mein

Gott, seht euch den an!« Und da war Richard allein in seiner Schrottkiste und sang aus vollem Hals »Be My Little Bumblebee«. Carolyns Mitfahrer wurden hysterisch, lachten, schrien und johlten. Dann sagte Jackie: »Carolyn ist mit dem Typ mal gegangen!«

»Ja, ich kenne ihn«, sagte Carolyn. »Na und?« Jahre später sollte sie denken: »Ich habe keine Ahnung mehr, wer diese beiden Jungen waren und was aus ihnen geworden ist, aber Richard geht mir nicht aus dem Kopf.«

Kurz nach dieser zufälligen Begegnung faßte sich Carolyn ein Herz, rief in der F. Suie One Company an und fragte nach Richard. Am Telefon war ein Chinese, den sie nur schwer verstand. Er sagte: »Lichald heute Almee.« Richard war zum Militär eingezogen worden, und er hatte ihr nicht einmal Bescheid gesagt. Das war's dann also, dachte Carolyn. Sie bändelte mit einem Jungen namens Stan Guild an, was eigentlich nicht weiter wichtig gewesen wäre, wenn Belle Joseph nicht ebenfalls ein Auge auf ihn geworfen hätte. Sie wollte Carolyn nicht mehr in ihrer Wohnung haben. Für Carolyn war es die dritte Niederlage dieser Art. Zuerst war sie von ihrer Mutter hinausgeworfen worden, dann, nach der High School, von ihrem Vater, wenn auch nicht so direkt, und jetzt von Belle. Von da an wohnte Carolyn in möblierten Zimmern.

Im Jahr 1952 machten vier von Fong Yuns Kindern – Chong, Gai, Gim und Choey Lon – in New Chinatown einen kleinen Laden auf. Er hieß Fong's und lag ganz in der Nähe der F. See On Company. Ein paar Monate später brach auch ihr Vater schließlich seine Zelte in China City ab und zog in ein Geschäft neben dem seiner Kinder. Im selben Jahr kauften Sissee und Gilbert ein Haus im Craftsman-Style auf dem Mount Washington. Es war eine ehemalige Bibliothek, und sie verwandelten es in ein echtes Schmuckstück mit vergoldeten Decken und exquisiten asiatischen Kunstgegenständen. Im Dezember gaben sie dort ihre erste Weihnachtsparty. (Im Lauf der Jahre sollte dieses Fest wegen des köstlichen Essens, der wundervollen Dekoration und der humorvollen Geschenke einen legendären Ruf bekommen.) Ming und Sunny verpaßten das erste, weil sie damals in einem kleinen Dorf außerhalb Tokios wohnten. Die Reise über-

zeugte sie, daß es ihnen guttat, abwechselnd ein Jahr im Ausland und ein Jahr daheim zu verbringen.
Unterdessen versuchte Carolyn Laws noch immer, sich eine Existenz aufzubauen, und war Lichtjahre davon entfernt, ein Jahr in Asien zu verbringen, ein Haus zu kaufen oder wenigstens ein kleines Geschäft in New Chinatown zu eröffnen. Sie begann eine Beziehung mit Dick Jones, den sie im Van de Kamp's kennengelernt hatte. Die beiden mieteten zwei möblierte Zimmer in Hollywood. Man schrieb das Jahr 1952, und da damals von einem erwartet wurde, daß man heiratete, eine Spülmaschine anschaffte und drei Kinder bekam, erzählte Carolyn ihren Eltern nicht, wie oder wo sie lebte, und sie fragten sie nie danach. Sie riefen auch nie an, weil das zu umständlich gewesen wäre. Die Vermieterin hätte den Summer in Carolyns Zimmer betätigen müssen, und Carolyn hätte mit ihrem Summer antworten und dann die Treppe hinunter zum Telefon rasen müssen. Ebensowenig rief sie ihre Eltern an, da sie es nur unten bei der Vermieterin hätte tun können. Vierzehn Monate lang bediente Carolyn im Van de Kamp's, spielte für Dick die Hausfrau, studierte Englisch und lernte intensiv.
Es ging alles ganz gut – sie frühstückte in einem kleinen Café an der Ecke, fuhr mit dem Bus zum College, kam mitten in der Nacht nach Hause und sah Dick zu, wie er Aquarien zusammenlötete. Eines Tages verknallte sie sich jedoch in einen Typ, der im Van de Kamp's hinter dem Tresen arbeitete. Eine Freundin schrieb im Scherz »Du liebst Bill, mach dich ran« in eines ihrer Notizbücher. Dick las es zufällig und brüllte: »Du kommst nicht lebend aus dieser Bruchbude heraus.« Er drückte ihr die Kehle zu, doch zum Glück besaß sie die Geistesgegenwart, sich auf den Telefonsummer zu lehnen. Gleich darauf kam die Vermieterin herauf, wollte wissen, was los sei, und beschwerte sich über den infernalischen Lärm.
Carolyn ging hinunter und rief ihren Vater an. Er kam sofort. Anstatt jedoch Dick eins auf die Nase zu geben, wie es vermutlich viele andere Väter getan hätten, drückte er ihm die Hand und sagte: »Tut mir leid, daß wir uns unter so unangenehmen Umständen kennenlernen, Partner.« Er half Carolyn beim Packen und lud sie zum Essen ein. Er sagte: »Sieh zu, daß du nicht wieder in Schwierigkeiten

kommst«, und brachte sie in eine andere Pension. Als er feststellte, daß die Absteige von Huren bewohnt wurde, riet er ihr, sich bald etwas anderes zu suchen. Dann fuhr er fort. Carolyns Mutter war ähnlich hilfreich: Als sie hörte, daß ihre Tochter mit einem Mann zusammengelebt hatte, jammerte sie: »Du bist genau wie dein Vater«, und wusch sich drei Wochen lang nicht mehr die Haare.

Carolyn zog in ein anderes möbliertes Apartment, nur zwei Blocks vom City College entfernt. Es hatte ein falsches Fenster, das mit einem echten Vorhang verhängt war. Dort schrieb sie an Richard, der in Neufundland stationiert war; und er schrieb zurück.

[undatiert]

Liebe Carolyn,

Ich bin gegenwärtig ein Gefangener der Vereinigten Staaten von Amerika, mit anderen Worten, ich bin noch immer in der US-Army. Ich lebe auf einer Art arktischen Teufelsinsel. Ich bin auf der Luftwaffenbasis McAndrews in Neufundland stationiert. Das Land ist ziemlich schön, aber es ist extrem schwierig, diese Schönheit wahrzunehmen, wenn man unter gewissen Bedingungen lebt. Meine wichtigste Ablenkung ist das Trinken. Außerdem würzen zahlreiche intellektuelle Diskussionen mit den vielen Exzentrikern hier mein Leben, und gelegentlich findet zum Abbau der Aggressionen eine Kissenschlacht statt. Ansonsten ist das Leben hier ziemlich langweilig …

Im Auftrag des Gefreiten See

11. Dezember 1953

Liebes Kind,

in meinem Urlaub muß ich Dich einfach sehen. Unter anderem kann ich Dir unzüchtige Anträge (oder Heiratsanträge?) machen und Dich auf die abwegigsten und subtilsten Arten beleidigen …

Vielleicht ist es für Dich von einem gewissen indirekten Interesse, daß Sumoy in den nächsten Monaten oder Wochen heiraten will. Ich bin darüber natürlich höchst glücklich … Übrigens ehelicht sie nicht mich. Ach ja.

23. Dezember 1953

Du willst wissen, was ich von Chiang und Mao halte. Ich mag sie beide nicht. Ich finde andere Chinesen gut: Chuen, Großpapa, Tyrus Wong, Albert Wong, Sumoy, Buddha (ach, Entschuldigung, das war ein Inder) und noch ein paar, die zu unbekannt sind, um sie zu erwähnen. Mao und Chiang sind verrückte alte Knaben. Ich bin ihnen nie begegnet und konnte mir deshalb keine klare Meinung bilden, ob ich sie mag oder nicht.

Dicky Boy See
Liebhaber erster Klasse

1. Januar 1954

Ich weiß nicht, wann zum Teufel ich den verdammten Urlaub bekomme – ich weiß nicht, ob ich überhaupt Urlaub bekomme… Mir scheint, der Urlaub würde nicht ganz so verlaufen, wie ich mir das vorgestellt hatte – ich hatte gedacht, wir könnten etwa zwei Wochen zusammenwohnen – aber offensichtlich habe ich Dich falsch eingeschätzt – also zum Teufel damit – ja – Du bist eine Persönlichkeit, eine tolle, wunderbare Frau, Du bist verrückt, chaotisch, cool, Du gehst mir nicht aus dem Kopf. Du bist alle Arten von supernett und supergut – aber ich glaube nicht, daß ich Dich liebe – und ich bin ziemlich sicher, daß ich Dich nie heiraten werde – und sogar noch sicherer, daß es ein Schlamassel wäre, wenn wir heiraten würden, aber ich glaube, ich würde gern mit Dir schlafen – oder sonst mit einer gutaussehenden Frau zwischen 13 und 52 (wenn gut erhalten). Übrigens, wie alt ist eigentlich Marlene Dietrich? Habe ich Dir schon erzählt, daß ich Pier Angeli, Eartha Kitt & Gigi (Audrey Hepburn) heiraten würde, mit Sex und Küssen…

25. Januar 1954

Ich bin ja so froh, daß ich aus diesem stinkenden Loch herauskomme…

PS: Mein nächstes Theaterstück trägt den Titel: »Wie breit Dein Becken!« oder »Wie breit becken sie?«

Ende Januar, als Richard in Los Angeles eintraf und an Carolyns Tür klopfte, war alles bereits beschlossene Sache. Die ganze Begegnung war von einer milden Untergangsstimmung geprägt. Richard hielt vor dem Haus, stieg die Treppe hinauf und erwartete – was? Carolyn öffnete die Tür, als er klopfte, und sagte: »Es verstößt gegen die Hausordnung, wenn ich die Tür hinter dir zumache. Ich darf hier überhaupt keinen Männerbesuch empfangen.« Sie stiegen ins Auto, fuhren ziellos durch die Stadt, aßen in irgendeinem Restaurant zu Abend, fuhren zum Haus von Richards Eltern in der Lantana Street, gingen durch das Haus zu der Veranda hinter der Küche und »taten es« endlich. (Über dieses lang ersehnte »es«, auf das Richard so oft angespielt hatte, sagte er später: »Es war das erste Mal, daß ich so etwas tat. Es gefiel mir sehr.«)

Carolyn und Richard verbrachten den Rest des Urlaubs zusammen. Sie gingen an den Strand. Richard hatte auf dem Weg nach Neufundland in New York Charlie Parker, Les Powell, Lester Young und Lionel Hampton gehört und nahm Carolyn mit ins Haig am Wilshire Boulevard, als Gerry Mulligan und Chet Baker dort spielten. Carolyn zog sich schwarz an, hörte aufmerksam zu, saß reglos da und »betrank sich fürchterlich«. Sie schlossen sich der Künstlerszene an, denn wenn sie nicht dazugehörten, wer dann? Mit Chuen und Allen Mock (einem Nachbarn aus Chinatown, der Architektur studierte) besuchten sie die Beverly Cavern. Sie sahen sich den schwedischen Film *Die Zeit mit Monika* an und diskutierten den Rest des Abends über die Probleme des Erwachsenwerdens. Sie gingen in *Ninotschka* und aßen anschließend Pizza. In der ersten Woche fuhren sie fast jeden zweiten Tag zu dem Grundstück in der Landa Street, das Stella und Eddy Jahre zuvor gekauft hatten, setzten sich an den Rand des Abhangs und redeten miteinander.

»Das Land gehört meinem Dad, und wenn wir heiraten, lasse ich Allen die Pläne für unser Haus entwerfen«, sagte Richard.

Und Carolyn, die seit ihrem elften Lebensjahr nicht mehr in einem Haus mit mehr als einem Schlafzimmer gewohnt hatte, fragte: »Wieviel Schlafzimmer werden wir haben?«

»Überhaupt keine. Nur einen großen Raum, in dem wir alle zusammenleben.«

»Was ist mit Kindern?«
»Mindestens acht, sechzehn wäre besser.«
»Ist das nicht ein bißchen viel?«
Aber Richard hatte sich immer einsam gefühlt. Er war fast wie ein Einzelkind aufgewachsen und bestand nun auf vielen Kindern.
»Wie werden wir sie großziehen?« fragte Carolyn, wie immer praktisch denkend. »Wo bekommen wir das Geld her?«
»Vielleicht sollte ich arbeiten«, grübelte Richard. »Ich glaube, lieber nicht. Nach chinesischer Tradition wird vom Sohn einer reichen Familie erwartet, daß er *nicht* arbeitet, zum Zeichen, daß sein Vater reich ist.«
»Wir sind hier nicht in China. Und dein Vater ist nicht reich.«
»Na gut, dann werde ich eben Gärtner in einem Nonnenkloster.«
»Nein, das wirst du nicht. Du sollst dir deinen Lebensunterhalt ordentlich verdienen und für Frau und Kinder sorgen.«
»Vielleicht sollten wir dann lieber doch nicht heiraten«, sagte er. »Du bist einfach zu spießig.«
Der Urlaub dauerte dreißig Tage, und Mitte der zweiten Woche war Carolyns Periode seit sieben Tagen überfällig. Es war zehn Wochen zu früh für einen biologischen Schwangerschaftstest, der damals die einzige sichere Methode war, eine Schwangerschaft festzustellen. Für eine Abtreibung war es noch zu früh, außerdem hatte Carolyn davor zuviel Angst und kein Geld. Sie konnte es nur mit einer Reihe von Hausmitteln versuchen. Richard hatte nur noch zwei Wochen Urlaub und dachte nur darüber nach, was er tun sollte. Statt romantische Tête-à-têtes an einem zerklüfteten Abhang zu genießen, nahm Carolyn nun so hohe Dosen Chinin, daß ihr die Ohren klingelten, schluckte Rizinusöl, daß ihr schlecht wurde, und versuchte, das vermeintliche Baby mit heißen Bädern loszuwerden, während Richard auf dem Wannenrand saß und versuchte, es wegzuwünschen.
»Wenn du schwanger bist«, sagte er, »dann möchte ich, daß du es einfach bekommst.«
»Wenn ich schwanger bin, und du gehst zurück zur Armee, dann kommt das überhaupt nicht in Frage.«
Richard wurde rückfällig und schlug dieselben Töne an wie zu Caro-

lyns High-School-Zeit. »Ich weiß nicht, ob ich dich wirklich liebe. Ich bin so sensibel.«

»Das sehe ich, wie sensibel du bist.«

»Ich bin erst vierundzwanzig«, beharrte er. »Und du bist meine erste Frau.«

Das stimmt, dachte Carolyn, aber die Frauen haben sich auch nicht gerade darum gerissen, mit dir zu schlafen.

Er sagte: »Ich habe so wenig von der Welt gesehen. Ich bin noch zu jung zum Heiraten.«

»Also, ich bin erst zwanzig, und wenn ich schwanger bin ...«

»Aber ich hatte nicht die Absicht, dich zu heiraten, als ich zurückkam.«

»Und was ist mit deinen Briefen? Was ist mit deinen vielen Anträgen?«

Die einzig ehrliche Antwort auf all diese Fragen wäre gewesen: »He, ich wollte einfach nur mit einer Frau ins Bett gehen.« Richard besaß gerade genug Verstand, daß ihm diese Worte nicht über die Lippen kamen.

Immer wieder kehrte das Gespräch zu dem aktuellen Problem zurück. »Wenn du wirklich schwanger bist, heirate ich dich mit Vergnügen, wenn ich zurückkomme. Nur jetzt will ich dich noch nicht heiraten.«

»Wunderbar«, sagte Carolyn scharf. »Wenn ich nicht schwanger bin, ist das wirklich wunderbar. Aber wenn ich es bin, dann kannst du es vergessen.«

In dieser liebevollen Atmosphäre gegenseitigen Vertrauens beschlossen sie zu heiraten. Carolyns Periode war mittlerweile fast zwei Wochen überfällig, und Richards Urlaub ging zu Ende. Sie lebten in den fünfziger Jahren und meinten, keine Wahl zu haben. Nun aber, da die Entscheidung gefallen war, fanden die Vorbereitungen keineswegs in gedrückter Stimmung statt. Die beiden hatten einander wirklich sehr gern. »Die ganze Sache hatte etwas Unbeschwertes«, erinnerte sich Carolyn später.

Am 18. Februar fuhren Carolyn und Richard zu dem Geschäft in der Ord Street. Richard hatte seinen Eltern am Abend zuvor von seiner Verlobung erzählt, und sie brannten darauf, diese Carolyn Laws zu

Gesicht zu bekommen. Stella umarmte Carolyn und sagte: »Du bist also das kleine Mädchen, das Richard heiraten will.« Dann gingen sie durch den Mittelgang des Ladens – am Bronze-, am Kunst- und am Porzellanzimmer vorbei – in das Büro im rückwärtigen Teil, wo Eddy auf sie wartete.

Er war außer sich. »Was für eine entsetzliche Idee!« schrie er und hieb mit der Hand durch die Luft, wie ein Karatemeister, der einen Stapel Dachziegel zertrümmert. Carolyn hörte kaum, was er sagte, so fasziniert war sie von seinen Gesten.

Richard hatte versprochen, die wahren Gründe zu verschweigen, und sagte: »*Wir* finden die Idee gut.«

»Es ist die schlimmste Idee, die ich je gehört habe!« schrie Eddy. »Völlig unüberlegt!«

Carolyn hatte bei ihrer Mutter schon viele Wutanfälle erlebt und dachte nur: Na los, tob dich richtig aus. Es ändert nicht das geringste.

Als sich Eddy jedoch darüber ausließ, daß seine Familie etwas Besonderes sei, und fragte, wie sie dazu komme, in sie hineinheiraten zu wollen, wurde sie wütend.

»Du heiratest nicht nur Richard«, sagte Eddy. »Du heiratest unsere ganze Familie ...« An der Art, wie er den Satz im Raum stehenließ, merkte sie, daß er sie nicht für gut genug hielt, seinen Sohn zu heiraten.

Stella saß dabei und sagte händeringend: »Ich begreife das nicht. Es will mir einfach nicht in den Kopf.«

Tatsächlich mußte Eddys Reaktion auf den ersten Blick seltsam erscheinen. Schließlich war Carolyn, von einigen Details abgesehen, ebenso eine »Waise« wie seinerzeit Ticie und Stella. Doch Eddy sah die Sache anders. Vielleicht hatte er erkannt, daß Carolyn – trotz ihrer Naivität in Sachen Verhütung – eine moderne Frau war. Sie war ehrgeizig. Sie wollte Karriere machen. Ticie und Stella hatten beide gearbeitet, aber nur im Familienunternehmen. Carolyns Blick hingegen ging über die Familie hinaus. Vielleicht spürte Eddy, daß die Familie See für sie nie an erster Stelle stehen würde.

»Jedenfalls kannst du nicht heiraten, ohne Pa zu fragen«, fauchte Eddy. Carolyn verstand ihn so, daß Fong See nein sagen und die ganze Sache abgeblasen würde. Richard und Carolyn fuhren hinüber nach New Chinatown. Fong See bat sie nicht herein, sondern blieb mit ihnen im Hof vor seinem Laden stehen. Auf Carolyn wirkte er so alt wie Methusalem. Er trug ein langes chinesisches Gewand, und sie sah verwirrt zu, wie er schnatterte und zuckte und sich – zumindest in ihren Augen – wie ein verrückter alter Chinese aufführte. Er zwickte sie in den Hintern. Er zwickte sie in den Arm. »Gute Ware«, sagte er. Dann wandte er sich an Richard und sagte: »Brauchst du fünf Dollar?«

»Ich würde gern heiraten, und ich wollte dich fragen, ob das in Ordnung geht«, sagte Richard.

Fong See sagte nicht nein.

Am nächsten Tag sprach Carolyn mit ihrer Mutter. Die Worte »ich bin vielleicht schwanger« fielen zu keinem Zeitpunkt. Wieder wurde die bevorstehende Hochzeit so unbeschwert angekündigt, als handele es sich um den Besuch eines Jazzclubs oder einer Pizzeria. Carolyn war aufgedreht, vergnügt und ein bißchen frech.

»Richard ist ein netter Mann«, erklärte sie. »Er will sich einen Bart wachsen lassen, aber nicht, weil sein Vater auch einen hat. Er hat schwarze Haare und grüne Augen, und er fährt Ski...«

»Ist er noch Student?«

»Er ist bei der Army, aber er will Anthropologe werden.«

»Und seine Familie?«

»Sie stehen sich sehr nahe. Sie machen möglichst viel zusammen, wenigstens sagt das Richard. Die Familie bedeutet ihnen alles, und obwohl hier viele Bräuche ihres Landes verlorengegangen sind, bemühen sie sich, möglichst viele zu erhalten.« Carolyn haßte es, daß sie Richard jetzt mit denselben Argumenten anpries, die Eddy vorgebracht hatte und über die sie sich so geärgert hatte. Aber auf diese Weise hielt sie das Gespräch in Gang und hinderte ihre Mutter daran, etwas Gemeines zu sagen. »Richard sagt, sie hätten eine Identitätskrise und hielten auf diese Weise dem Druck stand, den die Gesellschaft auf alle Minderheiten ausübt...«

»Was *ist* dieser Richard?«

»Was meinst du damit: ›Was ist Richard?‹«

»Du weißt, was ich meine.«

»Habe ich es dir nicht gesagt? Er ist ein Viertelchinese, habe ich das nicht erwähnt?« Ihre Mutter verzog keine Miene, erhob aber auch keine Einwände.
Der Besuch bei ihrem Vater George und seiner neuen Frau Wynn war sehr viel schwieriger. George traktierte Richard drei Stunden lang mit den schlichten Weisheiten eines Südstaatlers über Ehe, Familie und die Verantwortung von Mann und Frau.
»Glück ist die Abwesenheit von Ärger«, verkündete er. »Ein gutes Gewissen ist ein sanftes Ruhekissen. Was gut für dich ist, ist schlecht für dich.«
»Ich bin sicher, daß wir miteinander glücklich werden«, wagte Richard zu sagen.
»Du kannst mir viel erzählen, mein Junge. Jung und verliebt, wie du bist, meinst du vielleicht, du würdest Pee Wee auch dann noch trauen, wenn du sie nackt und betrunken mit Errol Flynn im Bett erwischst.«
»Aber Daddy…«
»Pee Wee, denk in den nächsten Monaten nicht an dich selbst, sondern an Richard oder an Richard und Carolyn als verheiratetes Paar. Stell dich darauf ein, daß du in den langen Monaten, die vor dir liegen, Opfer bringen mußt. Das ist die beste Versicherung für die kommenden Jahre. Nur dann könnt ihr ein Leben führen, das frei ist von respektlosen Sticheleien und Vorhaltungen.«
Wynn brachte allen einen Eistee, und George fuhr fort: »Ich muß sagen, daß Richard mir gefällt. Er ist eine gute Partie für jedes Mädchen, dich eingeschlossen. Jetzt werdet ihr mich bestimmt für einen sentimentalen Schwätzer halten.«
»Oh, George«, sagte Wynn.
»Ich meine nur, ihr dürft euch nie entmutigen lassen.«
Als sie wieder ins Auto stiegen, sagte Richard seufzend: »Mein Gott, dieser Mann *sollte* trinken.«
Carolyn hatte bei diesen Besuchen das Gefühl, daß ihre Angehörigen ungeheuer erleichtert waren. Jeder Mensch sollte heiraten, sich niederlassen und Kinder bekommen. Daß die Sees Chinesen waren und die Gesetze gegen Rassenmischung in Kalifornien erst knapp sechs Jahre zuvor aufgehoben worden waren, störte sie nicht. Kate

litt unter der Unzufriedenheit mit ihrem eigenen Leben. Wynn fand die Heirat in Ordnung, und George war von seinem schlechten Gewissen erlöst.

Nur Eddy war noch gegen die Heirat. Er lud George zu Teekuchen ein und versuchte es bei ihm mit denselben Argumenten, die schon bei Richard und Carolyn nichts gefruchtet hatten. Die Kinder seien beide noch zu jung, sie könnten noch nicht die Verantwortung für eine Familie tragen. Schließlich sagte er verweifelt: »Carolyn weiß nicht, wie man *bao* macht. Richard sollte wirklich eine Chinesin heiraten.«

»Sie haben es nicht getan«, sagte George.

»Ja, aber unsere ganze Familie hat Stella geholfen. Ihre Tochter wird keine chinesische Schwiegermutter haben.« Bei diesem Satz bekam Eddy einen Lachanfall. Trotzdem war es ihm bitterernst. Obwohl sein Vater eine Weiße geheiratet hatte, obwohl er selbst eine Weiße geheiratet hatte, brach es ihm fast das Herz, daß nun auch sein Sohn eine heiraten wollte. Eddy war der »chinesischste« aller Brüder, und er hatte wie alle seine Freunde und Nachbarn auf eine chinesische Schwiegertochter gehofft – auch mit einer in Amerika geborenen hätte er leben können.

In der folgenden Woche hatten Richard und Carolyn viel zu tun. Sie gingen zum Abendessen ins La Golondria in der Olvera Street. Sie sahen sich *Die Zeit mit Monika* noch einmal an. Carolyn mußte sich bei der Arbeit übergeben – ein weiteres Zeichen, daß sie schwanger war –, dann ging sie mit einer Freundin ins Kino. Tags darauf holten sie und Richard die Ergebnisse ihrer Blutuntersuchung ab und sahen sich wieder einen Film an. Dann bekamen sie ihre Heiratserlaubnis, und Eddy fertigte für Carolyn einen 24karätigen Goldring an. Am nächsten Tag gingen sie erneut ins Kino und aßen bei Kate zu Abend. Abermals einen Tag später kaufte Carolyn ein Hochzeitskleid – aus blaßblauem Leinen mit passendem Hut – und die Kleidungsstücke für das Hochzeitsbankett – eine orangerote Seidenbluse und einen marineblauen Rock. Nach diesen Einkäufen war sie total blank. Schließlich, am Vorabend der Hochzeit, aßen sie mit Stella und Eddy in Chinatown zu Abend.

Die Hochzeit fand am 27. Februar 1954 statt. Wegen der kurzen Vorbereitungszeit waren nur dreizehn Personen anwesend. Bemerkenswert war, daß Carolyns Stiefvater, Jim Daly, und Fong See fehlten. Ersterer war nicht eingeladen worden, und Fong See war mit seinen siebenundneunzig Jahren schlicht zu alt. Die beiden Familien trafen in den Räumen der Unitarian Church erstmals zusammen. Carolyns Stiefmutter Wynn trug ein cremefarbenes Brokatkleid, das so tief ausgeschnitten war, daß die Männer Stielaugen machten. Kate, die Brautmutter und verlassene Ehefrau, warf nur einen kurzen Blick auf Wynn und brach auch schon in Tränen aus. Stella trug ein Kostüm aus Seide, dunkelblau und mit Samt eingefaßt. Chuen, Sissee, Gilbert und Richards Freund Allen Mock fungierten als Trauzeugen, Carolyns Schulfreundin Joan Wilhelm als Brautjungfer. (Jackie Joseph arbeitete inzwischen als Revuegirl in Las Vegas. Als sie von der Hochzeit hörte, sagte sie: »Was? Sie heiratet? Richard See? Er war ein guter Kumpel, kein Körpergeruch und weder häßlich noch dumm. Aber für eine große Liebe hat er einfach nicht das Format.«)
Kates zweite Tochter sollte Blumen streuen. Sie stand mürrisch herum, die Arme über der Brust verschränkt. Der Pfarrer las aus dem Buch, in dem es heißt:
»Sie sagte: Ich will meinen Liebhabern folgen ... Darum versperre ich ihr den Weg mit Dornengestrüpp und verbaue ihn mit einer Mauer.« Und er riet Carolyn und Richard, die von Gott errichtete Mauer nicht zu überschreiten.
Nach der Trauung lud Sissee alle zum Mittagessen in ein italienisches Restaurant gegenüber dem Hotel Ambassador ein. Carolyns Vater, der von seiner Abstinenz normalerweise nicht viel Aufhebens machte, drehte demonstrativ sein Weinglas um und gestikulierte wild zu seiner Tochter hinüber, um ihr zu zeigen, wie gut er sich benahm. Sein Benehmen, Wynns tiefer Ausschnitt und Kates schäbiger Pelzmantel und ihre lächerlichen Schluchzer ließen Carolyn vor Scham fast in die Erde versinken. Es war einfach nicht zu übersehen, daß die Sees wirklich Familiensinn hatten, und ihre Ehen schienen auch wirklich zu halten.
Nach dem Essen fuhren Richard und Carolyn für zwei Tage nach Laguna Beach. Als sie nach Los Angeles zurückkehrten, gaben Stella

und Eddy im Soochow ein Hochzeitsbankett, bei dem sie keine Kosten scheuten. Zweihundert Verwandte, alte Freunde und Kunden der Familien Fong und See nahmen daran teil. Einige Tage später mußte Richard nach Neufundland zurückkehren.

Gemäß der chinesischen Tradition erwarteten Stella und Eddy von Carolyn, daß sie ihre Wohnung aufgab und zu ihnen zog. Doch sie weigerte sich rundheraus und sagte, sie werde ihre Wohnung behalten und ihre Ausbildung am City College fortsetzen. Dennoch wurde versucht, sie in die Familie zu integrieren. Im Gegensatz zu Ticie und Stella war Carolyn jedoch dickköpfig und selbständig. Nach zahllosen Ausflügen zu Orchideenschauen und ebenso zahllosen Teegesellschaften in Sissees Haus, bei denen die Frauen die Hüte auf- und die Handschuhe anbehielten, wurde sie schließlich von Sissees Schwiegereltern zum Dinner eingeladen, entschuldigte sich jedoch wegen Krankheit. Die Absage hätte ihr niemand übelgenommen, aber Stella und Sissee wollten ihr einen Topf Suppe in die Wohnung bringen und stellten fest, daß sie nicht da war. Carolyn hatte gelogen und war dabei erwischt worden. Sissee und Stella zogen daraus den Schluß, daß sie mit den Sees nichts zu tun haben wollte.

In den folgenden Wochen schickte Richard eine Flut von Telegrammen und Briefen an Carolyn:

9. 3. 54

Die Army erlaubt nicht, daß Du mich hier besuchst. Bleib am College. Wenn möglich, schreibe ich später mehr. Tut mir leid, Liebes. Richard.

23. 3. 54

UM HIMMELS WILLEN, BIST DU NUN EIGENTLICH SCHWANGER? Wenn Du es immer noch nicht weißt, mußt Du schrecklich dumm sein.

25. 3. 54

Vermutlich hörst Du es nicht gern, aber ich bin froh, daß wir noch nicht sofort ein Baby kriegen …

26. 3. 54

Du fragst, was ich in einer Ehefrau suche. Im Augenblick will ich am liebsten in ihr *sein.* Ha ha kicher schlürf sabber bibber grins glucks ... Am besten gefällt es mir, wenn eine Braut wahnsinnig verrückt ist und Sinn für Humor hat. Aber warum zerbrichst Du Dir den Kopf darüber, was mir an einer Ehefrau gefällt? Ich bin ein hochintelligenter Mann und durchaus in der Lage zu wählen, was mir gefällt. Und stell Dir vor, ich habe geheiratet. Dich, um genau zu sein, das heißt, wenn mich mein Gedächtnis nicht trügt.

Viele Briefe Richards an Carolyn sind Belege für das, was er eine »Blödelbeziehung« nannte. Sie lachte, wenn er seine Briefe mit »Richard E. See, Jungliebhaber und Ehemann. PS: Isch liebe disch (glaube ich)«, mit »See, traumatisierter Jung-Ehehengst« oder mit »Schlitzauge de Sade« unterzeichnete. Sie wiederum unterschrieb mit »qualifizierte Berufsehefrau«.

Im Mai zog Carolyn – nicht schwanger und ungeheuer erleichtert, daß das Ganze ein falscher Alarm gewesen war – zu Richard in die neufundländische Stadt Argentia. Selbst dort konnten Carolyn und Richard ihre Unbeschwertheit bewahren. Sie strichen ihre Zimmer dunkelbraun, hängten leuchtend orangefarbene Vorhänge vor die Fenster und Drucke von Rouault und Tomayo an die Wand. Sie besuchten den Airman's Club und die Square-dance-Abende der Inselbewohner. Carolyn bat ihre Schwiegereltern brieflich um chinesische Gewürze, damit sie zur Abwechslung einmal etwas anderes kochen konnten als Kabeljau. Und da sie aufgrund einer fälschlich vermuteten Schwangerschaft geheiratet hatten, beschlossen sie, nun wirklich ein Baby zu bekommen. Am Ende ihres ersten Monats in Argentia war Carolyn schwanger. Im November 1954 wurde Richard entlassen, und sie reisten mit Freunden nach Paris.

Am 18. Februar 1955 gebar Carolyn im amerikanischen Krankenhaus in Paris ihre Tochter Lisa Lénine See. Die glücklichen Großeltern schickten Glückwunschtelegramme und Geschenke. Ein paar Monate später kehrte die junge Familie nach Reisen durch Frankreich, Italien und Jugoslawien in die Vereinigten Staaten zurück und zog in ein kleines Haus mit Blick auf den Micheltorrena Hill. Carolyn und Richard schrieben sich an der University of California in Los Angeles ein. Eine Zeitlang schien es, als würde die Ehe halten.

Während Carolyns und Richards Abwesenheit hatte es in der Familie zwei Todesfälle gegeben. Nach fünfzehnjährigem Aufenthalt im Norwalk State Hospital war am 15. Juli 1954 Stellas Mutter, Jessie Copeland, gestorben. Aus ihrem Totenschein geht hervor, daß bis zuletzt keine Besserung der körperlichen und geistigen Leiden eintrat, die den Daueraufenthalt in der Klinik erforderlich gemacht hatten. Vier Wochen vor ihrem Tod erlitt sie einen Gehirnschlag. Zwölf Stunden vor ihrem Tod hatte sie erhöhte Temperatur. Acht Stunden später wurde eine Lungenentzündung diagnostiziert, der sie innerhalb von vier Stunden erlag.

Im März 1955 starb Rays Frau Leona an Krebs. Sie hatte ihre letzten Wochen zu Hause im Nichols Canyon verbracht. Eines Tages bat sie ihren Schwiegersohn um ein Fernglas und beobachtete damit das kleine Haus auf der anderen Seite des Canyons, in dem Ray mit seiner Geliebten Mary Marshall lebte. Wenige Tage vor ihrem Tod rief sie Sissee und Stella an und sagte, sie werde ihnen in ihrem Bademantel einen Brief hinterlassen. Nach der Beerdigung gingen Stella und Sissee in das Haus und durchsuchten ihre Kleider. Sie fanden nichts. Leona war gestorben, wie sie gelebt hatte – still und ohne eine bleibende Spur zu hinterlassen.

Ende Februar 1957 wurde Fong See ins Krankenhaus Monte Santo eingeliefert, wo Ticie viele Jahre zuvor gestorben war. Wie oft in geschiedenen Familien war die Situation problematisch. Einige fanden, daß Ming, der älteste Sohn aus der ersten Ehe, sich um den Kranken kümmern sollte. Andere vertraten die Ansicht, daß Chuen, der älteste Sohn aus der zweiten, noch bestehenden Ehe die Hauptverantwortung übernehmen sollte. Ming verzichtete jedoch aus persönlichen Gründen auf eine aktive Rolle, und Chuen war nicht erreichbar. Er weilte in Tokio, wo er seine Hochzeit mit der Tochter eines japanischen Gastwirts feierte.

So sprang Eddy, der sich schon immer am meisten um seinen Vater bemüht hatte, in die Bresche. Er ging täglich ins Krankenhaus. Er beriet sich mit den Ärzten. Er übersetzte Ngon Hung die medizinischen Begriffe, so gut er konnte. Er tröstete seine jüngeren Halbbrüder und Halbschwestern.

Zwei Wochen später, am 9. März, starb Fong See. Im Totenschein wurden Gehirnverkalkung als mittelbare und Gehirnerweichung als unmittelbare Todesursache sowie Herzflimmern als »finale Manifestation« der Krankheit angegeben. (Ein Laie hätte genausogut sagen können, Fong See sei an Altersschwäche gestorben.) Der Rest des Totenscheins enthielt irreführende Informationen; bei den Namen der Eltern war »unbekannt« eingetragen, aber als Geburtsdatum war der »26. Oktober 1857« vermerkt.

Dies war nur der Auftakt zu einer letzten Revision der Biographie Fong Sees. Die Zeitungen brachten die Todesnachricht unter Schlagzeilen wie »Ältester Einwohner von Los Angeles gestorben«, und mit Eddys Hilfe füllten die Nachrufschreiber ihre Lücken mit allem, was ihnen plausibel erschien. »Er war zwischen sechsundneunzig und hundert Jahre alt«, sagte Eddy der *Los Angeles Times*. Der *Examiner* legte sich dagegen einfach auf neunundneunzig fest, ein guter Kompromiß bei einem Mann, der gelegentlich von sich behauptet hatte, daß er weit über hundert sei, und der nur seinen Kindern erzählt hatte, daß er in dem und dem Jahr unter dem und dem Kaiser geboren sei. Das Datum von Fong Sees Ankunft in Los Angeles wurde auf 1881 berichtigt. Er wurde als »bartloser Patriarch« bezeichnet, der »Generationen von Angelenos wohlbekannt war«. Die Reporter zitierten einen seiner Lieblingssprüche: »Mach dir keine Sorgen, und du wirst lange leben.« Außerdem gaben sie pflichtgemäß bekannt, daß das Begräbnis im Forest Lawn stattfinden würde, sobald Chuen Fong mit seiner neuen Frau aus Asien zurückgekehrt sei.

Während Chuen noch unterwegs war, verhandelte Eddy mit der Friedhofsverwaltung. Fong See hatte gesagt, er wolle im Forest Lawn begraben werden, weil Ticie dort lag. Das sei kein Problem, wurde Eddy versichert. Erst als er mit Yun persönlich auf dem Friedhof erschien, um die Grabstellen zu besichtigen, erkannte die Friedhofsverwaltung, daß sie es mit einem *chinesischen* Leichnam zu tun hatte. »Sie können irgendein Grab da drüben in der Ecke haben«, sagte der Friedhofsbeamte. »Die sind für Leute wie Sie ...«

»Mein Vater war ein bedeutender Mann«, unterbrach ihn Eddy. »Wir wollen, daß er in der Nähe meiner Mutter in den Gardens of Memory beigesetzt wird.«

»Das kommt überhaupt nicht in Frage«, lautete die Antwort.

Es dauerte zwei Wochen, bis über Fong Sees Schicksal entschieden war. Die Leute von der Friedhofsverwaltung taten sehr freundlich. Sie wollten Eddy einen Sarg mit einem Diamanten im Deckel verkaufen. Er lehnte aus geschmacklichen Gründen ab. Dann schlugen sie vor, Ticie zu exhumieren und neben Fong See in der Abteilung für »Minderheiten« am Fuß des Hügels zu beerdigen. Ein absolut indiskutabler Vorschlag.

Eddy war außer sich. Er schrieb unzählige Briefe – an seinen Versicherungsagenten, der im Verwaltungsrat des Friedhofs saß, an Leute in der Stadverwaltung –, alles ohne Erfolg. »Es ist sehr bitter«, sagte Eddy zu einem Freund. »Ich dachte, es wäre eine Art Versöhnung, wenn wir meinen Vater durch das Begräbnis sozusagen wieder in die Familie zurückholen könnten.« Die zweite Familie war keineswegs entsetzt über Eddys Einmischung, sondern froh über seine Hilfe. »Ich war neunundzwanzig und kam mir vor wie fünfzehn«, sollte Chuen viele Jahre später sagen. »Ich fühlte mich völlig hilflos. Ich war froh, daß Eddy die Sache übernahm. Wir waren alle dankbar.«

Nach Chuens Ankunft in Amerika wurde Fong Sees Testament verlesen. Da China völlig abgeschottet war, hatte er keine offiziellen Arrangements für seine vierte Frau Si Ping treffen können. Trotzdem erhielt sie die Zusicherung, daß sie immer ein Dach über dem Kopf haben würde. Da sie als einzige Ehefrau in China lebte, blieb es ihr freigestelllt, entweder im Hotel oder im Stadthaus ihres Mannes in Foshan oder in dem Herrenhaus im Dorf zu wohnen. In den kommenden Jahren sollte sie in allen drei Gebäuden wohnen. (Nach der vorsichtigen Öffnung des Landes konnte Ngon Hung Si Ping monatlich einen festen Geldbetrag nach China überweisen.) Die Kinder aus Fong Sees Ehe mit Ticie erbten alle einen druckfrischen Eindollarschein – »um das Testament unanfechtbar zu machen«, wie der Anwalt Mr. Ogden erklärte. Alles andere ging an Ngon Hung und ihre Familie.

Man könnte sagen, daß die Familie See keinerlei Anspruch auf das Erbe hatte. Schließlich hatte Ticie bei der Scheidung die Hälfte von Fong Sees Vermögen bekommen, und nach ihrem Tod war es unter ihren fünf Kindern aufgeteilt worden. Man könnte auch argumentieren, daß die See-Kinder ganz einfach keine Kinder mehr waren, sondern Erwachsene mit einem Beruf, mit eigenen Häusern und Familien. Sie *brauchten* nichts. Dagegen waren viele Kinder aus Fong Sees zweiter Familie noch ziemlich jung. (Ronnie war fünfzehn, Gary erst zwölf.) Dies waren logische Argumente, aber Liebe und Trauer sind nicht logisch. Die See-Kinder waren sehr traurig, daß ihr Vater sie im Tode noch einmal verlassen und zurückgewiesen hatte.

Während Eddy sich über das Verhalten der Friedhofsverwaltung empörte, kochte Bennie vor Wut über diese letzte Ungerechtigkeit. »Mutter hat für ihn gearbeitet, wir alle haben für ihn gearbeitet, haben Kisten ausgepackt und all das«, sagte er.

»Aber damals hat doch jeder hart gearbeitet«, sagte Sissee.

»Wir sollten das Testament anfechten«, beharrte Bennie.

»Es ist ein Schlag ins Gesicht«, schnaubte Ray, »der Tropfen, der das Faß zum Überlaufen bringt. Genauso hat er Ma behandelt.«

Sissee stimmte ihm zu, doch dann sagte sie: »Ist es wirklich so wichtig? Die letzten paar Jahre haben sich unsere Wege kaum noch gekreuzt. Eine Anfechtung ist nicht der Mühe wert.«

Schließlich gelang es der Familie, Bennie zu besänftigen. »Wir kommen allein zurecht«, sagte Ming. »Wir brauchen nichts von Pa.« Am Ende nahmen sie ihre Dollarscheine in Empfang und bewahrten sie als bittere Erinnerungsstücke auf.

Erst als die Leute von der Friedhofsverwaltung die Liste der Beerdigungsgäste studierten und viele prominente *weiße* Bürger darauf fanden – alte Kunden, einige Politiker und den Geistlichen, der die Zeremonie leitete –, durfte die Trauerfeier in der Hollywood Hills Chapel des Forest Lawn stattfinden. Vor der Kapelle stand eine Kutsche bereit, um Fong See zum Rosedale Cemetery zu bringen, wo er in der Abteilung für die wichtigsten Pionierfamilien der Stadt beigesetzt werden sollte. Es gab keine berufsmäßigen Totenkläger, keinen Trauerzug durch die Straßen von Chinatown, keine Feuerwerkskörper, kein »Wegegeld«, keine Gongs oder Zimbeln. Keine Künstler wurden beauftragt, auf große weiße Banner die Schriftzeichen für »Dein Alter gleicht dem eines uralten Berges« oder »Deine Familie wird dich auf Generationen hinaus verehren« zu malen. Statt dessen bestand die Familie See auf einer Beerdigung ganz im Stil der Weißen.

Die Zeremonie fand nicht in der Hauptkapelle auf dem Hügel statt, sondern in der allen Bevölkerungsgruppen zugänglichen Kirche am Fuß des Hügels, einem großen, aber völlig geschmacklosen Bau. An den Wänden des Mittelschiffs waren kleine Käfige mit lebendigen Vögeln angebracht, und die ganze Feier war von Vogelgezwitscher begleitet. Der Pfarrer Henry V. Lacy von der First Methodist Church erzählte von den sechzig Jahren, die er als Sohn eines Missionars und dann selbst als Missionar in China gelebt hatte. Eine Freundin Sissees sang »Sweet Mystery of Life«. Das einzige Zugeständnis an die chinesische Tradition war, daß alle Trauergäste, »um ihre Trauer zu versüßen«, Süßigkeiten und als Glücksbringer ein *lai see* erhielten.

Die Kirche war bis auf den letzten Platz besetzt. Viele sahen zum ersten Mal so viele chinesische Frauen an einem Ort. Obwohl Frauen inzwischen vierzig Prozent der chinesischen Bevölkerung ausmachten, wurden sie immer noch gehütet wie Gold. Viele Frauen gehörten noch zur alten Kaufmannsklasse und setzten kaum je einen Fuß vor das Haus. Doch an diesem einen Tag durften sie See-bok die letzte Ehre erweisen, als Dank dafür, daß er sie nach Amerika geholt und ihre Männer in schwierigen Zeiten beraten hatte. Sie saßen dicht zusammengedrängt und wirkten auf Carolyn sehr fremd, nicht nur wie frisch aus China eingetroffen, sondern wie von einem anderen Planeten. Umgekehrt kam auch Carolyn vielen seltsam vor. Sie trug wie immer eine dicke Schicht Make-up, um ihr Muttermal zu verbergen, und die Leute fragten sich, ob sie sich, gemäß dem alten chinesischen Brauch, aus Trauer weiß geschminkt hatte.

Geschäftsleute weinten unverhohlen. In den Tagen, als man über Fong Sees letzte Ruhestätte gestritten hatte, waren viele zu dem aufgebahrten Leichnam gekommen, hatten seine Hand gehalten und ein letztes Mal mit ihm gesprochen. Nun defilierten sie an dem silbern ausgeschlagenen Sarg vorbei und verbeugten sich dreimal vor ihrem Mentor. Wer nicht mehr dazu gekommen war, seine Schulden bei ihm zu begleichen, warf sich vor Schmerz über den Gesichtsverlust über den Sarg.

Fong Sees vielköpfige Familie saß in einem besonderen Bereich für die Hinterbliebenen. Ngon Hung, die seit ihrem sechzehnten Lebensjahr für den alten Mann gearbeitet hatte, hatte keine Träne in den Augen. Ihr Mann war neunundneunzig Jahre alt gewesen, und sein Tod war nicht überraschend gekommen. Unmittelbar nach seinem Tod hatte sie im Kreis der Familie diskret geweint, nun aber sollte niemand meinen, daß sie die Selbstbeherrschung verlor. Chuen saß an der Seite seiner neuen Frau Teruko und begann erst jetzt zu begreifen, welche Verantwortung auf ihn als den ältesten Sohn seines Zweigs der Familie zukam. Seine Schwester Sumoy bekam nicht viel von der Trauerfeier mit. Sie arbeitete als pflichtbewußte Tochter im Foyer, dolmetschte zwischen den chinesischsprachigen Gästen und dem Friedhofspersonal und half alten Freunden der Familie, ihre Namen ins Gästebuch einzutragen.

Trotz ihrer verletzten Gefühle war auch die Familie See vertreten: Ming und Sunny, Eddy und Stella, Sissee, Gilbert und ihre Tochter Leslee, Ray und seine Tochter Pollyanne mit Mann und Kindern, Richard und Carolyn mit ihrer Tochter. Bennie und Bertha waren nur mit Shirley, aber ohne Marcia gekommen. Sie hätte für die Beerdigung freinehmen müssen, und ihre Eltern hatten das nicht für nötig befunden.

Nach der Feier blieben die Trauergäste – Verwandte, Kunden und Geschäftsfreunde – noch eine Weile vor der Kirche stehen und unterhielten sich mit gedämpfter Stimme über Fong Sees Leben. Manche bedauerten, daß er nicht auf dem Forest Lawn beerdigt wurde, andere waren erstaunt, daß immerhin eine Möglichkeit bestanden hatte, ihn dort zu beerdigen. Alle jedoch waren sich darüber einig, daß sich auf der Welt, in Los Angeles und in Chinatown zu Fong Sees Lebzeiten viel verändert hatte.

Die gewalttätige kleine Stadt Los Angeles war gereift, und mit ihr Chinatown. Hatte man in den alten Tagen über chinesisches Essen noch die Nase gerümpft und Witze darüber gerissen, so war es seit Mitte der fünfziger Jahre etwas völlig Normales, »zum Chinesen« zu gehen. Mit dem Bau neuer Wohnsiedlungen und Einkaufszentren in der ganzen Stadt hatten über hundertfünfzig chinesische Gastronomen Fuß gefaßt. Chop Suey hatte als ein in Zellophan verpacktes Fertiggericht die Regale der Supermärkte erobert, und sogar in den Cafeterias mancher Schulen gab es »Chop-Suey-Tage«. Chinesische Familien betrieben in der Wüstenstadt immer noch unzählige Wäschereien, auch wenn dank der Mechanisierung und Lukrativität des Geschäfts inzwischen auch weiße Unternehmer auf den Markt drängten. Nicht nur in der Nachbarschaft von Chinatown behandelten chinesische Kräuterheilkundige weiße Patienten. Viele andere Chinesen hatten sich als Ärzte, Zahnärzte, Rechtsanwälte, Optiker, Architekten und Ingenieure durchgesetzt.

Neue Einwanderungsgesetze waren und wurden verabschiedet. Einige machten jahrelanger Diskriminierung ein Ende, andere sollten die Einwanderung von Chinesen in die Vereinigten Staaten nach wie vor beschränken. Im Jahr 1952 ließ der McCarran-Walter Act die Einwanderung zum Zweck der Familienzusammenführung zu und erleichterte insbesondere Personen mit qualifizierter Berufsausbildung die Einwanderung. Das Gesetz legte jedoch auch Einwanderungsquoten fest, die sich am politischen System des jeweiligen Herkunftslandes orientierten. Personen aus demokratischen Ländern hatten fast unbegrenzte Einwanderungsmöglichkeiten, während Menschen aus kommunistischen Ländern einschließlich der Volksrepublik China nicht ins Land gelassen wurden. Dies bedeutete, daß abermals eine große Zahl einwanderungswilliger Chinesen außen vor blieb. Dennoch gelangten dank der Flüchtlingshilfegesetze von 1953, 1957 und 1959 chinesische Ehefrauen in nie dagewesener Zahl in die Vereinigten Staaten.

Am 11. September 1957, sieben Monate nach Fong Sees Tod, verabschiedete der Kongreß ein Gesetz, das ganz im Zeichen der Kommunistenverfolgung durch die Regierung stand. Chinesen, die – meist als Söhne getarnt – illegal in den Vereinigten Staaten lebten, wurden aufgefordert, sich bei der Einwanderungsbehörde zu melden und andere illegal im Land befindliche oder des Kommunismus verdächtigte Chinesen anzuzeigen. Tausende von Chinesen machten von dem Angebot Gebrauch; allein in San Francisco meldeten sich zehntausend. Als Gegenleistung erhielten sie das Aufenthaltsrecht, sofern sie nachweisen konnten, daß sie nicht in subversive Aktivitäten verwickelt waren. Am Ende durften neunundneunzig Prozent der geständigen Illegalen in den Vereinigten Staaten bleiben.

Als die Trauergäste in der hellen Frühlingssonne vor der Kapelle standen, wurde ihnen klar, daß Fong Sees Tod das Ende einer Ära bedeutete. Die Welt hatte sich gewaltig verändert, seit Fong Dun Shung bei der Eisenbahngesellschaft gearbeitet und seine Frau andere Leute auf dem Rücken getragen hatte, um ihre Familie durchzubringen. Sie hatte sich wirklich verändert seit jenen schrecklichen Jahren der großen Vertreibung und des Einwanderungsstopps, und sie war durch die Aufhebung der Landerwerbsverbote und der Gesetze gegen Mischehen eine andere geworden. Mit dem Tod Fong Sees erwachten neue Hoffnungen und Träume. Er verdiente nicht nur Respekt dafür, wie weit es seine Familie bereits gebracht hatte, sondern auch dafür, wie weit es seine Kinder, Enkel und Großenkel noch bringen würden.

TEIL SECHS

KAPITEL 20

NUR DIE FAMILIE ZÄHLT

1957–1995

Es gab viele Gründe, warum die Ehe zwischen Carolyn und Richard schlußendlich scheiterte, doch ein paar Jahre lang waren beide ängstlich darum bemüht, sie nicht zum Tragen kommen zu lassen. Als Carolyn – die Tochter alkoholsüchtiger Eltern und Stieftochter eines Alkoholikers – Richard heiratete, dachte sie nicht an den Brief, den er ihr aus Neufundland geschickt und in dem er geschrieben hatte, daß er der Kompaniesäufer sei. Auch die alte, in der Familie oft erzählte Geschichte, der zufolge sich Richard einmal auf den Teppich Elizabeth Taylors übergeben hatte, hatte sie ebenso verdrängt wie die Tatsache, daß er bereits zweimal wegen Volltrunkenheit hinter Gittern gelandet war. Und als er sich bei dem Familienessen im Soochow am dritten Tag ihrer Hochzeitsfeier so hatte vollaufen lassen, daß ihm das Erbrochene aus der Nase lief und seine Kumpel ihn wegtragen mußten, hatte sie weggesehen. Solange sich das alles in Neufundland oder in Europa – wo er »nur Rotwein« trank – abspielte, nahm sie es mit einem Schulterzucken hin. Erst als Richard auch nach ihrer Rückkehr aus Europa und der Wiederaufnahme seines Studiums keinerlei Anstalten machte, seinen Alkoholkonsum einzuschränken, fing sie an, sich ernsthaft Sorgen zu machen.

Daß Eddy, gemäß dem alten Brauch, glaubte, die Rolle des chinesischen Schwiegervaters spielen zu müssen, sich laufend in ihre Angelegenheiten einmischte und sie herumkommandierte, verstärkte die Spannungen nur noch. Carolyn war alles andere als eine gefü-

gige chinesische Schwiegertochter und rebellierte gegen die Bevormundung. So fand sie es gar nicht komisch, als Eddy vorschlug, sie solle in der Öffentlichkeit drei Meter hinter Richard gehen. Als Eddy abwiegelte und sagte, er habe nur im Scherz gesprochen, lachte sie nicht. Und obwohl ihr Schwiegervater mehrfach betonte, das weiche, grüne Innere der Krabben sei eine Delikatesse, weigerte sie sich standhaft, davon zu probieren. Und als er ihr den Ehering abnahm und versprach, ihn in der Größe anzupassen, ihn dann aber nie wieder zurückgab, beklagte sie sich lautstark. Eddy wiederum monierte, daß Carolyn trotz mehrmaliger Aufforderung immer noch nicht mit Lisa nach Chinatown gegangen war, damit Fong See dem Kind einen chinesischen Namen geben konnte. Er kam fast jeden Tag in ihre Wohnung und nahm Lisa in der Kinderkrippe in Augenschein. Mal bemängelte er, daß Carolyn die Windeln nicht gewechselt habe, mal hielt er ihr vor, daß Lisa schon *wieder* krank sei. Oder er erzählte von seiner Absicht, Richard dieses Jahr erneut als Familienangehörigen in seiner Steuererklärung anzugeben. Carolyn war darüber so erzürnt, daß sie ständig an Richard herumnörgelte: »Wann wirst du endlich erwachsen? Warum suchst du dir keine Arbeit? Warum hörst du nicht mit dem Trinken auf?«
Hätte sich Richard von seiner grollenden Frau und seinem sich ständig einmischenden Vater nicht so sehr ins Bockshorn jagen lassen, hätte er sich ja vielleicht gewehrt: »Warum kannst du nicht gehorchen? Mußt du deinen Dickschädel immer durchsetzen? Wie wäre es, wenn du mal ein bißchen Respekt zeigen würdest? Kannst du keinen Spaß vertragen? Warum mußt du immer alle unsere Probleme darauf zurückführen, daß ich *Chinese* bin? Mußt du immer alles so ernst nehmen?« Doch Richard schwieg und trank.
Carolyn und Richard studierten zu der Zeit beide und wohnten in einer Mietwohnung in der Innenstadt. Richard arbeitete an seinem Doktor in Anthropologie – die Krönung seines amerikanischen Traumes und ein anerkanntes Zeichen für Erfolg innerhalb der chinesischen Gemeinde. Carolyn, ebenfalls in einem höheren Semester, schrieb an ihrem ersten Roman und versuchte nebenher, ihr Kind aufzuziehen.
Ende 1958 erfuhr Carolyn, daß sie erneut schwanger war. Beide wuß-

ten, daß sie sich ein zweites Kind nicht leisten konnten, und so liehen sie sich das Geld für eine Abtreibung. Unglücklicherweise entpuppte sich der Mann, der die Abtreibung durchführen wollte, als ein Betrüger, der, kaum daß er ihr Geld kassiert hatte, das Weite suchte. Glücklicherweise hatte Carolyn Ende Januar eine Fehlgeburt.

Doch weder das noch Richards Trinkerei war der Grund, warum Carolyn ihn schließlich verließ. Am meisten störte sie an Richard, daß er ihr in all der Zeit nicht einmal gesagt hatte, daß er sie liebte. Zudem hatte er nie gelernt, ungezwungen zu kommunizieren. Im Gegenteil, als Kind hatte man ihm beigebracht, wie man andere *ignorierte,* wenn sie sich im selben Raum aufhielten, wie man sich mitten unter Menschen durch Schweigen einen eigenen Raum schuf, wie man einer Auseinandersetzung aus dem Weg ging.

Im Frühjahr 1959 lernte Carolyn Tom Sturak, einen Kommilitonen von der University of California, kennen und verliebte sich Hals über Kopf in ihn. Am 6. März gewann sie im Samuel-Goldwyn-Literaturwettbewerb für ihren Roman den zweiten Preis, der mit 500 Dollar dotiert war. Im Juni, fünf Jahre nach ihrer Hochzeit, eröffnete sie Richard, daß sie ihn verlassen würde. (An dieser Stelle sollte vielleicht angemerkt werden, daß Richard an diesem Abend erstmals den Satz »Ich liebe dich« über die Lippen brachte, sich gleich darauf jedoch wieder an den Schreibtisch setzte.) Carolyn nahm Lisa mit, fuhr nach Reno und ließ sich im Schnellverfahren von Richard scheiden.

Die Partnerschaft zwischen den Familienangehörigen aufgelöst, China abgeschottet, Fong See tot, Richard und Carolyn geschieden. Wo blieben die Happy-Ends? Was war aus dem amerikanischen Traum der Sees und der Fongs geworden? Trotz allem, was in diesen Jahren passierte, erlebten so gut wie alle Fongs und Sees noch ein Happy-End, und eigenartigerweise hing das in der Mehrzahl der Fälle mit dem Tod Fong Sees zusammen. Wie sich China heute nicht von seiner alten Führungsgarde freimachen kann, so war es undenkbar, daß die Kinder Fong Sees gegen ihn und seine Gepflogenheiten aufbegehrten, solange er noch am Leben war. Jetzt erst bot sich ihnen die Gelegenheit dazu.

1958 zog sich Ray, endlich befreit von dem Druck, seinem Vater etwas beweisen zu müssen, aus dem Geschäft zurück. Bennie folgte, wie immer, dem Beispiel seines älteren Bruders. Nach dem Verkauf von See-Mar gingen sie getrennte Wege. Bennie kehrte nach über dreißig Jahren zur F. Suie One Company zurück, während Ray hin und wieder als Designer für den Möbelhersteller Widdicomb arbeitete. Zwei Jahre später heiratete Ray Mary Marshall, die ihm nicht nur treu ergeben war, sondern auch mit seinen mitunter sehr ungestümen Launen umzugehen vermochte. Noch im Jahr ihrer Hochzeit unternahmen die beiden eine Asienreise. In Taiwan wollten sie Rays Halbschwester Jong Oy besuchen, aber als sie zu der Kaserne kamen, wo Jong Oy lebte, wurde ihnen gesagt, sie sei »nicht zu Hause«. Ray war überzeugt, daß sie da war und sich vor ihren Verwandten schämte, weil sie in so armseligen Verhältnissen lebte.

Nach Rays Rückkehr 1961 beschlossen die See-Geschwister, ihre Hälfte an dem Besitz in La Habra zu verkaufen, den Fong See vor so vielen Jahren im Tausch gegen Teppiche erworben hatte. Bennie und Bertha kauften von ihrem Anteil an dem Erlös eine Ranch in La Habra und machten sich daran, sie wieder herzurichten. Sissee, die neben Gilberts Architektenbüro an der Los Feliz Street einen eigenen Laden aufgemacht hatte, schaffte sich einen Thunderbird an und legte den Rest auf die Seite. Ming und Sunny kauften sich einen Block von Sissee und Gilbert entfernt ein Haus und verwandelten es in ein japanisches Refugium mit *koi*-Teichen und *Shoji*-Schirmen. Stella und Eddy deponierten ihr Geld auf der Bank und dachten darüber nach, was sie damit anfangen sollten. Die Gelegenheit, es zu investieren, kam schneller als erwartet. Ende 1961 gründeten Ming, Eddy, Bennie und Sissee eine neue Familiengesellschaft und erwarben den Jade Tree, eine asiatische Kunsthandlung am Robertson Boulevard im Herzen des Künstlerviertels der Stadt. Vor allem Eddy freute sich, endlich wieder ein gleichberechtigter Partner zu sein.

Da China seine Grenzen abgeschottet hatte, streckte die Familie ihre Fühler in andere Teile der Welt aus. Ming und Sunny verbrachten wie schon zuvor abwechselnd ein Jahr in Los Angeles und ein Jahr im Ausland. Sie bereisten Thailand, Birma, Korea, den Iran und Japan, und nach jeder erfolgreichen Reise erweiterte sich das Warensortiment der F. Suie One Company. 1963 verwendeten Stella und Eddy einen Teil ihres Erlöses aus dem La-Habra-Verkauf für eine einjährige Reise durch Asien, die sie unter anderem nach Vietnam, Indien und Penang in Malaysia führte. Fasziniert – und mit der neu erwachten Wanderlust ihrer Jugendzeit – kehrten sie von dieser Reise zurück.

Eddy und Stella brachten es niemals zu Reichtum, doch machten sie das durch ihren Lebensstil und ihre Lebendigkeit mehr als wett. Mit den Jahren ersetzte Stella unter dem Einfluß ihrer Umgebung ihre Baumwollkleider nach und nach durch schwarze Hosen, Hemdblusen und volkstümlichen chinesischen Schmuck. Eddy blieb der Freund aller, der er immer schon gewesen war. Er half Onkel Yuns Sohn Kuen, als dieser ein Restaurant eröffnete, und er griff dem alten Koch und einem Kellner aus dem Dragon's Den unter die Arme, als sie ein eigenes Restaurant aufmachten. Wenn Stella und Eddy sich für den Lebensstil von »Bohemiens« entschlossen, was zum Teufel machte das schon aus? Schließlich wurde man nirgendwo so herzlich willkommen geheißen wie in ihrem Haus in der Lantana Street, nirgendwo in der ganzen Stadt wurden bessere Witze erzählt oder besseres Essen aufgetischt.

Sissee und Gilbert mußten sich noch ein paar Jahre gedulden, bis auch sie auf eine große Reise gehen konnten. Bis Ende der sechziger Jahre arbeiteten sie unermüdlich an ihrer Karriere. Sissee wurde zur Präsidentin des chinesischen Frauenvereins gewählt – man muß sich vorstellen, was für ein immenser persönlicher Triumph das für sie war – und engagierte sich in allen drei Läden, ihrem eigenen an der Los Feliz Street, dem Jade Tree und natürlich der F. Suie One Company. Gilbert enttäuschte die hohen Erwartungen nicht, die seine Mutter in ihn gesetzt hatte, und wurde der gefragteste Architekt in Chinatown. Er baute das Sing Lee Theater, zahllose Bankgebäude und wunderschöne Wohnhäuser. Mit der Zeit erwarb er sich einen so großen Respekt, daß ihm sogar ein Sitz im Aufsichtsrat der East West Bank angeboten wurde.

Erst 1969 fanden sie Gelegenheit, ihrerseits auf große Fahrt zu gehen. Die sechsmonatige Rundreise durch Asien wurde zu ihren zweiten Flitterwochen. Vor allem den Zauber Singapurs sollten sie niemals mehr vergessen, die romantischen Abende, wenn »Laras Lied« und »Claire de Lune« von den Straßen herauftönte und ihr Zimmer mit Musik erfüllte, während sie den über die glitzernde See dahinschwebenden Dschunken und den Kulis nachsahen, die ihre Handkarren über den Strand schoben. Als Sissee und Gilbert drei Jahre später nach Ostasien zurückkehrten, gehörten sie zu der ersten Reisegruppe amerikanischer Chinesen, die in die Volksrepublik China einreisen durfte.

Wohin es die Sees auch verschlug, sie kehrten immer wieder zur F. Suie One Company zurück. Nun, da die Familie seit Jahrzehnten in der Branche war, hatte sie die merkwürdige, aber einträgliche Geschäftspraktik des *Nichtverkaufens* entdeckt. Zum einen leistete diese Methode der Entstehung immer neuer Legenden Vorschub, zum anderen lockte sie neue Kunden an. (Noch heute erzählt ein Erbe des Unternehmens Procter & Gamble bereitwillig, wie er zehn Jahre lang um ein Paar geschnitzter thailändischer Hunde feilschen mußte.) Kluge Kunden verfielen bald auf den Trick, Sissee darum zu bitten, bei Ming oder Eddy ein gutes Wort für sie einzulegen. Wenn Sissee zu ihrem Erfolg beglückwünscht wurde, lachte sie nur und winkte ab. »Das ist doch nicht der Rede wert. Schließlich habe ich mein Leben lang nichts anderes getan.« Doch die Zeit schritt unaufhaltsam voran, und in den folgenden dreißig Jahren, als die Geschwister nacheinander starben, reduzierte sich das Leben auf einfache Unterhaltungen.

»Eine Frau ist im Laden«, mochte Stella sagen. »Sie mag diese beiden Vasen, aber sie weiß nicht, wo sie sie hinstellen soll.«

»Wie wär's mit dem Kamin?« antwortete dann Sissee vielleicht und erhob sich dabei langsam aus ihrem Sessel. »Welchen Preis hast du ihr genannt?«

»Wieviel haben wir dafür verlangt?«

»Ich weiß nicht. Ich kann mich nicht mehr daran erinnern.«

»Wie wäre es mit vierhundertfünfundsiebzig Dollar?«

»Oder sechshundertfünfzig? Siebenhundertfünfzig?«

»Fünfhundertfünfundsiebzig?«

»Wie du willst.«

»Also fünfhundertfünfundsiebzig!« mochte Stella dann beschließen, womit zumindest dieser Teil der Verhandlungen abgeschlossen war.

Mit jedem Todesfall in der Familie wurde das Leben ruhiger und eintöniger. »Ich habe nichts Interessantes mehr zu sagen«, erklärte Sissee nicht lange vor ihrem Tod. »Worüber soll ich denn noch reden? Daß heute jemand in den Laden kam und eine Vase sehen wollte? Mein Leben ist sehr leer geworden. Ich kann nur schwer in Worte fassen, wie ich die Arbeit im Laden empfinde.« Ich denke, ich verstehe, was sie damit sagen wollte. Die Arbeit war ereignislos und ermüdend. Wichtig waren nur die Kunst und das Familienleben.

Als meine Beziehung zu Richard Kendall, meinem späteren Ehemann, ernsthafte Formen annahm, nahm ich ihn mit in die F. Suie One Company und stellte ihn meinen Verwandten vor. Er bestand die Prüfung dank seiner Höflichkeit, seinem Respekt, seinem gewinnenden Lächeln und seiner Geschicklichkeit mit den Eßstäbchen und trotz eines Lochs in seiner Kordhose. Doch da war noch ein weiterer »Test«, den er zu bestehen hatte: Er mußte in die geheimnisvollen, dunklen, staubigen Räume gehen, die Dinge, die ihn dort erwarteten, betrachten und berühren und *fühlen* – und sich schließlich, wie Stella seinerzeit, auf seine eigene Art in sie verlieben. Ein paar Wochen später hielt Dick um meine Hand an. Kurz danach wurde sein Vater bei meiner Mutter vorstellig und erkundigte sich nach mir: »Ist Lisa zuverlässig? Weiß sie, was es bedeutet, eine Familie zu gründen?« Und meine Mutter konnte ohne jede Ironie oder Falschheit antworten: »Für Lisa zählt nur die Familie.«

1967 starb Eddy, der jüngste der See-Brüder, im frühen Alter von einundsechzig Jahren an einem geborstenen Aneurysma. Nach seinem Tod verfiel Stella in eine tiefe Depression, die sieben Jahre anhielt. Nachdem sie sie überwunden hatte, unternahm sie mit einer Cousine und einer Freundin eine Weltreise. Nach ihrer Rückkehr arbeitete sie bis zu ihrem dreiundachtzigsten Lebensjahr täglich acht Stunden im Laden, lange genug, um Leslee nach Sissees Tod bei einer detaillierten Inventur zur Hand gehen zu können.

Ray starb 1974 im Alter von vierundsiebzig Jahren. In den letzten Jahren seines Lebens war er plötzlich sentimental geworden. Er hatte sich so vehement darüber beklagt, kein ordentliches chinesisches Essen zu bekommen, daß Mary noch auf ihre alten Tage bei der berühmten Köchin Madame Wu einen Kurs besucht und sich hatte zeigen lassen, wie man mehrgängige chinesische Menüs zubereitete. Als sie ein paar Wochen vor seinem Tod im Mission Inn in Riverside eine Auktion besuchten, ließ er Mary den Wasserbüffel aus Ton ersteigern, gegen den er sich als Kind gelehnt hatte. (Vor kurzem hat Mary das Haus im Nichols Canyon verkauft und ist in ein Zweifamilienhaus in West Hollywood gezogen. Zwanzig Jahre lang hat sie das Andenken an ihn hochgehalten.)

Am 17. Juni 1978 starb Ming mit achtzig Jahren. Obwohl er die meiste Zeit in seinem Leben die Rolle des chinesischen Familienoberhaupts gespielt hatte, blieb er, was seine Herkunft anging, bis zuletzt innerlich gespalten. Wenn ein Freund einmal unbedachterweise sagte, er wäre gern ein Chinese, wurde er von ihm für verrückt erklärt: »Spinnst du? Das Beste, was uns je widerfahren ist, war, daß der Einwanderungsbeamte unseren Nachnamen verhunzt hat.« Ming hatte keine Kinder, weil er, wie er Freunden gegenüber mehrfach erklärt hatte, nicht wollte, daß sie dasselbe durchmachen mußten wie er.

Zwei Jahre nach seinem Tod entschloß sich Sunny, nach New Mexico zu ziehen, und wollte sich den Anteil ihres Mannes an der F. Suie One Company auszahlen lassen. Nach einigem Hin und Her erzielte man eine Einigung. Sunny nahm einen beträchtlichen Teil der Waren mit nach New Mexico, und die Familie war heilfroh, daß sie noch die auf zahllosen Reisen erworbenen Dinge besaß, die in irgendwelchen Schuppen, Lagerhäusern, auf Dachböden oder in Hinterzimmern verstaubten. Das letzte Mal, als ich von Sunny hörte, war sie weit über neunzig. Was aus den Waren geworden ist, die sie mitgenommen hatte, weiß niemand.

Nach Mings Tod waren von den See-Geschwistern nur noch Bennie und Sissee am Leben. Bertha, die Bennie oft begleitete, wenn er von La Habra nach Chinatown fuhr, starb 1979. Bennie konnte den Verlust seines Jugendschwarmes nicht verwinden, versprach aber trotzdem, sich auch weiterhin auf der Ranch und im Laden nützlich zu machen.

1981 zog die F. Suie One Company von ihrem langjährigen Sitz an der Ord Street in das Haus Nr. 1335 am East Colorado Boulevard in Pasadena um. (Sissee war über diesen Umzug besonders entzückt, denn Pasadena erinnerte sie an die Tage, als ihre Eltern mit dem Laden an der Raymond Street so großen Erfolg gehabt hatten.) Drei Jahre später, am 5. März 1984, starb Bennie. Er war einundachtzig Jahre alt geworden.

Als Sissee an den Weihnachtsfeiertagen 1989 völlig überraschend einen Herzinfarkt erlitt und starb, war die ganze Familie schockiert. Ihre Beerdigung war kaum die Art von Zusammenkunft, wie es sie in den Jahren davor so häufig gegeben hatte – feierliche und fröhliche Veranstaltungen wie das riesige Bankett anläßlich des hundertjährigen Jubiläums der F. Suie One und der F. See On Company (zwei der wenigen Unternehmen in Los Angeles, die seit ihrer Gründung in Familienbesitz waren) oder das kleinere Essen im Kreis der Familie ein paar Monate vor Sissees achtzigstem Geburtstag (bei dem sie mich aufforderte, diese Familiengeschichte zu schreiben). Gleichwohl wurde auch Sissees Beerdigung von kurzen Momenten der Freude und des Glücks erhellt. Die Feierlichkeiten fanden auf dem Friedhof Forest Lawn statt, und zwar nicht in einer der Kirchen unten in der Ebene, wie damals bei Fong See, sondern in der Church of the Recessional oben auf dem Hügel. Bis auf Stella und Ngon Hung, die Sissees Tod zu sehr mitgenommen hatte, wohnten alle Familienmitglieder der Beerdigung bei.

In seinem Nachruf auf Sissee erinnerte Gilbert mit Tränen in den Augen daran, daß ihr chinesischer Name, Jun Oy, »Wahre Liebe« bedeute und daß er siebenundvierzig Jahre lang, die lange Verlobungszeit mit eingerechnet, wahre Liebe für sie empfunden habe. Die Schauspielerin Beulah Quo hob hervor, daß Sissee sich wie niemand sonst auf die Zubereitung gefüllter Pilze und Bittermelonen verstanden habe. Als Vertreter der Chinesischen Historischen Gesellschaft wies Munson Kwok darauf hin, daß Sissees Liebe zur asiatischen Kunst in ihrer Herkunft gewurzelt habe und ihre Berufung und ihr Beruf gewesen sei. Und ich selbst erinnerte daran, wie mir Sissee nach der Geburt meines ersten Sohnes aus Whiskey, Ingwer und Erdnüssen eine Kanne chinesischer »Babysuppe« gekocht hatte, um, wie sie sagte, »meinen Milchfluß anzuregen«.

Nach dem Trauergottesdienst postierten sich Richard und Yun am Ausgang der Kirche und verteilten Geld und Süßigkeiten. Dann fuhren alle zu einem opulenten Leichenschmaus in den Empress Pavilion, das beste Restaurant in Chinatown. Sumoy umarmte meine Mutter, und Chuen, das älteste der noch lebenden Kinder Fong Sees, kam zu mir und sagte: »Nun, wenn Sissee gesagt hat, daß du dieses Buch schreiben sollst, dann komm mich doch mal in meinem Laden besuchen, damit wir über alles reden können.«

Sissee See Leong, das letzte Kind aus der Ehe zwischen Fong See und Ticie Pruett, wurde in den privaten Gardens of Memory auf dem Friedhof Forest Lawn beerdigt. So war sie im Tod ihrer Mutter wieder nahe.

Nach Sissees Tod hat sich Gilbert in einen wunderlichen alten Mann verwandelt, dessen harmloseste Marotte es noch ist, daß er sich beharrlich weigert, sein Hörgerät lauter zu drehen. Wie in zahllosen Familien überall auf der Welt zu beobachten, hat er von seiner Mutter viele Vorurteile und die Neigung übernommen, alles und jeden zu kontrollieren. Jahrelang hat er seine Tochter auf dieselbe Weise gequält, wie ihn seine Mutter einst wegen seiner Einheirat in die Familie See gequält hatte. Als Leslee einen Weißen heiratete, weigerte er sich geschlagene acht Jahre lang, ihn ins Haus zu lassen, und weitere vier Jahre wechselte er kein Wort mit ihm. Doch seine Liebe zu Sissee hat sich niemals abgekühlt.

»Ich könnte mich in den Hintern treten«, sagt Gilbert heute. »Tag für Tag sind wir in den letzten zehn Jahren an der methodistischen Kirche vorbeigefahren, wo ich Sissee das Ja-Wort gegeben habe, und immer hatte ich zuviel zu tun, um anzuhalten. Warum habe ich niemals angehalten und bin hineingegangen? Alles andere erschien mir wichtiger. Nie habe ich mir die Zeit genommen, etwas für den Menschen zu tun, der mir am nächsten stand, den ich von allen am meisten liebte. Und plötzlich mußte ich feststellen, daß es zu spät war.«

Nach Sissees Tod hat Gilbert seine ganze Aufmerksamkeit dem Laden gewidmet. Über hundert Jahre lang war die F. Suie One Company eine Oase, ein Refugium, eine Welt für sich. Jetzt gleicht der Laden in gewisser Weise einem Schlachtfeld, auf dem Vater und Tochter darum streiten, wem er gehört, wer ihn haben will und ob er nicht am besten dichtgemacht werden sollte. »Wenn man an dem Punkt angelangt ist, wo man über jeden einzelnen von zehntausend Artikeln diskutieren muß, wird es wirklich lästig«, klagt Leslee, die nach ihrem Studium an der University of Southern California in Berkeley weiterstudierte, die Welt bereiste und anschließend als stellvertretende Kuratorin in der Fernost-Abteilung des Los Angeles County Museum of Art tätig war, bevor sie Anfang der achtziger Jahre wieder im Laden zu arbeiten anfing, weil sie so ihrer Mutter und ihrer Tante Stella näher sein konnte.

»Mein Vater versteht einfach nicht, daß es ein Vorteil sein kann, wenn man versucht, aus diesen Sachen Profit zu schlagen«, sagt Leslee, die nach langem Hin und Her die alte Praxis wiederbelebte, Requisiten an Film- und Fernsehstudios auszuleihen, unter anderem für Filme wie *Die Töchter des Himmels* und *Shadow und der Fluch des Khans* oder Fernsehserien wie »Mord ist ihr Hobby« und »Schatten der Leidenschaft«. »Die Familie hatte einfach Angst, die Dinge aus der Hand zu geben, aber ich glaube nicht, daß sie wußten, was sie mit ihnen anfangen sollten.« Mein, wenn auch vielleicht unerwünschter Ratschlag wäre, daß sie auf alte Gepflogenheiten zurückgreifen und ein Schild ins Schaufenster hängen, auf dem steht: »Mögen zehntausend Kunden durch diese Tür kommen.«

Die besten Happy-Ends sind Neuanfänge. Fong See, der Bauernsohn aus einem kleinen Dorf in Südchina, wurde zum Stammvater einer Familie, die in Amerika viele Nachkommen hervorbrachte. Rays Tochter Pollyanne schenkte drei Kindern das Leben. Die beiden Mädchen – die eine ist heute Innenarchitektin, die andere Buchhalterin – sind noch unverheiratet. Ihr Bruder hat es zum Finanzchef eines Unternehmens gebracht und ist Vater einer Tochter und eines Sohnes. Bennies Töchter Marcia und Shirley sind beide verheiratet und haben Kinder. Marcia, die als Lehrerin unterrichtet, hat ihren Töchtern gezeigt, daß sich Beruf und Familie durchaus miteinander vereinbaren lassen: Heather ist Ingenieurin und hat zwei kleine Kinder, ihre Schwester Gale ist Mikrobiologin und Mutter dreier Kinder. Shirley hat drei Kinder: Donna, die als Arzthelferin arbeitet, und Robert und Kenneth, die in der Druckerei der Familie arbeiten. Zusammen haben sie Shirley und ihrem Mann sieben Enkelkinder geschenkt. Sissees und Gilberts Tochter Leslee ist Mutter zweier wunderschöner Mädchen, Sian und Mara. Stellas und Eddys Sohn Richard, der einzige männliche See-Nachfahre der dritten Generation, hat zwei Töchter gezeugt: meine Halbschwester Ariana, die gerade erst das College mit einem Abschluß in Betriebswirtschaft beendet hat, und mich. Meine Söhne Alexander und Christopher sind dreizehn und elf Jahre alt.

Während alle drei Töchter aus der zweiten Familie meines Urgroßvaters heirateten, ging nur einer seiner Söhne, der älteste, eine Ehe ein. Jong Oy, die bis zuletzt in Taiwan lebte, starb Anfang der achtziger Jahre an Krebs. Einer ihrer Söhne lebt heute in Georgia und arbeitet als Tierarzt. Er und seine Frau schenkten Ngon Hung ihre erste Urenkelin. Jong Oys anderer Sohn hat einen Doktor in Luft- und Raumfahrttechnik und war lange Zeit bei der NASA beschäftigt. Vor kurzem haben er und seine Frau ihre Stellen gekündigt und sind als Missionare nach Taiwan zurückgekehrt.

Die zweite Tochter Fong Sees aus dieser Ehe, May Oy, ist Forscherin. Eine ihrer Töchter arbeitet in einer Bibliothek, die anderen im Medienbereich. Sumoy, Fong Sees jüngste Tochter, ist immer noch eine wunderschöne Frau, die von vielen bewundert wird. Sie ist die Direktorin einer multikulturellen Schule in Los Angeles, an der mehr als dreißig Sprachen gesprochen werden. Ihr Sohn Robert arbeitet als Wirtschaftsprüfer und ist mit einer Amerikanerin japanischer Abstammung verheiratet. Sie haben einen dreijährigen Sohn, Austin, und bekamen erst kürzlich Zwillinge, Brady und Tanner. Roberts Bruder Tyler ist Versicherungsberater und hat mit seiner Frau eine kleine Tochter namens Stephanie.

Die drei Söhne aus Fong Sees Ehe mit Ngon Hung – Chuen, Yun und Gary – arbeiten in der F. See On Company am Chunking Court in New Chinatown. Als ihr Bruder Ronny vor zwei Jahren, nur wenige Tage vor seinem fünfzigsten Geburtstag, starb, zog der über sechzigjährige Yun bei seiner Mutter aus und in das Haus Ronnys. Yun, der zum ersten Mal in seinem Leben für sich alleine lebt, genießt seine Unabhängigkeit. Gary, der Ronnys Briefmarkensammlung geerbt hat, wohnt noch bei Ngon Hung.

Chuen und Teruko haben vier Kinder in die Welt gesetzt, zwei Töchter – Mari und Sumi – und zwei Söhne – Sean und Jon. Mari, eine Pharmavertreterin, hat inzwischen zwei kleine Töchter, Jade und Shannon. Ihre Schwester Sumi verkauft Computersoftware und hat einen Sohn, Ian, der gerade erst zwei Jahre alt geworden ist. Seit Jons Tod ist Sean, der seit kurzem am College Graphikdesign studiert, der einzige, der die männliche Linie der Familie See in der dritten Generation fortsetzt.
Bliebe noch die inzwischen über achtzigjährige Ngon Hung, die immer noch in Chinatown lebt. Nach Fong Sees Tod dauerte es Jahre, bis sie sich endlich stark genug fühlte, das schützende Haus zu verlassen, Bekanntschaften zu schließen und sich – mit dem Eintritt in den chinesischen Frauenverein – in der chinesischen Gemeinde zu engagieren. Mit jedem Schritt, den sie in die Welt hinaus machte, gewann sie an Selbstsicherheit und Statur. Ngon Hung sieht heute jünger aus als zu Lebzeiten Fong Sees, als sie eine schlurfende, gebeugte Frau war, deren Lebenszweck scheinbar nur im Dienen bestand. Heute bringt sie ihre Zeit damit zu, sich an ihrem Fernseher mit Großbildschirm chinesische Videofilme anzusehen oder mit anderen Senioren aus Chinatown Vergnügungsreisen nach Las Vegas zu unternehmen. Schenkt man den Berichten ihrer Familie Glauben, ist Ngon Hung eine Gewohnheitsspielerin, die immer gewinnt.

In einer Kultur, in der nur der älteste Sohn zählt, sind die vernachlässigten jüngeren Brüder geradezu dazu verurteilt, durch das Leben zu stolpern. Dies mag nicht in jedem Fall gelten, doch auf Fong Yun traf es zweifellos zu. So gut wie alle seine zahlreichen Versuche, etwas Eigenes auf die Beine zu stellen, endeten mit einem Mißerfolg. Doch mit Fong Sees Tod wurde er über Nacht der große alte Mann in der Familie und in Chinatown.
1970 besuchte der Kolumnist Jack Smith von der *Los Angeles Times* Fong Yun in seinem Laden in New Chinatown. Als Smith in den Laden kam, saß Onkel Yun gerade im Hinterzimmer und bemalte eine geschnitzte Holzfigur. Smith beschrieb ihn später als einen uralten Mann, und das war er auch. Onkel Yun war bester Laune und erzählte bereitwillig aus seinem Leben in der »Stadt der Engel«. Nach dem

verheerenden ersten Brand in China City gefragt, antwortete er: »Oh, ich habe alles verloren«, und lachte dabei herzlich. Später erkundigte sich Smith nach seinem Alter. »Wie alt ich bin?« wiederholte Yun sinnierend. »Nicht sehr alt. Siebenundneunzig?« Dann lachte er wieder. »In Ordnung, achtundneunzig. Nicht alt.«

Im Kreis seiner großen Familie verlebte Fong Yun einen ruhigen Lebensabend. Hier und da malte er noch einen Wandschirm, reparierte eine Statue oder unterhielt einen Kunden. Und er fuhr nach Hongkong, um die älteste Tochter seiner Konkubine zu besuchen. Er starb als reicher Mann, reich an Wissen und Nachkommen und, legt man die Maßstäbe Dimtaos an, sehr reich an materiellen Gütern. Vor seinem Tod sorgte er für seine Konkubine und seine Kinder in China vor. Er vermachte ihnen zwei Häuser in Foshan, ein Haus in Dimtao und setzte eine bescheidene jährliche Rente aus, die bis zum heutigen Tag bezahlt wird.

In Los Angeles hinterließ Fong Yun acht Kinder, die alle nur Gutes über ihn zu berichten haben. Wenn Fong See das Gehirn der Familie war, dann war Fong Yun in vielerlei Hinsicht ihr Herz. Nachdem Kuen, Onkel Yuns ältester Sohn, sein Restaurant geschlossen hatte, eröffnete er in Hollywood ein Antiquitätengeschäft. Heute hat sich Kuen aufs Altenteil zurückgezogen und wohnt im Hollywooder Bezirk Silverlake. Er hat sechs Söhne – darunter einen Anwalt, einen Architekten, einen Buchhalter, einen Ingenieur und einen Künstler –, die ihm zusammen bislang acht Enkelkinder geschenkt haben.

Danny Ho, Fong Yuns zweitältester Sohn, baute eine riesige Fabrik auf, in der Rotan weiterverarbeitet wird, und brachte es zum ersten Multimillionär in der Familie. Als er 1992 starb, hinterließ er zwei Söhne – in deren Hände die Fabrik überging – und eine Tochter. Haw, Fong Yuns dritter Sohn, wurde Industriedesigner. Einer seiner beiden Söhnen ist Anwalt, der andere Ingenieur. Onkel Yuns vierter Sohn, Chong, arbeitet als Ingenieur. Seine drei Kinder sind derzeit entweder auf dem College oder stehen kurz vor Beginn ihres Studiums.

Fong Yuns jüngster Sohn Gim ist der einzige, der dem Antiquitätengeschäft treu geblieben ist. Hauptberuflich führt er einen Laden mit dem Namen Fong's, den er zusammen mit seinen Geschwistern in den fünfziger Jahren aufgemacht hat, und nebenher widmet er sich Cloisonné-Arbeiten. Gim ist mit der Tochter des Pfarrers der methodistischen Kirche verheiratet und hat mit ihr zwei Töchter. Eine ist Bankangestellte, die andere Wirtschaftsprüferin. Erst jüngst hat Gim einen Enkelsohn bekommen.

Eine von Gims Schwestern, Choey Lau, zog nach ihrer Heirat nach Hawaii. Ihre drei Söhne sind heute als Anwalt, Arzt und Unternehmer tätig. Die andere, Choey Lon, wurde Modedesignerin. Vor mehreren Jahren hat sich Lon, die als Kind immer so tat, als sei sie Schneewittchen und lebe im Schloß von China City, ihren Kindheitstraum verwirklicht und eine Penthouse-Wohnung gekauft, in der sie das Mausoleum der Märchenprinzessin im Wald – inklusive zweier Bronzehirsche – nachgebildet hat. Die Umsetzung ihrer Vision war so überzeugend, daß ein Foto davon auf der Titelseite des *Architectural Digest* abgedruckt wurde. Lon hat nie geheiratet und lebt heute ein paar Blocks von Chinatown entfernt in einem Hochhaus.

Ein paar Worte zu den anderen Menschen, die dieses Buch bevölkern:

Nach dem Tod seiner Frau hörte Stellas Vater, Harvey Copeland, auf zu trinken, zog in ein Männerwohnheim und führte dort ein ruhiges Leben. Um nicht ganz so allein zu sein, adoptierte er eine streunende Katze. Harvey, der sich so viele Jahre vor jeder Verantwortung gedrückt hatte, nahm seine Pflichten als Haustierhalter überaus ernst. Ende 1957 wurde er von einem Auto überfahren, als er die Straße überquerte, um beim Metzger gegenüber frisches Fleisch für seine Katze zu holen.

Während Harvey sich bemühte, sein Leben zu ordnen, begann Stellas Bruder Ted, von Beruf Friseur wie sein Vater, dem Alkohol und dem wilden Leben in den Bars zu verfallen. Anfang der siebziger Jahre starb Ted an Leberzirrhose. Seine Zwillingstöchter Lynn und Gwynn haben zusammen sechs Kinder.

Peter, der Sohn des mysteriösen Fong Lai, arbeitet noch immer für Chuen und Yun in der F. See On Company. Peter wird heute als vollwertiges Familienmitglied betrachtet und sitzt bei jedem Festessen an einem wichtigen Tisch. Mary Louie, die während der Grippeepidemie von 1918 bei der F. Suie One Company anfing, und ihre Schwester Dill erfreuen sich, obwohl inzwischen beide über neunzig Jahre alt, immer noch bester Gesundheit und leben gemeinsam in einem Apartment in Hollywood.

Tyrus Wong begann Ende der fünfziger Jahre, in seiner Freizeit Weihnachtskarten mit asiatischen Motiven für Hallmark zu entwerfen. Nach seinem Ausscheiden bei Warner Brothers verbrachte er den größten Teil des Tages zu Hause, was Ruth mit der Zeit so auf die Palme brachte, daß sie eines Tages zu ihm sagte: »Warum gehst du nicht an den Strand runter und läßt Drachen steigen?« Noch heute, mit über achtzig Jahren, verwendet Tyrus sein ganzes Können darauf, bis zu zweihundert Meter lange Centipeden-Drachen zu bauen und zu bemalen, die er dann am Strand von Venice steigen läßt. Trotz seines hohen Alters ist er noch sehr rüstig und frönt seiner alten Leidenschaft, dem Geschichtenerzählen.

Fong See war zweifellos ein einzigartiger Mensch, dem es gelang, sich über die diskriminierenden Gesetze seiner Zeit hinwegzusetzen, der immer wieder einen Weg fand, sie zu umgehen, oder sie einfach ignorierte. Die anonyme Masse der chinesischen Einwanderer hatte weniger Glück. Doch sie waren fleißige, ausdauernde und beharrliche Menschen. Auf diese Eigenschaften gründeten sie ihren Ehrgeiz, aus ihnen schöpften sie die Hoffnung auf eine bessere Zukunft und die Zuversicht, ihren Kindern einmal ein besseres Leben ermöglichen zu können. Dies sind dieselben Hoffnungen, die schon immer Einwanderer nach Amerika gelockt haben, seit die Pilgerväter 1620 am Plymouth Rock ihren Fuß auf amerikanischen Boden setzten.

Die Statistiken über die Zahl der chinesischen Einwanderer, die nach Amerika kamen, und über die Zahl der Sino-Amerikaner, die heute hier leben, sind, wie die meisten Statistiken, wenig zuverlässig und leicht manipulierbar. Nach Schätzungen der Volksrepublik China leben derzeit rund fünfzig Millionen Chinesen in der Diaspora, einschließlich der Chinesen in Hongkong und Macao sowie der zwanzig Millionen Bewohner Taiwans, die zwar Chinesen sind, aber nicht kommunistisch regiert werden. Doch selbst wenn diese Angaben ungenau sind, lassen sie doch erahnen, daß die schiere Größe der chinesischen Auslandsgemeinde ausreicht, um gewisse Klischees wachzurufen: daß in jedem Winkel des Globus Chinesen zu finden sind oder daß es kein Land auf der Erde gibt, wo man nicht ein gutes chinesisches Essen bekommt.

Dieses Buch handelt von jenen Chinesen, die nach Amerika gekommen sind. In den ersten fünf Jahren nach dem Zweiten Weltkrieg stieg die Zahl der chinesischstämmigen Amerikaner von gerade einmal 78000 auf 117269. In den nächsten zehn Jahren explodierte sie geradezu, und bis 1960 hatte sie sich mit 237292 bereits mehr als verdoppelt. Die Verabschiedung der Zusätze zum Einwanderungsgesetz im Jahre 1965, mit der das alte, auf Herkunftsländern basierende Quotensystem außer Kraft gesetzt wurde, hat die Einwanderungsströme unwiderruflich in neue Bahnen gelenkt. Obwohl auch das neue Gesetz Einwanderer aus dem Westen favorisierte, gestattete es den Zuzug von jährlich 20000 Chinesen. Getreu dem Weg, der mit dem War Brides Act (»Kriegsbräutegesetz«) eingeschlagen wurde, genoß die Familienzusammenführung höchste Priorität und rangierte noch vor der Vorgabe, Einwanderungswillige mit höherer Bildung und hoher beruflicher Qualifikation zu bevorzugen.

1976 wurden die Einwanderungsgesetze erneut überarbeitet. Ziel war es, die ungleichen Quoten für Einwanderer aus der östlichen und der westlichen Hemisphäre zu revidieren, und so wurde die Quote für jedes Land auf 20000 Immigranten festgesetzt. (Wobei nach wie vor der Familienzusammenführung und dem Zuzug qualifizierter Arbeitskräfte Vorrang eingeräumt wurde und die Erteilung der Einwanderungserlaubnis strikt nach der Reihenfolge der Antragstellung erfolgte.) Die neuen Vorschriften sorgten dafür, daß die sino-amerikanische Bevölkerung weiter wuchs, und ab Mitte der sechziger Jahre verdoppelte sie sich im Schnitt alle zehn Jahre. In den zwanzig Jahren zwischen 1965 und 1984 wanderten 419373 Chinesen in die Vereinigten Staaten ein – fast ebenso viele wie in den achtzig Jahren zwischen 1849 und 1930, als insgesamt 426000 Chinesen ins Land gekommen waren.

Nach einer vom Amt für Bevölkerungszählung und dem Asian Pacific American Public Policy Institute vorgenommenen Zählung waren 1990 gerade einmal 2,9 Prozent der Gesamtbevölkerung der Vereinigten Staaten asiatisch-pazifischer Herkunft, wobei zu bedenken ist, daß in dieser Kategorie Einwanderer aus dreißig verschiedenen Herkunftsländern erfaßt werden, darunter Vietnam, Korea, Japan, Sri Lanka, die Fidschi-Inseln und die Philippinen. Außerdem wurde festgestellt, daß 63 Prozent der insgesamt 1 656 472 Sino-Amerikaner im Ausland geboren worden sind. Wie die von der Volksrepublik China vorgelegten Zahlen sind jedoch auch diese Angaben mit Vorsicht zu genießen. Wie haben sich die Befragten selbst klassifiziert? Wie viele Amerikaner chinesischer Abstammung haben sich in der Tat als Chinesen und nicht als Weiße oder »andere« eingestuft? Die Hälfte? Ein Viertel? Ein Sechzehntel? Oder haben sich nur »Vollblut«-Chinesen als Chinesen bezeichnet?

Überraschenderweise lag der Anteil der Chinesen an der amerikanischen Gesamtbevölkerung selbst in Zeiten der schlimmsten Verfolgungen niemals über einem Prozent; 1985 betrug ihr Anteil 0,42 Prozent. Dennoch stößt man überall im Land und in allen Berufsfeldern auf chinesische Einwanderer. Geht man zurück bis in die Tage der ersten chinesischen Einwanderer in Kalifornien, so fallen einem die tüchtigen Männer ein, die beim Bau der transkontinentalen Eisenbahnlinie einen Weg durch die Sierras geschaufelt und gesprengt haben. Viele von ihnen ließen sich später im Sacramento Valley nieder, wo sich noch heute einige der fruchtbarsten Anbaugebiete des ganzen Landes befinden.

Diese und andere Leistungen der chinesischen Einwanderer werden heute als ganz selbstverständlich hingenommen. Wer heute durch den Westen der Vereinigten Staaten reist, stößt neben den fast schon unvermeidlichen Chinarestaurants auch auf viele vergessene Orte, deren Namen von dem Tun der Chinesen in Amerika Zeugnis ablegen – China Wall, China Gulch, China Creek, China Camp, um nur ein paar wenige zu nennen. Manche dieser Namen gemahnen an die zermürbende Arbeit, mit der die chinesischen Einwanderer zur Erschließung des Landes beitrugen – an einen Damm, der gebaut wurde, um einen reißenden Fluß zurückzuhalten, oder an eine tollkühn geführte Schienentrasse, die in die Flanke eines Berges hineingesprengt wurde. Andere erinnern an aufgegebene Siedlungen in den Randbezirken der Städte, in Canyons oder an kleinen Bächen, wo die Chinesen Schutz und Zuflucht vor der weißen Bevölkerungsmehrheit suchten.

Und die Diaspora wächst unaufhörlich weiter. Schreibt man die derzeitige Entwicklung fort, dann wird die asiatisch-pazifische Bevölkerung in den Vereinigten Staaten von derzeit rund 7,3 Millionen bis zum Jahr 2020 auf 20 bis 23 Millionen ansteigen. In Kalifornien wird für diese Bevölkerungsgruppe im gleichen Zeitraum eine Zunahme von 2,85 Millionen auf 8,5 Millionen vorhergesagt. Die Erfahrungen, die viele Neuankömmlinge heute machen, unterscheiden sich kaum von denen, die Fong Dun Shung und andere frühe Immigranten gemacht haben. Jedes Jahr zahlen Tausende von Chinesen pro Kopf bis zu 30 000 Dollar an Schlepper, die sie in kaum seetüchtigen Schiffen ohne Toiletten zusammenpferchen und völlig unzureichend verpflegen. Oft treiben diese Kähne ohne Treibstoff wochenlang auf hoher See oder liegen unter den wachsamen Augen der US-Küstenwache zweihundert Seemeilen vor der Küste, knapp außerhalb der amerikanischen Hoheitsgewässer, auf der Lauer.

Diejenigen Einwanderer, die das Glück haben, unbehelligt ins Land zu kommen, müssen sich wie ihre Vorväter in Wäschereien oder Restaurants, als Hilfsarbeiter in Textilfabriken oder Elektronikfirmen oder als Prostituierte oder Drogenkuriere verdingen, um ihre Schulden an die Schlepperorganisationen zurückzuzahlen. Werden sie an der Grenze abgefangen, können sie sich als Flüchtlinge ausgeben und beispielsweise darauf berufen, an der Demonstration auf dem Platz des Himmlischen Friedens teilgenommen oder gegen Chinas Ein-Kind-Politik verstoßen zu haben. Doch diese neuen Einwanderer sind (wie *alle* Immigranten) nicht willkommen. Allein in Kalifornien wird derzeit über einundzwanzig Gesetze zur Eindämmung der Zuwanderung debattiert, von denen die meisten gegen die amerikanische Verfassung verstoßen. Zweck dieser Gesetze ist es, nicht anders als im letzten Jahrhundert, die Einwanderer als »Schädlinge, Schmarotzer oder Kriminelle« zu brandmarken. Und wie in den alten Zeiten entscheidet die Einwanderungspolitik auch heute wieder über den Ausgang von Wahlen. Nicht umsonst ging der kalifornische Gouverneur Pete Wilson bei den Wahlen von 1994 mit der Einwanderungsfrage hausieren. Die von Wilson unterstützte Proposition 187, ein Gesetzesvorschlag, über den bei der Wahl ebenfalls abgestimmt wurde, sah vor, illegale Einwanderer vom Bezug *jeglicher* öffentlicher Mittel auszuschließen: keine Schulbildung, keine Sozialhilfe und – abgesehen von extremen Notfällen – keinerlei medizinische Versorgung. Wilson und die Proposition 187 gewannen die Wahl mit großem Vorsprung. Am Tag nach der Wahl riefen mehrere Gruppen den Bundesgerichtshof in Washington an und forderten, das neue Gesetz als verfassungswidrig auszusetzen – während zur gleichen Zeit der konservative Kongreßabgeordnete Newt Gingrich auf dem Capitol Hill vorschlug, die Proposition 187 landesweit einzuführen. Nachdem die anfänglichen Einsprüche gegen das Gesetz von Erfolg gekrönt waren, ist der Fall derzeit auf dem Weg durch die Berufungsinstanzen.

Doch auch ohne die von Gouverneur Wilson geforderten »Reformen« sind die Rahmenbedingungen für neue Einwanderer heute fast ebenso schlecht wie in den achtziger Jahren des letzten Jahrhunderts. In der Chinatown von New York – der größten chinesischen Enklave in den Vereinigten Staaten, wo fünfundsechzig Prozent der Einwohner kein oder kaum Englisch sprechen – liegt das Durchschnittseinkommen bei 9000 Dollar im Jahr. Auch in der Chinatown von San Francisco, der zweitgrößten chinesischen Gemeinde im Land, liegt das jährliche Durchschnittseinkommen mit 11 000 Dollar nur wenig höher. Aufgrund dieser geringen Einkommen können sich diese Einwanderer keine vernünftige Gesundheitsversorgung leisten und finden nur mit Mühe erschwingliche Wohnungen. Landesweit leben ein Fünftel aller Sino-Amerikaner in überfüllten Unterkünften. In der Chinatown von San Francisco drängen sich umgerechnet 56 340 Menschen auf einem Quadratkilometer. Dies ist, abgesehen von einigen Gegenden in Manhattan, die höchste Bevölkerungsdichte in den Vereinigten Staaten. Über die Hälfte der Häuser gelten als »alt, heruntergekommen und unzulänglich«.

Noch heute gibt es alleinstehende Chinesen, die sich sieben Quadratmeter große Zimmer teilen und in Stockbetten schlafen, die vom Boden bis unter die Decke reichen. Oft benützen mehrere Familien eine Toilette und eine Küche. Immer noch müssen Einwanderer, Kinder wie Erwachsene, damit rechnen, wegen ihrer Hautfarbe verspottet, beschimpft, mit Essen beworfen oder verprügelt zu werden. Und wie in den alten Zeiten sind sie meist zu verängstigt oder zu verdutzt, um sich dagegen zu wehren.

Aber was ist mit der vielzitierten »model minority«, den Ärzten, Anwälten, Ingenieuren und Mathematikern chinesischer Abstammung? Kein Zweifel, es gibt sie. Auf jeden Sino-Amerikaner, der weniger als 10000 Dollar jährlich verdient, kommt ein anderer, der im Jahr über 75000 Dollar verdient. Der Bevölkerungszählung von 1990 zufolge verfügen Amerikaner asiatisch-pazifischer Herkunft über eine bessere Bildung als die amerikanische Durchschnittsbevölkerung; 37 Prozent der über 25jährigen haben einen College-Abschluß, und weitere 14 Prozent haben ein Diplom oder einen Doktortitel. Fast ein Viertel aller Ärzte, Krankenschwestern und medizinisch-technischen Assistenten in New York, Los Angeles, San Francisco und Chicago sind asiatisch-pazifischer Herkunft. Landesweit sind mehr als 10 Prozent der Ärzte Amerikaner asiatisch-pazifischer Herkunft, und bei den Unternehmern hat sich der Anteil im Laufe des letzten Jahrzehnts mehr als verzehnfacht.

Allerdings darf darüber nicht vergessen werden, daß nur 0,4 Prozent aller Aufsichtsratssitze in den 1000 größten Unternehmen von Amerikanern mit einem asiatisch-pazifischen Hintergrund gehalten werden. Und in Kalifornien, wo zehn Prozent der Wahlbevölkerung asiatischer Abstammung sind, haben sie in den vergangenen elf Jahren nicht einen einzigen Abgeordneten ins Parlament entsandt. Nicht viel anders sieht es auf Bundesebene aus: Während der Anteil der asiatisch-pazifischen Amerikaner an der Gesamtbevölkerung bei drei Prozent liegt, stellen sie nur ein Prozent der Abgeordneten im Repräsentantenhaus. Auch in den Medien sind sie deutlich unterrepräsentiert, beispielsweise sind nur 1,5 Prozent der Angestellten in den Redaktionen der amerikanischen Tageszeitungen asiatischer Herkunft.

Los Angeles hat zwar die drittgrößte chinesische Gemeinde in den Vereinigten Staaten, doch wird hier die Situation dadurch kompliziert, daß es zwei Chinatowns gibt: New Chinatown und Monterey

Park. Viele von denen, die noch die alten Zeiten miterlebt haben, setzen keinen Fuß mehr in die Chinatown entlang der Spring, Broadway und Hill Street. »Von uns Kantonesen ist doch kaum einer noch am Leben«, klagte einer meiner Freunde einmal. »Ich gehe nicht mehr nach Chinatown. Die Leute sprechen andere Dialekte, und außerdem findet man dort keinen Parkplatz.« Wie in vergangenen Zeiten ist Chinatown, die Stadt in der Stadt, auch heute noch eine Anlaufstelle für Neuankömmlinge. Neben traditionellen chinesischen Kräuterläden machen immer mehr vietnamesische Nudelgeschäfte und kambodschanische Plattenläden mit T-Shirt-Verkaufsständen auf, die von neuen Einwanderern aus Kowloon und Hongkong geleitet werden. Mit Schlafanzügen bekleidete laotische Großmütter spazieren, den Griff ihres Schirmes fest umklammernd, neben ihren standesgemäß mit Rucksäcken und Walkmans ausgerüsteten Enkelkindern durch die Straßen.

Weiter im Osten liegt Monterey Park, wo das *feng shui*, das Zusammenwirken von Wind und Wasser, günstig sein soll und wo der Besucher das beste chinesische Essen diesseits des Pazifiks bekommt. In den letzten dreißig Jahren ist der chinesische Bevölkerungsanteil in Monterey Park von knapp drei auf über fünfzig Prozent gestiegen. Viele der neu eingewanderten Familien stammen aus Hongkong oder Taiwan, Einwanderer, die, wie Gilbert Leong als Aufsichtsratsmitglied der East West Bank zu berichten weiß, Einkaufstüten voller Geld mitbringen. Gilberts Aussage wird durch einen 1985 in *Forbes* erschienenen Artikel untermauert, dessen Autor schätzt, daß auf die Banken in Monterey Park allein 1985 über 1,5 Milliarden Dollar eingezahlt wurden – annähernd 25 000 Dollar für jeden Mann, jede Frau und jedes Kind. Auch wenn Los Angeles nur die drittgrößte chinesische Gemeinde in den Vereinigten Staaten besitzt, so ist es doch die einzige Stadt, die sich rühmen kann, ein »chinesisches Beverly Hills« zu beherbergen.

Noch immer finden sich Spuren der alten Zeit. Auf dem Parkplatz von Philippe's Restaurant steht noch ein Teil der ehemaligen Shanghai Street, einer der letzten Überreste des alten Franzosenviertels. Vom Block 500 der Los Angeles Street hingegen ist nur eine grasbewachsene Böschung geblieben – heute ein beliebter Treffpunkt obdachloser Männer und Frauen. In Pasadena ist das Haus von Grace Nicholson, jener Frau, die durch Fong See zum Handel mit chinesischen Antiquitäten kam, in ein pazifisch-asiatisches Museum umgewandelt worden; der Garten, für viele das schönste Beispiel eines chinesischen Gartens in den Vereinigten Staaten, wurde von Gilbert Leong entworfen. Weiter nördlich, in der San Francisco Bay, ist Angel Island, das ehemalige Auffanglager für Einwanderer aus Asien, zu einem beliebten Ausflugsziel für Wochenend-Picknicks geworden, während in Sacramento vom alten Chinesenviertel an der I Street nur noch ein Neubau mit einem Einkaufszentrum, Restaurants und einem buddhistischen Tempel vorhanden ist, der mehr an das moderne als an das alte China erinnert.

Dann ist da noch das »Strandgut«, das aus den alten Zeiten herübergerettet wurde und Stella seit einigen Jahren Kopfzerbrechen bereitet. Was soll mit den Bretterstapeln und den Fässern voller Nägel passieren, den Überbleibseln der Baracken aus dem Zweiten Weltkrieg? Wer wird die Sachen, die sich in den Schuppen auf ihrem Grundstück stapeln, durchsehen, wer die Hinterzimmer ihres Hauses durchforsten, die mit Antiquitäten und Krimskrams aller Art vollgestopft sind? Probleme, die die anderen bereits auf diese oder jene Art und Weise gelöst haben. Gilbert etwa hat sich aufs Horten verlegt, hat sein Eßzimmer, seinen Dachstuhl, den Schuppen im Hof und das Haus an der Ivadel Street, in dem immer noch seine Schwägerin Bernice wohnt (von den übrigen Leongs lebt nur noch Gilberts Schwester), mit Plunder und Kostbarkeiten vollgestellt. Selbst Ray hatte dieser Versuchung nicht widerstehen können. Als Mary nach seinem Tod die Garage ausräumte, stieß sie auf alte Strom- und Wasserrechnungen aus dem Jahre 1930. Wozu hatte Ray sie aufgehoben?

Meine Familie hat früh gelernt, daß das, was der eine als Müll betrachtete, für den anderen durchaus ein Kunstgegenstand sein konnte, daß die exotische Rarität von gestern schon morgen eine begehrte Antiquität sein konnte. Das Mandarin-Porzellan etwa, das Fong See 1919 in Japan erstand, ist heute eine gesuchte Antiquität, und selbst das Kanton-Porzellan, über das Sissee verächtlich die

Nase gerümpft hatte, als sie es von ihrem Vater zur Hochzeit bekam, gilt heute als wertvoll, wenn auch vor allem deswegen, weil es als vollständiges Service erhalten ist. Aber auch die Kunden der F. Suie One und der Fong See On Company haben über die Jahre hinweg manches Schnäppchen mit nach Hause genommen. Für einen Koromandellack-Stellschirm mit Trauerweiden und Silberreihern, den Bernard Gelbort in den späten vierziger Jahren für 135 Dollar auf Raten gekauft hatte, wurden auf einer Auktion bei Christie's erst kürzlich 175 000 Dollar gezahlt.

Fong See hatte verstanden, daß auch Alltagsgegenstände einen »Wert« besitzen. Die Frau eines berühmten Designers hatte mit der Schlichtheit und Eleganz von Fong Sees Straßenkleidern, die sie nach seinem Tod erstanden hatte, in Europa großen Erfolg, und Pietro Sandolar verdiente sich mit Gipsimitationen der steinernen Fo-Hunde, die vor dem Laden gestanden hatten, ein kleines Vermögen. Heute bewachen Fo-Hunde die Eingänge vieler Banken, Restaurants und Villen. Selbst die kleinen, mit Quasten und Perlen verzierten Nähkörbchen, die die See-Kinder in mühsamer Handarbeit herstellen mußten, oder die Stühle, Eßstäbchen und Tonkrüge aus dem Dragon's Den werden heute in Antiquitätenläden der ganzen Stadt feilgeboten – und gekauft.

Meine Kindheit war nicht immer einfach. Nach der Scheidung von meinem Vater heiratete meine Mutter wieder und bekam eine zweite Tochter, Clara, bevor sie sich auch von diesem Mann wieder trennte. Wir zogen oft um; bis ich in die dritte Klasse kam, hatte ich bereits in sieben verschiedenen Schulen die Bank gedrückt. In diesen frühen Tagen hatten wir oft kein Geld. Das änderte sich erst, als meine Mutter mit ihren Büchern Erfolg hatte. Heute ist sie Autorin von sieben Büchern, Literaturkritikerin für die *Washington Post,* Dozentin an der University of California in Los Angeles und eine wundervolle Mutter und Großmutter.

Mein Vater Richard war lange Jahre von der Bildfläche verschwunden – er trank schlichtweg zuviel. Schließlich erwarb er doch noch seinen Doktortitel in Anthropologie und nahm 1965 eine Stelle als Dozent in Mississippi an, wo er seine zweite Frau, Pat Williams, kennenlernte und heiratete. Die beiden zogen in den Orange County, bekamen eine Tochter, meine Halbschwester Ariana, und ließen sich wieder scheiden. Kurze Zeit später lernte mein Vater, der heute an der Cal State Fullerton unterrichtet, die Frau seiner Träume kennen – die Anthropologin Anne Jennings. Mit das Beste an Anne ist, daß sie das Kunststück vollbrachte, meinen Vater vom Alkohol wegzubringen. Zudem hat sie wie er ein Faible für Abenteuer – oder das, was manche als die Wanderlust der Sees bezeichnen würden. Gemeinsam sind die beiden durch Afrika, Südostasien und den Nahen Osten gereist. 1992, nachdem sie achtzehn Jahre zusammen – und wegen Annes Forschungsreisen oft getrennt – waren, haben sie sich schließlich das Ja-Wort gegeben. Womit keinesfalls gesagt sein soll, daß mein Dad sich in einen braven Durchschnittsbürger mit einem Job, einem Haus und einer Frau verwandelt hat.

Er hat sich immer seinen eigenen Stil bewahrt. Auf der Tauffeier meines zweiten Sohnes in einem *dim sum*-Restaurant in Chinatown wurde er von meinen Freunden für einen Kellner gehalten, was angesichts seines Mandarin-Barts, seiner weiten Hosen, seines kragenlosen Hemds und seiner – Sorry, Dad – *Haltung* auch kein Wunder war. Er war wahrscheinlich der einzige Mensch im ganzen Land, der nach der Invasion der Sowjets in Afghanistan am Boden zerstört war, nicht etwa, weil er die Menschen dort bedauert hätte (obwohl er das tat), sondern weil er wußte, daß er jetzt keine anständigen Kleider – also weite, fließende Sachen aus bestickter Baumwolle – mehr würde kaufen können. In meinem ganzen Leben habe ich ihn nur ein einziges Mal Schuhe tragen sehen: Anläßlich meiner Hochzeit lieh er sich ein Paar Lacklederschuhe aus. Davon abgesehen trug und trägt er, einerlei ob es regnet oder die Sonne scheint, ausschließlich japanische Zori-Sandalen oder Kung-Fu-Slipper.

Die ganze Zeit über war mein eigentliches Zuhause die F. Suie One Company, und meine Großeltern Eddy und Stella waren die Menschen, die mir ein Gefühl der Geborgenheit gaben. Sissee und Gilbert waren Paten, wie man sie sich nur wünschen konnte. (Dank ihrer Zuwendung war ich das bestgekleidete Mädchen im Kindergarten der Heilsarmee.) So wie Choey Lon China City als einen Ort voller ungewöhnlicher Menschen empfand, so war auch *mein* Chinatown an der Ord und der Spring Street von eigen- und einzigartigen Menschen bevölkert: Mr. Lee, der die besten Sahnetorten weit und breit servierte, Margaret vom International Grocery, wo es Lebensmittel aus aller Welt zu kaufen gab, und Albert, genannt »Blackie«, der später die Metzgerei Sam Sing übernahm, um nur ein paar wenige zu nennen.

Ich wuchs unter wundervollen Menschen und mit den Geschichten auf, die diese Seiten füllen. Meine Großmutter erzählte mir von ihrer Kindheit in Waterville. Ihre Schilderungen waren so lebendig, daß ich, als ich nach Waterville kam, mich dort sofort wie zu Hause fühlte; das Städtchen hat sich in den letzten einhundert Jahren kaum verändert, selbst die Häuser von Großmutter Huggins und Großmutter Copeland stehen noch. Von Sissee erfuhr ich nach und nach immer mehr über das Leben ihrer Mutter in Central Point. Als ich dorthin ging, hatte ich das große Glück, Carol Harbison von der Southern Oregon Historical Society zu treffen. Auf meine Frage nach dem Wetter auf dem Big Sticky zog sie das Tagebuch des Reverend Patterson aus dem Jahre 1877 hervor. Uns beiden lief ein Schauer über den Rücken, als wir zu dem Tag blätterten, an dem meine Ururgroßmutter gestorben war, und entdeckten, daß der Reverend an ihrem Sterbebett gesessen hatte.

Doch ein wichtiger Teil der Geschichte war mir noch unbekannt. Ich wußte zwar, was aus meinen Verwandten in den Vereinigten Staaten geworden war, doch über die Familie in China wußte ich so gut wie gar nichts. Bevor ich mit der Arbeit an diesem Buch begann, ahnte ich noch nicht einmal, daß es eine Familie in China gab. Ich hatte weder von Fong Sees erster oder vierter Frau gehört, noch wußte ich, daß Onkel Yun eine Konkubine gehabt und Kinder mit ihr gezeugt hatte. Auch den Namen Dimtao hatte ich nur im Zusammenhang mit vagen Anekdoten über eine Entführung in irgendeinem Dorf in China gehört. Mir war klar, daß ich nach Dimtao gehen mußte. Ich mußte durch die Gassen des Dorfes spazieren und die Villa meines Urgroßvaters und das Haus besuchen, aus dem Fong Yuns Kinder entführt worden waren. Und wichtiger noch: Ich mußte die Menschen aufspüren, die mir erzählen konnten, was sich an diesen Orten zugetragen hatte.

KAPITEL 21

DAS HEIMATDORF II

Frühjahr 1991

Mein Ehemann ist Rechtsanwalt und hat sich in den letzten Jahren an der Pazifikküste einen interessanten Klientenkreis aufgebaut. Von 1986 bis 1988 reiste er durch Asien und Europa und machte von Ferdinand Marcos ins Ausland verschobene Gemälde, Sachwerte und Gelder ausfindig, um sie der neuen philippinischen Regierung unter Corazon Aquino zurückzugeben. Im Herbst 1987 nahm er mich überraschend auf eine solche Reise mit. Sie führte ihn nach Hongkong, und an seinem einzigen freien Tag machten wir einen Ausflug nach Guangzhou (wie Kanton heute heißt). Ich hatte damals noch keine Ahnung, daß ich dieses Buch schreiben würde, also sahen wir uns nur die Sehenswürdigkeiten an und kehrten wieder nach Hongkong zurück.

Im Herbst 1990 übernahm mein Mann die Vertretung der Nationalen Kohleförderungsgesellschaft Chinas in einem Rechtsstreit mit Occidental Petroleum. Als ihn die chinesische Regierung im März 1991 aufgrund einer Krise nach China rief, beschloß ich, die Gelegenheit für Recherchen in China zu nutzen. Wir planten, zusammen nach Hongkong zu fliegen. Von dort wollte mein Mann nach Peking weiterreisen, während ich Guangzhou, Foshan und Dimtao aufsuchen wollte. Danach wollten wir uns in Peking wieder treffen.

Alle halten den Plan für undurchführbar, zumal bis zum Abflug nur noch zehn Tage Zeit sind. »Du kannst nicht in das Dorf gehen«, sagt Yun Fong, der zweitälteste Sohn aus Fong Sees zweiter Familie. »Du wirst es nie finden. Um hinzugelangen, muß man den richtigen Reifenspuren durch die Reisfelder folgen.« Auch sein Bruder Chuen schüttelt den Kopf und berichtet, daß er drei Tage gebraucht hat, um einen Fahrer zu finden, der den Weg nach Dimtao gekannt hat. Und auch der hat ihn nur gefunden, weil er Bauern nach dem Weg zum *gway low,* dem Haus der weißen Geister, gefragt hat. Chuen war damals ganz enttäuscht, als er feststellen mußte, daß der Glanz seines Heimatdorfes verblaßt war und einer eher grauen Wirklichkeit Platz gemacht hatte. Er hatte das Haus seiner Kindheit in seiner ganzen Pracht in Erinnerung. Doch bei seinem Besuch vor wenigen Jahren war es völlig heruntergekommen und wurde von mehreren Familien bewohnt. »Es war so schlimm, daß ich nicht einmal reingegangen bin«, sagt er, und seine Frau Teruko fügt hinzu: »Die Kommunisten haben keinen Geschmack. Sie haben das Haus Bauern überlassen, die nicht wissen, wie man ein Haus instand hält.«

Das Dorf zu finden ist zunächst mein geringstes Problem. Meine Mutter gibt zu bedenken, daß ich keinen Platz zum Pinkeln finden werde. (»Dann werde ich eben nicht pinkeln«, sagte ich.) Mein Arzt fürchtet, ich könnte mir in den Reisfeldern Parasiten zuziehen, die sich durch die Fußsohlen bohren. (Ich verspreche ihm, Stiefel zu tragen.) »Verwende keinen Haarfestiger, damit du nicht zu amerikanisch aussiehst«, rät mir meine Schwester. Nicht nur einer, sondern zwei wohlmeinende Freunde raten mir, mit einem gemieteten Hubschrauber in das Dorf zu fliegen. Sie finden das völlig normal. »Die Japaner lassen sich immer mit dem Hubschrauber zum Golfplatz fliegen«, versichert mir einer der beiden. Andere wollen, daß ich mich mit einem Camcorder, einem Fotoapparat, einem Kasettenrecorder und Geschenken abschleppe (vom Armband mit Schnappverschluß bis zum Sweatshirt der University of California).

Chuen empfiehlt mir, Whiskey und Zigaretten für die Verwandten mitzunehmen. Teruko schüttelt den Kopf und meint, die dänischen Kekse in den blauen Dosen kämen viel besser an. Sie sagt, ich solle unbedingt das Restaurant in Guangzhou ausprobieren, das auf Schlangengerichte spezialisiert sei. Und wenn ich dazu keine Lust hätte, solle ich wenigstens das aufsuchen, das Eule, Salamander, Schildkröte, Zibetkatze und Hund auf der Speisekarte führe. Ich

weiche lächelnd aus. Wir haben offensichtlich dieselben Reiseführer gelesen, und sie wissen bestimmt, daß ich nicht die Absicht habe, auch nur eine dieser Delikatessen zu probieren. Ich möchte wetten, daß sie es ebensowenig tun würden.
Ohne mich zu fragen, einigt man sich darauf, was ich mitnehmen muß: einen Regenmantel (»Keinen schweren, sondern einen, den du zusammenfalten und in die Tasche stecken kannst.«), hohe Stiefel (damit die gefürchteten Parasiten keine Chance haben), Toilettenpapier und einen Sprachführer. Chuen verspricht, einen Brief an Choey Ha zu schreiben. Sie ist die Tochter Onkel Yuns und seiner Konkubine Lui Ngan Fa. Alle hoffen, daß der Brief rechtzeitig vor meiner Ankunft eintrifft, denn ihre größte Sorge ist, wie die Verwandtschaft auf mein Aussehen reagieren wird. »Ich schreibe Ha, daß du so groß und so schlank bist wie sie, aber blondes Haar hast«, sagt Chuen, obwohl mein Haar eindeutig rot ist, wie das meiner Großmutter.
Auch ich habe meine Befürchtungen. Ich habe gehört, daß die Chinesen den Geruch von Weißen nicht ausstehen können, daß sie sogar in Amerika geborene Chinesen an ihrem Geruch erkennen. Also esse ich keine Milchprodukte und kein Rindfleisch mehr und hoffe das Beste. Ich mache mir Sorgen, weil ich kein Chinesisch spreche – weder Kantonesisch noch Mandarin. Mir wäre wohler, wenn ich Dinge wie »bitte« und »danke«, »Was für ein hübsches Kind« und »Es ist mir eine Ehre, dich kennenzulernen« auf chinesisch sagen könnte. Ich besorge mir einen Sprachführer und Kassetten, die ich im Auto anhöre. Mein Sohn hört ungefähr zwei Minuten zu, dann befindet er: »Aussichtslos.« Chinesisch ist keine Sprache, die man nebenher in zehn Tagen lernen kann. Und der Sprachführer ist in Pinyin geschrieben... Trösten wir uns also damit, daß schon klügere Leute an den Hürden der chinesischen Sprache gescheitert sind.
Ich rufe Pauline vom Reisebüro Lee in Chinatown an. »Oh«, sagt sie, »das haben wir schnell. Sagen Sie mir den Namen Ihres Dorfes, und wir machen es auf der Karte ausfindig. Ich rufe Sie heute nachmittag zurück.« Ich sage ihr alles, was ich weiß: Daß Dimtao angeblich einen halben Tagesmarsch von Foshan entfernt liegt. Wie verspro-

chen ruft mich Pauline einige Stunden später zurück, nur daß ihre Stimme jetzt sehr ernst und geschäftsmäßig klingt. »Der Besitzer unseres Reisebüros, Mr. David Lee, würde Sie gerne sprechen«, sagt sie. »Warum wollen Sie nach Dimtao?« fragt Mr. Lee. »Sind Sie mit Fong See verwandt?« Ich bin erstaunt. »Ich habe Ihren Urgroßvater gekannt«, sagt er.

Von da an stehen meine Reisevorbereitungen ganz im Zeichen diplomatischer Überlegungen. Ich frage per Fax an, ob ich die Familie zu einem Dinner einladen soll. »Nur wenn Sie wollen, daß zweihundert Leute kommen«, schnaubt Mr. Lee am Telefon. »Wenn Sie sie unbedingt zum Essen einladen wollen, dann tun Sie es in letzter Minute.« Ich möchte, daß der China Travel Service (CTS), der Reiseveranstalter für chinesische Besucher auf dem Festland, Choey Ha anruft und sie fragt, welcher Tag ihr für ein Treffen am besten passen würde. »Sie sagen *ihr*, an welchem Tag *Sie* sie sehen wollen«, sagt Mr. Lee. »Sie soll sich den Tag freinehmen. Sie machen eine weite Reise, und sie muß sich nach Ihnen richten.« Mr. Lee weist Pauline außerdem an, eine Beschreibung von mir zu faxen. »Sie werden Ihnen nicht glauben, wer Sie sind, wenn Sie einfach so auftauchen und aussehen wie ... wie eine Weiße.«

Kaum ist Mr. Lee außer Hörweite, flehe ich Pauline an, die Faxe zu ändern. Ja, die Einladung zum Dinner könne noch eine Weile warten. Ja, meine Verwandten in China sollten wissen, wie ich aussehe, aber Choey Ha solle selbst entscheiden, welcher Tag ihr für den Besuch lieber sei, Sonntag oder Montag. Pauline ist freundlich und nett, aber ich kann Mandarin nicht lesen. Drei Tage vor der Abfahrt steht der Terminplan für meine Reise. Ein Dolmetscher vom CTS holt mich am Montag um zehn Uhr morgens ab. Wir fahren zusammen nach Foshan und treffen uns mit Choey Ha.

Am Tag vor dem Abflug besuche ich meine Großmutter Stella. Sie reagiert immer panisch, wenn ich bei Regen durch die Stadt fahren muß, ist jedoch entzückt, daß ich nach China reise. »Vielleicht wirst du von Frauenhändlern gekidnappt«, sagt sie hoffnungsvoll. Noch am selben Abend, wenige Stunden vor dem Abflug, trifft per Fax die Nachricht ein, daß die Kohlegesellschaft ihr akutes Problem gelöst hat. Die Reise meines Mannes wird verschoben. Er soll erst in zwei Wochen fliegen. Da ich meine Pläne kaum noch ändern könnte, beschließe ich, allein zu fliegen.

Beim China Travel Service in Hongkong kann ich mich entweder im Büro des CITS für internationale Besucher oder im Büro des CTS für chinesische Reisende melden. Laut Pauline soll ich meine Zugfahrkarte beim CTS abholen, aber der Mann, der die Leute zu den richtigen Büros dirigieren soll, besteht darauf, daß ich ins Büro des CITS gehe. Die Wände des Büros sind mit Postern bepflastert, auf denen die Chinesische Mauer, die Verbotene Stadt und die nebelverhangenen Berge von Guilin zu sehen sind. Der CITS hat mich nicht in seinen Unterlagen. Also gehe ich unter heftigem Protest des Türstehers zum Büro des CTS. Hier gibt es keine Poster, nur eine Glasvitrine voller Haarföhne, Brennscheren, Batterien, Radios und Ginseng-Produkte, die sich über die ganze Länge des Büros erstreckt. Der diensteifrige Mann hinter der Theke schickt mich wieder zurück in das CITS-Büro, aber dort weiß man noch immer nichts von mir. Ich gehe wieder zum CTS. Endlich findet eine Frau meinen Namen. Aber man will mir die Fahrkarte nicht aushändigen. Ich reise als »Übersee-Chinesin«, doch sie sehen mit eigenen Augen, daß hier etwas nicht stimmen kann. Schließlich prüfen sie meinen Paß, und ich bekomme endlich die Fahrkarte für die Bahnrundreise.
Das waren noch die geringsten Schwierigkeiten.
Die Vorhänge und Sitzschoner im Zug riechen nach Schimmel. An der Vorderwand des Wagens wirbt eine Uhr für Kent-Zigaretten. Unmittelbar darunter verkündet ein Plakat: »Miracle Rub – der Freund deiner Familie.«
Dutzende Stoffkoffer, die einer wie der andere aussehen, müssen in den Gepäcknetzen verstaut werden, was viel Gezeter und Gezerre und ein allgemeines Durcheinander verursacht. Männer, die in den Mittelgang spucken, und Lautsprecher, die zollfreie Waren anpreisen, verstärken das Chaos noch. Ich mache mich auf eine laute und lebhafte Reise gefaßt. Als Verkäuferinnen die angekündigten Waren auf Wägelchen durch den Mittelgang schieben, kaufe ich eine Flasche Whiskey und eine Büchse dänische Kekse. Chuen und Teruko würden sich freuen.

Wir rattern an einer Fahrschule, einer Asphaltfabrik und einem Fußballplatz vorbei. Der größte Teil der Strecke ist jedoch von gigantischen Apartment-Hochhäusern gesäumt, die wie riesige prähistorische Stachelschweine aussehen. Aus jedem Balkon ragt waagrecht eine lange Bambusstange hervor, an der die Wäsche einer Woche in der feuchten Luft flattert. Nach einer halben Stunde Fahrt wird die Gegend immer ländlicher, und die Häuser machen Feldern Platz, auf denen ich hier und dort einen Wasserbüffel entdecke. Die tropischen Bäume und Weinreben entlang dem Bahndamm sind über und über mit gelben, weißen, rosa- und lavendelfarbenen Blüten bedeckt.

Wir fahren durch die Stadt Lo Wo und passieren die Grenze. Auf den Hügeln neben dem Bahndamm stehen zwei Wachtürme, und für einen Augenblick meine ich am Abhang eines Hügels Rollen von Stacheldraht zu erkennen. Ich will diese offensichtliche Barriere genauer in Augenschein nehmen, doch schon im nächsten Augenblick ist sie wieder verschwunden. China. An dieser Grenze empfindet man denselben dramatischen Wandel, wie wenn man von San Diego nach Tijuana fährt. Wir schleichen an Hütten aus verrostetem Wellblech vorbei. Ein wackelig wirkendes Gerüst aus Bambus umschließt den Rohbau eines zwanzigstöckigen Gebäudes. In Amerika wären die gefährlichen offenen Seiten mit Maschendraht gesichert, hier werden Rattan-Matten verwendet. Die Arbeiter tragen blaue Jacken und Hosen und beobachten, auf den Fersen kauernd, den vorbeifahrenden Zug.

Wieder auf dem Land, kommen wir an flachen Hügeln vorüber, denen man durch den Bau von Terrassen schmale Streifen urbaren Landes abgerungen hat. Auf den kleinen Parzellen brechen hier und da grüne Triebe aus der Erde. Auf manchen Grundstücken sind Bauern mit der mühevollen Arbeit des Bewässerns beschäftigt. Eine Frau trägt an einer Stange über den Schultern zwei Zwanzig-Liter-Eimer, und zwei Männer spritzen das Wasser mit Schöpfkellen auf die zarten Triebe. Auf anderen Feldern tragen Männer an ihren Bambusstangen primitive Gießkannen – dieselben Eimer, mit Löchern versehen. Auf diese Weise kann die Arbeit von nur einer Person getan werden. Bald kommen wir an Reisfeldern vorbei. Selbst heute,

am Sonntag, sind die Menschen auf dem Feld, pflanzen und jäten. Alles harte, mühevolle Arbeiten.
Als der Zug in Guangzhou hält, reißen die Leute in wilder Hast ihre Koffer aus dem Gepäcknetz, springen schnell die einzige Stufe auf den Bahnsteig hinunter und rennen los, um als erste in der Schlange bei der Paßkontrolle zu stehen. Das Chaos regiert. Es gibt keine Hinweisschilder auf englisch, und niemand spricht englisch. Schließlich schaffe ich es zu dem Stand, der für Gäste des Hotels Weißer Schwan aufgebaut ist.
Vier Jahre zuvor, bei meinem ersten Tagesausflug nach Guangzhou, habe ich auf den Straßen dem sanften Surren von Fahrrädern gelauscht. Nun aber ist die Stadt ein einziger Verkehrsstau. Es dauert zwanzig Minuten, bis wir den Parkplatz des Bahnhofs verlassen haben. Der Chauffeur des Hotels muß sich die Lunge aus dem Hals brüllen. Noch schockierender sind die Bettler. Jene Klasse von Bettlern, die ihre Kinder verstümmelt haben, gibt es angeblich schon lange nicht mehr. Doch als sich der Kleinbus des Hotels über den abgasgeschwängerten Parkplatz schiebt, klopft wiederholt eine Frau an mein Fenster. Ihr Gesicht ist mit wunden Stellen übersät, und sie hält ein kränkliches Kind hoch. Sie bittet um Essen, indem sie, wie überall auf der Welt üblich, die Hand mit aneinandergelegten Fingern zum Mund führt. Ich blicke in eine andere Richtung. Ein Mann zwischen zwanzig und dreißig schlendert von Taxi zu Taxi, die Hände, wie es scheint, nach chinesischer Sitte in den weiten Ärmeln seiner Jacke verborgen. Bei jedem Wagen zieht er jedoch zwei Armstümpfe hervor und schiebt sie durch die Autofenster, um sie den Fahrgästen zu zeigen.
Das Hotel Weißer Schwan war das erste Luxushotel in China, das Gästen aller Art einschließlich der Lokalbevölkerung die Tore geöffnet hat. Deshalb wimmelt es in der Lobby und den anderen allgemein zugänglichen Bereichen von Touristen und Einheimischen. Arbeiter, Bauern und Soldaten sind mit ihren Familien da, manche, um Mittag zu essen oder Hotelgäste zu besuchen, doch die meisten nur um zu gaffen und sich vor dem »malerischen Wasserfall« in der Lobby fotografieren zu lassen.
Ich melde mich an und esse in der Cafeteria eine Schale Nudeln.

Die Leute um mich herum sind wohlhabend – größtenteils junge Chinesen mit Piepsern und Handys. Ich gehe hinauf in mein Zimmer, sehe mir im Kabelfernsehen »Entertainment Tonight« an und schlafe um 20.30 Uhr ein. Um 2 Uhr erwache ich in Panikstimmung. Wenn mich nun der Dolmetscher nicht findet! Ich hoffe, daß ich ruhiger werde, wenn ich mich auf den großen Tag vorbereite. Also hole ich mein Notizbuch heraus, die Familienfotos, mit denen ich beweisen will, daß ich eine Verwandte bin, den Fotoapparat, den Blitz, die Ersatzbatterien und die Ersatzstifte. Es ist nützlich, was ich tue, aber es macht mich nicht ruhiger.

Ich bin nicht die einzige, die nicht schlafen kann. Leute wandern durch die Gänge. Ich trete auf den Balkon hinaus. Unter mir fließen zwei Nebenflüsse des Perlflusses zusammen. Boote in allen Größen und Formen tuckern vorbei. Ein Lastkahn liegt in der Mitte der Fahrrinne vor Anker und wird in grellem Scheinwerferlicht beladen. Selbst jetzt, mitten in der Nacht, hängt der Geruch von Kohlenrauch schwer in der feuchten Luft.

Am Morgen erwartet mich mein Dolmetscher Chen Mou wie vereinbart im Warteraum für Reisegruppen. Er spricht perfekt Englisch sowie Hakka, Kantonesisch, Mandarin und den Foshaner Dialekt, der sich stark von dem Kantonesisch unterscheidet, das nur fünfzig Kilometer entfernt gesprochen wird. Chen Mou trägt einen Piepser bei sich, der sich alle paar Minuten meldet, geht jedoch nur jedes zweite Mal ans Telefon. Er stellt mir unseren Fahrer Xuem vor, einen zerzausten, schweigsamen Mann. Unser gelber Kleinbus gleicht eher einer Aluminiumdose auf Rädern als einem soliden Automobil. Hupend bahnen wir uns einen Weg durch die Stadt zur Guong-Fo-Autobahn, der ersten gebührenpflichtigen Straße in Südchina. Noch vor wenigen Jahren hat man für die Fahrt von Guangzhou nach Foshan drei Stunden benötigt. Jetzt braucht man kaum eine halbe Stunde. Bis auf ein paar Lieferwagen und Lastwagen ist die Straße fast leer.

Unterwegs weist mich Chen Mou, der »Tony« genannt werden will, auf verschiedene landschaftliche Sehenswürdigkeiten hin. Er zeigt auf die Bäume, die an den Bächen, Gräben und kleinen Dämmen wachsen, die in der ganzen Provinz der Bewässerung dienen. »Sehen Sie den kleinen Baum, der wie ein Pilz aussieht?« fragt er. »Das ist ein Litschibaum.« Als wir an einem Friedhof vorbeikommen, der am Hang eines Hügels liegt, sagt er: »Geschäftsleute wie Bauern wollen auf einem Hügel beerdigt werden, weil das *feng shui* dort günstiger ist. Sie versprechen sich davon Wohlstand für sich und ihre Familien. Auch ich achte immer auf das *feng shui.* Als Reiseleiter bemühe ich mich im Interesse meiner Gäste um eine reibungslose und sichere Reise.«

Chen Mou stammt ursprünglich aus Shenzhen, einer Wirtschaftszone, in der Familien mehr Wohnraum zugeteilt wird als in der südlichen Provinzhauptstadt Guangzhou, wo eine Familie schon von Glück sagen kann, wenn sie ein Schlaf- und ein Wohnzimmer zugewiesen bekommt. Gegenwärtig wohnt Chen Mou in einem Junggesellenwohnheim in Guangzhou, berichtet mir aber, daß es für die kleinere Bevölkerung in Shenzhen und Foshan größere und schönere Wohnungen gibt. In Foshan kann eine Durchschnittsfamilie zwei Schlafzimmer und ein Wohnzimmer bekommen. Chen Mou fügt hinzu, er selbst habe China nie verlassen wollen, aber viele seiner Freunde seien geflohen. »Sie kommen zu Fuß oder per Zug nach Shenzhen und lassen sich dann in kleinen Booten den Perlfluß hinab nach Hongkong treiben.«

Wir verlassen die Autobahn und nähern uns im dichten Verkehr dem Stadtzentrum von Foshan. Werbeplakate säumen die Straße und preisen zahllose kapitalistische Produkte an – Eßecken, Waschmaschinen, Schlafzimmermöbel, Schrauben und Schraubenmuttern, Elektrowerkzeuge, Gesichtscremes, tragbare Computer, Lautsprecherboxen. Beigefarbene Lastwagen holpern vorbei. Mit Erde oder Kies überladene Pritschenwagen wechseln knirschend die Gänge. Radfahrer strampeln durch Staub und Auspuffgase und transportieren ebenfalls Waren – Körbe mit frischen Agrarprodukten, Kisten mit Orangensaft oder auf den Gepäckträger geschnallte rohe Fleischseiten.

Die Straße ist von einem etwa sechs Meter breiten ungeteerten Randstreifen begrenzt, auf dem sich Bleche, Abwasserrohre, Eisenstangen und Zementsäcke stapeln und Kiesberge aufragen. Dahinter findet eine Art Superstraßenverkauf statt. Die käuflichen Träume auf den Werbeplakaten sind hier Wirklichkeit geworden, und sie sind alle stark westlich beeinflußt. Toiletten westlichen Stils in jeder erdenklichen Farbe und Form, protzig gepolsterte Sofas, Couchbetten, Schreibtische aus Kiefernholz, Töpfe, Pfannen, Herde und Kühlschränke werden angeboten.

Im Zentrum von Foshan sind die breiten Boulevards von Kampferbäumen gesäumt, deren Schatten in der Hitze und Feuchtigkeit des Tages kühle Oasen schafft. Wir gehen zuerst in das Overseas Chinese Hotel, wo wir uns mit meiner Cousine Guan Yi Nian treffen wollen, der Enkelin meines Großonkels und Tochter von Choey Ha. Sie hat kurzgeschnittenes Haar, große Augen und volle Lippen und trägt trotz der Hitze dicke Wollstrümpfe und ein braunes Wollkleid, das ein gutes Stück über den Knien aufhört. Ihre bestickte Bluse ist von einer Brosche geschmückt, und sie stöckelt flink auf hohen Absätzen daher. Sie ist extrem nervös, begrüßt mich aber trotzdem auf englisch. »Hallo, ich freue mich, dich zu sehen. Willkommen.« Wir steigen in den Kleinbus, und sie erklärt unter reichem Gestenspiel den Weg zum Haus ihrer Mutter.

Wir biegen in die Wing-On-Straße ein. Der Name stammt von meinem Urgroßvater und bedeutet »Ewiger Frieden«. Yi Nian erzählt, daß die Straße während der Kulturrevolution umgetauft worden ist und bis 1976 Ming On, »Für immer rot«, geheißen hat. Vor hundert Jahren ist dieser Stadtteil von Foshan noch neu gewesen und von besonders wohlhabenden Bürgern bewohnt worden. Heute sind die Gebäude alt, aber noch gut in Schuß und sehen hübsch aus. Wir parken an der Hauptstraße und gehen eine Gasse hinunter. Die hohen Ziegelmauern der Wohnhäuser sind weiß verputzt. Wir treten durch ein mit Schnitzereien geschmücktes Holztor und gelangen in einen Hof, der als Abstellplatz für Fahrräder dient, und dann in einen zweiten, in dem ein paar Topfpflanzen stehen.

Choey Ha, ihr Mann, ihr Sohn und dessen Frau kommen heraus und begrüßen uns. Sie haben sich alle einen Tag freigenommen. Wir geben uns die Hand, und es wird viel gelächelt. Choey Ha bugsiert mich ins Wohnzimmer und läßt ihre Schwiegertochter Tee servieren. Ein geschnitzter Holztisch mit einer Marmorplatte steht in der Mitte des Raums. An zwei Wänden sind Stühle mit geraden Lehnen aufgereiht, ganz ähnlich wie in Fong Sees Wohnung in Los Angeles. In einem Einbauschrank an einer freien Wand stehen zehn Dosen mit den verflixten dänischen Keksen. Choey Ha setzt sich neben mich und tätschelt mir das Knie. Die anderen stehen herum und starren mich an. Wir lächeln noch mehr. Choey Ha fragt durch den Dolmetscher, ob sie Choey Lon, ihrer Halbschwester in Los Angeles, ähnlich sieht. Natürlich, sage ich.

Ich zeige ihnen ein Foto von Fong See, Ticie und den fünf Kindern. Fong See sitzt in einem strengen Anzug neben seiner Frau. Ticie trägt ein elegantes, mit Borten besetztes Kostüm aus Seide und hat die Haare zu einem Knoten hochgebunden. Der fünfzehnjährige Ming und der dreizehnjährige Ray sehen unzufrieden und gelangweilt aus. Bennie und mein Großvater sind noch kleine Jungen, die man in unbequeme Kleider gesteckt hat. Sissee sitzt auf dem Schoß ihres Vaters; sie trägt ein weißes Kleid aus Organsinseide und eine große weiße Schleife im Haar. Ihr Gesicht ist ein bißchen unscharf. Sie war als einzige noch so jung, daß sie nicht so lang stillsitzen konnte, bis der Fotograf fertig war. Meine Gastgeber glauben mir nun, daß ich wirklich mit ihnen verwandt bin, da Fong See ihr Onkel und der kleine Junge mein Großvater ist. Eddy war ein Cousin ersten Grades von Ha, also muß ich ihre Großnichte sein.

Da mir Chen Mou die lokalen Wohnverhältnisse schon erklärt hat, bin ich von der Führung durch das dreistöckige Stadthaus Onkel Yuns beeindruckt. Draußen neben dem zentralen Hof befindet sich eine weiß und rosa gekachelte, dreiwandige Küche ohne Tür und ohne Fenster. In Blechschränken wird das Geschirr aufbewahrt. Auf der Arbeitplatte stehen zwei Dampfkochtöpfe für Reis, ein metallener Brotkasten mit einem Rollverschluß und eine rote Thermoskanne für Tee. Wir gehen zurück durch das Hauptwohnzimmer und steigen eine Treppe hinauf in einen identischen Raum im ersten Stock. Über eine weitere enge Treppe gelangen wir in ein leeres Zimmer mit einem Balkon. Vom Balkon führt eine weitere Treppe auf das Dach, wo Onkel Yun viele Jahre lang Tauben gezüchtet hat. Wir gehen wieder die Treppen hinunter, überqueren die Höfe und folgen der Gasse bis zum Haus von Choey Has Bruder Ming Tia. Auf diesem und anderen Spaziergängen während meines Aufenthalts legt mir Choey Ha entweder kameradschaftlich die Hand auf die Schulter oder umfaßt mit einer Hand meinen Ellenbogen und scheucht mit der anderen gebieterisch Leute aus dem Weg. In Ming Tias Haus werde ich wieder verschiedenen Menschen vorgestellt. Alles geht so schnell, daß ich nicht recht einordnen kann, wer eigentlich wer ist.

Ming Tias Haus ist in mancher Hinsicht primitiv und in anderer absolut modern. Das Vorzimmer im Erdgeschoß teilt ein klappriger Wandschirm aus Holz und Glas. Der Hauptraum hat keine Fenster. Im schwachen Licht sehe ich einen Altartisch mit einer Vase, einer Platte mit kunstvoll angeordneten Mandarinen und einer Azalee aus Keramik. An der Wand über dem Tisch prangt ein edler Spiegel, auf dessen Glas eine azurblaue Fuchsie und ein roter Phönix aufgemalt sind. Daneben hängen an Nägeln zwei Kalender. Der eine zeigt eine wunderschöne Chinesin mit schulterfreiem Pullover in verführerischer Pose neben einem Strauß aus Päonien, Rosen und Wilden Möhren, der andere ein Mädchen in kurzem schwarzen Rock und ärmellosem Oberteil, das sich in einem mit Flamingos, Trittsteinen und zierlichen Brücken vollgepfropften Garten räkelt.

Das große Wohnzimmer im ersten Stock ist mit alten und zeitgenössischen Möbeln ausgestattet. Die Tische und Stühle sind Antiquitäten im wahrsten Sinne des Wortes – sie sind wirklich sehr alt, aber ihre Qualität läßt zu wünschen übrig. Ming Tia und Choey Ha beklagen sich jetzt und auch später immer wieder, daß ihnen die Regierung nach dem Ende der Kulturrevolution – der »schrecklichen Katastrophe«, wie Ha sie nennt – zwar ihr Vermögen zurückerstattet, die »guten« Antiquitäten aber bis heute behalten hat.

Wieder draußen auf der Gasse, haben wir eine kurze Begegnung mit der Konkubine Onkel Yuns. Lui Ngan Fa, eine alte Frau in einer Steppjacke, hat nur noch wenige Zähne und leidet noch immer unter Kopfschmerzen, die von den Schlägen der Kader während der Kulturrevolution herrühren. Man sagt mir, sie habe zu der vor wenigen Jahren verstorbenen Si Ping, Fong Sees vierter Frau, ein »gutes Verhältnis« gehabt. Doch Lui Ngan Fa ist zu alt, um mit einer fremden Ausländerin ein Gespräch zu führen, und ich habe noch gar nicht begriffen, wen ich da eigentlich vor mir habe.

Es beginnt zu regnen, und ich werde von Ha und Chen Mou weitergeschoben. »Immer, wenn man einen VIP zu Gast hat, regnet es mit Sicherheit«, sagt Chen Mou, als wir uns zu dritt unter einem Regenschirm drängen. »Das ist ein chinesisches Sprichwort.« Von wegen!
Wir rennen zu den beiden Kleinbussen, die als Transportmittel für die erweiterte Familie dienen. Unser erstes Ziel ist der Ahnentempel. Als wir am Fan, einem windungsreichen Nebenfluß des Perlflusses entlangfahren, hebt im Auto ein gutgelaunter Streit an. Jeder hat seine eigene Theorie, wie man am schnellsten zum Ahnentempel gelangt. Der fröhliche Disput wird immer wieder vom Singsang Choey Has, ihres Mannes und ihrer Tochter unterbrochen, die bei uns im Wagen mitfahren. Chen Mou übersetzt: »Du bist sehr klug. Du mußt hervorragend ausgebildet sein. Du bist sehr hübsch. Du mußt sehr reich sein, weil du Schriftstellerin bist.«
Im Ahnentempel machen wir zuerst einmal Fotos. Guan Yi Nian stellt sich rechts neben mich. Links von mir nehmen Choey Ha, ihr Mann, Ming Tia und seine Frau sowie »John« und seine Frau »Joanie« Aufstellung. Der Ausflug kommt mir wie eine Besichtigungstour vor, die man mit Verwandten vom Land unternimmt. Wir brechen alle in die obligatorischen Begeisterungsrufe aus, als wir die 108 alten Waffen bewundern, als ich etwas zu dem dreifüßigen Weihrauchgefäß aus Bronze sage und als Chen Mou die Bedeutung der aus der Ming-Zeit stammenden Statue des legendären Schwarzen Kaisers erklärt. Wir verweilen eine Zeitlang vor der Bühne des zehntausendfachen Glücks, aber den Saal mit den nationalen Kunstschätzen, die Galerie mit Gemälden und Fotos des alten China, wie es mit den Augen westlicher Besucher gesehen wurde, und die Ausstellung über Geburtenkontrolle lassen wir links liegen.
Dann versammeln wir uns um einen flachen Teich. Menschen werfen dort Münzen als Glücksbringer auf eine Kuan-Ying-Statue, die sich als Symbol des Buddhismus aus einer Lotosblüte erhebt, oder auf eine Schildkröte und eine Schlange, die Symbole des Taoismus. Wenn das Geldstück auf dem Rücken der Schildkröte landet, so erklärt mir Chen Mou, geht alles in Erfüllung, was man sich gewünscht hat. Wenn es in der Nähe der Schlange und der Schildkröte liegen bleibt, erfüllt sich der Wunsch wenigstens teilweise. Geht der Wurf

ganz daneben, muß man alle Hoffnung begraben. Chen Mou sagt, er glaube daran, daß der Teich Glück bringe. »Ich kam mit zwei Freunden hierher. Wir wollten nicht in die Armee oder als Bauern weit weg aufs Land geschickt werden. Jeder warf ein Geldstück. Meines landete auf dem Rücken der Schildkröte, und hier bin ich. Die Münze meines Freundes flog sehr dicht am Kopf der Schlange vorbei. Er wurde für zwei Jahre aufs Land geschickt, aber heute ist er Arbeiter in Guangzhou.« Als ich ihn nach dem anderen Freund frage, zuckt er die Schultern und sagt nur: »Er warf vorbei.«
Wir gehen zum Essen ins Hotel Foshan. Das Restaurant ist so groß und auf so viele Trakte des Hotels verteilt, daß man eigentlich von fünf Restaurants sprechen müßte. Während die älteren Männer in alle Richtungen ausschwärmen, um einen Tisch für uns zu suchen, nimmt Choey Ha ihre Litanei wieder auf. Sie hat mich, während sie mich durch das Labyrinth geführt hat, die ganze Zeit am Oberarm gehalten. Jetzt drückt sie mich, kneift mich und redet auf Chen Mou ein: »Ihre Cousine will Ihnen sagen, daß Sie sich ...« Hier zögert er. »... daß Sie sich gut gehalten haben.« Has Sohn und ihre Schwiegertochter korrigieren ihn: »Nein, daß sie schlank ist.« Und bald sagen alle: »Schlank, ja schlank.« Ich strahle, nicht weil sie sagen, ich sei schlank, sondern weil sie mich allmählich wie ein Familienmitglied behandeln.
Wir landen in dem Teil des Restaurants, dessen Spezialität Mongolischer Feuertopf ist, und gehen in einen separaten Raum. Die Kellnerin stellt den Fernseher auf CNN ein und inspiziert die Suppenterrine aus Metall, die mitten auf dem Tisch steht. »Mögen Sie diese Art von Essen?« fragt Chen Mou. »Aber ja«, antworte ich, bereue es aber sofort, als die Kellnerin den Deckel hebt und ich die zu einer schleimigen Masse gelierte Brühe sehe. Wie viele Leute, mir völlig fremde Leute, mögen in diesem Topf und in dieser Brühe ihr Essen gegart haben? Ich beruhige mich ein wenig, als der Inhalt des Topfes zum Kochen gebracht wird, doch es sollte noch mehr kommen.
Unsere Getränke werden serviert – frisch gepreßter Orangensaft und brauner Tee aus der Region –, und ich finde endlich Gelegenheit, herauszufinden, wer jeder ist. Choey Ha trägt heute einen

tadellos geschnittenen, gebrochen weißen Wollblazer, einen Rollkragenpullover und graue Wollhosen. Sie arbeitet als Kassenverwalterin in der technischen Oberschule von Nam Hoi und hat ein offenes, freundliches Gesicht. Für ihre siebenundfünfzig Jahre hat sie sich, wie Chen Mou sagen würde, »gut gehalten«. Je länger ich sie betrachte, desto mehr finde ich, daß sie ihrer Halbschwester Choey Lon ähnelt, und nicht meiner Großtante Sumoy, dem High-School-Schwarm meines Vaters.

Zu ihrer Rechten sitzt Le Chu-wa, ihre Schwiegertochter, die »Joanie« genannt werden will. Sie trägt einen Kurzhaarschnitt und ist nicht annähernd so elegant wie ihre Schwägerin Yi Nian. Dafür versteht Joanie Englisch, ist geistreich und auf eine entzückende Art schüchtern. Immer wenn sie lächelt oder lacht, hält sie die Hand vor den Mund, um ihre schiefen Zähne zu verbergen. Sie würde nie soweit gehen und den Dolmetscher korrigieren, aber ein ums andere Mal fügt sie ein paar Worte auf englisch hinzu, um dem Gesagten eine subtilere Nuance zu geben. Sie trägt einen weißen Baumwollblazer und ein rotes T-Shirt, dazu einen schlichten grauen Rock, Strümpfe und Schuhe mit Absätzen. Sie arbeitet als Sekretärin in einer Import-Export-Firma, wo sie ihr Englisch gut gebrauchen kann.

Zu ihrer Rechten sitzt Guan Yi Nian, die als Buchhalterin in einer Baufirma arbeitet. Sie ist sehr schön, und als Chen Mou sie unaufgefordert fragt, ob sie verheiratet sei, wird er, der Junggeselle, von den anderen erbarmungslos aufgezogen. Er habe doch eine gute Stelle, und so sollte es für ihn doch kein Problem sein, eine Frau zu finden. »Ja, schon«, antwortet er, »aber keine, die so schön ist wie Ihre Tochter.« Es wird noch mehr gelacht, noch mehr geflachst. Yi Nians Mann arbeitet im Staatsdienst und ist kürzlich nach Macao versetzt worden, wo er voraussichtlich mehrere Jahre bleiben wird. Deshalb fühlt sich Yi Nian sehr einsam. Chuen hat mir bereits von dieser Ehe erzählt. Die Familie des Bräutigams hat ein Hochzeitsbankett für dreihundert Gäste an dreißig Tischen gegeben, was in jedem Land aus dem Rahmen fällt, hier aber geradezu verschwenderisch ist. »Er muß ein sehr hoher Beamter sein«, hat Chuen spekuliert.

Die nächste am Tisch ist Zhumei-ying, die Frau von Onkel Yuns

Sohn Ming Tia. Sie ist über fünfzig, hat die derben Züge einer Bäuerin und arbeitet in einer Druckerei. Sie trägt weite, schlecht sitzende Kleidung, und ihre Frisur ist nicht so schick wie die der anderen Frauen. Sie hat rosige Wangen und rauhe, etwas schwielige Hände.
Ming Tia, Has jüngerer Bruder, unterrichtet Elektrotechnik. Seine Gesichtszüge sind scharf und kantig. Er hat hohe Backenknochen und eingefallene Wangen. Sein Haar lichtete sich bereits, und über den Ohren kräuseln sich dünne Löckchen. Er trägt ein gestärktes weißes Hemd und einen grauen Anzug im westlichen Stil. Neben ihm sitzt sein Schwager Guan Gin Hong, Has Mann, der nie seine unbekümmerte Miene verliert. Sein Haar ist lang und zerzaust. Überhaupt macht er einen etwas schmuddeligen Eindruck. Er raucht eine Zigarette nach der anderen. Ich erfahre von Chen Mou, daß Guan Gin Hong Lehrer ist, komme aber nicht dahinter, was er unterrichtet.
Ich habe nicht die leiseste Ahnung, wer der Mann neben ihm ist. Alle brechen in Gelächter aus. Kein Wunder. Der Mann heißt Xuem und ist unser Fahrer. Ich habe ihn bisher nur von hinten gesehen.
Schließlich ist da noch »John«, Choey Has Sohn. Er ist der größte in der Gruppe und überragt alle anderen um einen halben Kopf. Er ist goldig, jung und ernst. Er hat Maschinenbau studiert.
Alle wollen lieber selber Fragen stellen, als Fragen zu beantworten. Ob ich Kuen oft sehe, wollen sie wissen. Wann Chuen wiederkomme. Ob ich sicher sei, daß Choey Ha wie Choey Lon aussehe. Wie ich mit ihnen verwandt sei. Obwohl sie alle entfernte Cousins und Cousinen unterschiedlichen Grades sind, soll ich Choey Ha »Tante« nennen. Und auch alle anderen soll ich »Onkel« oder »Tante« nennen.
Während wir so miteinander sprechen, trägt die Kellnerin Platten mit rohem Gemüse, Fleisch, Meeresfrüchten und Tofu herein, dazu etwas, das wie schwarzer Tofu aussieht. Sie gibt eine Menge davon in die kochende Brühe, und bald fischt sich jeder mit seinem Drahtkörbchen heraus, worauf er Appetit hat. Es ist üblich, daß der Gastgeber dem Gast ausgewählte Leckerbissen vorlegt. In Wahrnehmung dieser Aufgabe füllt Choey Ha Tofu, »schwarzen Tofu« und Tintenfisch in meine Schale. Während ich den Tintenfisch kaue,

wendet sich Chen Mou an mich und sagt: »Oh, Sie mögen also Ochsenmagen.« Ich halte jäh inne, das erste Stück Ochsenmagen noch im Mund. Gut, denke ich bei mir, du hast gedacht, es sei Tintenfisch, und es hat dir nichts ausgemacht. Also braucht es dir auch jetzt nichts auszumachen. Wieder kommt die Kellnerin herein. Diesmal bringt sie uns eine große Platte mit Flußkrebsen, die auf Bambusspießen stecken und im Todeskampf noch zucken. Wir tauchen die Spieße für ein paar Sekunden in die Brühe und ziehen sie wieder heraus. Wir verbrennen uns beim Schälen der Krebse die Finger, dennoch verspeisen wir mehrere Dutzend.

Ich esse meinen Tofu und gehe dann zu Sojasprossen und Fisch über, scheue mich aber, von dem schwarzen Zeug zu kosten, das vorwurfsvoll in meiner Schale liegt. Schließlich breche ich mir mit den Stäbchen ein Stück ab. Es schmeckt abscheulich. Diesmal frage ich Chen Mou, was es ist. »Schweineblut«, antwortet er. Der Würfel aus geronnenem Schweineblut bleibt in meiner Schale liegen, bis Ha schließlich mit ihren Stäbchen herüberfaßt, ihn herausnimmt und in ein Schälchen mit Sojasoße legt. Kein Wort wird darüber verloren. Dann schöpft sie mir erneut heraus, läßt diesmal aber keinen Würfel Schweineblut in meine Schale fallen. Ich kann ihr noch so oft sagen, daß ich satt bin, sie füllt meine Schale immer wieder. Sie ist eine gute Tante.

Allmählich beginnen sie, von sich selbst zu erzählen. »Ihre Mutter, Lui Ngan Fa«, übersetzt Chen Mou, »kam aus einer sehr armen Familie, die in dem Dorf Lo Hat lebte. Das liegt zwischen Da Li und Nam Hoi. Ihre Eltern verkauften sie an die Familie See, als sie acht Jahre alt war. Sie hat nie erfahren, was aus ihren Angehörigen wurde – möglicherweise wurden sie von den Japanern umgebracht, vielleicht sind sie auch verhungert. Lui Ngan Fa arbeitete als Dienstmagd für Ihre Ururgroßmutter. Ihre Familie hat sie erzogen. Selbst in der Zeit vor 1949 hatte Ngan Fa ein trauriges Leben, da ihr Ehemann mit seiner anderen Frau in den Vereinigten Staaten lebte. Dann kamen die Kommunisten und nahmen ihnen die Felder weg. Ngan Fa und ihre Kinder durften nicht mehr in ihrem Haus im Dorf bleiben. Sie zogen nach Foshan, in das dreistöckige Haus, in dem wir heute morgen waren. Ngan Fa war sparsam und vermietete Zimmer. Si Ping, die vierte Frau Ihres Urgroßvaters, wohnte in dem Haus hinter dem Grand Hotel von Foshan. Die Lebensbedingungen wurden besser.«

Bis zur Kulturrevolution wurde die Familie nicht mehr belästigt. Onkel Yuns Familie versteckte alle Wertsachen, darunter auch mehrere Hochzeitskleider, im dritten Stock. Doch einer der Mieter wurde zum Leiter der Wohndanwei ernannt und meldete es. Ab September 1966 kamen die Roten Garden siebenmal ins Haus und schleppten die besten Antiquitäten fort. Zur Strafe wurden Si Ping und Lui Ngan Fa nach Dimtao zurückgeschickt. 1972 durften sie wieder nach Foshan ziehen, doch ihr Eigentum bekamen sie nie zurück.

Nach dem Essen zwängen wir uns wieder in den Kleinbus, fahren zurück in die Wing-On-Straße, parken und schlendern zum ehemaligen Grand Hotel von Foshan. Seit dem Bürgerkrieg hat der vordere Teil des Gebäudes verschiedene Einrichtungen und Geschäfte beherbergt, darunter einen Kräuterladen, eine Apotheke, ein chemisches Labor, einen Radiosender und ein Bildungsinstitut. 1983 revidierte China unter seiner neuen Führung seine Politik gegenüber den Auslandchinesen und gab den Familien Fong Sees und Fong Yuns das Hotel und den gesamten anderen Besitz zurück. Chuen erhielt nachträglich Pachtgeld für vierzig Jahre. Heute ist dieser vordere Teil des Hotels an die Chinesische Industrie- und Handelsbank sowie an eine Export-Import-Firma vermietet. Chuen kassiert Miete, kann das Geld aber nicht außer Landes schaffen. Die Folge ist, daß das Geld auf chinesischen Banken Zinsen bringt und Chuen überlegen muß, wo er den Gewinn investiert.

Wir durchqueren den feuchten, dunklen Hof, der mit Fahrrädern und Mülltonnen vollgestopft ist, und steigen die wackelige Treppe zur ehemaligen Empfangshalle hinauf. Der große Empfangstisch existiert schon lange nicht mehr, aber die Balustraden im Treppenhaus sind nahezu unversehrt erhalten. Die Fußbodenfliesen, jetzt mit dem Schmutz von Jahren bedeckt, ließen sich mit viel Wasser, Scheuermittel und Armschmalz wieder auf Hochglanz bringen. Die Zimmernummern prangen immer noch deutlich über den Türen. Die Buntglasfenster sind noch an ihrem Platz und völlig unbeschädigt, wenngleich sie kaum noch Licht durchlassen, weil man von außen geriffeltes Fiberglas davorgesetzt hat. Die einzige Lichtquelle sind ein paar Leuchtstoffröhren.

Von 1949 bis 1957 diente das eigentliche Hotel als Sitz der Stadtverwaltung von Foshan. Danach stand es leer und verfiel. 1966 nahmen es die Behörden wieder in Beschlag, gaben 200 000 Yuan für Renovierungen aus und verwalteten das Gebäude bis 1983, als es an Chuen zurückgegeben wurde. Im Moment ist es an eine Textilfirma vermietet, die es als Kindergarten nutzt. (Bis zum Erscheinen dieses Buches wird man es wahrscheinlich abgerissen und an seiner Stelle einen modernen Komplex mit Läden, Wohnungen und Büroräumen errichtet haben. Wieviel Quadratmeter in dem neuen Gebäude der Familie Fong zufallen sollen, darüber entscheidet momentan Chuen im Tausende von Kilometern entfernten Los Angeles. Weitere Veränderungen werden folgen. Nach Chuens Ansicht ist es nur eine Frage der Zeit, bis Foshan ins Umland hinauswachsen und Dimtao schlucken wird. Möglicherweise wird Dimtao auch komplett abgerissen, um einer modernen Wohnsiedlung Platz zu machen.)

Vorläufig ist jedoch noch der Kindergarten in Betrieb. In Zimmer 203 ruhen sich Kinder auf Holzpaletten aus. Einige schlafen unter rosafarbenen Decken, andere heben den Kopf und spähen nach den Besuchern. Ein anderes Zimmer im dritten Stock dient als Unterrichtsraum. An jeder Wand reihen sich Schränke, die mit Papier vollgestopft sind, hier und dort hängt eine Jacke. In einem dritten Zimmer stehen kleine Tische und Stühle für Kinder. Das Fenster am Ende des Flurs, das vom Boden bis zur Decke reicht, ist mit Brettern vernagelt. Die Toilettenschüsseln, schon in den zwanziger Jahren ein Luxus, hat man durch Klos ersetzt, über denen sich der Benutzer niederkauern muß.

Wir gehen denselben Weg zurück, drehen eine Runde um das Hotel und gelangen in einen weiteren Hof auf der Rückseite. Meine Führer deuten hinauf in den vierten Stock, wo sich einst die Küche befunden hat. Ming Tia zeigt mir eine Inschrift, die ein Fenster des Hotels rahmt. Sie lautet: »Dieses Gebäude ist Eigentum Fong Sees.«

Auf dem Weg nach Dimtao begreife ich, daß Yun recht gehabt hat. Allein würde ich das Dorf nie finden. Unser kleiner, aus zwei Autos bestehender Konvoi fährt aus Foshan hinaus und biegt dann auf einen Feldweg ein, der unter der Schnellstraße hindurchführt. Wir fahren noch viermal unter der Straße hindurch, bevor wir ins Dorf kommen. Und das ist ausgesprochen lästig, denn jedesmal müssen wir anhalten und die Kleinbusse vorsichtig durch die Unterführung manövrieren, damit sie nicht mit dem Dach oben anstoßen. Auf beiden Seiten breiten sich Felder vor uns aus. Wir überqueren eine kleine, schmale Brücke und parken auf einer Lichtung am Rand des Dorfes, denn bis heute können keine Autos nach Dimtao hineinfahren. Vom Wagen aus können wir das Haus meines Urgroßvaters sehen, das die meisten anderen Gebäude überragt.

Dimtao hat rund dreihundert Einwohner, die meisten sind Bauern. Die Häuser stehen dicht beieinander und sind oft nur durch wenige Zentimeter getrennt. Wir kommen an einem unbebauten Platz vorüber, auf dem Hühner in Abfällen picken und ein Schwein nach einem Leckerbissen schnüffelt. Wir gehen zum Haus Onkel Yuns. Die Zimmer sind leer und sauber. Wir bleiben lange und sprechen über die Einzelheiten der Entführung.

Ich hatte erwartet, in der Ahnenhalle, wo die Dorfbewohner seit Jahrhunderten auf Steinplatten Geburts- und Todestage festhielten, Hinweise auf die Fongs zu finden. Insbesondere wollte ich die Namen von Milton, Bennie, Ray, Sissee und meinem Großvater sehen. Und natürlich hoffte ich, hier den wahren Geburtstag meines Urgroßvaters zu erfahren. Das Gebäude steht noch, fast wie eine Kathedrale, wird aber nicht mehr benutzt. Während der Kulturrevolution haben die Roten Garden überall in China Aufzeichnungen in Dörfern und Städten zerstört. Dimtao bildet keine Ausnahme.

Wir betreten Fong Sees Anwesen durch das Haupttor, gelangen in den Vorhof und dann in den Haupthof. Der Regen hat die weiße Tünche längst abgewaschen, und die rohen Ziegelsteine färben das einst so elegante Haus grau. Der Vordereingang ist immer noch imposant: Auf jeder Seite prangen Steintafeln, in die Landschaften eingemeißelt sind, und links und rechts von der Tür stehen zwei kleine glasierte Keramikelefanten, die Töpfe mit Zwergpomeranzen auf ihrem Rücken tragen.

Die geräumige Küche im Hof ist ebenso verschwunden wie viele andere Nebengebäude. Von dem kleinen Pavillon, der direkt vor dem

Haus stand, sind nur noch ein paar Steine übrig. Unfaßbar ist, daß nur noch eine Hälfte des Hauses steht. Zur Zeit der japanischen Invasion wurden Balken und Metallteile aus dem Haus entfernt, und Termiten zogen ein. Dann, während der Kulturrevolution, stürzte der linke Teil des Hauses ein. Si Ping verkaufte die meisten Ziegel und behielt nur so viele, wie nötig waren, um die andere Haushälfte zuzumauern. Heute stehen nur noch der Haupteingang und alles, was rechts von ihm ist. Die ursprüngliche Grundmauer schlängelt sich wie eine schaurige Erinnerung an das Vergangene durch den Garten. Wo einst nur ein paar Sträucher und dürre Bäumchen gestanden haben, wuchert jetzt ein regelrechter Dschungel aus Bananenbäumen, Palmen und Farnen. Der Mangobaum, den mein Urgroßvater mit eigener Hand gepflanzt hat, ragt heute fünfzehn Meter in die Höhe.

Aus dem, was ich hier sehe, lerne ich viel über die Familie in Los Angeles. Zum Beispiel besaßen viele Verwandte – Sissee und Gilbert, Ming und seine Frau, Bennie und Bertha, meine Großeltern, ja sogar Ray und seine Frau – in Kalifornien Gärten, die, wie ich immer fand, einen asiatischen Einschlag hatten. Jetzt erst wird mir klar, daß sie keinen »Einschlag« hatten. Sie waren typisch chinesisch. Überall standen importierte alte Ingwerkrüge und gedrungene Tontöpfe, die mit Geranien oder Orchideen bepflanzt waren. Wenn irgendwo ein Besen aus Bambus und Stroh herumlag, dann war das in Ordnung, solange es künstlerisch aussah. Und wenn eine Versandkiste aus Blech in einen Abfallkübel umfunktioniert wurde, um so besser – wozu Geld verschwenden, warum alten Plunder wegwerfen, wenn er noch zu etwas zu gebrauchen war.

Eine alte Frau, die Tochter von einem der Brüder Fong Sees und die einzige Verwandte, die noch im Dorf lebt, kümmert sich gegenwärtig als Hausmeisterin um das Anwesen. Sie war schon vor Fong Sees Tod Hausmeisterin. Sie ist nur knapp über 1,20 Meter groß und trägt eine Steppjacke. Bei ihrem Anblick drängt sich mir die Frage auf, was wohl geschehen wäre, wenn Fong See China niemals verlassen hätte, um seinen Vater zu suchen. Würde ich – oder vielmehr eine rein chinesische Variante meiner Person – immer noch in dem Dorf leben? Würde ich als Bäuerin auf den Feldern arbeiten und auf den Schultern eine Stange tragen, die sich unter dem Gewicht von Gießkannen oder gebündeltem Gemüse nach unten biegt? Hätte ich jemals einen Menschen aus dem Westen, eine Badewanne, einen Fernseher zu Gesicht bekommen? Jetzt ist keine Zeit für solche Fragen.

Die alte Frau führt uns ins Haus und deutet auf den kleinen Schrein, den sie gleich hinter dem Eingang für Si Ping errichtet hat. Fong Sees vierte Frau hat der Alten bei ihrem Tod fünfhundert Yuan hinterlassen und sie gebeten, sich um das Haus zu kümmern und zum Andenken an sie einen Schrein zu bauen. Auf einem kleinen Tisch steht ein Foto von Si Ping, ein Teller mit Pomeranzen und ein mit Sand gefüllter Topf, in dem ein paar Weihrauchstäbchen glimmen.

Man kann sich nur schwer vorstellen, wie das Haus einst ausgesehen hat. Die Glaskuppel auf dem Dach ist irgendwann in den letzten zehn Jahren entfernt worden. Auch die Wendeltreppe ist verschwunden und durch eine schmale, wackelige Treppe ersetzt worden, die kaum mehr als eine Leiter ist. Die überwölbte Tür zu den Schlafräumen ist zugemauert. Die mit herrlichen Schnitzereien versehenen Raumteiler sind abgebrochen und gestohlen worden, allerdings haben die mit Wolken- und Drachenmotiven verzierten Milchglasscheiben keinen Schaden genommen. Sie sind so eindrucksvoll, daß Chen Mou mir zuflüstert: »Die ließen sich für teures Geld verkaufen, wenn man sie aus dem Land schmuggeln könnte. Aber das ist ein Ding der Unmöglichkeit.«

Viel von der einstigen Pracht des Hauses liegt unter einer dicken Staub- und Rußschicht verborgen. Die mit glasierten Ranken geschmückten Abflußrohre aus Ton, die kunstvollen Vogelskulpturen über den Fenstern und die Girlanden über den Türbögen sind alle noch in einem guten Zustand. Doch die dekorativen glasierten Landschaften, die einst die Veranda geschmückt haben, sind während der Kulturrevolution zerstört worden. Nur noch schattenhafte Reste, die an Knochen auf einem Röntgenbild erinnern, hängen an den Wänden.

Oben auf der Veranda und später auf dem Dach erzählen mir die Familienmitglieder ihre Version der Abenteuer Fong Sees. Ich erfahre Dinge, die ich noch nicht gewußt habe, die aber Eingang in dieses Buch gefunden haben: daß Fong Sees Mutter Leute von Stadt zu Stadt trug, daß er es sich 1911 bei seiner ersten Rückkehr nach Dimtao zur Lebensaufgabe machte, dem Dorf zu helfen, daß er sich Geld für die Reise in die Vereinigten Staaten lieh, daß er nicht nur Reisfelder und Saatgut kaufte, sondern auch Unterkünfte für Menschen aus dem Dorf schuf. Vom Dach aus deuten sie hinüber zu den mit Ziegeln gedeckten Häusern, die sich, kaum mehr als Hütten, an die Mauer des Anwesens schmiegen. Sie erzählen mir, daß Fong See diese Häuser eigens für seine Arbeiter und deren Familien hat bauen lassen. Jetzt erst bekomme ich ein klareres Bild von Fong See. Bisher hat er für mich immer etwas von einem Tyrannen gehabt. Nun aber begreife ich, daß er für die Menschen in diesem Dorf mehr getan hat als jeder andere vor oder nach ihm.

Es nieselt noch, als wir auf dem Dorffriedhof durch das hohe, nasse Unkraut zu Si Pings Grab stapfen. (Zum Glück habe ich Stiefel an!) Choey Ha fürchtet, daß mein Rock naß werden könnte, und ich muß ihr jedesmal höflich auf die Hand schlagen, wenn sie den Saum heben will, damit er nicht über die schlammverspritzten Blätter schleift. Die Gräber – hier in China Grabhügel – sind ungepflegt und fast vollständig von Unkraut überwuchert. »Wir hatten immer teure Gräber«, entschuldigt sich Ming Tia. »Und ich wollte auch eines für Si Ping errichten lassen. Ich habe Chuen drei Telegramme geschickt und ihn um Geld gebeten, aber keine Antwort erhalten. Ich habe 1987 zehntausend Yuan für ihren Sarg bezahlt…« Er habe sein Bestes getan, erklärt er, aber ohne die Hilfe seiner wohlhabenderen Verwandten in Amerika seien seine Mittel beschränkt gewesen.

Zurück bei den Autos, verabschieden wir uns und verabreden uns für morgen im Hotel Weißer Schwan. Wir sind kaum fünf Minuten auf der Schnellstraße, da ist Chen Mou eingeschlafen. Eine Stunde später fahren wir durch Guangzhou. Wir hupen uns den Weg frei und erreichen schließlich den Parkplatz des Hotels. Chen Mou ist nicht der einzige, der müde ist. Auch ich bin erschöpft. Außerdem friere ich, weil ich den ganzen Tag mit nassen Kleidern im Regen gestanden habe. Ich gehe auf mein Zimmer, lasse mich mit den Kleidern aufs Bett fallen und schlafe sofort ein. Zwei Stunden später erwache ich, fische eine Tüte Kartoffelchips und ein Sprite aus der Minibar und schlendere durch die Empfangshalle. Es herrscht viel Betrieb, aber nicht zuviel. Ich kehre auf mein Zimmer zurück und schalte den Fernseher ein. Dank der Satellitentechnik sehe ich mir ein Stück von *Der Stoff, aus dem die Helden sind* an, dann die Nachrichten, die ganz im Zeichen der bevorstehenden Oscar-Verleihung stehen, und schließlich eine Vorschau auf die Filme *Die Mission* und *Die Hexen von Eastwick.*

Am nächsten Morgen treffen wir uns in dem Teil der Halle, wo sich die Ausflugsgruppen versammeln. Choey Ha schenkt mir eine emaillierte Büchse mit Tee aus der Region. Le Chu-wa zieht als Geschenk für meine Söhne einen kleinen geschnitzten Wasserbüffel hervor, auf dessen Rücken ein Junge thront. Choey Has Mann, Guan Gin Hong, überreicht mir ein Paket, das in braunes Metzgerpapier gewickelt und mit einem Bindfaden verschnürt ist. Es enthält, so erklärt er mir, eine Kuan-Yin-Figur für Teruko. Er hoffe, sie gefalle ihr, denn japanische und chinesische Buddhisten verehrten diese Gottheit.

Dann trifft Chen Mou ein, und wir gehen zum Frühstück über mehrere Terrassen hinunter in das kantonesische Spezialitätenrestaurant Jade-Fluß. Heute sind wir eine kleinere Gruppe, bestehend aus Choey Ha und ihrem Mann, Le Chu-wa (Joanie), Chen Mou, Ming Tia, seiner Frau und mir. Wir nehmen in einem kleinen Nebenzimmer Platz, und junge Kellnerinnen bringen dampfende Schüsseln und Platten mit *bao,* Hühnerkeulen in Honigsoße, Garnelenbällchen, Schweineklößen, Wasserkastanienkuchen, gedünsteten Fischmäulern mit Bohnenpaste, Eiertörtchen, Sesamklößen und *congee* (was wir bisher immer *jook* genannt haben) mit getrocknetem Kammuschelfleisch und Ginkgo-Früchten. Wir schlürfen geräuschvoll Tee, drehen das Kabarett und zeigen uns gegenseitig die besten Leckerbissen auf jeder Platte und in jeder Schüssel.

Diese Verwandten sind mitteilsam und auskunftsfreudig, während die Brüder, Schwestern und Cousins in Los Angeles sich im Gespräch stets bedeckt halten, als folgten sie dem alten Sprichwort »Kehre den Schnee vor deiner eigenen Tür und ärgere dich nicht über das Eis auf deines Nachbarn Dach«. (Ich glaube, das wichtigste

Ergebnis dieser Reise war, daß meine Familie in Los Angeles gesprächiger wurde. Nur Wochen nach meiner Rückkehr unterhielt ich mich bei einem Essen anläßlich der Verlobung von Sumoys Sohn mit Kuen, Fong Yuns Sohn, der mit der Familie See 1919 nach Kanton gereist und 1927 nur knapp der Entführung entgangen war. Wir sprachen zunächst über sein Geburtshaus, dann vertraute er mir an, daß er wegen seines Bruders Duk, der seinerzeit bei der Entführung ums Leben gekommen war, immer noch Schuldgefühle habe. »Ich ahnte nicht, daß er umkommen würde. Hätten die Entführer mich gefunden, wäre er vielleicht noch am Leben.«)

Ming Tia hat zum Frühstück ein Notizbuch mitgebracht, das er mit Erinnerungen vollgeschrieben hat. Er erzählt von meinem Ururgroßvater, Fong Dun Shung, und schildert mir dessen Kung-Fu-Darbietungen. Die anderen Mitglieder der Familie werfen die Namen von Verwandten in die Runde, die in Vergessenheit geraten sind, fragen nach Daten, streiten über das Verwandtschaftsverhältnis. Sie berichten mir, was nach 1949 mit Fong Guai King, Ngons Mutter, geschah. Sie machte schwere Zeiten durch, weil sie als Grundbesitzerin der schlechten Klasse zugeordnet wurde. Jahrelang mußte sie regelmäßig auf der Straße niederknien und öffentliche Geständnisse ablegen. Ngon Hung schickte Geld, doch selbst das half nichts.

In vieler Hinsicht hatten Fong Guai King und Si Ping großes Glück. Nach Maos eigener Schätzung wurden in den Jahren 1950, 1951 und 1952 über 800 000 »Konterrevolutionäre« umgebracht. Einer anderen Schätzung zufolge wurden zwischen 1948 und 1955 annähernd vier Millionen Grundbesitzer und andere Zivilisten erschlagen oder exekutiert. Und damit nicht genug. Im Jahr 1957 wurde erneut eine halbe Million Chinesen zur Zielscheibe einer gegen »reaktionäre« Elemente gerichteten Kampagne; diesmal ging die Zahl der Toten in die Zehntausende. Dann, 1958, propagierte Mao den »Großen Sprung nach vorn«. Doch statt gegenüber dem Westen aufzuholen, wie erhofft, erlebte China die schwerste Hungersnot seit Menschengedenken. Man vermutet, daß zwischen 1958 und 1961 nicht weniger als dreißig Millionen Menschen starben.

Zum Glück für Fong Guai King und Si Ping schickte Ngon Hung

1958 zusätzliches Geld, so daß die beiden Frauen nach Hongkong übersiedeln konnten. Doch die vierte Frau und die Mutter der dritten Frau bildeten kein ideales Gespann, und so entsagte Si Ping freiwillig der Chance, in Freiheit zu leben, und kehrte schließlich nach Foshan zurück. Guai King wiederum adoptierte in Hongkong mehrere Söhne, die sie um ihr Haus, ihre Ersparnisse und ihre sonstige Habe betrogen. Ngon Hung geriet darüber so in Harnisch, daß sie sich weigerte, weiteres Geld zu schicken. Später kam Guai King in ein Pflegeheim. Im Jahr 1971 »brach sie sich ein Bein und starb an den Komplikationen«.

Ming Tia berichtet über Si Pings letzte Jahre. Si Ping starb in Foshan, wollte aber in ihrem Heimatdorf begraben werden. Ming Tia hat Fotos von der Beerdigung mitgebracht. Darauf ist zu sehen, wie etwa hundert Trauergäste bei strömendem Regen durch Dimtao ziehen. Ming Tia erzählt, daß Weihrauch und persönliche Gegenstände zu Si Pings Ehren verbrannt wurden. Dann reicht er mir ein Foto von der aufgebahrten Si Ping. Sie ist mit blauen Arbeitshosen und einer Steppjacke bekleidet. Sie wirkt klein, ein wenig plump, ihre Fußknöchel sind geschwollen, ihr Mund steht offen, ihre Kinnlade hängt herab.

Die Gruppe wird etwas wehmütig. Ich erfahre, daß Choey Ha einmal mit Ngon Hungs Mutter nach Hongkong fuhr, um Si Ping in einer finanziellen Angelegenheit zu helfen. Ursprünglich sollten beide, Si Ping und Fong Guai King, nach Amerika auswandern. Doch als Fong Guai King starb, wurden alle Pläne dieser Art aufgegeben. Ming Tia und seine Frau reisten ebenfalls zu einem Besuch nach Hongkong. Seine Frau fuhr sogar ein zweites Mal als Touristin hin. Selbst ihre Mutter, Ngan Fa, war zweimal in Hongkong; in den zwanziger Jahren war sie sogar in den Vereinigten Staaten gewesen. Vor Fong Yuns Tod erhielten fünf Mitglieder der Familie Geld für die Auswanderung, doch die Behörden ließen sie nicht gehen. Sie wissen nicht, was geschehen wäre, wenn sie es noch einmal versucht hätten.

»Ihre Verwandten hier sind weder arm noch sehr reich«, erklärt Chen Mou. »Manchmal war es für sie nicht leicht, aber dank ihrem Vater haben sie ein angenehmes Leben geführt. Er hat in den Vereinigten Staaten Geld für sie angelegt. Jedes Jahr werden seinen Kindern hier zweihundert Dollar Zinsen ausgezahlt. John, der Sohn Ihrer Tante, hat vier Jahre Maschinenbau studiert und als Manager gearbeitet. Er würde gern nach Amerika gehen.«

»Ja, ja«, unterbricht ihn Joanie, Johns Frau. »Ingenieur.« Zögernd fügt sie hinzu: »Ich habe ein Lehrerkolleg in Südchina besucht. Seit fünf Jahren unterrichte ich an der Hauptschule.«

Choey Ha, die dem auf englisch geführten Gespräch gelauscht hat, sagt etwas zu Chen Mou. »Die ältere Generation will nicht nach Amerika«, übersetzt Chen Mou. »Diese Leute sind zu alt. Aber sie finden es gut, wenn die jüngere Generation ins Ausland geht. Sie möchten ihren Kindern etwas Besseres bieten. Ihre Kinder sind intelligent und fleißig. Woanders haben sie eher eine Chance.«

Chen Mous Augen verengen sich an diesem Punkt der Unterhaltung. Er hat die Frage erwartet, die jetzt kommt, genau wie ich: »Werden Sie sich dafür einsetzen, daß dieses Paar nach Amerika ausreisen kann?«

»Ich werde es versuchen.«

Und was ist mit Chen Mou? Will er China verlassen? »Um ehrlich zu sein«, antwortet er grinsend, »in China bin ich ein reicher junger Mann. Wenn ich nach Amerika auswandere, müßte ich auf die Hauptschule und dann auf die Universität gehen. Ich wäre erst mit vierzig fertig. Dann würde ich mir eine Freundin zulegen, eine Frau, dann ein oder zwei Kinder, und schließlich würde ich sterben. Hier kann ich mir in ein oder zwei Jahren ein eigenes Haus kaufen. Gewiß, hier lebt man viel bescheidener, aber ich möchte meine kostbarsten Jahre nicht auf der Universität verbringen.« Er zuckt mit den Schultern. »Andere Menschen, ein anderes Leben.«

Wie zahllose Familien vor uns versammeln wir uns auf einer niederen Terrasse vor dem bekannten Wasserfall des Hotels Weißer Schwan. Eine über dem sprudelnden Wasser angebrachte Inschrift verkündet in goldenen Lettern: »Trink aus dem Dorf, in dem du geboren bist.« Erneut nehmen wir für eine Reihe von Familienfotos Aufstellung. Aber natürlich sind irgendwann die Batterien der Kamera leer, und es entsteht die peinliche Situation, die immer entsteht, wenn jemand (in diesem Fall ich) unbedingt noch ein Foto machen will und die anderen (in diesem Fall meine Verwandten) ungeduldig das Ende der Prozedur herbeisehnen. Kaum ist das letzte Foto im Kasten, verabschiedet sich Chen Mou, schultert seine Reisetasche und eilt zu einem Termin mit einer taiwanesischen Reisegruppe.

Zum ersten Mal bin ich mit meinen Verwandten allein, und da Le Chu-was Englischkenntnisse recht begrenzt sind, verständigen wir uns mühsam durch Gesten und Zeichnungen, die wir in mein Notizbuch kritzeln. Gefällt es dir hier? Wie ist es in Los Angeles? Was ist ein Supermarkt? Wieviel kostet ein Flugticket? Mit dem Versprechen, wegen der Auswanderungspläne des Paares zu schreiben (was zu nichts führen wird), über die Familiengeschichte zu berichten und Fotos zu schicken (von meinen Kindern und den letzten beiden Tagen), gebe ich ihnen die Hand und verbeuge mich höflich. Dann drehen sie sich um und gehen davon. Ich kehre in die Lobby des Hotels zurück, in der sich die Teilnehmer verschiedener Reisegruppen drängen, und höre zufällig, wie ein cleverer Reiseführer einen Fahrer in die Widrigkeiten der englischen Sprache einführt. Als ich vorübergehe, hält mich der Führer an und fragt: »Was bedeutet der Satz ›ich habe Sie ins Herz geschlossen‹?«

DANKSAGUNG

Mein Dank gilt an erster Stelle Florence Leong, die mir diese Geschichte anbot, sowie ihrer Tochter Leslee Leong, die mir Auskünfte über die F. Suie One Company gab, mich mit alten Kunden bekannt machte und mich vor allem unermüdlich unterstützte. Vom Familienzweig der Sees trugen Mary See, Marcia Norris, Pollyanne Andrews, Gilbert Leong, Margie Hee und Bernice Leong maßgeblich dazu bei, daß diese Familiensaga entstehen konnte. Ebenso kooperativ zeigten sich Chuen und Teruko Fong, Yun Fong, Sumoy Quon und Mari Burr von der zweiten Familie meines Urgroßvaters. Auch Fong Yuns Familie beantwortete alle meine Fragen, hier wie in China. In den Vereinigten Staaten schulde ich folgenden Personen Dank: Danny Ho Fong, Haw Fong, Choey Lon Fong, Choey Lau Fong, Gim Fong und ganz besonders Kuen Fong. In China danke ich Fong Ming Tia und Zhumei-ying, Guan Yi Nian, Le Chu-wa und Wen Xi Pin, Guan Hin Hong und Fong Choey Ha, der besonders aufgeschlossen, mitteilsam und entgegenkommend war. Tyrus Wong ist zwar kein Blutsverwandter, könnte jedoch ebensogut einer sein. Er ist der Familie ein wahrer Freund gewesen.

Ich möchte den vielen Kunden, Verwandten und Freunden danken, die zu einem Interview bereit waren: Dorothy Anderson, Edward Behme, Jack Catlin, Henry Chung, Kay Copeland, Tony Duquette, Howe Fong, Peter Fong, Bernard Gelbort, Sanora Babb Howe, Dorothy Jeakins, Jackie Joseph, David Lee, Jennie Lee, Jack Levin, Herman Lew, Mary und Dill Louie, Chong Lui, Chabo Okubo, Sally Pine, Verna Plam, Procter Stafford, Sunny Stevenson, Albert Wong, Elsie Wong, George Wong, Helen und Tommy Wong, Michael Woo und Wilbur Woo. Zusätzlich zu den persönlichen Gesprächen schickten mir viele Briefe, in denen sie über ihre Erinnerungen berichteten: Dick Beck-Meyer, Ellin Crawford, Ron Cribbs, Betty Izant, Bettie Pycha, Leland Steinhauser, Helen Stevens, Doris Crepin Suman, William Benbow Thompson, Thomas Edward Wall und Donald Way.

Mehrere Bibliotheken und Institute waren mir bei den Recherchen sehr behilflich. Die in diesem Buch enthaltenen Passagen über Letticies Familie in Medford wären ohne die zähe Beharrlichkeit Carol Harbisons von der South Oregon Historical Society nicht zustande gekommen. Für die Unterstützung bei meinen Recherchen über Waterville danke ich Shirley Phillips, Bibliothekarin an der Waterville Library, Helen Grande, Bibliothekarin der Douglas County Historical Society, und Caisse Besel, die sich freundlicherweise die Mühe machte, bestimmte Dinge für mich nachzuschlagen.

Mein Dank gilt auch den großartigen Mitarbeitern der Special Collections an der University of California in Los Angeles (UCLA), des Asian American Studies Center der UCLA, der Asian American Studies Library der University of California in Berkeley, der Bancroft Library, der Los Angeles Public Library, der Chinatown Library, der Bibliothek des County Museum of Art in Los Angeles, des Sacramento History Museum, der California State Archives und des Museum Collection Center, des Regional History Center der University of South California, der California State Library, der Academy of Motion Picture Arts and Sciences, der Bison Archives und des Railroad Museum in Sacramento. Ferner danke ich Clarence Shangra, Direktorin des Asian Art Museum in San Francisco, und Randall Mackinson, Direktor des Gamble House in Pasadena. Suellen Cheng von der Chinese Historical Society in Südkalifornien und dem El Pueblo de Los Angeles Historic Monument beantwortete unermüdlich meine Fragen, empfahl mir Interviewpartner und half mir, mich in den umfangreichen Beständen beider Einrichtungen, darunter zahllose Zeitungsartikel, Dissertationen und Bücher, zurechtzufinden. Außerdem machte sie mich mit dem erstaunlichen Material des Chinese American Oral History Project vertraut, das von der Society und dem Asian American Studies Center an der UCLA zusammengetragen wurde. Suellen ist mir eine wahre Freundin.

Mein tiefer Dank gilt Waverly Lowell und Neil Thomsen von den National Archives in San Bruno sowie Laura McCarthy von den National Archives in Laguna Nigel, die zusammen diesem Buch eine neue Richtung gegeben haben. Sie förderten annähernd fünfhundert Seiten an Dokumenten der Einwanderungsbehörde mit Protokollen und Fotografien von Mitgliedern meiner Familie zutage.

Da ich weder Historikerin noch Wissenschaftlerin bin, habe ich ausgiebig die Arbeiten von Sucheng Chan, Jack Chen, Alexander McLeod, Ronald Takaki und John Weaver zu Rate gezogen. Andere waren ohne Zögern zu Auskünften bereit: Mark Him Lai machte mich mit den Verhältnissen in der Textilbranche vertraut, Judy Yung schickte mir freundlicherweise Artikel von Flora Belle Jan, der chinesischen Amazone, Mus und Stephen White halfen mir bei der Datierung alter Fotografien und gewährten mir Einblick in ihre umfangreiche Fotosammlung, Jack Moore und Harold Hubbard schilderten mir die Verhältnisse in Pasadena um die Jahrhundertwende, Roberta Greenwood unterrichtete mich über die archäologischen Ausgrabungen in Old Chinatown, Will South über den Werdegang von Stanton MacDonald-Wright, Gretchen Kreiger über chinesische Kräuterheilkunde, Russell Leong ließ mir neueste Informationen über chinesischstämmige Amerikaner in den neunziger Jahren unseres Jahrhunderts zukommen. Schließlich danke ich Ruthanne Lum McCunn, die dieses ganze Projekt, ohne es eigentlich zu wollen, in Gang brachte und mir, nachdem sie das getan hatte, oft mit Ratschlägen und Tips weiterhalf.

Amy Schiffman und Rob Lee wickelten andere Aspekte dieses Projeks mit Humor und gesundem Menschenverstand ab. Nancy McCabe unterstützte und förderte meine Arbeit mit leidenschaftlicher Hingabe. Stan Margulies und Terry Louise Fisher überraschten und begeisterten mich mit anregenden Einfällen.

Ein Projekt wie dieses läßt sich nur realisieren, wenn man die Details im Auge behält. In dieser Hinsicht danke ich Chen Mou (in China) und Shirley Tam (in Los Angeles), die Texte für mich übersetzten, Marian Lizzi für ihre Aufmerksamkeit und stilistischen Vorschläge, Professor King-kok Cheung und abermals Suellen Cheng, die mir halfen, eine modifizierte Form des Wade-Giles-Systems für kantonesische Wörter zu entwickeln, sowie Lisa Chang und Ann Britt Claesson für ihre Recherchen und ihre Arbeit am Computer. Sheila Cohn von APA Travel sorgte dafür, daß meine zahlreichen Reisen auf dieser Seite des Pazifik reibungslos verliefen und doch aufregend waren, während die hilfsbereiten Mitarbeiter von Lee's Travel Service gewährleisteten, daß ich sicher in meinem Heimatdorf ankam.

Großen Anteil am Zustandekommen dieses Buches haben meine Eltern, er ein Anthropologe, sie eine Schriftstellerin. Mein Vater, Richard See, war ein ebenso kritischer wie leidenschaftlicher Leser meines Manuskripts. Ich danke ihm für sein Verständnis, seine Anmerkungen und die Stunden, die er mir für Fragen zur Verfügung stand. Mit meiner Mutter, Carolyn See, sprach ich in den vergangenen fünf Jahren fast täglich über dieses Projekt. Diese Gespräche waren für mich eine ständige Quelle der Inspiration. (Leser, die der Ansicht sind, daß ihre Geschichte in diesem Buch zu kurz kommt, verweise ich auf ihr Buch *Dreaming: Hard Luck and Good Times in America.*) Ich danke meinen Eltern für ihre ermutigenden Worte, ihr Vertrauen, ihre Offenheit. Und wenn ich schon dabei bin, muß ich auch John Espey danken, einem weiteren »Vater« und alten China-Kenner, meiner wunderbaren Schwester Clara Sturak, der gewissenhaften Redakteurin, und meiner wunderbaren Großmutter Stella See, der hinreißenden Geschichtenerzählerin.
Ich danke Thomas McCormack, meinem Lektor bei St. Martin's Press, den ich als einen geduldigen, intelligenten Gentleman kennengelernt habe, und Sandra Dijkstra, die mir schon geholfen hatte, lange bevor sie meine Agentin wurde. Sie fand die richtige Mischung aus Nachsicht und Strenge, Humor und Anteilnahme, Gutmütigkeit und nüchternem Geschäftssinn. Sie ist die Beste. Mein Mann, Richard Kendall, sprach mir liebevoll Mut zu, wenn ich verzagen wollte. Schließlich gilt mein Dank meinen Cousinen Sian und Mara Nichols sowie meinen Söhnen Alexander und Christopher Kendall, deren Abstammung, Jugend und liebenswertes Wesen mich stets an den eigentlichen Zweck dieses Buches erinnerten.

QUELLEN

Kapitel 1: Zeit der Wunder

Buell, Paul D. et al., *Chinese Medicine on the Golden Mountain: An Interpretive Guide,* hrsg. von Henry G. Schwarz, Seattle 1984.

Burckhardt, V. R. et al., *Chinese Creeds and Customs,* 3 Bde., Hongkong 1953–1958.

Chan, Sucheng, *This Bitter-sweet soil: The Chinese in Californian Agriculture, 1860–1910,* Berkeley 1986.

Chen, Jack, *The Chinese of America,* San Francisco 1980, S. 23 u. 67–72.

George, Marian M., *A Little Journey to China and Japan,* Chicago 1928.

Gespräche der Autorin mit Chuen Fong, Danny Ho Fong, Haw Fong, Kuen Fong, Gilbert Leong, Florence Leong, Leslee Leong.

Gunther, Barth, *Bitter Strength,* Cambridge, Mass., 1964.

Holden, William M., *Sacramento,* Fair Oaks, Calif., 1987, S. 290.

Johnson, Paul C., *Pictorial History of California,* Garden City, N. Y., 1970.

Kingston, Maxine Hong, *China Men,* New York 1977.

Leland, Dorothy Kupcha, *A Short History of Sacramento,* San Francisco 1989.

McCunn, Ruthanne Lum, *An Illustrated History of the Chinese in America,* San Francisco 1979.

McLeod, Alexander, *Pigtails and Golddust,* Caldwell, Idaho, 1947.

Mei Dai Wah und Wu Gee Chuan, *The Stories of Chinese Americans,* Bd. 7, Foshan 1987.

National Archives, Record Group 85: Fong See – 25503/1–1.

Reid, Daniel P., *Chinese Herbal Medicine,* Boston 1990, S. 10.

Sacramento Bee, *Sacramento Guide Book,* 1940.

Southern California Chinese American Oral History Project (gefördert von der Chinese Historical Society of Southern California und dem Asian American Studies Center der UCLA): Nellie Chung.

Kapitel 2: Einwanderungsstopp

Beebe, Lucius, und Charles Clegg, *The American West: The Pictorial Epic of a Continent,* New York 1955.

California State Archives and Museum Collection Center, Register der Personengesellschaften.

Chan, *This Bitter-sweet soil* (siehe Quellen, Kapitel 1).

Chen, *The Chinese of America* (siehe Quellen, Kapitel 1).

Childers, Lida, und Ruby Lacy, *Ashland Tidings,* im Selbstverlag, Ashland, Ore., 1990.

Chiu, Ping, *Chinese Labor in California: An Economic Study,* Madison, Wisc., 1963.

Genaw, Linda Morehouse, *At the Crossroads: A History of Central Point,* im Selbstverlag, Central Point, Ore., Juni 1986.

Genealogical Forum of Portland, Oregon. Genealogical Material in Oregon Donation Land Claims, Bd. 1, 1957.

Gespräche der Autorin mit Chuen Fong, Kuen Fong, Florence Leong, Richard See.

Gillenkirk, Jeff, und James Motlow, *Bitter*

Melon: Stories from the Last Rural Chinese Town in America, Seattle 1987.

A History of Eagle Point and Surrounding Communities, Bd. 1, Broschüre im Selbstverlag, Eagle Point, Oregon.

Holden, *Sacramento* (siehe Quellen, Kapitel 1).

Jackson, Donald Dale, »Behave Like Your Actions Reflect on All Chinese«, in: *Smithsonian,* Februar 1991.

James, Walter, Unveröffentlichtes Interview von Mark Him Lai, Laura Lai und Philip Choy vom 16. August 1970. Informationen über Gwing Yee Hong aus Interview mit Bing Lai, M. H. Lais Vater, März–Juni 1967.

Leland, *A Short History* (siehe Quellen, Kapitel 1).

Loomis, Reverend A. W., »How our Chinamen are Employed«, in: *Overland Monthly,* Jan.–Juni 1869.

McCunn, *An Illustrated History* (siehe Quellen, Kapitel 1).

Mei und Wu, *Stories* (siehe Quellen, Kapitel 1).

National Archives, Record Group 85: business file, Sacramento – 13542/74; Fong Quong – 10157/51; Fong See – 25503/1–1; Fong Yun – 23852/2–15; Ray See – 18889/2–2.

Peterson, Martin, Zeichnung mit freundlicher Genehmigung der Southern Oregon Historical Society.

Sacramento Bee, *Sacramento Guide Book,* 1940.

Sandmeyer, Elmer Clarence, *The Anti-Chinese Movement in California,* Urbana 1973.

San Francisco Bulletin, 22. Februar 1876; *Sacramento Record Union,* 22. Juni 1876; *Grass Valley National,* 11. Juni 1869. Bancroft Scraps. Bancroft Library, University of California Library.

See, Richard, »A Comparison of Reaction in California to the Chinese, Japanese, and Drought Refugees from 1850 to 1940«, unveröffentlichte Arbeit, UCLA, ca. 1956.

Takaki, Ronald, *Strangers from a different Shore: A History of Asian Americans,* Boston 1989, S. 88, 103, 122, 128.

Wong, Cynthia, »The Clothing Industry«, unveröffentlichte Arbeit, Asian American Studies Library, University of California, Berkeley, 1973.

Kapitel 3: Liebe

Childers and Lacey, *Ashland Tidings* (siehe Quellen, Kapitel 2).

Democratic Times, Jacksonville, Ore., Juni 1894.

Genaw, *At the Crossroads* (siehe Quellen, Kapitel 2).

Gespräch der Autorin mit Florence Leong.

Jackson County, Ore., Trauregister, 1895.

Jackson County, Ore., Schulzensus, 1893.

National Archives, Record Group 85: business file, Sacramento – 13542/74; Fong Quong – 10157/51; Fong See – 25503/1–1.

Kapitel 4: Lo Sang

Asian American Studies Center, University of California, Los Angeles, und Chinese Historical Society of Southern California, *Linking Our Lives,* Los Angeles 1984. Im folgenden zit. als *Linking Our Lives.*

Bingham, Edwin Ray, »The Saga of the Los Angeles Chinese«, Magisterarbeit, Occidental College, Mai 1942.

De Falla, Paul M., »Lantern in the Western Sky«, in: *Historical Society of Southern California, Annual Publication* 42, Nr. 1 (März 1960).

Engh, Michael E., S.J., *Frontier Faiths: Church, Temple and Synagogue in Los Angeles, 1846–1888,* Albuquerque 1992.

Gespräche der Autorin mit Pollyanne Andrews, Roberta Greenwood, Gretchen Kreiger, Gilbert Leong, Florence Leong, Leslee Leong, Richard See, Stella See.

Greenwood, Roberta S., »Cultural Resources Impact Mitigation Programm, Los Angeles Metro Rail Red Line Segment 1.« Bericht für die Los Angeles County Transportation Commission, Dezember 1993.

Guinn, J. M., »The Plan of Old Los Angeles«, Historical Society of Southern California, 1895.

»Indecencies in Cemetery«, in: *Los Angeles Daily Times,* 11. Dezember 1902.

Kwok Lo Kwai, *Useful Manual for the Use of Traders in China,* Hongkong 1895.

Lee, Mabel Sam, »Recreational Interests and Participations of a Selected Group of Chinese Boys and Girls in Los Angeles, California«, Magisterarbeit, University of Southern California, 1939.

Locklear, William R., »The Celestials and the Angels«, in: *Historical Society of Southern California Quarterly* 42, Nr. 3, S. 239–256.

Mason, William, »The Chinese in Los Angeles«, in: *Museum Alliance Quarterly* (Zeitschrift des Los Angeles County Museum of Natural History) 6, Nr. 2 (1967).

McDannold, Thomas Allen, »Development of the Los Angeles Chinatown: 1850–1970«, Magisterarbeit, California State University, Northridge, 1973.

McLeod, *Pigtails* (siehe Quellen, Kapitel 1).

McWilliams, Carey, »Cathay in Southern California«, in: *Common Ground,* Herbst 1945.

Mei und Wu, *Stories* (siehe Quellen, Kapitel 1).

National Archives, Record Group 85: Fong See – 25503/1–1; Fong Yun – 23852/2–15; F. Suie One Company business file – 13524/25.

Southern California Chinese American Oral History Project: Kenneth Ung.

Sterry, Nora, »Housing Conditions in Chinatown Los Angeles«, in: *Journal of Applied Sociology* 7 (November–Dezember 1922).

Workman, Boyle, mit Caroline Walker, *The City that Grew,* Los Angeles 1936.

Yee, George und Elsie, »The Chinese and the Los Angeles Produce Market«, in: *Gum Saan Journal* 9, Nr. 2 (Dezember 1986).

Kapitel 5: Einwanderung

Chen, *The Chinese of America,* S. 145, 154. (siehe Quellen, Kapitel 1).

Chung Sai Yat Po (Chinesische Tageszeitung, San Francisco), 2., 9., 19., 23. April; 11. September; 6., 12., 15., 23. November; 12. Dezember 1907; 8., 17., 22. Mai; 24. Juni; 31. Juli; 6., 20., 29. August 1908; 1. Januar; 12. Juni 1909; 3., 9. Januar 1913.

Gespräche der Autorin mit Edward Behme, Florence Leong, Leslee Leong, Richard See, Stella See.

Jackson, »Behave Like Your Actions …« (siehe Quellen, Kapitel 2).

Linking Our Lives (siehe Quellen, Kapitel 4).

Mei und Wu, *Stories* (siehe Quellen, Kapitel 1).

National Archives, Record Group 85: Fong Lai – 5522–425, 17895/17–13; Fong Quong – 10157–51; Fong See –

25503/1–1; Fong Yun – 23852/2–15; F. Suie One Company business file – 13524/25.

Southern California Chinese American Oral History Project: Betty Wong Lem, Billy Lew.

Kapitel 6: Familienleben

Anderson, Eva G., *Pioneers of North Central Washington*, Wenatchee, Wash., 1980.

Beginnings, Firmenbroschüre, Wenatchee, Wash., 1989.

Big Bend [Wash.] Empire, 2., 24. Januar; 7., 25. Februar 1901; 8. Oktober 1914; 14. Dezember 1916.

Burks, Arthur J., *Here Are my People*, New York 1934.

Commission of Immigration and Housing of California. Second Annual Report, 2. Januar 1916.

Chung Sai Yat Po, 12., 30. Oktober; 26. November; 16. Dezember 1918.

Directory of Cleland & Douglas Counties, Seattle 1907.

Douglas County [Wash.] Press, 13. Juli 1905; 21. Dezember 1916.

Douglas County Geburtenregister, Trauregister, Wählerverzeichnis.

»Former Merchant Here«, in: *Independent Star News* [Los Angeles], 31. März 1957.

Gespräche der Autorin mit Pollyanne Andrews, Jack Catlin, Kuen Fong, Roberta Greenwood, Jennie Lee, Gilbert Leong, Florence Leong, Leslee Leong, Randall Mackinson, Mary See, Richard See, Stella See.

Headland, Isaac Taylor, *Chenchu, Our Little Chinese Cousin*, Boston 1903.

Larson, Louise Leung, *Sweet Bamboo*, Los Angeles 1989.

National Archives, Record Group 85: Fong Lai – 5522–425, 17895/17–13; Fong See – 25503/1–1; Fong Yun – 23852/2–15; Milton See – 12017/39625; F. Suie One Company business file – 13524/25.

Pacific Asia Museum, »Welcome to the Pacific Asia Museum«, Broschüre.

Southern California Chinese American Oral History Project: Walter Chung.

Kapitel 7: Das Heimatdorf

Chen, *The Chinese of America* (siehe Quellen, Kapitel 1).

George, Marian M. A., *A Little Journey to China and Japan* (siehe Quellen Kap. 1).

Gespräche der Autorin mit Chuen Fong, Choey Ha Fong, Kuen Fong, Margie Hee, Gilbert Leong, Florence Leong, Leslee Leong, Marcia Norris, Mary See, Stella See.

Gilien, Sasha, »Profile of Ray See«, in: *Designers West*, März 1964.

McLeod, *Pigtails* (siehe Quellen, Kapitel 1).

Mei und Wu, *Stories* (siehe Quellen, Kapitel 1).

Meyer McEuen, Minna, *Chinese Lanterns*, West Medford, Mass., 1924.

Muller, Mary, *The Wretched Flea, or the Story of a Chinese Boy*, Chicago & New York 1901.

National Archives, Record Group 85: Fong See – 25503/1–1; Fong Yun – 13524/25; Bennie See – 18889/2–3; Eddy See – 18889/2–4; Florence See – 18889/2–5; Letticie See – 88895–30; Milton See – 12017/39625; Ray See – 12017/11975.

Porter, Katherine Anne, *Mae Franking's My Chinese Marriage*, Austin 1991.

Service, Grace, *Golden Inches: The Chinese Memoir of Grace Service*, hrsg. von Jack Service, Berkeley 1989.

Southern California Chinese American Oral History Project: Eddie Lee.

Kapitel 8: Playboys

Anderson, *Pioneers* (siehe Quellen, Kapitel 6).
Big Bend Empire, 27. Mai; 30. Juni 1920.
Chen, *The Chinese of America* (siehe Quellen, Kapitel 1).
Gespräche der Autorin mit Pollyanne Andrews, Chuen Fong, Gim Fong, Kuen Fong, Choey Ha Fong, David Lee, Jennie Lee, Gilbert Leong, Florence Leong, Leslee Leong, Dill Louie, Mary Louie, Nancy Moure, Sumoy Quon, Richard See, Stella See.
Gilien, »Profile« (siehe Quellen, Kapitel 7).
Greenwood, »Cultural Resources« (siehe Quellen, Kapitel 4).
Henstell, Bruce, *Sunshine and Wealth: Los Angeles in the Twenties and Thirties,* San Francisco 1984.
Jan, Flora Belle, »Chinatown Sheiks are Modest Lot«, in: *San Francisco Examiner,* 27. Februar 1924.
Mei und Wu, *Stories* (siehe Quellen, Kapitel 1).
Moure, Nancy Dustin Wall, *Southern California Art,* Los Angeles 1984.
National Archives, Record Group 85: Fong Lai – 17895/17–13; Fong See – 25503/1–1; Fong Yun – 23852/2–15.
»Oriental Firm to Build Home«, in: *Los Angeles Times,* 1. April 1923.
Southern California Chinese American Oral History Project: Walter Chung, Jackman Hom.
Sterry, Nora, »Social Attitudes of Chinese Immigrants«, in: *Journal of Applied Sociology,* Juli 1923.
Takaki, Ronald, *Strangers* (siehe Quellen, Kapitel 2).
Weaver, John D., *Los Angeles: The Enormous Village 1781–1981,* Santa Barbara 1981.
Williams, C. A. S., *Outlines of Chinese Symbolism and Art Motives,* New York 1976.

Kapitel 9: Die Entführung

Bingham, »Los Angeles Chinese« (siehe Quellen, Kapitel 4).
Gespräche der Autorin mit Pollyanne Andrews, Chuen Fong, Gim Fong, Kuen Fong, Choey Ha Fong, Choey Lon Fong, Haw Fong, Howe Fong, David Lee, Florence Leong, Leslee Leong, Dill Louie, Mary Louie, Marcia Norris, Mary See, Richard See, Stella See.
Greenwood, »Cultural Resources« (siehe Quellen, Kapitel 4).
Linking Our Lives (siehe Quellen, Kapitel 4).
National Archives, Record Group 85: Fong Lai – 17895/17–13; Fong See – 25503/1–1; Fong Yun – 23852/2–15.
Southern California Chinese American Oral History Project: Ray Lue, Bill Young.
Yee, George, und Elsie, »The 1927 Chinese Baseball Team«, in: *Gum Saan Journal* 4, Nr. 1.

Kapitel 10: Krisenzeiten

Bingham, »Los Angeles Chinese« (siehe Quellen, Kapitel 4).
Cheng, Suellen, und Munson Kwok, »The Golden Years of Los Angeles Chinatown: The Beginning«, in: *The Golden Years,* Los Angeles 1988, S. 39–47.
Gespräche der Autorin mit Pollyanne Andrews, Henry Chung, Gim Fong, Roberta Greenwood, Jennie Lee, Gilbert Leong, Florence Leong, Richard See, Stella See, George Wong, Tyrus Wong.

Greenwood, Roberta S., »Rediscovering Los Angeles Chinatown«, Rede im archäologischen Institut der UCLA, 24. Mai 1990.

Dieselbe, »Cultural Resources« (siehe Quellen, Kapitel 4).

»Historic Section of City to Give Way as Los Angeles Marches on«, in: *Los Angeles Record,* 14. November 1933.

L'Allemand, Gordon, »Chinatown Passes«, in: *Los Angeles Times Magazine,* 19. März 1933.

Larson, Louise, »Please, What Am I? Chinese or American?« in: *Los Angeles Times,* 4. November 1934.

LinkingOurLives (siehe Quellen, Kapitel 4).

Los Angeles County Museum of Art, Akten über den Künstler Tyrus Wong.

Louis, Kit King, »A Study of American-born and American-reared Chinese in Los Angeles«, Magisterarbeit, University of Southern California 1931.

Lyons, James P. mit Jean Bosquet, »You Are Seeing My Chinatown Pass!« in: *Los Angeles Times,* 2. Dezember 1934.

Moure, Nancy Dustin Wall, *Index of Southern California Artists' Clubs and Their Exhibitions,* Los Angeles 1974.

National Archives, Record Group 85: Fong See–25 503/1–1; Fong Yun–23 852/2–15; Milton See–12 017/39 625.

Ryan, Don, »The Dragon's Shadow«, in: *Touring Topics,* Dezember 1926.

South, Will, »Stanton MacDonald-Wright and the Emergence of Vanguard Painting in Southern California«, Vortrag am Metropolitan Museum of Art, 10. Mai 1991.

Southern California Chinese American Oral History Project: James Chan, Henry Lowe, Ray Lue.

Weaver, *The Enormous Village* (siehe Quellen, Kapitel 8).

Zeeman, Raymond, »Lugo House«, in: *The Los Angeles Corral* 179 (Frühjahr 1990).

Kapitel 11: Erinnerungen
Tyrus erzählt seine Geschichte

Gespräche der Autorin mit Gilbert Leong und Tyrus Wong.

»Gespräch mit Tyrus Wong und Gilbert Leong«, Abend in der Chinese Historical Society of Southern California, 8. Januar 1991.

Southern California Chinese American Oral History Project: Tyrus Wong.

»Tyrus Wong«, in: *Jade Magazine* 2, Nr. 1 (Winter 1976).

Kapitel 12: In der »Drachenhöhle«

Gespräche der Autorin mit Pollyanne Andrews, Tony Duquette, Dorothy Jeakins, Gilbert Leong, Florence Leong, Chong Lui, Richard See, Stella See, Will South, Tyrus Wong.

Scott, David W., Einleitung zu *The Art of Stanton MacDonald-Wright,* Washington D.C. 1967.

See, Stella, persönliche Korrespondenz und verschiedene Zeitungsausschnitte.

South, »Stanton MacDonald-Wright« (siehe Quellen, Kapitel 10).

Southern California Chinese American Oral History Project: Spencer Chan, Him Gin Quon.

»Tyrus Wong«, in: *Jade Magazine* 2, Nr. 1 (Winter 1976) (siehe Quellen, Kap. 11).

Kapitel 13: Momentaufnahmen

Academy of Motion Picture Arts and Sciences, »When a Little Child Felt Ill an Epic was Born«, Programm für die Premiere des Films *Die gute Erde.*

»Bandits Rob Dragon's Den«, in: *Los Angeles Times,* 29. Oktober 1937.

Chen, *The Chinese of America* (siehe Quellen, Kapitel 1).

Cheng und Kwok, »The Golden Years« (siehe Quellen, Kapitel 10).

»The Good Earth« in: *Town and Sportsman,* Juni 1934.

Gespräche der Autorin mit Pollyanne Andrews, Henry Chung, Kay Copeland, Choey Ha Fong, Choey Lau Fong, Choey Lon Fong, Chuen Fong, Danny Ho Fong, Gim Fong, Haw Fong, Howe Fong, Kuen Fong, Ming Tia Fong, Sanora Babb Howe, Dorothy Jeakins, David Lee, Gilbert Leong, Florence Leong, Mary Louie, Chong Luie, Sumoy Quon, Mary See, Richard See, Stella See, Elsie Wong, Herman Wong, Tyrus Wong.

Larson, *Sweet Bamboo* (siehe Quellen, Kapitel 6).

Leung, Louise, »Night Call in Chinatown«, *Los Angeles Times Magazine,* 26. Juli 1936.

Linking Our Lives (siehe Quellen, Kapitel 4).

Louie, Ruby Ling, »Reliving China City«, in: *Gum Saan Journal* 11, Nr. 2 (Dezember 1988).

Mei und Wu, *Stories* (siehe Quellen, Kapitel 1).

Meyer McEuen, Minna, *Chinese Lanterns,* West Medford, Mass., 1924 (siehe Quellen, Kapitel 7).

National Archives, Record Group 85: Fong Yun – 23852/2–15.

»New Chinatown Opens«, in: *Los Angeles Examiner,* 8. Juni 1938.

Okrent, Neil, »Right Place, Wong Time«, in: *Los Angeles Magazine,* Mai 1990.

See, Stella, persönliche Korrespondenz und verschiedene Zeitungsausschnitte.

Southern California Chinese American Oral History Project: Eddie Lee, Lily Mu Lee, Peter Soo Hoo jr., Maye Wong, Ruth Wong.

»Tyrus Wong«, in: *Jade Magazine* (siehe Quellen, Kapitel 11).

Kapitel 14: Anna May spricht

Academy of Motion Picture Arts and Sciences, Zeitungsausschnitte über Anna May Wong, März 1927; 20. März; 13. Juni 1928; 3., 11., 12. November 1930; 3. Februar; 2. Juni 1931; 29. Februar 1932; Paramount-Presseerklärungen, 28. Dezember 1937; 9., 13. Januar; 7. Februar 1938; Paramount-Presseerklärung von Anna May Wong, 7. Januar 1938.

»Anna May Wong Is Dead at 54; Actress Won Movie Fame in '24«, in: *New York Times,* 4. Februar 1961.

Caroll, Harrison, »Oriental Girl Crashes Footlights«, in: *Herald Express,* 6. Juni 1931.

China Doll Special, »The Ultimate Anna May Wong Fanzine«, 1, Nr. 1 (1992).

Gespräche der Autorin mit David Lee, Verna Plam, Richard See, Stella See, Elsie Wong.

Kyle, Garland Richard, »The Legend of Anna May Wong«, in: *Gum Saan Journal* 11, Nr. 2 (Dezember 1988).

Leung, Louis, »East Meets West«, in: *Hollywood Magazine,* Januar 1939.

Liu, Garding, *Inside Los Angeles Chinatown,* im Selbstverlag, Los Angeles 1948.

Okrent, »Right Place, Wong Time« (siehe Quellen, Kapitel 13).

Palmer, Zuma, »Anna May Wong in European Stage, Movie Productions«, in: [Hollywood] *Citizen News,* 2. Mai 1958.

Dieselbe, »Nickelodeon Anna May Wong's First ›School for the Drama‹« in: [Hollywood] *Citizen News,* 1. Mai 1958.
Rivers, Audrey, »Anna May Wong Sorry She Cannot Be Kissed«, in: *Movie Classics,* November 1939.

Kapitel 15: Eine zweite Chance

Chen, *The Chinese of America* (siehe Quellen, Kapitel 1).
»China City Reopens Today«, *Los Angeles Examiner,* 2. August 1939.
Gespräche der Autorin mit Edward Behme, Tony Duquette, Choey Lau Fong, Cheun Fong, Gim Fong, Haw Fong, Margie Hee, Florence Leong, Gilbert Leong, Leslee Leong, Sumoy Quon, Richard See, Stella See, Mike Woo, Wilbur Woo.
Greenwood, »Cultural Resources« (siehe Quellen, Kapitel 4).
Lai, Him Mark, Genny Lim und Judy Yung, *Island: Poetry and History of Chinese Immigrants on Angel Island 1910–1940,* San Francisco 1980.
Lee, Chingwah, »Chinese Art Through the Backdoor«, in: *California Art and Architecture,* Oktober 1939.
Lee, »Recreational Interests« (siehe Quellen, Kapitel 4).
Linking Our Lives (siehe Quellen, Kapitel 4).
Liu, *Inside Los Angeles Chinatown* (siehe Quellen, Kapitel 14).
Los Angeles Times, 26. August; 5. September 1937.
Lyons, »You Are Seeing ...« (siehe Quellen, Kapitel 10).
»New China City Razed by Fire«, in: *Los Angeles Examiner,* 21. Februar 1939.
Southern California Chinese American Oral History Project: Margaret Kwan Lee, Gilbert Leong, Bernice Leung, Him Gin Quon, Ruth Wong.
Sterry, »Social Attitudes« (siehe Quellen, Kapitel 8).
Weaver, *The Enormous Village* (siehe Quellen, Kapitel 8).
Yee, » Los Angeles Produce Market« (siehe Quellen, Kapitel 4).

Kapitel 16: Familie Leong bekommt eine Schwiegertochter

Burkhardt, *Chinese Creeds* (siehe Quellen, Kapitel 1).
Chen, *The Chinese of America* (siehe Quellen, Kapitel 1).
Chen, Wen-Hui Chung, »Changing Socio-Cultural Patterns of the Chinese Community in Los Angeles«, Dissertation, University of Southern California, 1952.
»Chinese Want No Identity Errors«, in: *Los Angeles Examiner,* 6. Januar 1942.
Engh, *Frontier Faiths* (siehe Quellen, Kapitel 4).
Derselbe, »A Most Excellent Field for Work: Christian Missionary Efforts in the Los Angeles Community, 1887–1900«, in: *Gum Saan Journal* 15, Nr. 1 (Juni 1992).
»4000 Chinese Come to Hear Madame Chiang Kai-shek«, in: *Los Angeles Times,* 1. April 1943.
Gespräche der Autorin mit Suellen Cheng, Choey Lon Fong, Chuen Fong, Gim Fong, Haw Fong, Howe Fong, Margie Hee, David Lee, Jennie Lee, Florence Leong, Gilbert Leong, Leslee Leong, Dill Louie, Mary Louie, Marcia Norris, Chabo Okubo, Sumoy Quon, Richard See, Stella See, Albert Wong, Tyrus Wong, Wilbur Woo.
Goldberg, George, *East Meets West,* New York 1970, S. 117.

Jackson, »Behave Like Your Actions« (siehe Quellen, Kapitel 2).
Larson, *Sweet Bamboo* (siehe Quellen, Kapitel 6).
Lee, »Recreational Interests« (siehe Quellen, Kapitel 4).
Leong, Gilbert, Vortrag über die Los Angeles Chinatown Methodist Mission, Chinese Historical Society of Southern California, 6. März 1991.
Linking Our Lives (siehe Quellen, Kapitel 4).
Louis, »A Study« (siehe Quellen, Kapitel 10).
Mason, »The Chinese in Los Angeles« (siehe Quellen, Kapitel 4).
McWilliams, Carey, *Prejudice,* Boston 1944.
See, Richard, »Chinese Economic Activities in Chinatown«, unveröffentlichte Arbeit, UCLA, um 1957.
Derselbe, »A Comparison« (siehe Quellen, Kapitel 2).
Smith, Jack, »Stunning Acts of Bravery That Will Live on in Infamy«, in: *Los Angeles Times,* 24. Februar 1992.
Southern California Chinese American Oral History Project: Spencer Chan, Margie Hee, Gilbert Leong, Keye Luke.
Takaki, *Strangers* (siehe Quellen, Kapitel 2).
Weaver, *Enormous Village* (siehe Quellen, Kapitel 8).

Kapitel 17: Hohler Bambus

Basso, Hamilton, »Los Angeles«, in: *Holiday,* Januar 1950.
»California: The Pink Oasis«, in: *Time,* 4. Juli 1949.
Chen, *The Chinese of America* (siehe Quellen, Kapitel 1).
Chen, »Socio-Cultural Patterns« (siehe Quellen, Kapitel 16).
Doerr, Conrad J., »But Most of All, I Remember Anna May Wong«, in: *China Doll,* Sonderheft, Frühjahr 1992.
Gespräche der Autorin mit Pollyanne Andrews, Mari Burr, Choey Lau Fong, Choey Lon Fong, Chuen Fong, Gim Fong, Kuen Fong, Sanora Babb Howe, Dorothy Jeakins, David Lee, Leslee Leong, Marcia Norris, Sumoy Quon, Mary See, Richard See, Stella See, Albert Wong, Tyrus Wong, Wilbur Woo.
Gilien, »Profile of Ray See« (siehe Quellen, Kapitel 7).
»Imperturbed«, in: *Los Angeles Times,* 8. November 1946.
Jackson, »Behave Like Your Actions ...« (siehe Quellen, Kapitel 2).
»Last of Old Chinatown Condemned«, in: *Los Angeles Daily News,* 7. November 1946.
Linking Our Lives (siehe Quellen, Kapitel 4).
Liu, *Inside Los Angeles Chinatown* (siehe Quellen, Kapitel 14).
Nee, Victor G., und Brett de Bary, *Longtime Californ': A Documentary Study of an American Chinatown,* Stanford, Calif., 1972.
»Prevue Furniture Ensembles of Hollywood«, Broschüre der Public-Relations-Abteilung von Prevue Furniture Ensembles, 1942.
See, Ray, Einklebebuch (Datum und Quellen unbekannt): »California Market, Seeks Approval, Acceptance of Modern-Minded Group« (Morris Markoff).
See, Richard, »Chinese Economic Activities« (siehe Quellen, Kapitel 16).
Smith, Jack, »A Day in the City«, in: *Westways,* Juni 1970.

Southern California Chinese American Oral History Project: Gim Fong, Tyrus Wong.
Takaki, *Strangers* (siehe Quellen, Kapitel 2).
Weaver, *Enormous Village* (siehe Quellen, Kapitel 8).

Kapitel 18: Feuer

»The Art of Handscreen Printing«, Werbefilm für D. N. & E. Walter.
»Calinese Model Home Seen by Nearly 15000«, in: *Los Angeles Times,* 22. Januar 1950.
Chen, *The Chinese of America* (siehe Quellen, Kapitel 1).
Chen, »Socio-Cultural Patterns« (siehe Quellen, Kapitel 16).
»Fire Razes L.A. Furniture Plant«, in: *Los Angeles Express,* 10. Oktober 1947.
Fong Choey Ha, Brief, 6. August 1991.
Gespräche der Autorin mit Dell Andrews, Pollyanne Andrews, Edward Behme, Mari Burr, Kay Copeland, Choey Lon Fong, Chuen Fong, Margie Hee, Florence Leong, Leslee Leong, Bernice Leung, Dill Louie, Mary Louie, Marcia Norris, Verna Plam, Sumoy Quon, Mary See, Richard See, Stella See, Albert Wong, Tyrus Wong, Michael Woo.
Gilien, »Profile of Ray See« (siehe Quellen, Kapitel 7).
»Hot Fight Rages to Save Plaza Historic Features«, in: *The Mirror* (Los Angeles), 28. September 1950.
Mei und Wu, *Stories* (siehe Quellen, Kapitel 1).
»One-Stop Home Show«, in: *Los Angeles Examiner,* 27. November 1949.
See, Ray, Einklebebuch (Datum und Quellen unbekannt): »Ray See Stresses Use in Designing Tables«; »See-Mar Features Hand-Carved Wood in Chinese Motifs«; »See-Mar Offers 6 Tropic Wood Tables«; »Coast Firm Presents 36 Lamps Set into Combination Tables«; »See-Mar Expands Business: Introduces Three New Items«; »City Becomes Nation's Third Furniture Center« (Mary Ann Callan).
»See-Mar Moves to Temporary Plant«, in: *Los Angeles Times,* 19. Oktober 1947.
Southern California Chinese American Oral History Project: Margie Leong Hee, Gilbert Leong, Bernice Leung.
Takaki, *Strangers* (siehe Quellen, Kapitel 2).
»They want Lugo House to Remain – But Where?« in: *Los Angeles Times,* 29. September 1950.
Weaver, *Enormous Village* (siehe Quellen, Kapitel 8).
»Woman Dies in Fire Laid to Cigarette«, in: *Los Angeles Times,* 22. Januar 1948.

Kapitel 19: Noch eine Hochzeit

Chen, *The Chinese of America* (siehe Quellen, Kapitel 1).
Chen, »Socio-Cultural Patterns« (siehe Quellen, Kapitel 16).
»Fong See, Chinatown's Oldest Resident, Dies«, in: *Los Angeles Times,* 15. März 1957.
»Former Merchant Here«, in: *Independent Star News,* 31. März 1957.
»Funeral Services for Fong See Conducted«, in: *Los Angeles Times,* 24. März 1957.
Gespräche der Autorin mit Pollyanne Andrews, Chuen Fong, Gim Fong, Yun Fong, Jackie Joseph, Florence Leong, Gilbert Leong, Leslee Leong, Marcia Norris, Sumoy Quon, Carolyn See, Mary See, Richard See, Stella See, Albert Wong.

Laws, George, Brief an Robert Laws, 7. Oktober 1977.
Linking Our Lives (siehe Quellen, Kapitel 4).
Nee and de Bary, *Longtime Californ'* (siehe Quellen, Kapitel 17).
See, Carolyn, »Fifty Million Chinamen«, unveröffentlichtes Manuskript, 1966.
Dieselbe, »Melting«, in: *Sex, Death and God in L.A.*, hrsg. v. David Reid, New York 1992.
Dieselbe und John Espey, *Two Schools of Thought: Some Tales of Learning and Romance*, Santa Barbara, Calif., 1991.
See, Richard, »Chinese Economic Activities« (siehe Quellen, Kapitel 16).
»Services for Fong See, 99, Scheduled Here Saturday«, in: *Los Angeles Herald Examiner*, 20. März 1957.
Takaki, *Strangers* (siehe Quellen, Kapitel 2).
Tsai, Shih-Shan Henry, *The Chinese Experience in America*, Bloomington, Indiana, 1986, S. 135–136.
UCLA Special Collections, Briefe von George Laws, 26. Mai 1954, 26. März 1959; Briefe von Richard See (einige undatiert, sowie 14. Juni 1951; 11., 23. Dezember 1953; 1., 25. Januar; 5., 9., 13., 24. März 1954. Briefe von Carolyn See, undatiert.
Weaver, *The Enormous Village* (siehe Quellen, Kapitel 8).
Zeeman, Raymond, »Lugo House«, in: *Los Angeles Corral* 179 (Frühjahr 1990).

Kapitel 20: Nur die Familie zählt

Acosta, Frank, und Bong Hwan Kim, »Race-baiting in Sacramento«, in: *Los Angeles Times*, 4. Mai 1993.
Chen, *The Chinese of America* (siehe Quellen, Kapitel 1).
Essoyan, Susan, »Concern Raised on Flow of Chinese Refugees Into U.S.« in: *Los Angeles Times*, 11. Februar 1993.
Gespräche der Autorin mit Pollyanne Andrews, Jack Catlin, Kay Copeland, Tony Duquette, Gim Fong, Florence Leong, Gilbert Leong, Leslee Leong, Jack Levin, Herman Lew, Chong Lui, Marcia Norris, Sumoy Quon, Carolyn See, Mary See, Richard See, Stella See, Procter Stafford.
Jackson, »Behave Like Your Actions ...« (siehe Quellen, Kapitel 2).
Kristof, Nicholas D., und Sheryl Wudunn, *China Erwacht*, Düsseldorf 1995.
Mann, Jim, Christine Courtney und Susan Essoyan, »Chinese Refugees Take to High Seas«, in: *Los Angeles Times*, 16. März 1993.
Nee and de Bary, *Longtime Californ'* (siehe Quellen, Kapitel 17).
Smith, Jack, »Sights and Scents Celestial«, in: *Westways*, Juni 1970.
The State of Asian Pacific America: Economic Diversity, Issues & Policies, LEAP Asian Pacific American Public Policy Institute und UCLA Asian American Studies Center, 1994.
The State of Asian Pacific America: Policy Issues of the Year 2020. LEAP Asian Pacific American Public Policy Institute und UCLA Asian American Studies Center, 1993.
Takaki, *Strangers*, S. 421–422, 425 (siehe Quellen, Kapitel 2).

Kapitel 21: Das Heimatdorf II

Kristof und Wudunn, *China Erwacht* (siehe Quellen, Kapitel 20).